JN203296

キリスト教古典叢書

エラスムス
神学著作集

エラスムス

Desiderius Erasmus Roterodamus

金子晴勇［訳］

教文館

凡例

一、翻訳に際して使用したテキストは、ラテン語とドイツ語の対訳『エラスムス著作集』全八巻 Erasmus von Rotterdam. Ausgewälte Schriften. Ausgabe in acht Bänden Lateinisch und Deutsch, 1967ff. Wissenschaftliche Buchgesellschaft, Darmstadt. である。

『エンキリディオン』（Enchridion militis christiani. Handbüchlein eines christlichen Streiters）と『フォルツ宛書簡』（Epistola ad Paulum Volzium. Brief an Paul Volz）は第一巻（一九六八年）に収録、訳・注は Werner Welzig による。なお、次の英訳も参照した。The Enchiridion of Erasmus, trans. and edit. by Raymond Himelick, 1970.

『新約聖書の序文』（In novum testamentum Praefationes. Vorreden zum Neuen Testament）と『真の神学方法論』（Ratio. Theologishe Methodenlehre）は第三巻（一九六七年）に収録、訳・注は Gerhard Winkler による。

『対話集』（Colloquia Familiaria）の三作品「敬虔なる午餐会」（Convivium religiosum. Das geistliche Gastmahl）、「エピクロス派」（Epicureus. Der Epikureer）、「ロイヒリンの神格化」（Apotheosis Capnionis. Reuchlins Himmelfahrt）は第六巻（一九六七年）に収録、訳・注は W. Welzig による。

その他、次の三つの全集版と書簡集、英訳の著作集を参照した。その場合には注において略号で出典を示す。

Desiderii Erasmi Roterodami Opera Omnia. edidit J. Clericus, 10 Bde., Leiden 1703–6 = LB

Opera Omnia Desiderii Erasmi Roterodami recognita et adnotatione critica instructa notlisque illustrata, Amsterdam 1969ff. = ASD

Opus epistolarum Des. Erasmi Roterodami denuo recognitum et auctum per P. S. Allen, 12 vols, Oxford, 1906–58 = Allen, Ep.

The Collected Works of Erasmus, Toronto 1974ff. = CWE

二、本文中の〔 〕内は、文意を明らかにするために訳者が付加した部分である。

三、本文中の聖書の引用は、原文がウルガタ聖書など底本の異なる聖書を用いているため、現行の邦訳とは違っている。聖書箇所の章節表示、固有名詞の表記は、原則として『聖書　新共同訳』（日本聖書協会、一九八七年）に従った。

聖書書名略号

（旧約）
創世記＝創、出エジプト記＝出、レビ記＝レビ、民数記＝民、申命記＝申、ヨシュア記＝ヨシュ、士師記＝士、ルツ記＝ルツ、サムエル記上＝サム上、サムエル記下＝サム下、列王記上＝王上、列王記下＝王下、歴代誌上＝代上、歴代記下＝代下、エズラ記＝エズ、ネヘミヤ記＝ネヘ、エステル記＝エス、ヨブ記＝ヨブ、詩編＝詩、箴言＝箴、コヘレトの言葉＝コヘ、雅歌＝雅、イザヤ書＝イザ、エレミヤ書＝エレ、哀歌＝哀、エゼキエル書＝エゼ、ダニエル書＝ダニ、ホセア書＝ホセ、ヨエル書＝ヨエ、アモス書＝アモ、オバデヤ書＝オバ、ヨナ書＝ヨナ、ミカ書＝ミカ、ナホム書＝ナホ、ハバクク書＝ハバ、ゼファニヤ書＝ゼファ、ハガイ書＝ハガ、ゼカリヤ書＝ゼカ、マラキ書＝マラ

（旧約続編）
トビト記＝トビ、ユディト記＝ユディ、エステル記（ギリシア語）＝エス・ギ、マカバイ記一＝Ⅰマカ、マカバイ記二＝Ⅱマカ、知恵の書＝知、シラ書〔集会の書〕＝シラ、バルク書＝バル、エレミヤの手紙＝エレ・手、アザルヤの祈りと三人の若者の賛歌＝アザ、スザンナ＝スザ、ベルと竜＝ベル、エズラ記（ギリシア語）＝エズ・ギ、エズラ記（ラテン語）＝エズ・ラ、マナセの祈り＝マナ

（新約）
マタイによる福音書＝マタ、マルコによる福音書＝マコ、ルカによる福音書＝ルカ、ヨハネによる福音書＝ヨハ、使徒言行録＝使、ローマの信徒への手紙＝ロマ、コリントの信徒への手紙一＝Ⅰコリ、コリントの信徒への手紙二＝Ⅱコリ、ガラテヤの信徒への手紙＝ガラ、エフェソの信徒への手紙＝エフェ、フィリピの信徒への手紙＝フィリ、コロサイの信徒への手紙＝コロ、テサロニケの信徒への手紙一＝Ⅰテサ、テサロニケの信徒への手紙二＝Ⅱテサ、テモテへの手紙一＝Ⅰテモ、テモテへの手紙二＝Ⅱテモ、テトスへの手紙＝テト、フィレモンへの手紙＝フィレ、ヘブライ人への手紙＝ヘブ、ヤコブの手紙＝ヤコ、ペトロの手紙一＝Ⅰペト、ペトロの手紙二＝Ⅱペト、ヨハネの手紙一＝Ⅰヨハ、ヨハネの手紙二＝Ⅱヨハ、ヨハネの手紙三＝Ⅲヨハ、ユダの手紙＝ユダ、ヨハネの黙示録＝黙

目次

目　次

装幀　桂川　潤

エンキリディオン

――キリスト教戦士の手引き

Enchiridion Miltis Christiani

ロッテルダムのエラスムスから宮廷のある友人へ挨拶を送る。

第一章　挨拶のことば

主にあって敬愛する兄弟よ、あなたは大変熱心に、あなたがその教えによってキリストにふさわしい精神へ到達することができるような、ある種の生活の簡潔な方法をわたしがあなたに教示するよう切望なさいました。実際、あなたはだいぶ前から宮廷生活にあきてしまい、どうしたらその諸々の悪徳と快楽もろともエジプトから逃れ、モーセに導かれて徳の道に首尾よく備えることができるのか[1]、と考えているとおっしゃっています。あなたがわたしにとって大切な方であればあるほど、わたしはますます熱心にあなたのとても有益な企てを喜び〔迎え〕たいのです。この企てを呼び起こすのをよしとされたお方が、わたしの助力がなくとも、それを祝福し、促進したもうようにわたしは希望します。

とはいえ、このわたしはこんなにも愛する人、あるいはこんなにも正しいことを求めておられる人に大きな喜びをもって応じたのです。ただ、あなたがわたしの奉仕をわけもなく要望なさったと、あるいはわたしがあなたの願望に対し尽力したが無駄であったと思われないように努めていただきたいのです。むしろわたしたちは共通の祈願をこめてイエスのあの恵みに満ちた御霊に嘆願し、わたしが書くとき有益なものを授けたまい、またそれがあなたに効力を発揮するように求めましょう。

第二章　人生においては警戒すべきである

まず第一にあなたは絶えず次のことを当然のことながら記憶しておかねばなりません。すなわち人間の生活は、まことに厳しい試練を経て不屈となった戦士ヨブが証人となっているように、不断の戦闘以外のなにものでもないということ、またその心を現世という手品師が魅惑する玩具で捕えて占領している人々の大群は、もう戦いが済んだも同然となり、その時ではないのに休日を祝い、全く平和を確信しきっていますが、彼らがはなはだしくあざむかれているということをも記憶しておかねばならないのです。わたしたちがこんなにも多くの武装した悪徳の軍勢によっていつまでも攻めたてられ、こんなにも多くの策略をもって捕えられ、こんなにも多くの陰謀によって引きずられているのに、彼らがどのように平然と生活しているか、またどんなに二つの耳をのんきにも留守にしてまどろんでいるか不思議です。

見たまえ、邪悪きわまる悪魔どもがあなたを破滅させようとして上から絶えず見張って警戒しているのを。彼らは多くのたくらみをもって、また千もの破壊の技術でもってわたしたちに対して武装しており、わたしたちの精神を、燃えていて、死に至らせる毒を盛った投槍でもって、高いところから刺し通そうとねらっているのです。彼らに対しては実際、貫通しがたい信仰の楯によって守られていないなら、ヘラクレスの下にもケファロスの下にも、それに対抗していっそう確かな投槍は存在しなかったのです。(2)

さらに、この世は左からも右からも、前からも背後からも同様に、わたしたちに攻撃をしかけてくるのです。この世はヨハネの言葉によれば、すべて罪悪の〔支配の〕下に置かれており（Ⅰヨハ五・一九）、キリストに対し、ある時は敵意をもち、またある時は憎しみをもいだいているのです。また、実際、この世と戦う単純な方法などありません。というのは、時にはこの世は逆境により公然たる戦闘の時のように荒れ狂い、心の城壁を重装備の破城つちで破壊しているし、また時には、とても大きいが空虚きわまる約束によって裏切るようにそそのかしており、また時には、わたしたちが眠くてあくびし安心している間に急に襲いかかるべく密かに造られた地下道を通って不意に忍び込んできております。そしてついにあの地獄のような、つるつるした蛇、[3] つまりわたしたちの平和を最初に裏切った者も、時には緑の草の中に同色になって身を隠し、また時には自分の洞穴の中に百回もとぐろを巻いてひそみ、彼が一度堕落させた女のかかとをつけねらうのをやめません。[4] ここに「女」というのは人間の肉的部分であると、理解しなさい。それはわたしたちの内なるエバであり、これによりきわめて狡猾にも蛇はわたしたちの精神を死にいたらせる情欲へと誘惑しているのです。

だが、その上、このようにいたるところから敵の大軍が押し寄せてくるのでは、あまりにも不十分であるかのように、わたしたちはさらに内における心自身の奥底において、もっと親密でもっとなじみ深い敵を、つまりそれ以上に内的なものはないように、それに益して危険なものもありえないような敵を担っているのです。これこそほかならぬかの古い地上的なアダムであり、習性となっては市民以上〔に親密〕であり、快楽の追求にかけては敵以上であって、城塞によって彼の侵入を防ぐこともできないし、陣営の外に追い出すことも不可能なのです。神の城塞を彼が悪霊どものために開け渡すことがないためにも、わたしたちは百の目をもって彼を監視しなければなりません。

それですからわたしたちすべての者がこんなにも恐ろしい、またこんなにも煩わしい戦いにかかわっているのに、さらにわたしたちがこんなにも多くの、わたしたちの破滅をこのように誓いかつ専心している、このように警戒を怠らず、こんなにも武装し、こんなにも不誠実で、だがこんなにも熟練を積んだ敵どもと戦っているのに、もしそれに反してわたしたちが武器をとらず、監視もしないし、何事も疑って考えないで、世間の状態はとても平和であるかのように、あお向けになっていびきをかき、のらくらと暮らし、快楽に耽り、(よく言われるように)[5] からだを後生大事にして閑暇をむさぼるとしたら、わたしたちは正気であるとはとてもいえません。またわたしたちの生活は戦いではなく、あたかもギリシア人の酒宴と全く同様なのであって、陣営やテントの代わりに寝床の中でわたしたちは快楽を追求し、粗い武具の代わりにバラやアドニスの装飾で飾りつけ、軍事訓練の代わりに奢侈と閑暇とに身をやつし、軍神の投槍の代わりになごやかなキタラを弾奏したりしているのです。

しかし、このわたしたちの平和は、あたかも何よりも忌むべき種類の戦いではないかのようであります。というのも、悪徳と平和の締結をする人は、洗礼において神と結んだ契約を破棄してしまっているからなのです。それなのに、あなたは気が狂ったように「平和、平和」と叫んでいますが、その場合でもあなたは神を自分の敵に回してしまっているのです。実際、神お一人が平和であられ、また平和の創始者であられるのです。神は預言者の口をとおしあなたに明らかに抗議し、「不敬虔な者どもには平和は存在しない」と言われます。なぜなら、わたしたちがこの身体の部署において戦っているかぎり、極度の嫌悪感と総力をあげて悪徳に戦いをいどまないなら、神との平和を結ぶ他の条件は全くないからです。そうではなく、もしわたしたちが悪徳と仲良しになるとしたら、その人だけが友としてわたしたちを幸福にし、敵としてわたしたちを滅ぼし得るお方を、わたしたちは二重に敵としてもつことになるでしょう。なぜなら一方では神がただそれらとだけは決して両立しない（実際光と闇とがどうして両立しえましょうか）もの〔つまり悪徳〕の側にわたしたちは立っているからであり、他方では、わたしたちははなはだしい忘恩によって契約した約束を彼に対して守っていないし、至聖なる儀式によって締結した約定を不敬虔にも破棄しているからなのです。

キリスト教戦士よ、あなたは知っていないのですか、あなたに生命を与える洗いの秘義によってあなたが清められて入会したとき、そのときすでにあなたは指導者キリストの麾下に編入されていたということを。あなたはキリストに対し二重の仕方で生命の恩義をこうむっていたのです。つまり〔自然的に〕与えられた生命と同様に〔恩恵によって〕更新された生命を彼に負うていたのです。この生命に対しあなたは自分自身に対してよりもより多くを負うていたのです。

あなたがこんなにも恵み深い支配者の意向にしたがって儀礼の言葉により誓いを立てたこと、および聖なる贈り物のようにサクラメントによって誓約しておきながら、その契約の中にとどまっていないなら、あなたのかしら〔なるキリスト〕を彼の怒りにさらしていることに、あなたは気づかないのですか。あなたの額の上に刻みつけられた十字架のしるしは、あなたが生きているかぎり、彼の軍旗のもとに戦闘に従事するのでないとしたら、何のために保たれていたのですか。あなたが悪徳との永遠の戦いを開始するのでないとしたら、聖なる軟膏により油を塗られたのは何のためだったのですか。人がその主人である指導者から背き去るとしたら、そればなんと大きな恥辱、なんと大きな呪いを人類からいわば公然と受け入れていることになるでしょうか。あなたはいったいどうして、キリストは神であられるのに、キリスト〔の神聖〕に対する畏怖によって抑えられないで、またキリストはあなたのために人となられたのに、愛によって制されることもなく、あなたの指導者キリストを笑いぐさにするのですか。また、もしあなたがキリストの名前を見せびらかせるなら、あなたが彼に約束したことが想起されるべきではなかったのでしょうか。あなたはどうして卑劣にも背いて、かつてキリストがその血の値をもってそこからあなたをあがないとった敵のところに行こうとするのですか。どうしてあなたは二度も脱走した者として敵の陣営のなかで奉仕しようとするのですか。あなたのために生命を捧げたもうたあなたの王に敵対してあなたはどの面下げてあえて叛旗をひるがえそうとするのですか。というのはキリストが語りたもうておられるように、彼に味方しない者は彼に反対するものであり、彼と共に集めない者は散らすものでありますから（ルカ一一・二三）。

しかし、あなたの奉仕は単に忌むべき名目の下にあるのみならず、災禍に満ちた給金のためなのです。あなたがどのような人であれ、現世のため戦っている以上、あなたは自分の給料のことを聞きたいのですか。ごらんなさい、キリスト教の軍隊の旗手であるパウロはあなたに答えて、「罪の支払う値は死である」（ロマ六・二三）と言っています。身体の死により脅かされている場合に、だれが外見上はなやかな戦いを引き受けるでしょうか。

実際、あなたはこんなにも忌むべき魂の死を報酬として持ちこむことに我慢できるでしょうか。

人間が人間に対して野獣の狂暴さから、あるいは不幸な不可避の事情から生じる、これらの常軌を逸した戦争のなかで、あなたは、かつて約束された戦利品の巨大さや、戦勝者の恐るべき残忍さ、恥ずべき小心に対する非難、終わりに称賛に対する欲求が兵士らの志気を鼓舞した場合に、彼らがどんな苦労をもなんと潑剌たる熱意をもって遂行しているか、彼らが生命をいかに軽視するものか、いかに熱烈に敵に向かい競って駆りたてられているか、おわかりにならないでしょうか。そしてわたしはあなたにおたずねしますが、この哀れな人たちがこのような危険とこのような熱意とをもっていかにわずかな報酬を求めているのですか。それはもちろんのこと、「わたしたちと同様に」弱い小さな人間にすぎない指揮官によって大いに称賛され、戦争と陣営との喧噪によって下手くそな詩でもてはやされるためであり、草でできた花冠やオークの葉で環にして飾られるためであり、すこしでも財産をわが家にもち帰るためなのです。

それに対しわたしたちの方はわたしたちの戦いを見守る者をもち、その者がわたしたちに報酬を払って下さるので、恥辱によっても報酬によっても燃え立てられていません。ところでわたしたちの試合の監督者は勝者にどんな報酬を約束されたのですか。たしかにホメロス(6)がアキレウスに、ウェルギリウス(7)がアエネアスにしたように、それば三脚台とかラバではなくて、「目がまだ見ず、耳がまだ聞かず、人の心に思い浮かびもしなかったこと」（Ⅰコリ二・九）なのです。そしてこれは今日にいたるまで苦闘している人たちに辛苦に対する慰めとしてその間に分かち与えられるものです。そのさい何が与えられるのでしょうか。幸福な不死性なのです。

報酬の最大の中味が名声であるような遊戯の試合においては、敗者も贈り物を入手しています。だが、わたしたちは最も厳しく、両面から迫る危険の中にあって戦闘に従事し、称賛のためではなく、かしら「なるキリスト」のために戦っているのです(8)。そして熱烈に奉仕する者に最高の報酬が約束されているように、戦いを放棄する者には最高の罰が確定されています。雄々しく戦う者には天国が約束されているのに、気高い精神の力強い勇気はこんなにも幸福な報酬への希望によって燃え上がらないのでしょうか。とりわけ存在しないことができないように、欺くこともできない、かの保証人によって報酬が約束されている場合にはそうならないでしょうか。

すべてを観たもう神の目の下に万事は司られ、わたしたちは争いの観察者として全天界を所有しているというのに、わたしたちは恥辱によって赤面しないのでしょうか。その称賛をうることが最高の幸福であるお方は、わたしたちの勇気を大いに誉めて下さることでしょう。わたしたちは生命を失ってもどうしてこの栄誉を願い求めないのですか。どのような報酬によっても呼び起こされないような心胸は怠惰であり、それに対し最も怠惰な人たちは災難に対する恐怖によって目が覚めるのが常なのです。だがあの〔戦いの〕場で敵がきわめて激烈になるような場合には、財産ばかりか身体さえも目がけてたけり狂うものです。残忍きわまる勝者アキレウスはヘクトールに対して、これにまさる何をなし得たというのですか。

だが、ここではあなたの不死なる部分が攻撃されているのです。あなたの死体が墓のまわりを引きずられるのではなく、身体と同時に魂も地獄に沈められるのです。あそこ〔の地上の戦い〕では勝者の剣が身体から魂を引きはなすという最悪の災いがありますが、ここ〔での戦い〕では魂自体からその生命なる神が奪い取られるのです。

身体が滅びるのはその本性にふさわしいことなのです。たとえだれも身体を殺害しなくとも、身体が死なないで永らえることはできません。ところが魂が死ぬということは不幸のきわみであります。わたしたちはどんなにか用心して小さな身体の傷をとり除こうとし、どんなにか心配してそれを癒そうとしているのに、魂の傷の方には目もくれないというのですか。わたしたちは身体の死滅を目で見るため、それを大変に怖れています。だが、死にゆく魂は、だれもこれを目にしないので、わずかな人たちしか信じていないし、それを恐れている人はほとんどおりません。しかし魂が身体にまさり、神が魂にまさるだけ、この魂の死は身体の死よりもいっそう恐るべきものであるはずです。

あなたがそれによって魂の病と死滅とを理解できるような、いくつかの事例をあなたにお示ししましょうか。胃が食物をよく消化しないと、食物をうけつけません。そうなるとあなたは身体の病気に気づきます。神の言葉が魂の食物であるほどには、パンは身体の食物ではありません。もし神の言葉があなたに苦々しく、吐き気をもよおすならば、あなたの魂の味覚は病に感染していることを、あなたはいまだにどうして疑うのでしょう。もし魂が神の言葉を内に保つことなく、それを消化して内心へ送らないなら、魂が病気に冒されていることの明白な証拠をあなたは握っているのです。

あなたの膝がふるえ、あなたの病んだ肢体がもう動かなくなるなら、あなたは身体の具合が悪くなっているのを知るでしょう。そして心がすべての敬虔にもとづく奉仕のわざに対し無気力になり嘔吐を起こすなら、小さな侮辱にさえ耐える勇気が欠けているなら、ほんのわずかな貯えの損失にも意気消沈するなら、心が病んでいるとあなたは思い至らないのでしょうか。

視力が目から失くなり、耳が聞こえなくなった後に、身体がことごとく動かなくなった後に、魂がそこから離れ去っていることを、だれが疑うでしょう。真理にいます最も明澄なる光を見ないほど心の目が暗くなっている場合、あなたが内的な耳を傾けて神の言葉を把握しない場合、あなたのすべての感覚が全く欠けている場合、それでも魂は生きているとあなたは思うのですか。

不正を蒙っている兄弟をあなたは見て、ただ自分の財産が傷つかないなら、あなたの心は騒ぎ立てられたりしないのです。どうしてあなたの魂はここで何も感じないのでしょうか。もちろん、死んでいるからなのです。では、どうして死んだのでしょうか。魂の生命である神がそこに居合わさないからです。まことに神がいますところ、そこには愛があります。神は愛でありますから。そうではなく、もしあなたが生ける［キリストの］肢体であるなら、どうして身体のある部分が苦しんでいるのに、あなたは単に苦しんでいないだけではなく、一度もそれに気づいていないのですか。

たしかにもっと確実である証拠をも受け入れなさい。あなたは友人をだまし、姦淫を犯し、魂は致命的な傷害を受けているのに、それでもなお、いまだそのことがあなたに痛みとなっていないで、それにより利得をえたように喜び、恥ずべき仕方で犯したことを自慢しているのです。あなたの魂が死せる状態にあるということが確かであると考えなさい。針の痛みを感じないとしたら、身体はもう生きてはいないのと同じように、大きな傷害の感覚が欠けた魂がこれからも生きるのでしょうか。

ある人が不敬虔な、誇張した、中傷的で、破廉恥な、毒を含んだ言葉を語り、隣人に向かって激烈な言葉でもって暴言をはきかけているのを聞いたら、このような人に生き生きとした魂が活動しているなどと思ってはなりません。腐敗した屍がその人の胸の墓に横たわっているのです。そこからこのような悪臭が発散していて、近くにいる人を毒しています。キリストはファリサイ派の人を白く塗られた墓と呼んでいます（マタ二三・二七）。どうしてそうなのですか。もちろん死んだ魂をたずさえて歩き回っていたからです。また王者でもあった預言者〔ダビデ〕は言っています。「そののどは開いた墓、その舌でもって狡猾に立ち回った」（詩五・一〇、一一・三）と。

敬虔な人の身体は聖霊の宮であり、不敬虔な人の身体は屍の墓場です。こうしてあの文法学者たちのいう語源的説明、つまり「身体（ソーマ）は墓（セーマ）のようだ」[9]はこの人たちに最も適切に妥当しているのです。彼らの胸が墓であり、彼らののどと口とが墓の入口なのです。しかし、神から見棄てられた魂が死んでいるほどには、魂が抜けてしまったどの身体も死滅してはいません。また、四日間[10]も埋められていた魂の悪臭が神と天上界のすべての住人たちの鼻に不快を与えるほどには、どの身体的な屍も人々の鼻に〔不快な〕においを与えるものではないのです。それゆえ死んだ言葉が胸から発しているとき、その人のうちに〔霊的な〕屍が横たわっているのは必然的なことです。なぜなら、福音書の言葉によれば、心があふれるので口が語りだすとき、もしそこに生命なる神が現在したもうなら、神の生ける言葉が語られるのは当然であるからです。

それに対し、福音書の他のところで弟子たちはキリストに「主よ、わたしたちはどこへ行きましょう。あなたは生命の言葉をもっておられます」（ヨハ六・六八）と語っています。いったい何故に生命の言葉とあるのですか。もちろん、不死なる生命に向けてわたしたちを回復させたもうた神性が、一瞬といえども決して離れることのなかったあの魂から生命の言葉が流れ出ているからです。ところで病気にかかっている身体に対し医者はしばらくの間にすぎないが援助を与えていますし、敬虔な人々がすでに死んだ身体を生命へ生き返したのも稀ではありません。だが神だけが特別の無償の恩恵と力とをもって死んだ魂を復活させたまいます。ところが魂が死んで身体を離れているなら、無論のこと神は復活させたまいません。それからわたしたち自身の身体が死ぬときは何ら感覚をもち合わせていないし、あってもほんの瞬間にすぎないが、魂の死についての感覚は永遠に続くのです。また、その他の点についても魂が死よりもひどい状態にあっても、それでもなおこの死の感覚に関してはいわば不滅であります。したがって、このように大きな未聞の危険と格闘しなければならないとしたら、こんなにも大きな不幸に対する恐怖によって苦しめられないわたしたちの魂のあの愚鈍・無頓着・ものぐさはいったい何なのでしょうか。

だが反対に、大きな危険、多勢の敵、その軍事力と策略とがあなたの心を不安にする根拠はなにも存在していないのです。もしあなたが恐るべき敵をもっているのに気づくなら、あなたはいかに力強い救助者をもっているかに同様に気づくはずです。あなたに敵対するものが無数あっても、あなたに味方するお一人の方は他のすべてのものに優っています。神がわたしたちの味方ならば、だれがわたしたちに敵しえましょう。神がわたしたちを支えたもうなら、だれがわたしたちを引き離すでしょうか。あなたはただ勝利の誓いを全心をあげて獲ようと努めなさい。あなたが考えなければならないのは、あなたが傷一つない敵とわたり合っているのではなく、もう以前にわたしたちによって挫かれ、引き倒され、裸にされ、全く征服された敵とわたり合っているということです。「わたしたちによって」とはいえ、むしろわたしたちのかしらなるキリストにあって勝利しているのであり、キリストにより敵は疑いなく再度打ち負かされており、またわたしたちにおいても打ち負かされているのです。

あなたは〔キリストの〕からだのなかにあり、そのかしらによってすべてをなしうるということのみに注目しなさい。あなた自身においてはあなたは確かに余りに弱すぎますが、かしらなるキリストにおいてあなたのできないことはないのです。したがってわたしたちの戦いの結末は無論すこしも不確かではないのです。なぜなら勝利は幸運にもとづいているのでは決してなく、神の手中におかれており、神をとおしてわたしたちの手中にもおかれているからです。勝利を欲しなかった人でないかぎり、だれもこの戦いでは、勝利しない人はいないのです。救助者の恵みはだれにもかつて欠けていたことはありません。救助者の恵みが欠けることがないように用心しさえすれば、あなたはすでに勝利しているのです。神はあなたのために戦って下さるでしょう。そしてご自身の恵みの賜物を功績に応じてあなたに帰して下さるでしょう。

あなたは、罪に汚されていない最初で唯一の人として罪の暴政を鎮圧したお方に、あなたが受け取ったすべての勝利を返さなければなりません。とはいえ、あなたの熱心な努力なしにはこの勝利はあなたに生じなかったのです。というのは、「わたしが世に勝っていることを確信しなさい」（ヨハ一六・三三）と語りたもうた方は、あなたが高大な心をもつように欲したまいますが、安心するのを欲しておられないのですから。彼の模範に従ってわたしたちが戦うならば、彼によりこうして遂にわたしたちは勝利するでしょう。それゆえ、あなたが神の恩恵を信頼して安心しすぎたり、放逸になりすぎず、戦闘の困難さにより狼狽して武器と一緒に戦闘意志をも放棄しないために、あなたはスキュッラとカリュビディス[11]のあいだのいわば中道をとるべきです。

第三章　キリスト教的戦役の武器

ところで主としていかなる種類の武器をもってあの敵どもとわたり合うべきかということを、あなたができるかぎりよく知りかつ熟考することこそまず第一にこの軍務訓練でなすべきことである、とわたしは思います。さらに、きわめてずる賢いあの伏兵が、あるとき武装もしていないし予期もしていないあなたを、不意に襲うことがないために、あなたはいつも武器を備えもっていなければなりません。あなたがたの戦闘のなかにも、敵が冬ごもりしたり、休戦状態が生じたりするときには、中休みすることが時折ゆるされます。

この身体をたずさえてわたしたちが戦うかぎり、よく言われるように指の爪幅も武器から離れることは許されていません。陣営の前に踏みとどまるべきですし、わたしたちの敵は決して休むことがないのですから、いつも見張っていなければなりません。かえって敵が静かであるとき、逃走や休戦の偽装をするときこそ、たいてい陰謀を企てています。だから、平和の装いを敵が示すときにもまして、用心し監視しなければならないときはありません。また公然たる戦闘により敵がわたしたちを襲撃してくるときよりもおののくことが少なくてよいはずがありません。

ですから第一に配慮すべきは、心が非武装であってはいけないということです。わたしたちが盗賊の短剣を恐れないために、この小さな身体を武装しているのに、精神の安全を確保するために、わたしたちは精神を武装しないのでしょうか。敵どもがわたしたちを滅ぼすのに武装しているのに、わたしたちは死なないために武器をとるのをいやがるのでしょうか。彼らが崩壊しないように警戒しているのに、わたしたちは無傷でいるために警戒しないのでしょうか。

しかし、キリスト教的な武装についてはそれを扱うべき所でなお個別に語られるでしょう。いまのところ要約的に述べるとしますと、カナン人、ヘテ人、アモリ人、ペリシテ人、ギルガシ人、ペリジ人、エブス人の七つの種族[12]、つまり悪徳の全軍勢――その中でもとくに七つが大罪に数えられている――と戦わねばならない人のために主として二つの武器が調達されなければなりません。それは祈りと〔聖書の〕知識とです。絶えず祈るように命じているパウロはわたしたちが不断に武装していることを願っています（Ⅰテサ五・一七）。清純な祈りは、敵が決して近づき得ない城塞のように天上に向かってわたしたちの心情を高く引きあげます。知識のほうは救いに役立つ意見でもって知性を強固にします。こうして二つともそれぞれ他の方のために欠けてはなりません。

かく一方の存在は他方の援助を求め、
友に誓いをたがいに立てる。[13]

祈りはたしかに懇願し、知識は何を祈るべきかを忠告するのです。信仰と希望とはあなたが熱心に、かつヤコブにしたがってためらわないで祈るように配慮します（ヤコ一・六）。イエスの名前によってあなたが救いに役立つものを熱望するように知識は明らかに示します。実際ゼベダイの子らもすでにキリストから聞いていたのです、「あなたがたは自分が何を求めているか知っていない」（マタ二〇・二二）と。だが、祈りはもっと力強く、神と対話するようになるほどです。とはいえ知識もそれに劣らず必要なのです。エジプトから逃走したあなたが、あの二人の指導者モーセとアロンによらなくとも、こんなにも長くこんなにも困難な旅程を十分安全に開始していたかどうか、わたしにはわかりません。神に犠牲を捧げるよう委ねられたアロンは祈りの象徴として自己を明示し、モーセは律法の認識として自己を表明しているのです。

しかしながら知識に欠けたところがあってはならないように、祈りも無気力でなされるのは正しくありません。モーセは祈りという武器でもって敵軍と戦っているが、手は高くかかげられているのです。だから彼の手がおろされるや否や、イスラエルは劣勢となるのです（出一七・一一―一二）。あなたが祈るとき、おそらくあなたはどれだけ多くの数の詩編を復唱したかを調べるでしょうし、祈りの言葉が長ければ徳になるとお考えでしょう。しかそれはいまだ聖書によく通じていなくて霊が成熟するまでにいたっていない人たちがとくに陥る欠陥です。しかしキリストがマタイによる福音書で次のように教えておられるのに耳を傾けて下さい。彼は言います、「祈る人は、異邦人がするように、くどくど祈るな。彼らは言葉かずが多ければ、聞きいれられると思っている。だから彼らにならってはならない。あなたがたの父なる神は、求めない前に、あなたがたに必要なものを知っておられる」（マタ六・七―八）と。またパウロも霊感に打たれて、つまり異言で語られる一万の言葉を、理性でもって述べられる五つの言葉にくらべて軽視しています（Ⅰコリ一四・一九）。モーセが一言も語らなかったのに主は「あなたはわたしに向かって何を叫んでいるのか」と聞き質したもうたのです（出一四・一五）。

あの口先だけの大騒ぎではなく、熱心な心の願望が、あたかも深く響き入る声のように、神の耳に達するのです。だからあなたは次のことに習熟するようにすべきです。すなわち敵が襲ってきて、あなたのうちに残っている悪徳があなたを刺激する場合には、ただちに確信をもって心を天に向けて高めるようにしなければなりません。助けは天からあなたのところに来るでしょう（詩一二一・一）。だからそこへ向かって手もまたあげられますように。敬虔の義務に専心することが最も安全なことです。それはあなたのわざが地上的な欲求にではなく、キリストに関わらせられるためなのです。

とはいえ、知識の援軍をあなたは軽視しないために、次のことをよく考えて下さい。イスラエルは天からのマナと岩から湧き出る水によって力を取り戻す前には、敵から逃走するだけでよかったし、またそれに先立ってアマレク人と接戦を交えるように挑戦するのをあえてしませんでした（出一七・五―七参照）。この祝宴にあずかつて力を得たあの卓越した戦士ダビデは敵の全軍をあざけっています。彼は言います、「あなたはわたしの目の前にわたしたちを苦しめるすべての人に敵対して祝宴を設けられた」（詩二三・五）と。わたしの心から愛する兄弟よ、わたしを信じて下さい。聖書の熱心な研究によってたやすく抑えられないような激しい敵の襲撃はありません。つまりそれほどの激烈な試練はないし、耐えることができないほど悲惨な逆境もないのです。

だが、わたしは少々型破りな解釈者と思われないために（もっと有力な権威ある人を証人として自分を守ろうと思えばできるのですが）、マナに優って適切に律法の隠された知識を暗示しうるものがありましょうか〔ということを示したいのです〕。実際、それが与えられた最初から、地から生じないで天から降ってきたがゆえに、人間的な学識と神的な学識との区別をあなたは洞察するのです。なぜなら聖書はすべて神の霊感によって書かれ、神を著者として成立しているからです（IIテモ三・一六）。低級なもの〔を含んでいますがそれ〕は語り方の謙虚さなのであって、ほとんど下品とも思われる言葉の下に巨大な神秘を包んでいます。[14] マナが白く輝いているのは、何らかの暗い誤謬で損なわれていないような人間の教えはないのに、キリストの教えだけは全く純粋であり、全く明瞭であり、全く真実だからです。粗暴でやや荒っぽいものは、文字でおおわれた秘義を表しています。表面のいわば莢のようなものを人が手でさわるなら、これ以上に不快で心地よくないものがあるでしょうか。「これはひどい言葉だ。だれがそれを聞きえようか」（ヨハ六・六〇）と語った人たちは、マナの外皮だけを味わっていたにすぎません。霊的な意味を掘り起こしなさい。霊的意味以上に甘美なものはもう何もないし、それ以上に生気にとんだものもないのです。さらにマナはヘブライ語では「これは何ですか」という意味です（出一六・一五）。そしてこのことは聖書に美事に的中しています。聖書は余計なものを何一つもっていないで、探求に値しない、称賛に値しない、「これは何ですか」というこの言葉を発するに値しないような箇所はたしかにないのです。

しかし聖霊は水という言葉でもって神の律法についての知識を表すのを常としています。あなたは、ダビデがそれによって養育されたと誇っている、健康を授ける水について読みます（詩二三・二〔ウルガタ〕）。また知恵がすべての道の始源へと誘い導く水のことを読みます（シラ二四・二九―三〇）。またエゼキエルがその流れの中に入ると浅瀬を通っては渡ることができなかったあの神秘的な河のことを読みます（エゼ四七・一―六）。さらにアブラハムが掘った井戸が土でもってペリシテ人により埋められていたのをイサクが再度復旧したことを読みます（創二六・一八）。イスラエル人が四〇日の夜営を続けて旅したとき、すっかり疲労していたのを生き返らせた十二の泉のことを読みます（出一五・二七）。あなたはまた福音書においてもイエスが旅に疲れてそのかたわらにすわられた井戸のことを読みます（ヨハ四・六）。イエスが視力を回復させるために盲人を遣わしたシロアムの水について読みます（ヨハ九・一―一七）。また弟子たちの足を洗うために鉢の中に入れられた水についても読みます（ヨハ一三・五）。

またわたしがこれらを一つ一つ吟味しないために、神秘に満ちた聖書の中で井戸、泉、川についてしばしば言及されていることは、このことにより聖書の神秘を綿密に探求するようにわたしたちがすすめられていることにほかならないということを意味しているのです。地下の水脈の中に隠されている水は文字によりおおわれている神秘以外の何でありましょう。その水がこんこんと湧き出してくるのは神秘が探し当てられて説き明かされていること以外の何でしょう。またその神秘が聴衆の建徳のために長くかつ広く敷衍される場合には川と呼ぶのを何がもう禁止するでしょうか。

ですから、もしあなたが聖書の研究に全く献身するなら、またもしあなたが主の律法を日夜瞑想するならば、あなたは夜の恐怖にも昼の恐怖にもさらされることなく、敵のすべての攻撃に対して備えができており鍛えられているでしょう。実際、わたしは未熟な新兵の時代には、この戦いのために異教の詩人たちや哲学者たちの著作によってあらかじめ訓練しておくことをすこしも非難したくないのです。ただし、適正な方法で、また年齢に応じて、だれでもそれらの著作を自分のものにし、あたかも通過してゆくかのようにすばやく捉え、決して深く立ち入らないで、セイレーンの切立つ岩にとどまって年老いてはなりません。というのは神の人バシレイオスもまた、自分がキリスト教道徳へ教導して行った青年たちにこの研究をするように呼びかけているからです[15]。さらにわたしたちのアウグスティヌスもその〔弟子〕リケンティウスをムーサへと呼び戻しています[16]。ヒエロニュムスも〔戦争で〕囚われた婦人に対していだいた愛着を悔いていません[17]。キプリアヌスは、エジプトから奪った戦利品で主の宮を富ましたことのゆえをもって、称賛されているのですから[18]。

しかし、わたしはあなたが異教徒の書物によって異教徒の道徳をも吸収することは願っておりません。その他の点ではあなたはそこでも正しく生きるのに役立つ非常に多くのものを見いだすでしょう。またモーセが義父のエテロの忠告を拒否しなかったのですから（出一八・一三―二七）、異邦人の著者のよい警告をも拒否すべきではありません。あの〔古典文学の〕書物は若い才能を形成し活気づけるし、神の聖書を認識するのに驚くべき仕方で準備します。そのさい、手足を洗わないままでただちに聖書の中に押し入ることはほとんど冒瀆に近い類のものです。ヒエロニュムスは単に世俗的学問からすぐに前進して聖書を考察しようとする人たちの恥知らずな行為をきびしく叱責しています。[19] しかし、その〔世俗的〕学問を味わいもしないで、そのこと自体〔聖書研究〕をあえてしようとする人の行為はどんなにはなはだしく恥知らずなことでしょうか。

しかし、もしあなたが聖書の文字にのみ固執しこだわり続けるなら、聖書を使用してもそれほど多くの成果を得ないでしょう。同じように、もしあなたがホメロスとウェルギリウスの詩の全体が比喩であると考えるなら、[20] それは少なからず役に立ちます。このことは、ただ古代人の学問的教養をすこしだけでも唇の先にのせて試食した人ならだれも否定しないでしょう。とはいえ、あなたがことによると詩人たちによって描写されている悪徳をいっそう恐れ、恥ずべきものを抑制し、徳義をいっそう熱烈に愛するようにならないとしたら、恥知らずの詩人たちには決して触れないように、また少なくとも深く立ち入って関わりをもたないように、わたしは忠告しておきたい。哲学者たちの中ではプラトン主義者たちに従うほうがよいとわたしは思います。というのは、彼らがきわめて多くの見解において、また語り方の特徴自体においても、預言書と福音書の形態にきわめて近いところに接近しているからです。

要するに、異邦のすべての文献を味わうことは、すでにわたしが述べたように、ふさわしい年齢において、またほどよい程度に、さらに注意深くかつよく選んで、次に定住している人のようにではなく、寄留しているにすぎない人の仕方で通りすがりになされるならば、役立つでしょう。だが、終わりに、最も大切なことは、すべてのことがキリストに関わらせられているかどうかということなのです。[21]

実際、清い人たちにはすべては清いのに、不潔な人たちには反対に何も清いものはないのです（テト一・一五）。もしあなたが、ソロモンの例にならって六〇人の王妃、八〇人の側妻、世俗の知恵をもった無数のおとめたちを家で養っていても（雅六・八）、ただ神の知恵をその他のものに優るあなたの唯一のもの、あなたの美しい飾り、あなたの鳩とするならば（同六・九）、それはあなたの悪徳にはならないのです。またあるイスラエル人は、その美しい姿に捕えられて、異国の下劣な女を愛していますが、頭髪を刈らせ爪も切らせて、外国人からイスラエル人となしています（申二一・一二）。またホセアは娼婦を妻にめとっていますが、娼婦から生まれた子供たちを自分の子としてよりも万軍の主の子として養育しております（ホセ一・二―一一）。こうして預言者の聖なる淫蕩が主なる神の家族をふやしているのです。ヘブライ人はエジプトを去ったのち、しばらくの間は種入れぬ練り粉のパンで生命をつないだが（出一二・三九）、この食物は一時的であって、あのように長い旅路にはとうてい足りなかったのです。ですからこの食物をしりぞけて直ちに天上の知恵のマナに向かってできるかぎり急がねばなりません。このマナは、あなたが勝利者となってあの約束された決して尽きることのない報酬の栄誉に達するまで、あなたを十分に養い生かすでしょう。

　だが、その間に絶えず心にとめておかねばならないことは、聖書を洗わない手のままで、つまり心の最高の清さをもたないままに、扱ってはならないということです。それは〔罪の〕解毒剤があなたの悪徳によって毒薬に変化し、マナがあなたのところで腐敗しないためなのです（出一六・二〇）。もしあなたが情念の内臓のうちに悪徳を移し入れて吸い取ってしまわないなら、あのウザと同じ運命に見舞われるでしょう。彼は〔神の〕箱が揺れたので汚れた手で箱を抑えようとすることをはばからなかったのです。この不当な行為は突然の死でもって償われたのです（代上一三・一〇）。あなたがこれらの〔聖〕書の尊い価値を認識することが最も大切なことです。それらは神の精神の至聖所から発せられた真正な神のお告げであると（事実そうなのだが）考えなさい。もしあなたが宗教的信仰をもって、尊敬と謙虚さをいだいて、それらに近づくなら、あなたは神霊の息吹きを受けて満たされ、〔神の方へ〕拉し去られ、表現しがたい仕方で改造されることを感じるでしょう。あなたは幸福な花婿の歓喜を見るでしょう。最もゆたかなソロモンの富を見いだすでしょう。永遠の知恵という隠された財宝を目にすることでしょう。しかし、あつかましくも〔花婿の〕寝室に闖入してはなりません。その戸口は低いのです。頭をそこにぶつけて、しりごみしないように気を付けなさい。さらに、あなたが目で見、手で触れるものを、聖書の中に読むものほどには真理でないとみなしなさい。ですから、天と地とが滅びようとも神の御言葉からは一点一画も、すべてが成就することなく滅びることはないでしょう。人がだましたり、誤ろうとも、神の真理は欺かないし、また欺かれもしないのです。

聖書の注釈者のなかで、文字〔的解釈〕から可能なかぎり遠ざかっている人たちを、とくに選びなさい。パウロ以後この種の注釈者で主要なのは、オリゲネス、アンブロシウス、ヒエロニュムス、アウグスティヌスです。というのはわたしの見るところでは最近の神学者たちは好んで字義にこだわりすぎ、秘義を探求するよりもある種の詭弁的な屁理屈を掘りだそうと力を尽くしています。あたかもパウロが、わたしたちの律法は霊的である〔ロマ七・一四〕、と本当は言わなかったかのようです。

わたしは二、三の神学者たちについて、彼らは自分の人間的な思念にすっかり満足しきって、古人の釈義はほとんどたわごとにすぎないと軽蔑している、と聞いています。スコトゥスが彼らに、聖書を一度も読んでいないのに、自分が完全な神学者であると思うほどに大きな自信を植え付けたのです。たとえ彼らが機智に満ちて語っていようとも、聖霊にふさわしい仕方で語っていたかどうか、他の人たちに判断してもらいましょう。

あなたが議論を戦わそうと備えができているよりも、御霊によって力強く生きようと欲するならば、才能を願望するよりも魂の糧を獲ようと求めるならば、とくに古人たち〔の書物〕をひもときなさい。彼らの敬虔はいっそう優れており、彼らの教養はいっそう豊かでありかつ重みがあり、彼らの雄弁は貧弱でもなければ下劣でもなく、彼らの解釈は聖なる秘義にいっそう的中しています。だが、わたしがこのように言ったのは、最近の神学者たちを中傷するためではなく、いっそう有益なものと、あなたの計画にいっそう役立つものとを提示するためなのです。

ところで神の霊は自分の言葉と自分の形とをもっているのです。あなたはまずもってこれらを熱心に考察して認識しなければなりません。神の知恵はわたしたちに対し子供に話すように語っており、自分の職務に忠実な母のようにわたしたちの訥弁にその声を合わせて下さいます。神の知恵はキリストにある幼児らには乳を与え、弱い者らには野菜を与えたまいます。だがあなたは急いで成長し、堅い食物を摂るように努めなさい。神の知恵はあなたの卑しさに向けてご自身を低くしておられますが、あなたは反対に神の知恵の崇高さに向かって上昇しなさい。いつも子供であるというのは奇異なことに似ているし、弱いのを止めないのはだらしがなさすぎます。詩編全体を字義どおりにただ漠然と唱えるよりも、殻を取りはらってその神髄をとりだすならば、一つの詩句に対する省察の方がいっそうあなたを賢明にし、成長させるでしょう。わたしは経験に照らしてこの誤りが一般の人々の心のみならず、衣装や称号によって完全な敬虔を見せつけているような人々の心をも占領してしまっていることを知るようになりましたので、いっそう切実にこのことを勧告いたします。たしかに彼らは自分たちが字義上でさえほとんど理解してもいないのに、可能なかぎり多くの詩編を毎日朗読するというこの一事に最高の敬虔がかかっていると考えているのです。また修道院で敬虔がこのようにいたるところで凍結し、眠り込み、死滅しているのをわたしたちが目撃していますが、その原因は彼らが文字のうちに衰弱し、聖書に対する霊的認識にいたろうと努めていないこと以外にはないとわたしは判断しています。

彼らはキリストが福音書のなかで「生かすのは霊であって、肉は何も役立たない」(ヨハ六・六三)と大声で呼ばわれ、パウロが先生(のキリスト)に付言して「文字は殺し、霊は生かす」(IIコリ三・六)、また「律法は霊的であり、肉的ではないことをわたしたちは知っている」(ロマ七・一四)、さらに「霊的なものは霊により量られなければならない」(Iコリ二・一三)と言っているのを聞いていません。諸々の霊の御父はかつては山の上において、現在は霊において崇められるのを欲しておられます（ヨハ四・二〇以下）。

とはいえ、わたしは理解力に欠けているため（彼らにできる唯一の事）単純で純粋な信仰により神秘に満ちた詩編を朗誦している人たちの無力さを決して拒絶したりするわけではないのです。かえって魔術的祈禱の中に、それを唱える人々には知られていないような多くの言葉が、それにもかかわらず有効な働きをしていると信じられているように、神の言葉も少ししか理解されていなくても、誠実な信仰と純粋な心情でもって語り聞く人たちにとって役立っていると信ずべきです。また、そこに居合わせてよく理解している天使たちが彼らを援助するように招かれているとも信じなければなりません。そしてパウロも霊によって詩編を歌い、舌をもって語っている人たちを実際軽蔑していないのです。そうではなく彼はより優れた神の賜物を追い求めるように励ましています（Ⅰコリ一二・三一、一四・一以下）。心の悪徳ではなく、本性の欠陥のゆえにその賜物に向かいえないでいる人でも、より優れたものを求めて努力している人々にとって妨げとなっていないことはたしかです。そしてパウロの言葉にしたがって食べる人は食べない人を軽蔑すべきでないし、食べない人も食べる人を裁いてはならないのです（コロ二・一六、ロマ一四・三）。しかし、こんなにも幸せな才能を恵まれたあなたは貧弱な文字の下に決して留まり続けないように、むしろ隠された神秘を探求し、たゆまない熱心な努力が欠けていたら繰り返し祈ることによってそれを援助し、ついに七つの封印をもって閉じられた書物を、それを閉じたダビデの鍵をもっている人があなたに開いてくれるまでにいたらなければなりません。御父の秘密を開く人はだれもいません。御子と御子が啓示しようとした人のほかだれもそれを知っていないのです（黙三・七、五・一）。

しかし、わたしたちの話はいったいどこへ入り込んでいるのでしょう。あなたに学問の理想ではなく生活の理想を指図することが提案されたのでした。しかし、あなたの新しい戦いのための新しい武器を探し求めるのにふさわしい武器製造所をあなたに示そうとしているあいだに、こんなところにそれてしまったのです。それゆえに〔初めに立てた〕計画に引き返しましょう。もしあなたが異教徒たちの書物から最善のものを摘み取ろうとし、蜜蜂のように古人たちの庭園のすべてにわたって飛び回り、毒は取らないで、ただ健康的で高貴な汁だけを吸い取るならば、人々が倫理と呼ぶ共同生活[22]に向かって心の備えができた者として、あなたは復帰することでしょう。というのは、古人たちのパラス像のゆえにその武器は決して軽蔑されてはならないことは確実だからです。しかし、どこであなたが出会うにせよ真なるものはすべて、キリストのものであると考えたまえ。実際、（詩人たちが語っているように[23]）あの神的でウルカヌス的な鎧は、剣で傷つけられないものであって、聖書の秘密な武器庫から以外には取り出されることはないのです。そこにわたしたちの指揮官なるダビデは、自分の兵士たちのために戦闘のための一切の道具をたくわえて置きました。彼らはこの道具をもって割礼を受けていないペリシテ人らと接戦したり、また遠く隔たったままで戦いを交えることができるのです[24]。この武器を使うと、創作された話のことですが、ホメロスのアキレウスもウェルギリウスのアエネアスも安全ではなかったのです。前者は怒りにより、後者は情愛により大変恥ずべき仕方で負けてしまったのです。その武器は人間の製造所でこしらえられるのではなく、ウルカヌスとミネルウァとが共有していた製造所でこしらえられる、と言われていることは馬鹿げていません。というのは神々について創作した詩人たちは学芸と技術をミネルウァに、火をウルカヌスにそれぞれ委ねているからです。

天空が砕けて瓦解すると
その破片が勇者をも倒す[25]。

ともあるように、高貴な学芸によって鍛えられた天賦の才能が神の愛の火によって強固にされるとき、そのとき初めてそれは本当に実現するとわたしは思います。

しかし、あなたはそれより先に高慢なサウルの武器を撃退しなければなりません。この武器は役立つよりも重荷であり、ゴリアテと戦おうとしていたときダビデを助けるよりも悩ましています（サム上一七・三八―四〇）。次に神秘をたたえた聖書の奔流の岸からあなたは五つの小石（それはおそらく知性をもって語られるパウロの五つの言葉なのですが）を拾い集め（サム上一七・四〇、Ⅰコリ一四・一九）、最後に投石器を右手にもって武装しなさい。これらの武器でもってわたしたちのあの唯一の敵、高慢の父であるサタンはついに倒されるでしょう。わたしたちのかしらであるイエス・キリストはいったいどういう方法でこのサタンに勝利したもうたのですか。彼が聖書の言葉によって誘惑者〔なるサタン〕に答えたもうとき、あたかも奔流から選びだした小石をもって敵の眉間を打ち貫いたようになさったのではないでしょうか（マタ四・一―一一参照）。

ところで、あなたはキリスト教の〔知恵の女神〕パラスの武器について聞きたいのですか。「自分の熱意が武具を身に着けさせ、敵どもを罰するために被造物をことごとく武装させるでしょう。彼は正義を胸当として備え、確かな審判をかぶととして身に着けるでしょう。彼は公正を無敵の楯として採り上げ、恐るべき怒りを槍に注いで磨き立てるでしょう」（知五・一八―二二）と述べられています。またイザヤ書には次のようにあります。「主は正義を甲冑としてまとい、救いのかぶとをその頭にいただき、復讐の衣服を身に着けて、熱意を外套のように身におおいたもうた」（イザ五九・一七）。

さらに、怠けたりしていない指揮官であるパウロの武器置き場を訪れようと試みるなら、そこでもまた確実にあなたは次のことを見いだすことでしょう。「わたしたちの戦いの武器は肉的なものではなく、神によって要塞を破壊するほどの力がある。わたしたちは諸々の計画と神の知恵に敵対して自己を高めるすべての高きものとを打ちこわす」（Ⅱコリ一〇・四―五）。あなたは神の武具を見いだすでしょう。それによりあなたは日のあるうちに悪しき者に抵抗することができるでしょう。右側にも左側にも正義の武器をあなたは見いだすでしょう。あなたは自分の横腹を防御する真理と正義の甲冑と、悪しき者の燃える火矢のすべてを無効にすることができる信仰の楯とを見いだすでしょう。あなたはまた救いのかぶとと神の言葉である御霊の剣とを見いだすでしょう（エフェ六・一三―一七、IIコリ六・七)。

もし人がこれらすべてでもって注意深く保護され、防衛されているとしたら、次のパウロの勇ましい言葉を恐れることなく発することが最後にはできるでしょう。「だれがキリストの愛からわたしたちを離れさせるであろうか。患難か、不安か、飢えか、裸か、危難か、迫害か、剣か」(ロマ八・三五)。すべての人によって怖れられている、いかに多くの敵どもを彼が軽視しているかに注目しなさい。

しかし、もっと強力な言葉に耳を傾けなさい。というのは次のように続けて語られているからです。「しかし、わたしたちを愛して下さった方によって、わたしたちはこれらすべてに優っている。というのは死も生も、天使も支配者も、力あるものも、現在のものも将来のものも、強いものも、高いものも深いものも、その他の被造物も、キリスト・イエスにある神の愛からわたしたちを引き離すことはできない、とわたしは確信しているからである」(ロマ八・三七―三九)。ああ、なんと至福な確信を光の武器が、この世のかすとも自身のことを呼んでいる、か弱い人であるパウロに(Iコリ四・一三)、授けていることでしょうか。したがって聖書はこのような武装のもつ力を、もしあなたが心を尽くして聖書に向かうならば、あなたに授けるでしょう。こうして、わたしたちの忠告は将来必要なくなることでしょう。

ところであなたが望まれましたので、またあなたに対しご所望どおりにわたしたちが答えなかったと思われないために、まあ一種の小さな短剣であるエンキリディオンをこしらえてみました[26]。あなたはこれを宴会の場においても、或いは寝室においても決して手許から放さないようにして下さい。たとえ現世の義務のため旅をして歩かねばならなくて、この正しい武具を持ち運ぶのがわずらわしいときでも、何らかの瞬間にあの待ち伏せしているものが、何も武装していないあなたを突然襲うことが起こらないようにしなければなりません。また、持ち運ぶのにわずらわしくもないし身を護るのに役立たないものでもない、この小刀を携帯するのを、少なくとも、いやがってはなりません。実際それはきわめて小さな代物ですが、信仰の小楯をあなたが巧みに使われるなら、それによって急襲してくる敵の攻撃を容易にふせぎ、致命的な傷を受けることはないでしょう。しかし、いまだその使用法を伝授すべく試みるための時間はございます。もしあなたが熱心にその練習にはげむならば、わたしたちの指揮官であるキリストが勝利者となって欣喜雀躍するあなたをこの陣営から連れ出して天上のエルサレムへ導くようになることをわたしは固く信じています。そこには戦いの騒動も全くなく、不滅の平和と完全な静けさがありますが、ここにいたるまでは救いのすべての希望はこの刀剣にかかっているのです。

第四章　汝自身を知ることが知恵の根本である。二重の知恵、つまり真の知恵と偽りの知恵について

したがって平和こそこの世を愛する者たちでさえその努力のすべてを傾けるあの最高善でありますが、すでに語られたように彼らは偽りの平和に向けられているのです。哲学者たちも彼らの信条に追随する人たちに平和を間違ったやり方で約束したにすぎません。というのはキリストだけが平和を与えたもうのであって、それをこの世は与えることができないからです（ヨハ一四・二七参照）。この平和に達するには一つの手段しかありません。つまりわたしたちが自己自身に対して戦いをすること、わたしたちの悪徳と激烈に戦闘を交えることがそれです。実際、わたしたちの平和である神はこの敵たちに対してとうていなだめられないような嫌悪をもって抗いたまいます。なぜなら神の本性は徳そのものであり、またすべての徳の生みの親にして創始者なのですから。

ところが、あらゆる種類の悪徳を寄せ集めた混合物は、徳の最も強力な弁護者であるストア派によって、「愚かさ」と呼ばれ、わたしたちの聖書では「悪意」と言われています。同様にあらゆる点からみても絶対的な正しいことは双方により「知恵」と名づけられております。だが知者の格言によれば（知七・三〇）知恵は悪意を征服していないでしょうか。悪意の父にして君主はかの暗闇の支配者ベリアルなのです。ベリアルの指導に従うも

のはだれでも夜中にさ迷って永遠の夜に向かい急ぐのです。それに反して知恵の創始者にしてまさに知恵そのものであるのはキリスト・イエスであって、彼は真の光、世の愚かさの夜を追い払うお方、御父の栄光の輝きであって、パウロの証言にしたがえば、キリストにあって再び生まれたわたしたちのために贖いと義ともなりたまい、こうして知恵ともなられたのです（Ⅰコリ一・三〇）。パウロは「わたしたちは十字架につけられたキリストを宣べ伝える。キリストはユダヤ人には躓きであり、異邦人には愚かであるが、ユダヤ人とギリシア人のなかから召された者たちにとっては神の力にして神の知恵である」（Ⅰコリ一・二三―二四）と語っています。わたしたちもまたキリストの模範にしたがい神の知恵により、ただわたしたちがその方のおかげで勝利するであろう方にあって賢明になりさえするならば、不倶戴天の敵なる悪意から勝利をとり返すことができるのです。

あなたは虚偽に満ちた口実により愚かな者たちに自分を吹聴する現世の知恵を蔑視して、この神の知恵をかたくとらえなさい。なぜなら、パウロにしたがえば、真に賢明になりたい人が忘却すべきである地上的な知恵にまさって神のみ許にあって純然たる愚かさはないからです。彼は言います、「もしあなたがたのうちでこの世において知者であると思う人がいるなら、その人は知者となるために、愚か者となるがよい。なぜなら、この世の知恵は神のみ許にあっては愚かであるから」（Ⅰコリ三・一八―一九）と。そのすこし前には次のようになっています。「わたしは知者の知恵を滅ぼし、賢い者の分別を退けよう、と実際書かれている。知者はどこにいるのか。律法学者はどこにいるのか。この世の判事はどこにいるのか。神はこの世の知恵を愚かにされたではないか」（Ⅰコリ一・一九―二〇）と。

もうすでにあの愚かしい知者どもや盲人の手をひく盲人たちが、あなたに向かって憎々しくがなり立てているのをわたしは疑いません。彼らは、あなたがこの世の知恵を捨ててキリストに対してそなえているがゆえに、あなたが気が狂っている、分別がない、精神が錯乱している、と声高に呼んでいます。こういう人たちはたかだか名前だけのキリスト教徒にすぎず、その他の点ではある時はキリストの教えをあざ笑う者らであり、ある時はキリストの教えに戦いを挑む者らなのです。彼らのおしゃべりがあなたを動かし不安にすることがないようにしなさい。彼らの憐れむべき不明は模倣すべきものであるよりもむしろ嘆き悲しむべきものです。

実際、ばかげたつまらない事柄において、否恥ずかしいことに関しては明敏にして世知にたけていながら、ただわたしたちの救済に関係している事柄に関しては家畜よりも理解力がないということは、どんなに転倒した知恵でしょうか。パウロはわたしたちが賢明であるように、しかしそれは善に関してであって、悪に関してはうとくあるように欲しています（ロマ一六・一九）。ところが彼らは不正な行為を実行するにあたっては賢明であっても、善い行為を実践することを知らないのです。そしてあの雄弁なギリシア詩人〔ヘシオドス〕が、みずから自己を洞察もせず自分に正しい忠告をしてくれる人に聴き従うこともしない人を、全く役立たない人物だと評価する[27]場合、もっとも恥ずべき仕方で分別を欠いているのに、すでに正気に立ち戻った人たちを攪乱し、嘲笑し、おどして追い払うことをやめないような人たちがいったいどんな部類に入れられるでしょうか。かえって嘲笑する者が嘲笑されるのではないでしょうか。反対に天に住みたもう方は彼らを嘲笑したもうでしょう。また主は彼らを嘲弄したもうでしょう（詩二・四）。あなたは知恵の書で次のように読むでしょう、「彼らは彼を見て侮るであろうが、神は彼らを嘲弄したもうであろう」（知四・一八）と。

悪人どもからあざ笑われることはほぼ称賛されることに等しいのです。わたしたちのかしらなる〔キリスト〕および使徒たちと競うことはたしかに名誉なことです。とはいえ神によって嘲笑されることはまことに戦慄すべきことであります。知恵は言います、「わたしもまたあなたがたが破滅に陥るとき、あざ笑うでしょう。またあなたがたが恐れていたものがあなたがたに到来するとき、嘲弄するでしょう」（箴一・二六）と。すなわち、あまりにも遅くなってから目覚めた人たちは「これらの人たちはわたしたちがかつてあざ笑い、軽蔑の対象にした人たちです。愚か者のわたしたちは彼らの生活を狂気と思い、彼らの終わりを名誉なきものと考えていました」（知五・三―四）と言うでしょう。

そのような知恵は動物的であるし、ヤコブが言うように、悪魔的でもあり、神に敵対的です（ヤコ三・一五、フィリ三・一九）。またその終わりは破滅なのです。その知恵には危険な召使である尊大が、尊大には心の盲目が、盲目には情念の暴君が、情念の暴君には悪徳の収穫のすべてとどんな罪を犯してもよいという無拘束が絶えず同伴しています。この無拘束に習慣が、習慣に最も不幸な心の愚鈍が続き、この愚鈍によって悪に対する感覚が欠けるようになります。この感覚の麻痺した者を身体の死がおそって占領します。これに第二の死が続きます。あなたはこの世の知恵が最大の悪を生み出す母であることがお分かりでしょう。

しかしキリストの知恵について、これを世は愚かなものと考えていますが、あなたは次のように書かれているのを読むでしょう。「それと一緒にすべての善いものがわたしに来たった。かつその手をとおして無数の名誉が来たった。またその知恵がわたしに先がけて導いたゆえに、わたしはそれらすべてを喜んだ。それでもわたしはそれがあらゆる善きものの母であることに気づかなかった」（知七・一一―一二）。実際その知恵はその従者として謙譲と柔和とをもたらします。柔和はわたしたちをして神の霊を受け入れることができるようにいたします。なぜなら神の霊は謙虚で柔和な者の上にやすらうことを喜ぶからです。この神の霊は同時にあの七倍の恩恵の賜物をもってわたしたちの精神をみたしていて下さるのです。その時はじめて一切の徳の恵まれた収獲に達するのです。その収穫には祝福された果実が伴われていますが、その最も重要なものは内的な歓喜、隠れたる喜び、それに出会った人によってのみ知られる喜悦です。それは結局この世の喜びと共に消えることも取り去られることもなく、永遠の歓喜において完成されるのです。わたしの兄弟よ、この［キリストの］知恵をあなたはヤコブの忠告にしたがって燃え上がるような祈願をもって神から求めなければなりません（ヤコ一・五―六）。またある知者［の勧め］にしたがって聖書の鉱脈から宝物のように掘り出さなければなりません（箴二・四―五参照）。

しかしこの知恵の主眼点は、あなた自身を知ることであると信じなさい。古代人はこの言葉が天来のものであると信じていましたし、偉大な著作家たちはこの言葉を大変気に入りましたので、この中にあらゆる知恵の力が簡潔に含まれているものと考えたのでした。しかし、この命題はもしわたしたちの聖書と一致していないなら、その重要性はわたしたちにとって少ないでしょう。雅歌にみられるあの神秘的な求婚者がその花嫁に迫って、彼女が自己自身を認識していないなら、家の外に出てゆくように命じています。「女のうちで美しい者よ、あなたが自己を知らないなら、出て行き、あなたの群れの足跡について行きなさい」(雅一・八)。

それゆえ、だれも自己自身を十分に認識しているから自分が大いなる存在であると無謀にもうぬぼれてはなりません。だれかが自分の身体をことごとく認識しているかどうか、わたしにはまったく分かりません。また、だれであれ自分の精神の性質を認識しているでしょうか。パウロは第三の天の神秘を学ぶところにまず到達していましたが(IIコリ一二・二)、それでもなお自分自身をあえて裁こうとはしていません(Iコリ四・三)。もし自分自身を十分に知っているならば、あえて裁いていたことは確かなことです。すべてのことに判決を下すがだれによっても裁かれる必要のないほど霊的な人〔パウロ〕がいまだ自己自身をあまりにわずかしか洞察していなかったとしたら、肉的なわたしたちに何が期待されましょうか。

さらに自分の軍隊も敵の軍隊をも十分に知っていない戦士は甚だしく役立たないことは明らかでしょう。ですから人間が戦うのは人間に対してではなく、むしろ自己自身に対してであります。また、まさに自分自身の内奥から敵の戦列がわたしたちに向かって立ち上がってきます。その有様は詩人が大地から生まれた兄弟たちについて物語っているのと同じです[28]。だが、これまで友人が薄弱な相違によって敵から区別されているため、わたしたちが注意を怠っていると、友人の代わりに敵の世話をしたり、敵の代わりに友人を侮辱するような大きな危険が生じることになります。あのすぐれた指導者〔ヨシュア〕は光の天使に対してもしつこく、「あなたはわたしたちの味方ですか、それとも敵に味方するものですか」とたずねています(ヨシュ五・一三)。

したがってあなたがすでにあなた自身との戦いに従事しておられますので、またこの点であなたができうるかぎり自己自身を確実に認識していることに勝利への最初の希望がおかれていますので、わたしはあなたの肖像を板の上に描くかのようにあなたに提供したいのです。それはあなたが内的にどのようであるか、皮膚〔の外面〕においてはどのようであるかに全く精通するためなのです。

第五章　内的人間と外的人間

人間は二つあるいは三つのひじょうに相違した部分から合成された、ある種の驚くべき動物です。つまり一種の神性のごとき魂と、あたかも物いわぬ獣とからできています。もし身体についていうなら、わたしたちは他の動物の種類にまさるものではなく、むしろそのすべての賜物においてそれに劣っています。しかし魂の面ではわたしたちは神性にあずかるものであり、天使の心そのものをも超えて高まり、神と一つになることができるのです。もしあなたに身体が与えられていなかったとしたら、あなたは神のような存在であったでしょうし、もし精神が付与されていなかったとしたら、あなたは獣であったことでしょう。[29] 相互にこんなにも相違せる二つの本性をかの創造者は至福な調和へと結び合わせたのでした。だが平和の敵である蛇は不幸な不和へとふたたび分裂させたので、猛烈な激痛なしに分かれることもできないし、絶えざる戦闘なしに共同的に生きることもできません。そして明らかに（よく〔格言で〕語られていることですが）両方ともそれぞれ他者に対して耳に狼を所有している[30]〔つまり激しい争いの状況におかれている〕のです。またかの機知にとんだ小句が双方にあてはまります。

わたしはあなたと一緒に生きることができないし、
さりとてあなたなしに生きることもできない。[31]

まさしく人に知られない不和により相互に格闘し合うので〔心身の〕両者は矛盾しているようでありながらも

一つなのです。事実、身体自身は目に見えるがゆえに、目に見える事物を喜び、可死的であるがゆえに、現世的なものを追跡し、重いがゆえに下に向かって沈みます。それに反し魂は出生が天上であることを思い出して全力を尽くして上に向かって飛び立ち、地上の重荷と格闘し、目に見えるものを軽視するのです。というのは魂はそれがはかないことを知っているからです。魂は真なるもの、永遠なるものを求めます。魂は不滅であるため不滅なるものを愛し、天上的であるため天上的なものを愛します。似ているものは似ているものによって捉えられるわけです。[32] ただし魂が身体の不潔の中に全く浸されてしまっているなら、また身体との接触が生まれの高貴さから堕落させているなら話は別です。

ところであの神秘的な人物プロメテウス[33]は、わたしたちの精神に動物の断片を混ぜ入れて、このような不和の種を蒔かなかったし、始源の状態がそれを生じさせたのでもないのです。そうではなくて罪がよく一致を保っていたものの間に分裂の毒液をまき散らすことによって善なるものとして創造されていたものを悪い仕方で形を損じてしまったのです。というのは、〔罪が生じる〕以前は精神が労苦することなしに身体を支配していたし、身体の方も心に喜んでかつ自発的に服従していたからです。それに反し、いまや事物の秩序は転倒したため身体の情念が理性に対し戦いを挑んで指導権を握るようになり、理性は身体の意向に譲歩すべく強いられているのです。

それゆえ人間の心胸が内乱に満ちたような国家と比較され得るというのも無意味ではありません。このような国家は様々な種類の人間から成り立っているがゆえに、もし最高権力を一人の者が掌握し、この者が国家の安寧のほか何ものも命じないようにならないならば、欲求の分裂のため暴動と陰謀が多発してそれは崩壊せざるをえないのです。だから国家においては知恵の多い者がより多く実権をにぎり、知恵において劣る者が服従することがどうしても必要なのです。身分の最も低い平民ほど愚かな者たちはおりません。だから平民は官憲に服従すべきであって、国権を司ってはならないのです。少なくとも会議においては最良の〔資質の〕者もしくは年老いている者に聴いて従わなければなりません。しかもなお決定する場合の判断は一人の王の掌中に残っているようにしておかなければなりません。むろんたびたび王に忠告しなければならないにしても、それでも王が〔他の人により〕強制されたり指導権を握られたりすることはふさわしいことではありません。他方、王自身は法にのみ従い、法は公正の理念に合致したものです。ところがもし役割が逆になって野蛮な群衆と、暴動をねらうあの市民のかすが、年寄りたちに対して指導権を握ろうと努めるならば、あるいは領主たちが王の支配を無視するならば、そのときには同時に危険な反乱がわたしたちの国家に生じているのです。そしてもし神の独占的統治により急ぎ助けられなければ、最悪の破滅へと国家社会は向かうようになります。

しかし人間においては理性が王の役割を果たしています。あなたは情念のあるものを――それは身体的ではあっても、しかし同時に下劣なものではない――貴族として考えてもよいでしょう。この種の高尚な情念には親に対する生まれながらの敬愛、兄弟姉妹への愛、友人に対する好意、不幸な人たちに対する憐れみ、不名誉に対する怖れ、名声に対する欲望、およびその他類似のことが属しています。それに対し理性の命令にできるかぎり対抗し、最悪のことには家畜の卑しさにまで転落している人たちの心の運動を、平民の最も下等なかすのごときものと考えなさい。これに属するものには情欲、放蕩、嫉妬とそれと類似した心の病があり、これらは最後の一つにいたるまでことごとく不潔で野卑な奴隷のようです。ですからもし彼らにできるならば主人によって指図された仕事と行動とを達成するように、またもしそれができないなら、少なくとも何ら実質的な損害を与えないように獄舎に閉じ込めなければなりません。

天啓によってこれらすべてを理解していたプラトンは『ティマイオス』において神々の子供たちが自分たちの像にしたがって人間のうちに二種類の魂を作製したことを書き記しています(34)。その一つは神的で不滅な魂であり、他方は可死的なもののようであり様々な騒乱に服しています。その第一のものは快楽であり、（プラトンが言っているように）悪を誘う好餌です。次に来るのが憎悪であり、これは善いものからの逃走とその妨害なのです。その次に来るのが愚かな相談役たる恐怖と無謀とです。これらに火を注ぐのは抑制しがたい怒りです。これに続くのが魅惑的な希望ですが、それには非合理的感情とすべてを略奪する愛欲とが伴われているのです。

これらは大概プラトンが用いた言葉であります。彼はこの種の騒乱〔を起こした情念〕を抑制することに人生の幸福が成り立つことに気づいていなかったのではありません。なぜなら彼は同じ書物の中でこのような情念に打ち勝った者たちは正しく生きるが、それによって征服されてしまった者たちは不正に生きると書いているからです。また彼は神的な魂のために、つまり理性のために、あたかも王のためであるかのごとく、大脳のなかにわたしたちの都市の城塞におけるように居所を定めました。この大脳というのは明らかに身体のもっとも高い部分にして天にもっとも近くその上獣的なところがすこしもありません。なぜならそれは非常に微細な骨からできており、腱や肉によってではなく、内的にも外的にもはるかに強化された感覚によって満たされています。そのためいわば知らせを伝達する感覚によっては国家共同体のうちに暴動が勃発することはないでしょう。なぜなら理性は、このことをただちに探知することができないからです。

ところでプラトンは可死的な魂の諸部分、つまり情念を、それぞれ人間に従順であるかそれとも障害となっているかに応じて理性からの距離を定めます。なぜなら彼は首と横隔膜のあいだに、勇気と怒りに関係している魂の部分をおいており、それらは明らかに反乱をおこしやすく、たしかに抑制すべきである情念であっても、それほど野卑なものではないからです。彼はこの情念を最高のものからも最低のものからも適度の距離をおいて分けています。それというのもあまりにも近づきすぎることによって王の静寂を乱したり、腐敗した最低の平民と接触することによって同時に平民と結託するようにならないためなのです。

さらにプラトンは食物や飲み物を求めまたウェヌスに向かって駆り立てられる欲望の力をもっと遠くの心胸の下の方に、王座からずっと離れた肝臓と下腹部へと追放しました。それはある種の野獣や抑制のきかない動物のように、そのところで家畜小屋に入れて住まわせるためです。というのは、この欲望はもっともはげしい衝動を惹き起こし、上長の指図をすこしも聴き入れないのが常であるからです。この獣的で反抗的な最低の部分、あるいは欲望がとくに独裁的な支配を獲得しているかの身体の恥ずべき部分は、〔理性なる〕王の抗議も空しく、欲望が恥知らずの衝動でもってすべての肉体をあげて反抗をたくらんでいるということの警告となり得るのです。

天上界において神的な存在であった人間がここでは明らかに家畜になりさがっていることをあなたはたしかに理解なさっておいでです。しかし、いと高き城塞を指揮下におくかの神的な助言者は、自分の〔神的な〕起源を想起して、下劣なものや卑しいものを考えたりしていません。彼は〔そのたずさえている〕象牙の笏で見分けられます。なぜなら彼は正しいことだけを命じるのですから。天に向かって飛翔し地上のものを鋭い目でもって見下ろすというわけで、その笏の先端には鷲の徽章が付いているとホメロスは書いています[35]。最後に彼は黄金の冠でもって飾られています。なぜなら、黄金は神秘的な書物において大抵知恵を意味し、〔冠の〕環の方は完全を、またあらゆる側面からみて欠けのない完璧を意味しているからです。

王たちに固有の賜物は次のものです。第一に、彼らが誤謬によって罪を犯さないため、可能なかぎり賢明であること、次に心の判断にさからい間違ってまた悪しき仕方で何か行為しないため、正しいものだけを意志することです。これらのことのいずれかを欠いている者をあなたは君主ではなく盗賊とみなすようにしなさい。

第六章　情念の相違について

しかしわたしたちの王は、神により刻み込まれた永遠の法のゆえに苦しめられることがありましても、〔反乱を起こした民に〕抗議したり抵抗したりしないほど、壊敗されることはありえません。その他の民が王に服従するような場合でも、彼は決して後悔すべきことも破滅的なことも惹き起こしたりしないで、最高の節制と最大の静寂さをもって万事を司るでしょう。

しかもストア派とペリパトス学派とは情念に関して相違した考えをもっているとはいえ、理性により人は生きるべきであって、情念により生きるべきではないという点で相互のあいだで意見が一致しています。ところでストア派が好んで主張しているのは、あなたが感覚によってとくに刺激される情念を、あたかも教師のように用いることです。そして追求すべきものと避けるべきものとを判断し間違いなく識別するようにあなたが到達してから、あなたが情念を完全に放棄するということです。なぜなら、実際、情念は知恵に到達するのに役立たないだけでなく、また有害でもありますから。それゆえストア派の人たちは、完全な知者たるものがこの種のすべての衝動から、ちょうど心の病から脱するように、自由となっていることを欲しています。またあるストア派の人たちは理性に先行するかの始源的なより人間的な衝動——彼らはこれを幻想(ファンタジア)と呼んでいる——を知者にほとんど認めておりません。

それに対しペリパトス学派は情念が根絶されるべきではなく、抑制されるべきであると教えています。というのも情念のうちのあるものは、たとえば怒りが勇気に、妬みが勤勉に、同様に他のものも向けられるように、徳に向かう一種の誘因また奨励として生まれながら与えられているがゆえに、役立つと彼らは考えているからです。しかし、ソクラテスはプラトンの『パイドン』において哲学とは死の修練にほかならない、つまり精神ができるかぎり自己を物体的で感覚的世界から遠ざけて、感覚ではなく理性によって把握されるものへと向けることである、と考えるとき(36)、間違いなくストア派と同じ意見であるように思われます。

したがってまず初めに心の衝動のすべてが認識されなければなりません。次に理性によって抑制され徳の方に向けられえないほど激烈な衝動はないことを知らなければなりません。実際、わたしは自分が悪徳へと強いられるというような災いに満ちた意見をいたるところで耳にしています。他方、自分自身についてよく知っていない人たちは、理性の代わりにこの種の衝動の命令にしたがい、またそれのみならず怒りや妬み〔の情念〕が刺激するものを神に対する熱愛だとさえ呼んでいます。しかもある国家の方が他の国家よりも暴動が起こりやすいように、ある人の方が他の人よりも徳にいっそう傾きがちなのです。この相違は精神の差異に由来しているのみならず、また天体の影響に、あるいは祖先に、あるいは教育に、あるいは体質そのものに由来しています。

ソクラテスが描いたあの「御者および良い馬と悪い馬」の物語[37]は老母のたわごとではありません。すなわちある者たちはほどよい天賦の才能をもって生まれて来ており、御しやすく従順であるため、なんの苦労もなく徳にまで教化され、その上拍車をかけることなしに先に立って走ります。それに反し、他の者たちは、調教しがたく、すぐに襲いかかって蹴る馬のように、反抗する身体をもっているため、調教師は汗水たらしてもっとも荒々しい手綱さばきと棍棒および拍車によってかろうじてその狂暴さを強制的におさえるほどなのです。

このようなことがはからずもあなたに生じるとしても、あなたはさらに落胆しないで、かえってあなたにとり徳への道がさえぎられているのではなく、より豊饒な徳の資源があなたに提供されているというように考えて、それだけいっそう熱烈に努力しなさい。あなたが偶然良い心情を得ていたとしても、このことのゆえにあなたがすぐに他の人よりも良いのではなく、ただいっそう幸運であるにすぎません。しかし他方幸運なだけ、それだけ多くの義務に拘束されているのです。しかし、だれがいったい格闘しなければならない多くのものを山ほどもっていないほど、天性において幸運でしょうか。

それゆえ混乱が起こりそうだと強く感じられるところでは、王はできるかぎり注意を払わなければなりません。ある種族に不誠実が、他の種族には放蕩が、また他の種族には好色がそれぞれ固有〔の悪徳〕であるように、ある種の悪徳はほとんど種族に土着のものであると人々は主張しています。またある種の悪徳は体質に付随しています。たとえば女好きと快楽への愛好とは多血質な人に付随しているように、怒り、大胆不敵、誹謗は胆汁質な人に、怠惰と惰眠は粘液質な人に、妬み、憂愁、辛辣は憂鬱質な人に付随しています。いくつかの悪徳は年とともに衰えたり、あるいは強くなったりします。たとえば青年時代には性欲が強くなり、同じく浪費、軽率もそのようになりますが、老年に入ると吝嗇（りんしょく）・我意・貪欲が優勢になるのです。さらに大胆不敵が男に属し、虚栄心と復讐心とが女に属すように、ある悪徳は性に生まれつき属しているように思われます。

しかしながら自然があたかも調停するかのように、全く対立したある長所でもって心の病をつぐなうということが生じています。ちょうどここにいるこの人は快楽の方に傾きがちではあっても、決して短気でなかったり、妬み深くもない〔といった具合です〕。もう一人の人はまことに貞淑であるが、いくぶん高慢であり、怒りっぽく、けちくさいのです。ある不自然で運命的な悪徳によって強く動かされている人たちもいなくはないのです。つまりそれは窃盗、聖物冒瀆、殺人であって、これに反対してあらゆる努力が傾注されなければならないし、彼らの襲撃に対して確実な計画にもとづく破壊されることのない城壁を築かねばなりません。

他方、いくつかの情念は徳にとても近いため、両者の区別が曖昧になり、わたしたちが欺かれるという危険があります。これらの誤りは正され、最も近い徳の方へ適宜転換されなければなりません。たとえば激怒しやすいある人が自分の心に手綱を当てがうならば、彼はいっそう潑剌となり、活気にあふれ、すこしも怠惰でなく、自由で率直となるでしょう。他の人がすこしだけ貪欲であるとしましょう。この人は理性を使用すべきです。そうすれば彼は役立つものになることでしょう。同じく、卑屈にもおべっかを使いやすい人は快活にかつ愛想がよくなるでしょう。厳格な人は冷静な人になるでしょう。人よりも憂鬱な人は真剣になるでしょう。無駄話をしやすい人は協調的になるでしょう。まったく同じ仕方で心のより軽い病についても言えるでしょう。

しかしわたしたちは憂鬱を重厚と、頑固を厳粛と、妬みを熱愛と、貪欲を節約と、追従を親切と、道化を機知とそれぞれ呼び、こういうふうにして実質上悪徳であるものを徳の名前でもっておおい隠すことのないように用心しなければなりません。

したがって幸福にいたる唯一の道は次のごとくです。まず第一にあなたが自己自身を知ることです。次に、あなたは何かを情念にしたがってではなく、理性の判断にしたがって行うことです。さらに理性が健全であって、洞察深くあって欲しいです。つまりただ徳義だけを目指しますように。

しかしあなたは言うでしょう。「あなたが忠告なさることは困難である」と。だれがそれを否定するでしょう。

プラトンの格言、つまり「美なるものは同時に困難なものである」[38]はたしかに真実です。自己自身を征服することにまさって勇敢なことはないし、幸福にまさる大きな報酬はないのです。このことをヒエロニュムスが、他のすべてにおいてもそうですが、大変明瞭に指摘しています。「天国が約束されているキリスト教徒にまさって幸福なものはいません。日々生命の危険にさらされている者にまさって労苦しているものはいないのです。悪魔を征服する者にまさって勇敢なものはいません。肉に征服される者にまさって無力なものはいないのです」[39]。もしあなたが自分の力を正確に測るとしたら、肉を霊に従わせるにまさって困難なことはないでしょう。しかしもしあなたが援助者として神を仰ぎ見るとしたら、それにまさって容易なことはないでしょう。あなたはただ断固とした心でもってこの完璧な生活の計画を受け入れなさい。また受け入れたものを実行すべくはげみなさい。人間の心が自分自身にはげしく命じたものでかつて実現をみなかったようなものは何もないのです。キリスト教の重要な部分は心を尽くしてキリスト教徒となろうと意志することです。初めに克服しがたいと思われるであろうものは、進行してゆく間にずっと近づきやすくなり、経験によってらくになり、習慣になることによってついに喜びとなるでしょう。次のヘシオドスの言葉はあまねく知られています。

徳の路の初めは険しくとも、
頂上に登攀せしあかつきは、
確かな平和汝を待たん。[40]

動物のなかで人間の世話によって馴らされることができないほど野蛮なものはいません。ところですべてのものを調教する〔人間の〕精神を馴らす方法はないのでしょうか。あなたは身体的に健康になるために、医者の処方にしたがって数年のあいだ節制し、恋愛の女神ウェヌスから遠ざかるように自分に命じることができます。ところが生活全体を静寂にすごすため、創造主なる神が命じておられることを、あなたは僅かな月日のあいだも情念に対して命令することができないのですか。身体を病から遠ざけるためにあなたはすべてのことをなしているのに、身体と魂とを永遠の死から引き離すために、異邦人でさえもなしたことをあなたはなさないというのですか。

第七章　内的人間と外的人間、および聖書による人間の二部分について

わたしはキリスト教徒たちがもっている名称を本当に恥じております。というのはキリスト教徒の大部分はもの言わぬ家畜のように自分の情念に仕え、とりわけこの情念との戦いに訓練を積んでいないため、理性と激情との差異さえも知らないからです。人間とは彼らが見たり感じたりするものから成り立っているにすぎないと考えています。彼らはたしかに感覚によって確定されるものしか存在しないと考えるのです。実際はこうしたものより存在の低減しているものはないのです。自分たちが熱心に欲求するものは何でも正当なものだと彼らはみなしています。暗くなった理性が情念の呼びかけるところならどこへでも、何らそれに逆らうことなく、従っているかぎり、彼らは確実な、またきわめて嘆かわしい奴隷状態を平和と呼んでいるのです。

このような平和は悲しむべきものであり、それを取り除くためにキリスト、真理と平和を一つになした真の平和の創始者なるキリストは来たりたもうたのです。キリストは父と子のあいだに、夫と妻のあいだに、恥ずべき一致が間違って和合させた事柄のあいだに、救いに導く戦いを起こしたもうでしょう。しかし、たとえ同じ言葉ではないにせよ、同じ事柄がすべて聖書の中に指示されていないならば、哲学者たちの権威はすでに価値が低くなっているでしょう。哲学者たちが理性と呼んでいるものをパウロはある時は霊、ある時は内的人間、またある時は心の法則と呼んでいます。彼らが情念と呼んでいることを彼は時には肉、時には身体、時には外的人間、ま

た時には肢体の法則と呼んでいるのです。

パウロは言います、「御霊によって歩きなさい、そうすれば肉の欲望を遂げることはないでしょう。なぜなら肉は御霊に反して欲し、御霊は肉に反しているから。こうしてあなたがたの欲することをすべて実行することはできないでしょう」（ガラ五・一六―一七）と。また他の箇所で言っています、「もし肉にしたがって生きるなら、あなたがたは死ぬでしょう。しかし霊によって肉の働きを殺すならば、あなたがたは生きるでしょう」（ロマ八・一三）と。たしかに事態の新しい変化は戦いの中に平和が、平和の中に戦いが、死の中に生が、生の中に死が、隷従の中に自由が、自由の中に隷従が探求されているということであります。なぜならパウロはまた別の箇所で「わたしは自分の身体を懲らしめて、強いて服従させる」（Ⅰコリ九・二七）と書いているからです。自由が次のように語っているのを聞きなさい。「もしあなたがたが霊によって導かれるなら、あなたがたは律法の下にはいない」（ガラ五・一八）。また「わたしたちは再び恐れをいだかせる隷従の霊を受けたのではなく、神の子たる身分を授ける霊を受けたのです」（ロマ八・一五）。同じく他のところで「わたしの肢体には他の律法があってわたしの心の法則と戦い、わたしの肢体の中にある罪の法則のうちにわたしをとりこにしているのを見る」（同七・二三）と語られています。あなたはパウロにおいて外的人間が壊敗しており、内的人間が日ごとに更新されていることをお読みになるでしょう。

プラトンは一人の人間の中に二つの魂をおいています。パウロの方は同じ人間の中に二つの人間を創造していますが、この二つの人間は両者とも大変密接に結びついているため、栄光においてもゲヘナにおいても将来他なしには存在しないほどなのです。しかし再び両者とも全く分裂しているため、一方の死は他方の生であるほどです。パウロがコリントの信徒への手紙で次のように書いていることはこのことに関連しているものとわたしは考えます。すなわち「最初の人アダムは生ける魂となった。しかし最後のアダムは生命を授ける霊となった。ところで霊的なものが最初にあったのではなく、生物的なものがあり、その次に霊的なものがあったのです。最初の人は地から出て地上的であり、第二の人は天から出て天上的です」（Ⅰコリ一五・四五―四七）。この言葉が単にキリストとアダムに関するのみならず、わたしたちのすべてに関わっていることをいっそう明らかにするために、パウロは次のように付け加えています。「この人が地上的であるように、わたしたちも地上的であり、あの人が天上的であるように、わたしたちも天上的であります。したがってわたしたちが地上の姿をたずさえてきたならば、わたしたちは天上の姿をたずさえましょう。だが兄弟よ、わたしはこのことを言っておきたい。肉と血とは神の国を継がないし、朽ちるものが朽ちないものを継ぐことはない、と」（同一五・四八―五〇）。

パウロが他のところで肉的で外的な人間――それは朽ちゆくものです――として語っていたものが、ここでは地上的なアダムと呼ばれていることをあなたは明らかに理解しておられます。この地上的アダムこそたしかに死のからだであって、それにより苦しめられたパウロは「わたしは何と不幸な人間でしょうか。だれがこの死のからだからわたしを救い出してくれるでしょうか」（ロマ七・二四）と叫んだのです。さらに彼は他の箇所で肉の実と霊の実との大変な違いを説明して次のように書いています、「自分の肉にまく人は肉から滅びをも刈り取るが、霊にまく人は霊から永遠の生命を刈り取るでしょう」（ガラ六・八）と。

したがって、このことはヤコブとエサウという双子のあいだの古い不和でもあります。彼らは生まれて日の目を見る前にも母の胎にすでに閉じ込められていながら、たがいに格闘しました。エサウの方が出生においては先であったのですが、ヤコブは［イサクの］祝福を先に奪い取りました。肉的なものが先ですが、霊的なものの方がより強いのです。一方は赤くて毛でおおわれ、他方は柔らかでありました。一方は落着きがなく狩人であったのですが、他方は家庭的な平穏を喜んでいました。そしてエサウは飢えたとき長子の特権を売ってしまったのです。すなわちつまらない快楽の約束に誘惑されて、生まれながらの自由から罪の隷従へと転落して行ったのです。しかしヤコブは法律上定められていなかったものを、寵愛を得ようとする策略によって自分のものとしています（創二五・二二―二七、二七・一―二七）。

この兄弟の間には、たとえ同じ母胎から生まれたとはいえ、たとえ双生児であったとしても、完全な和合は一度も実現しませんでした。なぜならエサウはヤコブを憎み、それに対してヤコブは応報的に憎しみに応じないにしてもエサウから逃れ、いつも疑い深く彼を見て、信頼していないのですから。あなたもまた情念が刺激するものを、その張本人に対する信頼の疑わしさゆえに、疑い深く見るべきです。

ヤコブだけが主なる神を見つめています。エサウは残忍であったので剣によって生きています。母親がついに主に尋ねたとき、主は「兄は弟に仕えるであろう」（同二五・二三）と答えました。しかし、父親は付け加えて「あなたはあなたの兄弟に仕えるでしょう。しかし時が来て、あなたは彼の軛（くびき）をあなたの首から振り落とし解き放つでしょう」（同二七・四〇）と言いました。主は敬虔な人たちについて予言しておられ、父親の方は救いがたい人たちについて予言しているのです。前者はすべての人がなすべきことを明らかに示し、後者はたいていの人が行うであろうことを予告しています。

パウロは妻がその夫に従うように欲しています。「なぜなら男の不作法のほうが女性の親切よりもより良いから」（シラ四二・一四）です。肉的な情念はわたしたちのうちなるエバであり、彼女の目を日ごとにかの老獪な蛇がそそのかしています。彼女は堕落したとき男が悪を共有するようにそそのかそうと企てています。しかし、新しい〔生まれ変わった〕女について、つまりその夫に従順である彼女についてあなたは何を読むのでしょうか。「わたしはおまえ（つまり蛇）と女とのあいだに、またおまえのすえと女のすえとのあいだに敵意をおこう。彼女はおまえのかしらを砕き、おまえは彼女のかかとをつけねらうであろう」（創三・一五）。蛇は投げ倒されて胸を打ちました。キリストの死が彼の襲撃を砕いたのです。彼はただひそかにかかとをねらうだけなのです。しかもなお信仰の恩恵により女戦士となった女は毒のある〔蛇の〕かしらを大胆に砕くのです。恩恵は増大し、肉の支配は減少しています。

サラの力が弱くなったとき、アブラハムは創造主なる神によって強大となりました。彼女はいまや彼を夫と呼ばないで、主人と呼んでいます。しかし彼女は女の〔月の〕ものが終わってしまうまでは子を生むことがゆるされていなかったのです。彼女は老婦人となり、もう子を生む力もなかったとき、いったい何を実際その主人であるアブラハムのために生んだというのですか。たしかにイサクはすなわち歓喜であります。情念が衰えてしまったときはじめて、かの罪のない心の幸福な静寂と、永続する饗宴のような精神の平和とがついに始まるのです。

そしてちょうど父アブラハムがその妻に対して寛大ではなかったように、子供たちのもとでイサクとイシュマエルとが秘かに通じ合っていることに疑いの目を向けていません。彼は自由な女の息子がそのような年齢のときにはしための子と交わることを欲していません。〔つまり〕青春がいまだたぎっているあいだ、イシュマエルが目に見えないところに遠く追放されることを欲しています。それは彼が見せかけの愉悦によってさそいだして息子のイサクを彼の習慣へと誘惑することがないためです。アブラハムはもう老いていたし、サラも年とった婦人となっていました。そしてイサクもすでに生まれていたのです。神のお告げにより妻の忠告の真なることが証しされなかったならば、彼は依然としてその忠告に疑いをいだいたのでした。主なる神から「サラがあなたに言うすべてのことで彼女の言葉を聴き入れなさい」（同二一・一二）ということばを聞くまで、彼はその夫人を信用していませんでした。かの地上的人間が霊に対して何の面倒をもかけないように、いち早く夭逝したような老人は、なんと幸福なことでしょうか。

現世においてはあらゆる点から見て完全なる〔霊と肉の〕一致が人間に生じるかどうかをわたしはむろん言うことができません。そうしてもおそらく何の役にも立たないでしょう。というのはパウロでさえ彼を拳で打つサタンの使いである肉体のとげが与えられ、三度も主に祈り求めて、自分からそれが取り除かれるように願ったのですが、彼が聞いたのはただ「パウロよ、わたしの恵みはあなたに対して十分です。というのは力は弱さの中に完成されるのですから」（IIコリ一二・九）ということにすぎなかったからです。たしかにこれは新しい救助策です。つまり、パウロが高慢にならないため、高慢によって試みられ、またキリストのうちに確実にとどまるため、彼自身において弱くなることを強いられているのです。実際、彼は土の器の中に天上の啓示の宝をたずさえておりました。「それは崇高なものは神の力のうちにあって、わたしたちから生じたのではない〔ことがあきらかになる〕ためです」（同四・七）。

使徒のこの一つの実例はわたしたちに対し同時に多くのことを警告しています。まず第一に、わたしたちが悪徳によりそのかされる場合、ただちに繰り返し祈って神の助力を嘆願しなければなりません。次に、さまざまな試練は完全な人たちにとり、時には危険なものではないばかりか、徳の見張りをするためにも必要でさえあります。終わりに、その他〔の情念の〕すべてが完全に征服されたときには、中間的な徳(41)においてもただ空しい栄誉を求める悪徳がその人をつけねらい、あのいつまでも生き続ける怪物へラクレスのヒュドラのように傷を受けることによって強大になり、あらゆる努力を傾注し尽くし〔て退治し〕た最後の最後においてもついに征服されることはほとんどありえません(42)。しかし休みない努力はすべてを克服します(43)。ところで激烈な騒乱によって心が動揺しているあいだは、あなたはあらゆる手段をもってあなたのこのプロテウスをおさえつけ、攻め悩まし、おどし、強い鎖でしばりあげなさい。彼はその間に、

様々な事物の不思議な姿に自らを変形させて
火、恐ろしい野獣、流れゆく河(44)

と成り、ついに自然本来の姿にまでもどるのです。ところで何がいったい愚か者たちの情念と欲望ほどプロテウス的なものがありましょうか。愚か者は自分をあるときは猛獣のような欲情に、あるときは野獣のような怒りに、あるときは毒をもった妬みに、あるときは、あるいはその、またあるいはこの、身の毛のよだつ悪徳に引きずり込むのです。もっとも博識な詩人が次のように語っていることは彼らに見事に的中していないでしょうか。

様々な姿が野獣の仮面をつけてあなたをもて遊ぶ。
それは突如として恐るべき豚、意地悪い虎となり、
鱗状の龍、首が黄色のライオンとなる。
あるいは焔のぱちぱちという響きを立てる。(45)

しかし、これに続く言葉をここで記憶しておきなさい。

しかしプロテウスがあらゆる形へと自らを変えるなら、
あなたはますます強い鎖で腰を締めよ。(46)

たしかにわたしたちが詩人の物語にふたたびもどらないために、聖なる族長ヤコブの模範にしたがって神の援助の曙光が明けそめるまで夜どおし続けられた格闘に絶えず立ち向かいなさい。そしてあなたは「わたしを祝福して下さらないなら、あなたを去らせません」(創三二・二六)と言いなさい。

あの最も力ある格闘者〔ヤコブ〕が自分の徳の報酬として何を入手したかは聞く価値があります。この同じ場所で彼はまず神の祝福を得ています。というのは、試練が克服されるとその後で常に神の恩恵が著しく増加して人間に付け加えられるからです。この恩恵によって敵がこれより加えるであろう攻撃に対しこれまでよりもはるかに強力に防衛されているのです。次に、〔主がヤコブの〕ももに触れると、格闘の勝利者の筋の力がおとろえてしまい、彼は片方の足で跛行(はこう)しはじめました。神は預言者の口をとおして両足で跛行する者たちを、すなわち肉にありながら同時に神に喜ばれようとする者たちを呪いたまいます(王上一八・二一参照)。また彼らは実際

両者を間違った仕方で試しながら、両方において跛行を惹き起こしています。しかしながら、神が肉の情念に触れたもうことにより、それが死滅している人々は幸福です。彼らはとくに右足つまり霊の足に寄りかかっています。おわりに、彼の名前は変えられました。すなわちヤコブからイスラエルとなり、格闘する者から平和な人になっています（創三二・二五―三二）。もしあなたが自分の肉を抑制し肉を悪徳と情欲とともに十字架につけてしまったならば（ガラ五・二四）、困難なしに平静と休息とにあなたは到達するでしょう。こうしてあなたは自由になり、主を観るでしょう。あなたは主を観て楽しむことでしょう。なぜなら、主は甘美でありたもうから（詩三六・九）。実際、この〔神を観るという〕ことがイスラエルの意味なのであります。

しかし主は火の中にも暴風の中にも試練の喧騒の中にも観られません。かえって悪魔のあらし〔の攻撃〕に持ちこたえさえすれば、それに続いて霊的慰めの細い静かな息吹が到来します（王上一九・一二）。そしてこの息吹が柔らかくあなたに吹き込まれるやいなや、あなたの内なる心眼を鋭く開いてそちらに向けなさい。そうすればあなたはイスラエルとなり、イスラエルとともに言うでしょう、「わたしは主を観ました、そしてわたしの魂は救われました」（創三二・三〇）と。あなたは「すべての肉はわたしを観ないでしょう」（出三三・二〇）と語りたもうた方を観るでしょう。あなた自身を検査せよ。もしあなたが肉であるなら、あなたは主を観ないでしょう。もしあなたが主を観ていないとしたら、あなたの魂は救われないでしょう。だからあなたが霊となるように配慮しなさい。

第八章　人間の三つの部分、霊・魂・肉について

わたしたちはこれまでのところ十二分に述べてきたのですが、あなたがもうすこしだけ熟知し吟味したものとなるために、オリゲネス的人間の区分[47]を簡略に述べてみましょう。彼はパウロに倣って三つの部分を指示してい

ます。すなわち霊・魂・肉です。これら〔三部分の〕すべてを結びつけて使徒はテサロニケ人への手紙の中で次のように書いています。「わたしたちの主イエス・キリストの〔来臨の〕日まで、（使徒は言う）あなたがたの身体と魂と霊とを責められることのないよう守りたもうように」（Iテサ五・二三）と。ところがイザヤは〔三つの部分の〕最低の部分を除いて二つ〔の部分〕に言及しています。イザヤは言います、「わたしの魂は夜あなたを慕います。だがわたしの心の内なる霊によりわたしは朝早くからあなたに向かって目覚めているでしょう」（イザ二六・九）と。同じようにダニエルも言います、「義人らの霊と魂に主を讃美させなさい」（ダニ三・八六〔ウルガタ[48]〕＝アザ六二）と。

この聖書の箇所〔Iテサ五・二三〕からオリゲネスが人間の三つの区分を導きだしていることは不適当ではありません。〔1〕わたしたちの最低の部分である身体もしくは肉には、あの老獪な蛇が罪の法則を〔わたしたちの〕生まれながらの罪過により書き込んだのです。また罪の法則によってわたしたちは不品行へと挑発され、それに征服された場合、わたしたちは悪魔の一味とされるのです。〔2〕しかし神の本性の似姿をわたしたちが表現している霊の中に、最善の創造者が自己の精神の原形にしたがって、かの永遠の徳義の法を指でもって、つまり自己の霊でもって刻み込んだのです。この法によってわたしたちは神と結びつけられ、神と一つになるよう引き戻されるのです。さらに〔3〕神は第三として、またこの二つの中間として魂を立てたまいました。魂は知覚と自然の衝動に関わるのに適しています。

魂は党派によって分裂した国家におけるごとく、党派のいずれか一方に加盟しないわけにはいきません。それはあちらこちらに引きこまれます。しかし二つのうちどちらに決定しようとするかは魂の自由です。もし魂が肉を拒絶し、霊の党派に味方するとしたら、それ自身が霊的になるでしょう。しかし、もし肉の欲望に自己自身を捧げるとしたら、自分自身を身体にまで貶めるでしょう。

このことこそパウロがコリント人たちへ書いていることにほかなりません。すなわち「それとも遊女につく者はそれと一体となることをあなたがたは知らないのですか。しかし主につくものは主と一つの霊になるのです」（Ⅰコリ六・一六―一七）。パウロは人間の魅惑的な部分を遊女と呼んでいます。これこそあなたが箴言第二章で読むあの誘惑的でおべっかを使う女のことです。つまり「それはあなたが、その話す言葉がなめらかで、若き日の指導者を見捨て、その神との契約を忘れている見知らぬ異国の女から救いだされるためです。なぜなら彼女の家は死に向かって傾き、その道は地獄の方に傾いていますから。彼女のところに入り行く者はすべて帰ってくることはないし、生命の道をとらえることもないのです」（箴二・一六―一九）。また第六章には「それはあなたを悪しき女と異国の女の魅惑的な舌から守るためです。あなたの心は彼女の美しさを欲求してはいけないし、彼女の目くばせに捕えられてはなりません。というのも娼婦の価値は一片のパンにも及ばないからです。しかし女は男の高価な魂を強奪します」（同六・二四―二六）とあります。ここで娼婦・心・魂について言及されている場合、人間の三つの部分を明らかに表現しているのではないでしょうか。さらに箴言第九章には「愚かな女は騒がしく、ひどく誘惑的ではあるが、まったく何も理解していません。彼女はその家の戸口に座し、町の高いところの座席に着き、道を通り過ぎて行く人々と旅行中の人々とに呼びかけます。〈若い人たちよ！　わたしのところにおいで〉と。そして馬鹿な人に語りかけて言う、〈盗んだ水は甘く、隠したパンはうまい〉と。しかしその人はそこに怪物（ギガンテス）がおり彼女の客が地獄の深みに落とされていることを知らないのです」（同九・一三―一八）。なぜなら彼女と一体になる者は地獄に落ちることになるからです。たしかに彼女から離れる者は救われるでしょうから。

わたしはあなたにお尋ねしたいです。魂を悪行へとそそる毒をもった肉の誘惑を、あるいは霊に対して反抗する邪悪を、あるいは勝利者の不幸な末路を、どのような色合でもって［これまでの叙述よりも］いっそう写実的に描くことができたでしょうか、あるいは着色することができたでしょうか、と。

したがって霊はわたしたちを神々とし、肉は家畜とします。魂はわたしたちを人間として立たせます。霊はわたしたちを敬虔なものとし、肉は不敬虔なものとし、魂は善悪無記なものとします。霊は天上的事物を求め、肉は甘美なるものを求め、魂は必要不可欠のものを求めるのです。霊は天にまで高め、肉は地獄にまで転落させますが、魂には何も帰せられていません。肉的なものはすべて醜く、霊的なものはすべて完全であり、魂的なものはすべて中間的で無記的です。

あなたは、気のきかないまぬけなミネルウァ[49]にかけて人々が言っているように、あたかも指で〔直接〕示されるように、これらの部分の相違を明示してもらいたいのですか。わたしはそれをひとつやってみましょう。あなたは両親を尊敬し、兄弟を愛し、子供たちを愛し、友人を尊重しているとします。これらを行わないことは罪ですが、これらすべてを行ったからといってそれほど功績があるわけでもないのです。異邦人らが自然の本能により行い、家畜でも行っていることを、あなたはキリスト教徒としてどうして実行すべきでないのですか。自然本性に属していることは功績として数えられません。しかしあなたは父に対する敬愛を軽視し、子供たちに対する愛をおさえつけ、友人に対する好意を無視し、あるいは神が怒らねばならないような状況にまで転落してしまっているのです。あなたは何をなそうとするのですか。魂は岐路に立っていないのでしょうか。肉がこちらで誘惑し、霊がそちらで促しています。

霊は言います、「神は両親よりも力がある。あなたは両親にただ身体を負うているが、神にはすべてを負うています」と。肉はあなたにひそかに告げます、「あなたが服従しないなら、父はあなたから相続権を剥奪するし、いたるところであなたは悪人と呼ばれるでしょう。自分の利益と評判のことを考えなさい。神は見ていないか、眠っているか、またきっと簡単になだめられるかのいずれかです」と。

魂はあるいは途方にくれるか、あるいは動揺しているのです。〔霊と肉との〕両方のいずれに向かって方向を転じたとしても魂が近づくものが何であれ、そのものとなるでしょう。もし霊を軽蔑して娼婦なる肉に聴き従うならば、魂は肉と一体となるのです。だが、もし肉を拒否して霊に向かって高められるならば、魂は改造されて霊となります。

あなた自身をこういう仕方で賢く点検する習慣を身につけなさい。というのは自然本性に属するものをときおり何か絶対的な敬虔と考える人たちの誤謬は大きいのですから。外観はどちらかというといっそう気高くていわば徳の仮面により変装しているような情念は、注意を怠っている人たちを欺いています。

厳格な裁判官は罪人に向かって激しく怒り、自分は清廉潔白であると思っています。あなたはこの裁判官でも取調べを受けることを欲しますか。もしこの人が自分の気質を黙認し、生まれながらの冷酷さに従い、心の痛みをすこしも感じないで、ときにはおそらく満足していても、それでも自分自身に直ちに気に入ることのないために裁判官の義務から決して離れないとしたら、彼のなすことは、偏らない中立のものです。もし彼が個人的嫌悪のため、あるいは快楽のため、法を誤用するならば、彼の振る舞いはもうすでに肉的であり、人をあやめる罪を犯しているのです。だが、もし彼が匡正されかつ無傷となるようにと望んだ人が〔法により〕強制的に破滅に向けられるという理由で、心に深い痛みを感じるならば、また父が最愛の息子を切開するようまた火にかけるように命じるのと同じ心情をもって、当然受くべき罰を課するならば、彼のなすところは全く霊的であることでしょう。

たいていの人は自然の傾向性と独自な気質にしたがってある事物を喜んだり、あるいは嫌ったりしています。性的快楽によってすこしも刺激されない人たちもいます。無色中立的なるものをただちに徳性として自分のものとしてはなりません。性欲を欠いていることではなくて、それに打ち勝つことが徳性に属しているのです。他の人は断念することを喜び、ミサに出席することを喜び、いつも礼拝堂にいることを喜び、できるかぎり多くの詩編を霊において唱えることを喜んでいます。この規則にのっとって彼の行っていることを吟味してみなさい。もし彼が自分の評判と利益を目指しているならば、霊ではなく肉のにおいがただよっています。もし彼が自分の生来の傾向にのみ従って、自分の心に気に入ったものをなすならば、それは大いに満足できる理由をもつのではなく、かえって彼が恐れなければならないものをもつことになります。

あなたにとって危険なのは、あなたが祈っていて、祈っていない人を裁くことです。あなたが断食していて、食事をしている兄弟を非難することです。あなたが行っていることをなしていないすべての人よりも、あなたの方がより良いのだとあなたは思っていないでしょうか。あなたの断食が肉には関係ないように注意しなさい。兄弟があなたの助けを必要としているのに、その間にあなたは兄弟の困窮を見すごしにして神に向かい自分の祈願をつぶやいているのです。神はあなたの祈りを拒絶したもうでしょう。あなたが人間として〔その兄弟である〕人間に聞かないとしたら、いったいどうして神が祈っているあなたに聞かれることがありましょうか。もう一つの例に注目して下さい。あなたは妻を単にあなたの妻であるという名目のためだけで愛しています。あなたは何も偉大なことをなしているのではないのです。あなたはこのことを異教徒たちと共通に行っているのでありますから。あるいはあなたが妻を愛するのはあなたにとり快楽のためにほかならないのです。あなたの愛は肉を目ざしているのです。しかし、あなたが彼女のうちにキリストのみ姿を、たとえば敬虔、控え目、節制、貞淑を、認めたからこそ、とりわけ彼女を愛するときには、あなたはすでに彼女を彼女自身においてではなく、キリストにおいて愛しているのです。否、あなたは彼女においてキリストを愛しています。こうして結局あなたは霊的に愛しているのです。さてこの問題についてもっと述べたいのですが、いっそう適当なところで行うことにいたしましょう。

第九章　真のキリスト者の一般的教則

今やわたしたちは、計画したことのために、あたかも森の中に道をこしらえるように、ともかくも道を切り拓いたように思えますので、このエンキリディオン〔という小冊子〕が途方もない大冊にならないためにも、残りの仕事を急がねばなりません。ところでいわばレスリングの選手の組み方のような若干の教則を簡単に伝授するように努めましょう。それは、この教則の導きによって、あたかもダエダロスの糸の導きのように、解きがたい迷路から脱出するごとくにこの世の誤りから逃れて、あなたが霊的な生活の純粋な光に達することが容易にできるようになるためです。すべての学科には規則が欠けてはいないのに、至福に生きる仕方だけには援助する規則はないのでしょうか。たしかに徳についての或る種の学術や主義があります。それによって自分を熱心に訓練する人々には、ついに神聖な努力を援助したもうかの御霊が助けて下さるでしょう。しかし、「わたしたちから離れよ。わたしたちはあなたの道など知りたくもない」(ヨブ二一・一四)などと言う人には、自分自身が知識を拒否したのですから、神の憐れみはこの人々を見棄てるでしょう。

これらの教則は、一部は、神と悪魔とわたしたちとのペルソナから選びだされ、一部は、徳と悪徳とそれに結びついたものとの状態から選びだされ、一部は、徳と悪徳との対象から選びだされています。これらの教則は原罪の残滓(ざんし)である三つの悪に対抗するのにとりわけ役立ちます。すなわち、洗礼が罪の汚れをぬぐい去ったとしても、かつての古い病の残滓はわたしたちに依然として付着しており、ある時は謙虚を保つため、またある時は徳を訓練する材料や耕地となるために残っています。それら〔三つの悪〕は迷妄と肉と弱さです。

迷妄は無知の霞によって理性の判断を曇らせます。つまり創造者がわたしたちの上にふりそそいで下さった神の御顔のあの至純な光を、最初の両親の罪が暗くし、さらに腐敗した教育、悪しき共同生活、転倒した情念、悪徳の暗闇、罪の習慣がこうしてひどい錆でもっておおってしまったので、神によって刻みこまれた律法の痕跡はほとんど見られなくなっています。したがって(初めにわたしが言ったように)物事を選ぶに際してわたしたちが最善のものの代わりに最悪のものを求め、無益なものを価値が優っているものより先行させることにより、迷妄はたいていわたしたちの判断を暗くしているのです。

肉は情念を刺激し、そのため、わたしたちが何が最善であるかを理解していても、それと反対のものを愛するようになります。弱さは、わたしたちがひとたび自己のものとした徳を、嫌悪感や試練に負けてしまうと、放棄するようにさせるのです。迷妄は判断を損い、肉は意志を歪め、弱さは持続性を挫きます。それゆえ、第一にあなたは避けるべきものを追求すべきものから見分けなければなりません。また、それゆえに物事の選択に当たって思い迷うことのないように、迷妄を取り去らなければなりません。次に、あなたが悪だと知ったことを憎み、善を愛さねばなりません。またわたしたちが精神の判断に逆らって健全なものの代わりに魅惑的なものを愛するようなことをしないことによって、肉は打ち克たれなければなりません。第三に、あなたは良い出発点に堅く留まり続けなければならないのです。ですから徳の道に踏み入っていなかったことよりもいっそう恥ずべきことに、その道を棄てるというようなことのないように、弱さを支えなければなりません。

あなたがどこへ行くべきかを知るためには、迷妄を是正しなければなりません。認識された道からわき道へそれないように、肉を抑制しなければなりません。狭い道にあなたが入るとき、ためらったり、抵抗したり、それたりしないために弱さを勇気づけなければなりません。また、手を鋤(すき)にかけながら振り返ったりしないで(ルカ九・六二)、勇者が競い走るように(詩一九・六)、後ろのものを忘れ、前にあるものに向かって絶えず身をのばしながら、〔終わりまで〕耐え忍ぶ人たちに約束された賞与と栄冠をあなたが得るまで(フィリ三・一三―一四、ヤコ一・一二)、走るべき道を欣喜雀躍して進むためにも、弱さは勇気づけられねばなりません。

こういうわけですからこれら三つのことを実現するために、いくつかの教則をわたしたちの能力に応じて提供いたしましょう。

第一〇章　第一教則——無知の悪に対して

キリストにいたる唯一の通路は実際信仰なのですから、第一の教則は次のようなものでなければならないでしょう。あなたはキリストについて、またキリストの霊によって伝授された聖書についてできるだけよく知り、たいていのキリスト教徒がしているように、口先だけで、冷やかに、いい加減に、ためらいながら信じるのではなく、心を尽くして心中深く刻み込み、あなたの救いに関係のないものは聖書の中には全く含まれていないほどに、ゆるぎなく肝に銘じなさい。

ほとんどの人間が、あたかも天国や地獄が老婆のおとぎ話であり、子供たちをおどしたり、おびきよせたりするもの〔棒やあめ〕であるかのように、生きているからといって、あなたはそれに心を動かされてはいけません。でも、あなたは信じているのですから、急ぐことがあってはなりません。たとえこの世がことごとく狂っていて、その基盤がひっくり返り、天使らがそむいても、真理はあざむくことができないし、神が起こると予告したもうたことは起こらないことが不可能です。もしあなたが神の存在を信じるなら、神は偽りたまわないと信ずべきです。こうしてあなたが耳で聴き、目で前に見、手で触れるものも、この書物で読むものに優って真実であり、確かで疑いの余地のないものはないと徹底的に知りなさい。このことを天上界の神霊、つまり真理がそそぎ込み、聖なる預言者たちが告げ知らせ、こうして多くの殉教者らの血が証しし、すでに世々の敬虔な人々のおびただしい同意が署名されています。キリストご自身も身をもってかつ御言葉をもってこれに仕え、行状によって示したまいました。さらに奇跡がこれを明らかにし、悪魔さえもこれを信じて怖れおののいていると告白しています（ヤコ二・一九）。

最後に聖書の内容は自然の正義にこんなにも一致し、こんなにも相互に調和しており、注意して読む者を引きつけ、動かして、改造するのです。もしこれらの証拠のすべてがただ聖書の内容に一致しているなら、信じるのをためらうということは、なんと憎むべき錯乱でしょうか。またあなたは過去から将来のことを推測しなければなりません。キリストについて語ったことのなかで、なんと大きな、かつ信じがたいことを預言者たちは予告していたことでしょう。でもこれらのことのなかで何が起こらなかったでしょうか。これらのことで欺かなかったお方が、他のことで欺くでしょうか。さらに預言者たちが偽らなかったのに、預言者たちの主であるキリストが偽ったりするでしょうか。

あなたがこのような思いをもって繰り返し信仰の焰を燃えあがらせ、あなたの信仰を増して下さるように神に熱心に祈り求めるなら、あなたが長きにわたって悪しき者でありうるなど考えられません。じっさい、この一時の快楽でもって、心に感じるあの不幸な呵責のほかに永劫の責め苦をも買い取っており、他方ではその反対に敬虔な人々には一時的でほんのわずかな困苦の代償として清い良心の百倍もの歓喜と、ついには不滅の生命までも与えられるということを、ただ心の内奥で信じているなら、いったい悪徳から遠のかないほどにまで非道な人がいるでしょうか。

第一一章　第二教則（キリストに向かって歩みなさい）

したがって第一のものは神の約束に対してためらうことがないようにということです。だが次に来るものはこうです。ためらったりこわがったりしないで、確固たる決意をもって、心を尽くして、確信に満ちた、かつ（いわば）剣士のような心持ちで救いの道を取り、キリストのために財産や生命を損失する覚悟でいるということです。怠惰な人は欲したり欲しなかったりします。あくびをしている人たちに天国は与えられないで、激しく求められることを明らかに喜んでいて、激しく襲う者たちがそれを奪い取っているのです（マタ一一・一二）。そこへ向かって急いでいるあなたを愛する人たちへの情愛がひきとめたり、この世の誘惑が呼び戻したり、家庭の心配事が妨げたりしないようにしなさい。世俗的な労苦のきずなが上手に処理されることなどありえないのですから、それを断ち切らなければなりません。ですからあなたの心がいつかエジプトの肉鍋に戻らないように（出一六・三）、エジプトは捨て去られなければなりません。急いでかつ断固としてソドムのすべてを棄て去り、振り返るべきではありません。〔ロトの〕妻は振り向き、石の像に変えられました。夫にはどこかある場所に止まることは許されず、滅びたくないなら、山に向かって足を早めるように命じられています（創一九・一七―二六）。預言者はわたしたちがバビロンの只中から逃げるよう呼びかけています。エジプトからの脱出は逃走と呼ばれています（エレ五一・六、イザ四八・二〇）。徐々にかつ猶予をもって移住するのではなく、バビロンから逃走するように命じられているのです。

あなたはほとんどの人が悪徳からの逃走を引き延ばしてあまりにもゆっくり計画ばかり企てているのを見るでしょう。「この心配事から自由になれたら」とか「あれこれの仕事を片付けたら」とか彼らは言うのです。愚かな人よ、もし今日あなたの魂があなたから取り去られるとしたら、どうするのです（ルカ一二・二〇）。仕事は仕事から生まれてくるのがお分かりにならないのですか。悪徳が悪徳から誘発されることがお分かりにならないのですか。即刻とりかかればとりかかるほど、それだけなすのに容易となることを、なぜあなたは今日なさないのですか。

他の場合には注意深くあるべきですが、ここでは向こう見ずに急ぐことがとても有益です。どれくらい残そうかとあなたは計算したり考量したりしてはいけません。あなたにとってキリストお一人でこれらすべての代わりに十分となることを、あなたは確信しておられるからです。あなたは心をあげてキリストを信じることだけを断行しなさい。自分に依り頼まないよう冒険しなさい。あなたの心配事のすべてを彼に移すように敢えてしなさい。自分に信頼するのをやめ、全き信頼をもってご自分をキリストに向かって投げかけなさい。そうすればキリストはあなたを受けとめて下さるでしょう。あなたの想いを主に投げかけなさい。そうすれば主はあなたを養いたもうでしょう。こうしてあなたはあの預言者と同じように歌うでしょう。「主はわたしを導いて下さるので、わたしは乏しいことはない。主は緑の牧場にわたしを宿らせたもう。主は生命の水にわたしを伴いたもうて、わたしの魂を〔正しい道に〕転向させたもう」（詩二三・一―三）。

あなたはご自分自身を世とキリストとの二つの部分に分けようとしてはなりません。あなたは二人の主人に仕えることはできません（マタ六・二四）。神とベリアルと何のかかわりもありません（Ⅱコリ六・一五）。神は両足とも跛行（はこう）している人々に我慢できないのです。神は冷たくも熱くもなく、なまぬるい人々を吐き出します（黙三・一六）。神は非常に嫉妬深く魂を愛したもう方ですから、ご自身の血であがなったものを、お一人ですべて所有なさろうとします。

神はご自身の死をもってひとたび征服したもうた悪魔と結託することを許したまいません。ただ二つの道があるだけです[50]。一つは情念に仕えて破滅へ導く道であり、もう一つは肉を殺して生命に導く道です。どうしてあなたはご自身で途方に暮れているのですか。第三の道はないのです。あなたは欲しようと欲しまいと二つの道のどちらかを進まねばなりません。あなたが誰であれ、僅かの人しか歩まないこの狭い小道を進むべきです。キリストご自身この道に踏み込まれたし、世界が造られて以来、神の嘉（よみ）したもう人は誰でもこの道を進んできたのです。

このことはたしかに因果応報の女神アドラストスの不可避的必然性です[51]。あなたがキリストと共に生きようとするなら、キリストと共にこの世に対し十字架につけられねばなりません（ガラ六・一四）。愚かなわたしたちはどうしてうぬぼれているのでしょうか。このように重大な事柄についてわたしたちは自分をだますのでしょうか。ある人は「自分は聖職についている者ではなく、世俗の人間だ。現世を楽しまざるをえない」と言い、また他の人は「わたしは司祭であっても、修道士ではない。修道士に面倒を見させたらよいのに」と考えます。修道士は修道士で自分に都合のいいことを見つけます。「わたしはそこらにいるあれやこれやの修道士とは違うのだ」と彼は言うのです。また他の人は「わたしは若者で、貴族の出で、金持ちで、宮廷人であり、つまり領主ですらある。使徒たちに言われたことはわたしには何の関係もないのだ」と言います。

哀れな人よ。そうするとキリストにあって生きるということは、あなたに関係ないとでもいうのですか。あなたが世にあって〔世に依存して〕生きるなら、キリストにあって生きているのではないのです。天・地・海・共通のこの空気を世と呼ぶなら、世にあって生きていない人はいません。しかし、権勢欲・享楽・欲望・情欲を世と呼ぶのでしたら、あなたが実際世俗的である場合には、キリスト者ではありません。自分の十字架を負ってキリストの足跡に従わない者はキリストにふさわしい者ではないと、キリストはすべての人に語っておられます（マタ一〇・三八、一六・二四）。キリストの御霊によって生きるということがあなたに何の関係もないのなら、キリストと共に肉に対して死ぬこともあなたと関わりのないことです。もし神によって生きるということがあなたと何の関係もないなら、世に対し十字架に付けられるということもあなたに無関係です。栄光のうちへ復活することがあなたに無関係なのであれば、キリストと共に葬られるということも、あなたに関係ないのです。もしキリストの国があなたに無関係なのであれば、キリストの謙虚・貧困・患難・侮蔑・労苦・苦闘・悲しみもあなたに関係ないのです。

しかし、他の人々と一緒に報酬に与りながら、報酬が支払われる労苦の方は、少数の人々に投げてやるということに優って不正なことがあるでしょうか。かしらと共に支配しようとはしても、彼と共に苦しみを分かとうとしないことほどわがままなことがあるでしょうか。ですから、わたしの兄弟よ、他の人たちのしていることを見わたそうとしたり、その人たちと比較して得意がったりしてはいけません。罪に死ぬこと、肉的な欲望に死ぬこと、世に対して死ぬことは困難なことであって、ほんの僅かな修道士が知っているにすぎないのです。そしてこれはすべてのキリスト教徒に共通の信仰告白なのです。この告白をあなたはもうずっと前に洗礼の時に誓っているのです。この誓約に優って神聖で敬虔なものを引き受けることができるでしょうか。滅びるか、それとも例外なしにこの救いへの道に突き進むか、のいずれかがあるだけです。

哀れな農民となるか[52]。

かしらを完全に模倣するようになるのはすべての人におよばないことであっても、それでもすべての人は手足を使ってこのことに努めなければならないのです。確固たる心でもってキリスト教徒となろうと決心した人はキリスト教のすぐれた部分をもっているのです。

第一二章　第三教則（幻想を軽蔑し、キリストの道を選びなさい）

ところで徳の道が、ときには世の快適さを放棄しなければならないため、またときには邪悪きわまる三つの敵、つまり肉と悪魔と世と絶えず格闘しなければならないため、険しく苛酷に思われるがゆえに、あなたがこの道から追い返されないために、この第三の教則があなたに示されなければなりません。地獄の入口であなたに出会うような戦慄させるものとか幻想はことごとく、ウェルギリウスのアエネアスの例に倣って恐れるに足りないものだと見なしなさい[53]。もしもあなたが無意味な絵空事を軽蔑して、事柄そのものをより正確にかつしっかりと調べてみるならば、キリストの道は、それのみが至福へと導くのは当然のこととして、また報酬のことを考慮しないでも、それより適切なものは何もないということが確実にわかるでしょう。つまり（わたしはあなたにお尋ねしますが）担うのも耐えるのもできないほど多くの悲しみと困難が満ちている現世に従ってどのような生活の仕方をあなたは選ぼうというのですか。世間知らずか全くの馬鹿者でもない限り、宮廷生活というのが辛苦に満ち充ちているのを知らない人がいるでしょうか。全くけしからんことには、そこでは人はいつまでも続くかつ賤しいどれほど多くの隷従に耐えなければならないし、いかに気を遣って君主の寵愛を得ようとし、害とも益ともなりうる人たちの好意をこびへつらって獲得しなければならないことでしょう。ときには知らないふりをして権力者の不正を隠しておかなければなりません。ところが他方、戦役が悪に満たされていないようなものでありましょうか。ご自身の危険をとおしてこの二つのことを学んだあなたは、二つの事柄の最良の証人たりうるでしょう。だが、商人というのは、何かをなしたり、耐えたりなどいまだしていないとでもいうのでしょうか。

海を越え、岩を越え、火を越えて
貧困から彼は逃走しようとする。(54)

結婚生活にはいかに多くの家庭内の心配事が満ちており、結婚を経験している人はどれほどの不幸を目にしていることでしょう。公の職務に携わる場合には、どれほどの心配と労苦と危険とを引き受けねばならないことでしょう。目をどの方向に向けようと、途方もなく巨大な災の波が押し寄せてきます。死すべき人間の生活はそれ自体数えきれない患難辛苦にさらされており、それは不正な人にも有徳な人にも等しいことなのです。それらすべてのことがキリストの道の途上にあるあなたを急襲するとしても、それらはあなたにとってあふれるばかりの功績となることでしょう。しかし、もしそうでないなら、それらはもっと厄介なものとなり、何の実りもないまま耐えなければならないものとなります。

現世のために戦っている人々は、まずどれほど多くの年月の間、次になんとはかなく無価値な事柄のために、終わりにいかに疑わしい希望のもとに、あえぎ、疲れ果て、不安におののいていることでしょう。また次のことも加算しなさい。まさしくそこにおいては不幸に終わりというものがないため、労苦が長びけば長びくほど、ますます労苦の煩わしさが増大するということです。結局、こんなにも不安と辛苦に満ちた生活の目的とはいったい何だというのですか。明らかに永遠の苦悩なのです。

さあ、行きなさい。そしてこのような生活と徳の道とを比較しなさい。徳の道はすぐに険しくなくなり、進むにつれてゆるやかとなって、喜ばしくなり、この道を経て、確固とした希望を抱いて最高善にいたるのです。不滅の生命のためにするのと同じだけの労苦をもって永遠の死に備えようとするのは、愚の骨頂ではないでしょうか。しかし、また中ぐらいの努力をはらって不滅の閑暇にいたるよりも、最大の努力をはらって無尽の労苦へ突き進むことを優先的に選ぶ人々のほうが、もっと愚かなことをしているのです。それに対し、たとえ敬虔の道が世の道よりもはるかに労多いものであろうとも、この労苦の苛酷さは報賞の希望によって和らげられるし、にがい汁を蜂蜜に変える神の塗油が欠けてもいません。いっぽう世にあっては心配事が心配事を引き寄せ、悲嘆が悲嘆から生まれ、憩いも安らぎもありません。外には患難辛苦があり、内にはさらに重苦しい憂愁があります。鎮痛剤でさえ苦しみを加えるばかりです。

世がこのようであるのを異教の詩人たちも決して忘れたりしていません。彼らはティテュス、イクシオン、タンタロス、シジポス、ペンテウスの処罰によって不正な人間どもの辛苦に満ちた生活を描き出しています。こういった人々より後代のそのような告白は知恵の書の中に見られます。「不法と破滅の道をたどってわたしたちは疲れ果ててしまった。わたしたちは困難な道をとってさ迷ったが、主の道を知っていなかった」(知五・七)。エジプトでの奴隷状態に優って嫌悪すべき、また労苦に満ちたものがあるでしょうか。バビロンにおける捕囚以上に悲しむべきものがあるでしょうか。ファラオやネブカドネツァルの軛(くびき)よりも耐え難いものがあるでしょうか。しかし、キリストは何と言われているのでしょうか。「わたしの軛を自分の身に負いなさい。そうすればあなたがたは自分の魂に平安を見いだすでしょう。なぜならわたしの軛は心地よく、わたしの荷は軽いからです」(マタ一一・二九—三〇)。

要するに平静なる良心のあるところに喜びが欠けていることはないのです。不幸な良心が苦しんでいるところに、悲惨のないことはないのです。このことはもう確実な上に確実であるとしなければなりません。それでもあなたがこのことを疑うのでしたら、かつてバビロンの真只中から主なる神のもとに帰還した人々に尋ねてみなさい。そして彼らの証言にもとづいて悪徳にまさって不安を引き起こし悲しみを増すものはなく、徳にまさって自由で快活なものはないということを信じなさい。

さあ、報いと努力は等しい関係にあると思いなさい。しかしながらキリストの軍旗のもとで戦うことは、悪魔の旗のもとで戦うよりもどれほど願わしいことでしょう。まことにキリストと共に苦しむことのほうが、悪魔と共にあり余る快楽をもつよりも、どれほど願わしいことでしょう。もしそうなら単に最も恥ずべきであるのみならず冷酷にして欺瞞的な主人〔悪魔〕から直ちに船や馬で逃げるべきではないでしょうか。彼は不当な要求をつきつけ、しばしば不幸な人たちをあざむくような空しい約束をします。また仮に彼が約束を守ったとしても、自分のすきなときに再びそれを奪うので、人々は苦労して手に入れたものを、それ以上の悲嘆をもって失うのです。商人が財産をふやそうと努力して正と不正とを混ぜ合わせ、名声・生命・魂を多くの危険にさらした後に、たとえ幸運の骰子(さいころ)がうまく彼に当たったとしても、それを保つためのみじめな不安の材料か、それを失った場合の苦悩かのほかにいったい何を自分に対して備えていたのでしょうか。だが、もし幸運の骰子が悪い方にころがると、悲惨が二重になることのほか何が残っているでしょうか。というのは一つには願望していた財産が台無しになってしまったし、一つには使い果たした無益な努力を悲嘆なしには思い起こすことがないからです。

だれも良い精神に到達することなしに、そこに向かって確固たる心でもって努力したりしません。キリストは侮られるような方ではないように、わたしたちを侮ったりなさいません(ガラ六・七)。あなたが世を逃れてキリストのもとに向かうとき、たとえ世には快適なものがあるにしても、あなたは何かを残してゆくのではなく、ずっと価値のないものをいっそう高価なものと交換するのだと考えなさい。銀を金と、小石を宝石と喜んで交換しないような人がいったいいるでしょうか。友人を怒らせてしまった場合はどうでしょう。あなたはもっと喜ばしい友人を見つけるでしょう。あなたには楽しみがなくなるでしょうが、いっそう甘美で、いっそう誠実で、いっそう確実な、内的な喜びを享受するでしょう。あなたの財産は減少してゆかざるをえません。しかし、しみが食ったり盗人がぬすむことのないあの宝は大きくなっています（マタ六・一九）。あなたは世にあって尊敬されるのをやめるでしょうが、創造者なるキリストに嘉せられるでしょう。いっそう僅かではあるが、より善い人たちにあなたは気に入られるでしょう。身体は弱くなるが、心は強くなります。皮膚の輝きは衰えますが、心の美しさは輝きわたります。

しかもなお同じ方法であなたがその他のことについても見通すならば、この世に残っているまがいの善の何ものも、はるかに高価な貯えによってもあがなわれないようなものは一つもないことがおわかりになるでしょう。一般大衆の名声、民衆の喝采、寵愛、権威、友人、徳にふさわしい名誉のように邪悪な仕方で熱望されないことはありえないにしても、悪徳なしにも所有しうるようなものはあるが、神の国を何よりも先に求める人々にはこれらすべてのものは、一般におのずと添えて与えられることになります。このことをキリストも約束したまいましたし、神もソロモンに授けられました（ルカ一二・三一、王上八・一二〇）。幸運はたいていそれから逃げ去る人に従い、それに従う人から逃げ去るものです。神を愛する人たちに生じるものは何であれ、彼らの繁栄とならないものはあり得ないのです。この人たちにとって損失は利得に、笞は慰めに、侮辱は栄光に、拷問は悦楽に、悲嘆は甘美に、悪は善に変えられるのです（ロマ八・二八）。したがって神の側の希望・報い・労苦・慰めと悪魔の側のそれとを比較するのはこんなにも不当であり、否全く不可能なのに、あなたはこの道をとろうか、あの道を棄てようかとためらっておられるのですか。

第一三章　第四教則（唯一の目標としてのキリスト）

だが、いっそう確実な走路をとって幸福に向かって急ぐことができるように、第四の教則はあなたにとり次のようでありますように。すなわち、あなたの全生涯の唯一の目的のようにキリストを前に据え、すべての熱意、あらゆる努力、いっさいの閑暇と仕事をこのお一人に向けるということです。しかし、あなたはキリストを空虚な言葉であると考えないで、むしろ愛、率直、忍耐、純潔、要するに彼が教えたもうたすべてであると考えなさい。悪魔というのは、これらのものからあなたをそらすものにほかならないと理解しなさい。徳にのみ引き寄せられている人はキリストに立ち向かっていることになります。悪徳に仕えている人は悪魔に身を引き渡しているのです。だからあなたの目が率直であるようにしなさい。そうすればあなたの身体の全体が光り輝くでしょう（マタ六・二二）。唯一最高善のようにキリストにのみ目を注ぎなさい。こうしてあなたはキリストのほか何ものも、あるいはキリストのためでないなら何ものも愛さず、崇拝せず、追求しなくなるでしょう。不道徳のほか何ものも、あるいは不道徳のためでないなら何ものも、あなたは憎むべきでないし、恐怖すべきでないし、逃げるべきではないでしょう。このようにして、あなたが実行するすべてのことが――眠っていようと、目覚めていようと（Ⅰテサ五・一〇）、食べようと飲もうと、さらにあなたの遊びだろうと閑暇だろうと、わたしをして大胆に言わせるなら、わたしたちが徳に向かっているときでも時折陥る比較的小さな悪徳でさえも、すべてはあなたの報いを増大させるものとなるでしょう。だが、もしあなたの目が邪悪となり、キリストに向かうのとは別のところに目を注ぐのなら、たとえあなたが正しいことを行ったとしても、実を結ばないでしょうし、破滅に導くものにさえなるでしょう（マタ六・二三）。というのは善い事柄でも正しく行わないならば、それは悪徳なのですから。

次に、最高善の目標を目指して急いでいる人たちがその途上で出会うものは何であれ、あなたの走路の助けとなるものか、それとも障害となるものかに応じて、採用されるか、それとも拒絶されるかが決められなければなりません。

このような事物には一般に三つの秩序があります。すなわち、あるものは徳義たり得ないほどに不道徳なものです。たとえば不正に対する報復とか、人に悪しきことを願うことです。これらのものは、どんなに利益や苦痛が期待されていようとも、つねに拒否されなければなりません。なぜなら善人を傷つけうるものは、不道徳という一つのことのほか何もないからです。

それに対してあるものは不道徳たりえないほどに徳義の高いものです。この種のものは、すべての人に対し善を欲すること、友人を誠実に援助すること、悪徳を憎むこと、敬虔な談話を喜ぶことです。

しかし、あるものは〔以上二つのものの〕中間のものです。たとえば健康、美貌、強壮、雄弁、学識とこれに類するものです。したがってこの種のものはそれ自身のために何も追求されるべきではなく、最高の目標に役立たないかぎり大なり小なり利用されるべきではありません。これらのものは実際、哲学者たちにとってもある種の不完全で中間的な目標であって、そこに立ちどまってはならないし、使用して享受しないことがそれらに対してふさわしい態度なのです[55]。だが、中間的なものはすべて、みな同じ仕方ではないけれども、キリストのもとに進みゆく人たちにとり役立ったり害となったりします。したがってそれらがもっている価値にしたがって採用されたり拒絶されたりしなければなりません。美貌、身体の強さ、財産よりも知識のほうがはるかに敬虔の助けとなります。また学識はすべてキリストに帰せられうるとしても、ある道は他の道よりも近い道をとって行くのに役立っています。

この目的からすべて中間的なものを利用するかしないかが判断されなければなりません。あなたは学芸を愛好しておられます。もしキリストのためにそうなさるのなら、それは正しいことです。だが、ただ知るためにのみ愛するなら、そこから前進しなければならなかった地点に立ちとどまっていることになります。ところであなたが、聖書の秘義の中に隠れているキリストを学芸に援けられて、いっそう明断に認識し、認識されたお方を愛し認識され愛されたお方と交わり楽しもうとして学芸を追求なさるのなら、その研究の準備をしなさい。とはいえ健全な精神のために役立つとあなたが考えるところを越えて追求してはいけません。もしあなたに自信があり、キリストの中に大きな収益を得ようと望むなら、大胆不敵な商人のようにはるか遠く異教徒の書物の間にも旅して回ろうと着手し、エジプトの富を主の神殿の飾りに変えて使いなさい。だが、もしあなたが利得を望むより損失を恐れるならば、かの第一の教則に立ち戻り、自己自身を知り、自己の尺度によって自己を判断しなさい。知るところが少なくとも愛することの大なるほうが、知るところが大きくとも愛することのないよりもましです。

したがって知識は中間的なものの中では第一位を占めています。次に続くのは健康、天賦の才能、雄弁、美貌、強壮、地位、寵愛、権勢、繁栄、名声、家柄、友人、家財です。これらのうちの各々は徳への最短の道に役立つかぎりで利用されなければならないのですが、それとてもそこへ急ぎ向かっているわたしたちに提供されればの話ですが。しかし、そうでないなら、それらのせいで前に置かれている走路から逸れないようにしなければなりません。金銭が与えられるとします。もしそれが善い精神を何ら損わないなら、よく管理して、不正の富を用いてあなたのために友人を獲得しなさい（ルカ一六・九）。そうでなく、もしあなたが良い精神の損失を恐れるのなら、有害な利得を軽蔑し、テーバイのあのクラテス[56]に倣って、それがあなたをキリストから転向させるよりも、むしろ厄介な重荷を海に投げ捨てなさい。わたしたちが述べたように、もしあなたがあなたの外にあるもの、つまり内なる人に関係のないものに驚嘆しなくなるように慣れるならば、それを実行することはあなたにとってずっと楽になります。こうしてあなたはご自分の幸福をキリストにおいてのみ測っているのですから、これらのものを手に入れても、得意になることはなく、これらのものが拒絶されても取り去られても心中で仰天することもないでしょう。

ところがもし努力しないでもあなたの手にそれらが入るとしたら、安心しないで、いっそう注意深くなって、危険ではあるが、徳を訓練する材料として神があなたに与えて下さったのだと考えなさい。だがもし幸運の恩恵に対してあなたが疑念をいだくなら、プロメテウスに倣いなさい[57]。あなたは人をあざむく小箱を受けとらないで、すばやくかつ質素な身なりのまま、あの唯一の善に向かって努力しなさい。しかし、金銭を最大の財産として異常な関心をいだいて追求し、金銭がとくに生活を保護してくれるものと信じ、それが無傷のままだと幸福だと思い、失われると不幸であると嘆き悲しむ人々は、自分たちのために確かに多くの神々を作ってしまったのです。金銭があなたを幸福にしたり不幸にしたりできるのなら、あなたは金銭をキリストと同一視していることになります。わたしが金銭について語ったことは、名誉、快楽、健康、そればかりか身体の生活そのものについても同様であると理解しなさい。これらのものが授けられようと奪い取られようと、これらのものにあまり気遣う時間もないほどの熱意をもってわたしたちの唯一の目的であるキリストに向かって登ろうと努めなければなりません。というのは使徒が述べているように、時は短くなっているからです（Iコリ七・二九）。

なお言っておきたいのは、この世を用いている人はあたかも用いていないかのようにあらねばならない、ということです。このような心のあり方を世は愚かで正気でないと嘲笑するのを、わたしは知っています。しかし、この愚かさを通してのみ神は信じる人々を救うことを喜ばれています。ところが神の愚かさは人間よりも賢いのです（同一・二一、二五）。

ですから、あなたが何をなそうと、この〔第四の〕教則にしたがって判断なさるようになるでしょう。あなたがある職業につくとしましょう。ごまかしなくそれが行われるなら、それは正当なことです。しかし、あなたはどこに目を向けているのですか。家族を養育するということですか。だが、どういう目的で家族を養育するのですか。家族がキリストのものとなるためですか。そうなら、あなたは正しく歩んでいます。あなたが断食するとします。それは外見上たしかに敬虔なわざです。しかし、あなたはご自分の断食を何のために行っているのですか。食糧を節約したり、みんなより敬虔に思われたいためですか。あなたの目は節穴です(58)。そうでないとすると、病気にならないために、あなたは断食しているのです。あなたはどうして病気をこわがるのですか。病気が快楽の実行をあなたから奪い取らないようにということなのですか。あなたの目は病にかかっています。ところが、あなたは研究を続けてゆくことができるように、健康を欲しています。しかし、何のための研究なのでしょう。何らかの聖職をあなたが得るためですか。どういう意図で聖職を志願されるのですか。明らかにあなたが生きるためであって、キリストのためではないのです。あなたは、キリスト教徒がいたるところで目前に掲げておかねばならない旗じるしから離れてしまっています。

あなたは身体が健康であるように食事をします。ところであなたが身体の健康を願うのは、聖なるつとめや聖なる徹宵行を行うためならば、あなたは目的に達しております。しかし醜くならないため、情欲を満たすことができなくならないために、あなたが健康に気遣うのなら、あなたはキリストから転落しており、自分のために別の神を作っていることになります。

特定の聖人たちをある特殊な儀式に則って崇拝している人々がいます[59]。ある人はクリストフォロスを毎日おがんでいます。だが、その像を見るときだけです。いったいこの人は何を期待しているのでしょうか。もちろん、その日には悪しき死から安全に守られるだろうと確信しているのです。またある人はロックスとかいう聖人をおがんでいますが、なぜでしょうか。その聖人が身体からペストを追い出してくれると信じているからです。またある人は敵の手に陥らないようにバルバラやゲオルギウスにお決まりの祈り文句を唱えます。こちらでは歯が痛まないようにアポロニアに敬意を表して断食し、あちらでは疥癬(かいせん)がなくなるように聖ヨブをおがみに訪れます。ある人たちは、難破により船荷が失われないように、利益の一部を貧しい人々に施す約束をします。失くしたものが見つかるようにヒエロニュムスに蠟燭がともされます[60]。

要するに、こういう仕方でわたしたちは自分たちが恐れたり求めたりしている物の数と同じだけの聖人を立てているのです。同じ聖人でも異なった種族では異なっ〔たご利益をもっ〕ています。たとえばガリア人のもとではパウロがわたしたちのヒエロニュムスと同じ働きをしますし、ヤコブやヨハネがそこここで益していることがどこでも通用するわけではないのです。これらの敬虔は身体上の幸不幸への考慮から離れてキリストに向きを変えられないのなら、キリスト教徒にふさわしいものではありません。これらの敬虔は金持ちになるために十分の一税を奉献したり、病気の快復を願ってアスクラピウスに雄鶏を献納したり、航海の無事のためにネプテュヌスに雄牛を犠牲に捧げた人たちの迷信と大差ありません。[61] たしかに名称は変わってはいますが、目的としているところは双方とも同じです。

あなたは死があまりに早くやって来ないようにと神に祈っています。だが、死がいかなるときに襲ってこようとも、準備ができていないため損をすることがないように、よりよい心が与えられますようにとは祈りません。あなたは生活が改められなければならないとは考えず、死なないようにと神に嘆願しています。したがってあなたは何を祈っているのですか。できるだけ長くあなたが罪を犯すことができますようにと祈っているに他なりません。あなたは富を祈り求めていますが、その使い方を知っていません。そうすると、あなたは自分の破滅を祈っているのではないですか。あなたは素晴らしい健康が与えられるように祈っていますが、健全なものも悪用されると、あなたの敬虔は不敬虔にならないでしょうか。

このところで少しだけ宗教的な人たちがすぐに異議を唱えるでしょう。この人たちは敬虔を生業(なりわい)だと考え(Iテモ六・五)、同じ使徒が言うように、彼らはイエス・キリストにではなく、自分の腹に仕え、無邪気な人々の心を甘い祝福のことばで誘惑しています(ロマ一六・一八)。「そうするとあなたは、神がそこで賛美されている諸聖人に対する礼拝を禁ずるのか」と彼らは言うことでしょう。

しかし、わたしとしては、これらのことを素朴な迷信から行っている人々を非とするよりも、自分らの利益を追求し、おそらく大目にみてもよいようなことを最高で完全な敬虔とみなして自慢し、自分の利益のため民衆の無知を――わたしは決してこの無知を軽蔑してはいないのです――促進させている人々を非難します。だが、わたしは、中間的なものを最高のことのように、まるで価値のないものを最高価値のように考えることに、忍耐することができません。彼らが無事に生活できるようにロックスに乞い求めることを、もし彼らがその生活をキリストに捧げるのなら、わたしは称えるでしょう。だが、もし彼らが悪徳への嫌悪とともに徳への愛が増大するようにのみ祈るならば、わたしはそのことをいっそう称えるでしょう。彼らは生と死を神の手に委ね、パウロと共に「わたしたちは生きようと死のうと、主のために生きもし死ぬのです」（同一四・八）と言うことができるのです。もし彼らが滅んでもキリストと共にあることを願うなら（フィリ一・二三）、病気や窮乏やその他の不運の中にも自分の誉れと歓喜とを打ち立てるならば、それは完全なことでしょうし、こういうふうにして自分のかしら〔なるキリスト〕と同じ形にされるのにふさわしい者とみなされることでしょう。

したがってこのような事柄を行うことがそれほど非難されるべきではなくて、むしろそれらの中に立ちとどまり、それらに寄りすがることが危険なのです。わたしは弱さを寛大に扱いますが、パウロと共により優れた道を示すことにします（Iコリ一・三一）。あなたがキリストに辿り着くまでは、この教則にしたがってあなたのすべての努力と行為とをしっかり点検し、決して中間的なものにとどまらないなら、あなたはいつか道から逸れることがなくなり、敬虔の素材に変えられないものを生活の中で実行したり受け入れたりしなくなるでしょう。

第一四章　第五教則（可視的なものから不可視的なものへ、霊的生活にいたる道）

わたしたちはそれになお第五の教則を補助のようなものとして付け加えたい。それは、もしあなたが概して不完全であるか、中間的なものにすぎない可視的事物から不可視的事物へ、人間のより優れた部分にしたがって常に前進しようと努めるなら、あなたがこの一つのことによって完全なる敬虔を確立するようになるためです。この戒めは、それをゆるがせにしたり知らなかったりすると、たいていのキリスト教徒が敬虔である代わりに迷信深くなり、キリストの御名のほかは異教徒の迷信と大差のないものであるという事態に関わっているのです。

そこで、わたしたちは二つの世界を想定してみましょう。一つはただ知性的な世界で、もう一つは可視的な世界です。知性界を天使界と名づけることができます。そこに神は祝福された人々とともにおられるのです。可視世界を天球と名づけることができ、これらにより囲まれているものもそうです。そのさい人間をいわば第三の世界と呼ぶことができます。それは両方の世界に、すなわち身体により可視界に、魂により不可視界にそれぞれ関わっているのです。可視界にあっては、わたしたちは寄留者ですから、決して休息してはならないし、感覚に現れてくるすべてのものを適切な比較照合により天使界へ、あるいは〔さらに有益なことですが〕道徳へ、またあの〔知性の〕世界にふさわしい人間の部分へ関係づけなければなりません。可視界におけるこの目に見える太陽に相当するものは、知性界における、およびそれと近縁関係にあるあなたの部分つまり霊における神の精神です。(62) 可視界での月に相当するものは、知性界においては天使たちと敬虔な魂から成る軍勢です。これを人々は勝利する教会（エクレシア・トリムファンス）と呼んでいますが、それはまたあなたの内なる霊でもあります。

上なる世界が自分の配下におかれている地〔上の世界〕に向かってなすすべてのことを、神はあなたの魂に向かってなされるのです。太陽は沈み、昇り、赤く燃え、ほどよく暖められ、活気づけ、造り出し、成熟させ、引き寄せ、伸ばし、清め、乾かし、和らげ、照らし、晴れやかにし陽気にします。ですから、あなたが太陽の下に見るすべてのもの、それどころか、この相当粗雑な世界――それはある人たちが他の世界から区別している諸要素から成り立っている――のなかに見るすべてのもの、さらにあなた自身のより粗野な部分のなかに見るすべてのものを、神とあなたの不可視的部分とに関係づける習慣を身につけなさい。こうして何らかの方法で自分の姿を感覚に写しだそうとするすべてのものが、あなたにとって敬虔になる機会となることでしょう。

この可視的な太陽が新しい光を地上に注ぎかけるたびごとに、身体の目がそれを喜ぶとき、かの永遠の太陽が絶えず昇っていて決して沈むことのない天上界に住む人たちの歓楽がいかなるものであるかを、また神の光が照り渡る清純な精神の歓喜がどんなに大きいかを、あなたはただちに考えなさい。また可視的な被造物によって想起を促されて、「〈闇の中から光が照りいでよ〉と仰せになった神ご自身が、キリスト・イエスのみ顔のうちにある神の栄光の知識を明らかにするため、あなたの心を照らして下さるように」（Ⅱコリ四・六）というパウロの言葉にしたがって祈りなさい。聖書のなかからこれと類似した箇所を探し出しなさい。神の霊の恩恵は、聖書のいたるところで、光になぞらえられています。夜があなたに物悲しくかつ恐ろしく感じられるなら、神の光を奪われかつ悪徳により暗くされている魂のことを考えなさい。そして、もしあなたの内に夜のようなものが認められるなら、義の太陽があなたに昇るように祈りなさい（マラ三・二〇）。

ところで、不可視的な事物が無となることはないのですから、目で見られる事物はそれと比べると、いわば辛うじて影にすぎず、たんにいわゆる貧弱な像をその目の前に表象しているにすぎないと、特に考えなさい。したがって身体的な事柄に関して感覚が欲したり恐れたりするすべてのことを、内的な事柄に関して霊がはるかに激しく愛したり憎んだりするようになることでしょう。身体の優美な姿は目に好ましいものです。だが、魂の美しい姿はどんなに愛すべきものであるかを考えなさい。醜い顔はいわば不快に感じられます。だが、悪徳によって見苦しくされた心がいかに醜いものであるかを考えてみなさい。残りのものについてもまた同じようにしなさい。というのはおよそ美と醜とが魂に属しているように、――これら二つはそれぞれ神と悪魔とにお気に入りのもので、似たものは似たものに向かうのです――ほぼその若年と老年、病気と健康、死と生、貧困と富裕、快楽と苦悩、戦争と平和、戦慄と情熱、渇望と飲酒、飢えと食物もまた魂に属しているからです。

短く言えば、身体で知覚されるものは何であれ、魂で認識されることができるのです。したがって、霊的で完全な生命への道は次のことにあるのです。つまり、本当は存在していないけれども、恥ずべき快楽やこの世の名声のように、存在していないのに、いくらか存在しているように思われるものから、あるいは、部分的に消え失せ、急いで無に帰するものから離れることに次第に習熟し、真に永遠的なもの、恒常不変的で純粋なものへと駆り立てられることにあるのです。ソクラテスもまたこのことを志しました。この人は言葉によってではなく、その生活のゆえに哲学者であったのです。というのは彼は次のように言っているからです。つまり、魂が死ぬ前に哲学によって真剣に死について省察し、さらにそれに先がけて形態的な事物に対する軽蔑と霊的なものに対する愛と観照とによって、身体から離れるように親しむとしたら、魂は最後には至福にも身体から離れ去るでしょう、

と。(63)

キリストがわたしたちを呼び寄せたもうたあの十字架も、このことに他なりませんし、わたしたちがかしら〔なるキリスト〕と共に死ぬことをパウロが望んだ死も、このことに他なりません（マタ一〇・三八、ルカ一四・二七、ロマ六・二―一二、Ⅱテモ二・一一）。また預言者も、「そこでわたしたちはあなたのために終日殺され、ほふられる羊のようにみなされました」（詩四四・二二）と言っています。また使徒も別の言葉でもって「上にあるものを求めなさい。地上のものではなくて、上にあるものを味わいなさい」（コロ三・一、二）と書いています。このようにわたしたちは形態的事物に対して無感覚になり、いわば感受性のないものにされなければなりません。それらのものに関する感覚が薄れていくに応じて、霊に属するものをいっそう深く味わうようになればよいのです。わたしたちが外的に生きることが少なくなるに応じて、いっそう真実に内的に生き始めているのです。結局、もっとわかり易く言いますと、永遠のものが認識されてくるに応じて、はかないものがわたしたちを動揺させることが少なくなり、真理をますます仰ぎ見るようになるに応じて、暗い影のうちにあるものを驚かなくなるでしょう。

したがって、次の教則が絶えず手許に置かれていなければなりません。すなわち、わたしたちは一時的な事物のいずこにもためらっていることなく、そこからあたかも階段をのぼるように、霊的なものへの愛へと、比較による測定を用いて、自己を高めるべきであり、あるいは不可視的なもののために可視的なものを軽蔑しはじめなければなりません。身体の病気は、それを魂の薬だとあなたがお考えになれば、より耐え易いものとなるでしょう。もしあなたが心の健康を守ることに全関心を向けるなら、身体の健康についての心配は少なくなることでしょう。身体の死があなたに恐怖を与えるとしたら、魂の死はそれよりはるかに恐れられなければなりません。身体に破壊をもたらす目に見える毒をあなたが恐れるなら、魂を殺す〔蛇の〕毒液をはるかに恐れてしかるべきです。毒ニンジンは身体にとり毒ですが、快楽という魂の毒はもっと強力です。あなたは雲を貫いてきらめく稲妻があなたを打ちはしないかと震え上がったり、身震いしながら顔色を失います。しかし、「呪われた者たちよ、永遠の火の中に行け」（マタ二五・四一）という神の怒りの目に見えない稲妻があなたに向かって来はしないかということに対しいっそう戦慄すべきではないでしょうか。

身体の美しさはあなたを魅了します。それなのになぜあなたはそれに優って、隠れているあの美しい姿を熱望しないのですか。あなたの愛を永遠で天上的で朽ちないものに向けなさい。そうすれば空虚ではかない身体の形姿を愛することがいっそう緩和されるでしょう。あなたは畑がひからびないように雨が降るのを祈っています。しかし、それ以上に徳の果実が結実しなくならないように、あなたの精神の上に神が雨を降らせてくださるよう祈りなさい。あなたは金銭取引上の損失を多大の配慮を払って埋め合わせようとします。しかし精神上の損失は最大限の配慮を払って償われるべきです。あなたは身体の欠陥がないように老年に備えて用心します。そうしておいて心の欠陥がないように考慮すべきではないとでもいうのでしょうか。

しかし、日々わたしたちの感覚に生じてきて、多様な形態に応じて多様に感覚に働きかける事柄についても、たとえば希望と恐怖、愛と憎しみ、苦痛と快楽についても、同様のことがなされなければなりません。ちょうど身体と心とから構成されているように、単純な感覚と神秘から成り立っているすべての文学作品についても、同じことが注意されなければなりません。こうして文字を軽視して、そこからとりわけ神秘へと目を注がなければなりません。詩人たちのすべての作品、哲学者の中でもプラトン学派の著作はこの種のものです。しかし聖書には最も多くこのことは的中しています。聖書はアルキビアデスのいうあのシレノスの像に似て、哀れで全く笑うべき壁面の中に純粋なる神性を蔵しているのです(64)。このようにではなく、つまり比喩的な意味を考えないで、あなたが、アダムの像が湿った粘土で作られ、魂を吹き込まれたということを読むならば、またエバが〔アダムの〕肋骨から取りあげられたこと、二人とも木から取って食べるのを禁じられたこと、蛇が忠告する者であったり、神がそよ風の吹くころ〔楽園の中を〕歩かれ、罪を自覚した者らがひそみ隠れたこと、また追放された人が帰ることができないように回る長剣をもった天使が楽園の入口に立てられていること、要するに天地創造の全物語を字義的な解釈を越えては何も求めないなら、あなたが、プロメテウスが作った粘土の像のことや策略によって彼が火を奪い、泥で作られた像に生命を与えたことを、称える場合以上に、何を自分の読書の報酬としようとなさっておられるのか、わたしにはわかりません。

実際、詩的に書かれた物語は比喩的解釈でもって読まれるならば、あなたがその字義[65]にとどまっている場合の聖書の記事よりも、きっとその報いはすこしはましになることでしょう。つまりあなたが巨人族の物語を読むなら、それはあなたに、神々と戦ってはならないこと、自然本性に反する欲求はひかえなければならないし、[66]（ただ誉むべきものであるかぎり）あなたが本性的に傾くものへ心を向けるべきであるということを、想い起こさせるでしょう。たとえば独身生活があなたの生き方にいっそう適しているなら、ご自身を結婚の鎖につないではならないし、それに対し結婚がいっそう有益だとあなたに思われるのでしたら、独身生活の誓いをすべきではないのです。なぜなら、あなたが知恵に反して獲得しようとするものは大抵不幸に終わるからです。またキルケの毒杯[67]が、あたかも有毒な飲物によって狂わされるように、人間が諸々の快楽によって人間から家畜に簡単に変えられるということを教える場合、またのどが渇いたタンタロスが、財産をたくわえようと渇望しながらそれを使おうとはしない人が最もみじめであるということを教える場合、さらにシジポスの岩が、名誉心というものが労苦に満ち悲惨であることを、ヘラクレスの努力が、誠実な熱心と疲れを知らない勤勉によって天国が獲得されるということを、教える場合、あなたは物語の中で、哲学者や神学者また人生の教師たちが戒めていることを学ぶでしょうか。

ところでもしあなたが、母の胎内で子供たちが争ったり（創二五・二二）、食物のために長子の特権が売られたり、策を弄して父の祝福が奪い取られたり（同二五章と二七章）、ダビデがゴリアテを石投げを使って打ち倒したり（サム上一七・四九）、サムソンの髪の毛がすり落とされたりしたことを（士一六・一九）、比喩的解釈なしに読むとしても、あなたが詩人の創作を読む場合ほどにはこのことは重大ではありません。あなたが列王記や士師記を読むか、それともリウィウスの歴史を読むかは、そのどちらにおいても比喩的解釈を目指さないなら、どこが相違しているというのでしょう。というのは後者には公共の道徳を改善する多くのものが含まれていますが、前者には外見上馬鹿げたものも多くあって、全く字義的に理解するなら道徳を傷つけるものですから。たとえば、殺害をもって姦通罪を買い取ったダビデの奸計（サム下一一・二―二七）、サムソンの極端な愛し方（士一六・一五―一七）、ロトとその娘たちとのひそやかな同衾（創一九・三〇―三六）、またこれと似た多数のものがそれです。それゆえ、いたるところで聖書、とくに旧約の肉の部分を軽蔑することによって、隠れたる霊を探し求めることがふさわしい態度でしょう。あなたが口の中に入れるものは、あなたにとってマナの味わいがすることでしょう。

しかし、隠された神秘〔的意味〕の探求にさいしては、あなたはご自分の心の判断に従ってはなりません。むしろある種の学芸のようにその探求方法が学ばれなければなりません。この方法をディオニシオス[68]は『神名論』という書物で叙述しているし、聖アウグスティヌスは『キリスト教の教えについて』という作品の中で述べています。しかしパウロはキリストの後では比喩のいくつかの源泉を明らかにしました。パウロに従ったオリゲネスは神学のこの領域では疑いもなく指導的地位を獲得しています。しかし、わたしたちの時代の神学者たちは、それをほとんど拒絶するか、きわめて冷淡に取り扱っています。彼らは細かく区別して議論する巧妙さにかけては古代の著作家たちに匹敵するか、あるいは彼らよりすぐれています。だが、彼らはこの任務の実行に関しては古代の著作家たちとは比べ物になりません[69]。そしてこのことは、（わたしの推量によれば）主として二つの理由からきています。一つの理由は、神秘的なものは凍ってしまうことなどありえず、雄弁術の力やある種の優雅な語り口などで味付けされることなく、この点〔の理解〕で古代の先達たちはわたしたちに優っていて、わたしたちが彼らのところに達することは決してありえないということです。もう一つの理由は、彼ら神学者たちがアリストテレスだけで満足し、プラトン学派の人々やピュタゴラス学派の人々を学校から閉めだしているということです。これに反してアウグスティヌスはこの後者の人々を好んでいます[70]。というのは、たんに彼らがわたしたちの宗教に全て一致している多くの見解をもっているだけでなく、わたしたちがすでに述べたように、比喩的な語り方そのものと比喩自体の多くのものが聖書の説話にいっそう近づいているからです。ですから多彩な語り方によってどのように貧弱で生気のない事柄をも豊かにし包み込むことができた人たちが、神学上の比喩をいっそう適切に扱っていることは不思議ではないのです。そのさい古代の最も博学な人たちであった彼らはみな、神の神秘のもとでなすべきであったことを、常日頃詩人たちやプラトン学派の書物によって練習を積んでいたのです。ですからわたしはこの人たちの注釈書を繙くように望んでいます。それがスコラ的な論争へではなく、良い心情へとあなたを差し向けてくれるからなのです。

あなたがその神秘を理解していないとしても、それは〔文字の〕下に隠れているのだと考えてほしい。というのは、殺す文字に休らっているよりも、何か知られていないものに期待をかけるほうが、より優ったことだからです。そしてこのことは旧約聖書のみならず、新約聖書においても妥当しています。福音書はその肉の部分と霊の部分とをもっています。というのは、モーセの顔からおおいが取り除かれていても、なおいまだパウロは鏡に映してぼんやり見ており、ヨハネによる福音書でキリストご自身も「肉は何の役にも立たない。生命を与えるのは霊である」（ヨハ六・六三、IIコリ三・一三—一八、Iコリ一三・一二）と語っておられるからです。だが「肉は何の役にも立たない」と言うことにわたしが疑義をいだいたとしたら、「肉は多少は役立つが、霊はそれよりはるかに役立つ」と言えば、十分だったでしょう。しかしながら真理自身はいまや「何の役にも立たない」と語っています。ですからこれほどに肉は役に立たないので、パウロによれば、肉が霊に向けられないと致死的になるのです（ロマ八・一二—一三）。

要するに肉はその弱さをあたかも階段を昇るように霊へと導くならば、それによって有益になるのです。身体は霊がないと確固として立つことができませんが、霊は身体を何ら必要としていません。キリストの教えによれば霊のみが生命を与えるほど力強いものであるから、あらゆる文字とすべての行為においてわたしたちは霊を熟考し肉を眺めないように努めるべきです。そしてもしだれかがこのことを守るなら、その人は、預言者たちの中でもとりわけイザヤが、使徒たちの間ではパウロ――彼はその手紙のほとんどすべてにおいてそのように実行し表明しています――が、わたしたちに呼びかけているのが次の一事であることに気づくでしょう。すなわち、肉に対して何ら信頼を寄せるべきではなく、霊のなかに生命・自由・光・子たる身分・彼があげているあの願わしい果実が存在する、と。パウロはいたるところで肉を軽蔑し、拒絶し、それに反対しています。

よく注意してみたまえ。そうすれば、あなたはわたしたちの教師であるイエスもいたるところでそれと同じことを実践しておられるのを認めることでしょう。たとえばイエスが驢馬(ろば)を井戸から引きあげたときに（ルカ一四・五、マタ一二・一一）、盲人の目を見えるようにしたときに（マコ八・二二―二六）、麦の穂をもむことについて（ルカ六・一―四）、洗わない手について（マコ七・一九）、罪人と共に食事することについて（マタ九・一〇―一三）、ファリサイ派の人と徴税人との対比に関して（ルカ一八・一〇―一四）、断食することについて（マタ六・一六―一八）、肉にしたがう兄弟に関して（ロマ九・三―五）、アブラハムの子孫であるというユダヤ人たちの誉れに関して（マタ三・九）、捧げるべき供物に関して、祈りについて、幅広く作られた経札に関して（同二三・五）それぞれ述べられていることがそれです。また同じような多くの箇所で肉的な律法と、隠れているよりも顕らかになることを好むユダヤ人らの迷信とを軽蔑しておられます。そしてサマリアの女には次のように語っておられます。

「女よ、わたしを信じなさい。あなたがたがこの山でも、エルサレムでもないところで父を礼拝する時がきているのです。だが、まことの礼拝者たちが霊とまことをもって父を礼拝する時がきています。そうです、今きています。父はこのように自分を礼拝する人を求めておられるからです。神は霊であります。ですから神を礼拝する人も、霊とまことをもって礼拝すべきです」（ヨハ四・二一―二四）。

これと同じことをイエスは婚礼のさいに味のない無味乾燥な文字という水を霊の葡萄酒に変え、霊的な魂を現世の蔑視にいたるまで酔わせたもうたとき、〔奇跡の〕行為をもって示されました。しかし、わたしたちが今しがた述べてきたことをキリストが軽蔑されたという点に何か偉大なことがあると考えてはいけません。そうではなく、キリストはご自身の肉と血が霊的に食べかつ飲まれないなら、肉を食し血を飲む〔聖餐のサクラメントを受ける〕ことを軽蔑されたのです。実際、「生命を与えるのは霊であって、肉は何の役にも立たない」（同六・六三）との言葉はだれに対して語りかけられているとお考えでしょうか。明らかにそれは、首に福音書をつるしたり、銅の十字架によってすべての不幸から守られていると考え、しかもそれを完全な信心とみなしている人々に対してではなく、キリストのからだを拝領することの最高の秘義をご自身明らかになさった人々に対して語られているのです。

もし霊が現在していないならば、このように大いなる事柄も無であり、否むしろ有害でさえあるとするなら、いったいどうしてわたしたちは他の肉的な事柄を信頼したりできるのでしょうか。あなたは恐らく日々ミサを受けながら、自分のために生きていて、あなたの隣人の災いは自分には関わりのないことでしょう。あなたはなお依然としてサクラメントの肉のうちにとどまっているのです。しかしながら、もしあなたがミサを受けるとき、あの拝領が意味しているもの、すなわちキリストの霊と同じ一つの霊、キリストのからだと同じ一つのからだとなるように尽力するなら、あなたは教会の生ける構成員となるでしょう。もしあなたがキリストにあって愛する以外には何も愛さないなら、あなたのすべての財産をすべての人と共有であると考えるならば、またすべての人の災いがあなたの災いのようにあなたを苦しめるなら、あなたはちょうど大いなる実りをもたらす仕方で、つまり霊的な仕方でミサをささげているのです。あなたが多少ともキリストの姿に変えられ、やがて次第にあなた自身のうちに生きることが減ってゆくと感じるなら、生命を与える唯一の方である御霊に感謝しなさい。

多くの人たちは自分が毎日どれほど多くミサに出席したかを数えるのを常としており、またこの出席するということを最高のことのように確信し、この上はもうキリストに対し何の負債もないと思っています。彼らはこうして教会から離れ去って、以前の習慣に戻って行きます。わたしは宗教的敬虔の肉〔的要素〕を彼らが大切にしているのを認めますが、彼らがそこに立ちとどまっていることを誉めたりできません。

あなたの目前に提示されているものを、あなたの内であなたは完成させることができるのです。あなたの前にかしら〔であるキリスト〕の死が提示されているのです。人々が言っているように、現世に対して死ぬことにどれくらいあなたは近づいているかということを、心の内奥において調べてみなさい。なぜなら、怒り、名誉心、愛欲、快楽、嫉妬があなたのすべてを捉えているなら、たとえあなたが祭壇に触れていても、ミサからは遠く離れてしまっています。キリストはあなたのために殺されたのです。あなたもあなたの羊を捧げなさい。あなたのためにご自身を父に犠牲として捧げられたお方に、あなた自身を捧げなさい。このことをすこしも考えないで、そのお方に頼るならば、神はあなたの肥えた粗野な礼拝を憎まれるでしょう。あなたは洗礼を受けています。だが、それだからといって直ちにあなたは自分がキリスト教徒だと考えてはなりません。全心をあげて現世しか味わっていないなら、あなたは外見的にはキリスト教徒であっても、隠れた内面では異教徒よりもっと異教的です。どうしてそうなのでしょうか。あなたはサクラメントのからだを捉えていますが、霊が欠けているからなのです。

からだが洗い清められていても、心が不潔のままであるなら、何の役に立ちましょうか。肉が塩づけられていても、心が味つけられていないなら、何になるでしょうか。からだに油が塗られていても、心には塗られていません。あなたがキリストとともに葬られ、やがてキリストとともに新しい生命のうちに歩む訓練をしておられるならば、あなたがキリスト教徒であるのを認めましょう（ロマ六・四）。聖水を〔洗礼のとき〕まき散らされても、内的な汚れを心からぬぐい去っていないならば、何になるでしょうか。あなたは神のごとき聖者たちを崇拝し、彼らの遺物に触れるのを喜んでいます。しかし、あなたは彼らが残した最善のもの、たとえば純潔な生涯の模範を軽視しています。

マリアの謙虚さをあなたが模倣するのに優って、マリア崇拝に好ましいものはありません。聖人たちの徳をまねるよう努力するのに優って、彼らに望ましく適切なる敬虔はありません。あなたはペトロやパウロの称賛に値するものになりたいのですか。ペトロの信仰とパウロの愛とに倣いなさい。そうすればローマに十回巡礼に行くよりも多くのことをなすことになるでしょう。あなたはフランチェスコに最高の敬意を表したいのですか。ところがあなたは高ぶっており、金銭の賛美者であり、論争好きなのです。この聖人に対して、心を抑制し、フランチェスコの模範に従っていっそう簡素となり、卑しい利得を軽蔑し、心の財産を追求するという施しを行いなさい。論争をやめ、善をもって悪に勝ちなさい。この聖人は彼のために百本の蠟燭を点す場合よりも、このような敬意をより高く評価するでしょう[71]。あなたはフランチェスコの修道服に包まれて墓に埋葬されることを何か大変な事のように考えているのですか。死ぬときに同じ衣服であっても、生存中の道徳が似ていなかったなら、何の役にも立たないでしょう。また普遍的な敬虔の模範がキリストから最も適切にも求められるとしても、聖者たちにみられるキリストに対する尊敬があなたに大きな喜びを与えるならば、聖者たちにみられるようにキリストを模倣するようになし、個々の聖者に対する賛美によって個々の悪徳を改善し、個々の徳を愛好するように努めなさい。もしこのことが着手されるならば、外的に生じているものをわたしはもう否認したりしないでしょう。

あなたの宗教的敬神の念が確固たるものであるならば、大いなる尊敬をいだいてパウロの遺骨に関わっても、わたしはそれを非難いたしません。あなたが物言わぬ死せる遺骨を敬い、その書物の中に生き続けて今なお語りかけ、いわば霊感に満ちている生けるパウロの像を顧みないなら、あなたの宗教的敬神の念は向きが逆さまになってはいないでしょうか。あなたは棺の中に納められたパウロの骨を崇拝しているのに、書物の中に隠れているパウロの精神は崇拝しないのですか。あなたはガラス越しに見られるパウロの身体の断片を重んじているのに、文字を通して輝き渡っているパウロの全精神に驚嘆しないのですか。あなたは身体の欠陥を時折取り去ってくれる遺骨を拝んでいるのに、魂の悪徳をいやしてくれる書物をどうしてそれ以上に崇拝しないのですか。信者たちは自分らに与えられているこれらの印に驚嘆していても、あなたは信仰によってパウロの書物を愛し、神にはすべてが可能であることを信じているのですから、すべてに優って神を愛することを学ばねばなりません。

あなたは石材や木材に刻みつけられたり色あざやかに彩色されたキリストのお顔の姿を称賛しています。ましてや聖霊の術によって福音書の文字で表現されているキリストの精神の像は、より宗教的敬虔の念をもって称賛されるべきです。アペレス(72)といえども、言葉でもって各人の精神の像、とりわけキリストにおける像が輝き出るようには、絵筆でもって身体の輪郭や姿を描いていないのです。というのもキリストは最高の純真さと真実そのものであられ、神の心の原像とそこに由来している言葉の像とのあいだには非類似性は全く存在することができないからなのです。父の心の最内奥から流れ出てくる父の言葉である子に優って父に似ているものはないように、キリストの至聖なる心の最奥部から発せられたその言葉に優ってキリストに似ているものはありません。それなのにあなたはこの像に驚嘆していないし、崇拝もしていないし、敬虔な目でもって省察もしないし、心にいだいて理解もしないのですか。あなたはあなたの主の、こんなにも神聖でこんなにも有効な遺物を所有しているのに、これらのものに目もくれないで、はるかに異質のものを求めるのですか。

あなたはキリストのものだと認められている下着とかハンカチをびっくりして眺めます。それなのにキリストの律法のことばを眠そうな目で読むというのですか。家に十字架の小さなかけらを所持していることを、あなたはとても重大なことのように信じています。しかしそれは、心のうちに創られた十字架の秘義をあなたが携えていることに比べるなら、何でもないことです。そうではなくて、もしこれらの物が人を敬虔にするとしたら、誰がユダヤ人より敬虔なのでしょう。彼らのうちで非常に不敬虔な人たちは大抵肉において生きておられたイエスを目で見、耳で聞き、手で触れていたのですから。だとすると、自分の口を神の口に押しつけたユダに優って誰が幸福だというのでしょう。霊がないなら肉は何の役にも立たないのですから、処女なる聖母がその肉からキリストを生んだということは、彼女の霊をもってキリストの霊を妊娠しなければ、彼女にとり何の役にも立たなかったことでしょう。

これはとても重要なことです。しかし、もっと重要なことに耳を傾けてください。使徒たちは身体の姿をとりたもうたキリストとの共同生活を享受していたときには、どんなに無力であったか、そのときまでは何かを理解するのにどんなに愚鈍であったかということを、あなたは読んでおりませんか。神と人との永続する交わり以外のものをだれが完全な救いのために欲求したりするでしょうか。しかし、それにもかかわらず、奇跡が行われた後にも、また神の口からの教えが長年にわたって示された後にも、さらに復活した人々の多くの証拠が示された後にも、やがて天に帰還することになっている人々が終わりの時にその不信仰が責められていないでしょうか（マコ一六・一四）。ではその理由は何でしょうか。明らかにキリストの肉〔の姿〕が障害となっていたのです。ですから彼はこう言われているのです。「わたしが去らなければ、慰め主はこないでしょう。わたしが去るのはあなたがたの益になります」（ヨハ一六・七）と。

キリストが身体をもって現臨しておられることが救いに役立っていないのに、わたしたちはそれに加えて何か形態的な事物のうちに完全なる敬虔をあえて創始しようというのでしょうか。パウロはかつてキリストを肉において見ていたのです。あなたはこれに優るものが何かあるとお考えですか。ところがパウロは次のように語って、そのことを軽蔑しています。「わたしたちはキリストを肉によって知っていたとしても、今はもうそのようには知るまい」（IIコリ五・一六）と彼は言います。どうして彼は以前知っていなかったのでしょう。なぜなら彼は霊のより良き贈り物に向かってそこから出発していたからです。

わたしはおそらく諸々の規則を与えたもうているお方に相応しいよりもいっそう冗長にこれらのことを論じていることでしょう。しかしわたしはそれをいっそう厳密に、また確かな理由にもとづいて行うでしょう。というのもわたしは、この誤謬がキリスト教全体の共通な疫病であって、それは外見上は敬虔に大変よく似ているので、いっそう甚大な破滅を引き起こすことを事柄そのものから学んで知っているからです。実際、徳を模倣している悪徳以上に危険なものはないのです。この点では善良な人々でも容易に躓いているということを除けば、改善するに困難なものはないのです。というのも未知な大衆はこういう仕方で叱責されると宗教的敬虔の念が侵害されると信じているからです。

この非難に対し世の中が抗議し、一部の騒々しい民衆弁士らが罵るとしても、彼らはそれを内心では喜んでしており、明らかにキリストのことではなく自分らの利得のことを顧慮しているのです。こういう人たちの無知な迷信と作為的な敬虔に反対していますが、わたしとしてはキリスト教徒たちの行っている形象的な儀式や純朴な人々の熱心さ、またとりわけ教会の権威が認可したものを決して非難していないということを、繰り返し言明しておかなければなりません。というのは、時にはこれらのものは敬虔を示す証拠であるし、その補助手段でもあるからです。ですからキリストにあって幼な子である人たちには、大きくなって成熟した人となるまでは、一般的にはこれらのものは不可欠なのです。とはいえ完全な人々によってそれらが排斥されるというのも適切なことではないし、彼らの手本によって弱い人たちが傷つけられてもならないのです。

もし目的が邪悪なものでさえなければ、また救いに近いものへ向かってそこから一歩踏み出さねばならない地点にあなたが終点を固定させないなら、わたしはあなたが行っていること〔例えば外形的儀式〕を承認いたします。しかし(73)、可視的なもののために可視的な事物によってキリストを礼拝すること、宗教的敬虔の極致を可視的なものに置くこと、ここで自分に満足し他の人々を非とすること、可視的なものに驚嘆し、しかもその上に寄りかかって死ぬこと、(もう一度言うと)キリストへと導いて行くためにのみ取り扱われるべきであるこれら可視的なもの自体によってキリストからそらされること、このことは霊的である福音の律法からもちろん遠ざかっており、ある種のユダヤ主義に逆戻りすることを意味し、このような迷信をもたないで心のより大きなあらわな悪徳に苦しむことよりも恐らくもっと危険なことでしょう。この病のほうがたしかに致命的ではありますが、そうであっても先のもののほうがいっそう癒しがたいものなのです。

あの優れた霊の擁護者であるパウロは、ユダヤ人たちをわざに対する信頼から引き離して、霊的なものに導いて行くのに、いたるところでどれほど努力したことでしょう。そしてわたしは多数のキリスト教徒がふたたびこれ〔つまりわざに対する信頼〕に転落していることを知っています。しかし、わたしはどうして「多数の」と言ったのでしょう。この誤謬が司祭や博士の大部分、さらに霊的生活を言葉や服装で公に示している人々の大多数のほとんど全体を支配していないならば、それに耐えることができるでしょう。しかし塩がそのききめがなくなったら、どうして他のものは塩づけられるでしょうか（マタ五・一三）。このような人たちの大多数はどれほどの迷信をもって、ここで述べている意見を全く欠いている弱い人々によって定められたある種の宗教的儀式を遵守しているか、どれほどの憎悪をいだいて同じものを他の人々から強要しているか、どれほど安心してこれらに信頼し、どれほど軽率に他の人々を裁き、どれほど熱っぽくそれらを弁護しているかをお話しするのもわたしには恥ずかしいです。彼らはこうすることによって天国を得るに値すると考えているし、これらのものを冷酷にまで保てば、もう自分がパウロやアントニオス(74)の仲間であるように思っています。彼らは全く高慢になって（喜劇作家が言っているように(75)）あの未熟な規則にもとづいて他人の生活を検閲しはじめ、自分たちのすること以外には正しいものはないと考えています。

それればかりか彼らが自分で定めたものを堅持する力がなくなったとしても、いまだキリストのことを何も理解していないことにあなたは気づかれるでしょう。むしろ彼らは動物的であって、ある種の厭うべき悪徳にひたりきっており、交友においてはわがままであり、自制心に欠け、愛に冷たく、怒りに燃え上がり、憎しみに固まり、言葉に毒をふくみ、激しい敵意において無敵であり、取るに足りないもののためにも戦う準備をし、キリストの完全性から全く異質なものとなっています。こうして異教徒らにとって自然に付与されている理性、あるいは人生経験、あるいは哲学者らの教えに等しい〔万人に〕共通の徳を彼らは備えていないのです。彼らは教養がなく、御しがたく、好戦的で、快楽に貪婪であり、神の言葉に嘔吐を催し、誰にも親切でなく、他人について徒らに不信をいだき、うぬぼれが強いのです。

長年の苦労の末に遂にあなたは自分が最悪であるのに、あなたには最良と思うところまでいたっているのですか。あなたはキリスト教徒である代わりに、物言わぬ世の霊力(76)に仕えるユダヤ人となり、栄誉を神のもとでひそかにもつのではなく、人々の間で明白にもとうとするのですか（マタ六・一―三）。しかし、もしあなたが肉に従ってではなく、霊に従って歩いてきましたというなら、どこに霊の実が、どこに愛が、どこに心の喜びが、どこにすべての人に対する平和が、どこに忍耐・温和・善意・好意・柔和・信頼・節度・節欲・貞潔があるのですか（ガラ五・二二―二三）。あなたの諸々の生活習慣のなかのどこにキリストの像があるのですか。

あなたは言われます。「わたしは道楽者でも、泥棒でも、宮の物を奪う者でもありません。公に約束したことを守っています」と。しかしこのことは「わたしはほかの人のように掠め奪う者でも姦淫する者でもなく、週に二度断食をしています」（ルカ一八・一一―一二）ということ以外の何でしょうか。自分の善行のことを申し立てるこの種の義人よりも、憐れみを嘆願している卑しい徴税人の方がわたしには好ましく思われます。

ところであなたは何を公に約束したのですか。本当のところは前に洗礼を受けたとき、あなたはキリスト者になり――これは霊的存在です――ユダヤ人にはならないと誓約したことを実行しようともしていないのですのに。実際、ユダヤ人はつまらぬ人間の言い伝えのために神の戒めを踏みにじっているのです。キリスト教というのは霊的な生命ではないのですか。

パウロがローマ人に語っていることに耳を傾けなさい。「したがってキリスト・イエスにあって肉に従って歩いていない者は罪に定められていない。なぜならキリスト・イエスにある生命の御霊の法則が罪と死との法則からわたしを解放したからである。というのは肉によって弱められていたので律法によって実現できなかったことを、神は罪の肉の姿へ向けて御子を派遣し、罪のため肉において罪を罰して実現したもうた。それは肉に従ってではなく霊に従って歩くわたしたちにおいて、律法の義が実現されるためである。なぜなら肉にある者は肉に属するものを味わい、霊にある者は霊に属するものを思うからである。すなわち肉の思いは死であり、霊の思いは生命と平安である。ですから肉の知恵は神に対する敵意であり、神の律法に従っていないし、従うこともできない。肉にある者は神に喜ばれることができない」（ロマ八・一―八）。これ以上に十全に何が語られ、これ以上明瞭に何が述べられることができたでしょうか。

しかし、自分の悪徳をうぬぼれることにかけて狡猾であり、他人のものを貪ることにかけては向こう見ずである人たちは、これらのことは自分らには全く関わりのないことだと考え、パウロが肉に従って歩んでいる人について述べていたことを、ただ姦夫らや道楽者らに関係づけ、パウロが神に対する敵意である肉の知恵について述べていたことを、（彼らの言う）世俗的知識を学んだ人たちに転じるのです。彼らは自分たちが姦夫でなく、あらゆる知識に全然通じていないという二つのことのゆえに自画自賛しています。のみならず、霊にあって生きるということは、自分たちのやっていることをそれと自負して行うことにほかならないと夢想しています。

もし彼らがパウロの言葉を、キケロ流の言葉を力強く蔑視するのと同じだけの熱心さをもって、考察したならば、彼らはきっと、使徒が可視的なものを肉と呼び、不可視的なものを霊と呼んでいることを理解したことでしょう。だが、使徒は、可視的なものは不可視的なものに仕えなければならないが、反対に不可視的なものが可視的なものに仕えてはならない、といたるところで教えています。あなたはキリストに向けて従うようにすべきであったものに、本末転倒もはなはだしく、キリストを合わせています[77]。

あなたは肉という言葉が単に情欲や放蕩にだけ関わってはいないという証明を知りたいのですか。この証明を（いつものように）行っている同じ使徒がコロサイ人に書き送ったことを受け入れなさい。「あなたがたは、謙遜と天使礼拝を得意になったり、見たこともないものに向かって歩み寄り、自分の肉の思いによっていたずらに誇っていて、キリストなるかしらに付くことのないような人によってかどわかされないように。キリストから助けられて、からだの全体は関節と連結によって組み立てられ、神に育てられて成長していくのです」（コロ二・一八―一九）。

あなたが、ある種の外形的な儀式に信頼して、他の人たちの霊的な努力を妨げている人たちについて使徒パウロが語っていることを、疑わないために、次のように続けて言われていることに注意して下さい。「したがってあなたがたがキリストとともに死んで、現世の諸々の霊力から離れたならば、どうしてなおこの世に生きているもののように判断するのですか」（コロ二・二〇―二一）。ですからこれらの言葉のすこし後に、彼は次のように言ってわたしたちを呼び戻しています。「このゆえにあなたはキリストとともに甦ったのであるから、上にあるものを求めなさい。そこにはキリストが神の右に座しておられます。あなたがたは地上にあるものではなく、上にあるものを理解すべきです」（同三・一―二）と。

さらに、彼が霊的生活の戒めを伝えているなら、いったい何を彼は警告しているでしょうか。あれやこれやの儀式を行うことでしょうか。しかしあの衣装を身につけることでしょうか。これこれの食事をとって生きてゆくことでしょうか。詩編をどれだけ多く唱えるかということでしょうか。このようなことではないのです。それでは何なのでしょう。彼は言います、「あなたの地上にある肢体、すなわち不品行、不潔、情欲、悪欲、貪欲を殺してしまいなさい。貪欲とは偶像に屈従することです」（同三・五）と。そしてすこし後でこう述べています。「あなたがたは古い人をそのわざとともに脱ぎ棄て、新しい人を着ているのです。新しい人は自分を造った方の像にしたがって神の知識にいたるように新しくされたのです」（同三・九―一〇）と。

ところで「古い人」とは誰のことでしょう。もちろん土から生まれ、土でできたアダムのことです。古い人の住いは地上であって、天ではありません。地とは可視的で、それゆえはかないすべてのものだと理解しなさい。「新しい人」とは誰のことでしょう。もちろん天からきた、天上的な人のことです。天というのは不可視的で、それゆえ永遠なすべてのものだと捉えなさい。

終わりにパウロは、わたしたちがユダヤの習慣にしたがってあたかも魔術的儀式のように一定の決まりを遵守すれば神に対して功績があるように願わないために、わたしたちのわざが、その根源である愛に関係づけられるかぎりで、神に嘉せられる、と教えています。彼は言います、「これらすべての上に愛を置きなさい。愛は完全性をもたらす紐帯でありますから。またキリストにある神の平和があなたがたの心の中で湧きあがるようにしなさい。あなたがたが召されて一つのからだとなったのはこのためです」（同三・一四―一五）と。

わたしはいっそう明瞭な証拠を挙げてみましょう。パウロはガラテヤ人に手紙を書いて、しばしば肉や霊について述べています。彼はガラテヤ人を情欲から純潔へ呼びもどしているだけでなく、偽使徒たちによって引っぱられていたユダヤ主義や行為に対する信頼から連れもどそうと努めています。したがってここで肉の行為を列挙している彼が、どのような悪徳をあげているか注目して下さい。「だが肉の行為は明白である。すなわち姦淫、不潔、淫乱、放蕩、偶像崇拝、魔術、敵意、論争、そねみ、怒り、争い、不和、分派、嫉妬、殺害、暴飲、暴食およびその類である」（ガラ五・一九―二一）。ここから余り離れていないところにこうあります。「もしわたしたちが霊によって生きるなら、霊によって歩もうではないか」（同五・二五）。さらに霊に襲いかかる疾病のように述べて次のように付言しています。「たがいにいどみ合い、たがいにねたみ合って、虚栄を求めてはならない」（同五・二六）と。

木はその実によって知られます（マタ七・一六）。わたしには一向お構いなく、あなたは徹夜し、断食し、沈黙を守り、祈禱し、その他この種の決まりにおとどまり下さい。しかし霊の結ぶ実りを見なくては、それが霊のうちにあることをわたしは信じることができません。あなたがほとんどの生涯をこのような定めの訓練に費やしてきた後でも、あなたのうちに肉の行為が見いだされるなら、どうしてわたしはあなたが肉のうちにないなどと断言できるでしょうか。肉の行為、つまり女性に見られるよりひどい嫉妬、短気、兵士のような乱暴さ、飽くことのない戦闘欲、激烈な誹謗、そして言葉の蛇のような毒、傲慢な心、手に負えない向こう見ず、ごまかしの誠実、虚栄、捏造、追従が見いだされるならば、そうできないでしょう。あなたは兄弟を飲食物や服装で判断しています。しかしパウロはあなたをその行為によって判断しているのです。

あるいは目立たない事柄ではあっても同じ悪徳に違いないものに悩むことが、あなたを肉的な世俗人から区別しているのでしょうか。それでは、遺産を横取りされたため、娘が犯されたため、両親が侮辱されたため、官権のため、王侯の寵愛のため、怒り・敵意・嫉妬をもって仕返しする人は、何のためでもなくこれらすべてのことをいっそう冷酷に実行しているあなた(わたしには言うも恥ずかしい)よりも、もっと恥ずべき人なのでしょうか。罪の原因が小さければ、罪が軽減されるのではなく、かえって大きくなっていきます。あなたがどれだけ大きな罪を犯したかが問題なのではなく、どのような心情によって罪が生じているかが重大なのです。たしかに、徳義から引き離される動機が少なければ少ないだけ、各人の罪はいっそうひどくなっているという点が重要なのです。

わたしはここで世でさえその風習を忌み嫌っているあの修道士たちについて語っているのではなく、民衆が人間ではなく天使のように驚嘆している人たちについて語っているのです。このようにわたしが話したからといって、こういう人たち自身を侮辱すべきではなく、非難しているのは悪徳なのであって人ではないのです。彼らが善良な人たちでしたら、救いに関することで誰にいさめられても喜ぶことでしょう。彼らのなかにも学問と才能に助けられて霊の神秘を味わった人が多くいるのをわたしが知らないわけではないのです。しかし、リウィウスが言っていることが一般に妥当します。すなわち、多数の方が善いものを駆逐する[つまり量が質に勝つ](78)のです。しかもなお真実が述べられねばならないとしたら、最も厳格な種類の修道士たちでさえ宗教の眼目を儀式や詩編によって定められた祈禱規則や肉体労働に置いているということをわたしたちは目にしないでしょうか。だれでもこれらのことを吟味し、霊的な事柄について問い質すならば、肉にしたがって歩いていない人の数はきわめて少ないことを発見するでしょう。

そうしてここにその諸々の心の弱さが見られます。彼らは恐ろしいことも存在しないのに、恐怖にとりつかれ、最高の危険のあるときに、居眠りをしているのです。面倒な言い方をしないとすれば、ここにはあのキリストにある永遠の幼なさがあって、物事に対する転倒した判断によってわたしたちは全くつまらないものを最も高く評価し、それだけで自足しているものを無視し、教師や軛（くびき）の下でいつも行動し、霊の自由にいたろうと決して志さず、愛の高みに決して昇ろうとしません。しかしパウロはガラテヤ人に次のように呼びかけています。「堅く立って二度と奴隷の軛につながれてはならない」（ガラ五・一）。また別のところで「したがって律法は、わたしたちが信仰によって義とされるための、キリストにあるわたしたちの教師であった。しかし、信仰がきた以上、もうわたしたちはこの教師のもとにはいない。というのはあなたがたはみなキリスト・イエスにある信仰によって神の子なのであるから」（同三・二四―二六）。またあまり離れていないところで「このようにわたしたちも子供であったときには世の諸々の霊力に服していた。しかし時の満ちるに及んで、神はその御子を女から生まれさせ、律法の下に生まれさせて遣わされた。それは律法の下にある者たちをあがない出し、わたしたちに子たる身分を授けるためであった。そこであなたがたは神の子なのであるから、神はあなたがたの心に〈アバ、父よ〉と呼ぶ御子の霊を送って下さったのである。したがって、あなたがたはもはや奴隷ではなく、子である」（同四・三―七）。さらに他の箇所で「というのは兄弟たちよ、あなたがたは自由へと召されているからである。ただしその自由を肉の働く機会としないで、御霊の愛によって互いに仕えなさい。律法の全体は〈自分自身を愛するようにあなたの隣人を愛しなさい〉というこの一句において実現しているからである。しかし、たがいにかみ合い、食い合っているなら、あなたがたはたがいに滅されないように、気をつけなさい」（同五・一三―一五）と呼びかけています。パウロは再びローマ人（びと）に「あなたがたは神の子たる身分を授ける霊を受けたのである。この霊によってわたしたちは〈アバ、父よ〉と呼ぶのである」（ロマ八・一五）と呼びかけています。彼がテモテに次のように書き送っているのも同じ類のものです。曰く、「敬虔に向かってあなた自身を訓練しなさい。身体の訓練は少しは役立つが、敬虔はすべてに役立つから」（Ⅰテモ四・七、八）。またコリント人には次のように書き送っています。「主は霊である。そして霊のあるところに自由がある」（Ⅱコリ三・一七）と。

しかし、あれこれの聖書の箇所をわたしたちはどこへと関係づけて引用しているのでしょうか。パウロの全体は次の一点に集約されています。すなわち、争いを起こす肉が軽蔑されて、愛と自由との創始者が霊においてわたしたちを立たせて下さるように、ということです。というのも、肉・奴隷の身分・不安・争いはたがいに分かちがたい仲間関係に立っており、他方、霊・平和・愛・自由も同様の関係に立っているからです。使徒はいたるところでこのことを鋭く説いています。聖書の全体がとくにこのことに一致しているというのに、わたしたちはより良い宗教の教師を探し求めるのでしょうか。キリストが福音書において繰り返しなされ実現したもうたことは、モーセの律法における最大の戒めでした。とりわけ、キリストはわたしたちをユダヤ主義化するためではなく、愛するようにと教えるために生まれかつ死にたもうたのです。

あの最後の晩餐の後にキリストはご自身の使徒たちに飲食についてではなく、愛についてどれほど熱心にかつどれほどの愛情をもって相互に助け合うべきかを教えておられます（ヨハ一三・三四―三五、一五・一二）。パウロと同僚の司祭であるヨハネは、わたしたちがたがいに愛し合うようにとのことのほか何を教え、願っておりますか。すでに述べたようにパウロはいたるところで愛を勧めており、コリント人へ書き送って、愛を奇跡や預言や天使の言葉よりも重んじています（Ⅰコリ一三・一―二）。

あなたはすぐに愛とは教会にしげく足を運んだり、聖人の像にひざまずいたり、蠟燭に火を点したり、祈りを指折り数え繰り返し唱えたりすることだとわたしに言わないでほしい。これらの一つをも神は必要としておりません。パウロが愛と呼んでいるものは、隣人の徳を建てること、すべての人を一つのからだの肢体とみなすこと、すべての人はキリストにおいて一つであると考えること、あなたの兄弟の幸福を自分のことのように同様に喜ぶこと、兄弟の不幸を自分自身のことのように救うことです。誤っている人を穏やかに戒めること、無知な人を教えること、挫折した人を立ち上らせること、打ちひしがれた人を慰めること、重荷を負って苦しんでいる人を助けること、貧窮している人を援助すること、要するにあなたのすべての力、すべての努力、すべての配慮をキリストにあってできるかぎり多くの人々に役立つように向けることなのです。こうしてあのお方がご自身のために生まれたのでも生きたのでも、死にたもうたのでもなく、わたしたちの益のためにご自身のすべてを捧げたもうたように、わたしたちも自分自身のではなく兄弟たちの幸福のために奉仕いたしましょう。

もしこのことが行われるなら宗教的な人々の人生よりも喜ばしく過ごし易い生活はないでしょう。ところがこれとは逆に現在わたしたちが見ている宗教生活は、全く悲しむべきもの労苦に満ちたものであり、ユダヤ的迷信だらけで、俗信徒の悪徳から解き放たれず、多くの人たちをいっそう汚らわしいものにしております。大部分の人たちが人生の模範として誇っているアウグスティヌスが今生き返るとしたら、彼はこのような類の人々を決して認めはしないし、この種の生活にまさって自分が拒否したであろうものは何もなく、ユダヤ人の迷信にしたがってではなく、使徒たちの規則にしたがって生活の仕方を自分は確立したのだと声高に叫ぶことでしょう。

だが、もうすこし前から幾分かは分別のある人々がわたしに対し次のように反論しているのが聞こえています。「いっそう大きな悪徳に次第に転落していかないために、人は軽微なものに対して警戒しなければならない」と。わたしはこの声を聞いて、そうだと認めますが、あなたが些事に拘泥して、最も大切なことを全く忘れ去られないように、もっともっと用心すべきです。些事において危険はあきらかでしょうが、最も大切なことにおいてはいっそう重大となっています。カリュビディスに巻きこまれないよう、スキュッラからも逃げなければなりません(79)。そのような〔儀式を守る〕ことは有用ですが、それに依存することは破滅を招きます。パウロはあなたが諸々の霊力を用いることを禁じてはおりませんが、キリストにあって自由となっている人が霊力に仕えることを望んでおりません。パウロは行為の律法を断罪しておりません。しかしだれでも律法を正しく用いなければなりません。これらのものなしにあなたは恐らく敬虔になれないでしょうが、それらがあなたを敬虔にするのではないのです。あなたが敬虔になるために使用するならば、それらは敬虔に役立つのです。しかし、もしあなたがそれらを享受しはじめるなら、[80]それらはすべての敬虔を一挙に消滅させてしまいます。

使徒はアブラハムのわざを高く評価していません。アブラハムのわざが最高のものであったことを知らない人はいないのです。そうしてあなたもご自分のわざに信頼なさるのですか。神はご自身がそのすべての創造者であられた自分の民が執り行う犠牲・安息日・新月に反対しております。あなたはご自分のみすぼらしい掟の遵守と神の律法の戒めとをあえて比較しようとでもするのですか。だが、これらのことに対する神の嫌悪と憤りとを聞きなさい。

「あなたがたの捧げる多くの犠牲はわたしにとり何の役に立つのか。わたしは飽きている。わたしは雄羊の燔祭や肥えた家畜の脂肪、また小牛や小羊や雄山羊の血など欲しくない。あなたがたはわたしの面前にやってきたとき、あなたがたがわたしの庭で歩き回ることを、だれがあなたがたの手から求めたというのか。あなたがたはもはや徒らに犠牲を捧げてはならない。薫香はわたしの忌み嫌うものである。わたしは新月・安息日・他の祭りに我慢ができない。あなたがたの集会は不当である。わたしの魂はあなたがたの新月と祝祭とを憎んでいる。それらはわたしの重荷となり、耐えるのに疲れた。あなたがたが手を伸ばしても、わたしは目をあなたがたからそらすだろう。あなたがたが祈りを増やしても、わたしは聞きたくない」（イザ一・一一―一五）。

礼拝や聖なる儀式や多様な祈禱が述べられている場合には、宗教的敬神を詩編や祈りの分量によって量ろうとする人々のことを名指してとがめているのではないでしょうか。また口達者な預言者がもう耳も目も耐えることが不可能なくらい神の嫌悪感を著しく激増していることに注目しなさい。では、わたしはいったい何を祈ればよいのですか。それは無論神ご自身が大いなる畏怖をもって堅持するように伝えてこられたもの、長き世代にわたって聖なる王たちや預言者たちにより大いなる尊崇をもって守られてきたものです。

神は肉的な法則の下にあるこれらのものを今なお呪っておられるのに、あなたは自家製のつまらない礼拝のわざが霊的な法則のもとにあるとしてそのわざに信頼しているのですか。ですから同じ方〔神〕は別の箇所〔同五八・一〕で同じ預言者に絶えず大声を出し、ラッパのように声を張り上げるように命じております。もちろん真剣なかつ辛辣な非難に値する問題、つまり大いに努力しなければこの人たちによっては実現できないような事柄に関してなのです。神は次のように語っています。

「彼らは日々わたしを尋ね求め、正義を実行して神の審判を軽んじることのない国民のように、わたしの道を知ることを願っている。彼らは正義の審判をわたしに求め、神に近づくことを願っている。〈わたしたちが断食したのに、なぜあなたは顧りみて下さらないのか。わたしたちが自分の魂を卑しめたのに、なぜご存知ないのか〉と彼らは言う。見よ、あなたがたの断食の日に自分の楽しみを見いだし、あなたがたに負債のある人たちに返済を求める。見よ、あなたがたは争いといさかいのために断食し、不敬虔にもこぶしでもって人を打つ。あなたがたの呻きが天上で聞かれるために、今日にいたるまでなしてきたように、断食しようとするな。このようなのが人が自分の魂を一日中苦しめるためにわたしの選んだ断食であろうか。そのこうべを葦のようにねじまげ、袋をかぶり、灰をまき散らすということが断食であろうか。あなたがたはこれを断食と呼び、主に嘉納される日と称するであろうか」（同五八・二―五）。

だが、断食とは何であると主張すべきでしょうか。神はご自身が戒められたことを断罪するでしょうか。決してそのようなことはありません。ではなぜでしょうか。そうではなく肉の法則にとどまり、何の価値のないものに寄りすがることを真に呪いたもうのです。

ですから神は次の二つの箇所でご自身が賛同していることを明らかに述べています。曰く、「身体を洗って、清くなれ。わたしの目からあなたがたの悪しき想いを取り除け」（同一・一六）と。悪しき想いということを耳にしますと、明らかにそれは霊と内なる人とを指し示しているのではないでしょうか。主の目は現れ出ているものではなく、隠されているものを観たまい、目で見たことによって裁かれず、耳で聞いたことによってとがめたりしません（同一一・三）。外見は洗練されていても中味は空っぽな愚かな乙女たちを主はごらんになりません（マタ二五・一―一二）。口先きだけで「主よ、主よ」という人たちを主は認めたまいませんでした（同七・二一）。

次いで、神は霊的な生活の実践が儀式よりも隣人愛のうちに場所をもつことを想い起こさせています。「公正な裁きを求めよ。虐げられた人を助け、孤児を法的に守り、寡婦を弁護せよ」（イザ一・一七）。同様のことを神は別の箇所で断食に関して付言しています。「わたしの選んだ断食はむしろ次のことではないのか。背徳のきずなを解きはなて。抑圧する鎖を砕いて取り除け。虐げられた人々を解放して自由にし、重荷をことごとく打ち砕け。飢えている人にあなたのパンを裂いて与え、貧窮し家のない人をあなたの家に招き入れよ。裸の人を見るなら、その人に着せ、あなたの骨肉をさげすまないようにすることではないか」（同五八・六―八）。

それではキリスト教徒は何をなすべきでしょうか。教会の戒めを無視すべきでしょうか。先祖の尊敬すべき伝統を軽蔑すべきでしょうか。敬虔な習慣をけなすことでしょうか。いいえ、そうではありません。もし弱い人であればそれらのものを不可欠のものとして保つでしょう。しかし、確固とした完全な人であれば、むしろそれだけ益々、自分の知識が弱い兄弟を傷つけ殺すことがないように、それらを遵守するでしょう。キリストはこの弱い兄弟のために死にたもうたのですから（Ｉコリ八・一一）。それらをやめる必要はないのですが、次のことは実行しなければなりません。形のあるわざは非難されないで、不可視的なものが優先されるのです。可視的な礼拝は非難されないが、不可視的な敬虔がないなら、神との和解は成り立ちません。神は霊でありますから、霊的な犠牲によって和らげられるのです（ヨハ四・二四）。

ある異教の詩人が知っていることをキリスト教徒が知らないのは、恥ずべきことです。詩人は敬虔について次のように命じています。

神が霊（アニムス）であるなら、詩歌が我らに語るごとく、

とりわけ純粋な心(メーンス)でもって礼拝すべきである。(81)

わたしたちはこの詩の作者を異教徒であるからまた凡庸であるからといって軽蔑しないようにしましょう。この一文は偉大な神学者にもふさわしいものでして、わたしの見たところ、それが皆によって読まれているのに、わずかの人によってしか理解されていません。このことは実際「等しいものは等しいものによって捉えられる」(82)ということを意味しています。あなたはあたかも神が身体ででもあるかのように、ほふられた雄牛や香煙によって大いに動かされると信じています。だが、神は心(メーンス)であり、しかも最も純粋な心なのです。ですから、神はとりわけ純粋な心で礼拝されなければなりません。

あなたは蠟燭に火を点すことを犠牲であると考えています。だがダビデは「砕かれた霊が神に対する犠牲である」（詩三四・一九、五一・一九）と語っています。あなたが人々の目により認められることを行うなら、むしろ神の目が求めていることにいっそう立ち向かいなさい。身体が法衣を着せられていても、心が世俗的な服をまとっているなら、何になるでしょう。外なる人が白い肌着をつけているなら、内なる人も雪のように純白な衣服をまとうべきです。あなたは外面的には静かに行動しておりますが、それよりもむしろ内面的に心が自由であるように、大いに配慮しなさい。目に見える教会の中でひざまずいても、心の宮の中で神に逆らって立つならば、何もしたことになりません。あなたは木の十字架を崇拝しますが、むしろ十字架の神秘を追求しなさい。

あなたは断食をし、人間に害を与えない食物をも遠ざけておりますのに、あなたの良心と他の人の良心とを汚す有害な言葉を抑制しないのですか。身体からは食物が遠ざけられているのに、魂の方は豚の食べる豆ざやをたらふく食べるのでしょうか。あなたは石の神殿を飾りたてていますが、あなたは宗教的敬神に対する聖なる場所をもっておられるのです。エゼキエルがその壁をうがった心のうちなる神殿がエジプト人らの憎悪によって冒瀆されたなら、それは何の役に立つというのでしょうか（エゼ八・七―九）。あなたは外面的に安息日を守っていますが、内面的には悪徳がすべて喧騒の叫びをあげています。身体が姦淫を犯していなくとも、あなたは貪欲であって、もう心で姦淫を犯しています。あなたは身体の舌でもって詩編を歌っていますが、心が語っていることを内面的に聴きとりなさい。あなたは口で祝福していても、心では中傷しています。身体は狭い部屋の中にとじこめられていても、想念は全世界をさ迷い歩いています。

あなたは神の言葉を身体の耳で聞いています。しかし、あなたはむしろ内面的に聴くべきです。預言者は何と言っていますか。「あなたがたが内面的に聴かないならば、あなたがたの魂は嘆き悲しむであろう」（エレ一三・一七）。では福音書にはどう書いてあるのでしょう。「見ていても観ていないように、聞いていても聴いていない」（マタ一三・一三）。さらに預言者は「あなたがたは耳で聞いても、理解しないであろう」（イザ六・九、エレ五・二一）と言っています。ですから、神の言葉を内的に聴く人々が幸せなのです。主が内的に言葉を語りかけたもう人々は幸福です。このような人々の魂は救われるでしょう。ダビデによって主の娘はこの耳を傾けるように命じられ、この娘の装飾のすべては内面からのもので黄金でもって縁取られています（詩四五・一一、一五）。

要するに悪事をなしていなくとも、心情においてむさぼっているなら、何になるというのでしょう。外面的に善をなしていても、内面においてそれと反対のことが生じているなら、何の役に立つでしょうか。身体でエルサレムをあなたが訪れていても、あなた自身の内にソドムやエジプトやバビロンがあるなら、誉めたことなのでしょうか。身体のかかとでキリストの足跡をふんだからといって偉大なのではなく、愛においてキリストの足跡をたどることが最高のことなのです。主の墓に触ったということが最高のことなら、墓の秘義を把握していることの方が最高のことにならないでしょうか。あなたは人間である司祭の前であなたの罪を告発しますが、神の前でいかに告発すべきかに注意を向けなさい。というのは神の前で罪を告発するということは、内的にそれを憎むことだからです。あなたは多分蠟製の小さな像やわずかの献金やちょっとした巡礼などによって罪過が一度に拭い去られると信じておられることでしょう。あなたは道を全く誤っています。内的に傷を受けているのですから、内的に薬が用いられねばなりません。あなたが憎むべきものを愛し愛すべきものを憎んだとしたら、あなたの愛は腐敗していたのです。甘いものがあなたにとって苦く、苦いものが甘かったのです。

あなたが外に示しているものにわたしは関心がないのです。だが、もしあなたが立場を変えて、今までただ愛していたものを憎み、恐れ、それから逃れはじめ、胆汁のように苦いと感じられていたものが美味しく感じられるなら、そのとき初めてそれを健康の証拠だと認めましょう。マグダラ〔のマリア〕は多く愛しましたので、多くの罪が赦されました（ルカ七・四七）。あなたがキリストを多く愛すれば愛するほど、それだけあなたは自分の悪徳を憎むでしょう。なぜなら影が身体につき従うように、罪に対する憎悪は敬虔に対する愛につき従うものだからです。あなたの邪悪な習慣を内的にかつ真実に一回だけ断固として憎悪することのほうが、司祭の前で口先だけ一〇回それを止めると祈願するより好ましいです。

したがって、わたしたちがいくつかの事例をあげて示してきたように、目に見えるこの世のすべての舞台において、古い律法と新しい律法のなかに、教会のすべての戒めのなかに、終わりにあなた自身と人間的なすべての仕事のなかに、外的には肉が、内的には霊があるのです。これらのことにおいてわたしたちが秩序を転倒させることをしないならば、目に見えるものがより大きな価値に何かしら役立たない場合には、それにあまり信頼しないで、絶えず霊と愛に属するものとに目を向けるならば、わたしたちは（格言で言われているように）あのいつもか弱い子供たちのように悲しげな面持をしていることもなく、[83] 動物のようでもなく、（預言者により語られているように）霊を所有していない「枯れた骨」（エゼ三七・四）にもならないでしょう。またわたしたちは眠たげな者、愚鈍な者、戦闘的な者、嫉妬深い者、中傷する者ではなく、キリストにあって高められた者、愛に富む者、強固で、運不運に動揺しない者、些細なことに寛大な者、最高のものに向かって励む者、熱意に満ちた者、知恵にあふれた人になるでしょう。この知恵を退ける者を、あの諸々の知恵の主は退けたもうのです。

一般に教育を受ける力のないことに随伴し、ギリシア人が適切にもフィラウティアと呼んでいる無知は、（イザヤも言っているように）むなしいことに頼り、虚偽を語り、辛苦をはらみ、不義を生み（イザ五九・四）、いつも震え上がったりかつ卑下してユダヤ的儀式に仕えるといったようなことをしています。これについてパウロは次のように語っています、「わたしは彼らが神に対し熱意をもっていることを証しするが、それは知恵によるものではない」（ロマ一〇・二）と。だが彼らは何に対して無知だったのでしょうか。明らかにそれは、キリストが律法の終わりであり、またキリストが霊であり、愛でありたもうということです。

しかし、イザヤは肉における彼らの悲惨なかつ無益な奴隷的身分についてより明瞭に次のように述べています、「それゆえ、わたしの民は知識をもっていなかったため、捕虜として引かれて行った。そして民の高貴な者たちは飢えて滅び、諸々の民は渇きによって干からびてしまった」（イザ五・一三）と。

民衆がこの世の霊力に仕えていることは驚くべきことではありません。また無教養の大衆も他国の心情に通じている人も無論仕えています。もっと驚かなければならないのは、キリスト教のいわば大司教〔たる指導者〕たちが同じ捕囚の身となって飢えで滅び、渇きによって干からびていることです。なぜ彼らは飢えで滅びるのでしょうか。彼らは大麦のパンを裂いて与えることをキリストから学んでいなかったからです。彼らはざらざらする莢（さや）のまわりだけをなめて、核芯を掘りだしていません。なぜ彼らは渇きによって干からびているのですか。なぜなら彼らは霊的な岩から水を取りだすことをモーセから学んでいなかったからです（出一七・六）。彼らはキリストのからだから生命の水となって流れでる水流を汲みだすことをしなかったのです（ヨハ七・三八）。しかし、このことは霊について語られているのであって、肉についてではありません。

ですから、わたしの兄弟よ、あなたはこの教則を熱心に熟考し、悲しむべき労苦でもってあまりに苦しまないように、むしろ適度の訓練によって素早く成長し、キリストにおいて力強い者となるようになりなさい。そうすれば不潔な動物と一緒に地の上を這おうと願わず、プラトンが愛の情熱によって魂のうちに引きだされ再び成長しだすと考えた、あの翼に支えられて[84]、あなたは常に飛び立ち、身体から霊へ、可視界から不可視界へ、文字から秘義へ、感覚的なものから知性的なものへ、合成体から単一体へ、ちょうどヤコブのはしごを一段一段昇るように、あなた自身を高めなさい（創二八・一二）。このようにして主に近づいてゆく者に対して主はご自身のほうから近よりたもうでしょう。だからあなたが自分の闇と感覚の喧噪から立ち上がろうと力のかぎり努力するなら、主はその近づきがたい光の中から（Ｉテモ六・一六）また考え得られない静寂の中から恵み深くもあなたを迎えに来たもうでしょう。この静寂においてすべての感覚の騒ぎだけでなく、知性によるすべての表象も鎮まるのです。

第一五章　第六教則（人々の意見にではなく、キリストのみに従いなさい）

なお、即興的に書く人には次から次へと想念が浮かんでくるので、上記のものに多少類似している第六の教則――これはすべての人を救うのに必要なものなのに、わずかな人によって注目されているにすぎない――をわたしは付け加えたい。この教則というのは、キリストを熱心に求めている人の心は、一般大衆の行動にせよ、その意見にせよ、それらからできるかぎり離れ、キリストひとりのほかどこからも敬虔の模範を求めるべきではない、ということなのです。というのもキリストは唯一の原型であり、だれでもそこから指の幅ほどでも離れるとしたら、正しさから遠ざかり、道にはずれてしまうからです。それゆえプラトンは、しばしば説いているように、恥ずべきことと気高いこととの区別について確たる意見を心において習得していない人が徳を絶えず保ちうることを、彼の『国家』のなかでまことに厳しく否定しているのです[85]。

しかし、救いに関することについて間違った意見が心のうちに奥深く占領しているほうが、はるかに危険でしょう。それゆえにプラトンは、いっさいの恥ずべきことから自由になっていなければならない守護階級が何を遠ざけ何を願望すべきかに関する最善にして最も確実な意見を、ある種の最も神聖なる法のように、その心中に刻み付けるようにということを、何よりも先に配慮しなければならないと考えています。なぜなら説得により心の奥深く固く付着しているものを、各人はその振る舞いに反映させるからなのです。

そういうわけで、キリスト者が配慮すべき緊急のことは次のことに向けられねばなりません。子供たちはすでにごく幼いときから、乳母の愛撫と両親の口づけの下にあるのみならず、キリスト〔の僕〕に値する学識ある者の手中にある確信により感化されるということです。というのはファビウスも言っているように[86]幼少のころに植え付けられたものにまさって心のうちに深く根付き、頑固に付着するものはないからです。キリスト教徒たちが家の中でまた外でも口ずさむ恋愛小唄などは幼い子供らのかわいい耳から遠ざけられねばなりません。この小唄などは平均的な異教徒でも決してがまんできないほど汚らわしいものです。あるものを損失すると母親が悲しんで泣いたり、姉妹をなくすと心ぼそくなり見棄てられたとして哀泣するのを彼らに聞かせてはならないのです。また父親が怠惰にも、不法な物権に対し利子を付けて返済しなかった人を、非難したり、どのような仕方であれ、財産を著しく大きくした人たちを、誉めちぎっているのを彼らに聞かせてはなりません。

人間の本性はたやすく悪徳に傾き、ちょうど火が近くの油をすばやく捕えるように、直ちに有害な実例を捕えるものです。しかしながら、どの年齢においても同様に次のことを得ようと努めなければなりません。すなわち、すべての大衆の誤謬は根こそぎ心からはぎ取られ、その代わりに有益な意見が刻み付けられ、何ものによっても引き抜かれ得ないほどにまで強化されるということです。

このことを実行している人はなんの苦労もなく自発的に徳を追求するでしょう。しかし他の方法で行動している人たちは模倣に値しているのではなく、不幸に値している、とその人は判断するでしょう。このことにソクラテスのあの言葉、つまり「徳とは何を避け何を求めるべきかの知識にほかならない[87]」は関わっています。この言葉はアリストテレスにより非難されてはいるが[88]、馬鹿げたものではありません。ソクラテスが気高いものに対する認識と愛との間の区別を知らなかったというのではないのです。そうではなく、デモステネスが反論しているように[89]、弁論術においては演説法が第一、第二、第三の原理なのです。そのさい彼は、そこにすべてがかかっていると信じたほどのすぐれた役割を明らかに指し示しています。それと同じくソクラテスもプロタゴラスと討論しながら[90]、罪が間違った意見以外の他のどこにも由来しないほど、それほどの重大な意義を知識がすべての徳に対してもっていることを論証によって証明しています。たしかにキリストを愛している人と、快楽・金銭・偽りの名誉を愛している人とは、両者とも疑いの余地なく善にして美なるものを楽しく求めています。しかし、甘美なものの代わりに最も苦々しいものを無知のゆえに間違って愛好している人たちは、苦々しいものの代わりに最も甘美なものを退けているのです。それと同様に、善にして有益なものの代わりに全く不利益なものを求めている人たちは、損害の代わりに素晴らしい収益を恐れ、嫌悪すべきものを美しいと判断し、それのみが栄光に値するものを恥ずべきものと考えているのです。

さらに、もし徳のみが最善であり、最も甘美にして最も美しく、最も尊敬に値し、最も有益であり、これに反して、不名誉こそ唯一の悪であり、呵責し赤面すべき有害な嫌悪に値するものであることを、ある人が心の奥深く納得しており、ちょうど食物のように心の内深くすでに移し消化しているならば、しかもこれらのことが民衆の意見によってではなく、事柄の本性そのものによって計られるならば、彼が確固たる信念をもつかぎり、邪悪のうちに永くとどまり続けることは不可能です。

じっさい大衆というのは、これまでいつも生活においても思想においても最悪の権威なのです。また人間的な事柄に関して、最悪のものが大多数の者に喜ばれたりすることはない、というようには決してうまくいってはいないのです。あなたは次のように考えてはいけません。「みんながそれをしている。わたしの先祖たちがこの足跡をずっと踏んできている。あの偉大な哲学者や偉大な神学者がこうした意見をいだいている。偉人たちはこのように生きている。これは王の指図である。これを司教や教皇も実行している」と。この人たち〔つまり司教や教皇たち〕はたしかに大衆ではありません。お偉方の名前があなたを動揺させないように。わたしは大衆を身分によってではなく、心によって判断しているのです。大衆というのは、あのプラトンの描いた洞窟の中で自分の情念により拘束されて、事物の虚妄な映像を最も真実なものとして驚嘆している(91)すべての者のことなのです。石を規準に適用するのではなく、規準を石に適用しようとする人は、転倒した仕方で振る舞っていないでしょうか。ましてや、人々の習俗をキリストに向けて動かすのではなく、キリストを人々の生活に向けて変えようと努める人は、いっそう馬鹿げていないでしょうか。それゆえ、身分の上の人たちが実行しているのだから、人々の大部分が実行しているのだから、正しい、と考えてはいけません。そうではなく、キリストの〔教えの〕規準に合致して行われている点のみによってはじめて正しいのです。

　実際、大多数の人々に喜ばれているという理由だけで、それはあなたにとり何か嫌疑をかけるべきものなのです。その心のうちにキリスト教的な単純さ・貧困・真実が宿っている人の数はごくわずかであるし、いつもわずかでしょう。彼らはわずかではあっても、恵まれています。なぜなら天国は彼らにのみ定められているからです。徳の道は狭く、きわめてわずかな人々によって歩まれていますが、他の方法では生命に導き入れられはしないのです。賢い建築家はいったいその手本をごく普通の建物から得ようと努めているのか、それとも最善の建物から得ようと努めるのでしょうか。画家たちもただ最善の絵画のみを自分の前に置いて〔学んで〕います。わたしたちの模範はキリストであり、彼のうちにだけ至福に生きるためのすべての原則が内在しています。キリストを模倣することは無制限に許されるでしょう。さらに信頼できる人たちの中から、それがキリストの原型に合致するかぎりで、そのひとりびとりを模範と呼ぶこともおこりえましょう。だが、キリスト教徒の大衆に関していうなら、道徳についての意見に関するかぎり、かつて異教徒のなかにもそれよりもっと不道徳なものは決して存在しなかったと考えなさい。

　さらに信仰について異教徒たちがどんな考えをもっているか、彼ら自身がそれをわからせてくれるでしょう。

次のことは全く疑いの余地がないほど確実なことです。すなわち信仰にふさわしいような道徳が欠けている信仰は、そうじて何らの援助となることなく、破滅の極限にまで歩いてゆくということです。古い歴史書をひもとき、その時代の道徳〔とわたしたちのそれと〕を比較してみなさい。真の誠実がもっと軽視されていたような時がありましたか。どこから手に入れたにせよ獲得した富がこんなに高く評価された時があったでしょうか。ホラティウスのあの詩はこれまでのいかなる時代にいっそう妥当しているでしょうか。

女王なる金こそ確実に持参金付きの妻、信用、友人、貴い門地、美しい容姿を我に授けたまわずや。(92)

また同じ詩人の言葉には次のようにあります。

実際、財産がないなら家柄や徳は藻屑の価値もない。(93)

いまや誰があの皮肉で諷刺した詩を文字どおりに読むでしょうか。

市民の皆さん
まず金を求めたまえ。
徳より金銭の方が先ですよ。(94)

いつ放蕩がこれまでよりももっとはびこっていたでしょうか。いつ淫蕩や姦通がもっと広くひろがっていたでしょうか。あるいはそれらが罰せられること少なく、非難を受けることが稀だったでしょうか。ところで王侯たちは他人に加えた自分たちの悪徳を大目に見ているし、宮廷の優雅な風俗に染まっていることならなんでも、人は素晴らしい行為をしていると信じています。貧困はだれに最大の害悪と恥辱とに思われないのでしょうか。かつては淫蕩家、卑劣漢、ほら吹き、守銭奴に向かって、荷馬車から人々は中傷的な罵詈雑言を浴びせかけたものでした。また異教徒たちの劇場においても、悪徳が見事に非難されると、群衆は拍手喝采したものでしたのに、今日キリスト教徒のおもだった人々によって、悪徳が俗悪な仕方で称賛されると、それは拍手喝采されているのです。アテナイの諸々の劇場は、役者がエウリピデスのある悲劇の中で、人生の他の有益なことをさしおいて金だけを優先させるような貪欲な者の言葉を話そうものなら、その役者をがまんしようとしなかったでしょう。また詩人が直ちに立ち上って、しばらく待ってくれるように、そしてなぜあの金を賛美する者が逃げださねばならないかをよく調べると言い渡さなかったとしたら、もう俳優も物語全体も追放されたり投げ捨てられるようになったことは明白です[95]。

わたしたちはいかに多くの実例を次のような人たちのうちに見いだすことでしょう。すなわち、よく統治された国家からは気高い名望のほかはわずかな資産に何も加えたりしなかった人たち、また金銭よりも信頼を、生命よりも徳をいっそう価値あるものとみなした人たち、また幸運にあっておごることなく、不運にあってもくじけることなどありえなかった人たち、また快楽よりも栄光ある危険を優先させた人たち、さらに、正しい人のもつ良心だけで満足し、名誉も財産も、他の幸運な利益も欲しがらなかった人たち――これらの人たちのうちに実例をわたしたちは見いだすのです。そしてわたしはフォキオンの清潔、富よりも強力であったファブリキウスの貧困、カミルスの高大な心、ブルータスの厳格さ、ピュタゴラスの徳、ソクラテスの無敵の自制心、カトーの公正潔白さ、そのほか多数のきわめて美しいすべての徳の飾り――これらについてわたしたちにとりとても恥ずかしいことだが、ラケダイモン人、ペルシア人、アテナイ人、ローマ人らの歴史書の中でいたるところに述べられている――に関して言及する必要はないでしょう。

聖アウグスティヌスは、彼の『告白』の記述のなかで自己について証言しているように、キリスト者となるかなり以前から金銭を蔑視し、名誉を空しいものとみなし、名声によって動かされなかったが、若い人としてひとりの婦人——彼はこの婦人に結婚の貞節を守った——で満足するところまで快楽に対する手綱をゆるめたのでした(96)。このような精神の人たち、このようなお手本をだれがそう簡単に宮廷人たちのあいだに、聖職者たちのあいだに、付言するなら、修道士らのあいだにさえ見いだすでしょうか。ところが、もしこの種の人が出現すると仮定するなら、彼は直ちに猿どもの中にいる驢馬(ろば)のように見え(97)、嘲笑されるでしょうし、満場一致して彼は妄想にかかり、低能で、偽善的、世間知らずで、憂鬱であり、全く狂っていると呼ばれ、決して人間とは判断されないことでしょう。

こんなふうにしてわたしたちキリスト教徒はキリストの教えに敬意を表し、行動によって表現しており、その結果、心を尽くしてキリスト者たろうとすることに優って馬鹿らしく低俗で恥ずべきものは何もないと一般に信じられているのです。それはあたかもキリストが地上に滞在したもうたことが無益であるかのようであり、あるいはキリスト教は今日以前あったのとは違っているかのようであり、あるいはそれが同じ仕方ではすべての人に当てはまらないかのようです。それゆえ、こういう人たちからあなたが全力を尽くしてはなれ、あらゆるものの価値をただキリストとの交わりによって計るようにわたしは切望いたします。

一般的に言って名高い祖先から、つまり人々が貴族と呼んでいる祖先から生まれることを、素晴らしいこと、また顕著な特典とみなすべきだと、だれが主張しないでしょうか。この世間で賢い人たち、つまり最高の権威を与えられたおもだった人たちが、いかめしい尊大な面持ちをして、あたかも重大問題に対するように、全くもって真剣に家系の序列について激しく論じ、たいそうな努力を払っても、何ごとも生みださないでいるのを、あなたが聞いても、また他の人たちが祖父や曾祖父らの肖像を持ち出してきて威張り散らし、残りの人々を自分らとくらべるとほとんど人間とも考えていないのを、あなたが見ても、あなたは動揺してはいけません。

だが、あなたはこの人たちの誤謬に対しデモクリトス的な嘲笑をもって一撃を加え、真実に存在していること、つまり唯一で最高の高貴性とはキリストのうちに再生すること、彼のからだの中に接木されること、神と一つのからだおよび一つの霊となることだと考えなさい（ロマ一二・五参照）。他の人たちは王らの子供らとなるがよい。しかしあなたにとり最大のことは、あなたが神の子供であり、また神の子供とあなたが呼ばれることなのです。彼らが君主の宮廷で生活することに喜ばせておきましょう。しかしあなたはダビデとともに神の家で小さな者であることを選びなさい（詩八四・一一）。キリストが選びたもうた人たちに目を向けなさい。すなわち、この世的には弱い人たち、愚かな人たち、卑賤な人たちに目を向けなさい。

アダムにおいてわたしたちはみな卑賤な者として生まれ、キリストにおいてわたしたちはすべて一つです。真の高貴とは空しい高貴を蔑視することです。真の高貴はキリストの下僕となることにあります。あなたがその徳性と競い合っている人たちこそ、あなたにとり祖先であると考えなさい。高貴の最善の判定者が、自分の民族の創始者としてアブラハムを自慢していたユダヤ人たちに反対して、福音書の中で語りたもうたことに耳を傾けなさい。しかし創始した祖先はどのような人であったのでしょうか。単に輝かしい人でも、単に華美な人でもなく、また単に王たちの征服者でもなく、神の徳性のゆえに神の誉れでもって称揚された人でした。このことをだれがいったい注目にも栄誉にも値しないと考えることができましょうか。だが、彼らが〔主から〕聞いたことに耳を傾けなさい。「あなたがたは父なる悪魔から出てきている。だから、あなたがたの父のわざを実行している」（ヨハ八・三九―四四）と。

見よ、パウロ自身も教師の規則にしたがって高貴を評価して次のように言っています、「割礼を受けてイスラエルから出たすべての者がイスラエルの子孫ではなく、アブラハムの種を宿している者がすべてその子供なのではない」（ロマ九・六、七〔ウルガタ〕）と。

恥ずべき卑しい素性は不道徳に奉仕することであって、天にいますご自分の父の意志を行わない人を（マタ七・二一）承認したまわないキリストとは何らの類似性をもっていません。悪魔を父としてもつ私生児は恥ずべきです。だが、悪魔のわざを行っている人は、キリストが偽りたもうていないとするなら、悪魔を父としてもっているのです（ヨハ八・四四）。ところで真理〔であるキリスト〕は偽ることを知っておられません。最高の高貴は神の子と世継ぎであること、とはいえキリストの兄弟と共同の世継ぎであることなのです。この人たちの目印として自分に欲していることを、彼ら自身が現すことでしょう。キリスト教徒の目印はすべてに共通ではありますが、それでも最も輝かしいのは十字架、いばらの冠、釘、槍、主の聖痕――これをパウロは自分の身体に携えていると誇っている――であります（ガラ六・一七）。それゆえ、高貴に関してあなたが、普通の人たちが考えているのとはどの程度違って、判断すべきであるとわたしが願っているのか、もうおわかりでしょう。

たしかに、家のなかに金をしこたま溜めこんでいる人を一般には幸いで、富める、恵まれた者とだれが呼ばないでしょうか。だが、あなたは、最高善なるキリストを所有する人こそ十分に至福である、それどころか、それだけが至福である、と考えなさい。このような人はすべてのものを損失しても、あるいは身体を失っても、純粋な精神から成る真珠を買い入れたのです（マタ一三・四六）。このような人は他のすべての富よりも高価な知恵の宝を見いだしているのです（シラ一・二六）。このような人は豊かになるために最も富めるキリストから火で試めされ鍛えられた黄金を買い取っているのです（黙三・一八）。

したがって群衆が賛美しているもの、つまり金、宝石、所有地とはいったい何なのですか。間違った名称でこれらは富と呼ばれていますが、実際はいばらであって、福音書の譬えによれば神の言葉の種を窒息させているにすぎません（マタ一三・七）。これらはまた重荷であって、これを背負う人は、狭い道をとおって無一物なるキリストに従うことができないし、低い門をとおって天国に入ることもできません。あなたがミダスやクレススより富において優っていても、あなた自身そのことにより髪の毛一本ほども良いとは考えてはならないのです。かえっていっそう罪を負い、いっそう妨げられ、いっそう重荷を負わされているのです。これらを勇敢に蔑視できる人こそ十分ゆたかに所有している人なのです。キリストが何も欠けることはないと約束したもうた人には、十分な配慮がなされています。神の言葉のマナを味わっている者は飢えたりしないでしょう。キリストを着ている者が裸にされたりすることはないでしょう（ロマ一三・一四）。ある人が敬虔から遠ざかり、悪徳を増加させるたびごとに、そのことだけを損失と考えなさい。精神が徳に近づいて改良されるとき、とてつもなく大きな利益を獲たものと思いなさい。あなたがもし、万物がその人において存在する方を、所有しているならば、あなたに何も欠けていないと思いなさい。

ところで、哀れな者どもが楽しみ〔快楽〕と呼んでいるものはいったい何でしょうか。たしかにそう呼ばれていることに他なりません。ではそれは何なのですか。純粋な精神錯乱とまさしく（ギリシア人のよく言う）アイアスの哄笑[98]、甘い毒物、魅惑的な破滅です。真実の唯一の楽しみは混り気のない良心の喜びなのです。もっとも贅沢な御馳走は聖書の研究であり、もっとも喜ばしい昔の歌は聖霊の手になる詩編であり、もっともたのしく陽気な社会は全聖徒の交わりであります。最大の歓喜は真理に対する享受なのです。あなたはただ目を清め、耳を清め、口蓋を清めなさい、そうすればキリストはあなたにとり甘美になりはじめるでしょう。もしあなたがキリストを真に味わうならば、たとえミレトスの人たち[99]、シバリスの人たち、道楽者たち、エピクロス派の人たち、短く言って楽しみを巧みに創案する人たちのすべてが、自分たちを誘惑するいっさいのものを一つに集めるとしても、それらはキリストお一人にくらべるなら吐き気を起こさせるものと思われるでしょう。

うまいものが直ちに甘美なのではなく、健康な人においしく味わわれるものがそうなのです。熱のある人にとり水が葡萄酒のような味がするなら、だれもこのことを快適とは呼ばないで、病気と呼ぶでしょう。敬虔な人たちにとりその流す涙の方が、不敬虔な人たちにとってのその笑い、呵呵大笑、戯れよりもはるかに喜ばしいことを、あなたが信じないとしたら、あなたは誤っています。前者にとり食を断つことの方が、後者にとってのエゾヤマドリ、雉鳥、鷓鴣、ちょうざめ、ひらめよりもいっそう甘美です。ピュタゴラス風の野菜や豆で備えられた前者の質素な小食卓の方が、後者の贅沢な珍味よりもはるかに上品ではないですか。[100] 要するに真の楽しみというものは、虚偽の快楽によるのではなく、キリストの愛により誘われることなのです。

世間がもうすでに愛と憎しみという言葉をどんなに誤用しているか、注意しなさい。おろかな若者が少女を死ぬほど恋すると、大衆はそれを愛と呼ぶのですが、本当のところは憎しみにすぎないのです。真の愛というものは自分を犠牲にして他者の幸福のために配慮しようと欲しています。あの若者は自分の楽しみ以外の何を目ざしているのですか。したがって彼は少女を愛しているのではなく、自分自身を愛しているのです。とはいえ本当は自分をすら愛してもいないのです。なぜなら、まず自分を愛していなければ、ただし正しく愛していないならば、だれも他者を愛することはできはしないのですから。また自分をまず憎んでいなければ、だれも人を憎むことはできはしません。しかし正しく愛することは時に正しく憎むことでもあり、適切に憎むことは愛することでもあります。

それゆえ、（彼が考えているように）こんなにも小さい自分の利益のためにおべっかと贈り物とにより奸計をめぐらして少女をつけ狙い、こうして少女の最善のもの、つまり貞潔、羞恥心、素直、善良な精神、世評を奪いとってしまうような者が、彼女を憎んでいると、それとも愛していると、あなたには思われるのですか。たしかにこの憎しみ以上に嫌悪すべき憎しみはないでしょう。役立たずの両親が子供らの悪徳を大目に見るとき、なんと優しく息子たちを愛していることかと、一般にいわれています。否、両親が子供らの愛好をかなえてやることにより、彼らの救いをなおざりにする者どもは、なんと残酷にも彼らを憎んでいることでしょうか。きわめて妬み深い敵なる悪魔は、ここでわたしたちが罰せられないまま罪を重ね、永遠の劫罰に陥ること以外の何を願っているでしょうか。ある種の犯行を大目に見たり、あるいは助けたりして、罰せられることがなければますます勝手に罪を犯すようにする人を人々は優しい教師とか憐れみ深い君主とか呼ぶのです。しかし、主はその憐れみを受けるにふさわしくない人々に対し、預言者によってそのほかの何をおびやかしておられるでしょうか。

主は言いたもう、「わたしはあなたの娘たちが淫行を犯しても罰しない。またあなたがたの嫁が姦淫を犯しても罰しない」(ホセ四・一四)と。しかし、主はダビデに何を約束したもうたでしょうか。主は言いたもう、「わたしは枝をきって彼らの科を罰し、笞打ちをもって彼らの罪を罰する。しかし、わたしは憐れみを彼らから取り去らない」(詩八九・三二、三四)と。

見たまえ、キリストにおいて万物は新しくされ、事物の名称も変えられています。自分自身を間違った仕方で愛する人は致命的な仕方で憎んでいるのです。自分自身を間違った仕方で憐れんでいる人はもっとも残忍な仕方で荒れ狂っているのです。正しく配慮することは無視することにあり、正しく傷つけることは有益なことです。正しく滅ぼすことは救うことです。あなたが肉の願望を蔑視するならば、あなたが自分自身をよく配慮することになるでしょう。あなたが悪徳に対し適切にも激怒するとしたら、人に善行を促すことになりましょう。あなたが罪人を殺すとしたら、人を救うことになりましょう。人間が造ったものをあなたが滅ぼすとしたら、あなたは神が創造したもうたものを再建することになるでしょう。

さて、加うるに民衆は誤って力と無力、勇気と臆病が何であると考えるでしょうか。彼らは、欲するものを容易に傷つけうる人を力がある人と名づけていないでしょうか。しかし、害を与えうるというのはきわめて憎むべき力でありますが、それは民衆にとって刺す蚊やさそり、そればかりでなく悪魔そのものとも共通にもっている力、つまり損害を与えるものなのです。ところが神のみが力ある方であり、欲しても害することはできないし、それができても欲したまわないのです。なぜなら神の本性は善を行うことでありますから。

ところで、この力ある人は、結局、どのようにして人を傷つけるのでしょうか。金銭を奪い取ったり、身体を打ちたたいたり、生命を取り去ったりするのでしょうか。もし力ある人が敬虔な人にそれを実行するなら、害を加える代わりに善行をほどこすことになります。しかしもし不信仰な人にするなら、この人はたしかにそうする機会を提供したのであって、あの力ある人は自分自身だけを害しているのです。というのも、だれも自分自身によるのでないなら傷つけられることはないのですから[101]。まずはじめに自ら自分自身をいっそうひどく傷つけなくては、だれも他人を傷つけようともくろみはしません。金銭上の損害をあなたがわたしに与えようともくろむときには、すでにあなたは聖い愛を喪失していて、きわめて重い損害を自分自身に与えてしまっているのです。あなたは自分でまずはるかに恐ろしい傷害を受けることなくして、わたしに傷害を加えることはできません。あなたは自分自身でまず自分の魂を滅ぼすことなくして、わたしから身体の生命を奪えるものではないのです。しかし、不義を攻撃するのに弱く、不義に耐えるのに最も力強かったパウロは、キリストにおいてすべてをなしうることを自ら誇っていないでしょうか（フィリ四・一三）。

どんなに小さな不正に対しても狂暴にかつ心を抑えることなく短気になって激怒し、悪口には悪口をもって、悪行には悪行をもって報復する人を、一般には力強く勇気があると呼んでいます。それに反して受けた不正を黙って甘受し隠している人を、臆病で、内気な、無気力なものと称しているのです。そうではなく、かえって小さな言葉で精神の平静から追いたてられ、他人の愚かさを軽蔑することさえもできず、悪行に対し悪行をもって凌駕しないならば人間にあらずと考えるにまして心の偉大さから遠ざかっていることがありましょうか。とはいえ、卓越した広大な心をもって不正を無視することができるのみならず、その上、悪行に対し善行をもって答えるとしたら、どんなに力強いことでしょうか。

したがってわたしは、敵に大胆に立ち向かい、城壁をのり越えたり、生命を軽んじてあらゆる危険に頭を突込んでいく人――それは大方の剣闘士に共通の性格です――を勇敢であると言いたくありません。それに対し、自分に打ち勝つことのできる人、悪を欲している人たちに心を尽くし善を欲することのできる人、悪を報いる人たちに善を報い返すことのできる人、また悪を祈願する人たちに善を祈願することのできる人、こういう人にこそ結局勇気および広大な心という別名はふさわしいのです。

世間が栄誉、恥辱、恥と呼んでいるものを調べてみましょう。あなたは称賛されている〔とします〕。何故に、またどんな人たちによってですか。もし恥ずべきことの故に、また恥ずべき人たちによってなら、この栄誉は間違っており、本当は恥辱にすぎないのです。あなたは非難され、嘲笑されている〔とします〕。何のために、またどんな人たちによってですか。もし敬虔のために、清浄無垢のためになら、たしかにそれは悪しき人たちによってです。するとそれは恥辱ではなく、いかなる栄誉もそれに優るものはないのです。あなたは冷静でありなさい。全世界には排斥させ嘲けらせておきなさい。キリストが承認したもうていることは不名誉とはなりえないのです。死すべきものに属するすべてのものがたとえ拍手喝采し、いいぞ、いいぞと叫びたてたとしても、神に喜ばれないものは、恥ずべきものではないことなどありえないのです。

財産を熱心に獲得し、獲得したものを上手に強固になし、さらに将来をよく見通すことが一般に怜悧と呼ばれています。そういうわけでわたしたちは短期間に富める財産を築き上げた人について「それは倹約家で、分別があり、物分かりがよく、熟達した、先見の明ある人だ」といたるところで真面目に語られているのを耳にしています。このように言うのは世間であり、世間自身は嘘つきであり、嘘つきの父であります(ヨハ八・四四)。しかし、真理は何を語っていますか。真理は言う、「愚か者よ、あなたの魂は今夜のうちにもあなたから取り去られるであろう」(ルカ一二・二〇)と。この人は納屋を収獲物で満たし、すべての貯蔵倉を糧食をもって備え、家の中にありあまるほど多くの金を貯えたのです。そしてもうすることは何も残っていないと思ったのです。それも(野獣が行うように)ちょうど金羊皮を監視していたと詩人が物語っている竜のように(102)、哀れな見張人として積みあげられた富の番をするのではなく、自分で獲得したものを享受するためにそのように貯えたのでした。だが、それにもかかわらず、福音書はこの人を愚か者と呼んでいます。

わたしたちがあのイソップ物語の犬で笑っている習わしであること、つまり影に見とれて口を開き、実物をなくすこと以上に何が愚かで馬鹿げたことがありましょうか。そしてキリスト教徒たちの道徳においてもこれ以上に笑うべき、あるいは嘆くべきことがあるでしょうか。

あの皮肉な言葉を知らない愚かな商人のことを考えてみなさい。

然るべきときに金銭を侮ることは、
時として最大の収益なり。(103)

彼は続いて生じる大きな損失を知らないので、目下の小さな収益を手に入れるのです。この影のような揺らめく人生のすべての時間のために、こんなにも大きな不幸をもって、本来神により豊かに与えられるべきものだったものを、配慮するのは、また、大きな配慮をもって警戒していなかったとしたら、わたしたちを絶えず最大の不幸へ追いたてるのが当然である将来の生活について何ら方策を講じないということは、どれほど無思慮なことでしょうか。

他の誤りにも注目しなさい。すべてのおしゃべりを小耳にはさんで、全地に起こっていることを知っている人は、聡明で経験のある人だと呼ばれています。それは商業上の幸運、イギリスの支配者の計画、ローマで改新されたこと、フランスで開始していること、〔ハンガリー地方の〕ダキ人や〔黒海周辺の〕スキティア人の生活様式、君主たちが協議していることなどを知っている人のことです。要するに全人類の下に生じるいっさいの問題についておしゃべりすることに習熟している人が賢明であると言われているのです。

しかし、遠く隔たったところで起こっていてあなたに何の関係もないことを追跡し、心中に確かに生じていてあなただけにかかわっていることについては一度も考えてみないことにまして、無思慮で不手際なことがありましょうか。あなたはイギリスにおける暴動について語っていますが、むしろあなたの心中における怒り、嫉妬、情欲、野心がどのように荒れ狂っているかを語りなさい。さらに、どの程度までもうそれらに軛をかけているか、どのような勝利の希望があるか、戦いのどの部分が制圧されているか、どんな手段が用意されているか、を語りなさい。もしあなたがこれらのことに注意を向け、聞き耳を立てると同じく目も見開いているなら、また抜け目なく周囲を見回しているなら、あなたが聡明であるとわたしは宣言するでしょう。そして世間がわたしたちに対して非難を加える習わしであるものを、わたしは世間に向かって投げ返すでしょう。自己自身に対して賢明でない人は賢明であるはずがないのです。

このようにしてすべて死すべき人間の心配、歓喜、希望、恐怖、欲求、意向を調べてみるなら、あなたは万事が誤りに満ちているのを見いだすでしょう。人々は善を悪と言うかと思えば、悪を善とも言います。甘いものを苦いとするかと思えば、苦いものを甘いとなし、光を闇とするかと思えば、闇を光となしています（イザ五・二〇）。そして人間の大部分の群衆はたしかにこのように行っているのです。しかし、あなたは彼らに似ることを欲しないためには、彼らを軽蔑すべきであると同時に、彼らがあなたに似たものとなることを欲するためには彼らを憐れまなければなりません。こうして（アウグスティヌスの言葉を用いるなら）嘲笑すべき者どもに対しては泣くことが、泣くべき者どもに対しては嘲笑することが、それぞれふさわしいことなのです。

あなたがたは悪に染まりこの世と妥協してはなりません。むしろあなたがたの心を新たにすることにより、人々が驚嘆することではなく、何が神の意志であるか、何が善であって神に喜ばれ、かつ完全なことであるかを吟味すべきです（ロマ一二・二）。あなたが大多数の人たちの行っていることを見回しはじめ、彼らの思っていることを聞き取りはじめるとき、あなたは危険にもっとも近づいており、明らかに滑り落ちだしているのです。あなたは生命と光との子供として死人をしてその死者たちを葬らせ、盲人をして盲人の導き手たらしめ、彼らと共に陥穽に落ち込むことがないようにしなさい。あなたの模範であるキリストから心の目をどこかへそむけないように注意しなさい。

真理の導きに従っているなら、あなたは誤ることはないでしょう。光のあとについて歩むなら、あなたは暗闇に突き当たることはないでしょう。あなたの前に輝くこの光に導かれて、虚飾の善を真の善から、真の悪を偽りの悪から選び分けるならば、あなたは畏れおののいて、諸々の情念、つまり怒り・嫉妬・愛・憎しみ・希望・恐怖・歓喜・悲しみの浮き沈みによって海峡の流れのようにどこへでも沸き立つような群衆の不明を倣ねて、きわめてつまらぬ遊びごとにしたがいはしないでしょう。バラモンたち、犬儒学派やストア派の人たちでさえ、自分の教えを頑固に弁護しているのが常です。世間をあげて抗議しても、万人が排斥し嘲っても、彼らは自分たちが一度納得したことを頑なにまで固守しようと努めているのです。だからあなたも、あなたの学派の原理を思い切って心のうちに深く定着させなさい。安心してかつ全存在をあげて、大胆にあなたの造り主の意志のうちに歩み入りなさい。

第一六章　キリスト者にふさわしい見解

あなたは絶えず次のような真のキリスト教の逆説的言論を確立して下さいますように。つまり、キリスト者はだれも自分のために生まれてきたとは考えないし、だれも自分のために生きようと願ったりしないで、自分が所有し、自分の存在であるものはすべて自分自身に帰さないで、造り主なる神から受けたものだと主張すべきであり、自分のもつすべての善いものはすべての人と共有の財であると考えなければなりません。キリスト教的愛は所有権など知っていません。キリストにおいて敬虔な者たちを愛すべきであり、キリストのゆえに不敬虔な者たちを愛すべきです。キリストはご自身のすべてをわたしたちを贖いだすため捧げたもうたほど（ロマ五・一〇参照）、これまで敵であったわたしたちをまず先に愛したもうたのです。前者〔敬虔な者たち〕は善いゆえに配慮すべきでありますし、後者〔不敬虔な者たち〕は善人に復帰させるために、不敬虔にもかかわらず愛すべきです。たいかなる人をも、忠実な医者が病んでいる人を憎んでいるのと同じ程度には、徹底して憎んではなりません。ただ悪徳だけを嫌悪すべきです。病気が重くなるに応じて、ますます大きな配慮を純粋な愛は付け加えてゆくでしょう。姦淫する者、神を冒瀆する者、トルコ人がいるとしましょう。姦淫する者は呪われるべきでありますが、人間そのものはそうではないのです。神を冒瀆する者は拒絶すべきですが、人間をではないのです。トルコ人を殺すべきであるが、人間をそうすべきではありません。自分で自分に形成した不敬虔な人が滅び、神が造りたもうた人間が救われるように尽力すべきです。すべての人に対し心を尽くして善を欲し、良かれと祈り、善行をなすべきです。

功績のある人たちに害を加えず、功績のない人たちを助けましょう。すべての人の幸福を自分のそれと同様に喜びましょう。すべての人の不幸を自分のそれと同様に嘆き悲しみましょう。泣く者と共に泣き、喜ぶ者と共に喜ぶことは、疑いの余地なく使徒が命じていることです（同一二・一五）。否、かえって自分自身の災いよりも他人の災いをより真剣に負うべきです。自分自身の幸いよりも兄弟の幸いをより多く喜ばねばなりません。

キリスト者は次のように考えてはなりません。「わたしはこの人と何の関係があるのか。彼が白人か黒人かわたしは知らない。彼は未知の人、外国人である。わたしに対してよい貢献をしたことが一度もない。あるとき害を加えたが、決して役立ったことはない」と。

このようなことを何も考えるべきでなく、キリストが成就したもうたことに対してどんな功績があなたにあるかということだけを考えてみなさい。キリストはあなたのために行ったその善行をご自身にではなく隣人に報い返すように欲しておられたのです。隣人が何に困窮しているか、そしてあなたは何をなしうるか、ということだけ熟考しなさい。ただ次のことを考えなさい。彼は主にある兄弟であり、キリストにあって共同の相続人であり、同じ〔キリストの〕からだの一員であり、同じ血により贖われた者、共同の信仰仲間、同じ恩恵と将来の生活の同じ至福とに召命された者です（同八・一六―一七）、と。

使徒もそのように語っています。「からだは一つ、御霊(みたま)も一つである。あなたが召されたのは、一つの望みを目指して召されたのと同じである。主は一つ、信仰は一つ、洗礼は一つ。万物の上にあり、万物を貫き、あなたがたすべての者の内にいます、すべてのものの父なる神は一つである」（エフェ四・四—六）と。こんなにも広汎に統合の絆によってあなたと結ばれている人が見知らぬ人であり得ましょうか。異邦人のあいだでは、好意に向かうにせよ、悪意に向かうにせよ、修辞学者のいう次のような事情が少なからず重要な意味をもっています。つまり「彼は同じ市民である。彼は姻戚関係にある。彼は近親者である。あるいはそれに対して、彼は知人、父の友人、功績のある人、気に入った人、高貴な身分の出身の人、富んでいる人、あるいはその反対である」と。しかし、これらの事情はすべてキリストにあっては無であるか、あるいはパウロによれば、すべては全く同一です（ガラ三・二八）。

あなたは次の一事を限前に立てておくだけで十分でしょう。すなわち、「彼はわたしの肉である。キリストにある兄弟である」と。身体の一部分に授けられるものは身体の全体にゆきわたり、またそこから頭にまで達するのです。わたしたちはすべて互いに身体を構成する部分であります（エフェ四・二五、四・一六）。この部分が合体して身体を構成しており、身体のかしらはイエス・キリストであり、キリストのかしらは神です（Ｉコリ一一・三）。善であれ悪であれ身体のすべての部分において生じていることは、あなたにも、個々の部分にも、キリストにも、神にも生じています（Ｉコリ一二・二六）。神、キリスト、身体、その部分〔肢体〕、これらすべては一つなのです。

こうして次のように言われていることはキリスト者のあいだで正当にもその所を得ていないでしょうか。すなわち「同類同志が親しく集う」とか「不同類が憎しみの母なり」とかいう格言です。このように大いなる統一が存在するところに、どうして不和なる単語を用いる必要がありましょうか。一般に宮廷人が小都会の人に対し、いなか者が都会人に対し、貴族が平民に対し、官吏が私人に対し、金持ちが貧乏人に対し、有名人が無名人に対し、力ある者が無力な人に対し、イタリア人がドイツ人に対し、フランス人がイギリス人に対し、イギリス人がスコットランド人に対し、文法学者が神学者に対し、文法学者に対し論理学者が、法学者に対し医者が、博識家が無学者に対し、雄弁家が訥弁な人に対し、未婚者が既婚者に対し、若者が老人に対し、聖職者が世俗人に対し、司祭が修道士に対し、フランシスコ会の小さき兄弟たち〔修道士〕がコレット派[106]の修道士に対し、カルメル会士がヤコブ会士に対して、不和の関係のすべてを記さなくとも、取るに足りない事柄に関して不同類の者が不同類の者に対して、いっそう敵対的になることは、キリスト教らしい味わいをもっていません。

改名された氏名、すこし相違している着物の色、腰ひも、靴、人間の似たり寄ったりの愚行がわたしにあなたを憎ませるとき、敵をも愛する聖き愛はどこにあるのでしょうか。どうしてわたしたちはむしろそのような幼稚なつまらぬことを放棄し、本質に属することだけに注目する習慣をつけないのでしょうか。というのはパウロは多くの箇所でわたしたちすべてがかしらなるキリストにおいて一つの身体を構成する一部分であり（ロマ一二・五、エフェ四・四）、たとえこの部分のうちに生きようとも、同じ霊によって生かされて、いっそう幸運な部分を妬まず、またいっそう弱い部分を喜んで援助するように厳しく命令しているからです。こうしてわたしたちが隣人に善行をほどこしたとき、わたしたち自身が善行を受け、兄弟に害を加えたときには、わたしたち自身を傷つけていると知るのです。またなんぴとも自分のために個人的に努力するのではなく、神から受領したものを自己の最善を尽くして共同的に分ち合い、こうしてそこからすべてが流れ来たったところに、つまりかしらに再び流し返すようにすべきです。

このことこそパウロがコリント人に書き送っていることにほかなりません。彼は次のように語っています。「からだが一つであっても肢体（部分）は多くあり、からだのすべての肢体が多くあっても、からだは一つであるように、キリストの場合も同様である。なぜなら、わたしたちはすべて、ユダヤ人であれ、異邦人であれ、奴隷であれ、自由人であれ、一つの霊によって一つのからだとなるように洗礼を受け、すべて一つの霊を飲んだからである。実際、からだは一つの肢体から成っているのではなく、多くの部分から成っている。たとえ足が〈わたしは手ではないから、からだに属していない〉と言っても、それでからだに属していないのであろうか。また、たとえ耳が〈わたしは目ではないから、からだに属さない〉と言っても、それで、からだに属していないだろうか。もしからだ全体が目であるとしたら、どこで聞くのか。もしからだ全体が耳であるとしたら、どこでかぐのか。そこで神は御旨のままに肢体を、その各々をからだのうちに据えたもうたのである。もしすべてが一つの肢体であるとしたら、どこにからだが存在するのか。だが、今や、肢体はたしかに多数あって、しかもからだは一つなのである。こうして目は手に向かって、〈わたしにはお前のわざはいらない〉と言うことはできないし、また頭は足に向かって〈わたしにはお前は必要でない〉とも言うことはできない。そうではなく、からだのなかでも弱く思われる肢体の方が、かえっていっそう必要である。またわたしたちは、からだのなかで見劣りすると考えられる肢体に、いっそう見事な飾りを付けて着せている。わたしたちのみっともない部分にはいっそう見事な飾りを付けるが、栄えある部分はそうする必要はない。しかし神はからだを適切に整えたまい、欠けている者にいっそう見事な飾りを授けたもうた。それはからだの中に分裂がなく、からだの肢体が互いにいたわり配慮し合うためである。あなたがたはキリストのからだであり、肢体の部分である」（Iコリ一二・一二―二七）。

同様のことをパウロはローマ人に向けて書いています。彼は次のように語っています。「なぜなら、一つのからだに多くの肢体があっても、多くの肢体が同一の行為をしていないように、わたしたちも数は多いが、キリストにあって一つのからだであり、各人は相互に肢体だからである。こうしてわたしたちは自分に与えられた恩恵によってそれぞれ相違した贈り物をもっているのである」（ロマ一二・四―六）。さらにエフェソ人に向かって、彼は次のように言う。「わたしたちは愛にあって真理を実践し、あらゆる点において成長し、かしらなるキリストに達しようではないか。キリストによりからだの全体が結びつけられ一つになって、すべての関節が援助し合い、各々の肢体の尺度にもとづいて働くことにより、からだが成長していって愛のうちに自己を形成するのである」（エフェ四・一五―一六）。さらに彼は他の箇所でわたしたちは相互に肢体であるから、交互に他の人の重荷を負い合うように命令しています（ガラ六・二、エフェ四・二五）。

それゆえ、次のように語っているのをいたるところであなたが耳にするような人たちが、この〔キリストの〕からだに属しているかどうかを洞察しなさい。「わたしの財産は相続によってわたしの所有となった。ごまかしではなく、正当にわたしはそれを所有している。どうして自分の好き勝手にそれを使い、あるいは乱用してはいけないのか。どうしてわたしが何ら負債を負うていない人々にそこから何かを与えなければならないのか。わたしが浪費し、破産しようと、消え失せたのはわたしのものであって、他人にはなんにも関係ないのだ」と。あなたの〔からだの〕一部分が飢えで苦しんでいるのに、あなたは鷓鴣（しゃこ）の肉片を吐き出しているのです。あなたの兄弟が裸でふるえているのに、あなたは多くの衣服を腐蝕やしみにより台無しにしているのです。一夜の賭け事で数千の金があなたから消えてしまっているのに、その間に不幸なある少女が困窮に駆り立てられて身を売り自分の貞潔を奪われ、魂を滅ぼしているのです。キリストはこの魂のためにご自身の魂を与えたもうたのです。

あなたは言います、「それはわたしにとり何だというのか。わたしは自分のものを好きなように処理するのだ」と。

このように言った後に、こんな精神状態にありながらあなたは自分が人間でさえないのにキリスト教徒であると考えることができるでしょうか。

あなたは多くの人々の集っているところでこの人、あるいはあの人が評判になり侮辱されるのを聞いても、黙っているか、あるいは多分中傷する人々とともに笑っています。そしてあなたは言います、「発言されたことが自分に関わっていたならば、わたしはそれを反駁していただろう。ところが中傷されていた人とわたしはなんの関係もない」と。そういうわけだから、もし肢体と関係がないなら、あなたはからだともなんら関係はないことになります。ましてや、もしからだと関係がないなら、かしらとは全くなんの関係もありません。

力には力をもって反撃するのが法的に正しい（と人々は言っています）。君主たちが定めた法律が許していることにわたしは別に異存はないが、いったいどこからこのような発言がキリスト教徒たちの風習の中に入ってきたのかと怪しんでいるのです。「わたしは害を与えてしまった。とはいえ、そのように挑発されたのだからだ」。「わたしは不幸を蒙るよりも、むしろ不幸を与える方を選んだのだ」。人間的な法が恵みをもって赦したので、罰を下さないということは認めてよいです。とはいえ、マタイによる福音書に次のように明らかに存在しているキリストの律法をあなたが犯すとき、あなたの支配者なるキリストは何をなしたもうでしょうか。「しかし、わたしはあなたがたに言う。悪人に抵抗しようとするな。もしだれかがあなたの右の頬を打つなら、その人にほかの頬をも差し出しなさい。また、あなたを裁判所に訴えでて、あなたの下着を取ろうとする人には、外套をもくれてやりなさい。もしだれかがあなたを強いて一マイル行かせようとするなら、その人とともになお二マイル行きなさい。あなたがたの敵を愛しなさい。またあなたがたを憎む者たちに善をなし、あなたがたを迫害し、とがめ立てる者たちのために祈りなさい。それは、天にいますあなたがたの父の子となるためである。天の父は善人の上にも悪人の上にも太陽をのぼらせ、義人の上にも不義なる者にも雨を降らせて下さるのである」（マタ五・三九―四五）。

あなたは〔これに〕答えて言います、「キリストはそれをわたしに語りたもうたのではない。彼は使徒たちや完全な人たちに語りたもうたのだ」と。「あなたがたはあなたがたの父の子である」ということをあなたは聞かなかったのですか。あなたが神の子となるのを欲しないなら、〔キリストの〕律法はあなたとなんの関係もないのです。もちろん完全になろうと欲しない人は善でさえもないのですが。また、あなたが報酬を願望しないなら、戒めはあなたとなんら関係ない、ということも理解しなさい。なぜなら続けて次のように聖書に語られているからです、「あなたがたは自分を愛する者を愛しても、なんの報酬をうることになろうか」（同五・四六）と。キリストはなんの報酬もないと言わんとしているようです。なぜなら、そういうことをするのは徳ではないからです。とはいえ、それをしないのは犯罪であります。等しいものが等しいものにより報い返されるところには、双方のいずれも何らの負債を負うことはないのです。

キリスト教的律法の偉大な学者にして解釈者であるパウロの言うところを聞きなさい。「あなたがたを迫害する人たちを祝福しなさい。祝福し、呪ってはならない。だれに対しても悪をもって悪に報いてはならない。もしできるならば、力の及ぶかぎりすべての人々と平和にすごしなさい。愛する者たちよ、自分自身を弁護しないで、神の怒りに任せなさい。なぜなら〈主は言われる、復讐はわたしのすることである。わたし自身が報復する〉と書いてあるからである。むしろあなたの敵が飢えるならば、それを養い、渇くなら、それに水を与えなさい。こうすることによって彼の頭の上に炭火をあなたは積みあげることになる。悪に負けないで、善をもって悪に勝ちなさい」（ロマ一二・一四、一七―二一）。

あなたは言います、「わたしの優しさにより他人の厚顔無恥を増長させ、わたしが古い不義を忍耐することによって新しい不義を招き寄せるとしても、だからといって何が起こるというのか」と。もしあなたが自分で悪をなすことなく、悪を避けるか放逐しうるならば、あなたがそうすることをだれも禁じたりしません。しかしもしそうでないなら、〔悪を〕「蒙るよりも行う方がよい」と主張することがないようにしなさい。だがもしあなたがそうしうるなら、善行により圧倒するか、柔和により打ち克って彼を匡正しなさい。しかしもしそうでないなら、二人よりも一人が滅びる方がいっそうよい。相互に悪を報復し合って二人とも悪人となるよりも、あなたが忍耐の収益によって富むようになる方がいっそうよいのです。こうしてキリスト教徒はすべての人々と愛・柔和・善行によって競争するように、また口論・憎しみ・中傷・侮辱・不義においては最も低劣な人々にも喜んで劣るように規定されているとすべきです。ところが〔こういう仕方で〕人が善行をなし、承認する当の人物がふさわしくない〔場合だってあります〕。しかし、あなたがそのようになすことは、あなたにとって当然であり、その方のために善行がなされるキリストは善行を受けるにふさわしいのです。

人々は言います、「わたしはだれかを傷つけたくないし、傷つけられることに我慢できない」と。否、むしろあなたが傷つけられたなら、心からその損傷を赦してあげなさい。そしてだれかがあなたを赦さなければならなくなるものがないように用心しなさい。他人の罪過を赦すように備えているのと同じく、自分の罪過を避けるべく注意深くありなさい。あなたが偉大であればあるほど、すべての人に愛をもって奉仕するために、身を低く持すべきです（マタ二〇・二六―二八参照）。あなたの家柄が高いならば、キリストにふさわしい徳行は高貴な家柄を失うことなく、その飾りとなるでしょう。あなたが学識ある人ならば、いっそう謙虚になって未経験な人たちの無知を耐えかつ改善すべきです。あなたに信頼が寄せられれば寄せられるほど、あなたは益々兄弟に対して義務を負うているのです。もしあなたが富んでいるなら、あなたは主人ではなく、管理人であると考えなさい。そしてどのように共有の財産を管理すべきかをいっそう綿密に考察しなさい（ルカ一二・四八参照）。

あなたは修道士にだけ個人財産が禁じられ、貧困が課せられていると信じていたのですか。あなたは間違っています。二つともすべてのキリスト者に妥当しているのです。[107] あなたが他人の所有物をかすめ奪うとしたら、法律があなたを罰します。だが、あなたが困窮している兄弟から自分のものを引き抜いても、法律は罰しません。ところがキリストは両方とも罰したもうでしょう。もしあなたが官吏であるなら、その名誉ある職分を非人間的なものにすることなく、重荷に対しいっそうの気遣いをすべきです。あなたは言います、「わたしは教会の職務についていない。わたしは司牧者でも、司教でもない」と。たしかにそうだとしましょう。それではあなたはまたキリスト教徒でないというのですか。あなたが教会の人でないなら、あなたはどこの国の出身であると自分に思われるのですか。キリストとの交わりをもつことはすこしも栄誉でもなく壮麗でもないと人々は考え、彼と親しく結びつけば結びつくほどますます侮蔑されるほどにまで彼は軽蔑されて現世に来たりたもうたのです。あるいはあなたは聞かないのですか、毎日のように平信徒たちは怒って「聖職者、司祭、修道士」ということばを恐るべき誹謗の文句としてわたしたちの顔めがけて投げつけ、しかも彼らがそれを全く同じ意向と文句でもってあたかもわたしたちが淫乱で瀆神的であると非難しているかのようですのを。

わたしとしては彼らがどうして洗礼に対しても非難を加えないのか、また、どうしてサラセン人たちと一緒になって侮辱に用いる言葉としてキリストの名称をぶつけないのか不思議でなりません。彼らがある人を邪悪な聖職者、その価値に欠ける司祭、不信心の修道士と呼ぶとしても、彼らが人間の性格を非難していて、誓願の徳を軽蔑しているのでないから、彼らを赦すことはできたでしょう。しかしながら、処女に対する凌辱、戦争における物資の掠奪、賭博でかせいだり、失ったりした金、その他この種の悪行の数々を自慢しておきながら、他人のうちには、彼らが修道士や司祭ということばでもって非難しているよりもっと軽蔑し侮辱し恥ずべきものを見いだし得ないような人たち、つまり名前だけのキリスト教徒にすぎないこの人たちがキリストについて何を考えているかは、無論、明らかなことです。

キリスト以外のだれも司教たちの主、国家の役人たちの主ではないのです。司教も役人もともに同じ役割を担っています。両者とも同一のキリストに報告をしなければならないでしょう。あなたがキリストに向かうよりも他の方を顧みて、官職を手にしたり司ったりするとき、人々があなたを聖職売買者と呼ばないとしても、それは何の関係もなく、キリストはあなたを確実に聖職売買者として罰したもうでしょう。あなたが公共の福祉に役立つためではなく、個人的に自分の利益を計るため、あるいはあなたが恨みをいだく人たちに報復するために、公職を得ようと努めるならば、あなたの官職は神の前には窃盗にほかなりません。あなたが盗賊どもを追及するとしても、それは略奪された人が自分のものを取り戻すためではなく、盗賊どものもっていたものがあなたのもとにとどまるためなのです。あなたと彼らとの差はどれほどであるのかと問いたいです。おそらく彼らが商人たちを襲う盗賊であり、あなたが盗賊どもを襲う盗賊であること以外に差がありましょうか。

要するに自分の利益の損失は言うまでもなく、自分の生命の損失を賭けてでも正義を守ろうとそなえているような精神をもって官職を司るのでないなら、キリストはあなたの管理〔のわざ〕を是認したまわないでしょう。わたしはまた、プラトンの意見にあるあの言葉、進んで公職に就こうとする人はだれも公職に値しない[108]、を付言しておきたい。あなたが君主であるなら、あの有害な追従者らの声にたぶらかされないように警戒しなさい。曰く、「あなたは主人なのです。あなたは法律から自由なのです。あなたにとりすべては当然のこと、万事は栄えあることなのです。お好きなことはなんでも、あなたに許されています。司祭たちにより一般に言われていることは、あなたには当てはまりません」と。否、あなたは現実に存在していること、つまりキリスト・イエスがすべてのものの唯一の主であり、あなたはその代理の役割を果たしているがゆえに、彼にできるかぎり似つかわしい者とならねばならないということをよく考えなさい。他の人々よりもいっそう厳しい報告を要求されるであろうあなた以上に、だれもキリストの教えをより厳密に実行すべきものはおりません。あなたの欲するものが、そのまま正義であると考えてはいけません。そうではなく正義だけをあなたは欲すべきです。いかなる人にせよ恥辱となるようなことを、あなたは決して尊ぶべきものと考えてはなりません。

否、一般の人々に許し与えられる習わしであるものを、あなたは決して自分に許してはなりません。他の人々にとり微々たる違反であっても、あなたにとっては恥ずべき行為となると考えなさい。一般大衆よりも大きな富をもっているからといってあなたに名誉、賛美、尊厳、人望、権威が与えられてはならず、かえって民衆にまさる善い行状が〔それらを得るに〕功を奏するようにすべきです。あなたが毎日のように処罰しているあの悪行そのものにさそいこまれるようなものを人々があなたのうちに見いだしてそれを賛美するようにさせてはいけません。金銭を賛美するのをやめなさい。そこには盗人、詐取する者、聖物を窃盗する者、盗賊どもが〔暗躍して〕いるではないですか。快楽を賛美するのをやめなさい。そこには誘惑者と姦通者がいるではないですか。あなたが自分の臣下に対して輝かしい者と思われたいと感じるたびごとに、愚かな人たちの目の前にあなたの富を拡げて見せてはいけません。また、幸福に思われたいとき、あなたは贅沢や娯楽を見せびらかしてはいけません。

まず彼ら臣下があなたのもとでそのようなものを軽蔑し徳を嘆賞し、質素を高く評価し、節制に拍手喝采し、控え目な態度に敬意を表するように学ばせるがよい。あなたの執政官としての束桿（そくかん）[109]が民衆の行状に対して罰を与えている当の悪行が、あなたの行状の中に現れることがないようにしなさい。悪行の誘因、金銭、快楽があなたによって重んじられていないことが知られるなら、あなたは最善の仕方で悪行を取り除いていることになりましょう。中間的な大衆のうちのだれをもあなたと比べて軽蔑すべきではないでしょう。〔あなたと大衆との〕双方が贖い出されうる〔身の代金の〕価格は等しく共通なのです。あなたを軽蔑から護りうるものは、やかましい阿諛追従でも無鉄砲でも、武器でも護衛隊でもなくて、完全無欠の生活、厳格さ、民衆のすべての悪徳によって損なわれることのない行状です。

指導するさいに最上位の地位を占め、愛においてはなんら地位を区別しないことを禁ずるものはありません。富において凌駕するのではなく、可能なかぎりすべての人に役立つこと、これを行動の最上位の動機と考えなさい。公共のものを自分に有利になるように扱わず、あなたのものとあなた自身のすべてを公共の福祉のために投入しなさい。民衆があなたに多くの恩義を受けていても、あなたは彼〔キリスト〕にすべてを負うているのです。ご機嫌とりの称号つまり「無敵の麾下（きか）」「至聖の猊下（げいか）」「尊い閣下」という呼びかけを聞くのを耳が強いられるとしても、心は断固としてそれらを承認してはならず、そのすべてをキリストに帰しなさい。これらの称号はただキリストにのみふさわしいのでありますから。閣下の尊厳を傷つけるような不敬罪――これを他の人たちは熱っぽい悲劇的言辞でもってうわさしています――は、あなたにとっては全くどうでもよいものでしょう。君主の名称によって法律に違反する残忍で、暴力的で、破廉恥なことを行う人は、実際、君主の尊厳を傷つけています。

個人的にあなたに関わっている不正にまさってあなたの心を動かさないものは何もないでしょう。あなたは公の人格であって、公共の福祉だけを考えるべきであることをよく覚えておきなさい。あなたが賢い人なら、自分がどんなに偉大であるかではなく、どんなに多くの重荷を自分の肩に担っているかを吟味しなさい。そしてあなたが危険な状態にあればあるほど、自分自身に心を配ることなく、国家を統治する模範を先祖たちや追従者たちからではなく、キリストから請い求めなさい。キリスト教徒の君主にとりハンニバル、アレクサンドロス大王、カエサル、ポンペイウスを自分の模範として立てる以上に馬鹿げたことがありましょうか。この君主がこういう人たちにみられるある種の徳に到達できないため、ただそれだけは避けるべきであったものを、とりわけ模倣するようになるでしょう。歴史家が称賛することをカエサルがなした場合に、君主は彼を直ちに模範とすべきではなく、カエサルがなしたことがわたしたちの主の教えと相容れないのではない場合か、あるいは、模倣すべきではないとしても、徳に対する欲求をたきつけることができるようなものであるなら、そうすべきです。

しかし、帝国全体でさえも、あなたが〔それと引き換えに〕故意に正しい道からそれようとするほどには実際価値がありません。あなたはキリストよりもむしろ帝国を放棄しなさい。帝国をあなたが蔑視した代わりにあなたにキリストが報いたもうことの方が帝国よりもいっそう善いのを疑ってはなりません。王たちにとって、最大の王にして同時に最善の王でありたもうた最高の王イエスと似たものに最大限に近づくことに優って似つかわしく、輝かしく、栄光に満ちたことはないのです。だが、イエスは自分が最大の王であることを地上では隠したもうたのです。そして最善の王であることをわたしたちが知るように欲したまいました。というのはわたしたちがこのことを模倣するように選びたもうたからです。天と地の主でありたもうのに、イエスは自分の国がこの世から生じることを否定したまいました（ヨハ一八・三六参照）。

異邦の君主たちは人々を支配しているが、キリスト教徒は臣下の者たちに対し権力を行使しないで、愛を実践しています。そして最大のキリスト教徒は自分がすべての人に奉仕する者であって主人ではないと考えなければなりません（マタ二〇・二五―二八）。このようであってみれば、ますます驚いてしまうのは、権力とか主人とかいう野望に満ちた言葉が教皇や司教のもとでさえ流入してきており、教養がないばかりか野望に燃えてもいる神学者たちも大衆により「わたしたちの先生」と呼ばれるのを恥じていないことです。ところがキリストはその弟子たちに、主人あるいは先生と彼らが呼ばれるのを禁じたもうたのです。なぜなら先生にせよ主人にせよ、一人であって、それはわたしたちすべての者のかしらなるイエス・キリストなのですから（同二三・一〇）。使徒、牧師、司教は職務を示す名称であって、支配を表す名称ではありません。教皇や修道院長というのは愛を示す名称であって、権力の名称ではないのです。

ところでわたしはどのようにしてあの大衆の誤謬の大海に入っていったらよいのでしょうか。いかなる類の人に注目しようとも、真に霊的な人間はいたるところに笑うべき多くのものを、泣き悲しむべきもっと多くのものを見いだすでしょう。彼は大多数の意見が腐敗しており、キリストの教えから遠くかけはなれていることに気づくでしょう。そのようになった事情の大部分は、わたしたちがキリスト教のなかへある種の現世（ムンドゥス）をもち込んだことに由来しています。そして昔の神学者たちが現世について語っていることを、教養に欠ける者たちは、修道士でない人たちについて述べたものとみなしています。福音書においても、使徒たちによっても、アウグスティヌス、アンブロシウス、ヒエロニュムスによっても、不信仰な人たち、キリストの十字架の敵ども、神を冒瀆する者どもが現世と呼ばれています。こういう人たちは明日のことを思いわずらっています。なぜなら彼らはキリストに信頼を寄せず、富、権力、快楽のために激しく戦う、つまり彼らは見える事物の幻影にくらまされて、真実の善をまがいの善と理解しているからです。

実際、この世は真の光であるキリストを知らなかったのです（ヨハ一・九―一〇）。この世は悪のうちにことごとく移されているため、自己を愛し、自己のために生き、自己だけを追い求めています。というのは真の愛にいますキリストを着ていないからです（Iヨハ五・一九）。キリストはこの世から使徒たちだけではなく、ご自身が価値あると判断したもうたすべての人を隔離したまいます。それゆえ、いったいどういう方法で聖書の中でいつも呪われている現世とキリスト教とをわたしたちは混同することができましょうか。また現世の空しいことばでもってわたしたちは自分の悪徳にこびへつらうことができましょうか。

多くの学者たちは、パウロが述べているように（IIコリ二・一七、四・二）、神の言葉に混ぜものを加えて、この悪疫を大きくしています。また彼らは道徳を聖書の規則によって正すほうがいっそう適切なのに、時代の風習に聖書を引き寄せています。福音書の、あるいは預言者の言葉を使って心の病をわたしたちがいやすのではなく、心の病にこびへつらうとき以上に、追従の仕方が有害となることはありません。君主が「すべての権力は神から出ている」（ロマ一三・一）と聞くと、ただちにとさかを立てるのです。[110] どうして聖書はあなたを不安にするよりも傲慢にしているのですか。神があなたに国政を運営するために帝国を託されたことをあなたは考えても、同じ方が帝国の運営の報告を要求することを考えていないのです（ルカ一六・二）。また、上着を二枚もつことがキリスト教徒に禁じられているのを貪欲な人が聞いています（同三・一一、マタ一〇・一〇）。神学者がこれに注釈を加えて、もう一枚の上着というのは自然の必要を越えたすべてのものであり、食欲の病に属している、と言います。

するとそのがさつな男は言います、「それはまことに結構、わたしには非常に多くのものがまだ欠けている」と。

動物的で愛の冷えた人が、他人の金銭よりもあなたの金銭を、他人の生命よりもあなたの生命を、他人の名声よりもあなたの名声を先取するのが愛の秩序である、と言っているのが聞こえます。

そうすると彼は言うのです、「わたし自身それを欠くことがないために、わたしは何も与えないだろう。何かの汚名がわたしの名声にふりかからないために、わたしは彼の名声を弁護しないでしょう。自分が危険に遭わないために、危険に見舞われている兄弟を見棄てるでしょう。要するに、わたしは全く自分のために生きたいので、だれかのために自分が不愉快なことに陥りたくない」と。

聖なる人々により模倣すべきでないようなことがなされたとしても、それはただ生活上の事例とみなすようにわたしたちは学んだのです。姦淫する人たちや血を流す人たちはダビデの例で自分を弁護しています（サム下一一章）。ふくらんだ財布にみとれている者どもは、富めるアブラハムを〔自分らの言い訳として〕差し出しています（創一三・二）。いたるところで処女を凌辱することが遊戯となっている君主どもは、ソロモンの女王たちや側室たちをわたしたちに向かって数えあげています（王上一一・三）。腹をその神とする人たちは、ノアの酩酊を楯に取っています（創九・二一）。近親相姦を犯す者らは自分の悪行をロトの同衾をもって自己弁護しています（同一九・三〇―三六）。

どうしてわたしたちはキリストから目をそらしてこのような人たちに向くのですか。もしすこしでもキリストの教えから離れているならば、預言者や使徒たちをもキリスト教徒は決して模倣すべきではない、とわたしはあえて断言したいです。しかし、このような聖なる罪人たちを模倣したいというなら、ただその全体を模倣する場合にかぎって、わたしはそれに反対しません。姦淫を犯すダビデに従っているのなら、あなたは悔い改めている彼にいっそう従いなさい。罪ある女マグダラのマリアをまねているのなら、多く愛し、泣きながら主の足許にひれ伏す彼女にならいなさい（ルカ七・三七―三九）。あなたがパウロと共に神の教会を迫害したのなら（ガラ一・一三）、ペトロと共に偽って誓ったのであるなら（ルカ二二・五四―六二）、パウロと共に信仰のために生命を差し出し、ペトロと共に十字架を負うのをひるまないように準備しなさい。

したがって神は、偉大な人たちもある種の悪徳に陥るのを許したもうが、それはわたしたちが堕落したとき絶望しないで、罪を犯した人たちの仲間であったように、罪を匡正した人たちの仲間となるためなのです。ところがわたしたちは模倣してはいけなかったものを誇張しており、彼ら〔聖なる罪人〕によって正しく実行されたものを偽造しています。その有様は、毒として内在しているものだけを吸いつくし、わたしたちにとり有益である汁液を毒に変えてしまう蛇に全く似ています。金貨を神とするあなたにとって富めるアブラハムは何の関係がありましょうか。神がアブラハムの所有を祝福したもうたので、彼は若い家畜が繁殖することにより豊かになったゆえに――しかもそれが肉の法則にもとづいて起こったのですが、――それゆえ、キリスト教徒であるあなたにも、クロエススの財産を、それをあなたが悪用して浪費するにせよ、もっと悪いことには家の中に埋めておくにせよ、どこからでも、是が非でも、積みあげることが許されているのでしょうか。富がひとりでにあふれてきても、アブラハムは心を富に寄せていませんでした。このことは命令する神の声にただちに従ってその独り子を犠牲に捧げるように連れだしたという証拠により明らかです（創二二・一―一九）。自分の息子をも顧みなかった者がどれほど牛の群れを顧みなかったとあなたは思いますか。ところが、あなたは利得のほかは何も夢見ず、お金のほかは何も賛美せず、取るに足りないごくわずかの利益の望みがみられるや否や、兄弟を欺き、キリストを無視しようとしています。それなのにあなたはアブラハムに似ているとお考えなのでしょうか。

単純なロトの娘たちが全地のいたるところ大火災によって燃えているのを見たとき、目前に開けていたものを全世界と信じ込み、こんなにも広大な大火から何らかの方法で生き残ったのは自分たちのほかには生ける者のうちだれももういないと信じて、恥ずべき考えからではなく、敬虔な決心からひそかに父と一緒に寝たのでした（同一九・三〇―三八）。それは、人類の子孫がたしかに生き残るためであり、とりわけ今なお「生めよ増えよ」という神の戒めが有力であったときにはそうであったのです。そしてあなたは自分の不自然な情欲とこの少女たちの行為とをあつかましくも比較しようとでもするのですか。

否、あなたが結婚において子孫に仕えず、自分の情欲に仕えるならば、わたしはこの近親相姦よりもあなたの結婚を軽視することに躊躇したりしません。

ダビデは非常に多くの模範となる敬虔なわざを行ったのち、自分が熱心に求めたのではなく、機会により提供されて、一度だけ姦通罪に転落したことがあります。このゆえに直ちに全生涯を他人の寝室を自由にころがり渡ることがあなたに許されるでしょうか。

ペトロは一度だけ死を恐れて、その人のため後に自分が死ぬことになっていた、キリストを〔知らないと言って〕拒みました。それゆえに任意の理由から偽り誓うことはあなたにとって正当なことでしょうか。パウロは激情によって罪を犯したのではなく、誤謬によって転落したのでした。しかし注意されると、直ちに改心したのでした。あなたは賢く、よく知っていて、かつ分かっておりながら邪悪のうちに年をとり、パウロの例で〔弁明し〕頭をなでるのですか。マタイはただ〔イエスの〕言葉で命じられただけで躊躇することなく、一度にすべての徴税所を放棄しました（マタ九・九―一〇）。このように多くの聖人の範例、またこんなにも多く聞いた福音〔の言葉〕およびこんなに多くの語りかけとは、お金に奴隷的に身を捧げたあなたを金から引きはなさないのでしょうか。

司教たちはわたしに言っております。「聖アウグスティヌスは二人の愛人をもっていたと書かれている」と。彼はだが、彼は〔その時には〕異教徒であったし、わたしたちはキリスト教のうちで教育を受けているのです。彼は青年であったし、わたしたちは老いています。これは素晴らしい比較です。というのは彼は異教徒の若者であり、結婚という足枷によって罠にはめられないために、妻の代わりに一人の娼婦をもち、彼女は妻ではないが、彼女に対し結婚の約束を守ったからです(三)。したがってわたしたちがあらゆる色情の泥沼にはまって汚されていることは、わたしたちキリスト教徒の老人、司祭、司教にとってはなおいっそう嫌悪すべきことではないでしょうか。

わたしたちが悪徳に徳の名前を与え、わたしたちの悪事を匡正するのに熱心であるより、それを弁護するのに狡賢くなりはじめてからは、とりわけわたしたちが自分たちのゆがんだ意見を、聖書の庇護を誤用して、増長させ支持することを確立した場合には、道徳はもう失われているのです。

そういうわけですから親愛なる兄弟、あなたは大衆をその意見と行動もろとも完全に蔑視し、誠実にかつ全体的にキリスト教の道を自己のものとしなさい。この世の生活において感覚に対し恐るべきもの、もしくは追求すべきものとして生じてくるすべてのものを、同等に敬虔に対する愛のゆえに軽視しなさい。正しい思考と幸福な生活との唯一の創始者でありたもうキリストひとりであなたにとっては十分であるとしなさい。キリストはもちろん現世を全くの愚かさ、また狂気と考えておられます。しかし彼はこれによって信じる者たちを救うのをよしとしたもうたのです（Ⅰコリ一・二一）。キリストにおいて賢明である人は、至福にも正気を失っているのです。キリストを理解していない人は、悲惨にも正気を失っているのです。

だが、よく聞いてください。わたしはあなたが大胆にも大衆と意見を異にするように願ってはいても、犬儒学派のように他人の意見や行為をあちこち引いてきて罵り、傲慢にも断罪し、すべての人に向かって憎々しくわめき立て、すべての生き方に対し狂暴にどなり散らすのを欲しておりません。それはあなたが同時に二つの悪を、すなわちその一つはあなたがすべての人に憎まれて人生を終わること、もう一つはあなたが嫌われてだれの役にも立つことができないこと、この二つの悪を引き受けることがないためです。敬虔を損うことなく許されているかぎり、すべての人をキリストのために獲得するため（同九・二二）、あなたはすべての人のためにすべてとなりなさい。内的に計画がゆるぎなく確定しているのであれば、外的にはすべての人にあなた自身を適応させなさい。しかし外的には親切、愛想のよさ、愛着、思いやりを兄弟に向けて自分の方に引き寄せるべきであり、兄弟を冷淡により退けるよりも、愛想よくキリストへ招く方がふさわしいことです。最後にあなたの考えていることをそんなにも荒々しいことばでもってどなり立てるべきではなく、振る舞いによって表現しなければなりません。とはいえ、然るべき時に真理を勇敢に弁護することをあなたがあえてしないほどにまで大衆の弱さに配慮してはならないのです。人間は人間性によって是正されるべきであって、欺かれるべきではありません。

第一七章　第七教則（徳の実践における訓練）

さらに、わたしたちの精神の幼稚さや脆弱さのためにあの霊的事物にいまだ到達できない場合でも、少なくともそこにできるかぎり近づき続けるために、絶えず熱心にはげむべきでしょう。そのほかに至福にいたるための真実にして簡約な道は、わたしたちがひとたび全精神を天上の事物への賛美に方向転換するならば、ちょうど身体が影を引き寄せているように、キリストに対する愛および永遠的なるものと尊貴なるものに対する愛は、おのずとはかないものへの反感と恥ずべきものへの憎悪とを自分に引き寄せるということです。なぜなら二つのうちのいずれも必然的に他のものを結果として生じさせており、一つが他のものと共に発生するか、あるいは共に衰えているからです。あなたがキリストに対する愛のうちに前進すればするほど、あなたは現世を憎むようになるでしょう。あなたが目に見えないものを感嘆すればするほど、流動的で束の間の事物は価値を低めるでしょう。それゆえ、ファビウスが一般教養に関して忠告していること[112]、すなわち直ちに最善のものを得ようと志すこと、それと同じことを徳の教育においても実行すべきです。

しかし、わたしたちの欠陥のゆえにそのことに到達しないならば、次善の策はある人間的な思慮分別をもってわたしたちがいっそう大きな悪徳から遠ざかり、わたしたち自身を損うことなく神の慈愛のうちにできるかぎり安全に保つことです。なぜなら、あのもう疲れ果ててしまって荒廃してはいても、それでも有害な体液から解放された身体が健康にずっと近くなっているように、いまだ重い罪過のため汚されている精神も、たとえいまなお真の徳を欠いていても、神の贈り物を受容する力をもっているからです。わたしたちが弱すぎて使徒たち、殉教者たち、処女たちを模倣できないとしても、少なくともこの走路において異教徒たちに追い越されていると思われるような罪を犯すべきではありません。異教徒たちの多くは彼らが畏怖すべき神を知らず、戦慄すべき地獄を信じていないけれども、人はあらゆる方法を用いて恥ずべきことを避けなければならない、と自分自身で考えていましたので、ある人たちは徳義から遠ざかるよりも、名誉、所有、もしかすると生命までも放棄する方を選んだほどでした。もし罪がそれ自体で、いかなる利益や脅かす不利益によっても認容されるべきでないものであるなら、神の正義がキリスト教的人間を本当に威嚇しないなら、あるいは神の慈愛が彼を諌止しないなら、不死に対する希望あるいは永遠の刑罰に対する恐れが彼を〔罪から〕呼び戻さないなら、生まれながらもっている罪の見苦しさが彼を制止しないなら——それは異教徒の心をも制止することができたのです——、少なくとも、この世において罪人に生じてくる多数の不利益は彼を〔罪から〕守ることができたでしょう。この不利益というのは、悪評・財産の損失・貧窮・善人が受ける蔑視と憎悪・心の不安と動揺およびあのはるかに悲惨な良心の呵責[113]です。この呵責を多くの人たちは、年からくる愚鈍により忘れたり、罪の快楽に酔いしれたりして、現在のところ感じていないにしても、後になって感じるでしょうし、感じることが遅れるに応じてますます不幸を増すでしょう。

そういうわけで若い人たちはとくに、これが罪の本性であることを不幸な経験により自分自身のうちで学ぶよりも、こんなにも多くの権威ある人たちによって信じるように選び、人生が何であるかを明らかに認識するに先立って人生を悪徳によって汚すことがないように、警戒すべきです。あなたがこんなにも多くのものを負っているキリストがあなたにとり無価値であるとしても、少なくともあなた自身のために不品行を慎みなさい。そしてこの状態にあたかも〔人々の言う〕岐路に立つ[114]ように長く留まり続けるのは非常に危険ではありますが、いまだ英雄的な勇気にまで高まることのできない人にとっては、あらゆる種類の不品行のうちに真逆さまに転落するよりも、政策的にも徳性を身につけて保つ方が少なからず好ましいことです。これは至福の行きつく終点ではないのですが、ここに至福により近い段階があります。しかし、その間にわたしたちはより善いものに向かって昇らせて下さるように神に絶えず祈らねばなりません。

第一八章　第八教則（試練の価値）

試練の嵐があなたをいっそう頻繁にかついっそう厳しく襲うとしても、そのことのゆえにあたかも神があなたを配慮も愛しもしていないかのように、あるいはあなたが敬虔であること少なく完成の度が低いかのように、すぐに不機嫌になり始めてはなりません。否、むしろ神があなたを将来の相続人のように教育し、最愛の息子のようにこらしめ、友人のように試みていることに感謝しなさい。試練の攻撃を何も受けていないなら、それは人が神の憐れみから拒絶されていることの最大の証明であります。使徒パウロを考えてみなさい。彼は第三の天の神秘に入るに値していたのですが、サタンの使いに打たれていました（IIコリ一二・二―七）。神の友ヨブのことを思ってみなさい。ヒエロニュムス、ベネディクトゥス、フランチェスコおよびこの人たちとともに最大の悪徳により悩まされた他の無数の神父たちのことを思ってみなさい。あなたが苦しんでいることをあなたはこんなにも偉大な人たちと、こんなにも多くの人たちと共有しているのであれば、あなたが意気消沈するわけはいったい何なのでしょうか。彼らとともに勝利するために、あなたはいっそう努力しなさい。神はあなたを見棄てたまわないし、あなたが耐えうるように、試練と同時に出口を備えたもうでしょう（Ⅰコリ一〇・一三）。

第一九章　第九教則（罪に対する見張り）

平穏な時においてもなお見張っているのが賢明な支配者たちのする習わしであるように、あなたもまた同様に、絶えず目覚めた心をもち、将来の敵の攻撃に備えて見張っていなければなりません。なぜなら敵は呑みつくしうる者を求めて絶えず徘徊しているからです（Ⅰペト五・八）。こうしてあなたは突撃してくる者をただちに力強く制圧し撃退し、すぐにも毒をもった蛇の頭を砕くようにいっそう善く備えることができるでしょう（創三・一五）。というのはこれよりも容易にかつ完全に敵が征服されるわけがないからです。したがってバビロンの子らは生まれるや否や、大きくなる前に、キリストである岩で打ち砕かれることが、最もよい考えなのです（詩一三七・九）。

第二〇章　第一〇教則（祈り、聖書、格言の武器）

しかし、もしあなたが断固として敵に背を向け、教唆する者をただちにいわば吐き出すか、あるいは熱心に祈って、何らかの聖なる活動に全心を傾けて従事するか、あるいは前にわたしたちが勧めたように聖書から引きだされた言葉でもって誘惑者に答えるならば、これらの方法により誘惑者は最もよく撃退されるのです。この点に関してはあらゆる種類の試練に敵対してある確かな格言を用意しておくことは、とりわけあなたがかつて、それによりご自分の心が強烈に揺り動かされるのを、経験したことのある格言を用意しておくことは、きっと少なからず役立つでしょう。

第二一章　第一一教則（あなた自身にではなくキリストに信頼しなさい）

敬虔な人たちは主として二重の危険に直面しています。その一つは試練に屈してしまうことであり、もう一つは勝利したのちに霊的な慰めと歓喜のうちにあって思いあがってしまうことです。したがって、あなたが夜の恐怖のみならず、真昼の悪魔から（詩九一・五―六〔ウルガタ〕）安全に守られるために、敵があなたを恥ずべきことに誘惑するとき、あなた自身の弱さを顧みないで、キリストにおいてすべてのものをあなたはなしうるということだけを（フィリ四・一三）想起するようにしなさい。キリストは使徒たちに対してだけでなく、あなたにも、また彼のからだ〔なる教会〕のすべての人たちに、さらに最も低い人たちにも「固く信じなさい。わたしは世に勝っているのだから」（ヨハ一六・三三）と語っておられます。

さらに、教唆者に打ち勝ったのちに、あるいはある敬虔なるわざによってあなたの心が内的に隠れた快楽にみたされるのを感じるとき、繰り返しあなたは警戒して、そのようなものを自分の功績に帰することなく、すべてを神の無償の施し物として受けとり、「あなたの持っているものでもらわなかったものがあるか、もしもらっているなら、なぜもらっていないように誇るのか」（Ⅰコリ四・七）というパウロの言葉でもって自己自身を制御すべきです。

それゆえにこのような二重の悪に対抗して次の二重の救助策が存在するでしょう。〔第一に〕あなたが戦いのさ中に自分の力に疑問をいだくなら、あなたのかしらなるキリストの御許に逃れゆき、勝利の望みのすべてを彼の慈愛のうちに置くようにしなければなりません。そして〔第二に〕霊的な慰めをうけるやいなやその救いのゆえにキリストに感謝し、あなたの卑賤さを謙虚に認めるべきです。

第二二章　第一二教則（罪に抵抗するだけで満足しないでそれと戦いなさい）

あなたが敵と戦う場合、敵の攻撃をかわしたり、突き返したりするだけで満足してはなりません。あなたは彼の剣を奪い取って勇敢に主謀者に立ち向かって反撃し、まさしく彼の剣でもって彼を斬り殺すべきです。あなたが悪へ誘惑されても、単にあなたが罪を犯さないだけでなく、そこから徳行の好機を自分に奪い取るならば、そのことは実現されるでしょう。また立腹したユノによって障害として置かれた危険によってヘラクレスが内的に成長し、堅固にされた、と詩人が素晴らしく創作しているのと同様に、あなたも敵の煽動によってより悪くならないだけでなく、かえってより善い人に発展するように努めなさい。

あなたの情欲があおられるなら、あなたの弱さを認識しなさい。そして許されている楽しみについてもすこし厳しく自分に禁じ、貞潔で敬虔な活動に多少の〔価値の〕追加をしなさい。貪欲と吝嗇(りんしょく)に駆り立てられるなら、施しを増すようにしなさい。空しい名誉に駆り立てられるなら、それだけいっそうすべてのことにおいて卑下しなさい。こうしてすべての試練があなたにとって自分の聖なる計画の更新と敬虔の成長となることが生じるでしょう。というのもわたしたちの敵を征服し滅ぼすのに有効な方法は他にないからです。実際、不敬虔の主謀者となるのを喜ぶ者があなたに敬虔となる好機を与えないように、あなたをもう一度挑発する恐れがあるのです。

第二三章　第一三教則（最後の勝利を希望し絶えず警戒せよ）

もしあなたが勝利者となるなら、この戦いはあなたにとりこれから先の最後のものとなるような心構えと希望とをもってあなたはいつも戦うがよいのです。なぜなら神の慈愛は、あなたの徳に対しそのような報酬を豊かに与えたもうので、ひとたび恥ずべき仕方で征服された敵はその後決してあなたを目がけて攻撃することはないからです。わたしたちは若干の敬虔な人たちがそこに達したことを読んで知っています。キリスト者の勝利によって敵の軍勢が減少し、ひとたび断固として撃退されたので、引き返して来て二度と人を苦しめることが許されていない、とオリゲネスが信じているのは馬鹿げておりません[115]。

それゆえ、争いのさ中にあって永続する平和を大胆に希望しなさい。しかし他方あなたが勝利した場合、あなたは直ちに帰還しようとする人のように行動すべきです。わたしたちがこの身体の部署について戦っているかぎり、いつも継続して試練がくるのを予想しなければならないし、武器を決して手放してはならず、また持ち場を決して放棄してはならないし、監視をゆるめてはなりません。各人は心のうちにあの預言者のことば「わたしはわが見張り所に立っている」（ハバ二・一、イザ二一・八）を携えていなければなりません。

第二四章　第一四教則（悪徳を軽く考えてはならない）

悪徳をつまらぬもののごとく軽く見ないように大いに警戒すべきです。というのは、軽く見られていた敵にまさって何度となく勝利した敵はないからです。この点において多くの人たちは哀れにも欺かれているとわたしは探知しております。なぜなら各人が自分の習慣にしたがって自分の悪徳を赦されうる小さな罪と考え、その他の罪は厳しく呪っていて、自分の一つか二つの悪徳に眼をつぶることによって、人々は自分自身を欺いているからです。大衆が完全で潔白であると呼んでいる人々の大部分は、窃盗・略奪・殺人・姦淫・近親相姦を極端に呪っています。しかし簡単な売春行為や快楽の緩和された行使は、軽い違反とみなして決して退けてはいません。ある人は、そのほかの点では十分に潔白であるのに、酒好きで、浪費において節度を欠いています。ある人は舌が軽々しく淫らであり、またある人はいっそう空虚でほら吹きです。

こういう仕方で各人が自分の悪徳にへつらうなら、結局わたしたちはどんな悪徳を欠くことになるのでしょうか。ある悪徳が気にいっている人たちは決して他の徳を真実には所有しないで、むしろある種の徳の幻影をいだいていたことは事実です。この徳の幻影を天性あるいは教育、あるいは習慣がついに異邦人の心にも刻印したのです。

しかしキリスト教的な憎しみをもって何らかの悪徳を呪う人は、すべての悪徳を必然的に呪うはずです。その心のうちに真の愛を取り入れた人は、悪の全軍団に呪いを等しく向けて攻撃し、最小のものからはじまって次第に最大なものへすべり落ちないために、また些細なことをゆるがせにして最高のものから転落しないために、自分の赦されうる小罪に決してへつらったりしません。そしていまなお悪徳の全体を根源から取り除くことは多分できないにしても、わたしたちの悪から日々何かを摘み取り、善い道徳にいつも何かを追加すべきです。こういうふうにしてあのヘシオドスの巨大な堆積は減小したり増大したりすることでしょう[116]。

第二五章　第一五教則（将来のことを考えよ、罪の苦々しさ、勝利の喜び）

諸々の試練の戦いのさ中にあって引き受けなければならない辛苦があなたを恐怖させるなら、次のことが救済策となりましょう。戦いの労苦を罪の快楽と比較しようとしないで、現在の戦いの苦味を、敗北したものに生じる将来の罪の苦味と比較しなさい。それから、あなたを誘惑する現在の罪過の魅力を、熱烈に戦った人に授けられる将来の勝利の魅力および心の平静さと比較しなさい。そうすればあなたはこの比較がどんなに不当なものか、すぐにもおわかりになるでしょう。

しかし、すこしも用心深くない人たちは、戦いの苦味と罪の歓楽とを比較し、何が前者に何が後者に結果として生じるかを顧慮しないという点において欺かれています。だが敗北者には、勝利者が攻撃を開始する以前にあったよりもっと重くもっと永い辛苦が生じてきます。同じように敗北者を罪過に引きずり込んだ歓楽よりも勝利者にははるかに大きくかつ永続的な歓喜があることでしょう。両方のことを体得した人はそのことを容易に判断するでしょう。日々試練に屈するとしても、少なくとも試練に打ち勝つとはどういうことかということを経験しようと心がけないほどにまで、いかなるキリスト者も無気力であってはならないのです。彼がそれを頻繁になせばなすほど、その勝利はいっそう甘美になることでしょう。

第二六章　第一六教則（努力を重ねて打ち勝つこと）

いつか死に至るほどの傷をあなたが受けることが起こるなら、すぐに楯を捨て、武器を放棄し、敵に降参しないように用心しなさい。生まれつきか弱く女々しいほうの性質をもつ多くの人たちが、ひとたび投げ倒されると、抵抗するのをやめ、情愛にすべてをまかせて、自由を取り返すべき方法について考えないのをわたしは気づいていました。あの〔か弱い心の〕内気は、時折最悪の素質と結びついていない場合があっても、それでもあらゆる事情のなかでも最悪のこと、つまり絶望へ引き寄せられるのを常としていますが、それは非常に危険なことです。それゆえこれに対決して精神は次の教則により強固にされなければなりません。すなわち、わたしたちは罪に陥ったとき単に絶望してはならないだけでなく、また不名誉の恥や受けた傷の痛みが逃走へ導かないようにするのみならず、以前よりも勇敢に戦うように鼓舞し元気を回復させるようにしばしばなしている活発な戦士たちを見習わなければなりません。

わたしたちも同様に、死に値する罪に巻き込まれたときには直ちにその場で、急いで心に立ち返り、徳に対する新しい熱情によって堕罪の恥辱を償いたいものです。あなたは多くの傷よりも一つの傷を、古くなりもう膿んでいる傷よりまだ新しい傷をいやす方がらくでしょう。デモステネスがよく用いたと言われている有名な小句「逃げる人はもう一度戦うことになる」[117]をもってあなた自身を勇気づけなさい。預言者ダビデ、ソロモン王、教会の第一人者ペトロ、使徒パウロ、犯罪に陥ってしまったかくも多くの信心深い偉人たちのことを考えてみなさい。神はおそらくこれらの人たちを、あなたが罪に陥ったとき絶望しないために、転落するのを許したもうたのです。

それゆえ、しっかりした足で立ち、ただちに強い確信をいだいて、いっそう熱烈に、いっそう注意深く戦線に復帰しなさい。極めて重い罪でも、往々敬虔な人々にとって、恥ずべき仕方で間違いを犯した人たちがさらに熱烈に愛するかぎり、敬虔の極致に成りうるということがしばしば起こっているのです。

第二七章　第一七教則（十字架の秘義）

しかし次々にやってくる誘惑者の襲撃に対して、あるときはこの、あるときはあの、救助策がいっそう適しています。とはいえ、あらゆる種類の不幸と試練に対してキリストの十字架こそ唯一の、何よりもまさって有効な救済なのであって、同時に道に迷う者には模範であり、労苦にあえいでいる者には慰めであり、戦っている者には武具なのです。これは悪漢どものすべての剣に差し向けられなければなりません。したがって、それが熱心に練習されなければならないのは当然のことです。もちろん大衆の風習に従って、練習してはなりません。彼らは毎日主のご受難の物語を読んだり、十字架像を崇拝したり、十字架像の無数のしるしによって身体のいたるところを固めたり、神聖視された木の破片を家に保存したり、あるいは特別の時間をもうけてキリストのみ苦しみを回想し、キリストが義人なのに不当な苦しみを受けていることに人間的な共感をもっていだく苦痛を覚え涙を流していいます。しかし、このようなことはあの〔良い〕木の真実の実りではなく、むしろそれはさしあたり幼稚な魂を養う乳といったものでしょう（Iコリ三・二参照）。

しかしながら、あなたは棕櫚（しゅろ）の木に登って、その真実の実りを把握しなさい（雅七・八）。もしからだ〔なる教会の構成員〕が、地上のわたしたちのからだである情念に死ぬことによって、かしら〔なるキリスト〕に同形となるよう心がけるならば、この真実の実りはすぐれたものになります。このことはわたしたちにとり苦いものであるはずがないばかりか、キリストの霊がわたしたちのうちに生きておられさえすれば（ロマ八・九）、すこぶる望ましく喜ばしいはずです。実際、できるかぎり似ていないことを喜ぶような人をだれが本当に愛するでしょうか。

だが、あなたがいっそう大きな実りをたずさえて十字架の秘義を省察するためには、各人がある種の合理的で敬虔な戦術を具えかつ熱心に練習し、状況が要求するや否や、〔それを使用できるように〕用意しておかねばならないでしょう。戦術は次のような仕方となりましょう。つまり十字架に付けるべきあなたの情念の一つ一つに、もっとも良く適合しているあの十字架の部分をあなたが適用するという方法です。というのは試練にせよ、不幸にせよ、十字架のうちに自己自身の救助策をもっていないものは全く存在しないからです。

たとえば、現世に対する野望があなたを刺激するとき、あるいは嘲笑と侮辱に会って恥じるとき、弱いからだであるあなたは考えてみなさい、あなたのかしらなるキリストはいかに偉大であり、あなたのためにご自身をいかに卑下したもうたかを。嫉妬という邪悪が心を突然襲撃してくるときには、彼がいかに恵み深くかつ率直にご自身のすべてをわたしたちに役立たせるために費やしたもうたか、また最悪の人たちに対してもいかに善でありたもうたかを想起しなさい。食道楽により誘われる場合には、彼が胆汁と酢とを飲まれたことを再考しなさい。恥ずべき快楽によって試みられるときには、かしら〔なるキリスト〕の全生活がいっさいの快楽から自由であり、あらゆる不快・拷問・辛苦によって満ちていたかに留意しなさい。怒りに燃えるときには小羊のように毛を切る者の前に黙して口を開かなかった彼が（イザ五三・七）ただちに助けてくれますように。貧困があなたを悪しき仕方で苦しめ、所有欲がそそのかすときには、ただちに、万有の主が枕するところがないほどあなたのために貧しくなられたことを心に思い浮かべるべきです（マタ八・二〇、Ⅱコリ八・九）。

そして同じ方法で残りの試練に対処するなら、あなたの情念に暴力を加えたことは単に苦々しくないのみならず、こうしてあなたのかしらと同形になり、彼があなたのために耐えたもうた量り知れない悲嘆のために彼にいわば感謝することをあなたは理解するがゆえに、またそれは甘美になることでしょう。

第二八章　第一八教則（人間の尊厳と罪）

そしてさらに、この救助策は、人生の道をほどよく進んできた人たちにとり、あらゆる策の中でとりわけ有効なものの一つではあるが、いっそう弱い人たちにとっても、もし彼らが情念によって不敬虔へそそのかされたとき、ただちに心の目の前に、罪がいかに醜く、いかに呪わしく、いかに有害なものであるか、それに反し人間の尊厳(118)はなんと偉大であるかを想い直すならば、この救済策もかなり役立ったことでしょう。

ごくつまらぬ問題に関してもわたしたちはしばらくの間自分自身の心中で熟考するものです。しかし、あらゆることのなかでも最大の問題に関しては、わたしたちが同意してサタンといわば証書を交わして自分を拘束するに先立って、わたしたちの心でもって次のことを吟味すべきではないでしょうか。すなわち、わたしたちがいかに偉大な形成者により造られているか、いかに卓越した状態に置かれているか、いかに巨額な代価で贖いだされたか、いかに大きな浄福に召されているか、を。また、人間は、ただそのために神が現世の素晴らしい機構を作成したもうた、高貴な生物であり、天使たちとの同市民、神の子、不死性の相続人、キリストのからだ、教会の構成員であり、わたしたちのからだは聖霊の宮であって（Ⅰコリ三・一六、六・一九）、わたしたちの精神は神性の摸像にして同時にその至聖所である、ということを。

そして反対に罪は、心のと同じく身体の、もっとも忌まわしい疫病であり腐敗であることを、わたしたちは吟味すべきではないでしょうか。無罪によって〔心と身体の〕双方とも根源的な美しさに返り咲くのです。しかし、罪の影響が双方を現世においてもしなびさせています。罪は不潔きわまる蛇の致命的な毒液（ウイールス）・悪魔の手付金・最も恥ずべきであるのみならず最も悲惨な奴隷状態の保証人なのです。これらのこと、およびこの種のことをあなたのもとで熟慮して下さい。そして偽りの、はかない、毒の入った、罪の喜悦のために、こんなにも大きな尊厳からこんなにも大きな不面目――ここからあなたは自力で解放できません――へ転落することは、はたして良策かどうか、繰り返し吟味して下さい。

第二九章　第一九教則（神とサタンとの対比）

さらに相互に大変相違している神と悪魔というあの二つの創始者を比較してみなさい。二者のうちの一方はあなたが罪を犯すことによってあなたの敵となり、他方はあなたの支配者となっています。無罪と恩恵によってあなたは神の友の群れに加えられ、子としての特権と嗣業へ選び出されています（ガラ四・七、ヨハ一五・一四参照）。しかし、罪によって悪魔の奴隷と子に決められています（Ⅱペト二・一九、ヨハ八・三四）。前者はご自身をすべてのものに与える、かの永遠の源泉であり、最高の美の、最高の歓喜の、最高善の理念（イデア）であります。後者はすべての悪の、最悪の恥辱の、最大の不幸の父です。前者があなたに与えた祝福と、後者があなたに与えた害悪とを心に想い浮かべてみなさい。

神はどのような慈愛によりあなたを造りたもうたのでしょうか。いかなる憐れみによりあなたを贖いたもうたのでしょうか。どのような寛大さによりあなたを富ませたもうたのでしょうか。いかなる柔和な心で日々あなたの過失を耐えたもうているでしょうか。どのような喜びをもって悔い改める者を受け入れたもうのでしょうか。これらすべてに対立して悪魔は、どんなに大きな嫉妬をいだいてあなたの救いをすでに何度もつけねらっていますか。いかなる辛苦にあなたを投げ込んだのですか。そしてとりわけ悪魔は全人類を自分と一緒に永遠の破滅へ引き入れること以外の何を日々志しているのでしょうか。

これらすべてのことを、この側面やあの側面から正しく熟考したなら、みずから次のように思いめぐらしなさい。「わたしは自分の由来を忘れ、虚偽の快楽が与えるこんなにも僅かなもうけのためにこんなにも大きな恩恵を忘れ、恩知らずにもわたしはこのように高貴で、愛に満ち、その名に値する父にそむいてよいのか。またみずから進んで最も恥ずべき最も残忍な支配者に自分を売り渡すだろうか。単に功労ある人にあなたが与えんとするものを少なくとも父に与えないのか。わたしに害を与えようとしている人からわたしが逃れるように父から逃れてはいけないのでは」と。

第三〇章　第二〇教則（徳と罪の対比）

だが、創始者が相違しているのと同じように報酬も等しいわけではないのです。じっさい、永遠の死と不死なる生活にまさって、また天国の市民と共同の住いにおいて最高善を終わることなく享受することと、呪われた者らとの不幸な交わりにおいて最悪の災いにより終わることなく責め苛まれることとにまさって、等しくないものが何かありえましょうか。また、このことに疑いをいだく人は、決して人間ではなく、いわんやキリスト教徒ではありません。このことを考えない人は狂気そのものよりも狂気的です。

ところで、このことの外に、この世の生活において敬虔と不敬虔とは、はなはだ相違した結実をすでにもたらしています。というのは敬虔から心の確実な平静と純粋な精神の浄福な歓喜とが分かち与えられますから。これを一度味わった人がそれと交換したくなるほど高価で味のよいものをこの世は何ももっていないのです。それに反し不敬虔の結果生じてくるものは他の多数の不幸であり、自分が悪いことを自覚している精神のあの悲惨きわまる苛責です。すなわち前者はキリストが福音において永遠の至福の手付として約束したもうた百倍もの実を結ぶ霊的な喜びなのです（マタ一九・二九）。これは使徒によって、いまだ目が見たことなく、耳も聞いたことなく、人の心に思い浮かばなかったと言われている驚くべき贈り物であり、神はこれを自分を愛している人たちにこの世においても確かに準備したもうているのです（Ｉコリ二・九、イザ六四・三）[119]。この間にも不敬虔な者のうじ虫は死なず（イザ六六・二四、マコ九・四四）、地上にいるあいだに人々はすでに地獄の苦しみをなめています。それは福音書にあるあの金持ちの道楽者が責められた火炎にほかならず（ルカ一六・一九―二四）、罪の習慣に付随している〔良〕心の絶え間ない不安として多くの詩人たちが描いている地獄の劫罰にほかならないのです。

それゆえ、欲する人には来たるべき世のこんなにも相違した報酬を無視させるがよいのです。徳は、それ自身のゆえに熱心に追求されるべきものを、本来そなえもっており、罪は、そのゆえに戦慄すべき特質をもっています。

第三一章　第二一教則（人生のはかなさ）

また、不測の死がいつでも身に振りかかり、いたるところでそれに気づいていない人に不意に襲ってくるような現在の生がいかに辛苦に満ち、いかにはかないかを考えなさい。だれも生の一瞬の間も安全ではないのですから、この生を引き延ばすことはどんなに大きな危険であるかを考えなさい。この生において（しばしば生じるように）突然起こる死があなたを襲うとしたら、あなたはもう永遠にわたって消滅しているのです。

第三二章　第二二教則（最大の罪としての非悔俊）

それから悔い改めないということは、常に恐るべきことでしょう。それはこんなにも多くの罪人のなかからどんなに僅かの人たちが真実にかつ心を尽くして罪から改心するかを正確に吟味している人にとって、とりわけ不義の絆を人生の終わりにいたるまで引きずってきた人たちにとって（イザ五・一八参照）、悪のなかの最大のものです。他方、恥辱のなかに転落することはたしかに危ないのですが簡単なことなのです。しかし、

ここより歩みを返し、
天上の明るみに登るのは、
骨が折れるし難儀である(120)。

ですから、あなたはイソップの山羊の蹉跌(121)から警告を受けて、罪の墓穴に陥る前に、そこからの帰還は同じようには容易でないことを考えなさい。

第三三章　特殊な悪徳に対する救助策、まず好色に対して

これまでわたしたちはすべての種類の悪徳に対して共通の救助策をどうにか明らかにしてきました。今やわたしたちは、いかなる方法であなたが個々の罪を、しかもまず好色を阻止すべきかを示して、特別に二、三の救助策を伝えるよう試みてみましょう。この好色の悪よりも早くわたしたちを攻撃し、より激烈に駆り立て、より広くはびこり、より多くの破滅に引き渡すものは何もありません。したがって、もしいつか醜い好色の罪があなたの精神を苦しめるならば、直ちに次の武器をとりあげてそれを阻止するように覚えておきなさい。神の被造物であるわたしたちを単に諸々の家畜のみならず、また豚、山羊、犬、野獣のうち最も無感覚の生き物に等しくするこの肉欲は、いかに不潔で汚れており、どんな人にもいかに嫌悪すべきものであるかを、まずはじめに考えなさい。否、この肉欲はさらに、天使たちの協力者、神性との交わりに予定されていたわたしたちを、下方の家畜の地位に向けて投げ倒しています。この肉欲がいかにはかなく、いかに不純であり、いかに蜂蜜よりも胆汁を含んでいるかをも、思い見なければなりません。それに反して前述の教則においてわたしたちが示したように魂という実体がいかに高貴であり、人間の身体という実体がいかに神聖であるかをも想起すべきです。したがって、こんなに些細な、一時的な肉欲の醜い快感のために魂と身体とを同時にふさわしくない仕方で辱め、キリストがご自身の血をもって神聖なものとなしたもうた宮を冒瀆するという悪行はなんという精神錯乱でありましょうか。

同じくこの魅惑的な疫病がどんなに多くの悪の大群を身に引き連れているか数えてみなさい。何よりもまっ先にまったく高価な所有である名声を奪い取ってしまいます。なぜなら好色の評判以上に薄汚い悪臭をはなつ悪徳はないからです。それは相続した資産を喰い尽くし、身体の力と美観とを同時に奪ってしまいます。それは健康を著しく傷つけ、ぞっとするような無数の病気を生みだします。青年の最盛期をその日の来る前に台無しにし、

醜い老年期をはやめています。天性の旺盛な力を取りのぞき、精神の鋭さを鈍化させ、けもののような気質を植え付けるのです。誠実な仕事のすべてから人を決定的にそらし、どんなに立派な人でも全身を汚物の中に沈めるため、彼はもうただ下品で賤しく汚いことしか考えたがらなくなってしまいます。そして人間に固有のこと、つまり理性の使用を抹殺しています。それは青年時代を狂気じみた、恥ずべきで、憎むべきものとなし、老年を醜く、悲惨にしているのです。

それゆえ、あなたは賢明であらねばなりません。とりわけ次のようにあなたは考量すべきです。「この楽しみも、あの楽しみもこんな不幸に終息しているし、こんなにも大きな損害、こんなに多くの醜悪、不快、辛苦、病気を惹き起こしており、愚かきわまるわたしはそれと知りながらもう一度釣り針をむさぼり食うのか。わたしをあらたに後悔させるものを、もう一度わたしは犯してもよかろうか」と。

同じように、恥ずべき仕方で不幸にも快楽を追い求めてきたのをあなたがよく知っている他者の実例をあなた自身から撃退しなさい。他方、こんなにも多くの若者とこんなにも多くの素晴らしい処女の例によって、あなた自身を節制に向けて勇気づけなさい。また双方の状態を比較してあなた自身の怠惰を非難しなさい。いったいあなたと同性、同年齢、同じように生まれ、同じような教育をうけた、あれやこれやの人たちができたし、現にできていることよりも少ししかあなたができないのはどうしてなのですか。彼らと等しい程度に愛しなさい。そうすれば、あなたは彼らに劣らずできるでしょう。身体と精神との純潔はいかに尊敬すべき、愛すべき、花のように美しい存在であるか、考えてみなさい。これはわたしたちを概して天使の親しき友となし、聖霊を受け入れるものとなします。というのは純潔を愛するあの御霊は淫乱ほどしりごみする悪徳は全くないからです。また御霊は処女のような心情ほどにはどこにおいても慰めを見いだし大いに喜ぶことはないのです。

ほれたり、青くなったり、力を落としたり、泣かされたり、こびへつらわれたり、また不快きわまる娼婦に恥ずべき仕方で哀願したりすることが、どんなに見苦しく、どんなに完全に気が狂っていることか、あなたの目の前にはっきり描き出してみなさい。また夜の間愛人の戸のところで変な声を出したり、愛人のうなずくままになったり、娼婦の支配に服したり、苦情を述べたり、腹を立てたり、再び仲直りしたり、その上情婦のためにあなたが嘲笑・暴行・破壊・略奪に身を捧げたりすることもそうであると想像してみなさい。こういう事柄のうちに男子としての名はどこに残っているのですか、わたしは聞いてみたいです。あごひげはどこにあるのですか。最も美しい素材をもって生まれているあの高貴な精神はどこに残っているのですか。

また、快楽はひとたび承認するといかに多くの犯罪の大群を引き寄せる習わしであるかを胸に手を当てて考えてみなさい。他の悪徳においてはおそらくある種の徳との結びつきがすこしはありますが、好色には何もないのです。むしろ好色は最大の、また最も多数の罪とつねに結びついています。売春婦を求めることはすこしも目立たぬことかも知れないが、〔それと結びついている〕両親に聴き従わないこと、友人を無視すること、父の財産を浪費すること、他人のものをひったくること、偽誓すること、痛飲すること、強盗すること、悪事を働くこと、生死をかけ戦うこと、殺害すること、冒瀆することは重い罪です。これらすべての罪ともっと重い罪とへ女主人である快楽は、もしあなたが一度自分の主人であるのをやめ、彼女の端綱（はづな）にあなたの哀れな口をかけるならば、思いがけなくあなたをさらっていくでしょう。

それだから、この人生が煙よりも過ぎ去りやすく、影よりも空虚であることを（知一・二―五参照）、また死が、いたるところでいかなる時にも待ち伏せして、いかに多くの網をはりめぐらしているかをよく吟味してみなさい。かつてあなたの知人であった人の中から、親しい人たちの中から、同年輩の人たちの中から、あなたより若い人たちの中から、とりわけかつて恥ずべき快楽仲間だった人たちの中から、ある人たちを彼らの予期もしていなかった死が奪い取る場合に、とくにこのことを想い浮かべるなら、少なからず役立つことでしょう。こうしてあなたは他人の破滅によりいっそう用心深くなりなさい。彼らがどんなに甘美に生きたか、だがどんなに苦々しく人生を終えたか、どんなに遅くなって賢くなったか、どんなに遅ればせに死をもたらす悦楽を彼らが憎みはじめたかを考えてみなさい。最後の審判の厳しさ、不敬虔な者どもを永劫の火に送り込む決して取り消されることなきあの判決の恐るべき雷光（マタ二五・四一参照）、およびこの期限付きの短い限られた快楽が永遠の苛責をもって償われねばならないことを想い浮かべなければなりません。

このところで、最も恥ずべきであり一瞬に終わってしまうにすぎない色欲のために、この世においてはるかに甘美で優れた精神の歓喜を失い、また将来において永続する歓喜を奪い取られるという、さらにこのような幻影じみた小さな慰めのために決して終わることのない苦痛を購入するという交換の取り引きは、何と不当なことであるかを、注意深く秤りにかけて値踏みしてみなさい。

さらに、このように小さな歓楽をキリストのために軽視するのがあなたに困難に思われるならば、キリストがあなたを愛するがゆえにどのような苦痛を身に負いたもうたかを留意しなさい。人間の生活がもっている共通の不正のためにいかに多くの尊い血潮があなたのために注ぎ込まれたか、いかに不名誉な、いかに無情な死をあなたのために支払いたもうたかを心にとめなさい。それなのにあなたはこれらすべてを忘れ、常軌を逸した快楽を繰り返すことによって、神の御子をふたたび十字架に付けているのです。この快楽はあなたのかしらと主人をこんなにも恐るべき拷問の苦しみへ追い込んでいるのです。

それに続けて、前にあげた教則にしたがって次のことを再考しなさい。キリストがいかに多くの善行を、それを受ける功績のないあなたのために、蓄えたもうたか。彼のすべての善行に対しどんな感謝をもってしてもふさわしく報いることができないが、彼は、あなたが彼の範例にしたがって死をもたらす誘惑から精神を守り、最高善と最高美に向けて愛を転換すること以外の何ものも、求めていないのです。あの二人の愛の女神（ウェヌス）と二つのプラトン的愛の神（クピドー）を相互に分けて比較しなさい[122]。つまり尊敬すべき愛と嫌悪すべき愛とを、神聖な楽しみと恥ずべき楽しみとを比較しなさい。両者の相違した素材・本性・特典を比較しなさい。

また、実際、すべての試練において、とくに好色があなたをそそのかすとき、あなたの目の前にあなたを保護する天使を置きなさい。天使はあなたが行い考えるすべてのことをいつも見張る者であり、かつその証人です（詩九一・一一）。またあなたの目の前にその目をすべてに向けて開けており、諸々の天の上に座し、深淵を見透したもう神を置きなさい（ダニ三・五五〔ウルガタ〕＝アザ三一）。そして単なる人間の証人の前でも行うのが恥ずかしいほど醜い振る舞いを、あなたは自分に最も近い天使、神、あなたにじっと眼をとめかつ呪う天上の全合唱隊の前で行うのを恐れるべきではないでしょうか。もしあなたがリンケウスや鷲の目より鋭い目をもっているとしても、あなたは最も明るい光の下でも人があなたの前でなすことを、神や天使らの目によってあなたの心のすべての隠れたことが見られているよりも確実には見ることはできないという実相を思ってみなさい。

事実、あなたが好色に譲歩する場合、次の二つのうちの一つが将来生じるということを自分の心でもって推し量ってみなさい。その一つは、ひとたび快楽の味をしめると、恥ずべきことから他の恥ずべきことへとあなたを陥れ、ついに目が見えなくなり、非難され呪われた気持ちとなり、快楽の方があなたを見棄ててしまっているときでも、あなたは醜い快楽から離れることができないくらいに頑なに邪悪に留まり続けるほど、あなたの精神を呪文でおびきだし曇らせることです。それは多くの人たちの間で次のような場合に起こっているのをわたしたちが観察する事態なのです。つまり、身体がおとろえ、美貌が失われ、血液は冷たく、活力に欠け、目はかすんでいるのに、それでもなおまだ果てしなく色を好み、以前破廉恥であったよりもいっそう罪深く卑猥な話をしているというようなことが生じています。このような振る舞いにまして呪うべくまた驚くべきことがありえましょうか。

もう一つのことは、つまり神の特別な恩恵によってあなたが改心し、心の最大の苦痛と最高の努力と最も多くの涙とをもってあの短く消え去りやすい快楽の償いをなすべきであるということが恐らく生じるかも知れないということです。したがってこんなにも悲しむべき不明に導かれるよりも、あるいはこんなにも小さなかつ偽りの歓楽をこのように多くの骨折りをもって償うよりも、肉的な快楽の病原体を全く許容しないという方が、はるかに理にかなっていませんでしょうか。

しかし、今やあなたの個人的状況の中からあなたを諸々の快楽から呼びもどすことのできる多くの手段を選びだすことができるでしょう。あなたが司祭であるなら、自分が神的な事柄のために全体的に聖別されていることを考えなさい。尊ぶべきあの〔キリストの〕身体(からだ)を拝領する同じ口でもって、吐き気をもよおす娼婦の肉体に接吻したり、天使らの奉仕によりあの言い表しがたい秘義(123)をあなたが執行する同じ手でもって、憎むべき不潔を味わうとは、なんと不適切にして、どんなにひどい破廉恥な行為でしょう。神と一つの身体、同じ霊となることと娼婦と一体となることとは、なんと不適合なことでしょう（Ｉコリ六・一五―一六）。

あなたが教育を受けているなら、あなたの精神はますます高貴で神に似たものであり、このような不名誉にはますますふさわしくないのです。あなたが貴族であるなら、また君侯であるなら、破廉恥が明らかになればなるほど、躓きは重大になってきます。もしあなたが結婚しているなら、汚れのない婚姻の床がいかに尊いものであるかを考えなさい。また（できる限り）あなたの結婚がキリストと教会との最も神聖な結婚の交わりに倣うように尽力しなさい（エフェ五・二二―三三参照）。結婚は神聖なこの交わりの面影を宿しています。つまり不道徳のかけらもなく、実り多い豊かさをもっているのです。なぜなら、どのような生活の事情の下にあっても好色の奴隷になることは最も卑しいからです。

あなたが若者であるなら、青春の二度と回帰しない全盛時代を無謀にも汚すことのないように、いち早く逃げ去り決して立ち帰らない最善にして真に黄金の年齢を嫌悪すべきものによって滅ぼさないように、くり返し熟慮しなさい。いま年齢からくる無知と無思慮により、逃げ去ってゆく快楽が心の中に残す、あの最も辛辣なとげにより罪あるやましい良心が追跡するため全生涯にわたってあなたを苦しめるような罪を犯さないように、くり返し熟慮しなさい。もしあなたが妻であるなら、貞潔よりもふさわしいものはあなたの性にとってないことを考えなさい。あなたが夫であるなら、そんなにも偉大な事柄にふさわしく、このようにつまらぬ事柄にはふさわしくないことを考えなさい。

もしあなたが老人であるなら、肉の快楽がいかにあなたを台無しにしているかを見るために、他人の〔批判の〕目を自分のために求めなさい。肉的な快楽は青年たちにとっては同情すべきでありかつ抑制すべきものであっても、すこし年老いた人にとっては不自然であって、まさに快楽を追求する人たちにとっても嘲笑すべきものなのです。あらゆる不自然なものの中において老人の好色よりも不自然なものはありません。自分のことを全く忘れ果てたたわけ者よ、少なくとも灰色や白い髪の頭、しわの寄った額、死骸に似た顔を鏡でよく見たまえ。そしてもうすでに片足を棺の中に入れているのだから、あなたの年にもっと似合った別のことを配慮したまえ。少なくとも理性によって当然行うはずであったものを年齢に促されて、あるいはむしろ強いられて行いなさい。

快楽自体がもうあなたを退けているのです。快楽は言います、「わたしはもうあなたにとって美しくはないし、あなたの方もわたしにふさわしくない」と。あなたは十分遊んだし、十分に食べたし、飲んだのです。あなたが立ち去る時が来ています。人生自体があなたを見棄てているとき、いまなおあなたは人生のどんな享楽を絞り取ろうとするのですか。ついにあなたの胸中にあの神秘的な添え寝人アビシャグを憩わせはじめる時がもう来ています（王上一・一―四）。彼女の聖なる情熱によってあなたの精神を点火させ、彼女の抱擁によってあなたの凍えたからだを暖めなさい。

第三四章　好色の誘惑に対する救助策の結論

ところで今や主要点を短く話しましょう。あなたを肉の誘惑から安全に導き返してくれる最も有効なものはこれです。まず何よりもそのすべての機会を注意しかつ用心して避けなさい。この戒めは他の場合にも守られて然るべきですが――というのも危険を愛好する者は危険によって破滅するのが当を得ているからです――この機会というのは、主として、遠くにいるうちからもう逃げ去る人でないなら、だれもほとんど脱したことのない、あのセイレノスたちなのです。次に有効なものは食事と睡眠との抑制、許されている快楽であってもそれからの節制、あなたの死の考慮とキリストの死の省察です。

また次のようにするならばあなたを助けるでしょう。貞潔で健全な人たちとあなたが共同生活をするならば、誘惑者や淫蕩的な人たちとの会話を疫病のように避けるならば、暇な孤独と怠惰な無為から逃れるならば、だがあなたの精神を天上の事物の省察と誠実な研究とに向けて熱心に訓練するならば、しかし、ことに聖書の探究に心を尽くして献身するならば、またあなたがしばしばまた潔白な心で、とりわけ試練に陥ったとき祈るならば、それはあなたを助けるでしょう。

第三五章　貪欲を刺激するものに対して

もしあなたが生まれながら金銭が好きな悪徳の傾向にあるなら、あるいは悪魔によってそのようにけしかけられていると感じるならば、上述の教則にもとづいて、最高善を絶えず享受するために創造され贖い出されている、あなたの使命の尊厳を再考しなさい。神はこの造化のすべてを実際あなたの使用に役立つために形づくりたもうたのです。したがって、物言わぬきわめて卑しい財(もの)を使用しないで、そんなにも賛嘆することは何と卑しく心の狭いことでしょう。

人間の誤謬を取り除きなさい。そうすれば金と銀とは赤土と白土以外の何でありましょうか。異教の哲学者のなかで軽蔑しなかった者はだれもいないものを、貧しいキリストの弟子であり、はるかに優っている所有へと召命されているあなたが、何か偉大なもののように驚嘆しようとするのですか。富を所有することではなくて、富を蔑視することが真に偉大なのです。しかし、ただ名前だけでキリスト教徒にすぎない大衆はわたしに抗議して、きわめて狡猾にも自分自身を欺くことを喜んでいるのです。

彼らは言います、「わたしたちは必要により促されて財産を造っているのだ。財産がなかったなら、生活することは全くできはしない。財産が乏しいと、快適に生きることはとてもかなわない。しかし、それが可成りのもの、いっそう豊かになるなら、きわめて多くの快適をもたらすのだ。財産を十分にもつならば、人は健康を気遣い、子供たちに配慮し、友人たちに満足を与え、軽蔑されることがなくなり、最後に名声も高まるのだ」と。あなたは、二、三千人のキリスト教徒のなかからこのように主張しないし考えてもいない一人、あるいは二人の人をほとんど見いださないでしょう。しかし、このように言う彼らの各々に対して答えるために、まず、彼らは必要という名目で自分の欲望の言い訳をしているので、わたしは彼らに対抗して〔与えられた〕その日暮らしの〔野の〕百合と〔空の〕鳥の福音書にある譬え話を提示したい（マタ六・二六、二八）。キリストはこれらをわたしたちが模倣するように勧めておられます。キリストは旅行の袋も財布も弟子たちが携えて行くのを許さなかったことをわたしは提示しましょう（同一〇・九―一〇）。彼はわたしたちが他のすべてのものを放棄したとき、何よりもまず神の国を求めよ、そうすればこれらすべてのものはわたしたちに添えて与えられると約束したもうたことを提示したい（同六・三三）。

心を尽くして敬虔に達しようと努めた人々でかつて生活に必要なものが援助されなかったときがありましょうか。だが、自然はわたしたちから求めるところがいかに僅かであることか。それにもかかわらず、あなたという人は必要なものを自然の必要によってではなく、欲望の目標によって量っているのです。ところが敬虔な人々にとっては自然にとり少な過ぎる程度で十分なのです。

他方、わたし個人としては、すべての財産を一度棄てておきながら、恥知らずにも他人の財産をねだるような人たちにそれほどひどく驚いたりしません。

お金を所有することは罪過ではないのですが、お金を崇拝することは悪徳に結びついています。お金が一杯入ってくるなら、良い管理人の職務を果たしなさい。だがもしあなたからこの職務が取りあげられるなら、なにか重大なものを奪われたかのように力を落とさないで、かえって危険な重荷が取り除かれたのを喜びなさい。しかしながら、人生の主なる努力を財産をためることに使い果たし、財産を何か優れたもの願わしいものとみなし、さらにネストルの老年にいたるまで長いあいだ自分の手許に保管している人は、よい商人だと呼ばれるのは正しいかも知れないが、わたしとしては彼をキリスト教徒と呼びはしないでしょう。というのは彼は自分自身に全く依存しており、キリストの約束を信じていないのですから。その善意により小雀が親切に食を与えられ着物を着せられるようになさる方は、自分を信じる敬虔な人たちを見棄てたもうでしょうか。

とはいえ、今や、富が与えると信じられている快適〔の性質〕について熟考してみましょう。まず異教の哲学者たちの一致した意見によれば、有益な財のなかでも富は最後の場を占めています。またエピクテトスの区分[124]に従えば、ただ精神の徳をのぞいて他のすべてのものは人間自身の外部にありますが、金銭以上にわたしたちの外にあるものは何もなく、これ以上につまらぬ快適を与えるものは何もありません。どこにおいてもすべて金だけであり、銀だけであるものをあなただけがすべて所有するとしても、それだからといってあなたの精神が毛ほども良くなり、賢くなり、教養あるものになっているでしょうか。では、身体の健康状態はより幸福になっているでしょうか。それはあなたをいっそう健康的に、いっそう美しく、いっそう若く復帰させているでしょうか。

だが、富は諸々の快楽の方は準備しています。まことにそのとおりです。しかし死をもたらす快楽を準備しているのです。それは名誉を得させてくれます。だが、いったいどんな名誉をですか。愚か者だけが驚嘆し、もしその人たちに気に入られたなら、それはほぼ非難されているに等しいような人たちが、実際間違った名誉を与えているのです。真の名誉は称賛されている人たちによって称賛されることであり、最高の名誉はキリストに気に入られることです。真の名誉は富の報酬ではなく、徳の報酬です。いやしい奴らはあなたにおもねって譲り、あなたに服従します。愚か者よ、彼らはあなたの衣服に感嘆しても、あなた自身に感嘆しているのではないのです。あなたはどうして自分自身の内に入っていって、あなたの精神の哀れな貧困を考えないのですか。民衆がこのことを知るなら、現在幸福であると賛美するよりも、大変憐れむべきものだと判断することでしょう。

しかし、財産は友人をわたしたちに与えてくれる〔とあなたは言います〕。わたしもそれを認めましょう。だが偽りの友人にすぎないのです。それも財産は友人をあなたのために集めるのではなく自分のためです。また富める人は友人をいちどもそれとして認識することができないから、正しくこの点で最も不幸です。ある人は富める人を貪欲のゆえに秘かに憎んでおり、ある人は贅沢のゆえに、妬んでおり、またある人は自分のことを考えて彼を食い尽くすため彼に追従したり好意を示したりしています。その面前で愛情深いふりをする人は、富める人が早く死ぬようにと祈っているのです。だれも富める人が生きているより死んでいてほしいとは願わないほどには彼を愛していないのです。だれも彼について真実なことを聞こうとするほど好意をもっていないのです。富める者を誠実に愛する人が万一いるとしても、富める者はその人に不信の念をもたざるを得ないのです。すべての人は腐肉に食いつく禿鷹であり、貯えにたかってくる蠅であると、彼はみなすのです。したがって彼ら〔富める者ら〕が快適をもたらすと思っているすべてのものは、ほとんど虚飾であり、幻影のようであり、ごまかしであるのです。またそれらはきわめて多くの真の不幸をもたらしており、真の善の非常に多くのものを奪い取っています。ですから、あなたが収支の決算を正しくしますと、多くの不利益を引きよせている割には、決して利益をそれほど多くもたらさないことが、おわかりになるでしょう。

なんと悲惨な辛苦によって富は獲得されることでしょう。またいかに多くの危険をもって、いかに多大な不安をもって富は保存されることでしょう。またいかに多くの苦痛をもって失われることでしょう。この理由からキリストは富をいばらと呼んでおります（マタ一三・二二）。というのは富は心のすべての平静——これにまさって甘美なものは人間にはないのですが——を幾千もの憂慮をもって引き裂くからです。また富は渇きを決して鎮めないし、かえってますます渇きを刺激し、すべての罪業に頭から飛び込ませています。

また、あなたは「富んでいて、同時に敬虔であることは禁じられていない」と主張してうぬぼれても無益です。

真理が次のように語っているのを忘れないで下さい。「富んでいる者が天国に入るよりも、ラクダが針の穴を通る方が、もっとやさしい」（同一九・二四）と。しかし、聖ヒエロニュムスの言葉、「富める人は不正の主か相続人かである」[125]は明白で〔例外を認めないもの〕です。巨大な富というものは罪なくしては決して獲得されないし、保たれもしないでしょう。彼らがあなたから奪っている宝がどれくらい善いものなのか、考えてみなさい。というのも金の愛好者はすべて徳にいたる本性の素質を憎み、気高い〔徳の〕実践を憎んでいるからです。さらにパウロによって貪欲の悪徳だけが偶像崇拝と呼ばれていて（エフェ五・五）、ほかのどの罪もこの悪徳ほどにキリストと全く両立しがたいものはありません。あなたは神とマモン〔財神〕に同時に仕えることはできません（マタ六・二四）。

第三六章　貪欲の悪徳に対する救助策の結論

ですから、あなたが真の善と偽りの善とを、粉飾された利益と真の災いとを綿密に考察するならば、金銭を賛美するのをやめることでしょう。もしあなたがあの最高善を観照し愛するように習熟するなら、たとえその他のものがすべて欠けていようとも、そのことだけが自分の許にあるなら、それは人間の心をゆたかに満たすことでしょう。人間の心は現世の善のすべてをもって満足させ得るよりもいっそう広大なのです。最初大地が誕生してきたあなたをどのように取りあげたのか、同様に死にゆくあなたをどのように迎えるであろうかを、繰り返しあなたの眼前に想起されていますように。「今夜のうちにもあなたの魂は取り去られ、あなたの集めたものは、だれのものになるのか」（ルカ一二・二〇）と語りかけられた、あの福音書に出ている愚か者が、あなたの想念に絶えず現前していますように。あなたの精神を退廃した大衆の習俗から転じてマリアの、使徒たちの、殉教者たちの、とりわけあなたのかしらなるキリストの清貧に立ち向かい、キリストがこの世の富める者らに警告したもうた、あの「禍（わざわい）なるかな」（同六・二四）をいつも恐れなければならないようにあなたは決心すべきです。

第三七章　名誉心に反対して

名誉心がその妖術をもってあなたの心を誘惑するときには、あなたは次の救助策をもってそれに対し防備することでしょう。わたしたちが前に伝えましたところに従って、あなたはただちに、真の徳から生じるものだけが名誉であるとの意見をあくまでも固く堅持すべきでありますが、イエス・キリストが言葉と模範をもってわたしたちに教えて下さったように、時々は名誉心そのものから逃れなければなりません。キリスト教的人間が追求すべきである唯一の名誉は、人々によってではなく、神によって誉められることなのです。というのは神が推薦したもう人が、使徒が言うように、最後には推挙されているからです（IIコリ一〇・一八）。しかしながら不名誉な事柄のゆえに人から、ことに不道徳な人々から名誉の表彰がなされるなら、それは名誉ではなくて、とても大きな恥辱なのです。無記中立的な事柄、たとえば容貌・力・財・家柄のゆえに表彰されても、正当に名誉と呼ばれはしないでしょう。なぜなら称賛されるに値しないような事柄によってはだれも名誉を獲得するということはないからです。誉むべき事柄のゆえに表彰されるならば、それは確かに名誉となるでしょう。しかしながら名誉に値している人は名誉をほしがらないで、徳自体と正しい良心でもって自ら満足しているのは当然なことなのです。

ですから、一般大衆がそれを獲ようと熱望してこんなにも燃え上がっている、あの諸々の名誉が、いかに笑うべきものであるか考えて見なさい。つまりまず、いったい全体名誉はだれから授けられるのですか。明らかに徳義と不徳義とを区別できない人々によって授けられているのです。何のゆえに授けられているのですか。たいていの場合は無記中立的な事柄のゆえに、時折は恥ずべき事柄のゆえに授けられています。だれに対して授けられていますか。ふさわしくない人にです。そういうわけですから、名誉を授ける人はみな、恐怖から授けるか――その場合には反対に授ける人の方も恐れられることになります――、あるいはあなたが彼を助けるためか――その場合には彼はあなたをあざ笑うでしょう――、あるいは何ら名誉に値しないつまらないものを彼が賛嘆するゆえにか――その場合には彼は憐れむべきものです――、あるいは名誉が与えられるにふさわしい事柄でもってあなたが飾られていると判断するかのいずれかなのです。もし彼の判断が間違っているならば、彼があなたがそうだと考えているものと成るように配慮しなさい。だがもしそれが正しいならば、あなたのすべての名誉を、そのゆえに名誉が授けられた当のものをあなたが負うているお方に返しなさい。あなたが徳を我が物とすべきでないように、名誉をわがもの顔にするのはふさわしくないのです。

要するに、小っぽけな人間どもの意見にしたがってあなたの価値を量ること以上にばかげたことがありましょうか。こういう人間どもは気に入るや否や彼らが贈呈している名誉を再び取りあげ、今しがた栄誉を与えたあなたの面目を再び汚す権利を掌握しているのです。したがってそのような名誉がたまたま与えられたときに小躍りして喜んだり、取り去られるとき立腹するに優って愚かなことはないのです。それらが真の名誉でないことをあなたは、極悪非道な者どもや最悪の犯罪人どもも共通にそれらを所有しているという証拠によって理解なさるでしょう。かえって真の名誉に最もふさわしくない人々よりもいっそう豊かには、だれに対してもほとんど与えられていないのです。

控え目な、隠栖した、高慢なすべての喧騒から遠のいた、生活の静穏がどんなに至福であるか、考えてみたまえ。それに反し権勢をふるっている人たちの生活がどんなにとげが多く、どんなに心配事に満ち、危険と痛みに溢れていることでしょう。幸運な境遇の下にあって自己のことを忘れないでいることは、どんなに困難なことでしょう。滑りやすいところに立っている人が倒れないということは、どんなにむずかしいことでしょう。高いところからの墜落は、いかに致命的なことでしょう。すべての名誉が最高の責任と結びついていることを考えてみなさい。ここにおいて名誉を不当に横領して他の人々に自分たちが優っているとする人々に対して、最高審判者の判決がいかに厳しいものになろうとしているかを、考えてみなさい。たしかに神の憐れみは自らを卑下する者に、弱い者に対するように、助けの手をのばしたもうからです。それに対し自分を優れた模範のように高める者は神の恩恵の援助を自分にさえぎっているのです（ルカ一四・一一参照）。

わたしたちのかしらなるキリストの模範がいつもあなたの心に付いていて離れないようにすべきです。世間的尺度にしたがえばキリスト以上にいやしく、あなどられ、不名誉なものがいるでしょうか。いかなる名誉よりも偉大でありたもうたお方がどれほどに提供された名誉を避けたもうておられることでしょう。キリストが小さな驢馬（ろば）にお乗りになったとき、どれほど名誉をさげすみたもうたことでしょう。悲劇役者が着用する上衣をまとい、いばらの冠を付けたとき、どれほど名誉を拒絶したもうたことでしょう。どんなに不名誉な死を選びたもうたことでしょう。しかし、父なる神は世がさげすんだ者に栄光を与えたもうたのです。あなたの栄誉はキリストの十字架のうちにあります（ガラ六・一四）。そこにはあなたの救いもあるのです。もし神があなたを拒否し蔑視し、天使たちもあなたを呪うとしたら、人間的な名誉は何の役に立つというべきでしょうか。

第三八章　心の高ぶりと横柄に反対して

あなたがあのよく知られている格言にしたがってあなた自身を知ろうと努めるならば、あなたは慢心したりしないでしょう。すなわち、あなたのうちにある偉大なもの、美しいもの、優れたもののすべてを神の贈り物であって、あなた自身の善とみなさないならば、それに対して卑賤なもの、不潔なもの、邪悪なもののすべてをあなた自身にのみ帰するならば、慢心したりしないでしょう。あなたがいかに不浄のうちにはらまれ生まれ出で、いかに裸で力なく、いかに動物のようで憐れむべき姿をして日の光の中に這い出てきたか、またこの小さな身体がどれほど多くの病、いかに多くの不慮の事、なんと多くの患難にいたるところで曝されているか、さらにいかに極微な存在が、あの恐るべき、霊力によって無限にふくれあがっている巨人を不意に殺すことができるか、これらのことを想い起こすならば、あなたは慢心なさらないことでしょう。

そのことのゆえにあなたが気に入っている当のものがいかなる種類のものであるか調べてみなさい。それがもし無記中立的なものであれば、ばからしいし、恥ずべきものであれば、気が狂っているし、誉むべきものであれば、忘恩となっています。だが、自分自身にだれかがすっかりほれこんでいること以上に確実な、愚鈍にして蒙昧な証拠というものは他にはないのだということを銘記しなさい。そのほかにはいかなる種類の愚かさもさらに嘆かわしいものはないのです。弱い人があなたに屈服するからといって、あなたの心が得意になるならば、高ぶったうなじを制し、すべての丘を平らにし（イザ四〇・四）、高慢な天使を一度も惜しみたまわなかった神が、どんなに強力にかつどんなに有効にあなたの頭上に襲いかかってくるかを熟考しなさい。

あなたが自分をいつもいっそう優れている人たちと比較しているなら、たとえ微々たる存在であっても、それらのものはあなたに役立つことでしょう。身体の形姿のゆえにあなたが自分にほれこんでいるなら、形姿の美においてあなたに優っている人たちと自分自身を比較しなさい。教養があなたを高慢にさせるなら、その人たちと比べるとあなたは全く何も学んでいないと思われる人物にあなたの目を向けなさい。あなたが善いものをどれだけもっているかではなく、どれくらい欠けているかを吟味し、パウロと一緒に後にあるものを忘れ、前にあるものに向かって努力するならば（フィリ三・一三）、それは役に立つでしょう。

さらに高慢のあらしが吹きすさむとき、毒をもって毒を制するように、わたしたち自身の不幸をただちに〔解毒の〕薬剤に変えるならば、それはまずいやり方ではないでしょう。また運命もしくは愚かさが、身体のとても大きな何らかの疾患もしくはわたしたちの心をひどく苦しめる何か大きな災害を与えるというようなことが生じるならば、それを目の前に立て、雄の孔雀の例にならってわたしたちの最も醜い部分をとくに考察いたしましょう。そうするならただちにとさかは萎えてしまうにちがいないのです。

それに加えて、尊大さよりも神にとり嫌悪すべき悪徳はないし、とりわけ人間のあいだにおいてもそれはいたるところで憎悪と嘲笑の対象であります。それに反して慎み深さは神の恩恵を獲ることも人間の好意をもたらすこともできるのです。ですから全体を要約して言いますと、とくに次の二つのことが高慢を制するでしょう。その一つは、あなたがご自身において何であるかを考えるならば、それは生まれ出ずるにあたって腐蝕しており、全生涯を通して泡沫にすぎず、死ねばうじの餌である、ということです。もう一つは、キリストがあなたのために何をなしたもうたか、ということ〔を想起すること〕です。

第三九章　怒りと復讐欲とに反対して

心の燃えるような痛みが復讐へとあなたを駆り立てるとき、怒りというものは、怒りが間違った仕方で模倣しているもの[126]、すなわち勇敢とは似ても似つかないものだということを想起しなさい。なぜなら復讐を喜ぶことにまして男らしくなく、弱々しく、心の卑屈なこともないからです。あなたは不正が復讐されていないことに我慢がならないので、勇気があると思われるように努めているのです。しかし、まさにこういう仕方であなたは自分の子供っぽさを表しています。子供は（成人した人の特質である）意志の抑制がきかないからです。他人の愚かさを模倣するより無視する方がどれだけ勇気があり気高いことでしょう。

ところが彼はあなたを害し、狂暴であり、侮辱しているのです。彼が卑劣になればなるほど、彼に似たものとならないようにあなたは警戒しなければなりません。他人の不正な行為に復讐しようとして、あなたがその人よりもっと不正になるということは、なんと悪しき妄想でしょうか。もしあなたが侮辱を無視するなら、ふさわしくない仕方で侮辱が加えられたことをすべての人は知るでしょう。しかしもしあなたがそれによって煽動されるならば、もうあなたは攻撃している人の口実をいっそう正しいものとしていることになるでしょう。

さらに、もし不正を蒙ったとしても、それは復讐によって取り除かれず、かえって増大するような事情になっていることをよく考えてみなさい。各人が自分の蒙った痛みを復讐によって報復しようと計画したら、相互に加え合う不正の結末は最後にはどのようになるでしょう。双方の側で敵意は増大し、痛みは生々しくなり、古くなればなるほど、ますます癒しがたいものになるのは確実です。しかし、柔和と寛容によって不正をなした人でも時に癒されることがあります。そして自分自身に立ち返って、その人は敵から最も確実な友となるのです。だが、復讐によってあなたが自分から取り除こうと欲している悪そのものは、憎むべき利息を伴ってあなたのうちに逆流してきます。

怒りに対する無効ではない救助策は、上記の事物に関する区分にしたがって、外的に善なるものと元来〔内的な〕人間自身に関わっていないものを除くと、意志さえしなければ、人は他の人を害しうるものではない、とあなたが考慮なさるなら獲られるでしょう。というのは神のみが心の真の善を奪い取ることができるのですから。しかし神はこのことを忘恩な者たちに対してでないならなされないことになっています。また神のみが恵みを与えられますが、残忍で狂暴な者たちには与えないのが常となっています。ですからキリスト教徒は自分自身によるのでないなら、だれも傷つけられないのです。不正はその張本人のほかだれをも害しないのです。

このような提言はあまり価値のないものであっても、あなたが心の悲嘆に没頭しなくなるために助けとなります。したがって修辞学者たちの事情を適宜収集することによって同時にあなたの不快を減少させ、一般には次のような方法で他人の不正を軽減するのに助けとなります。「彼は侮辱し傷つけましたが、それは容易に回復されるでしょう。さらに彼は子供でして、世間のことを知っていません。彼は若者です。彼女は婦人にすぎません。他の人を刺激するために彼はそれをやったのです。彼は賢くないのです。本当は酔っていたのです。当然赦すべきです」。しかしこれに反して「彼は実際ひどく傷つけましたが、彼はわたしの父、兄弟、先生、友人、妻です。

この痛みは彼の愛ゆえに、もしくは彼の名望ゆえに赦すのが適切です」。あるいはあなたが比較検討する場合に、彼の不正とあなたに対する別の好意とを釣り合わすでしょうし、また彼に対して加えたあなたの侮辱と比較して調整することでしょう。「ここで彼は確かに傷つけましたが、その他の場合にはしばしば助けてくれました。受けた親切を忘れ、蒙った小さな侮辱を覚えていることは心が気高くないのです。彼は今わたしの感情を害しているが、どれほどしばしばわたしから感情を害されたことでしょう。わたしは彼を赦すべきです。それはわたしの例に倣って、わたしが罪を犯したとき、彼がわたし自身を赦してくれるためなのです」。

さらにもっと優れた救助策は次のような場合にあるでしょう。すなわち、人があなたに対して罪を犯すなら、あなたが神に対してどのような罪を、いかに多くの罪を、いかにしばしば罪を犯しているか、神に対しいかに多くの負債を負っているかを、あなたが考える場合です。あなたが負債者である兄弟を赦してあげるだけ、それだけ神はあなたの負債を免除して下さるでしょう（マタ一八・三五）。債権者である神ご自身が負債を支払う方法をわたしたちに教えて下さいました。神はご自身で制定したもうた法を却下なさらないでしょう。あなたは罪の償いをするために、ローマに向かって急ぎ走りますし、聖ヤコブのもとに航海するし、最も有効な贖宥を買い求めています。わたしといたしましてはあなたのなさっていることを咎め立ていたしませんが、過失を犯してしまった後に〔償いの〕すべてを果たすために神と和解する方法は、あなたを侮辱した兄弟とあなたが和解するということよりも適切なものはありません。隣人に対し小さな罪過を赦してあげなさい（なぜなら人が人に対して犯した罪過は小さなものなのですから）、そうすればキリストはあなたのこんなにも多くの罪過を赦したもうでしょう。

あなたは言います、「しかし激怒する心を鎮めることは骨の折れることです」と。キリストがあなたのためにいっそう骨の折れることをどんなに忍びたもうたかということに、あなたは思い付かれないのですか。キリストがあなたのために貴い魂を消尽したもうたとき、あなたはいったい何ものであったのですか。彼の敵ではなかったですか。古い罪過を繰り返しているあなたをどのような柔和な心でキリストは日々耐えたもうているでしょうか。終わりにキリストはいかなる従順をもって諸々の恥辱、手枷、足枷、笞打ち、さらに最も不名誉な死を耐えとおされたのでしょうか。あなたはキリストのからだのうちにあることに気づかっていないのに、どうしてそのかしらを自慢するのですか。あなたがキリストの足跡に従わないなら、キリストの〔からだなる教会の〕構成員ではないでしょう。

しかし、赦される人は赦しに値していない（とあなたは言うでしょう）。そうするとあなたは、神が赦したもうのに値していたというのですか。あなた自身において神の憐れみを経験しようと欲しながら、兄弟においては厳格な正義が行使されるのをあなたは欲しているのですか。キリストは自分を十字架に付けた人々のために父なる神に祈っておられたのに（ルカ二三・三四）、罪人であるあなたが罪人を赦すからといって、何か偉大なことをしているのですか。あなたが愛するように命じられている兄弟に対し仕返しをしないことは、むずかしいことでしょうか（マタ五・三九）。悪行をもって〔悪行に〕仕返しをしないことは骨の折れることでしょうか。悪行に対してもしあなたが善行をもって報い返さないなら、キリストがその僕に対されたのと同じ関係をあなたは同僚の僕に対してとっていないことになるでしょう（同一八・三三）。終わりにその悪行に対し善行が返報される人がそれに値しない人であっても、それを実行するあなたは価値があり、その方のためにそれがなされる当のキリストは価値をもっておられるのです。

「しかしわたしが古い不正を忍ぶことによって新しい不正を招き寄せ、不正を罰せられずにもち去る人は、それを繰り返すでしょう」。もしあなたが罪を犯すことなく不正を避けることができるなら、不正を避けなさい。もしあなたがそれを癒すことができるなら、癒しなさい。もし回復できるなら、回復しなさい。もし荒れ狂っている者を救いうるなら、救いなさい。そうでないなら、あなたと一緒にというよりもむしろ、その人だけが滅びるがよい。自分が人に損害を与えてしまったと思う人は罰ではなく同情に値すると思いなさい。称賛すべき態度をもって怒ろうと願うなら、人に対してではなく、悪徳に対して怒りなさい。

もしあなたが生まれつきこの〔怒りという〕悪徳に傾いていればいるだけ、ますます熱心にそれに陥るはるか以前よりそれから身を守りなさい。そして次の決意を断固としてあなたの心に深く銘記すべきです。つまり怒っているときにあなたは何かを決して語ったり行ったりしてはならないし、怒りにかられている自分を信頼してはならない、と。心のあの興奮が口授したことは何であれ、たとえ正しいことであっても、嫌疑をいだくようにしなさい。狂乱した人と怒り狂っている人とのあいだには、短いのと永続するのとの精神錯乱のほか何もないことをあなたは留意しなければなりません。あなたは怒りによっていかに多くの後悔すべきことをもう言ってしまったか、あるいは行ってしまったかを思い出さねばなりません。そういうものは〔次の瞬間には〕もうわけもなく変更したいと願ったりするものなのです。それゆえ、腹だたしさに煮え返り、その場で怒りから身を全く守ることができないならば、あなたは自分が正気でないことに気づく位には少なくとも理解をもちなさい。このことに気づいていることは少なからず癒しが進んでいることを意味しています。

次のように自ら考えてみなさい。「なるほどわたしはこのような心の状態であるが、しばらくすれば全く相違した精神になっているでしょう。後になって心が鎮まったとき変更したくてもできないようなことを、どうしてわたしは怒っている間に友達に向かって言わねばならないでしょうか。我に返ったときわたしがひどく悲しまねばならぬことを、どうして正気を失ったわたしが今しなければならないのでしょうか。しばらくすれば時そのものが実現するものを、どうして理性が、敬虔が、さらにキリストがわたしに成就して下さらないのか」。少なくともこの程度まで自分を制御できないほど多くの黒い胆汁を自然はだれにも注ぎ込んではいない（とわたしは考えています）。

しかし、最善のことは教育・理性・習慣によってあなたが全く激昂することがないように心を鍛えることでしょう。そして、あなたが悪徳にはただ嫌悪のみいだいて、侮辱に対しては愛の奉仕をもって答えるならば、それは完成にいたるでしょう。結局、あなたが心の動揺に自分をことごとくゆだねないとすれば、それは人間の節制に関わっているのです。

全く怒らないということは神に最も似ており、したがって最も美しいことです。善をもって悪に打ち克つことは、キリスト・イエスの完全な愛に見ならうことなのです。怒りを制し手綱を引いておさえることは賢明な人に属する事柄です。激怒に身をまかすということはたしかに人間にふさわしいことではなく、あきらかに粗暴な野獣にふさわしいことです。もしこのことが、怒りにより支配されることが人間にとりどれほどひどく醜いかということを、認識するのを助けるとしたら、あなたが平静なとき、怒っている人の顔をよく観るようにしなさい。あるいは自分が怒っているとき、あなたは鏡のところに近づくがよい。こうして目はらんらんと燃えて輝き、頬は色を失い、口はゆがみ、唇はあわをふき、からだは震え、声はかわり、身振りは調和を欠いているとき、だれがあなたを人間と思うでしょうか。

親愛なる友よ、あなたは同様の方法で解明されるべきその他の悪徳の、いかに測り知れなく広大な原野がひろがっているか、おわかりでしょう。しかし、わたしたちは航路の半ばで帆を降ろすことにいたしましょう。なお残されているものはあなたの洞察に任せることにいたします。というのは個々の悪徳の種類をひとつひとつ下手な弁士の叫びのように反論し、その反対の諸々の徳を勧奨することに着手するのは、わたしたちの計画ではなかったし、実際果てしないことになったでしょうから。わたしはただ新しい軍務に関する若干の方法と原則を明示するためにあなたにとって十分であろうと思われたことを〔述べようと〕願ったにすぎません。この方法と原則によってあなたは、以前の生活が不幸にも再び発芽してくることに反対して、ご自身を堅固にすることができるのです。

それゆえ、わたしたちが一つまた二つの事例でもって行ったことを、あなたは個別的な事柄において、とりわけあなたが生まれつきの〔弱さによる〕悪徳によるか、あるいは習慣によって身についた悪徳により特別に心そそられると認めておられる事柄において、ご自身が実行なさらねばならないでしょう。この悪徳に対抗して若干の確固たる原則がわたしたちの心の肉碑に刻み込まれなければなりませんし、習慣を絶つことによって価値を失うことがないために、時々更新されなければなりません。たとえば中傷、卑猥な話、嫉妬、大食、その他の悪に対抗してそうすべきです。このようなことだけがキリスト教徒の戦士たちの敵です。この敵の攻撃に対して心は祈りにより、知者たちの格言により、聖書の教義により、敬虔な人々の模範により、とくにキリストの手本によりすでにはるか以前より保護されているのです。

聖書を読むことによってこれらすべてはあなたにゆたかに与えられることをわたしは疑っていないけれども、兄弟愛がわたしを促して、少なくとも準備のないまま書かれたこの小著によってわたしにできるかぎりあなたの神聖な志を前進させ援助するようにさせたのです。わたしがそれをなお時期尚早になしましたのは、あの迷信的な修道士たちの生き方にあなたが陥るのを多少恐れたからです。彼らの一部は自分の利益に奉仕し、他の一部は異常な熱意をもって、だが知識にもとづかないで、海と陸とをかけめぐり、悪徳からより善い生活にすでに改心している人にどこかで偶然出会うと、ただちに卑劣きわまる奨励・脅迫・追従によって、あたかも修道服の外にはキリスト教が存在しないかのように、その人を修道院に追い込もうと努めるのです。彼らはさらに単なる疑念や解放しがたいいばらでもって彼の心胸をふさぎ、いわば人間的なつまらぬ伝統へ拘束し、また明らかにこの憐れむべき人を一種のユダヤ主義の中に突き落とし、戦慄することを教えて、愛することは教えないのです。

修道士の生活は敬虔〔と同義〕ではありません。(127)そうではなくてそれは各人の身体の性質、あるいは才能の性質に応じて有益でも無益でもある生活の仕方なのです。わたしとしてはそれを勧めもしませんが、さりとて思いとどまらせもしません。ただわたしが忠告したいのは、あなたが敬虔を食物の中にも儀式の中にも、また見える事物の中にも基づかせないで、わたしたちが宣べ伝えたことのうちに確立して下さることです。つまり、あなたがキリストの真の像を認めるすべてのものとあなた自身を結びつけなさい。

さらに、その交友があなたをより良いものにする人たちがいない場合には、人間仲間からできるかぎりあなた自身を引き離すようにし、聖なる預言者たち、キリスト、使徒たちと対話するようにしなさい。しかし、とりわけパウロと親しくなりなさい。パウロをつねにポケットのうちに持ち、夜も昼もこれを手にとって扱い[128]、ついにその言葉を暗記すべきです。

かなり前からわたしはパウロの注解を書こうと大変熱心に努めてきています。実際、それは大胆な行為でありますが、神の助けに信頼して、オリゲネス、アンブロシウス、アウグスティヌスおよび最近のこんなにも多くの注解者の後にわたしがこの仕事を全く理由もなく、あるいは成果もなく企てたと思われないために、熱心に尽力するでしょう。それに加え、最高の宗教的敬神が人文学の教養をもたないことにあると考えている、ある種の讒言をこととする者どもが、わたしたちが古代人の教養にとんだ書物を青年時代より心から愛好しており、ギリシア語と同じくラテン語の両言語についてのかなりの知識を度重なる不眠不休の努力によって獲得したのは、空しい名誉や子供っぽい精神の欲求を求めたためではなく、主の宮――多くの人たちは自分の無知と野蛮さによってあまりにもその名誉を汚している――をめったにない宝でもって、力のかぎりわたしたちは飾り立てるため、はるか以前から熟考していたのだということを理解してもらいたいのです。この宝によって気高い天性の人たちが聖書に対する愛へと点火されることができるのです。

ところで、このように大切な問題のためわずかな日々をわたしはさいてあなたのためにこの仕事を引き受けたのでした。それは近道によってキリストに導く方法をわたしがあなたにいわば指でもって示すためだったのです。しかしわたしはこの――わたしがそうあれかしと希望しているように――企図の生みの親なるイエスに祈ります。イエスが恵みをもってあなたの有益な計画を支持するのをよしとしたまいますように、いやそれどころか恵みの贈り物を増してあなたを改造し完成させたもうて、あなたがイエスにおいてすぐにも成長し、完全な夫となられますように祈ります。それではわたしの愛する兄弟にして友よ、イエスにあってお元気で。あなたはわたしの心にとっていつも大切な方ですが、これまでよりも現在はもっと愛すべきものとなり、もっと好ましいものとなっています。

サン・トーメルにて、西暦一五〇一年。

エンキリディオンここに終わる。

訳注

(1) 宮廷や俗世の生活を見捨てることは、中世の後期からバロック時代にいたるまで文学における中心のテーマであった。エラスムスの処女作『現世の蔑視について』もその代表作といえる。そこではエジプトやバビロンが悪しき世界の比喩として用いられている。

(2) ヘラクレスもケファロスもギリシア神話に登場する英雄で、いずれも弓の名手とみなされている。ここではヘラクレスの棍棒やケファロスがその妻を誤って殺した魔法の投槍が暗示されている。

(3) ウェルギリウス『アエネーイス』五・八四、『牧歌』三・九三参照。

(4) 創三・一五における蛇に対する神の言葉と関係している。

(5) ホラティウス『書簡体詩』一・四・一五。エラスムスは『格言集』二・四・七四(LB二・五四六E)でも同じ格言を引用し、名声よりも快楽を追求している人々のことを述べている。

(6) ホメロス『イリアス』二三・二六〇。

(7) ウェルギリウス『アエネーイス』五・一一〇。

(8) キリストを「かしら」や「目標」とみなす思想の中にエラスムスのキリスト中心主義が表明されている。

(9) プラトンがピュタゴラス派から受容したオルペウス教の教説として広まった比喩的表現。
(10) ラザロが死んで四日目に甦ったことが暗示されている。ヨハ一一・一七参照。
(11) 女怪スキュッラはカリュビディスの対岸の洞窟に住み、船が近づくと六人の船乗りを捕えて貪り食った。カリュビディスはスキュッラの洞窟に面した海中にいて日に三度大渦巻を起こし船を呑み込んだ怪物である。
(12) カナンの地に住んでいた種族で、カナンの地はヘブライ人に約束された土地であった。申七・一以下参照。
(13) ホラティウス『詩作の技術』四一〇―四一一。
(14) 出一六・一四にあるマナを指している。
(15) バシレイオス『青年たちに』(ミーニュ編『ギリシア教父著作集』第三一巻、五六三―五九〇頁)。
(16) アウグスティヌス『秩序』二・八・二三―二四。
(17) ヒエロニュムス『手紙』七〇・七(ミーニュ編『ラテン教父著作集』第二二巻、六六五頁以下)。
(18) アウグスティヌス『キリスト教の教え』二・四〇・六一。
(19) ヒエロニュムス『手紙』五三・七(パウリヌス宛)(ミーニュ編『ラテン教父著作集』第二二巻、五四四頁)。
(20) エラスムスがここに求めている比喩的解釈は新約聖書を目指して旧約聖書を解釈する方法にもとづいている。アンブロシウスやアウグスティヌスにおいて採用され、中世の四つの解釈法の一つとなっていた。
(21) 渡辺一夫『ヒューマニズム考』(講談社)三四頁はヒューマニズムの出発点に「それはキリストとなんの関係があるか」という問題意識があったと説いているが、エラスムスのこのテキストは明瞭にその事実を伝えている。また、この点でイタリアのルネサンスのプラトン主義との相違が認められる。M. M. Phillips, Erasmus and the Northern Renaissance, 1961, pp. 49ff.
(22) ラテン語のエティカ(倫理)はエートス(性格)に由来する。しかし、エートスには習俗という客観的側面も含意されており、そこから「共同生活」の意味が、バシレイオス等の教父や神秘主義では引き出されていた。この点に関してディートリヒ『倫理学史』第三巻二三七頁参照。なお、日本語の倫理の「倫」は「仲間」を意味し、共同生活が明瞭に含意されている。

(23) ホメロス『イリアス』一八・四七八以下。
(24) 雅四・四にある「ダビデの塔。千の盾、勇士の小盾が掛けられている」を指すものと思われる。
(25) ホラティウス『詩集』三・三・七―八。
(26) エンキリディオンというギリシア語は「必携」と共に「短剣」の意味がある。この点に関して本書「解説」参照。
(27) ヘシオドス『仕事と日』二九六―七。
(28) ギリシア神話においてカドモスとイアソンは、殺された大蛇の歯を蒔くことによって大地から生じた武装した武者たちと戦わねばならなかった。
(29) マルティン・リプシウスへの手紙でエラスムスは、エドワード・リーがこの箇所を、人間の魂が神の本性の一部分であったと暗示している、とみて攻撃したことを伝えている（Allen, III, Ep. 843, 329）。
(30) この格言は『格言集』に出ている（一・五・二五、LB二・一九〇F）。またテレンティウス『フォルミオ』三・五〇七を参照。
(31) オウィディウス『愛の神々』三・一一・三九。
(32) 類同性が理解の源であることを示すこの命題はエラスムスによって繰り返し表明されているが、古くはエンペドクレスにまでさかのぼることができる。プラトン『リュシス』二一四Bを参照。
(33) ギリシア神話の創造物語にはプロメテウスとその弟のエピメテウスに神々は人間を造らせたという物語がある。オウィディウス『変身物語』巻一・二、ヘシオドス『神統記』二一一―二三二。
(34) プラトン『ティマイオス』六九C―D、四二B―四五Bを参照。
(35) ホメロス『イリアス』八・二四七およびオウィディウス『変身物語』巻一・一七八参照。
(36) プラトン『パイドン』六四A―六五B。
(37) プラトン『パイドロス』二四六A。
(38) プラトン『国家』第四巻四三五C、四九七D、『大ヒッピアス』三〇四E参照。

(39) ヒエロニュムス『手紙』一二五（修道士ルスティクス宛）（ミーニュ編『ラテン教父著作集』第二二巻、一〇七二頁）。

(40) ヘシオドス『仕事と日』二九〇―三。

(41) これに関して本書七五頁以下の叙述を参考。

(42) ヘラクレスはレルナのヒュドラを退治したが、この九頭の毒蛇は一頭を斬られると忽ち二頭を生じさせた。一緒にいたイオラスがまきでもって首から切り落とされた残部を焼き尽くしたとき、はじめて退治できた。

(43) ウェルギリウス『農耕詩』一・一四五―六。

(44) ウェルギリウス、前掲書、四・四四〇―二。

(45) ウェルギリウス、前掲書、四〇六―九。

(46) ウェルギリウス、前掲書、四一一―二。

(47) オリゲネス『ローマ人への手紙講解』一・五・一〇（ミーニュ編『ギリシア教父著作集』第一四巻、八五〇、八五六頁）。

(48) ウルガタのダニエル書第三章からの引用はダニエル書補遺の「アザルヤの祈りと三人の若者の賛歌」に入っている。

(49) エラスムスは「気のきかないまぬけなミネルウァ」という言い回しについて『格言集』で説明している（一・一・三七、LB二・四二A）。

(50) マタ七・一三―一四を参照。

(51) アドラストスはギリシア神話の王で、テーバイを攻め、ついに攻略に成功したが、一子を戦いで失い、悲嘆の余り死んだ。なお、アドラストスのメネシスについて『格言集』二・六・三八（LB二・五九五E以下）を参照。

(52) ホラティウス『叙情詩集』二・一四・二。

(53) ウェルギリウス『アエネーイス』四・二八二―二九五。

(54) ホラティウス『書簡体詩』一・一・四六。

(55)「享受と使用」(frui et uti)はアウグスティヌスの倫理学上の重要な概念である。『キリスト教の教え』一・四・四、『神の国』一五・七・一等を参照。

(56) テーバイのクラテスは前四世紀のキュニク派のディオゲネスの弟子で、放浪しながら清貧と独立を説いた。伝えるところによると、自分の原則に従って財産を放棄したときに、彼が銀行業者にもし自分の息子たちが愚かであることがわかったら金を与え、哲学者になりそうだったら、貧しい人々に金を与えるよう指図した、とのことである。

(57) プロメテウスは弟のエピメテウスにゼウスからの贈り物パンドラとその箱を受けとらないように警告していた。ヘシオドス『仕事と日』四二―一〇五、『神統記』四六五―六一六参照。

(58) エラスムスが好んで攻撃した標的はこの断食であった。彼は身体的に虚弱であったために断食をとくに嫌ったようであるが、断食というユダヤ的儀式を敬虔と同一視する当時の司祭に対する攻撃は厳しく、彼の宗教改革の特徴ともなっている。この点に関し『フォルツ宛書簡』(本書所収)を参照されたし。

(59) この行から一六行は一五七一年アントワープで発刊された「削除項目」(index expurgatorius)に入れられている。バトルズの英訳の注による(Advocates of Reform, Library of Christian Classics vol. xiv, p. 331)。

(60) クリストフォロスは三世紀ごろの殉教者で聖人であり、ペストや告解の時間がなく急死する際の救難聖人、船舶、筏、巡礼者の守護聖人とされている。ロックスはとくにペストに対して祈願された。伝説によると彼が町から追放され、森に逃れて餓死しようとしたとき、犬たちによって養われたとのことである。バルバラは三世紀の伝説的な聖女で、信仰のため父により斬首されたと伝えられている。一四救難聖人の一人である。アポロニアはもう一人の三世紀に殉教した聖女で、彼女の歯はアレクサンドリアの異教徒の群れによって傷め使えなくされねばならなかったと推測されることから、歯痛のさいに呼び求められた。これらの間違った聖人崇拝もエラスムスによって嘲笑の的となっている。『対話集』のなかの「難破」、「魚食い」、「宗教のための巡礼」などを参照。

(61) 十分の一税と訳してあるのは、ヘラクレスに戦利品の十分の一とか資産の十分の一を、いわゆる十一(じゅういつ)を捧げたものには、いっそう裕福になると約束されたことに由来している。雄鶏はギリシアの医神アスクラピウスの象徴の一つで、この神にこれが犠牲として捧げられた。さらに雄牛はネプテュヌス（ポセイドン）へのいけにえの動物であり、レスボスへの最初の移住者が神の好意を得るために海中に雄牛を沈めた故事に由来する。

(62) プラトン『国家』五〇八A―五〇九B参照。ここら辺の叙述はきわめてプラトン主義的であるのに注意されたい。

(63) プラトン『パイドン』八〇―八一、六四A―六八B。

(64) プラトン『饗宴』二一五―二一七、なお『格言集』（LB二・七七〇D）を参照。

(65) ラテン語では「皮層」の意味で、「字義」と意訳している。

(66) 創造神話の一つには、クロノスにより切断されたウラノスの身体の一部から出た血清を大地（ガイア）と地底（タルタロス）とが受けとることにより生じた巨人族が天とオリンピアの神々を石と燃え木で攻撃したが、ヘラクレスが神々を助けたため敗北した、と物語られている。オウィディウス『変身物語』巻一・一〇五以下、アポロドロス『ギリシア神話』一・六・一―二参照。

(67) ホメロス『オデュッセイア』一〇・二八三以下参照。

(68) ディオニシオス・アレオパギテースは一世紀頃のギリシア人で、アテナイのアレオパゴス法廷の判士ディオニシウスをいう。六世紀の初めに活躍した無名のシリアの著述家も同じ名前で呼ばれ、その神秘主義は中世神秘思想の源泉になっている。ここにあげられている『神名論』もその主著に属している。

(69) エラスムスは『真の神学方法論』においてオリゲネス、バシレイオス、ヒエロニュムスの古代神学と近代的なスコラ神学とを比較している。前者は黄金の河のようであったが、後者は不毛の小さな流れであり、それほど澄んでもいない。スコラ神学者たちは絶えず分類し区分しており、人々が子供のころから全く台無しにされるまで何も学ばないように調整されていたために、学問があるように思われたのだ、と主張している（本書三〇一、四四四―四四六頁参照）。

(70) アウグスティヌス『神の国』八・五以下。

(71) エラスムス『対話集』にある「魚食い」（『世界の名著　エラスムス、トマス・モア』三四五頁以下）参照。

(72) アペレスは前三二五年頃のギリシアの画家で、アレクサンドロスの肖像画を書いたらしいが、「海から昇るアフロディテ」で有名である。
(73) ここからこの章の終わりまでは「削除項目」(前出)の中に入れられている。バトルズ訳(前出)三三九頁。
(74) アントニオスは初期のキリスト教の隠修士で、隠修道院の創設者である。
(75) テレンティウス『アデルフィ』一・九九―一〇〇。
(76) エレメントゥムの訳語。原意は「要素」であるが、ガラ四・三の通常の訳にしたがい「霊力」とした。
(77) 『格言集』一・五・九三(LB二・二一七D)を参照。
(78) リウィウス『ローマ建国史』二一・四・一
(79) 注(11)参照。
(80) 注(55)参照。
(81) 『カトーの対句集』一・一。実際、著者不詳の『対句集』もしくは道徳的な連句は多分二、三世紀の作品で、実践的な知恵と同義的であることからローマの政治家カトーの名を付けて呼ばれることになった。エラスムスは詩集の版で出版している。現在では Poetae latini minores, Leipzig 1881 として出版されている。
(82) 注(32)参照。
(83) 「子供は子供、子供は子供らしくふるまう」という格言を言っていると思われる。ベーベル『ドイツ的格言集』(H. Bebel, Proverbia Germanica, Leiden, 1879)二五〇番参照。
(84) プラトン『パイドロス』二五一B。
(85) プラトン『国家』四八四C以下、五〇六A、五一九C、さらに『法律』第二巻六五九D―六六二参照。
(86) クインティリアヌス『弁論家の教育』一・八・四。
(87) プラトン『プロタゴラス』三五二D―C。
(88) アリストテレス『ニコマコス倫理学』一一四四B一七以下および一一四五B二一以下。
(89) キケロ『雄弁家』三・二一三および『ブルートゥス』一四二。

(90) プラトン『プロタゴラス』三五七D―E参照。
(91) プラトン『国家』第七巻五一四A―五一七B。
(92) ホラティウス『書簡体詩』一・六・三七。
(93) ホラティウス『諷刺詩』二・五・八。
(94) ホラティウス『書簡体詩』一・一・五三。
(95) セネカ『道徳書簡』一一五・一四―一六参照。
(96) アウグスティヌス『告白』四・二・二および九・一・一。
(97) 『格言集』一・五・四〇（LB二・一九八F）を参照。
(98) アイアスはトロイア遠征に参加した勇士で、アキレウスの死後、その武具をオデュッセウスと争って敗れ、怒りのあまり発狂し、気が狂うほど笑ってキャンプの中の羊の群れを敵軍と思って殺しはじめたが、正気に戻ると自刃した。エラスムスはソポクレス作『アイアス』にある物語を暗示しているといえよう。『格言集』一・七・四六（LB二・二八〇E）参照。
(99) ミレトスは小アジアの強力な都市であったが、柔弱で享楽的な性格が格言上の例としてあげられていたものと考えられる。『格言集』一・九・四九（LB二・三五一F―三五二D）参照。
(100) ピュタゴラス派の禁欲主義に立つ食事規則が暗示されている。
(101) プラトン『ゴルギアス』五〇八E参照。
(102) オウィディウス『変身物語』巻七・一四九―一五一。
(103) テレンティウス『アデルフィ』二・二・二一六。
(104) caro の訳。霊と対に用いられているときは悪しき意味をもつが、単独の時は善悪無記的である。
(105) 『格言集』一・二・一九（LB二・七八E）参照。
(106) クララ会の修道女コレットの模範にしたがって一四一二年に成立したフランシスコ会の改革グループがコレット派と呼ばれる。同様に主イエスの兄弟の名を付けられた修道会のヤコブ会士はオランダのフロレンティウスによって創設された聖ヤコブの騎士修道会に属する人たちを指している。なおカルメル会士はパレスティナのカルメル山で隠修共同生活を一二世紀に始めたことから名付けられた戒律の厳しい修道会に属する人をいい、一六世紀にはスペインを中心に活躍していた。

(107) この一文と前節とは「削除項目」(前出)に入れられている。バトルズ訳(前出)三六一頁。

(108) プラトン『国家』三四七C、五二〇D—E。

(109) 「束桿」(fasces)は古代ローマの執政官の権威を示す標章であった。

(110) ローマの諷刺詩人ユウェナリス『諷嘲詩』四・七〇からの一節。

(111) アウグスティヌス『告白』四・二・二、六・一五・二五。

(112) クインティリアヌス『弁論家の教育』一二・一一・三〇。

(113) 直訳では「自覚した精神の呵責」であるが、「自覚した」(conscius)は「良心」(conscientia)に関係するので「良心の呵責」とした。

(114) 「岐路に立つ」とは人がそこで疑いをもちためらう状況をいう。『格言集』一・二・四八(LB二・八九D)。

(115) オリゲネス『ケルソス駁論』八・四四(ミーニュ編『ギリシア教父著作集』第一一巻、一五八一頁以下)。

(116) ヘシオドス『仕事と日』二八七—二八八。

(117) ゲリウス『アッティカの夜』一七・一二・三一、『格言集』一・一〇・四〇(LB二・三七九D)参照。

(118) ルネサンス・ヒューマニズムの指導的理念「人間の尊厳」(hominis dignitas)がここに力説されている。

(119) これよりこの節の終わりまで「削除項目」(前出)に入れられている。バトルズ訳三七〇頁。

(120) ウェルギリウス『アエネーイス』六・一二八。

(121) イソップ物語にある語で、井戸に落ちた狐が、日照りがやってくるので、水の用意をしておいた方が賢い、と説いて、山羊に井戸の中に飛び込むように説得した。そして山羊が入ってくるとその背と角にのって狐は井戸から脱出した。

(122) プラトン『饗宴』一八〇C—一八七E。

(123) 「秘義」はミステリウムで聖餐のサクラメント（聖礼典、秘跡）を指している。ここに示される主題は『対話集』の「魚食い」（注(71)前掲書三三一頁）にも展開している。

(124) エピクテトス『語録』一・一、三・一四・三、六七以下。

(125) ヒエロニュムス『手紙』一二〇・一（ミーニュ編『ラテン教父著作集』第二二巻、九八四頁）。

(126) ユウェナリス『諷嘲詩』一三・一九一参照。

(127) 「修道士の生活」（Monachatus）は「修道士たること、修道院制度、修道士の身分」を意味する。これが「敬虔」と同じ意味をもたないとの激しい批判はエラスムスの生前においても猛烈な反論を呼び起こした。一五二七年のロバート・オルドリッジへの手紙でエラスムスはこの「修道士の生活は敬虔ではありません」に言及し、彼の論敵が異端とみなした言葉の一つであると言い、「救われたい人はみな修道士になりなさい」と彼らは言いたかったのだろうと皮肉をこめて推測していた（Allen, VII, Ep. 1858）。このエラスムスの批判は一五八四年マドリードにおける「削除項目」に入っている（バトルズ訳〔前出〕三七八頁）。

(128) ホラティウス『詩作の技術』二六九。

フォルツ宛書簡

Epistola ad Paulum Volzium

ロッテルダムのデジデリウス・エラスムスがキリストにあって尊敬すべき父であり、一般にクリア・ワゴーニスと呼ばれている修道院の敬虔な大修道院長であるパウル・フォルツ[1]に挨拶を送る

わたしが『キリスト教戦士の手引き』という表題を付け、かつてわたしとある全く教育のない友とのためにだけ書きましたあの小冊子が気に入らなくなりはじめたというわけではないのですが、きわめて公正な父よ、この小冊子があなたやあなたと似た方々によって賛同を得ていることを知りましてからは——この方々はあなたと同じように敬虔な学識と学識ある敬虔が授けられておりまして、敬虔でもなく学問的でもないものには何も賛同しないことを知っております——印刷業者がわたしにただお世辞をいっているのでないとすれば、このように多く印刷されながらも常に新しい作品のように求められているのを知るにおよんで、それはわたしにやっと好ましいものとなりはじめたのです。だが他方、すこし前に教養のある友人がきわめて辛辣に言ったことがわたしの心をしばしば苦しめるのです。つまり「この小冊子のなかには小冊子の著者におけるよりも多くの聖化された状態が認められる」と彼は確かにからかいながら言ったのですが、願わくはそれが辛辣であるのと同様に真実ではありませんように。このことは、この著作がとくにその人を改心させるために引き受けられた当の人に同じからかいが適用されるため、わたしにはいっそう重大に感じられるのです。まことにこの人は宮廷生活から身を引き離すことをしないだけでなく、日毎にいっそう深くはまり込んでいるからです。どれほどの敬虔さをもってなしているかはわたしは知りませんが、彼自身が告白しているようにそれは全く大きな不幸となっているのです。しかし、わたしは友人のために悲しんでいるだけではないのです。彼はわたしの忠告に従おうとしなかったけれども、いつかは運命が教師となって彼を正気にもどしてくれるかもしれないからです。しかし、わたしについて言うなら、

現在にいたるまで絶えず格闘してきておりますのに、わたしの守護神はこんなにも多くの不慮の出来事とこんなにも多くのあらしをもってわたしを攻撃してきましたので、ホメロスのオデュッセウスでさえわたしと比較しますと何かポリュクラテス(2)のように思われることができるほどです。

　しかしながら、この作品が真の敬虔に対する欲求をこんなにも多く惹き起こすならば、わたしはこれを決して後悔はしないのです。たとえわたしが自分の立てた忠告に応じることが少なすぎるとしても、自分をあらゆる方法で追及し傷つけるべきではないと思います。まず第一に、真心から敬虔になりたいと欲することは敬虔の一部なのです。また、このような考えによって志を果たした心は、たとえ時にその努力が成果を納めなくとも、しりぞけられてはならない、とわたしは考えます。人はその全生涯をとおしてこのことを常になさなければならないし、再三再四試みている人にはいつか成功が訪れるでしょう。だが、正しく道を学び知っている人は、錯綜した旅路の大部分をもう後にしているのです。ですから、この小冊子をスコトゥス主義の諸問題を論じていないので余りにも教養の欠けたもののように、またどの初心者によっても書きうるかのように、退ける人々の嘲笑によってわたしは動揺をきたしたりしません。あたかもこれらの問題を扱うことなしには教養が全くないかのようなのです。ただ敬虔でありさえしたら、この小冊子は機知に富むことあまりに少なくとも構いません。それは読者をソルボンヌ神学部の論争場に送るのではなくて、ただキリスト教的な心の静寂に導くことができるのです。それは神学上の討論には役立たず、ただ神学的な生活に役立つにすぎません。論じない人がいないようなことを論じたからといって何の意味がありますか。今日では神学の諸問題に従事しないような人がいるでしょうか。学校の試験はこれ以外の何を扱っているでしょうか。神学者の名前とほぼ同じ数の『命題論集の諸巻』(3)に対する注解書が存在しています。手引きを作成する人は一つの手引きから他の手引きを混ぜ合わせ、さらに混ぜ合わせて造る人、また藪医者のやり方にしたがって新しいものから古いものを、古いものから新しいものを、複数のものから一つのものを、一つのものから複数のものをすぐにも調合し再調合する人以外のどんな種類の、また部類の人でしょうか。この種の膨大な書物は、全生涯をとおして一度も開いて読まれないのに、どうしてわたしたちが正しく生きるように教えることをなしうるでしょうか。それはちょうど医者が現在病気で苦しんでいる人に指図して、パルティブス・ヤコーブスの書物[4]やその他これと類似のすべてのものを開いて読ませるようなものです。病気の人はそこに健康を回復させるものを見いだすかもしれないのですが。しかし、そうこうする間に死がこの人に襲いかかり、医者が助けることができるかも知れない人はいなくなることでしょう。

人生は矢のごとく過ぎ去りますので、手軽に調達できる救助策が必要です。どれほど多量の著作でもって贖宥について、告解について、誓願について、不品行について、その他無数のことについて指示が与えられていることでしょうか。そしてその著作家たちは個々の問題を細部にわたって究めてゆく場合、他のすべての人々の見解に疑念をいだいているかのように、否、それどころか、キリストが各々の行為にいかに報いたり罰を与えたりするかを明確に指示しながら、キリストの善意にさえ疑念をいだくかのように、個々の問題を定義しようとしていますが、この人たちのあいだにも意見の一致はなく、いっそう突っ込んで尋ねられると、事態を明白に説明できないことがしばしばあります。才能や境遇の相違はまことに大きいものです。さらに彼らはすべてのことを真実にかつ正しく定義しているとしても、すべてが無味乾燥にかつ冷たく取り扱われていることはともかくとして、そのように多量の書物をひもといてみる時間が誰にあるというのでしょうか。あるいは誰がトマス・アクィナスの〔『神学大全』の〕第二―二部[5]をもち歩くことができるでしょうか。

それでもなお、良く生きるということはすべての人にとって大切なことなのです。キリストはそこへの入口は容易なものであることを欲したもうたのです。つまり通行不能の討論の迷路によってではなく、真実な信仰と偽りのない愛によってなのですが、この愛には希望が伴われていて、希望は恥となることはないのです。要するに偉大な律法学者たち――その数は必然的に少ないのです――があの偉大な書物に従事して下さればよいのです。だが、それにもかかわらず、その間に、キリストがそのために死にたもうた未熟な大衆のことが考慮されなければばなりません。ところでキリストに対する愛を燃え上がらせている人が、キリスト教的敬虔の主要な部分を教えているのです。真実の知恵に向けてその子を教えたあの賢明な王[6]は、知恵を愛していることがもうすでにそれを獲得していることであるかのように、教えることよりも励ますことにいっそう労力を注いでいます。法律家と医者は双方とも金持ちになり同時に未熟な人たちのもとで大きな栄誉を得ようとして故意に自分らの技術を困難なものにしていますが、彼らにとって恥ずべきことをキリストの哲学において実行していることは、それよりもはるかに恥ずべきことだったでしょう。かえってその反対にわたしたちにはその技術をできるかぎり平明に、すべての人に近づきうるものにするよう努めることがふさわしいのです。わたしたちは自分らが学問があるように思われるためではなく、できるだけ多くの人々をキリスト教的な生き方に引き入れるために、努力いたしましょう。

いまやトルコ人に対する戦闘が準備されています。この戦いがどのような理由により企てられていようと、少数の人〔の利益〕のためではなく、すべての人の共通の福祉に変わるように祈らなければなりません。しかし、もし敗残者ら（わたしたちは剣で皆殺しなどしないというのがわたしの意見ですから）がキリストを受け入れるために、彼らの前にオッカム[7]、ドゥランドゥス[8]、スコトゥス[9]、ガブリエル・ビール[10]、アルヴァルス[11]の著作を置くとしたら、いったいどういうことになると考えたらよいのですか。彼らは（確かに人間であって、それ以外の何ものでもないのですが）事物の緊急性、形相性、何性[12]、関係性についてのあの難解でもつれ合った屁理屈を聞くとしたら、何を考え、どのように感じるでしょうか。とりわけこのような問題についてあのお偉方の教授たちの間で、しばしば真青になるまで、罵詈雑言にいたるまで、つばを飛ばすにいたるまで、時にはなぐり合うにいたるまで激しく争うほど、意見の一致にいたらないのを彼らが目にするとしたら、どう考えるでしょうか。またドミニコ修道会士たちが自分たちのトマスのために、接近してまた遠くから戦っており、他方フランシスコ修道会士たちが精妙で熾天使的な博士たちを楯をつなぎ合わせて防御しており、ある者らは唯名論者[13]として、他の者らは実念論者[14]として論じているのを目にするとしたら、彼らはどう感じるでしょうか。どのような言葉でもってキリストに関して語るべきかという問題は特別に困難であって一度も十分に論じられていないということを彼らが知るとしたらどうでしょうか。それはちょうど、もしあなたが指定された言葉で応ずるのを間違えてしまったり、純粋で単純な生活のほか何もわたしたちから求めない最も寛大な救い主をもって応じないならば、あなた自身の破滅のために呼び出されるような陰鬱なデーモンとあなたが交渉しているようなものです。

不滅な神によりあなたに嘆願しますが、このような事情の下で、とりわけわたしたちの道徳や同様な生活が厳格な教えに合致している場合には、何が起こるというのでしょうか。もし彼ら〔トルコの敗残者ら〕が暴君にまさるわたしたちの喧騒からわたしたちの野望を、強奪欲から貪欲を、淫蕩から情欲を、制圧から残忍を、認識するとしたら、どの面下げてわたしたちは彼らにキリストの教えを強いることができましょうか。キリストの教えはこのような事態からあらゆる点で相違しているのですから。トルコ人を征服する最も効果的な方法は次のような場合であったことでしょう。すなわち、それはわたしたちが彼ら自身の帝国を欲しがらない、彼らのお金を渇望していない、彼らの所有物を獲得しようとしないで、彼らの救いとキリストの栄光のほか全く何も求めていないことを彼らが知るようになった場合です。これこそ真正の、本物の、効果的な神学であって、この神学はかつて哲学者たちの自負と君主たちの無敵の王笏でさえキリストに服従させたのです。わたしたちがただこのように行為するとき、キリストは自らわたしたちとともにいたもうでしょう。

もしわたしたちができるかぎり多くの人を殺したならば、このような議論によってキリスト教徒であると大いに宣言できるとはとてもいえないのであって、わたしたちができるかぎり多くの人を救ってはじめてそれは可能なのです。同じくわたしたちが何千人もの多くの不敬虔な人たちを冥府に犠牲として捧げたからではなくて、できるかぎり多くの人たちを不敬虔な者から敬虔なものに復帰させたから、そうなのであり、また恐るべき呪いの言葉によって彼らを犠牲としてささげるからではなく、敬虔な誓願によって彼らに救いとより良い精神が天から与えられるよう請い求めるからなのです。

もしこのような心が備わっていないなら、わたしたちがトルコ人を自分の方に引き寄せることよりもいっそう早く、トルコ人のように堕落するということが生じていることでしょう。戦運の骰子(さいころ)はいつも不確定なものですが、偶然幸いの方に傾きますと、おそらく教皇やその枢機卿たちの支配が拡大されるようなことが生じるでしょうが、キリストの支配が広がるわけではないのです。キリストの支配は敬虔が栄えるなら、愛が栄えるなら、平和が栄えるなら、貞潔が栄えるなら、ただそのかぎりで勢力を獲てゆくからです。この支配は卓越したレオ一〇世の指導と命令によって、最善のことに尽力している彼が世俗的な問題に忙殺されてよそへ連れ去られないならば、やがて実現することをわたしたちは期待しております。キリストご自身は自分が天国の保護者にして君主であると宣言しておられますが、天国の光輝は天上的なものが凱歌をあげることにほかならないのです。

それゆえ、キリストが死にたもうたのは、確かに、富・宝・武器・その他世俗的王国の華麗さ――それはかつて異教徒たちのものか、少なくとも俗っぽい君主たちのものでした――が、いまや若干の司祭たちの手に渡るためではありません。わたしの考えが尋ねられているとしたら、わたしたちは武器をためすよりもはるか以前に、彼らの精神を手紙や小冊子によって励ますよう試みなければならないのです。では、どのような手紙によってなのでしょうか。脅迫的な手紙でも暴君的な手紙によってでもなく、真に父のような愛に満ちており、ペトロやパウロの心を反映し、使徒的表題を単に示しているだけでなく、使徒の力(エネルゲイア)が味わわれるような手紙によってなのです。わたしがこのように言うのは、キリスト教的哲学のすべての源泉と水脈とが福音書と使徒の手紙のなかに隠されていることを知らないからではなく、その言語が外国語であってしばしば混乱しており、さらに表現のあやと婉曲な比喩とが、理解するよりも前にわたしたちにたびたび汗をかかせるほどの困難さをもっているのを知っているからなのです。したがって、福音書記者と使徒との最も純粋な源泉から、また最も信頼できる解釈者たちからキリストの哲学の全体を要約して集めるという任務、しかもそれを学術的である限度内で単純に、明晰であるという条件の下に簡略に行う任務が幾人かの敬虔であり同時に学識がある人々に委ねられることが、わたしの意見では最も適切なことだといえましょう。

信仰に関する事柄はできるかぎり僅かの条項で示されなければなりません。生活に関することも同様に僅かの条項で教示されなければなりません。そしてそれらが教示されるさいに彼ら〔聞いた人たち〕がキリストの軛は負いやすく快適であり、困難ではないことを理解するように、また彼らが暴君ではなく父を得ており、略奪者ではなく牧者を得ていて、救いへと呼びかけられており、奴隷状態に引きずり込まれているのではないことを理解するようにさせなさい。彼らもまた人間であって、心胸が鉄や鋼鉄でできているのではないのです。彼らは柔和になることができますし、野獣をも馴らす仕事に習熟することもできるのです。そしてとりわけキリスト教的真理は効果的なものです。だが、ローマ教皇は、この任務を委ねようと欲する人たちが、キリストの原型から決してそれてはならないし、人間的な心情や欲望を顧慮してはならないという指図を同時に命じられるでしょう。

わたしがこの短剣(エンキリデイオン)(15)を錬成しあげたとき、わたしの心に思っていたのはとにかくこのような思想なのでした。わたしは多数のキリスト教徒たちが単に激情によってだけでなく彼らの謬見によっても堕落しているのを見てきました。わたしは主任司祭とか博士とかと自称している人たち、および自分の利益のためにキリストの名前を濫用しているとても多くの人たちを吟味したのでした。ところで、その人の指図や拒絶によって人間的な事柄を上に下に混乱に陥らせる人たちについて、またその悪徳が明白にもかかわらず、それを嘆くこともほとんど許されていないような人たちについては言うにも及びません。このように暗い世の有様のなかで、このように大きな世界の不穏のなかにあって、こんなにも多くの人間の様々な謬見のなかにあって、福音書の教えという真正にして聖なる錨(いかり)以外のどこに避難すべきだというのでしょうか。真に敬虔な人でだれが、今世紀が全く腐敗しきった時代であるのを見て悲嘆にくれないでしょうか。かつていつ暴政が、いつ貪欲が今よりも広くまた罰せられもしないで支配していることがあったでしょうか。かつていつ今日よりも儀式が認容されていることがあったでしょうか。いつ今日よりも不正が氾濫していたことがあったでしょうか。いつこのように愛が冷えきったことがあったでしょうか。野心と利得のにおいがしない何が主張され、読み上げられ、聞かれ、決定されるというのでしょうか。

ああ、わたしたちはなんと不幸なのでしょう、もしキリストがその教えと精神との小さな火花を生ける永遠の水脈として残しておかれなかったとしたら。ですからわたしたちは人間どもの燃えあがる炭火をすてて、この火花を「再び燃えたたせるように」（IIテモ一・六）――パウロの言葉を進んで使うと――また永遠の生命へ流れ入る生ける水を発見するまで、この水脈を探索するように、わたしたちは努力しなければなりません。わたしたちは悪徳の糧を見いだすために、わたしたちのこの大地を一番深いところまで掘り返しております。しかし、魂の救いを探しだすために、キリストの最も豊かな大地をわたしたちは深く究めていないのではないでしょうか。この火打ち石によって再び点火され得ないほど、悪徳という寒冷は愛の暖かい焔を決して消すことはないのです。キリストは岩です（Iコリ一〇・四）。しかし、この岩は天の火のための温床をもち、生ける水の水脈をもっています。アブラハムはかつて国中いたるところで井戸を掘りましたが、どこでも生ける水の水脈を探り当てました。しかし、これらの井戸はペリシテ人たちにより土で埋められてしまいましたが、イサクがその子らとともに掘り返しました。だが、イサクは古い井戸を回復することに満足しないで、新しいものをも掘ったのです。再度ペリシテ人たちは不和と争いを引き起こしました。しかし、それでも彼は掘るのをやめませんでした[16]。

わたしたちの時代においてもペリシテ人たちは全く存在しないのではないのです。彼らは生ける泉の水源よりも地〔の国〕の方が好きなのです。すなわち、彼らは地上のものを味わい、福音書の教えを地上的な情愛にねじまげ、人間的野望に仕えるように強制し、自らの恥ずべき利益と暴虐との望みをかなえるべく強いるような人たちなのです。そこでもしイサクのような人が、あるいはイサクの家族から出た誰かが純粋な水脈を掘り求めて見いだすと、彼ら〔現代のペリシテ人たち〕はすぐにもわめき立ちその人に抗議するのです。というのもこの水脈はキリストの栄光に仕えるとしても、彼らの利益と野望との障害になるということに彼らが気づくからなのです。

彼らは直ちに土を水脈に投げ込み間違いだらけの解釈でふさぎ、発掘者を追放するでしょう。あるいは少なくとも彼らは泥と汚物でもって水を汚してしまうので、そこから飲む人は水よりも泥と汚物を飲み干さねばなりません。彼らは、義を渇望する人たちが澄んだ液体から飲料をえることを欲しないで、水ではなくがらくたがつまっている使い古した水ためにこの人たちを引っ張っていくのです(17)。

しかし、それにもかかわらずイサクの真正の子供たち、つまりキリストの真正な信奉者たちはこの仕事によって疲れ果てるべきではありません。というのは福音書の泉の中に土を投げ入れている人たちもまたキリストの真の信奉者とみなされることを願っていて、キリスト教徒のあいだでもキリストを純粋に説くことは今日では決して安全ではないからです。ペリシテ人たちは土地のために戦いをなし、天上的なものの代わりに地上的なものを、神的なことの代わりに人間的なことを説教することによって大変強大になっています。つまり彼らはキリストの栄光のために働くのではなく、罪の恩赦・和解・配分・それと同様な取引きなどをあきなっている人たちの利益のために働いているのです。また彼らは自分たちの欲望を偉大な君主らの名前、教皇の名前、またキリストご自身の名前でさえ用いておおい隠しているがゆえに、それを行うにあたって危険が益々大きくなっています。キリストの天上的な哲学を純粋に伝える人に優って誰もより真実に教皇の任務を実行している人はおりません。教皇がキリストの哲学の最初の教師なのです。国家ができるかぎり繁栄するように、また暴虐に苦しむことが可能なかぎり少ないように尽力する人に優って君主らの中でそれにいっそう良く値する人は誰もいないのです。

しかし、学派の群れからある人がここにやってきて異議を次のように申し立てるでしょう。「何を遵守すべきか、および何を回避すべきかを一般的に指示することはだれにとっても容易である。だが、その間にこんなにも多くの特別の出来事や不慮の事件に対し助言を求めている人たちにはどのように答えるのだろうか」と。まず第一に、それらの一つ一つに確実な回答を与えうるには余りにも多くの種類の人間的問題があります。次に、状況の多様性はきわめて大きいので、この状況の認識なしには、確実に回答することができなくなっています。終わりに、この人たちは自分が答えていることに確信をもっているかどうか、とくに大部分の事柄について彼ら相互のあいだに意見の一致がないがゆえに、わたしには全くわかりません。そしてこの種のことに関していっそう思慮深い人たちは「あなたはこれをしなさい、これを避けなさい」とは答えないで、「わたしの考えではこれの方がいっそう安全です、これはがまんできると思います」と答えるのを常としています。

だが、福音書のいうあの澄んで明るい目がわたしたちに具わっているなら（マタ六・二二）、また心の家が燭台の上に置かれた純粋な信仰のあかりをもっているなら、このような小さな問題は霧のように消散してしまうでしょう。もしキリスト教的な愛の規則を身につけているならば、この規則にしたがってすべてのことは容易に整序されるでしょう。しかし、この規則が幾世代にわたる公の慣習として受けとられてきたもの、また君主たちの法律によって制定されたものと衝突する場合には、あなたはどうすべきでしょうか。なぜなら、このような事態が時折起こるからです。あなたは君主たちがその義務の履行のために行うことを非難してはなりません。しかし、他方、キリストのあの天上的な哲学を人間的な諸々の決定によって汚してはなりません。キリストをそのあるがままに、つまりいくつもの集団がその周りをめぐっている〔同心円の〕中心として、とどまらせなさい。目標〔であるキリスト〕をその場所から動かしてはなりません。キリストの最も近くにいる人々、つまり〔第一の集団をなす〕司祭、司教、枢機卿、教皇、そして小羊がどこへ行こうともそれに従う義務のある人たちは、あの最も純粋な部分を受け入れ、できるかぎり彼らの隣人たちにそれを移し注ぐようにしてほしいのです。第二の集団は世俗の君主たちから成っています。この人たちはその武器や法律によって彼らのやり方でキリストに仕えています。正義の戦争により敵を制圧し、国家の平安を守っている時であれ、合法的な刑罰によって犯罪者を罰している時であれ、そうなのです。だが、それにもかかわらず、彼らは地上の最低のかすや現世の仕事と結びついた事柄に必然的に従事しているため、〔中心なるキリストから〕いっそう遠くに滑り落ちたり、国家のためではなく自分自身の欲望のために戦争を起こしたり、寛大さにより救い得た人たちに対し正義を装って暴威をふるったり、支配者の名義によって本来ならばその財産を守るべきであった民衆を略奪したりする危険にさらされています。

さらに、永遠の火の源泉であるキリストが司祭の順位を自分の最も近いところに引き寄せ、燃える火のように彼らを点火し、地上のすべてのかすの汚染から清めたように、司祭、とりわけ最高司祭の義務は、君主たちをできるかぎり自分の方に呼び寄せることにあります。もしどこかで戦争が勃発したなら、司教たちは事件が流血にいたらないで和解されるように努力してほしいのです。だが、騒乱が人間的な統治に付きもののように、もし和解が不可能ならば、戦争がいっそう残忍に行われないように、また長期にわたって拡大されないように少なくとも交渉してほしいものです。かつては司教たちの権威は正当な刑罰に対しても介入し、アウグスティヌスがその手紙で公然と証言しているように[18]、裁判官の手から有罪者をしばしば奪い返しました。すなわち、ある種のことは国家の秩序を維持するために必要なものでありますが、それにもかかわらずキリストはそれらのいくらかを無視し、いくらかを拒否し、いくらかをそれらに目を閉ざしているかのように、否認も是認もいたしませんでした。キリストはカイザルの貨幣もそこに刻まれた像をも承認していません。こうして彼は、その義務があるなら、税金を払うように命じていますが、神に返すべきものを神に返しさえすれば、それに余り関心がないかのようです（ルカ二〇・二四―二五）。彼は姦淫の女を断罪もしていないし、公然と無罪をいい表してもいないで、ただ罪を繰り返さないように命じているにすぎません。キリストはピラトがその血を彼らの犠牲〔の血に〕混ぜて断罪した〔ガリラヤの〕人々について、彼らがこういう仕打ちを受けたのは正しかったか、不当であったかを判定していません。ただ彼らが悔い改めないならば、みな同じような禍（わざわい）を受けると脅かしておられるにすぎません（同一三・一―五）。さらに遺産を分配する仲裁人になってくれるように求められたとき、彼は公然とその任務を拒否しておられます。それは天上のことを教えている彼にはそのような粗雑な事柄について判決を下すのはふさわしくないかのようです。

キリストが公然と呪いたもうているのは全く別のことです。貪欲なファリサイ派の人たちに対し、偽善者らに対し、高慢な金持ちどもに対し彼は「禍なるかな」と大声で呼ばわります。使徒たちが復讐欲とか野心の激情にとりつかれている場合ほど激しく彼らを叱責されたことはありませんでした。彼らを閉めだした町を焼き払う火が天から下ってくるように彼らが命じられているか否かと尋ねたとき、彼は「あなたがたは自分がどのような〔高慢な〕霊の持ち主か知っていない」といわれました。十字架から現世に彼を呼び戻そうと試みるペトロを彼はサタンと呼んでいます（マタ一六・二三）。〔神の国の〕位階について論争している人たちに対し彼は多くの方法で何回となく他なる心の態度へ呼び戻しておられます。同様の事柄を彼は公然と教えかつ命令しています。たとえば悪人に手向かわないこと、敵にもよく仕えること、心の柔和および他の類似のことなどです。

これらのことは区別され、各々のものはそのふさわしい場所に配分されなければなりません。ですから、わたしたちはキリストを君主たちや世俗の役人たちによって実行されていることの創始者とすべきではないし、彼らが語っているように、それが神の職権によって実行されていると主張すべきでもないのです。この人たちによってある粗野な事柄が取り扱われていますが、彼らにはキリスト教的純粋さが全く欠けています。しかし、それにもかかわらず世界の秩序を維持するために必要でありますから、粗野な事柄は軽蔑されてはなりません。なぜならこういう人たちの奉仕によってわたしたちが良いものになるのではなく、邪悪さが減少するようになり、悪しき人々が国家を害することが減少するようになります。それゆえ、彼らはともかく神の正義と国家の平和に奉仕していますので、彼らにはその栄誉が当然帰せられねばなりません。そのような平和がないなら敬虔に属することは度々かき乱されるでしょう。彼らが自分の義務を履行するなら、栄誉が与えられねばなりませんし、より悪しきことが起こらないように彼らがその権力を行使する場合には、彼らを我慢しなければならないかもしれません。このようなことを通しても神の真実な正義の模像もしくは影は微光を発していますから。だが神の正義は司祭の行状や法規のうちにはるかに明るく、いっそう明断にして純粋に輝き渡っていなければなりません。模像は鉄に反映するのと、ガラスの鏡に反映するのとでは相違しているものなのです。

第三の集団にこの世界の最も粗野な部分として一般の大衆を置きましょう。彼らは粗野ではあっても、なおキリストのからだ〔なる教会〕に所属しています。彼らは実際からだの目の部分であるばかりでなく、またふくらはぎ、足、恥部でもあります。これらの部分に対しては慈悲深くなければなりません。それはキリストにとりより優れたものへと常にできるかぎり呼び寄せられるためなのです。というのはこのからだの中で単に足にすぎなかった人が目と成ることができるからです。とはいえアウグスティヌスの見解にしたがって、君主たちが不敬虔な場合には厳しいとがめ立てにより激怒させてはならないのです。それは彼らがそれによって挑発されていっそう重大な悲劇に駆り立てられないためなのです。それと同様に弱い民衆も、その弟子たちをこんなにも寛大に辛抱し暖かく助けたもうたキリストの模範にしたがって、民衆がすこしずつキリストのうちで成長するまで、耐えられなければならないし、父のような慈悲でもって暖かく助けなければならないのです。というのは敬虔もその幼児期をもち、青年期も、また完成した強壮な力ももっているからです。

しかしすべての人は各人の分に応じてキリストを目がけて努めなければなりません。世界を構成している要素の一つ一つには自分の場所があります。最高の座を占めている火は万物を次第に自分の方に引き寄せ、できるかぎりその本性〔である火〕に変えます。火は澄んだ水を空気に変え、微細な空気を自分自身に変形させてしまいます。パウロはコリントの人たちに対し多くの点で寛大ですが、それでも彼は主の御名によって完全な人々に提示しているものと、自分の名前によって弱い人々に大目に見ていることとを区別しています。とはいえ弱い人々が前進するようになるその希望をもって彼はそうしているのです。彼はガラテヤ人のために彼らのうちにキリストの形が成るまで、再び産みの苦しみをなめているのです（ガラ四・一九）。

さて、この〔第三の〕集団にむしろ君主たちこそ帰属すべきだと考える人があっても、それはたいして問題にならないでしょう。なぜなら道徳のことを考えてみれば、君主たちよりも粗野なキリスト教徒たちは、他にはほとんどいないことがおわかりになるでしょうから。わたしは彼らの多数に関して語っているのであって、彼らのすべてについて言っているのではありません。この第三の集団の外にあるものはすべて、いつも、またあらゆる点で嫌悪すべきものです。この種類に入るものには野望・金銭欲・情欲・怒り・復讐心・嫉妬心・中傷・その他の悪徳があります。しかしこれらのものが敬虔と義務の仮面をつけて推薦され上位の集団の中にしのび込むとき、つまり正義と法とを口実にし暴君的支配を行うとき、また宗教によって生じた機会に利得の対策を講じるとき、また教会を擁護するという名目によって現世の権力を追い求めるとき、さらにキリストの教えと全くかけ離れたことがキリストの統治に役立つものとして命じられるとき、これらの悪徳はまったく癒しがたいものになります。

したがって、すべての人がそこへ向かって努力すべき目標が示されなければなりません。だが、目標は一つだけでして、それは明らかにキリストとその最も純粋な教えなのです。しかしもしあなたが天上的な目標の代わりに地上的なものを置くとしたら、前進しようと熱心に心がける人は正当な努力目標をもたないことになるでしょう。わたしたちが満足する中程度のものに少なくとも達するためには、最高のものがわたしたちのすべてに目標として定められなければなりません。

ある種の生活様式はこの目標から退けるべきだというわけではありません。しかし、キリストの完全性は心情のうちにあって、生活の様式にありません。つまり心のうちにあって、司教の肩衣や食物のなかにあるのではないのです。修道士のなかには最も外的な〔第三の〕集団がほとんど受け入れないような人たちがおります。しかしわたしは善良ではあるが弱い修道士たちのことをここでお話ししているのです。重婚の人たちのなかにも、キリストが第一の集団に値すると考える人たちがいます。もし最善のものや最も完全なものがすべての人に〔目標として〕提示されるなら、その間は実際人生のどの生業（なりわい）においても不正は生じはしません。プラトンがこれまで目にすることができなかったような国家の典型をその著作『国家』のなかで提示したからこそ、すべての国家に対して批判的であったと、あるいはクインティリアヌスがこれまで出現したことのなかったような演説家の模範を創造したからこそ、すべての演説家階級を侮辱したのだと、このようにもし考えられないとしたら話は別です。あなたは原型から遠く離れていますか。それなら、あなたはそれを放棄してはいけません。そうではなく前進するように自分を激励すべきです。あなたはそれほど離れておりませんか。それなら、いっそう近づくように自分に勧告すべきです。なぜなら、そこに向かって前進すべきものがなくなるほどにまで、だれも前進しているような人はいないからです。

しかし生活様式の一つ一つはそれに応じた堕落の危険性をもっています。この危険性をはっきり示している人は自分の属する身分階級を撤廃するのではなくて、階級の利益になることを企てているのです。たとえば君主の幸福は暴君的支配にさらされ、愚かさ・お追従・享楽により強く影響されています。このようなことを人は避けなければいけないと明らかに示す人が君主の身分によく値しています。また君主の真の尊厳は何に依存しているか示している人、また君主たちが王位についたとき何を誓約したか、さらに彼らの国民に対しまたその臣下に対し何をなすべきかを、彼らに想起させる人は君主が誇る尊厳を傷つけているわけではないのです。

教会領の高位高官の人たちはとりわけ貪欲と野望という二つの悪徳に一般には深く関わっています。このことを予感しているかのようにキリストに続くあの最初の牧者は司教たちに警告して、自分の群れを養うように、かすめ奪ったり皮をはぎ取ったりしないように命じています。また恥ずべき利得のためではなく、心からすすんで行う意志によって司教たちが群れを支配するためではなく、脅迫や命令によってではなく彼らの生活の模範によって敬虔へと呼びだすように、群れを養うべく命じられているのです。ですから司教たちがいかなる理由によって真に偉大であり、真に有力であり、真に富んでいるのかを想い起こさせる人が司祭の身分を傷つけていると思われるでしょうか。

さらに修道士の地位には他の病気の外に迷信・尊大・偽善・中傷が一般に付きものです。したがって真の宗教はいかなる事柄のうちにあるのか、真のキリスト教的敬虔は迷信にどれくらい関与していないか、真正の愛が外観からどれくらい遠のいているか、また毒舌が真正な宗教的敬虔と矛盾しているか、これらを教える人はただちに修道士の制度を非としているのではありません。とりわけ何を避けるべきかをこんなにも適切に明示している場合には、特定の人のことをとがめているのでも、その身分に言及しているのでもないのです。しかし、人間的な事柄においては、悪徳が自分に付随していないこと以上に幸福なことが何かありますか。したがって真の健康を何が害し何がよく保つかを知らせることができる人はだれでも、身体の健康を助け傷つけないように、真の宗教の頽廃と救済策を確証する人は、宗教から人々をそらせるのではなく、かえって宗教へ向かって人々を訓戒しているのです。

というのはこの小冊子が教えていることをある人たちは解釈して、人間の心を修道生活から遠ざけようとしているかのごとくにみなしていることを耳にしているからです。そのような解釈の理由とするところは、儀式にあまりに多くを帰している人たちが願っているほどにはわたしの教えは儀式に帰していないからであり、同様に人間の作った法令にも多く譲っていないからです。さらに卑劣な者どもによって讒訴(ざんそ)にもち込まれたり罪を負わす誘因へゆがめられたりすることがないほどにまで用心深く語ることはできないのです。ですから、もうだれでも正直に戒めることはほとんど安全ではないのです。もしだれかが、わたしたちがもう幾世代にわたって異教徒がなしてきたよりもっと取るに足らぬ事柄のために行っている戦争をやめるように言うなら、キリスト教徒は戦うべきではないと主張している人たちと同意見であるかのように、その人は策略家どもによって非難されるのです。というのは、その誰であるかわたしの知っていない、ある教皇が戦争を是認しているように思われたので、この〔キリスト教徒は戦うべきではないという〕意見の勧告者たちは、異端者とされてしまったからなのです。しかしながらキリストと使徒たちとの教えに反対してどのような理由からでも戦争を引き受けるよう進軍ラッパを吹く人は非難されないのです。もしだれかが、武器によるよりもキリストの助けによってトルコ人たちを宗教〔的信仰〕へ連れてゆくことが真に使徒らしいことだ、と警告するとしたら、トルコ人たちがキリスト教徒を攻撃しても、彼らを決して罰すべきではないと、その人は教えているかのようにすぐにも疑われるのです。もしだれかが使徒たちの節欲について説教し、現代の奢侈に対して何か言うなら、その人はエビオン主義者[19]に好意を寄せている人だと言って非難する人に事欠くことはありません。

もしある人が、結婚により夫婦となった人たちは身体の抱擁よりも敬虔と心の同意とにより結合すべきであり、こうして可能なかぎり最も童貞性に似るように結婚が純潔に尊重されねばならない、と切に激励するならば、その人はマルキオン主義者[20]と一緒になってすべての性行為は不潔になるとの考えをもつかのように疑われるのです。もしある人が討論において、とりわけ神学上の討論において勝利を得ようとしたり自説を守ろうとしたりする野望に満ちた強情さを遠ざけるべきであり、自分の力を見せつけようとするあの演劇的な野望を遠ざけるようにと警告するなら、その人はあたかも学校をことごとく弾劾しているかのように、不当に告訴されるのです。実際、聖アウグスティヌスが弁証家たちに対して闘争心を警戒すべきであると注意したとき、弁証術を弾劾しているのではなくて、〔闘争心という〕悪徳を明示して、それが避けられるようにしているのです[21]。

同様に、もしある人が諸徳のなかで最も劣った部類のものに最高の徳を帰したり、その反対に悪徳のなかではるかに恐るべき悪徳が現にあるのに最も軽微な悪にすぎないものを猛烈に嫌悪したりしている、またその道のことをしている、大衆の転倒した判断を非難するなら、その人は悪徳に好意を寄せている——本当はその悪徳の前にもっと重大な悪徳を置いて〔それを軽く見て〕いるにすぎないのに——かのように、あるいは善行を弾劾している——本当はその善行の前に別の善行をより神聖なものとして優先させているのだが——かのように、ただちに裁判所に呼びだされるのです。それはあたかもある人が教皇の職権による赦免よりも善行に信頼した方が安全であると警告する場合、その人は教皇の赦免を全く弾劾しているのではなくて、キリストの教えによりいっそう確実であるものを選んでいるのと同じです。同じくもしある人が、家にいて子供たちや妻を支えるために労苦する人々の方が見物のためにローマやエルサレムやコンポステルラを訪れる人々より正しい行動をしていると、また金銭を長く危険な巡礼のために費やすよりも善良で本当に貧乏な人たちに支出するほうがいっそう神聖であると、注意する場合にも、その人は彼らの敬虔な心情を非難しているのではなくて、真の敬虔にさらに近いものを先取りしているにすぎないのです[22]。

さて、実際ある種の悪徳があたかも唯一の悪徳であるかのように嫌悪されているのに、他の悪徳はあたかも悪徳でないかのように好まれています――本当はそれはわたしがこのように罵っている悪徳よりもっと恐るべきものなのです――、これは単にわたしたちの時代の特徴なのではないのです。アウグスティヌスはその手紙のなかでアフリカ人の間では情欲という一つの罪が司祭たちの責任に帰されているのに、他の貪欲と泥酔といった悪徳はほとんど称賛に値すると思われていることを嘆いています[23]。娼婦の身体にあなたがさわったのと同じ手でキリストの身体にさわるというあの三重にも四重にも憎むべき悪行だけをわたしたちは悲劇の流儀で誇張いたします。また、女が司祭と関係するよりも非理性的な家畜と関係する方が罪が軽いと大変悲しげにあえて公然と断言したりする人にも事欠きません。このような厚顔無恥を非難する人は恥知らずな司祭たちをただちに後援しているのではなく、いっそう強調されなければならなかった罪が見のがされないように警告しているのです。

司祭は賭博者であり、闘士であり、追いはぎであって、全く無教養で俗事に漬かり切っており、邪悪な君主たちへの悪しき奉仕に身を捧げていますが、それでも人は至聖なる秘義を全く世俗的に追求している人に対して同じように声高に叫んでいるわけではないのです。司祭は毒のある舌とでっちあげた虚言とでもって無実の人、否かえって功徳のある人の名声を破壊する欺瞞者なのです。わたしたちはここでどうして声を大きくして次のように叫ばないのでしょうか。「なんと恐ろしい不敬罪でしょう。あなたは地獄の毒に染まった舌でもって、無垢な人を殺害する口でもって、不敬虔な者らのためにも死にたもうた方の身体を飲み込み食い尽くそうとするのですか」と。とはいえ、宗教をきわめて宗教的に公言する人々がここから大抵称賛を手に入れてしまうために、この悪に気づいていないのです。〔例えば〕公然と妾を家にかこって民衆に有害な実例となっている人は非難に値しています。だれがこのことを否定するでしょうか。しかし、この病はキリストにとっていっそう憎むべきものではすこしもないのです〔つまり他の悪徳の方が憎むべきものです〕。したがって蜂蜜を選ぶ人はバターを非としません。また精神病の方をいっそう避けるようにと忠告している人は、熱病をすすめているわけではないのです。いかに多くの道徳上の不幸がこの種の転倒した判断から生まれているかということを言うのは、簡単ではありません。

いまや徳の序列の中に、敬虔の力よりもその外観の方がいっそう役立っているという仕方で、あるものが受け取られています。それはあなたが用心して行動しないならば、真の敬虔を全く消滅させてしまうほどまでにいたっています。もし〔外的な〕儀式の中に通常の宗教にみられる疫病が知られていなかったとしたら、パウロはそのすべての手紙であのように激しく儀式に対し攻撃を加えなかったでしょう。しかし、わたしたちは適切に守られた儀式をどんな場合にも弾劾しておりませんが、この儀式の中に（彼らが言うのを常としているように[24]）聖化の初めと終わりとがしつらえられているということを承認しません。聖アウグスティヌスは家で彼が扶養していた聖職者たちが目立った衣服を使用するのを禁じました。彼らが民衆によく思われたいならば、衣服ではなく、道徳によって気に入られるようにと言っています[25]。近頃の服装はなんと新式で奇抜なことでしょう。だがわたしはこのことを軽蔑しているのではないのです。わたしはただ場合によっては非難されるのが当然であることに余りに多くのものが帰されたり、反対にそれのみに吟味が向けられるのがふさわしいものに余りに少ししか帰せられていないことに驚いているのです。わたしはフランシスコ会士たちが彼らの修道会の会則を、ベネディクト会士たちが自分たちのそれを尊重しているからではなく、彼らのうちのある人たちが福音よりも自分らの会則により多くのものを帰しているがゆえに、非難を向けているのです。この非難が彼らの大部分の人たちに当たらないとよいのですが。

わたしはある人たちが魚で生計を立てたり、他の人たちが野菜や草木で、また他の人たちが卵で生計を立てていることを軽蔑したりしていません。わたしが激しく警告するのは次のような人々の誤りなのです。すなわちユダヤ主義の精神から正義の確信を具えもち、小人どもにより考案されたこの種の無価値なものから判断して自分を他の人々に優先させておきながら、虚言により他人の名声を攻撃するのを悪徳とは思わないような人々の誤りなのです。食物の選択についてキリストは何も命じておりませんし、使徒たちもそうです。パウロはしばしば諫止しています。キリストは毒を含んだ中傷を忌み嫌われ、使徒の手紙もこれを嫌っています。それなのにわたしたちはあそこでは宗教的敬神にあついと思われたがり、こちらでは大胆で恐れを知らないのです。このことを一般的な仕方でのみならず愛をこめて勧告している人が、わたしは尋ねたい、はたして宗教を傷つけていると思われるでしょうか。

しかしながら修道士らの悪徳に光をあて暴露するために雄弁だと思われたいと願うほど愚かな人がいるでしょうか。だが、この人たちは自分たちの言説に耳を傾ける人々が少なくなるのを恐れ、また少数の人しか彼らの群れに加入するのを願わないことを恐れています。しかし、キリストの霊を飲んで自由となりはじめた人以上にだれも従順で、パウロの言葉を使うと、「権威に服し」（テト三・一）ている人はいないのです。真の愛はすべてのことを是認し、すべてに耐え、何ものも退けず、単に恵み深く快適な上長のみならず、厳しく無愛想な上長にも従順なのです。

それでもなお、その間にも、上長たちが他人の服従を自分たちの暴君的支配に変えてしまわないように、またそれゆえに、すべての〔警告の〕合図にむしろ従う敬虔な人たちよりも迷信深い人たちの方を彼らは好むということに警戒しなければなりません。彼らは「父」と呼ばれるのを喜んでいます。ところが自分の息子たちに対し自分の意のままに支配をいっそう行使するために息子たちがいつも幼児のままでいるのを願うような肉親の父がいるでしょうか。他方、キリストの自由を目指して前進している人々はまずパウロが警告しているように自由を肉の働く口実としないように（ガラ五・一三）、あるいはペトロの教えにしたがって自由を奸策のおおいとしないように（Iペト二・一六）警戒すべきです。ところがもし一人か二人がこの自由を濫用するとしても、このことのゆえにすべての人がいつまでもユダヤ主義にとどまることになるというのは必ずしも適切なことではないのです。このことに注目する人はみな、そのような口実の下に支配しキリストのためではなく自分の腹のために生きる人にまさってきつく儀式の罠でしめつける人がこの人たちのあいだにはいないことに気づくでしょう。

さて、天性と精神との多様性はこのように多大なものですから、多くの人々が求めていないことほど馬鹿げたものはないということが認められるかぎり、エッセネ派[26]が広まらないようにと彼らが恐れていることはいわれのないことです。しかし、宗教の多くの教師よりも宗教の誠実にして真正な教師をもつことをこの人たちは求めねばなりません。そしてだれでも三〇歳以前に、つまり自己自身を知り、宗教の真の力が知られる以前に、この種の罠に引っかからないように、法律によって安全に守られているとよいのですが。他方においてファリサイ派の模範にならって一人の改宗者をうるために陸や海を訪ね回ってその務めにいそしむ人々には、世間知らずの若者が欠けたりすることはどこにもないでしょう。この若者たちは罠におびき寄せられ、捕獲されてしまいます。愚かで素朴な人々の数はいたるところ大変多いのです。

わたしとしては、すべての真に敬虔な人たちは同じことを、つまり福音的信仰がすべての人の心に深くゆきわたり、このことに満足してだれもベネディクト会やフランシスコ会の信仰を頼み回ったりしないことを、求めるように少なくとも望んでいるし、疑ってもおりません。わたしはベネディクトゥスもフランチェスコ自身も同じことを求めていることを疑いません。モーセはキリストの栄光におおわれて暗くなったとき拍手しています。また、福音的律法に対する愛のゆえに人間的法令がわたしたちにとりつまらなく思われるとしたら、真に敬虔な人たちも拍手すべきです。現在その人たちだけが宗教的だと呼ばれている人々があまり宗教的だとは思われなくなるような仕方で、すべてのキリスト教徒が生きるようにわたしは願わざるをえません。このことは今日でも少なからざる人たちにとり妥当しています。明白なこの事実をなぜわたしたちは隠蔽しようとするのですか。

しかしながら、かつて修道生活の最初の起源は偶像崇拝者どもの野蛮さから離れた隠棲だったのです。これに続いてすぐに出来た修道士たちの規定は、キリストへ呼びもどすためのもの以外の何ものでもなかったのです。君主たちの宮廷は時折生活よりも名目上でキリスト教的だったのです。間もなく野望と貪欲との病が司教たちを腐敗させたのです。民衆も同様にあの最初にあった愛の熱意がさめてしまいました。こういう生活から隠退することをベネディクトゥスは熱心に求め、その後ベルナルドゥス、次にその他多くの人たちが志しました。これら少数の人たちが共に志したことは純粋で単純なキリスト教にほかなりません。

だが、もしだれかある人がベネディクトゥス、フランチェスコ、およびアウグスティヌスの生活と規則を注意深く吟味するなら、福音の教えにしたがって自由に選んだ友人たちとともに霊の自由のうちに生きること以外の何ものも願望していなかったことを認めるでしょう。そして彼らが衣服・食事・その他の外的な事柄について何らかのことを指図するよう強いられたことも認めるでしょう。彼らは当然のことながら、よく生じることですが、福音よりも人間の手になる人間的な規定をいっそう重んじることのないように恐れていたのです。彼らは富に身ぶるいしましたし、名誉を、たとえ教会の名誉でも避けました。彼らは手を使って労働しました。それは単に彼らがだれかの重荷とならないためばかりでなく、余分にもつことによって他人の窮乏を助けるためでもあったのです。彼らは山頂に居を定め、沼地に庵を構え、砂漠や荒地に住みました。終わりに彼らはかくも多くの大群衆を非難・鞭打ち・牢獄なしに、ただ教え・忠告・親切・生活の模範によって指導しました。バシレイオスが愛しかつ称賛しており、クリュソストモスが保護しているのはこのような修道士たちでした。これらの修道士の間には聖ヒエロニュムスがマルケルラに書いていることが完全に的中していました。すなわち、「修道士と処女との群れは教会の装飾の中にあって花であり、最も高価な宝石である」[27]と。この賛辞の言葉を今日どの種類の修道士でもどんなに自慢しているかおかしなことです。しかしわたしたちは彼らが一緒にその模範を受け入れるならば、彼らがこの称賛を抱きしめるのを認めましょう。

次に、このきわめて賢明な人は、その名称に値するとみなした修道士たちの形姿を次のように付け加えています。曰く「彼らはたしかにそれぞれ違った言葉で語りますが、宗教は一つです。民族の相違があるだけ、それだけ多くの詩編の合唱隊がおります。なかでも、それがキリスト教徒の間で最高の徳なのですが、だれも高慢を節欲していることのゆえに不遜になったりしていません。すべての人のもとで謙虚を追い求めることが生じているのです。一番最後に来た新参者が最初の人とみなされています。衣服には区別も感嘆もありません。どのような方法で歩みをきめようと、拒絶も称賛もうけません。断食もだれをも助けないし、食を全く断っても何も与えられないのです。また適正な満腹感も非難されません。各人はその主なる神の前で立ちも倒れもします（ロマ一四・四）。だれも他の人を裁いたりしません。それは主から裁かれないためです（マタ七・一）。そして牙をむいてかみ合うという非常に多くの属州において慣習となっていることは、ここでは全く行われていません」[28]。これまでのところでは彼は最善の修道士の形姿を描いておりました。各人は自分の意志に応じてそれを現代の道徳と比較してみるがよいのです。

修道士の生活の発端はこのようでしたし、族長たちの生活もそうでした。次いで時代の発展につれて富とともに次第に儀式も増したのですが、真正の敬虔と素朴さとは冷却してしまいました。そしてわたしたちが見て知っているように、修道院がいたるところで世俗的な生活よりもひどく道徳において堕落しておりますのに、この世は同じ仕方では短時間のうちには破滅にいたらないかのように、新しい制度［の導入］によって重荷を負わされているのです。前にもお話ししたように、修道士の生活はかつては［この世からの］隠退でした。今では俗世界の営みの真只中にすっかりひたりきって、人間的な事柄に関して暴君的支配を明らかに行使している人たちが、修道士と呼ばれているのです。それにもかかわらず彼らは、その服装のゆえに、また何らかの称号のゆえに、自分らと較べると他の人たちはキリスト教徒とはみなさないほど、自分たちに聖化された状態を帰しています。

このようにしてキリストが最も広汎にひろがることを願っていたキリストに対する信仰告白をなぜわたしたち

は狭めているのですか。壮大な言葉によって駆り立てられて言うなら、わたしはあなたにお尋ねします、御国とは偉大なる修道院以外の何でしょうか。修道士たちは、自分の修道院長、もしくは上長に服従しています。市民たちは、キリストご自身が彼らの上に立てたのであって人間どもの権威がそうしたのではない司教や司牧者たちに、従います。前者〔つまり修道士たち〕は閑暇のうちに生き、他の人たちの施しにより身を養い、労苦なしに彼らのものとなるものを共有しています（今は悪徳に満ちた人たちについては何も言いたくない）。後者〔つまり市民たち〕は努めて節約したものをそれぞれ自分の力に応じて困窮している人たちに分配しています。さらに純潔の誓願に関するかぎり通常行われている独身生活と貞節な結婚との相違がいかに少ないかということについてあえて意見を述べるつもりはありません。要するにわたしたちが洗礼にさいし人間にではなくキリストに表明したあの最初のかつ唯一の誓願を、誠実にまた純粋に保っている人のもとにおいては、人々によって考案されたあの三つの誓願をわたしたちはほしいとは別に願わないことでしょう。

さて、もしあなたが二つの種類のうちから悪い者どもを悪い者らと比較するなら、後者の方がより良いことに異論はありません。しかし、もし良い者らを良い者らと比較すると、その相違はごくわずかです。なお、それにもかかわらず何らかの相違があるとすると、宗教を実践するにあたって強制の少ない人のほうがいっそう宗教的に思われるという点だけがあるにすぎません。ですからだれも自分の生活の仕方が他人のと違っているからといって愚かにも喜んだり、別の慣習を見下したり非難したりしてはならないことがなお残されています。

しかし、すべての種類の生活において次のことがすべての人によって共通に努力されなければならないことです。各々自分の力に応じてすべての人の前に立てられている、キリストという目標に向かって、わたしたちは努力しなければなりません。またわたしたちは互いに励まし合い助け合って、この競走場でわたしたちを追い越している人たちを羨むことなく、わたしたちにまだ追いついていない弱い人たちを退けてはなりません。要するに各人が自分にできることを実行しているなら、「わたしは週に二度断食しています」（ルカ一八・一二）などと言って、神の前に自分の善いわざを自慢しているあの福音書に出ているファリサイ派の人のようにならないことです。そうではなく、キリストの忠告にしたがって「わたしは無益なしもべです。なすべきことをなしたにすぎません」（同一七・一〇）と言うこと、しかも心から言うこと、単に他の人々に対してではなく、自分自身に言うことにいたしましょう。このように自分に信頼していない人にまさって、だれも真に信じている人はいないのです。自分自身が大いに宗教的だと思っている人以上に真の宗教から遠く離れている人はいないのです。またキリスト教的敬虔にとって、現世のものをキリストに向けてゆがめ、人間の権威を神のそれに優先させるとき以上に悪しき行為は決してありません。わたしたちが真にキリスト教徒でありたいなら、あの唯一のかしら〔なるキリスト〕の下において一致団結しなければなりません。さらにキリストに向けて呼びかけている人に服従する人は、キリストに服従しているのであって、人に服従しているのではないのです。また不誠実で残忍な人たちおよび宗教ではなく自分の暴君的支配に役立つことを教えている暴君的な人たちに耐えている人は、ただ彼らが教えていることが不幸だけにし不敬虔にしないなら、キリスト教的忍耐を実証することになります。結局のところ「人に従うよりも神に従わねばなりません」（使五・二九）という使徒のあの回答を具えもっているのが適切なことになりましょう。

しかしわたしたちはもう大分前から手紙の域を越えてしまっています。最も気持ちのよい友人ときわめて快適に会話を交わしてきたわたしたちは、時のたつのを忘れてしまうほどなのです。この〔エンキリディオンという〕書物はフローベン版としていわば生まれ変わり、以前のものよりはるかに美しく欠点のないものとなって、あなたのお手元に届くことでしょう。わたしが前に研究したもののいくつかの断片が〔新たに〕加えられております。だが交付されているこの作品はとりわけあなたに結び付けるのが正しいと思われます。それはエラスムスから正しく生きるための教訓を受け入れる人はフォルツから直ちに模範を入手するためです。最善の父にして真の宗教の輝かしい誇りよ、ごきげんよう。

サピドゥス(29)に自分自身を真に味わうように、つまり自分自身に似たものになり続けるようにとのわたしの言葉でもってご忠告下さい。ヴィンペーリング(30)には、妾を蓄えた司祭との戦いはもう十分なほど行っているのですから、すぐにもトルコ人との戦いに入るために完全武装の用意をするように、彼がいつか司教になって、その二つの角のある冠と笏とをもち、堂々とかつ気高くラバに騎乗してゆくのを見たいものですとの言葉でご忠告下さい。だが、冗談はもうやめにして、この人たちと同様ルゼルウス(31)と他の友人たちにもどうぞよろしくお伝え下さい。あなたのエラスムスの救いを時折は清い誓願と敬虔な祈りをもって最善にして最大のキリストにお頼みして下さい。

バーゼルにて、聖母被昇天祭の前日、一五一八年。

訳注

(1) パウル・フォルツについては「解説」を参照。
(2) ポリュクラテス(サモス島の僭主、前五二二頃没)はここではいつも順調に幸福に満ちた者の象徴として描かれている。
(3) 『命題論集の諸巻』とはペトルス・ロンバルドゥスの著作で、中世の哲学と神学との代表的教科書のことをいい、全四巻から成る大著である。
(4) パルティブス・ヤコーブス(一三八〇―一四五八)はパリのノートル・ダム聖堂付参事会員で、アウィケンナの著作の編集者でもあった。
(5) トマス・アクィナスの『神学大全』の第二部は大変大きいため、さらにその第一部と第二部に分けられている。そこから第二―二部と区分されている。

(6) 旧約聖書の『箴言』の作者とみなされている「イスラエルの王ソロモン」(箴一・一)を指している。
(7) オッカム(一三〇〇頃—一三四九)はイギリスの中世後期スコラ哲学者。
(8) ドゥランドゥス(一二三〇—一二九六)は『教会の聖なる職務の根拠』の著者。
(9) スコトゥス(一二六六—一三〇八)はイギリスの有名なスコラ哲学者で精妙博士と称せられた。
(10) ガブリエル・ビール(一四二五—一四九五)はテュービンゲン大学教授、『コレクトリウム』の著者。
(11) アルウァルス(一三五〇没)は Compilatio solennis de planctu ecclesiae を著す。
(12) 「何性」というのは quidditas の訳語でスコラ神学でよく使われる術語、トマスの『神学大全』ではその外「何たること、何々性、何たるか」とも訳されている。
(13) 唯名論者(ノミナリスト)とは中世の普遍論争で普遍的なものは言葉や概念だけのことで実在しないと説いた。
(14) 実念論者(レアリスト)は唯名論とは反対に、普遍は概念として実在することを主張した。
(15) ラテン語のエンキリディオンは手引きや必携とならんで短剣や匕首(あいくち)の意味をもっている。「解説」を参照。
(16) 創二六・一五—二五にある井戸をめぐる争いをこのところは指している。
(17) エレ二・一三にほ「まことに、わが民は二つの悪を行った。生ける水の源であるわたしを捨てて無用の水溜めを掘った、水をためることのできないこわれた水溜めを」とある。
(18) アウグスティヌス『手紙』一三四。
(19) エビオン主義者というのは二世紀以来教父により用いられた呼称で、教会から分離し続けたユダヤ人のキリスト者に向けて用いられた。
(20) マルキオンの信奉者たち。マルキオンは二世紀の異教的思想家で福音の徹底からユダヤ教を否定し、禁欲的になり、結婚を非難した。マルキオン主義はいたるところマニ教に似ている。
(21) アウグスティヌス『キリスト教の教え』二・三一・四八。
(22) この二つの文章(本書二一三頁の一七行以下)はルターの「九五箇条の提題」の四一—四六提題における教皇批判に関連していると思われる。この贖宥をめぐる大論争がすでに巻き起こっているのにエラスムスが敏感に反応していることが知られる。

(23) アウグスティヌス『手紙』二二・二―三（金子晴勇訳『アウグスティヌス著作集別巻Ⅰ　書簡集(1)』教文館、七三―七四頁）。

(24) Puppis ac prora は船尾と船首の意味で「初めと終わり」を言う。これについてエラスムスの『格言集』一・一・八（LB二・二八E―二九C）参照。

(25) アウグスティヌス『神の僕への規律』六（ミーニュ編『ラテン教父著作集』第三二巻、一三八〇頁）。

(26) エッセネ派はイエス時代のユダヤ教の三大党派の一つであり、エッセネは「敬虔な者」の意味をもち、独自の共同体を創り、財産を共有し、農業中心の共産生活を営んだ。

(27) ヒエロニュムス『手紙』四六・一〇（ミーニュ編、前掲書、第二二巻、四八九頁）。

(28) ヒエロニュムス、前掲箇所（ミーニュ編、前掲書、第二二巻、四八九―四九〇頁）。

(29) ヨハンネス・サピドゥス（一四九〇―一五六〇）はウィッツとも呼ばれたシュレットシュタット出身の学者であり、また教師であった。アーメルバッハやベアトゥス・レナヌス、パウル・フォルツと一緒に活躍した著名人であった。

(30) ヴィンペーリングはハイデルベルク大学の学長となったドイツ人文主義者を代表する一人。『完全について』（一五〇五、シュトラスブルク刊）という書物があり、これにより司祭の悪徳に対する攻撃がなされた。晩年（一五一五―二八）はシュレットシュタットで送った。

(31) ルゼルウスはシュレットシュタットの司祭でシュトラスブルクのシュイラー出版の編集者であり、ベアトゥス・レナヌスの友人であった。彼は一五一八年没している。

新約聖書の序文

In Novum Testamentum Praefationes

敬虔なる読者への呼びかけ（パラクレーシス）

優れた読者の皆さん、ヒエロニュムス[1]がことのほかその言語に感嘆しているフィルミアヌス・ラクタンティウス[2]は、異教徒に対決してキリスト教の宗教を弁護し、キケロに次ぐ雄弁がまず彼に与えられるように願ったとき、このように〔キケロと自分を〕同等視することはふさわしくないと考えていたようにわたしには思われます。わたしが今すべての人をもっとも神聖にしてきわめて役立つキリスト教哲学[3]の研究に駆り立て、戦闘開始のラッパを奏するように呼びかけて、何かこの種の願望を押し進めるならば、キケロの雄弁をはるかに超える雄弁がわたしに授けられることを熱烈に願っています。それはキケロに比べると〔文体の〕華麗さでは劣っていても、効果の点ではそれだけいっそう優っているのは確かです。それどころか昔の詩人たちの物語がメルクリウス[4]のもとで、全く理由がないのではなく、書き留めているような、弁舌の力はかつてはある人に授けられておりました。このメルクリウスは魔法の杖や神聖なキタラでもって欲するがままに眠らせたり、同様に眠りを奪ったり、欲する者どもを黄泉の国に駆り立てたり、反対に黄泉の国から呼び戻したりします。あるいはアッムフィオンやオルフェウス[5]についても、キタラを奏することによって前者が堅い岩を動かし、後者がカシワ（オーク）やマンナノキを引き倒したと描かれているようにその〔弁舌の〕力が記されています。あるいはガリア人たちがすべての死すべき者らを、小さな鎖でもって舌を耳にはめ込んで、欲するままに連れ回す、彼らのオグミウス[7]にその力を帰したように記されています。あるいは伝説の好きな昔の人たちはその力をマルシアスに帰しました。わたしたちが物語に余りに長くかかずらわないために、アルキビアデス[8]がその力をソクラテスに帰したり、昔の喜劇がそれをペリクレスに帰したのは[9]、それがすぐにも消えゆく快楽でもってただ耳を呪縛するのではなく、聞く人々の心に確固たる感銘を残すためです。それは〔聴者の心を〕拉致し、改造し、受け取ったよりもはるかに別の聴者として送り出します。あの気高い音楽家ティモテウスはドーリア調でアレクサンドロス大王に戦闘意欲を燃え立たせるのが習わしであったと聞いています。かつてギリシア語でエポーデ[10]と呼ばれた呪詛〔の形式〕が何も効果がないと見なさなかった人たちがいなかったわけではありません。ひょっとしてもしこの種の呪文がどこかにあったり、もし真の熱狂を与えるハルモニアの力があったり、もし本当に心を動かす説得術[11]のムーサ[12]がいるなら、すべてのものの中でもっとも有益なことをすべての人に説得するために、わたしはそれが現在自分の手もとにあることを願いたい。とはいえその活動を遂行されるキリストご自身がわたしたちのキタラの弦を調節してくださり、この歌を心の奥深くもたらし、すべての魂を感動させてくださることをわたしはむしろ願わねばなりません。それを実現するためには修辞学者の細かいこだわりや決まり文句[13]の細工は必要ではありません。わたしたちが願っていることは真理自身のほか何ものも確実に授けてくれません。文体は単純であればあるほど、ますます効果的なのです。

初めに当たって、もう全く新しいわけではないが、ああ、余りにも正しくない〔キリストの哲学の〕訴えを、わたしは今のところ呼び起こしたくないのです。しかし人々は皆大変な熱意をもって各自の学問研究に没頭していますから、今の時代よりも昔のほうがいっそう正しかったかどうか、わたしには全くわかりません。この唯一のキリストの哲学はかなりのキリスト者によって嘲られ、多くの人たちによって無視され、少数の人によって考察されていますが、それも不誠実にとは言いたくないのですが、冷淡に扱われています。人間的な勤勉が生み出したその他すべての学問の中で、天才的な洞察力がそれを探究できないほどに秘密にされ、かつ、隠されているものは何もないし、過度の労苦が打ち勝つことができないほどの困難さもありません[14]。しかし、わたしたちは別名によってキリストの信奉者と公言しながら、どうしてこの唯一の哲学をそれにふさわしい精神でもって理解するようにならないのでしょうか。プラトン主義者、ピュタゴラス学派、アカデミア派、ストア派、キュニコス学派、逍遥学派、[15]エピクロス派の人たちは、それぞれ自派の教義を徹底的に認識しており、それを記憶に留め、そのために激しく戦っており、もしくはその創設者の庇護がなくなるとすぐにも死のうとします。しかしわたしたちは、どうしてわたしたちの創始者にして創設者であるキリストに対していっそう強力にそのような心情をもって責任を負わないのでしょうか。アリストテレスの哲学を公言している人で、アリストテレスが落雷の原因、第一質料、[16]無限について何を考えていたかを、知らないのを大きな恥と思わない人がいるでしょうか。それについての認識は幸福をもたらさないし、それについての無知が不幸をもたらすことはありません。それに反し、どうしてわたしたちは、こんなに多くの方法で奥義を伝授され、こんなに多くのサクラメントでもってキリストと結ばれているのに、すべての人にもっとも確実な幸福を授ける彼の教えを知らないことが、醜悪にして恥辱であると思わないのでしょうか。実際、キリストをゼノン[17]やアリストテレスと比較したり、キリストの教えと彼らのつまらない規則が同等であると見なしたりしようとすることが、ごく控え目に言っても、忌まわしい狂気錯乱であるのに、人々は何のためにここで問題をなお論争へと高めるべきでしょうか。彼らはできるだけ、もしくは好きなだけ、その学派の発起人たちによって創作しようとしています。いずれにせよ、ただキリストだけが教師として天からやって来て、彼だけが永遠の知恵ですから確実なことを教え、キリストだけが人間の救済の唯一の創始者として救い役立つことを教えました。[18]彼だけが教えたことを完全無欠に実行しました。彼だけが約束したことをすべて提供しました。もしカルディア人たちやエジプト人たちによって何かがもたらされると、外国の地から運んでこられたがゆえに、それをいっそう激しく知りたくてたまらなくなります。また価値の一部はそれが遠隔の地から到来したことにあります。わたしたちは、何の成果もあげなかったというだけでなく、何か不愉快なことを付言して――それが何ら役に立たないときには、それはすでに不快なことですが――多くの時間を費やしたかどで、繰り返し悪夢の中で、詐欺師によってとまではいわなくても、つまらぬ者によって、とても不安に責めさいなまれます。しかし、どうしてこの種の欲求がキリスト教徒の心を同じくくすぐらないのでしょうか。彼らはこの教えがエジプトやシリアからではなく天から到来したことは事実なのであると確信しているのですから。どうしてわたしたちは皆そのように考えないのでしょうか。キリストがご自身のことを死すべき者たちに伝えるために、神であられたお方が人間となり、不死であられたお方が死すべき者となり、御父の心の中で憩っておられたお方が地に降下されたということは、感嘆に値する新しい種類の哲学でなければなりません。この感嘆に値する創始者が多くの卓越した哲学者の一派の後に、多くの優れた預言者たちの後に、到来したことは、それが何であれ、何か偉大なことで、決して些細なことではないと見なすべきです。どうしてわたしたちはここでその一つ一つを敬虔な好奇心をもって探究し、吟味しないのでしょうか。とりわけこの種の知恵はとても優れていますので、現世のすべての知恵を断固として愚かなものに引き戻してしまうでしょう（Ⅰコリ一・一八以下参照）。このわずかな書物から、あたかもきわめて明澄な泉から汲むように、それを汲み出すことができます。しかも全く分厚く難解で、解釈者の相互に矛盾している無数の注解書からアリストテレスの学説をとらえるよりもはるかに苦労することなく味わえ、そのため何と多くの実りが伴われていることでしょう。あなたはあの学科の息苦しい道具をたずさえて近づく必要はここではないのです。旅の費用は簡単にすべての人に準備されています。何よりも単純で純粋な信仰によって与えられる、敬虔深く意欲的な心をあなたは準備するだけでよいのです。ただ学ぼうとするだけで、あなたはこの哲学の中で大いに上達するでしょう。この哲学は単純な心にだれよりもいっそう喜んで自らを分かち与える聖霊を教師として授けます。先に述べたような諸々の学問は、人を欺く幸福を約束することを除けば、明らかにその教則の困難さでもって多くの人たちの精神的な素質〔の育成〕を妨げています。それに対し、この知恵はすべての人に等しく自分を適合させています。小さな者らには身をかがめ、彼らの調子に自らを適合させ、キリストに向かってわたしたちが成長するまで、乳で彼らを養い、耐え忍び、世話をし、支え、すべてを行います（同三・一―二参照）。だが他方では、最高の者たちにも感嘆に値するように、最低の人たちをもなおざりにしません。それどころか、あなたがその豊かさをいっそう深く究めるに応じて、あなたはその尊厳によってはるか彼方に遠ざけられています。それは小さい者らには小さい者であり、大いなる者らにはそれに優る最大な者なのです。それはどんな年齢も、どんな性も、どんな境遇も、どんな事情にある人も拒んだりしません。ここではキリストの教えのようには、太陽でさえもすべての人々に共有されていないし、公開されておりません。人が自分に妬みをいだいて自分自身を拒んだりしなければ、キリストは誰をも全く拒んだりしません。

　実際、あたかもキリストが少数の神学者によってかろうじて理解されうるように理解しにくく教えたかのように、あるいは、あたかもキリスト教の防衛がそれが知られないでいる点にかかっているかのように、聖書が民衆の言語に翻訳されて、平信徒によって読まれるのを欲しない人々とは、わたしは全くもって意見を異にしています。王には秘密を隠すほうが恐らく好都合でしょうが、キリストはその奥義をできる限り多くの人々に知らせることを切望されています。わたしはか弱い女たちが皆、福音書を読み、パウロの手紙を読むようにと願っております。またわたしは、これらの書がスコットランド人やイベリア人だけではなく、トルコ人やサラセン人にも読まれて認識されうるように、すべての民衆の言語に翻訳されるように願っています。第一歩はとにかく認識することです。多くの人はそれを笑うでしょうが、幾人かはそれに心を奪われるでしょう。願わくは、農夫が鋤の柄を手にしてそれを繰り返して歌い、何人かの機織りが杼を打ちながら節を付けて歌い、旅人がこの種の物語で旅の退屈を慰めますように。そこから〔つまり福音書と使徒書から〕すべてのキリスト教徒の会話がことごとく引き出されますように。というのは、わたしたちが日々話し合っているのと同じように、わたしたちのあり方も大抵そうなっているからです。誰でも自分にできることを実現しようとするし、自分にできることを表現しようとします。後に続く人は、すでに先立っている人を妬むべきではなく、[19]先行者は後続者を招き、見込みがないと諦めてはなりません。どうしてわたしたちはすべての人に共通な身分を少数の人たちに狭めてしまうのですか。キリスト教哲学の最初の身分を告げる洗礼が、その他のサクラメントと一緒に、すべてのキリスト教徒に等しく共通しているのに、さらにあの不滅性への報酬が等しくすべての者に関係しているというのに、人々が今日神学者とか修道士とか呼んでいる少数の者たちのところでのみこの教義が回顧されるべきであるというのも、このことに一致していないでしょうか。このような人たちについてわたしは言いたい、たとえ彼らがキリスト教の民と呼ばれるある少数派に属してはいても、それでも彼らが聞いていることを大いに実現すべきです、と。神学者の中にはその名前からひどく外れた人たち、つまり天上的なことではなく現世的なことを語る人たちが見いだされるのではないかと、また修道士の中にはキリストの貧しさと現世の蔑視を公言してはいても、あなたが俗世で見いだすよりももっと世俗的でないかということに、わたしは危惧を感じています。わたしにとって本当の神学者というのは、複雑な三段論法によるのではなく、心情によって、顔つきと目つきによって、生活そのものによって、次のことを教える人です。すなわち、わたしたちは富を拒否すべきであり、キリスト者は現世の援助に信頼すべきではなく、全面的に天に頼るべきであり、不正に報復すべきではなく、禍あれと祈る人に対しては良かれと願うべきであり、害を及ぼす人に対し善を報い、すべての良い人たちを同じからだの構成員のように等しく愛し、かつ好意をもち、矯正できないときには悪人を寛大に扱うべきである、と教える人です。自分の財産を奪われている人たち、自分の不動産を断念させられている人たち、悲しんでいる人は、祝福されるのですから嘆き悲しんではなりません。死は不死性への移行にほかなりませんから、敬虔な人たちも死を望んでいます。もしだれかが、これらのことを、またこれと類似なことをキリストの霊に動かされて説教し、教え込み、そうするように促し、招き、勇気づけるならば、たとえ田舎者であっても、機織りであっても、その人は今や真の神学者なのです。もしだれかがこれらのことをその振る舞いによって示すならば、その人はついに偉大な博士なのです。天使たちがどのように認識するかについて恐らく他の人たちやキリスト教徒でない人が巧みに説明するかも知れません。[20] しかし、わたしたちがこの所であらゆる汚物から清められて、天使的な生活を遂行するように説得することが、結局、キリスト教神学者の課題なのです。

　そのようなことは粗暴にして愚鈍なことだと、誰かが激しく抗議するならば、わたしにはキリストがとりわけこの粗暴なことを教えられたし、使徒たちがこのことをきつく言い聞かせたのだとしかお返事できません。それはどれほどひどく粗暴であっても、これほど多くの真正なキリスト教徒とこれほどたくさんの輝かしい殉教者たちの群れが、わたしたちに伝えて来ていることなのです。この「教養のない」哲学――彼らにはそう思われているように――は世界中の最高の君主たち、これほど多くの王国、こんなにたくさんの国民をその法則の下に引き寄せました、とわたしは言いたいです。それはどんな専制君主の力もどんな哲学者の妙案もなし得なかったことです。しかし、この知恵が完全な人々の間では劣っていると語られるように思われても、わたしはそれに抗議したりしません。だが身分の低いキリスト教徒の民衆は、使徒たちが熟知していたにせよ、それとも他のことを考えていたにせよ、このような巧妙な議論を確かに教えてこなかったことで慰められるでしょう。わたしは主張したいです。もし君主たちがその任務にしたがってこの平凡なことを〔確かに〕保証していたならば、もし聖職者たちがその説教の中でそれを厳しく教えていたならば、学校の教師たちが、アリストテレスやアウェロエス(21)の源泉から取り出した教授内容よりも、それを子供たちに教え込んでいたならば、キリスト教の世界はこのようにほとんど絶え間ない争いによって混乱を来すことはなかったでしょうし、万人が、正しい人も悪人も、あんなにも正気を逸した欲望に駆られて富を積み上げることに夢中になることはなかったでしょうし、こんなに多くの訴訟によって教会も国家も等しく至るところで腹を立てて闘うこともなかったでしょう。要するにわたしたちはキリストの哲学を公に認めていない人たちから、単に名称や儀式によってだけ、区別されているのではないのです。なぜならキリスト教の宗教を更新したり増大させたりする課題は、とりわけこれら人間の三つの身分、つまり君主たちとその任務を遂行する官吏たち、司教たちとその代理人の司祭たち、幼年期からすべての時期にわたって信奉者を教育する人たちにかかっているからです。これまでの仕事をやめて心からキリストに一致することが起こるならば、確かにわたしたちは、恐らくそれほど多くの年月を経ないうちに、何らかの真正な、パウロが「嫡出の」と言う[22]、キリスト教の種族が至るところに出現するのを見るでしょう。というのもキリストの哲学は、ただ儀式や学説だけに関与するのではなく、心そのものと生活全体に関与しているからです。これらの武器によってキリスト教徒の名前に敵対する者どもは、脅しや武器によるよりもはるかに迅速にキリスト教信仰に向かって引き寄せられるでしょう。すべての防御手段をつなぎ合わせても、真理そのものよりも力あるものはありません。プラトンの書物を読んでいない人は、プラトン主義者ではありません。キリストの文書を読んでいない人は、神学者でもないし、キリスト教徒ですらありません。「わたしを愛する者はわたしの言葉を守るであろう」(ヨハ一四・二三)とキリストは言います。この目印となる戒めをキリスト自らがわたしたちに与えました。したがって、もしわたしたちが本当に心底からキリスト教徒であるならば、哲学者たちの知恵が教えることができなかったことをわたしたちに教えるために、キリストが天から派遣されたことを本当に信じるならば、どんなに強力な君主らでも与えることができなかったことをキリストから本当に期待するならば、どうして彼の文書よりも何か重要なものがわたしたちにとってあるでしょうか。どうして彼が定めた原則から外れているものが総じて何か〔学問的で〕教養あるものとわたしたちに思われるのでしょうか。どうしてわたしたちはこれらの崇拝すべき文書において同じこと〔つまり何か教養あること〕を、さらに――ほとんどわたしはこう主張したい――世俗の解釈者たちが皇帝の法律や医学書において許容しているよりも多くのことを、あたかもわたしたちが戯れごとの中に追い回され、何でも思い付いたことを創作し、歪め、展開しているかのように、許すのでしょうか。

わたしたちは天上的な教えを、あたかもリューディアの法則のように[23]、わたしたちの生活の地平におびき寄せていながら、あらゆる方法を尽くしてそれから逃げ出しています。それはわたしたちが世俗的な学問を余り多くは知っていないとの印象を受けないために、この学問に属するものなら何でもここに寄せ集めるからです。しかし、わたしたちがキリスト教的な哲学に独自なものを腐敗させている、とわたしは言うつもりはありません。だが決して否定されえないことは、キリストがそれよりも共有なもの〔つまり近づきやすいもの〕は何もないと願った事柄を、わたしたちがわずかな人たちに制限しているということです。この種の哲学は三段論法の中よりもむしろ心情の中にあり、論争よりも生活であり、博識よりもむしろ霊感であり、理性よりもむしろ生の改造です。学者となることは少数の者にとって辛うじて成功しますが、キリスト者であることや敬虔であることは誰にでもできるのです。わたしはあえて付言したい、神学者であることは誰にでも許されています、と。

更にもっとも自然にふさわしいことは、すべての人の心の中に容易に入って行きます。キリストが「再生（レナスケンティア）」と呼びたもうたキリストの哲学とは、良いものとして造られた自然の回復にあらずして何でありますか。[24] したがってキリストに優ってだれも決定的にかつ効果的にこれを伝えたものはなかったのです。とはいえ異教徒の書物の中にもこの教えに合致する多くのものを見いだすことができます。[25] 金銭が人間を幸福にすると教えたほどに粗野な哲学の学派は未だかつて存在したことがありません。彼らが民衆の贔屓や快楽の中に最高善を基礎づけることに優って恥ずべきことはありません。ストア主義者たちは善い人でなければ、だれも賢者はいない、と洞察していました。真の徳のほかには真の善も名誉もなく、唯一醜い行為のほかには嫌悪すべき悪はないと彼らは理解しておりました。プラトンが伝えるソクラテスは、不正をもって不正に報いてはいけない、とさまざまな方法で教えています。同様に魂が不滅であるがゆえに、立派に営まれた生活に信頼してさらに幸福な生活に移行することを悲しんではならないと彼は教えています。そのうえ、わたしたちは魂を身体的な諸情念からできる限り切り離し、たとえ観照できなくても真に存在するものに向かって導くべきです。わたしたちにとって一つの徳のほかには、どんなものも何らかの仕方で軽蔑されないほどにわたしたちにとって快適であることは不可能である、とアリストテレスはその著作『政治学』の中で書いています。精神が何らかのやましさを〔良心において〕感じるなら、人間の生活においては快適なことはありえないのです。そこから真の喜びが泉のようにわき出てくると、エピクテトスも認めています。それゆえ少なからぬ人たちが、とりわけソクラテス、ディオゲネス、エピクテトスが、この〔キリストの哲学という〕教えの大部分を保証していないでしょうか。それに対しキリストは同じことをあんなにも豊かに教え、かつ、証明なさいました。ところが、それがキリスト教徒によって無視され、軽蔑され、嘲笑されているとは、奇っ怪なことではないでしょうか。キリスト教にいっそう親密に関与しているものがあるならば、他のものは退けてそれに従いましょう。もしそれだけが本当にキリスト者を生み出すことができるならば、どうしてわたしたちはそれを事実上モーセの書物よりもみすぼらしく廃棄されたものとして扱うのでしょうか。[26] だが、わたしたちはまずキリストが何を教えようとしたのか知らなければなりません。その後でそれを保有しなければなりません。わたしが思うに難解な煩わしい複雑な言葉で「審級」「関係」「本質」「形相性」について論じても、[27] だれもキリスト者であると見なすべきではありません。しかし、もしキリストが教え、かつ、提示したことを保ち、かつ、告白するならば、そう見なすべきです。わたしはこの種の明敏さによって自分の才能の力を――名声を博さないのでもなく――行使した人の、このような熱意を非難しません。なぜなら、わたしはだれの感情をも害しないように願っているからです。むしろわたしはあの純粋で真正なキリストの哲学が福音書と使徒書簡から他のどこからよりも実り豊かに汲みだされると考えたいし、もし欺かれていなければ、本当にそう考えています。もしだれかがこれらの文書によって敬虔に哲学の営みをなし、議論を交わすよりも祈りを捧げ、武装するよりもむしろ改造されることに努めるなら、確かに人間の幸福と現世の営みに関わる問題は、この文書の中に伝えられ論じられ解かれていないものは何もないことを確認するでしょう。あるいは、もしわたしたちが何かを学びたいなら、どうしてキリストご自身とは別の著者のほうがよいと思うのですか。あるいは、もしわたしたちが生活のかたちを求めるならば、どうして原型であるキリストご自身に優る他の模範がわたしたちにあるでしょうか。あるいは、もしわたしたちが心を悩ます諸々の欲望に逆らって何か薬を欲しいなら、どうして他のどこかによく効く薬剤があると考えるでしょうか。あるいは、もしわたしたちが怠惰で無気力な精神を〔書物の〕朗読によって目を覚まそうと切望するならば、どこにあなたは生き生きとしているばかりか同様に効果もある火花を見つけるでしょうか、とわたしは問いたいです。あるいは、もしこの世の煩わしさから精神を呼び戻そうとするのが見られたら、どうして他の楽しみがもっと喜ばすでしょうか。どうしてわたしたちはキリストの知恵をキリスト自身よりも人間の書物から学ぼうとするのでしょうか。キリストがこの世の終わりに至るまでわたしたちと一緒にいると約束されたことは、とりわけこの書物で示されています。この書物の中で彼は人間の間に滞在していたときよりも効果的に今でもなおわたしたちと一緒に生きており、呼吸し、語っていると、わたしはむしろ言いたいです。あなたが彼を知覚したり聞いたりできる目と耳をただ開くだけで、あなたが福音書の中で見たり聞いたりするよりも、少ししかユダヤ人たちは見なかったし、聞きもしませんでした。

この事態は一体全体どういうことなのでしょうか。親友によって書かれた手紙をわたしたちは保存しておきますし、それに口づけをするし、持ち回り、繰り返し読みます。それなのにあれほど多数の幾千ものキリスト教徒は、概して教養があるのに、福音書と使徒の手紙をその生涯において一度も読んでいないのです。イスラム教徒は彼らの教えに固執しますし、ユダヤ人たちは幼児から今日に至るまでモーセを暗記しています。どうしてわたしたちはキリストに対し同じことを実行しないのですか。ベネディクト会の教えを公言する人が、ひとりの人によって、しかもほとんど無学な人によって書かれた規則を固執し、暗記し、呑み込んでいます。アウグスティヌス会に所属する人たちは、その創始者の規則に精通しています。フランシスコ会の人たちは、彼らのフランチェスコから伝承された慣習を崇拝し、抱擁し、世界のどこへでも持ち歩いたし、運んで回り、〔慣習が書かれた〕小冊子が懐にないと自分が安全であると信じません。どうして彼らは、キリストがすべての人に伝えた全キリスト教徒が守るべき彼の規則――それは洗礼を受けるときすべての人によって等しく告白されています――よりも人間によって書かれた規則を重んじるのでしょうか。要するにあなたがそれを無限に追加するのは、それよりも神聖なものが何もありえないからなのですか。それでもパウロがモーセの律法はそれに続いて到来する福音の栄光に比べると輝きを失ったと述べているように（ヘブ三・五、IIコリ三・一三以下参照）、あの人間的な規則や慣習が福音書と使徒の手紙よりも神聖であると見なされないために、願わくは福音書と使徒の手紙がすべてのキリスト教徒によって聖なるものと認められますように。他の人たちがアルベルトゥス・マグヌス[28]について、アレクサンドルス[29]について、トマス[30]について、アエギディウス[31]について、リカルドゥス[32]について、オッカム[33]について敬意を表したいと願っていることは、わたしから見ると確かに各人の自由です。なぜなら、わたしは彼らの中のだれかの栄誉を弱めたり、すでに深く根付いている人間的な好みと競い合いたくないからです。彼らがどんなに教養があり、洗練されており、欲すれば熾天使[34]であったとしても、それでもこのことがもっとも確かなものとして告白されねばなりません。パウロは預言者たちの霊が神から出たものかどうか見分けようとしています。アウグスティヌスはすべての人たちの書物を批判的にみな読んで、自分のものにはもはや何らの特権を要求しません。この唯一の文書〔である聖書〕においてはわたしが〔十分に〕会得していないことでも、わたしはそれでも敬います。神学者たちの学派でなく、天の御父ご自身が、神の声の証言によって、この著者〔キリスト〕をわたしたちのために承認してくださいました。それは二回行われました。最初は洗礼を受けたヨルダン川において、二度目はタボル山での変容のときでした。その声は言います、「これはわたしが愛する子、わたしの心に適う者である。これに聞きなさい」（マタ三・一七）と。これは実に何とも強固で、よく言われるように、論争の余地のない、真実な権威であることでしょう。「これに聞きなさい」とはどういう意味ですか。当然、この方が唯一の教師であって、あなたがたはこの方だけの弟子です。だれであれその〔学派の〕創始者を研究によって好きなだけ持ち上げることができます。だが、このことは例外なしにただ一人キリストについてだけ言われたのです。このお方の上に鳩が天から降ってきました。鳩は御父の証言を保証しています。次にペトロがこの霊のことを伝えています。彼にあの最高の牧者はその羊たちを養うように一度、二度、三度、委託しました（ヨハ二一・一五以下参照）。だが〔羊を〕養うとは疑いの余地なくキリストの教えという糧で養うことです。この方は〔つまりキリストは〕パウロにおいていわば再生しました。彼はパウロを選ばれた器と呼び、彼の名前を広める卓越した告知者としました。あのきわめて神聖な心胸の泉から汲み出したヨハネはその文書においてそれを表現しました。わたしは質問したい、スコトゥスの中に何がありますか、トマスの中に何がありますか、（わたしはこういう発言が侮辱を目的にしていると思われたくありません）と。そうはいっても、わたしは前者の才能に驚嘆していますし、後者の高潔さを敬っています。どうしてわたしたちはこれらの偉大な著者たちによってすべてを哲学的に思索しないでしょうか。(35) どうしてわたしたちはこれらを懐にして持ち歩かないでしょうか。これらをいつも手にして携えないでしょうか。どうして彼らの中に絶えず成果を求め、吟味し、探求しないのですか。どうしてわたしたちは福音書ではなくアウェロエスのために生涯の大部分を費やすのですか。どうしてわたしたちは、人間が決めた原則や相互矛盾する見解に埋もれて、ほぼ全生涯を使い果たすのですか。そうした原則や見解が、もし気に入るならば、実際には大志を抱いた神学者たちのものとなるのは確かでしょうが、だが彼らの中には将来の何か偉大な神学者の見習いがともかくもいることでしょう。

わたしたちが洗礼を受けたときキリストの言葉にもとづいてどれほど多く誓ったとしても、もし心から誓っていたなら、両親の腕に抱かれていようと、乳母にあやされていようと、わたしたちはキリストの教えに浸されていたのです。というのは未熟な魂が初めて吸い込んだあの音の調べはもっとも内奥に住みつき、まといついて硬く付着するからでしょう。最初の幼児の片言がキリストという音声を発すると、キリストの福音から最初の幼年時代が形成されるのです。わたしは福音が子供たちによって愛されうるように何よりもまず伝達されることを願っています。なぜなら、ある教師たちの厳しさが、子供らが学芸を学び知る前にもうそれを嫌悪するようにさせているからです。同様に多くの人たちはキリストの哲学を、それが何ら美味なものでないので、嘆き悲しむようにし、気むずかしいものとなしています。次いで子供たちはこの勉強に従事し、静かに成長していってキリストにあって確固たる大人にまで発達していくのです。他の学問の場合にはほとんどの人がその学問で費やされた時間を後悔するような状態になっていたり、学問の教則を維持するために死に至るまでその全生涯を闘い通した人たちが、ついに死に直面してその創始者の党派から離脱することもしばしば起こります。そうはいってもこの学問を考察しているときに突如として死に襲われる人たちは幸いです。したがって、わたしたちはすべて心を尽くしてこの文書〔つまり新約聖書〕を激しく求め、抱擁し、途切れることなくそれに専心し、激しく口づけし、ついにはそれによって死に果て、学びが道徳にまで変化するのですから、それに向けて改造されるようにしましょう。このように追求できない人は（だが、人がそれを欲しさえすれば、だれにそれが不可能でしょうか）、この文書を神の心中を明かす器として崇めるべきです。

もしだれかがキリストの足跡を刻印した痕跡を示すならば、わたしたちキリスト教徒はどれほどそれにぬかずき、どれほどそれを崇めることでしょう。それよりもむしろ、どうしてわたしたちはこの書物の中で彼が生きており息をしている姿を崇拝しないのでしょうか。だれかがキリストのトゥニカ（下着）を示すなら、わたしたちはそれに口づけするために世界中から急いで集まらないでしょうか。あなたがキリストが使ったすべての家具類を持ち出しても、福音の文書に優ってキリストを明瞭に、かつ、真実に提示するものは何もないでしょう。わたしたちはキリストに対する愛のゆえに〔キリストの〕木像や石像を宝石や黄金でもって飾ります。この文書がどんな小さな立像よりもはるかに明瞭にキリストをわたしたちに伝える場合、どうしてこの文書が黄金や宝石でもって、また何かもっと高価なものでもって飾られないのでしょうか。そうした小立像が何かを示すとしても、身体的形姿のほか何をもたらすでしょうか。それに対しこの〔新約聖書という〕文書は、あなたに彼の精神の至聖な生ける像を、つまり語り、癒し、死に赴き、復活し、要するに目で見るのではわずかしか見えないのに、現存する全体像を再現するキリストご自身をもたらすのです。

訳注

（1）ヒエロニュムス『手紙』五八・一〇（パウリヌス宛）（ミーニュ編『ラテン教父著作集』第二二巻、五九八頁）。
（2）ラクタンティウス（二五〇頃—三一七頃）。古代キリスト教の教父で優れたラテン語のゆえに「キリスト教のキケロ」と呼ばれた。主著『神の教義の要約』。
（3）初期エラスムスの神学的な主張である。本書の解説参照。
（4）メルクリウス。ギリシア神話のヘルメスに当たるローマの神で、雄弁家・商人・盗賊の守護神であり、またキタラ（竪琴）の発明家でもあって、人文学の守護神でもある。
（5）アッムフィオン。ゼウスとアンティオペの息子であり、ヘルメスによってキタラ奏者となる。
（6）オルフェウスはトラキヤの詩人でありキタラの名手でもある。アッムフィオンと似た物語が付与された。
（7）オグミウスは余りよく分からないケルトの神性オゴンを指し、ルキアヌスによって「ガリア人のヘラクレス」と呼ばれた。
（8）プラトン『饗宴』二一五ａ以下参照。
（9）ペリクレス（前五〇〇—四二九）は古代ギリシアのアテネに君臨していた政治家。
（10）エポーデはギリシア語のエポーデンと区別して、ある対象に魔術をかける目的で歌われた歌詞を意味する。
（11）原文は Pitho で、説得術を擬人化したもの。
（12）原文はギリシア語の Enthusiasmos で、神性によって脱自的に捕らえられた状態や特定の音楽によって宗教的＝魔術的に呼び出された状態をいう。アリストテレス『政治学』一三四〇ａ一一、一三四二ａ七参照。
（13）「細かいこだわり」はエピケイレマで、アリストテレスの論理学で三段論法の大小二つの前提に理由を示す命題を付加している帯証式を言い、「決まり文句」は修辞学のエピフォネーマで、話や詩の終わりに付した感嘆文や警句的な表現で結ぶ示す言葉である。
（14）ウェルギリウス『農耕詩』一・一四五。
（15）アリストテレス学派の別名。古典的古代のもっとも重要な学派がここに列挙されている。

(16)「第一質料」とは形相を受け取る以前の質料の形態をいう。「無形の質料」とも呼ばれる。

(17) ゼノン（前四五〇頃）はギリシアのエレア派のパルメニデスの弟子の哲学者で「飛矢は飛ばず」の命題によって運動を否定したので有名となる。

(18) ここには「キリストのみ」(solus Christus) という宗教改革者たちの主張がすでに響き渡っている。

(19)「身分」(professio) はその他に職業、誓約、信仰告白、さらに仕事を意味するが、続く文章の関係でこう訳した。

(20) 天使論はトマス・アクィナスの書物で論じられていたように、この時代になってもスコラ学では大いに議論されていたことであるが、その荒唐無稽さにエラスムスは驚いていたと思われる。

(21) アウェロエス（一一二六―一一九八）。コルドバ出身のアラビアの学者、哲学者、アリストテレスの広範な注解書で中世のスコラ学の発展に寄与した。

(22) ギリシア語のグネシオスが使われている。Iテモ一・二、IIコリ八・八参照。

(23)「リューディアの法則」とは古代人が定規として使ったまっすぐな葦の棒のことを意味する。ギリシア人はこれをカノンと呼んだが、ローマ人はこれを「法則」と呼んだ。同じように使徒信条のようなキリスト教の信仰告白は「カノン」(kanon) とも「信仰の規則」(regula fidei) とも呼ばれた。「リューディアの」は最高に重要な要求に対する格言風な表現であって、それよりも劣る要求は「レスビス」と呼ばれた。

(24)「再生」（レナスケンティア）とはルネサンスを言い表す表現として注目すべきである。ルネサンスは古代文芸の復興を意味するが、それは同時にキリスト教の再生をも意味することが知られる。

(25) キリスト教の復興を願うエラスムスは古代文芸の意義を重んじ、それをキリスト教への予備学として位置づけている。『エンキリディオン』と『対話集』の「敬虔な午餐会」を参照。

(26) このことはモーセの書によって旧約聖書がつまらないものとして廃棄されているのではなく、モーセの律法がその儀式的、法制的、道徳的意義をキリストの死によって喪失し、新約の新しい法によって解消されていることを示している。

(27)　これらはスコラ神学で用いられた術語で、「審級」（instantia）は裁判における法律用語であり、「関係」（relationes）は三位一体論における位格間の関係を示し、「本質」（quidditas）は字義的には「何性」を言い、それは何ですかという問いに答えるときの本質を言う。「形相性」（formalitas）は存在しているものが質料から形相に向かってその潜在的な本質をあらわにしていってその形相を実現することを言う。
(28)　アルベルトゥス・マグヌス（一一九三頃—一二八〇）。ドミニコ会の哲学者、神学者、自然探求者、トマスの教師。
(29)　ハレスのアレクサンドルス（一一八六—一二四五）。イギリス人、フランシスコ会の神学者。
(30)　トマス・アクィナス（一二二五頃—一二七四）。中世最大のスコラ学者。
(31)　アエギディウス（一二四五頃—一三一六）。トマス学派の指導者。
(32)　リカルドゥス（一三〇五死去）。イギリスのフランシスコ会の神学者。アウグスティヌスからトマスに転向した。
(33)　ウイリアム・オッカム（一二八五頃—一三四九）。イギリスのフランシスコ会の哲学者。神学者、ノミナリズムの再興者。
(34)　「熾天使」（seraphica）は熾天使博士のボナヴェントゥラを指す。
(35)　ここにある「哲学的に思索する」（philosophor）という言葉は、カントの有名なフィロゾフィーレンの先駆となっていると思われる。

方法論（メトドゥス）

それに反してある読者は恐らく「あなたはずっと前から走ってきた人に（よく言われるように）何をけしかけようとするのですか。むしろ、それによってだれにでも近道のようにとても称賛されている、あの哲学に到達させる手段と方法を示してください。仕事に取りかかる道を知るということは、仕事の最小の部分ではないからです」と言うかも知れません。そうはいっても、まずそれが一巻の書でもってしても不可能ですし、次いでわたしの書物でも不可能であることをわたしはよく知っています。だがわたしは、不幸な航海をした人たちが、それにもかかわらず、明らかになった危険に対して他の人たちが解決したことに正しく助言をいつも求める慣わしであるとき、わたしはこの人たちを当然のことながら模倣したいです。あるいは十字路に置かれたあのメルクリウス[1]の像が時には旅人が自分では決して到達しないところに彼を導くあの徴のようにです。それはまたわたしが少なくとも詩人たちと一緒に次の詩にあるように成るためです。

わたしは砥石の役目を――自分は切ることができないけれど鉄を鋭くすることができる
砥石の役を果たそう。[2]

聖アウレリウス・アウグスティヌスは『キリスト教の教え』という表題の四巻の書物でこの問題について厳密に、かつ、内容豊かに論じていますけれども、わたしも同じ問題をできるだけ簡潔に論じるばかりか、ミネルウァ[3]が語るように、少しも飾らず、いっそう単純に論じてみたい。というのも、わたしたちは卓越した能力をもってそれに備えているのではなく、平凡で見劣りのする素質の人たちを助けるように努めたいからです。

したがって真っ先にわたしたちが忠告しておかねばならなかったことは、それが本当にとても容易であって、よく言われるように、多数の人たちに言われうるということです。その他にその影響に関して言いますと、最初にして最大の意味は、すべての人にあまねく及ぶということです。そして教えることでは少しも面倒ではないように、証明するには多くの実例が必要です。もちろんそれは、ストア派やアリストテレスの哲学にではなく、明らかに天上的な魂にわたしたちを連れて行くためです。つまりそれは、あらゆる悪徳の汚物から清められるばかりか、あらゆる欲望の暴動からも平静となり、憩っている魂にふさわしいことです。そうすることによって、わたしたちの内に、穏やかとなった水の流れやきらめく鏡におけるように、あの永遠の真理の像がいっそう明瞭に光を放つようになります。実際、もし〔医師の〕ヒッポクラテスが弟子たちに聖なる完全な道徳を要求したり、〔ローマの数学者の〕ユリウス・フェルミクスが迷信的な術でもって利益や名誉欲で腐敗した才能を認めなかったとしても、わたしたちがこの神聖な知恵の学校や神殿にもっと誠実にして、かつ、もっとも清い精神でもって近づくことは、どんなにか公正なことでしょうか。学ぼうとする最高の情熱〔をもつ人たち〕がそこに集うことでしょう。この比類なき真珠は一般的な仕方で愛されるべきではないし、他のものと一緒に愛好されるべきものではありません。それは飢え渇いている精神を求めており、飢え渇いている人だけを求めています。この神聖な門に入っていこうとする人は、すべて高慢を遠ざけねばなりません。あの真理をもっとも害する疾病である名誉欲は決してあってはなりません。口論を生む頑なさがあってはならず、ましてや無分別な軽率さもあってはなりません。あなたが畏敬する宗教心をもってその場所に入っていくとき、あなたはすべてのものに口づけし、すべてを崇拝し、何かの神性が至るところに臨在するかのように、すべてを敬うでしょう。あなたがこの神聖な霊の最内奥（聖所）に入っていくときには、このことをいっそう深い敬虔の念をもって行うべきであることに留意してください。洞察するように与えられていることには謙虚に口づけなさい。だがそのように与えられていないで、秘密に隠されているものには遠くから話しかけ、崇拝しなさい。不敬虔な好奇心があってはなりません。あなたはある種の神秘を、それを洞察することから敬虔の念をもってあなた自身を隔てるがゆえに、やがて洞察するにふさわしくなるでしょう。あなたが学んでいるものに変えられ、拉致され、連れて行かれ、改造されるという祈願、この一つのことがあなたにとって第一にして唯一の目標なのです。こうして心の糧は、それが胃の中にあるように記憶にとどまらないで、心情そのものに、かつ、精神自身の中枢に移されるならば、ついには役立つようになります。あなたが更に激しく論じないで、高慢でなくなり、怒ることがなくなり、生活の欲望が減少し、日ごとに何らかの悪徳が立ち退き、何か敬虔なものが増大していって、別な存在になったと感じるようになるなら、そうなったときにのみあなたには前進したと思われることでしょう。

さて、その助けによってわたしたちがより快適にそこに到達するための教養に関していうなら、わたしたちはまず第一に、あらゆる聖書がここに伝えられて存続している、ラテン語・ギリシア語・ヘブライ語の三言語を徹底的に修得するように配慮しなければなりません。だが、親愛なる読者よ、棍棒で打ち叩くような困難な仕事からわたしを直ちに退かせてください。もし指導者が欠けていなければ、精神力〔適切な判断力〕が欠けていなければ、わずかな努力でもってこの三言語はほぼ学ばれるでしょう。三言語は、今日、もちろん教師の未熟さのゆえに、一つの言語の半分しか哀れにもどもりながら話すことが学習されているに過ぎません。〔そうは言っても〕わたしたちはこの点で雄弁の奇跡にまで向上することをしつこく求めません。入念さと優雅さ、つまり正しく判断するに足りる、中程度の言語能力にまで前進することで十分なのです。わたしたちはその他の教養に関する学問の知識をも軽視しておりませんが、それが書かれている言語をあなたが知らないでは、書かれている本文を理解することは決してできません。なぜなら「わたしにはヒエロニュムスの翻訳で十分だ」といつも語っている人々に耳を傾けるべきであるとはわたしには思われませんから。彼らはソフィスト的なつまらないことに関わって老いぼれた年齢に至るまで腐敗してしまったのです。ラテン語に熟達しようとしなかった人たちは主としてこのように答えていますが、彼らにはヒエロニュムスが翻訳したことも空しかったのです。わたしは今のところその他のことをもっと広範囲にわたってお話しできないのですが、あなたは何らかの水源から汲み出すようにヒエロニュムスの泉から何かを汲み出すでしょう。言葉がもっている何らかの特殊な用法が、同じ意味、生まれつきの魅力、同一の重点を獲得するように、他の言語に翻訳されえないことは、どうしてなのでしょうか。完全に翻訳され得るよりも、もっとつまらなくなっているのです。このことを聖ヒエロニュムスが至るところで嘆いたり叫んだりしていますが、それはどうしてなのですか。ギリシア語の本文にもとづいて改善された福音書のように、ヒエロニュムスによって再興された多くのものが、その時代が名誉毀損によって訴えたため忘れ去られているのは、どうしてなのですか。著述家たちの誤りや無分別によって書籍が昔のみならず今日でも至るところで損なわれているのはどうしてなのですか。要するにその証言にもとづいてヒエロニュムスが尽力していた言語をあなたが全く無視するなら、それによって彼がテキストを改訂した手段は十分に理解されなくなるのですが、それはどうしてなのですか。ヒエロニュムスの翻訳が一度だけで十分だったならば、旧約聖書の真理はヘブライ語の原典から、新約聖書の信仰はギリシア語の源泉から探求されるべしという教皇の決定はいったい何を警戒するように仕向けていたのでしょうか。もちろんヒエロニュムスはもう古くなってしまったのでしょう。さらにもしこのヒエロニュムスの訳〔つまりウルガタ〕で十分でしたなら、卓越した称号をもつ神学者たちが全く明らかで恥ずべき誤謬に転落していること――それは否定されたり隠されたりできないほどに明らかです――がどうして起こりえたのでしょうか。彼らの間には最近のすべての学者の中でももっとも細心なトマス・アクィナスがおります。わたしには彼があまり好ましくないとしても、それはわたしが嘘をついたり、侮辱するためにこう言うのではありません。(4) 自分の考えではトマスと決して比較すべきでない、他の学者について、わたしは今のところ何も言いたくありません。すでにこの言語を研究する時期を過ぎてしまった人は、思慮深い人にふさわしく、自分の運命とうまく折り合いを付け、できるかぎり自分とは異質な努力から自分を是正してもらいたいのですが、ただ青年たちには——この文書は元来彼らのためにだけ書かれています——それを獲得するのが妨げられないでほしいのです。しかしながら、わたしは年寄りたちに希望をことごとく捨てる機会を与えているのではありません。わたしは［そうではない証拠に］実に四人を名指して挙げることができるからです。わたしはこの人たちを親しく知っており、彼らは書物の出版によっても有名な人たちです。その中のだれも四〇歳になる前にギリシア語の初歩を取得しておりませんでした。彼らの内の一人は四八歳になってから初めてはじめました。ところで彼らがどれほど進歩したかは彼らの著作物によって証言されています。もしカトーの例がほんの少しだけ影響したとしたら、すでに司教であって老人に近い聖アウグスティヌスが子供の頃に学習し始めたが、途中でやめてしまったギリシア語に立ち返ったことをどう思いますか。わたしたちゲルマーニアの唯一の輝きであり飾りでもあるルドルフ・アグリコラは、四〇歳を越えたときにヘブライ語を学ぶことを恥じなかったし、人文学においてとても重要な人物なのに、こんなにも高齢になっていることに絶望しませんでした。たしかに彼は成人してからギリシア語に着手したのでした。わたし自身もすでに四九歳ですが、許されるならば、以前にともかくも試食していたヘブライ語に立ち返りたいのです。ただ自分自身に命令し、熱心に欲しさえすれば、人間の精神が成し遂げえないものは何もありません。また前に言ったように、ほぼ習慣となっている軽率さがなければ、あまり正確に判断していない向こう見ずな判断を下さなければ、この企てにはなんでも節度さえあれば十分です。これに関しては青年のほうが確かにある程度は幸いな状態にありますが、老人も絶望してはなりません。青年は自分から多くの希望を引きだそうとしますが、老人は時には心の情熱において優っています。老人の活力は他のものに対してはその情熱を示しません。

さらにヒエロニュムス(6)は、旧約聖書においてはセプテュアギンタ(5)を越えては何も要求されるべきではないと考える、ヒラリウス(7)とアウグスティヌスの考えをその書簡の中で十分に反駁しています。また彼は彼らを反駁していなかったとしても、ヒラリウスの誤りをその著作『ホサンナ』において明瞭に反駁していることは確かです。アンブロシウスも同じ石に躓きました[8]。さらに優れた資質の神学者に約束されていると思われるとよく言われる、ある種の稀なる天才の幸福や活発な性格[9]は、アウグスティヌスにも気に入ったのですから[10]、わたしに全く気に入らないということはないでしょう。それはほどよく味見されて洗練された諸学問、つまり弁論術、修辞学、数学、音楽、天文学によって教育され準備されたものです。それらは何よりも動物、植物、宝石〔鉱物〕のような自然物の認識のためにあり、これらが存在する場所の認識、とくに聖書でも言及されている場所の認識のためです。こうした地域について認識してから、わたしたちは物語に移り、物語の中でいわば精神的に思いめぐらし、あたかも事柄を読むのではなく、注視するのだと思われます。また同時にあなたはその読むものに頑なにこだわらなくてもよいのです。わたしたちが今やある出来事が物語られている、もしくは使徒たちが書き送っている、国民についてその置かれた状況のみならず、その起源、習俗、制度、文化、素質について歴史書から学んでいたとしたら、いかに多くの光輝といわば生命を、全く退屈で死んだに相違ない話に取り込むことになるかは、言ってみれば驚嘆すべきことなのです。そればかりかほとんどすべての事物に関する名称が知られていない場合、その都度人は時には厚かましい神託やみすぼらしい辞書に頼って樹木から四つ足の動物を、宝石から魚を引き出したりしています。それは宝石の名前ですとか、樹木の一種ですとか、動物の種類ですとか言い添えるだけで、豊かな教養があると思われています。しかし事物の特質そのものからある神秘の理解が浮かび上がってくることも稀ではありません。

　また神学を学ぼうと決めた青年が文法学者や修辞学者の表現法や比喩によって熱心に鍛えられるのは、無益ではない、とわたしは考えます。それは寓意的に説明されるべき物語、寓意的叙述（アポロゴイ）、比喩、とくに修辞学の状況、大前提、証明、敷衍、影響を扱う部分における予備学習です。これはすべての学問分野における研究にもっとも役立つ判断力をいっそう高い程度で身につけさせます。また神学者の職業は屁理屈——これを異教徒らが異教の哲学者たちに対してあざ笑っていますが、パウロは〔そのことで〕キリスト教徒によって嫌悪されており、しかもそれは一箇所だけではないのです——よりも情意から成り立っていますから、この類の学習によって生涯を通して訓練されることは適切なことでしょう。こうして人はその後で神学的な寓意や一般的な〔聖書本文の〕箇所をいっそう容易に扱うことができます。わたしが間違っていなければ、このことをアウグスティヌスは配慮しており、その弟子のリケンティウスがすでにそこから遠ざかろうとしていた学問に立ち返るように命じました。[11] なぜならこの種の研究は同じくその他の学問に対しても精神をいっそう活発にし、力づけるからです。他方、もしだれかがあの単に子供じみた、不安を与えるだけの貧弱な弁証論の教本によって教え込まれていたら、また今日まで伝えられているように、詭弁家たちが日ごとに新しく思い付く難題のゆえに来る日ごとに違って答えるとしたら、論争で負けてもいないのに逃げ出すことが起こります。その他の点では聖書を扱っているときに、不死なる神が凍えているかのように、否、生きていないかのように卑しめられているのをわたしたちは見いだします。そういう事態を示す簡単に手に入る証拠をだれかが求めるならば、あの昔の神学者たち、オリゲネス、バシレイオス、ヒエロニュムスを最近の神学者たちと比較して論じてみたらよいでしょう。そうすれば昔の神学者たちには何か黄金の流れが走っているように感じられますが、最近の神学者たちには全く純粋ではなく、その源泉に一致しない何か細流のようなものがあるのを感じるでしょう。前者によってあなたは至福な公園で十分に満たされますが、後者では刺のある灌木の中でずたずたに引き裂かれさいなまれるでしょう。前者ではすべてが尊厳に満ちており、後者では卓越したものは何一つなく、多くはみすぼらしく、神学の尊厳にふさわしいものはほとんどないのです。もしも世俗の学問にさらに長く関わらなければならないときには、わたしとしては聖書にいっそう近く隣接するものを実際選ぶことでしょう。

そうはいっても、どれほどの尊大さをもって詩作法をあたかも子供っぽい事柄だと侮っているか、修辞学やすべてのよい学問[12]をどのように呼んでいるか、どのようにそれが事実そうであるかを、わたしは知らないのではありません。それにもかかわらず人々が今では彼らを理解するよりも無視するほうにいっそう傾いている、あの優れた神学者たちは、このよい学問をわたしたちに授けます。キリストはほとんどすべてを譬えに包み込んで話しました。それは詩人に独特なものです。アウグスティヌスは預言者たちやパウロ書簡における修辞学者の表現法を明らかにしています[13]。パウロ自身も詩人たちの証言を使っています[14]。では、どこかで彼がアリストテレスやアウェロエス[15]に言及しているところがありますか。どこに「第一大前提」や「第二大前提」、「審理の延期」や「限定」がありますか。どこに「正式」や「何性」また「エッケイタス」がありますか[16]。これらの概念によって今日すべてが当惑されています。その他に専門用語にはだれでもその創設者や創始者のことを思いめぐらすならば、とても素晴らしい意味があります。ウェルギリウスはホメロスを模倣しており、アウィケンナ[17]はガレノス[18]を模倣し、アリストテレスはその論証のためにさまざまな人を模倣しています。どうしてわたしたちだけが自分たちの哲学の創設者たちから大胆にも完全に離れてしまったのでしょうか。アウグスティヌスはとりわけプラトン哲学にたまたま出会ったことを感謝しています。それはプラトンの教説がキリストの教えにいっそう近く接近していたし、近隣のものからの移動がいっそう容易であったからにほかなりません。わたしは公共の学校で今一般に採用されているのが見られる学問を、それがただ真剣に、だが排他的にではなく、追求されているならば、非難しません。とはいえウェルギリウスの言葉[19]を用いて言うと、公正なユピテルが愛した少数の人だけがそれを理解しています。〔それに対して〕わたしたちは平民を神学者に教育しようとしています。わたしの考えを誠実に言いますと、神学を目指している人が世俗の学問の中で、とりわけいっそう懸け離れたところに置かれて、年とっていくことは憂慮すべきことです。たとえば味覚や舌を多くのニガヨモギで染みこませた人は、その後で食べたり飲んだりするものは何でも、ニガヨモギの味がすることが起こります。またあまりにも永く太陽を見つめる人には、その後で見るものは何でも白内障にかかって悪化した目にもたらす色彩でもって示されることが起こります[20]。これと同じくその人生の大部分をバルトルス[21]やアウェロエスまたアリストテレスとか詭弁家の屁理屈に費やしてきた人たちには、神的なよい学問を実際ある通りに味わうことができず、彼らが自分で取り出すものしか味わえません。というのも神的なよい学問を取り扱うに当たって何かを外来の助けのように一緒に混ぜ合わせることは、おそらく上品ではないでしょうから。それと同じく世俗的な知恵のすべてから全く異質な事柄を追求している人たちが、ピュタゴラス、プラトン、アリストテレス、アウェロエスまた彼らよりも世俗的な作家たちのことだけをしゃべりまくって、この人たちの見解を神託のように〔畏怖して〕麻痺してしまうのは、真にもって愚かなことであると思われます。それはキリストの哲学に趣を添えるのではなくて、それを全く別物にしてしまうのではないでしょうか。もしだれかがこういう人たちなしには神学者となることができないと訴えるなら、とても多くの著名人、クリュソストモス[22]、ヒエロニュムス、アンブロシウス、アウグスティヌス、さらにクレメンス、それどころかペトロやパウロの実例でもってわたしは自分を慰めるでしょう。この人たちはそのようなものを知っていなかったばかりか、たびたび拒否してもいるのです。

このことはむしろキリストの諸々の教えが本質的なものに要約され、しかもまずは福音書から、次いで使徒書からわたしたち初心者に伝えられた事態に関係しています。こうして初心者は至るところで確かな目標をもつようになります。彼はこの目標に向かって他のものを関連づけることができます。その事例を少し挙げておきましょう。キリストは全く天に寄りすがる新しい民を地上に設立し、この世のすべての援助を信用しないで、何かそれとは別の仕方で富める者であり、知者であり、高貴であり、力があり、幸福であって、あらゆる事物を蔑視することによって事物の下での幸福が達成されるようにしたのです。妬みを知らない人は確かに純真な目をもち、色情をいだかない人は自らの発意で去勢した人のようであって、人間的な恥ずかしさを感じません。そのような人は高い地位に就くにしたがって、すべての人にいっそう深く身をかがめており、幼い子供たちの単純さと純真さへと再生されたようです。彼は空の鳥と同じ仕方で日々を生きており（マタ六・二六参照）、ありふれた生活をなし、死を願っています。彼は僭主政治を恐れないし、死もサタンも恐れないで、ひたすらキリストの援助に頼っています。彼は怒りや呪いによって駆り立てられたことを知りません。彼は悪い報いを受けた人たちにも良く報われるようにと努め、また彼らの間にも、同一のからだの肢体の間にあるような最高の一致があるように（ロマ一二・五参照）、さらに彼らの間に相互的な愛がすべてを共有するように努めます。彼は地の塩や光として生き（マタ五・一三参照）、いつも最後の審判の日に備えて武装して行動するでしょう。このことを簡略に示せば、キリストはその教えによってご自分に属する人たちを予め防備することなしには、何ごとも大目に見たりしないでしょう、となります。何にもとづいて幸福が据えられなければならないかをキリストは山上〔の説教〕において教えられました（同五・三―一二参照）。どのような行為によって永遠の生[23]が準備されるべきかを彼は山羊と羊の像を使って審判の比喩の中で教えました（同二五・三二以下参照）。彼はまた苦痛を与える兄弟らに対して、弱い人々に対して、異教徒らに対して、敵と迫害する者らに対して、不敬虔な悪い長官に対してどのように耐えるべきかを教えました。

次にわたしたちはキリストの仲間世界の全体を入念に観察するように勧めなければなりません。つまりキリストがどのように生まれ、教育され、成人し、両親や近親者に関わり、福音の宣教のわざに入っていったか、またいかに多岐にわたって奇跡のわざと応答のわざを行ったか、を観察するように勧めなければなりません。彼がどのように民衆を憐れみ、ファリサイ派の人たちと学者たちを叱責し、売り買いする人たちを革紐でもって怒られたか、を観察するように勧めなければなりません。またどのように彼が至るところで儀礼を蔑視し、いつも信仰だけを要求したかを。彼はカイザルの像について知らなかったと同じように、あるものについては知っておりませんでした。彼はある人には自発的に近づきましたが、ある人には渋々関わりました。彼はある人を自発的に仲間に加えましたが、ある人が彼に随行するのを許しませんでした。ヘロデには何も答えず、ピラトにはアンナスとカイアファと同様に少しだけ答えました。わたしたちはとりわけ彼があの最後の闘いに対してどのように準備したか、死に際してどのように行動されたのか、どのように葬られ、どのように復活されたかを観察しなければなりません。なぜなら、だれかがいっそう注意深く観察し、それを入念に探索するように哲学的に思索するならば、驚嘆すべき信仰〔敬虔〕の教えをもっていないものは何もないからです。永遠の真理が〔聖書の〕歴史的・転義的・寓意的・類推的意味[24]にもとづいて多様な仕方でさまざまな事物においてどのように輝いているかを探し求めるだけではもう十分ではなく、さらにこれらの個々の事物にどのような段階があり、どのような相違があり、どのような探求方法があるかも探し求めなければなりません。オリゲネスは神によって試練を受けたアブラハムについてどんなに多くの方法で解釈しているでしょうか。歴史的意味だけを追い回して人はどれだけ多くの箇所を見いだしますか。同一の類型がそれが適用される多様な事柄の代わりに、何か新しい形態が多様な時代状況の代わりに、豚が食べるイナゴ豆（ルカ一五・一六参照）が権力・快楽・名誉・俗界の教育に適応できるように、採用されているとは言わないとしても、これまであなたは転義的意味を追い回しています。[25]どうして譬え話のすべてがユダヤの民と異邦人に適応されないのでしょう。弟子たちとその時代にだけ関係しているものがありますが、すべてに妥当するものもあります。そのあるものはその時代の精神的状態に向けられており、多くは皮肉として笑われるようです。だれかがこのことをそれに適用される事例でもって説明しようとしても、この課題は一巻の書をもってしても足りないでしょう。

わたしたちは聖書の証言を、すでに六〇〇回も他のところから他の人によって混入され氾濫した、何かの要約やつまらない説教集や収集した文集からではなく、源泉そのものから〔若い人たちが〕適切に引用するのを十分に学ぶように勧めなければなりません。また神の知恵からなる託宣を別の意味に歪めたり、しばしば反対の意味に取ったりする人たちを真似ないように勧めなければなりません。自分の主張を導入してきて、聖書をそれに仕えさせようと強制する輩もおります。その際、こうした人間的な主張は、聖書から攻撃されなければなりません。このような主張を民衆の心情や習俗にまで強引に拡張しようとする輩もいます。その際にはここから行われるべきことが吟味されなければならないとしても、通常行われているように、〔聖書の真理を〕庇護する者の務めによってその主張は覆されてしまいます。それはすでにいっそう深く隠されていますが、そうすることで更に害し腐敗させる類となっています。その際、わたしたちは聖書の言葉を誤用して、教会を祭司と解釈したり、現世をキリスト教の平信徒と解釈したりしています。ときおりキリスト教徒について言われていることを修道士に当てはめてみたり、「二振りの剣」（同二二・三八）を二重の権力に当てはめたり、[26]神の礼拝について言われていることを単なる儀式に歪めています。わたしたちは祭司の務めについて言わていることをいろんな手段を使って単なる祈りに引き渡しています。それをいっそう確かにするために四つや五つの小辞を摘み取っ〔て味わっ〕たことでは満足しないで、言われたことはどこから生じたか、誰について言われたのか、誰に対して言われたのか、いつ、どんな機会に、どんな言葉で、何が先行し、何が結果したかが吟味されなければなりません。なぜなら言われたことが元来何を意味していたかは、こういう事柄についての評価と考察から把握されるからです。もしあなたが第一にできるかぎりこうするように配慮するなら、その後であなたはそれを容易になすようになるでしょう。わたしたちは神学的言語の独自性に留意すべきです。というのも神の霊は固有の言語をもっており、あの聖なる著者たちはギリシア語で書いていても、ヘブライ語の特性から多くのものを持ち込んでいるからです。またそれは多くの誤りの源ともなっています。

わたしが今言おうとしていることが、だれかによって巧みに提示されたとしても、特別な利益になるかどうか分かりません。したがって次のようになります。あなたは何らかの神学的なテーマを自分で手に入れるか、だれか他の人によって推薦されたものを受け入れるかしなければなりません。こういう仕方であなたはご自分が読んだすべてを何か巣の中に入れるようにして分類するのです。そうすればあなたはそこから何かを借用したいと思われる場合、たとえば信仰について、断食について、悪人を忍耐することについて、弱者を助けることについて、儀式について、敬虔とその他の類についての論題をいっそう迅速に読み取ることでしょう。もちろん二百や三百もの論題を整えておくことができます。わたしたちが以前『雄弁の才[27]』において公表しておいたように、諸々の論題の中でも〔その内容が〕矛盾するものや隣接したものに従って秩序よく構成されるならば、旧約聖書のすべてにおいて、福音書において、使徒書において目印となっているもののすべてを、一致するものもしないものも、それに基づいて再構成すべきでしょう。もしだれかにそれがよいと思われるならば、その人は昔の注釈者たちから、最後には異教徒の書物からもいつかは役立つと思われるものを寄せ集めることができるでしょう。聖ヒエロニュムスがこの方法を使っていたことは、彼の諸著作からほぼ気づきうるようにわたしには思われます。わたしたちが何かを論じなければならないとき、手近にある道具は助けになるでしょう。同様に何かを説明しなければならないとき、出典箇所を列挙したものはそれを容易にするでしょう。実際、わたしたちが意味不明な箇所を他の明瞭な箇所を列挙することによって説明するとき、神秘的な文書を神秘的な文書によって解釈するとき、こういう最善の方法をオリゲネスのみならず、アウグスティヌスも聖書を解釈するために使っています。またこのようなことで教育された人は絶えず省察することによって聖書にとどまり続けるでしょう。このことを、

彼は手を尽くして
夜となく昼となく
熱心に思いめぐらす(28)。

彼はこれを絶えず手にもっており、絶えず胸中にもっており、絶えず大声で耳に聞かせ、目に浮かべ、心中に現れるようにさせます。
わたしたちが聖書を、とりわけわたしたちの信仰告白にとても役立つ新約聖書――それだけで今日十分信仰告白を可能にします――を、それからイザヤ書のように旧約聖書から新約聖書に一致する箇所を、言葉通りに暗記することは、軽率なこととは言えないでしょう。しかしながらわたしは前に言ったように繰り返しパウロと福音

書とを、またこの両者とイザヤ書および旧約聖書の残りの箇所とを配列順にしたがって比較するならば、これらは自ずと記憶に定着して留まるようになるでしょう。もしこういう仕事をするのをだれかに思いとどまらせようとするなら、その人は次のことを熟考するようにお願いしたい。未来の神学者が詭弁的な教えの命題を暗記したり、アリストテレスの注解を何でも暗記したり、スコトゥスの推論や討論を丸暗記していることと、同じ仕事を聖書――この源泉からすべての神学は、それがただ真の神学であれば、わき出しています――に対して行うことを煩わしく感じることとは、どのように一致するのか、と。しかし、同時にこの仕事を――わたしは決して面倒な仕事と言っていません――何かを研究したり、引用したりするたびごとに、家があっても家具をもっていない人たちが、皿や大杯が必要になるたびごとにそれを使うために隣人に頼んでいるように、辞書・梗概集・索引に救いを求めて絶えず走り回ること以上に、どれくらい〔エネルギーを〕消耗したら十分なのでしょうか。どうしてあなたはご自分の心胸をキリストの書庫としないのですか。つまり、あなたは食料貯蔵室からもってくるように状況が要請する都度、そこから新しいものも古いものも取り出そうとしないのですか。他のものと寄せ集めたものから盗み取ったものより、あなたの心胸から生き生きとわき出てくるものは、聞く者の心にはるかに生き生きとよく入り込みます。

ある人が「何ですって、あなたは、聖書が注解書なしに理解できるほど容易である、と思っているのですか」と尋ねるかも知れません。では教義を認識し、わたしが語ってきた箇所の比較に携わってから、あの人は何をすることができるのですか。最初このような注解書を出版した人たちは、その中ではオリゲネスが卓越していますが、その他に何を遂行してきたのでしょうか。もし他の人たちが同じ道を歩むなら、到達したであろう、同じ目的に彼らが到達するのを何が妨げているのですか。それが起こることをわたしは欲しておりません。むしろ昔の人たちの労苦は労役の一部分をわたしたちから取り除いてくれるはずです。わたしたちがまず彼らの注解書の中で最善のものを選びさえするなら、わたしたちはそれによって助けられるはずです。たとえば、だれとも比較できないほどの第一人者であるオリゲネス、バシレイオス、ナジアンゾスのグレゴリオス、アタナシオス、キュリロス、クリュソストモス、アンブロシウス、ヒラリウス、アウグスティヌスです。更に人はこれらの注解書を選択と洞察力をもって読まねばなりません。多くのことに無知であり、多くの点でつまらないことをしゃべっている人たちがおりました。彼らはどこかで居眠りをしていましたし、その多くはあらん限りを尽くして異端者たちの征服に専念し、彼らとの論争に当時すべてを挙げて燃え上がっていました。その他に彼らの内には誤った書名の下に多くのものを流布させていないような人はほとんどおりません。もっと厚かましいことには、その書物に他人のものが多く混じっていないような人たちもいません。このことはヒエロニュムスによって確かに証明されていますし、他の人たちにおいても同様にこのことは隠されていません。この点に関してもし読者が啓発されていないと、ペテン師や碌でなしの戯言がヒエロニュムスやアンブロシウスの託宣だと考えられるのは、危険なことです。しかしこうしたことをすべて解明するには無限な努力を要しますから、良く吟味されたものの中から最善のものを読むようにすべきです。実際、真の注釈者と言うよりも収集者にすぎないこうした当今の著者たちに対して、人は何のために貴重な時間をあまり好ましくない仕方で費やそうと心がけるのでしょうか。この注釈者の中にあなたが後になってから大変な努力をして学び直さなければならない多くのものをあなたは見いだすでしょう。

次にその中に何か正しいものがあるならば、あなたはそれが往昔の人たちから汲み出されたものであることを発見するでしょう。しかし、それは縮められたり、切り詰められており、言語と事柄との無知のゆえに、その多くは、恐らく最善のものも、それが理解されていなかったため、見落とすように強いられています。そのようなものの良い部分があの源泉から収集されないで、たびたび収集され混合された集積物から、十番目の水たまりからのように、こっそり盗み取られており、ほとんどその源泉の味がしなくなっているのはどうしてなのですか。要するに、こうした著者たちの子供っぽいどもりの話のため、みんなが嫌になったり、つまらないものと思っているのと同じことを彼らは教えているのです。それに対しヒエロニュムスは、彼が真理から逸脱し、事柄から外れるときでさえも、この著者たちが真実に事柄を伝えている〔と思われる〕としても、彼らよりもいっそう多くの良いことを教えるためにすべてに優美さを添え、豊かにしています。というのも、わたしたちがいつも関係している著者たちと同じ仕方で、わたしたちは、その間に時折とは言わなくても、そのような事柄自身を完全に伝えていますから。それは食物の特性が身体の習性に移っていかないように、朗読しただけでは事柄が〔わたしたちの〕精神や道徳の中に入っていかないからです。もしわたしたちが貧弱な、単調な、本物でない、わかりにくい文体の、けんか好きな著者たちといつも付き合っているなら、そのような人たちを当然避けなければなりません。真にキリストの霊感に満たされ、燃えており、生きており、真の敬虔を教え、かつ、示している人たちの間にいるのでしたら、わたしたちはこの人たち〔の精神〕を少なくとも幾分かは再現すべきでしょう。

そしてもしあなたがその他に加えるものがないとすると、わたしがスコラ的な格闘技に対しほとんど備えができていないと、あなたは主張なさるでしょう。だが、わたしたちは拳闘家となる準備をしているのではなく、神学者となる準備をしているのです。しかもその神学者というのは、三段論法よりも生活によってその主張を正確に表明することをむしろ選んでいます。この人たちの中には神学者に値する人がいなくても、そんなに不機嫌にならなくてもよいでしょう。その人たちに中にあってヒエロニュムスでさえどう答えるべきか知らなかったでしょうし、恐らくパウロ自身も知らなかったでしょう。その根源を異にしている神学そのものには責任がないのです。そうではなく、そのすべてが弁証論者の機知とアリストテレスの哲学に還元される人たちの論じ方に責任があるのです。この論じ方は神学よりもむしろ哲学に少なからず関係しています。それでも、もしその学問の本質のすべてを予め学んでいなかったなら、だれも理解しないような仕方で修辞学者とか数学者とか音楽家が神学を論じることも起こりうるのです。だが、どうして神学がありとあらゆる問題に対して必ず答えねばならないのでしょうか。〔五〇の頭をもつ伝説の蛇〕ヒュドラのように切り落とされた一つの頭から無数の頭が生じてくる場合には、その問題の数も尺度も終わりもありません。探求することが少しも敬虔でないものがあります。また救いの損失とはならなくて、知る必要がないこともあります。〔更に〕何かを「判断する」よりも、疑いためらったり、アカデミア派と一緒に「判断停止する」（エペクフェイン）[29]ほうが教養がある場合もあります。〔哲学と神学との〕両方の種類の学問を理解することができるほど天与の才能に恵まれているのでしたら、そこに進んでいくべきです、その能力がその人を呼び出すところへ進んでいくべきです。その人は幸運な歩みをもって進んでいくことでしょう。しかしながら、わたしたちは神学研究に身を投じ、人生の大部分を献げなければならないと思っています。もしわたしたちが二つの学問のうちの一つを放棄しなければならないときには、わたしはもっとも真理内容を有する方を支持して、それに立ち向かうように選択するのを認めざるをえません。福音書や使徒書を少しだけ味わうよりも、少しだけ知恵の教師[30]である方が望ましいでしょう。キリストの教えを知らないよりも、何らかのアリストテレスの学説を知らない方がもっと良いでしょう。要するにわたしはスコトゥスと一緒に無敵であるよりもヒエロニュムスと一緒に敬虔でありたいのです。あの昔の人たちによってキリストの教えが明らかにされ、かつ弁護されていることも確かに否定できません。この人たちのもっとも機知に富んだ機知ともっとも緻密な緻密さによって一人の異邦人をキリストの信仰へと回心させ、一人の異端者を論破して転向させることが確実であるならば、わたしは昔の人たちが否決投票されても、それを黙認しましょう。というのは異端者が今日でも、以前より少ないのですが、おりますし、本当のことを告白しますと、わたしたちは〔厳格な〕三段論法よりも〔写本の〕小さな束に恩義を負っています。実際、自分が欲する問題を採用する自由が双方の党派に与えられている場合、同じ〔弁証論の〕緻密さによって解明されないような、どんな難題が、総じて緻密な弁証論でもくろまれうるでしょうか。それに対してこの文書〔つまり新約聖書〕の単純明快さは全世界の民衆をわずかな年月の間に革新することができたのです。

しかし、わたしたちは諸々の学問を比較するのをやめましょう。それぞれの学問にはその長所があります。パウロの言葉で言えば、「各自は自分の考えで満ちています」（ロマ一四・五）。スコラ主義的な論争を好む人たちは、その学校で学んだことを追求すればよいのです。それに対し、もしだれかが討論のためにではなく、敬虔のために教育を受けたいのでしなら、とりわけ、かつ、真っ先に諸々の源泉に関わらねばなりません。その人は直接源泉から汲み上げて飲んだ著作家たちに関わらねばなりません。三段論法でずたずたに引き裂かれてしまうとは祈りによって償われるでしょう。またどんなつまらない討論から惨めに撤退したとしても、どんな悪徳に屈することなく、どんな欲望にも譲歩しないほどにまで、あなたが前進するならば、あなたは神学者として確かに無敵となることでしょう。キリストを純粋に教える教師は、誠に偉大なる人なのです。

訳注

（1）本書二四一頁注（4）を参照。

（2）ホラティウス『詩論』三〇四―三〇五。松本仁助、岡道男訳『アリストテレース詩学・ホラーティウス詩論』岩波文庫、二四七頁。

（3）ローマ神話で知恵・技術・職人の女神であり、ギリシア神話のアテナと同一視される。ここではどちらかというと粗野なミネルウァでもって語るという意味が含まれている。

（4）とても難解な文章のゆえに、このように意訳せざるをえなかった。

（5）これは旧約聖書のギリシア語訳で七〇人訳とも表記される。

（6）ヒラリウス（三一五頃―三六七）はポワティエの司教であった教会の指導者で、「西方のアタナシウス」と呼ばれた。彼はオリゲネスに依拠して「詩編の注解」を書いた。詩編一一八・六の講解（ミーニュ編『ラテン教父著作集』第九巻、五二九頁）を参照。

（7）アウグスティヌス『詩編注解』三七・六（ミーニュ編、前掲書、第三六巻、三九九―四〇〇頁）。『手紙』七一・四（金子晴勇訳『アウグスティヌス著作集別巻Ⅰ　書簡集(1)』教文館、一四八―一四九頁）を参照。

(8) ヒエロニュムス『手紙』二〇（ミーニュ編『ラテン教父著作集』第二二巻、三七五頁）、ヒラリウス『マタイ福音書注解』二一・三（ミーニュ編、前掲書、第九巻、一〇三六頁）、アンブロシウス『ルカ福音書注解』九・一五（ミーニュ編、前掲書、第一五巻、一八八八頁）。なお『ホサンナ』はイエスがエルサレム入城したときに、群衆が叫んだ言葉から取られた書名である。「ホサンナ」はヘブライ語で「ああ、救いたまえ」を意味する。

(9) 言語 alba は「聖職者の白衣」とか「真珠」の意味であるが、それでは意味が通らないので独訳にしたがって訳す。

(10) アウグスティヌス『キリスト教の教え』二・一六―一八、二八―三一参照。

(11) アウグスティヌス『秩序』一・八・二三―二四参照。

(12) この「よい学問」(bona litterae) というのは当時の「人文学」に対する呼び方であった。

(13) アウグスティヌス『キリスト教の教え』四・七・二〇参照。

(14) 使一七・二八、Ⅰコリ一五・三三、テト一・一二参照。

(15) 本書二四二頁注(21)参照。

(16) 難解な術語であるが「正式」は「正式な手続き」を、「何性」は「何であるかと聞かれて答えられる本性、つまり本質」また「エッケイタス」は「見よと言われて、見られる本体」を意味していると思われる。この ecceitas はドゥンス・スコトゥスが使用した haecceitas「これ性」つまり「個別的本質」という個別化の原理を表す概念に由来しているように思われる。

(17) アウィケンナ（九八〇―一〇三〇）はアラビアの哲学者にして医者であって、その影響は大きかった。

(18) ガレノス（一二九―一九九）はギリシアの医学者、解剖学者、哲学者でローマで活躍した。たぶん医学に関してアウィケンナとの間に類似性が見られると思われる。

(19) ウェルギリウス『アエネーイス』六・一二九―一三〇。「それができたのはわずかな者たち、公正なユピテルの愛を受けた神々の子らのみであった」。

(20)　エラスムスはここでジョン・ロックが第一の感覚質料と第二の感覚質料を区別して近代の新しい認識論に寄与したのと同じ認識論的な関連を示唆している。

(21)　バルトルスは正式にはサッソフェラートのバルトロ（一三一三―一三五七）であって、彼はイタリアの法律家で、弁証論を教えていた法律学校の学長であった。

(22)　クリュソストモス（三四七頃―四〇七）はコンスタンティノープルの主教で古代の聖書解釈家として重要な人物である。

(23)　原典では「不死性」（immortalitas）が使われているが、キリスト教の文脈で「永遠の生」と訳した。

(24)　この聖書解釈の方法は、四つの解釈法として中世において使用されてきた。ルターも最初これに従って聖書の解釈を行ったが、やがて歴史的意味と転義的（＝道徳的）意味だけを使用するようになった。

(25)「転義的意味」というのは歴史的な意味を別のものに適応する解釈で、その適応は多様であっても、ルターの『第一回詩編講義』におけるように、道徳的意味に、つまり実存的意味に限定して用いることが行われた。

(26)「二振りの剣」（ルカ二二・三八）は中世において怪しげな二重権力説となった。教皇ボニファティウス八世の勅書 Unam Sanctam に表明されている。

(27)　この作品は De duplici copia verborum ac rerum commentarii duo, 1511 であり、文体論と修辞学の範例集である。

(28)　ホラティウス『詩学』二六八以下。邦訳では「あなたがたは、夜であれ昼であれギリシアの手本を手にとって学ぶように」と訳されている。

(29)　古代の懐疑派の名称で、プラトンの創設した学園アカデミアに因んで認識における「真理らしさ」を認めても、認識の真理性を疑った。カルネアデスとピュロンがその代表である。ピュロンの「判断停止する」（ἐποχειν）は有名となる。

(30)　ソフィストというのは本来は「知恵の教師」を意味していたが、一般にはその堕落した姿の「詭弁家」となっていた。ここではこの語を肯定的な意味で使っている。

弁明書（アポロギア）

さて、異論を唱えるであろう少数の人たちに対してわたしは弁明書をもって対処したい。〔福音書記者〕ルカの伝えるところによると、[1] パウロはアグリッパの前で自分を弁護することができるのは幸いであると告げています。彼にはユダヤ人との永きにわたる交際のゆえに問題と見なされたすべてのことがとてもよく、かつ、確かに知られておりました。自分にはパウロとは明らかにいわば相違した仕方で起こっているのですが、〔パウロと〕同様な理由でわたしにも感謝を表すことができるように願っています。というのも論争が行われているすべての問題を理解していないし、まさしく彼らが理解していないがゆえに、あら探しをする人たちの前で、わたしたちは弁明する必要がありませんから。ラテン語・ギリシア語・ヘブライ語の文書をある程度味わったことがある人たち、聖書の神秘を探求するに当たって真剣な人たち、古くて尊い文献に幸運にも熱心に携わっている人たち、昔の神学者に劣らず真理に通暁している人たちの許で、わたしが努力したことが部分的にしか達成されなくとも、大きな恩恵に到達するであろうことを疑いません。それゆえ、わたしたちのこの〔『校訂新約聖書』の出版という〕仕事がそれほど必要でない人たちやあれこれと非難できる人たちが、人文学の知識[2]のおかげで正しく判断できるようになったので、彼らは単にわたしたちの熱心な働きを認めて支持するばかりか、通常のものとは全く異なる感謝さえするようになるという驚くべきことが起こることでしょう。それに対し、この問題に関して意見さえ提示することができないし、人文学から全く遠のいていたためますますこの仕事の援助を必要としている人たちは、彼らが使うために準備された作品を歓迎しないばかりか、激しくそれに抗議し、あら探しをし、弾劾するのです。彼らのうちのある者は、いわば全くの忘恩の徒であり、またある者は著しく恥知らずであるように想われます。あなたはご自分で読んだこともないような書物を弾劾するに優って恥知らずなことを想像できますか。あなたがすでに読んでいても、言語についての知識が全くないなら、それについてあなたは何も言い表すことができないのではないでしょうか。しかし助力したい気持ちから引き受けた、このような無限の労苦と徹夜の仕事に対して、それにふさわしい感謝を述べることができず、とりわけこの作品の有用性が生じてくる人たちによって主に讒訴のお返しを受けることに優って恩知らずな何がありますか。恥ずべき忘恩は至るところにありますが、それは、金銭の損失や快楽の放棄によってまた自分の健康や生命を害してまでも、その精神の記念碑的な著作によって世界に仕えるために、全力を傾注する人たちに対する忘恩ほどに、感謝する点で比べられるものはありません。そうはいってもわたしは、あなたがどこかでもっと忘恩的な人間の精神を見つけることができるかどうかわかりません。またセネカによって深刻というよりも少なからず優雅に「ある人の好意〔感謝〕を得るよりも、彼を怒らせたほうが安全である。忘恩の上に積み重ねたものと同じ程度に——彼は言う——破滅するものはない」と語られたことよりも真実なことが他にあるかわたしには分かりません。他方、好意的な奉仕を理解しない人たちのうちに築き上げられた好意的な奉仕は、わたしの考えではむろん滅んでしまいます。また功績を認めない人たちよりも、功績を調べもしない人たちからの感謝はもっと少ないです。彼らがどんなに隠したところで、心の内で責任を感じ、ときには恥によって〔功績を〕認めるように強いられるのです。要するに彼らがいつかは正気を取り戻すという希望は残されています。しかしあの人たちは親切になしたことを不当なものだと解釈し、好意的な奉仕によって助けられた者どもが〔その奉仕のゆえに〕称賛に値する人を法廷に召喚したりします。

　神学者たちの間では何よりも単に感謝だけではなく、誠実さと寛大さも示されなければなりません。またこのわたしの仕事はとりわけ神学者にとって、また学問——それなしには聖書は十分に理解されることも、義務に忠実に解釈されることもできません——を学ぶ時間のゆとりも機会もこれまでなかった神学者にとって、汗だらけの苦労となっていたものです。彼らの勉学を助けるためにわたしたちは研究を営んできたのですが、それはわたしたちの熱心な働きが、境遇が彼らに拒んでいたものを補う助けとなるためです。そうはいっても誰か声高に抗議するような人たちが、こうした群れの中から生み出されて来ることをわたしは予告しておきます。もし自分たちの職業を更新するのに何かが役立つとしたら、そうしたものを医者たちは歓迎し、法律家たちは追い払ったりしないし、哲学者たちは受容します。わたしたちはただ神学者だけにしつこく抗議したり、横目で自分らの功績を眺めるなどということは断じてあってはなりません。確かに親切心をもって献げられた支援に対して何も感謝されないことは、とても腹立たしいことです。いっそう煩わしいことには、あなたが貢献しようと努めている人たちや、あなたが合法的にも感謝を当然にも要求できる人たちから、不正な原告に反対して法廷で異議を申し立てることができるのに、褒賞の代わりに中傷を返されたりするのです。もしだれかが単に無償で利用するのみならず、それと知りながらも感謝することを忘れているならば、そこには最高の種類の寛大さが求められ、神的な慈悲に向かって近づいている、とセネカは考えます。[3] もしわたしが支援に対し侮辱をもって返報するような人々になおも貢献し続けるとすれば、そのような貢献でもってわたしは勝利を収めることになると思います。誠実な医師たちが声を荒げて抗議したり、罵ったりするような患者たちをも援助し続けるように、彼らが受けている支援を理解するために、わたしたちもこの支援を特別なサーヴィスのように積み重ねていきましょう。

したがってまず第一に、わたしはすべての神学者に、年齢と仕事で時間がえられるかぎり、ギリシア語を、また可能であればヘブライ語を、賞味するように何度も繰り返して勧告いたします。彼らは神秘に満ちた書物の源泉そのものにおいて注意深く哲学的に探求することができます。その学識と高潔なる生活を推奨する往昔の神学者たち［の書を］を彼らは絶え間なくひもとくでしょう。その上で彼らがもし自発的にわたしたちの仕事を他のものと比較し、評価し、こうしてわたしたちが正しく警告していたことをついに承認するならば、人間によく起こるように真理から迷いでたり、わたしたちが誠実に探求してきたものをわずかしか獲得できなくとも、好意的に受け取って是正して欲しいです。もしわたしが訴訟を起こされたとしても、わたしはもう勝訴しており、告訴人の代わりに弁護人をもつことでしょう。更にわたしが弁護人たちからこのこと〔勝訴の弁護〕を獲得していなくとも、彼らは少なくともわたしの懇願によって、わたしがこの労苦を単純で敬虔な願望によって助けるべく引き受けたことを彼らが信じるのを認めてくださるでしょう。それが仮にある箇所では十分に成功を収めていなくとも、それは誤りであっても犯罪ではないし、わたしが是正されるに値していても、非難されるべきではありません。というのも、わたしが何も知っていないということに優って気が付かないものはほかにないからです。他の人たちはとても多くの何か意義の深いことを約束しているかも知れません。このわたしは自分の貧弱さのため何もお約束できませんが、わたしにできることを実行しており、〔どこでも誤謬を犯しているなら、それを〕取り消す準備ができております。また人間に常に起こるように誤ってしまった場合にはどこでも、わたし自身がわたしに対し厳しい批判家となり、同時にまた叱責もするでしょう。その他の点では聖ヒエロニュムスは弾劾できても、教えることができない批評家に忍耐できません。(4) 彼のやり方は暴君のようでして、友人にも教養人にも同じように対処しています。

このことはすでに教養のある人たちの間では論争するまでもないのですが、それと同様に教養に欠けた多くの書物においても、この新約聖書の版がヒエロニュムスが改訂したものではないと納得されているように思われます。それでもわたしたちは、この新約聖書の版がどういう種類のものであるかとか、誰の手によって作成されたのかとか〔述べても〕、決してそれを台無しにしたり、あら探しをするのを願っていません。わたしたちは時の経過によって、また筆記者の欠陥によって、形を損じてしまったものをただ立て直しただけです。そのとき同時に〔以前の〕翻訳者が未決着のままに、もしくは十分に注意しないで訳出したものを直しておきました。（ヒエロニュムスが幾つかの箇所でその危惧がないとしても、それを言うのをためらうのは正しくないとわたしには思われます。）それをわたしたちは、よく言われているように、腕尽くで〔つまり無計画に〕も根拠もなく、軽率に行ったのではなく、まず初めに正典に関する〔ウィーン〕公会議[5]にもとづいてギリシア語原典の文言によってラテン語の写本を吟味しましたが、少数の著者たちかだれかに信頼してそれを行ったのではありません。ラウレンティウス・ヴァッラ[6]は信頼できる七つの写本を追跡調査したと証言しております。最初の点検の際に[7]、わたしたちは四つのギリシア語版によって、次には五つの版によって〔検証するように〕助けられ、三回目には他のものとは別にアスラナ版[8]が更に加わりました。四回目にはスペイン版[9]が〔使われるべく〕供給されました。それからきわめて古いだけでなく、また改善された、幾つかのラテン語訳の諸版も参照されました。わたしたちはこれをもって満足しないで、もっとも優れた著者たちを調べてみて、彼らが引用していること、読んだこと、修正したこと、解釈したことを物憂い気分で観察しませんでした。また、わたしたちはこれらすべてのことを、できる限りの警戒心をもって、確かに最高の誠実さをもって、寄せ集め、かつ、比較考量して、最善であると判断したものに従いました。この〔研究の〕原則をわたしたちは公表したのですが、それでもやはりそれは各自が自分の判断を受容させるためなのです。

さてもしどこかで何かが変えられると、聖書の権威が疑わしいと言われるのではと危惧の念をいだく人がおられるなら、その人はラテン語の写本もギリシア語の写本も、これまで千年以上の年月の間、すべてにおいて一致していなかったことを当然知っておかねばなりなりません。こんなことはあってはならないのですが、群れをなす〔聖書の〕写字生たちの数がとても多かっただけではなく、彼らの無知、眠気、不注意がありました。生半可な教養の人たちや注意を怠った人たちによって多くのことが変えられてしまったことは言うまでもありません。わたしはある党派によって〔写本の一部が〕抹殺されたり、書き加えられたのを調査してみて確認しています。このような不意打ちによって上から下へすべてが混入されています。とくに東方教会において自分たちの党派を弁護するために聖書が変更されています。確かにヒエロニュムスはこの事実をはっきりと多くの箇所で明示しています。読者が同じ意味の単語を他の箇所から採ってきて何度も〔聖書に〕書き加えることは、あまり重大でない歪曲の類ですが、聖書の講解者たちが欄外に書き留めておいたものを読者が本文の関連の中に移す場合には、もっと重大な歪曲になります。どうして長期間にわたってヒエロニュムス、キプリアヌス、ヒラリウス、アンブロシウス、アウグスティヌスがそれぞれ相違する仕方で聖書を読むようなことが、キリスト教の宗教に襲いかかったのでしょうか。彼らがキリスト教信仰の骨子では合意していたのに、聖書のある箇所では意見が相違していただけでなく、激突していたのをあなたは〔調べてみれば〕見いだすでしょう。セプテュアギンタ〔七〇人訳〕に従っていた人たちが、時折シンマックス、テオドティオス、アキュラスに言及した[10]〔のを見ても分かる〕ように、ギリシア正教会において何が起こっていたのでしょうか。これらの時代に出た版がすべてにおいて一致していないのが分かったなら、あなたはどうしますか。この問題について誰か疑う人がいるなら、さまざまな読み方を示す欄外注記のついた印刷された写本を吟味しなければなりません。それでもまだ足りないなら、ベーダ、ラバヌス、トマスの注解から、リラの注解から、フーゴー・カレンシスの注解から同じことを理解すべきです[11]。オリゲネスはその当時福音書の中に説明できない矛盾があることを嘆いていました。またギリシア〔教会〕と東方教会では公には相違する聖書を読んでいました。およそヒエロニュムスの時代までは多くの教会は七〇人訳に従っておりましたが、多くのものはヘブライ語原典から翻訳されたものを歓迎していました。またこの時代以後ではガリヤ教会とローマ教会とは相違した聖書を使っていました。さらに当時公の礼拝で使用されていた、手書きの古い写本を詳しく調べてみれば、あなたは互いに一致する二つの写本をほとんど見いだすことはないでしょう。確かにアウグスティヌスが誤りがある〔手書きの〕写本を使っていたことは明白です。それにもかかわらず、すでにとても長い期間にわたって聖書の権威は確立されていました。もし写本の多様性が全体として聖書に対する信憑性を奪うのでしたら、聖書はヘブライ語においても、ギリシア語においても、ラテン語においても多様のままです。ところで、わたしは聖ヒエロニュムスがもうあの時代において旧約聖書と新約聖書をヘブライ語とギリシア語の本文〔テクスト〕に忠実に改訳したことが、どんな危険をもたらしたかと、問うてみたいです。当時かなりの人たちによって抗議が出されました。[12]この人たちに対して彼はその文書によって十分に応えていますが、彼らが単に彼の書物を理解できなかったがゆえに、抗議したように、わたしには思われます。ところでこういうことからほんの僅かでも不都合なことがキリスト教に生じてきたでしょうか。アウグスティヌスは、偶然に起こらざるをえなかったことでしょうが、ある写本がそれほど適切に語っていなかったことを、他の写本がいっそう明瞭に、かつ、いっそう正しく表現していたがゆえに、写本の不一致ということ自体が少なからず助けとなったことを認めています。ユーウェンクス[13]が英雄的な詩句を福音書に注ぎ込んだがゆえに、またアラトール[14]が使徒言行録において同じことを敢行したがゆえに、福音書の尊厳に何か損傷を与えたでしょうか。高名な神学者である、わたしたちのアエギディウス・デルフス[15]が最近になってほとんどすべてを悲嘆体の詩で表現したがゆえに、聖書が何か損失を蒙ったでしょうか。わたしたちは聖書の幾つかの箇所を刷新しました。わたしたちはそれらをいっそう優雅にというよりも、むしろいっそう明瞭に、かつ、いっそう忠実に訳しました。しかし、もしわたしたちが、〔聖書の〕すべての陳述をパラフレーズ〔言い換え〕する仕方で[16]――ヒエロニュムスがそれを旧約聖書でほぼ行ったのですが――取り替えてしまったなら、どんなに危険であったことでしょう。このような翻訳版を喜んでいる人たちには、わたしはそれを非難したり修正したりしませんが、この版はそのままにしておきましょう。というのも、この版はわたしたちの粛正によって損なわれるのではなく、いっそう輝きを増し、純粋となり、改善されるでしょうから。それは学校で読まれても、教会で歌われても、説教に引用されてもよいでしょう。わたしとしては、このわたしたちの版を家庭でお読みになる人は誰でも、先の版をいっそう正しく理解するようになると、あえてお約束いたします。

それゆえ新奇さだけが害するとしても、かつては新しかったものも古くなりますし、この新しいものも、〔しばらく〕我慢すれば、いつかは古くなっているでしょう。諸々の書籍をそれ自身の内実に対する判断ではなくて、〔出版〕年の〔古い〕数字で評価する人は、あまりにも愚かです。わたしは聖書の中に歪められたものが何もないように、矛盾したものが何もないようにと望んでおります。そのように望むことは簡単ですが、そのようなことはこれまでかつてなかったし、これからもないと思われます。聖書の神聖不可侵な権威を説教する人を、わたしたちは無条件で支持します。それを故意に歪める人は、〔わたしたちの内に働く〕聖霊を侮辱しているのです。これをわたしたちも告白します。

しかし、この〔聖書の〕尊厳はその源泉そのもののうちに存在しています。イザヤは誤っていなかったし、彼は書いたことを何も変更しようとはしませんでした。マタイは誤りに陥らなかったし、彼が伝えたことを誰も修正していません。ここでわたしたちにとって問題なのは、翻訳した人たち、筆写した人たち、歪めた人たちです。もし〔聖書の〕権威の全体が幾つかの損傷された箇所によって揺らぐならば、聖霊は預言者たちや福音書記者たちを援助したのと同じ程度に、聖書の筆記者をも当然助けていたに違いありません。聖霊が臨在しないところはどこにもありません。しかし聖霊は、その力を発揮して、わたしたちにその労働に参加する部分を残しておきます。その権威は預言者たち、使徒たち、福音書記者たちの中に犯しがたく存立しています。

そうです、いっそう正しく言うなら聖書に対する最高の賛辞は、それがあれほど多くの言語に繰り返し翻訳され、異端者たちによって繰り返し損なわれたり、あるいは曲解されたり、筆記者の不注意によって繰り返し台無しにされたにもかかわらず、永遠に真理の活力を保ち続けていることです。このようにして教会はあらゆる悪人どもの攻撃によって激しく動揺しても存続しています。しかしながら人間どもによって誤り伝えられていることを人々のため始原の完全な姿に復活させる人は、聖霊に仕えているのです。聖書を誤り伝える人たちがいなくなることは決してないでしょう。ですから熱心に〔直ちに〕矯正することを決して怠ってはなりません。したがって注解者が不適切にも変えてしまったり、筆記者が改悪してしまったことと聖書〔そのもの〕とは〔無関係で〕別なことです。さらに万人に共通な読み方を変更することと、この共通な読み方を個人的に修正したり、解釈したりすることとは別問題です。それにもかかわらず自分が完全な弁証論者[17]であると思っている人たちは、驚いたことには、この区別を混乱させています。わたしは彼らが誇張法を認めさえすれば、文字の一点一画に[18]神秘が隠れていると彼らが主張していることを反駁しません。ともかくも聖書はその源泉からのみ汲んで、味わわれるべきでした。なぜなら他の言語に翻訳する人は、文字の一点一画から遠く、かつ、大幅に離れるように強いられるのですから。神の名称、とりわけ〔ヤハウェという〕四文字からなる神の名称について、ユダヤ人たちはそれが驚くべきことであると自慢します。だがイエスの名前についてあるキリスト教徒たちは、この神秘が翻訳には消滅している〔と言います〕。いや、それどころかあのイエスの名前自身は、ヘブライ人たちのもとでは、福音書記者やパウロとは、全く異なる字母で書かれている〔と言います[19]〕。文字の一点一画のうちにそれほど重要なことが隠されているなら、ヘブライ語を知っていた使徒たちはその神聖なる名前を、あれほど頻繁にその文書に挿入しているのに、どうしてヘブライ人たちのもとで書かれたのと同じ字母でもってわたしたちに伝えなかったのですか。この質問でわたしがどなたかに反論しようとすると、その人はイエスの名前が新約聖書のすべてにおいて形を損ねて記され、かつ、読まれていると答えるでしょう。もしそれが本当なら、こんなにも重大な誤りによってカトリック教会はとても永く何世紀にもわたって闇に包まれていたことになります。いや、むしろギリシア人やラテン語を話す人たちが通常の会話においてはその名前を発音してきており、使徒たちも、文字の一点一画に悩まされないで、通常用いられている言葉を受け入れて来たということは、いっそうありうることです。いや、それどころか同じ福音書記者たちや使徒たちは、聖書を引用するに際してそんなに迷信的ではありませんでした。彼らは時折セプテュアギンタ版に従っており、時にはヘブライ語の原典から引用しております。その際、彼らは自分の考えである文章を違ったものに再現し、前の文章と後の文章との間の一致を全く考えていません。だれかが福音書を修正したり、賛歌[20]を直したり、主の祈りを高尚なものにしたり、変更を加えたりすることは、寛大に扱うべきではない悪行である、と厚顔無恥と言うよりも無教養によっていつも大声で叫んでいる人たちを反駁することは、何か問題になるでしょうか。ああ、舵をとる御者の名に値する人は何と稀なことでしょう、ましてや神学者の名前に値する人はおりません。わたしが神学者の名を挙げ〔て非難し〕たからと言って、神学者階級がわたしにとって腹立たしいのではありません。神学者たちの中で卓越した名声をもっているのに、とても煽動的にこのことを公然とわめいていたし、通常の信仰告白や神聖な説教において今でもわめいている人は、むしろ神学者の名に値しないように思われます。しかし、それは事実なのです。どんな碌でなしにも福音書の写本をねじ曲げることができます。とはいえねじ曲げてしまったものを復活させることはできないでしょう。わたしは不遜なことを申し上げたくないのですが、この学問分野においてはとくに不注意でも未熟でもない人たちでも、あんなに多くのギリシア語とラテン語の諸々の写本や、あれほど多くのもっとも有名な著者たちを判断する際に採用した人たちでも、そのことは起こらないでしょうか。

とても多くの議論にもとづいてきわめて真実であると思われるのは、新約聖書がすべてギリシア語で書かれ、ラテン語では書かれなかったことです。マタイによる福音書とヘブライ人への一つの手紙を除くと諸他のものは論争の余地はありません。[21] それゆえ使徒たちや福音書記者たちによって書かれたことを変えようと企てる人は、福音書を修正したと公正に明言すべきです。このことは筆記者によって損傷されたり、〔とりわけ〕使徒たちがギリシア語で書いていたのに、翻訳者によってラテン語の写本にあまりに不適切に翻訳されたりしたものを、教皇の法令にもとづいてギリシア語の原典から、また聖なる注解者の見解から健全な信仰によって再構成する人に対して言っているのではありません。しかし聖ヒエロニュムスが複数の書簡においてこういう事柄の擁護者となっているのに、どうしてわたしはそんなにも懸命になってそれを実行しようとするのでしょうか。彼は、それとそれほど違っていない事柄で難渋したとき、それを誹謗しないではいられませんでした。彼の改訂〔の仕事〕がはっきりと立ち上がっていたなら、この労苦を引き受けるようなことがわたしたちになかったか、それともわたしたちがそれを手本とすべき理想であったことでしょう。

したがって善良なる読者の皆さん、何かがわたしたちによって新たにされることが起こったとき、いつもの朗読とは違う味わいや風味がするからと言って、〔以前のと〕相違しているものはみな必然的に悪であるかのように、すぐにはねつけたり、弾劾したりしないようにお願いします。そうする人は、同時に、わたしから称賛を騙し取っていると同時に、あなたからこの作品の利益を騙し取っています。そのようにするのではなく、まずもってわたしたちの訳業をギリシア語と比較してください。わたしたちは〔訳業を〕いっそう容易に進めるために、その場所〔ギリシア語写本〕からわたしたちの訳業を調達して来たからです。わたしが古い翻訳者[22]よりも忠実に、明瞭に、意義深く表現していないかどうか判断してください。もしある言葉が他の言葉に一致していなかったなら、ここでわたしをすぐにでも再び追訴してもよろしい。だがそれは、あなたがどんなに試みても、全く不可能なことです。どんな場合でも文字やシラブル〔音節〕から離れることは忌まわしい不正であるとお考えでしたら、どうしてこの翻訳者は、時には何の必要にも迫られず、また利益にも誘われず、気晴らしのようにふざけたり、あくびしたりしながら、至るところでそのようなことをあえて行うでしょうか。もしもどこかで文字やシラブルから逸脱することが許されるならば――それは確かに許されるのですが――、もしもある人が行ったよりももっと忠実にわたしが文章を翻訳したことをあなたが見いだすならば、それが新しいからといって非難しないで、それがいっそう正しいからこそ歓迎してください。こうした比較によってはあなたが納得させられないとしても、すぐに結論を下さないようにしてください。〔本書に付属する〕わたしたちの諸注解を参照してください。この注解は証言の権威によってか、あるいは導入した理性的根拠によって、恐らくあなたを納得させることでしょう。そうしている間に異なった読み方が起こってくるでしょう。同じ単語から多くの意味が導き出されることでしょう。わたしたちはまず少なくとも一つの読み方を提示します。というのも、わたしたちはそれとは別の仕方では読むことができなかったからです。ところで注解ではさまざまな読み方を参照し、わたしたちに最善と思われるものを提示しています。もしくはあなたが採用したいと選ぶものをご自分で判断するように残しておきます。そこではわたしたちが使っているウルガタ版やアンブロシウスの読み方がギリシア語の写本よりも称賛される場合もあります。そうはいってもわたしたちは、すべてのギリシア語の原型が一致している場合には、それを変えることは許されないのですから、わたしたちはラテン語をそれに適合させておきました。それはそれが付加される場合に〔ギリシア語とラテン語が〕互いに乖離しないためです。その他に関していうと、わたしたちはそれをスコリア(23)〔講解〕において討論しています。わたしはその中には祭儀的な仕方で何かが付加されているのを学んで知っております。たとえば主の祈りの末尾に加えられた言葉がそれです(24)。それはわたしたちが使っている詩編の末尾に「父なる神に栄光を」と追加されているのと同じです。わたしたちはそれを文脈から削除しておりませんが、注解の中ではそれが追加されたことを注意するように促しています。というのも、わたしはしばしば見いだした事実なのですが、読者が〔聖書の〕ある箇所にどこか別のところにあるそれと似たような文章の中にはなかったものを、書き加える場合には、この誤りは小さな危険を隠しもっていますから。そんなわけで、わたしたちはこの点をも警告するよう配慮しておきました。

それゆえわたしたちはこの〔聖書〕本文がすべて確実で、疑いの余地がないかのように、推薦しているのではありません。そうではなく目覚めており注意深い読者が、わたしたちの手になる〔本文の〕改良と刺激的な注解によって少なからず援助されるように願っています。その中にはある人にとってきわめて小さい、かつ、取るに足りない軽蔑すべきものと思われるものが多数あります。しかし聖書を比較したり、評価したり、考察したり、解釈したりする人は、このきわめて小さなものの中に小さくない利益があることを学ぶことでしょう。第一級の名前をもつ著者たち、もちろんヒラリウス、アウグスティヌス、アンブロシウス、その他の人たちは言わなくとも、近頃ではもっとも博識なトマス・アクィナスも、この種の心配事に駆り立てられており、時折不名誉な誤りに転落していると考える人は、わたしがこのように些細なことを追求するのをすぐにもお許しくださるでしょう。それこれと思案をめぐらすこの仕事では、わたしはこの人たちと時には意見が相違せざるをえませんでした。その仕事をわたしはいつも誠実に実行し、決して横柄な態度では行いませんでした。わたしはそれに対しそれほど勝手には振る舞いませんでした。このような謙遜〔な発言〕は彼らの恥知らずな無謀さや不遜な無知には全く値しておりません。たとえわたしが彼らをいっそう自由に非難したとしても、教養あるすべての人には次のプラウトゥスの言葉がそれを弁護してくれるでしょう。

適切に誹謗されることは、祝福であって、誹謗ではない。[25]

だが、わたしは彼らに貢献するよりも、わたしが受けるに値するものを考慮したかったのです。このような〔詭弁を弄する〕三百代言の書物が至るところで万人の手で使い減らされ、神託の役目をもって読まれたり、引用されたりしなかったなら、わたしはこの人たちの愚かな言動がなかったように装ったことでしょう。さらに、わたしはそのことを意図的にではなく、多くの場所でついでの折りに行ったのです。それはこの種の著者たちによってとにかく立てられたり追加されたものを、彼らが白真珠〔という宝〕を彼らの注解に中にいわば忠実にかき集めてきたのを見いだす人たちが、今後彼らを信頼しないためなのです。むしろ、わたしたちがこれまで提示してきたことを知らないため、この偉い著者たちが――彼らがこの著者たちを偉いと見なすかぎりのことですが――それでも、卑劣な仕方で、また子供っぽくというよりも、むしろでたらめに語っていたことを、この人たちが確実に認識するためです。それとは別にもしわたしがこれらの諸巻の中に観察されたり、否認されることができたことを追求しようとしたならば、ギリシアの格言にあるように、「悪のイリアス」[26]〔つまり「終わりのない災い」〕を手中に生じさせたことでしょう。またそれを反駁するのには一冊のイリアスでは十分ではなかったことでしょう。その他の点に関しては、教養の価値の他には神聖な生活で〔わが身を〕飾ることしかありません。わたしが更に厚かましく人を攻撃したり、度重なる口実の中に欺そうとする誤りを覆したり、弁護したり、収集したりすることがありませんように。また事柄そのものが見逃されうるよりも明瞭である場合に、アウグスティヌスやトマスがふとした過ちを犯しても、人はわたしを〔怒りで〕燃え立たせてはいけません。その責任は彼らの言語に対する無知に帰してもよいでしょうし、人が欲するなら、彼らの時代に帰してもよいでしょう。熱心に研究している人の事柄ですから、それは看過すべきではなかったのです。わたしは自分のほうがあの優れた人たちよりも目利きであると考えているからではありません。そうではなくてある箇所ではおそらくは注意深いか、言語的な補助手段ではおそらくはアクィナスよりもよく教育されていると考えるからです。というのもトマスは「ルクサリア」（奢侈）がもっぱら「リビドー」（情欲）に属すると言い張っているのを見ると、彼はただラテン語でしか〔その語を〕知らないで、それを少なくとも厳密には知っていないからです。わたしがそれら〔新約全書〕の諸巻を純化した改訂版を遂に再現させたのですから、いつも真理にとても献身的であるすべての方々が、わたしに同情していただける、と確信しております。

コンマ〔読点〕に優って些細なものが何かあるでしょうか。ところでアウレリウス・アウグスティヌスが『キリスト教の教え』第三巻[27]で例として「初めにこの御言葉が神とともにあった。それは神であった」（ヨハ一・一）というヨハネの文章を引用して教えているように、ほんの小さなことが異端的な意味を産むことができます。〔先の文章の後に〕句読点が挿入されてから「この御言葉は初めに神とともにあった」（同一・二）と続いています。彼はこの読み方は異端的であると呼び、しかもそれは神の言葉が神であることを否定していた者たちによって主張されていたことは明白である、と言います。同じことがパウロがローマの信徒への手紙で言っていること[28]。これに続く言葉から、それが質問として読まれないとすると、異端的な意味のみならず、全く冒瀆的な意味となるというのです。上述のことに「だれが神に選ばれた者を訴えるでしょうか」（ロマ八・三三）にも妥当します。あなたは「義としてくださるのは神です」といわば答えているようです。次には「だれがわたしたちを罪に定めることができましょうか」（同八・三四）とあります。それに対しあなたは再び「死んだキリスト・イエスです」と答えているようです。パウロが「神の愚かさは人間よりも賢い」（Ⅰコリ一・二五）と言ったとき、その言葉の曖昧さに感情を害した同じ人は、むしろ次のように答えるのを選んだことでしょう。「神の側の愚かさは人々における（hominibus）よりも賢いからです[29]。なぜなら概して〈hominibus〉が与格で言われたのか、それとも奪格で言われたのか不確実と思われえたからです[30]」と。あれほど優れた人〔アウグスティヌス〕は、その書でこれやその他のとてもよく似た事例を多くの言葉によって注釈しました。たとえだれも気づかせてくれなくとも、それに気づくのは面倒なことではありません。わたしたちによって見いだされ、改められたあれほど多くの間違いの怪物〔異常事態〕をもし彼が読んだとしたら、どうなることでしょうか。あれほど多くの追放された全く粗悪な暗闇、曖昧なばかりか、顚倒されて再現されたあんなに多くの意味は、もともとの完全性に再生されたのでしょうか。彼はわたしたちのこの仕事を諸手を挙げて抱きしめたのではないでしょうか。

しかし多くのことがとても簡略な言葉でもって書き留められたので、同じ書にあるわたしたちの注釈を参照なさらないなら、あなたはわたしが願っていたことにお気づきにならなかったことでしょう。というのもかなり多くの箇所で同じことが起こるからです。そこでわたしたちは記憶力が弱かったり、探求する労を避けている読者を助けるために、この仕事に取りかかったのです。また確かにわたしは多くの人がほとんど新しいものに不快感をいだいていないか、同じくその反対に古い翻訳者に一致していることを喜ばないような人たちもいるのではないか、とかなり危惧を感じています。ある人によっては反対のことは是認されないし、ある人によってはあらゆる点で衝突も対立もしないことは無学のように思われます。さらに一寸でも上品な言葉とか平明なラテン語であるとある人たちには気に入らないのですが、もちろん奇異な文法違反が噴出しないかぎり何も深刻に考えない人たちにもそれは気に入りません。その反対に他の人たちは、何かキケロのような洗練さが想起されないと、軽蔑して退けます。わたしたちはこの作品において雄弁さを得ようとは努めませんでしたが、文体上の優雅さ〔を添えること〕が容易である場合には、それを退けたりしませんでした。神は文法違反を不快に思われないでしょうが、そうはいってもそれをお喜びにはなりません。神は高慢な雄弁を憎んでいます。ましてや眉をひそめる厚かましい弁舌の才のないのをはるかに憎んでいる、とわたしは告白します。わたしたちはある人たちのどもりを我慢できます。今度は逆に、彼らがわたしたちの控えめな表現をすべて忍耐〔して採用〕してくださいますように。だが、わたしは〔この作品には〕人がいっそう賢明になって〔聖書を〕考察できるものがとても沢山ある、と率直に申し上げることをもって、いよいよ終わり〔の言葉〕とします。ある箇所ではわたしがくたびれて居眠りしていたのを否定はしませんが、わたしが思い違いしていないなら、事柄自体〔つまりこの仕事〕がわたしに次のことを知らせてくれるでしょう。わたしは、人文学が単にこの〔新約聖書〕部門ばかりでなくとても多くを負っているラウレンティウス・ヴァッラに従って、またあらゆる徳と文芸の大家であるヤコブス・ファーベル[31]に従って、理由もなくこの仕事に対し労苦を積んできたのではないし、成果が上がらなかったのでもないことを。親愛なる読者よ、お元気で、その上に何かをご所望なら、わたしが注解[32]に付けた序文に探し求めてください。

訳注

（1）使二六・二以下参照。
（2）bonae litterae は字義的には「良い学問」であるが、これは当時興ってきた「人文学」を意味している。
（3）セネカ『善行について』(De beneficiis) 二・二四・一参照。
（4）ヒエロニュムス『手紙』五七・一二（ミーニュ編『ラテン教父著作集』第二二巻、五七八頁）。
（5）エラスムスはオリエントの言語研究に関するウィーン公会議（一三一二年）で決められた指針に従っている。
（6）ロレンツォ・ヴァッラ（一四〇六頃―一四五七）は人文学者、司祭、近代の歴史批評学の先駆者であって、その『新約聖書注解』はエラスムスの手によって出版された。詳しくは金子晴勇「ロレンツォ・ヴァッラの聖書文献学」（『エラスムスの人間学』知泉書館、二七―三〇頁）を参照。
（7）これは一五一六年にバーゼルで出版されたエラスムスの『校訂新約聖書』(Novum Instrumentum) の初版を

指している。

(8) これは一五二二年の『校訂新約聖書』の第三版のときに起こったらしい。アスラナ版は二人のアスラニによって一五一八年にヴェネツィアで出版されたギリシア語だけの聖書であった。これはエラスムスにとって予想外のものであった。

(9) 一五二七年の『校訂新約聖書』の第四版のときに使われたものを言う。スペイン版はスペインの枢機卿ヒメネスが刊行したものである。

(10) この三人は二世紀にユダヤ教に改宗した人たちで、ヘブライ語からギリシア語に翻訳を試みた。この訳は七〇人訳とヘブライ語原典とともに有名なオリゲネスの『ヘクサプラ』(本文対訳聖書)に用いられた。エラスムスが三人の名前を挙げたのは称賛されていた七〇人訳が翻訳として不完全であるのを示すためであった。

(11) ベーダ・ヴェネラビリス(六七三頃—七三五)は教父であって、イギリス教会史の父であり、学識豊かな聖書注解者であった。ラバヌス・マウルス(七八〇—八五六)は「ゲルマン人の教師」と呼ばれ、聖書、典礼、教父たちについて熟知しており聖書注解書を書いた。ニコラウス・フォン・リラ(一二七〇頃—一三四〇)はフランシスコ会神学者で、聖書学者であって、ヘブライ語の知識を持っており、比喩的な解釈に反対した。「リラが竪琴(リラ)を弾かなかったら、ルターは踊らなかったであろう」とも言われる。フーゴー・カレンシス(一二六三/六四没)はラテン語の聖書の本文を校訂し、包括的な聖書注解を書いた。

(12) アウグスティヌス『手紙』七一(ヒエロニュムス宛)(金子晴勇訳『アウグスティヌス著作集別巻I 書簡集(1)』教文館、一四五頁以下)によると、ヒエロニュムスは最初七〇人訳からラテン語に翻訳しており、それにヘブライ語でもって説明を与えていたが、やがてヘブライ語から訳すようになった。するとよく分からない箇所が出てきたのでアウグスティヌスはヒエロニュムスに七〇人訳からの訳を勧めるということが起こった。これにヒエロニュムスは書簡でもって応えている。

(13) ユーウェンクス(Juvencus, Caius Vettius Aquilinus)は四世紀初頭の詩人であるスペインの司祭で、三三〇年頃福音書の調和をラテン語の六脚韻詩にて禁欲を目標にして書いた。

(14) アラトールは六世紀のキリスト教的なラテン詩人で、五四四年頃ローマで聖職者として使徒言行録を六脚韻詩で表現した。
(15) アエギディウス・デルフス（Aegidius Delphus）はソルボンヌの神学者で、「七つの悔い改め詩編」や「ローマの信徒への手紙」を詩の形に訳した。エラスムスに新約聖書の仕事をするように勇気づけた。
(16) パラフレーズ（paraphrase）というのはヒエロニュムスが聖書の箇所ごとに自由に翻訳したことを何か誇張してのべた説明である。
(17) エラスムスは自己の想定している論敵を「弁証論者」つまりアリストテレスの立場に立つスコラ学者と見立てている。彼らは冷静な概念的区別でもって武装している、と彼は考える。
(18) エラスムスは逐語霊感説のように言葉のうちに過度のインスピレーションを感じ取る態度を、宗教改革者たちと同様に、批判している。「文字の一点一画」はマタ五・一八によっている。
(19) イエスという名称はガリラヤ・アラム語では「イエスア」（Jesua）であるがヘブライ語では「イエスア」（Jesua）で「ヨシュア」（Jehosua）に由来し、ギリシア語では「イエスウス」（Jesu）（Ἰησοῦς）に由来する。
(20) 新約聖書の三つの賛歌、「ザカリアの歌」（ルカ一・六八―七九）、「マリアの賛歌」（同一・四七―五五）、「シメオンの賛歌」（同二・二九―三二）の中のどの賛歌が、ここで考えられているかは明らかでない。
(21) パピアス（一三〇年頃）の見解によるとマタイによる福音書はアラム語で書かれた主の「語録」（Logia）をもっている（エウセビオス『教会史』三・三九・一六参照）。ヘブライ人への手紙では、オリゲネス以来その著者問題が提起されていた。
(22) ここで「古い翻訳者」というのはもちろんヒエロニュムスを指している。
(23) スコリア（Scholia）とはスコラ学の方法において討議課題に関する解説とか付録をいう。宗教改革時代の聖書学では「講解」を言い、「注解」に続く詳しい論説がそこでは展開する。
(24) 「主の祈り」の末尾の「国と力と栄えとは限りなく、汝のものなればなり。アーメン」という言葉のことをエラスムスはここで論じている。

(25) プラウトゥス『クルクリオ』五一三―五一四。プラウトゥス（前二五四―一八四）はローマの喜劇作家。

(26) Ιλιάς κακῶν というのは苦痛をもたらす些事の無限の集積に対するホメロス的な表現である。

(27) アウグスティヌス『キリスト教の教え』三・二・三、そこではヨハ一・一の説明がなされている。

(28) アウグスティヌス、前掲書、三・三・六参照。

(29) hominibus というのは homo（人間）の複数奪格で聖書の本文では比較の奪格と呼ばれるものであるが、同時に与格でもあるので、言葉の曖昧さの例として挙げられた。

(30) アウグスティヌス、前掲書、二・一三・二〇参照。

(31) ヤコブス・ファーベル（Faber Jacobus, 一四五五頃―一五三六）はルフェーブル・デタープル、もしくはスタプレンシスとして有名であった人文主義の神学者である。詳しくは金子晴勇『エラスムスの人間学』知泉書館、四〇―四二頁参照。

(32) エラスムスがこの書『校訂新約聖書』の後ろに付けた新約聖書各巻の詳しい『注解』（Annotationes）を指す。

真の神学方法論

Ratio Seu Compendium Verae Theologiae

はじめに　本書著述の動機について

新約聖書の初版がわたしたちの点検を経て出版されようとしていたとき、神学研究の方法論もしくは原則〔ラティオ〕が添えられるようにとの、ある友人の熱心な勧めによって、わたしは簡潔ではあるが一つの著作の序文としては内容の豊かなもの〔つまり『新約聖書の序文』〕をかつて付け加えたと考えていました。その際、わたしはそれが序文としてではなく、その著作に添付された別の著作と思われはしないかと危惧していました。[1] このような危惧はそのときわたしを動揺させませんでしたが、この著作を最後まで書き終え〔て出版する〕には短い時間がすでに切迫していました。[2] そこで今、わたしたちは同じことを多少とも詳しく実行し、随意に序文の代わりに付加するか、そうでなければ分離した形で読まれることができるように、この事態を整えたいのです。その際、わたしは節度を保っていて輝かしく、おおらかでいて欲深い、宴会の主人を模倣したいです。彼は前日に食べた残したおかずを新鮮なものと混ぜ合わせ、よく使われる香辛料を振りかけて隠してしまうのです。しかもわたしがしつこく要求されているものを提供できると良いのですが。もちろん神学研究に人々も心を燃え立たせることは偉大なことですが、このような天上的な学問の道と方法を伝えるためにはもっと完璧な大家が必要です。わたしはそれに値するような人を求めてこのように言っているのではありません。（神的な事柄に幾分か応じることができるとしても、人間の努力では何がいったいできるのでしょうか。）そうではなく、このわたしたちの労作がただ控えめな仕方で至聖の神学を志願する人たちに利益をもたらすように願っているのです。その仕事に着手する人にとって道を知ることは、決して些細な仕事に属する部分ではありません。[3] そしてどんな場合でも道から迷いでないでいる人は、十分に急いでいるのです。人はしばしば浪費と苦労を増やしています。というのも彼は頻繁な誤りと永い回り道をしてやっと目的地に着くからです。そうはいってもそこに到着するのが〔幸いに〕起こるとしてですが。ところでそれに加えて短縮された道をも知らせる人は〔次の〕二重の恩恵でもって研究〔に勤しむ人〕を助けています。第一に彼はいっそう早く目指すところに到達します。次に彼はいっそう少ない労苦と浪費でもって追求するものを獲得します。わたしが多少危惧していることは、わたしのみすぼらしさをご存知のお方がここですぐに次のように叫びはしないかということです。「お前は自分が一度も踏み込んだことがない道、もしくは踏み込んでも確かに成果があがらなかった道を示そうとでもいうのか。その際、お前は福音書の言葉に従えば(4)盲人が盲人の道案内であろうとするのと同様な笑うべきことをしようとしていないのか」と。だが確かにわたしはこの抗議を本当に退けることできるほどの大それたことを願っていたのかも知れません。だが船が岩礁にぶつかって粉々に砕けてしまったとき、裸のままで〔大波に飛び込み〕泳いでやっとのことで逃れることができた水夫たちを模倣することを、何が妨げたのでしょう。そうはいっても他の仕方でもって船旅をする人たちに危険を正しく示す処置を取るのがいつもなされています。あるいは少なくとも、多くの頭をもったメルクリウスの像が、十字路に置かれて、時折その表示によって旅人に自分では決して到達できないところに導くことがよくあることなのです。詩人たちが言っていることを少しだけ引用してみましょう。

わたしは砥石の役目を——自分は切ることができないけれど鉄を鋭くすることができる
砥石の役を果たそう(5)。

要するに盲人が〔あなたに〕道を示すのに役立つとしたら、彼に注視しなさい。たとえ聖アウグスティヌスが『キリスト教の教え』という表題の書物全四巻において厳密に、かつ、豊かにほぼ同じことを証拠を挙げて論じていても、また彼の前にディオニシオス〔・アレオパギテース〕が『神名論』という表題のある著作において、更に『神秘神学』という表題の小冊子において同じことを論じていると思われるにしても、彼〔盲人〕に注視しなさい。また〔散逸した〕『神学概論』という書物および『象徴神学』という著作においても同じことが論じられたと一致して想定されています。それにもかかわらずわたしも同じ問題をできるだけ簡潔になすのみならず、人々がミネルウァによって語るように、いっそう単純に論じてみたいです[6]。というのもこれから語ることは、決して卓越した人たちのために準備しているのではなく、訓練されていない民と才能において劣っている人たちを、誰でも皆、わたしたちが熱心に助けるように努めたいからです。

第一章　聖書研究に対する予備的教育

(一) 聖書研究を志す人の心の準備について

したがってわたしがまず最初に指示しておかねばならないことは、実際きわめて容易なことです。また人々が言うように、一般大衆に語られうるものです。その他利益に関することについて言うと、力点は疑いなく第一にすべての人に関わっています。そのことを指示するにはそんなに苦労しませんが、〔良い手本を〕実行するには多くの苦労が必要です。もちろん〔苦労というのは〕プラトン主義やストア主義また逍遥学派の哲学ではなく、明らかに天上的な哲学に向かって、それにふさわしい心を立ち上がらせることです。それはあらゆる悪徳の汚物からできるかぎり清くなっているだけでなく、あらゆる欲望の反乱から可能なかぎり身を鎮めて安静を獲ている心なのです。これによってあの永遠の真理の像が穏やかな流れのように、なめらかで磨かれた鏡のように、わたしたちの内にいっそう明瞭に光を放つようになります。実際、ヒッポクラテスがその弟子たちの中から清く完璧な生き方を吟味するなら、ユリウス・フィルミクスがその魔術において利益と栄誉の病で腐敗した才能〔の人の入門〕を許容しなかったこと——昔のダイモンの崇拝者もまず多くの祭儀によって清められないではその世俗的な秘儀に迎え入れられはしませんでした——を吟味してみるなら、ましてやわたしたちがこの神的な知恵の学校やより優れた神殿にもっとも清い心情をもって近づくことはどれほど当然なことでしょうか。出エジプト記を見ると、神の声を遠くから聞くことになっていた民は二日間身を清めるように命じられました（出一九・一〇参照）。だがわたしたちは、山頂に登っていって神秘的な暗闇に入っていったモーセとアロンから、どんなに高度の清めが求められていたかを考えねばなりません。そこ〔の暗闇〕では天的な光も地上的な光も示すことができないことが観察され、そこでは神との対話が相互に交わされています。モーセがホレブの山に遠くないところから走るように急ぎ近づき、赤々と燃える柴が燃え尽きないという不思議な奇跡を近くから認めたのですが、神と対話することが足から靴を脱ぐ前には許されなかったということも（同三・一―五参照）、わたしの考えでは同じことを述べています。足というのは情意のこと以外の何を意味しますか。靴の重さから解放された足というのは、地上的で過ぎゆく事物に対する欲望によって悩まされていない心にほかなりません。さらに柴の間からモーセに語られた神は、わたしたちが清められて対話に取り組むだけで、いっそう真剣に、かつ、いっそう有効に、聖書によってわたしたちに語ってくださいます。パウロは聖書解釈を哲学ではなく、預言と呼んでいます（Iコリ一四・一以下参照）。ですが預言とはあの永遠の御霊が授ける賜物なのです。

あなたも預言者の言葉にしたがって「神に教えられた」（イザ五四・一三参照）と呼ばれるに値するため、この霊に対してあなたの心胸を準備しておかねばなりません。天上的なものだけを知る信仰の目は鳩のように純真であるべきです。それに加わるのは学ぼうとする最高の情熱です。この比類なき真珠は世俗的に愛好されたり、他のものと一緒に尊重されてはなりません。それは渇望する精神と、その他の何ものも渇望しない精神を要求しています。この聖なる敷居に近づこうとする者からは尊大な態度はすべて遠ざけられねばなりません。〔陰険な〕高慢は遠ざけられねばなりません。穏やかで少しも横柄でない魂を喜ぶ霊は、この種のこと〔つまり尊大な態度と高慢〕から直ちに立ち返るように願っています。この女王のパラーティウム〔神殿〕(7)は荘厳なものです。もしあなたがその内奥に入っていくとしても、それでもあなたはとても低い戸を通って入ることができるのです。

あなたが入るのを願うなら、うなじを低く下げなければなりません。真理を最も害する疫病である名誉欲は、通常は大胆不敵な素質を伴っているので、遠ざけられねばなりません。いさかいを生む強情さがあってはなりません。ましてや知性を暗くする無分別もそうです。ある魔法の数について教えていたピュタゴラスに聴講者たちが〔信仰をもって〕かつて実行していたことを、あなたは自分の判断を信用しないで、霊的な教師にあなたを造り変え、かつ、形成するようにゆだねたので、あなたは彼にいっそう〔の信仰をもって〕実行しています。つまりあなたが宗教的な畏敬が求められる場所に入っていくとき、あなたはすべてに口付けし、すべてに祈願し、神性が至るところに現在するかのようにそれを敬います。あなたは神の霊がいます至聖所に入っていこうとするとき、もっと宗教的な畏敬の念でもってそれを実行すべきであると考えることでしょう。観想するように授けられているものには平伏し、愛情を込めて接吻するでしょう。そのようには授けられていないで、覆い隠されているものはすべて、単純な信仰でもって崇められ、遠方から畏敬すべきであって、不敬虔な好奇心をいだいてはなりません。あなたもまたある種の神秘を、それを見ることを慎み深く控えることの報いとして、〔恩恵によって〕それを見るに値するようになるでしょう。恐らくモーセはこのことを自分の顔を覆うことによってわたしたちに教えようとしたのです。それは主が茨の茂みから彼に語ってご自分が見られないようにしたためです。アウグスティヌスはその他の学問が用心深くかつ冷静に適応されるように欲し、人間の手になる書物が熟慮と選択をもって読まれるように願っています。[8]そこで神の本性と全くふさわしくないこととか、キリストの教えと矛盾するように思われることが起こってくる場合には、それについて書かれていることを中傷しないように気をつけなさい。むしろあなたは、読んだことを理解できなかったとか、あるいは言葉の中に転義的な意味が隠されているとか、写本が毀損していると信じなさい。たとえば神が怒っているとか、悔い改めねばならないとあなたが読む場合でも、キリスト教信仰は神がこの種の情意に全く関与していないと確かに認めています。あるいは、キリストが悪人に手向かうなと前に禁じていたのに、キリストによって使徒たちが上着を売ってでも剣を買うように教えられているのを〔聖書で〕あなたが読むときもそうです。人間的な学問においては各人が各様の目標をもっています。修辞学者のもとであなたは表現が豊かになり、立派に語ることを目指します。弁証論者のもとでは巧妙に推論し、論敵に罠を仕掛けるように目指します。あなたの唯一にして第一の目的と祈りは、あなたが変えられ、連れ去られ、あなたが学んでいるものへと改造されるという、一つのことを実行することです。心の糧は胃のように記憶の中に沈殿しているのではなく、情意そのものと精神の内奥に移されるときになって初めて役に立ちます。こうして、あなたが鋭く討論することによってではなく、次第に他のものに変えられるのを感得するなら、あなたは遂に自分が進歩したと考えねばなりません。つまり、あなたは高ぶることなく、怒ることなく、金銭や快楽また生活に愛着せず、日々に悪徳から何かしら遠ざかり、敬虔に向かって何かしら進展するのを感得するなら、そうなるでしょう。討論するときには、それが意見の交換であって、衝突と思われないために、心の冷静さと最高の自制が守られねばなりません。それから、あなたが進歩したと感じたときには、祈りと感謝が〔聖書〕朗読を中断すべきです。その一つが聖霊の助力を嘆願し、もう一つが恵みに気づくためです。

ある人たちの振る舞いによってこの至聖なる研究が多くの人たちの間で何か悪い評判をもたらします。この職業〔研究〕の栄光と頂点をきわめた人たちでも、時には無学な人たちよりも狂暴であり、経験のない人たちよりも野心的であり、怒りっぽく、言辞に毒気をもち、あらゆる生活習慣にとって全く不快であるばかりか、一般にあるよりももっと不快であるため、ある人たちには神学そのものによってこれがもたらされたと思われています。聖ヤコブは、真の知恵を会得した人は尊大ぶったり頑な討論によるのではなく、誠実な振る舞いと親切心をもって知恵を提示し、かつ、言明するように警告しています（ヤコ三・一三参照）。さらに彼は苦みを帯びた敵意や頑迷な闘争心をもたらす知識が上から発したものであることを否定します。彼はそのような知識を地上的なもの、動物的で悪魔的であると呼びます。というのも彼は真に神学的な知恵は何よりもまず純粋であると言い、それから慎み深く、平和をもたらし、わかりやすく、憐れみと善い実に満ちており、偏見がなく、偽善的でもないと言います（同三・一七参照）。

（二）三言語（ギリシア語、ヘブライ語、ラテン語）の修得について

その補助手段によってわたしたちがより適切にそこに到達できる学問に関して言うなら、議論するまでもなくラテン語・ギリシア語・ヘブライ語の三言語の徹底的な学習が真っ先に行われなければなりません。よく知られているように神秘的な書物〔聖書〕はすべてこれらの言語によって伝えられてきました。この中で単にラテン語だけをアウグスティヌスは修得していましたが、ギリシア語を僅かしか学んでおらず、ヘブライ語は全く知らず、期待をかけてもいませんでした。それでも彼は『キリスト教の教え』第二巻[10]で聖なる写本〔聖書〕を理解したり、回復させるためにはそれが不可欠であることを疑うことなく宣言しています。つまり初歩的な語形を知らないでは誰も書かれていることを読めないように、言語の知識を欠いては読んだことを理解しないと語っています。その仕事が困難であるがゆえに、今では、愛する読者の皆さん、わたしはそれを棍棒のように拒否して、すぐに後ずさりしたりしません。学ぼうとする気持ちさえあれば、適切な教師がいさえすれば、ほんの僅かな労苦でもってわたしたちはこれら三言語を学ぶことができます。その労苦も、確かに今日では教師たちの無知と無能のために、悲しいことにいい加減な言語[11]をどもりながら話す学習が求められているが、これよりも僅かなのです。そして以前にアリエンヌの司教座聖堂首席司祭であった輝かしいヒエロニュムス・ブスライデン[12]のことを、尊敬すべき学問分野の研究者のすべてと一緒に、とりわけ神学の志願者と一緒に、わたしたちが神聖なる記憶に留めることは、その名前にふさわしいことなのです。この人はだまし取られた遺産から教皇特使によって〔遺産を取り返し〕莫大な金額の資産を、ルーヴァンで三言語を教える人たちにきちんとした給料が与えられるのに役立つようにと、遺贈しました。彼の兄弟であるアエギディウス・ブスライデンもこれに劣らない称賛を受けるにふさわしい人です。彼は自ら諸々の学問にとても通暁しており、その兄弟が行った契約を支持し、自分の資産の金額が増

えることよりも、すべての研究に有益であるように取りはからいました。あらゆる時代に記憶されるべき一人の人物が熱心にこのきわめて美しい手本に倣っています。それはパリの司教で、現在はセノネースの大司教であるステファヌス・ポンケリウスで[13]、彼は言語を教える人をとても豊かな報酬をもって至るところから呼び出しています。アウレリウス・アウグスティヌスもあなたがヘブライ語やギリシア語でもって驚異的な雄弁へと向上するようにと強く要求していません。そういうことはラテン語〔を語る人たち〕においてほんの僅かな人たちに起こっているに過ぎません。それは〔言語使用の〕洗練と優雅、つまりある適度にまで前進することで十分なのです。それは人が自分で〔言語の使い方を〕判断できる程度でこと足ります。というのも〔その他の人間として修得すべき学問のすべてを最初から述べる必要がないためですが〕それが書かれた言語を知らなかったなら、書かれたことを理解することは決してあなたに起こらないからです。だが、わたしたちがここで献げるべきもの〔つまり課題〕を何もしないで使徒と一緒に天からそれを期待するのをもしあなたが好むとしたら話は別です[14]。たとえばソフィスト的な無駄話と無学な知識でもって老いぼれた歳に至るまで腐敗してきて、「わたしにはヒエロニュムスの翻訳で十分だ」といつも言っている人たちに聞き従うべきだなどとわたしは思いません。とりわけこのように答えているのは、ラテン語に熟達しようなどと一度も考えたことがない人たちなのです。ですからヒエロニュムスの訳はこの人たちには役に立たなかったのです。あなたは何らかの水たまりから汲み出すように、彼の源泉から何かを汲み出そうとしているとしか、わたしは今のところそれとは別の仕方で意見を述べたくありません。言語が有するある種の特性を、同一の輝き〔意義〕、生まれつきの優美さ、等しい強調を保持するように、他の言語に翻訳することがどうして可能でしょうか。概して翻訳できることよりもいわばもっと些細なことによってヒエロニュムスは至るところで苦しめられ、繰り返しそれを知らせておりました。さらにヒエロニュムスによって回復されたとても多くのことが、時代の不当な扱いによって忘れ去られてしまいました。たとえばギリシア語のテキストによって改訂された新約聖書のように、疑問符や星印のついた注のように、彼がコンマ・コロン・段落でもって区分した預言書のように忘れ去られてしまいました。筆記した者の誤りや無分別によって聖なる写本は以前には毀損されたばかりか、今日においても至るところで毀損されています。ヒエロニュムスが一人ですべてを改訂したのでもなければ、改訂できたのでもありません。[15]この人が間違って改訂したり、翻訳していたら、どうでしょうか。ここで悲劇作家の言葉を引用するので聞いてください。「天よ、地よ、わたしに真実を語らせてください」[16]。人がどんなに敬虔であり、教養があっても、人間であったかぎり、欺かれることができたし、欺くこともできたのです。多くのことが（わたしが考えるには）彼に気づかれなかったし、多くのことが彼を欺きました。要するにヒエロニュムスがそれを使ってテキストを改訂した原典が十分に理解されていなかったとしたら、どうでしょうか。その証言によって彼が支えられている言語をあなたが全く知らなかったとしたら、どうでしょうか。ヒエロニュムスの翻訳は最初は十分であったとしても、旧約聖書の真理をヘブライ語の巻物から、新約の信仰をギリシア語の原典から探求されるようにと、何のために教皇の法令[17]によって予防措置が採られるようになったのですか。アウグスティヌス自身も単に一箇所だけ〔調べてみるように〕忠告したのではなかったのはなぜですか[18]。さらにわたしたちによって「一般向けに」〔「ウルガタ」として〕用いられるこの聖書で十分であったなら、その後に一流の神学者たちが明瞭な、しかも、恥ずべき誤謬に陥ったのはどうして起こったのでしょうか。その誤謬というのは、否定されたり、知らなかったように装われるには、あまりに明瞭なのです。これらのことに関して古代人の中でもアウグスティヌスが卓越しておりました。また当今の著者たちの中ではわたしの考えでは最も慎重なトマス・アクィナスも同じです。この両者はわたしが願っているようにはあまり慈悲深くなかった。わたしが偽っているか、それとも侮辱するためにそう言ったとしても、そうなのです。わたしの考えではトマスと決して比較すべきでない、その他の人についてわたしはここで言及したくありません。それに加えて年齢がすでに経っている場合には、賢い人にはふさわしいことですが、その人はご自分の運命とうまく折り合いを付けて、それとは異なる熱意をもってできるかぎり支援されるべきです。ただしそのことは希望に満ちた青年たち――この人たちのためにこのことは主として書かれています――を悩ませてはいません。そうはいってもわたしは老人たちに絶望するようにと勧告しているのでは決してありません。実は個人的に親しく知っており、すでに書物を出版して有名となっている四人の人たちを名指しであげることができるからです。その中のお一人は四八歳であり、四〇歳以下の人は誰もおりませんが、ギリシア語の初歩〔の学習〕に取りかかりました。さらにどれほど彼らが進歩したかは彼らの記録によって明らかです。カトーの実例が穏やかにわたしたちの心を動かしますし、聖アウグスティヌス自身もう司教であったとき、すでに老人となっていたのに、少年時代に味わったが嫌になってしまったギリシア語に立ち返っています。わたしたちゲルマーニアの唯一の光であり誉れであったルドルフ・アグリコラ[19]は、四〇歳を越えてからヘブライ語の学習をはじめることに恥じませんでした。しかも人文学の世界であれほどに重要な人物は、このような老人であっても、絶望しませんでした。彼はギリシア語のほうは青年時代に習い始めていました。想起することが許されるなら、わたし自身も五三歳になってから[20]、以前からともかくも賞味していたヘブライ語〔の学習〕に再び着手しました。というのも人間の精神が、単に自分に命じるだけで、または熱心に意欲するだけで、成し遂げえないものは何もありませんから。わたしは前に語ったように、もし厳密さを欠いた判断をするのが習慣となっている、無思慮から本当に自由であるならば、この〔三言語の修得という〕問題では何らかの適度さということで十分なのです。確かにこの点では青年のほうが恵まれていますが、他方では老人も絶望すべきではありません。なるほど前者はそれに関してより良い可能性を示していますが、後者は精神の情熱で優っています。それは老人の活力が他の人たちに優っていないからです。更に旧約聖書においてはセプテュアギンタ〔七〇人訳〕の翻訳に優るものはないと考えるヒラリウスとアウグスティヌスの見解[21]は、ヒエロニュムス自身の手紙や序文において十分に反駁されています。だが、ヒエロニュムスが彼らを反駁していなかったとしても、それでも「ホサンナ[22]」という表現におけるヒラリウスの誤りをはっきりと反駁していました。また聖アンブロシウスも同じ過りに陥っていました。各人が自分で理解できると確信するかぎりで立証するということが人間的な傾向なのです。アウグスティヌスは旧約聖書の解釈に当たってセプテュアギンタを参照していました。同様に彼はヘブライ語を理解できたならば、それだけいっそうヘブライ語的な真理に到達するであろうと努めていました。わたしの記憶が間違っていなければ、同じことを彼はどこかでクレスコニウスと一緒に議論し、この論敵が「集会書」からその意味が馬鹿げている〔言葉を〕証拠として引用したとき、ギリシア語の翻訳を、そこからもっと確かな真理を探し求められることができるかのように、参照するように命じました。[23]

（三）自由学科の学問的な意義について

①アウグスティヌスの『キリスト教の教え』の場合

更に、ある種の稀な幸運と朗らかな気質とが、よく言われているように、卓越した天性の神学者に約束されていると思われるなら、『キリスト教の教え』[24]という書物の中でアウグスティヌスを喜ばせたもの、つまり洗練された学芸を味わうために、注意深くかつ適切に、年齢にふさわしく制定され、かつ、準備されているもの、もちろん弁証法〔論理学〕・修辞学・幾何学・音楽は、だが、それとともにたとえば星辰・生体・樹木・宝石といった自然の事物の認識、それに加えて場所の認識、とりわけ聖書が記述している場所の認識は、わたしに全くの不快感を与えたりしません。というのも、わたしたちは世界地形学から学んで地域のことを理解することによって〔聖書の〕叙述の経過を把握できるようになるからです。そのとき事柄を読むのではなく見るのかと思われるほどに見渡せる喜びが全く伴われていないのではありません。このようにしてあなたが読んだものが、同時に、少なからずしっかりと定着するようになります。そうはいっても預言者たちのいる場所を示す言葉が、その著作の中で何か光のように、挿入されていることも稀なことではありません。だれかがこの言葉の比喩的な意味を考察するように試みるときに、その場所の位置を知らないと、それを確実にも成功裏にも実現できないでしょう。ある出来事が叙述されている民族について、あるいは使徒パウロが書き送った民についてその置かれている位置のみならず、その起源・習俗・制度・祭儀・天性を歴史の文書からわたしたちが学んでいなかったとしたら、どれほどの光明といわば生命が読み物の中に含まれているかは、それがあまりにひどいものなので言うには及びません。その読み物は無味乾燥で全く死んでいるに違いありません。それは単にこのことばかりでなく、ほぼすべての事物の用語も知っていない度ごとに感じられます。こうして時折恥知らずにも神託のように予言したり、きわめて下品な辞書に助言を求めて、樹木から四足獣を、宝石から魚を、キタラ奏者から川を、町から低木を、星から鳥を、キャベツからズボンを作ったりします。次のようなことば「宝石の名前ですから」とか「樹木の美しい姿ですから」、あるいは「生物の類ですから」とか「あなたがいつも好むものですから」を付け加えさえすれば、人々には十分に教養があると考えられます。しかし神秘の理解が事柄自身の独自性にかかっていることも稀ではないのです。このことをアウグスティヌスは『キリスト教の教え』第二巻一六章でそれを論証するために幾つかの例を加えていっそう明瞭に示しています。彼はこのことをマニ教徒ファウストゥスを駁論して書いた著作の中で次のように説明しています。彼はラケルについての神秘的な物語がもっているアレゴリーを説明するために、マンドラゴラの果物〔恋なすび〕――その姉妹のレアが〔ラケルとレアの〕共通の夫の寝所をこの果物の代価でもって売るようにさせました（創三〇・一四参照）――をもってくるように命じました。それはこの果物によってその形姿とか、それとも味わいや香りとかを説明するためです。しかし聖アンブロシウスはルカによる福音書の第一三章を解釈したとき、イチジクの木のタイプがいかにシナゴーグに的確に適合しているかを明らかにするために、いかに多くの言葉を費やして、この木が事実上他の木々と区別されるかを説明したことでしょう。更にある人たちは、弁証法だけに信頼して、どんな問題でも論じることができるように、もう十分に教育されていると考えています。また彼らは信仰が弁証法の援助によって支えられないでは、キリスト教信仰のための活動が起こってこないと考えるほど、この学問を重要視しています。その間に彼らは文法と修辞学を全く余計なものだと軽視しています。もちろんアウグスティヌスもこのことを認めています。[25] もしだれかが論理の必然的帰結を捉えてさえいれば、この術に特有の病苦、つまり長引く論争や喧嘩願望からすぐに解放されるのです。しかし、わたしはお尋ねしたい、もしあなたが論じられている諸々の事柄の力や本性を知っていないとすると、あなたは何を見分けたり、定義したり、あるいは何をまとめようとしているのですか、と。あなたがワニについて論じているとき、三段論法を celarent や baroco の形で覚えていても、ワニがどんな類の植物や動物であるのかを知っていないなら、何があなたに役立つでしょうか。[26] しかし、このことは当時それだけが学校に伝承されていた、アリストテレスの『動物誌』八巻から学んだのでしょうが、それは動物についてのとても学術的な彼の注解書から、彼の気象学についての書から、また彼の「世界について」、「魂について」、「感覚と感覚されるものについて」、「記憶と想起について」、「諸問題について」という書から、植物・風・宝石に関するテオフラトゥスの書物から、プリニウスから、マクロビウスとアテナエオスから、ディオスコリデスから、[27] セネカの自然誌とその他のこの種の著述家たちから、ヘブライ人の名前に関する〔あの支離滅裂な〕小著から学ばれる程度のものでした。ある人たちには「カトリコン」[28] 一つですべてのことにこと足りたし、もっと学識豊かなイシドルス[29] で十分でした。

また神学を目指す青年が、それほど苦労しなくても習得される、文法と修辞学の表現法や転義的使用について熱心に稽古するならば、それは無益ではないであろうとわたしは信じます。なぜならそれらは物語、とりわけ善い道徳に関係する物語を比喩的に解明するための序幕を演じているからです。たとえば、あなたがタンタロスの物語[30] を金持ちに、つまり絶えず警戒し、むやみに欲しがり、少しも楽しんでいない金持ちに適用させているのと同じです。またパエトーンの物語[31] を公職に就きながらそれを遂行するに適していない男の危険な無思慮に適用させるのと同じです。同じことが『物語集』で同じように起こっています。それについてわたしたちは多少公表して来ました。[32] とりわけ論争点・先手・立証・敷衍を論じている修辞学の部分——これに関してファブリウス[33] もきわめて厳密に論じています——において、また緊密に関連している情念について、一つはエテーと呼ばれる、いっそう穏やかなも情念、およびもう一つはパテーと呼ばれる、いっそう情熱的な情念についてもファブリウスは論じています。この二つの情念について誰もアリストテレスよりも厳密に書いていません[34]。というのも、これらの事柄についての知識は、あらゆる研究分野において必須なものとして役立つ判断に対して大きな貢献をしているからです。また神学者の職業は細事にこだわる議論よりも心情において成り立つからです。こうした議論を異教の哲学者に属する異教徒があざ笑っていますし、パウロもキリスト教徒たちの中にあって嫌っています。それも一度だけそうしているのではありません。ですからこの分野で躊躇しないで訓練を受けることは生涯にわたって有利となるでしょう。この訓練によってその後あなたは、神学的なアレゴリーや一般的な〔聖書の出典〕箇所を解釈するに当たって、いっそう有利にそれを扱うことができるでしょう。アレゴリーの点ではオリゲネスがもっとも成功しましたし、一般的な箇所ではクリュソストモスがもっとも実りをあげました。アウグスティヌスが『秩序』第一巻においてその仲間のリケンティウスに、この人が遠ざかろうとしていた学問に立ち返るように命じたとき、わたしが思い違いをしていなければ、彼はこのことを洞察していました。というのはこの種の研究がその他の同様な学問と重要な訓育に向けて精神を活気づけ強化するからです。その際、彼は作詩法の知識を〔七つの〕自由学科に数え入れています。だが、わたしが思うに、アウグスティヌスは論争好きな人たちのためには次の言葉に署名するほうがよいと考えました。すなわち、「あなたはあの詩作に立ち返るべきです。なぜなら自由学科の与える本当に慎み深く、かつ簡素な教育は、学問を愛する人々を真理を捉えるためにいっそう潑剌とさせ、より忍耐強く、いっそう優雅にさせるからである。こうして彼らは真理をますます熱心に追究し、いっそう決然と追跡し、終わりには更に心地よく寄りすがるようになる[35]」。ここまではアウグスティヌスの言葉です。

②オリゲネスのアブラハム物語の解釈の場合

もし誰かある人がただあの子供じみた、不安にさせ、不毛なる規則、たとえば弁証法とか、あるいは今日ほぼ伝承されている、もっと良い詭弁駁論術（sophistices）――しかしこの術は日ごとに新しく考案された難題によっていつも異なった仕方で再生されます――によって教え込まれるならば、論争では無敵にまで到達するようになるでしょう。しかし聖書を解き明かすときに、また聖なる説教をなすときに、不滅なる神よ、この人たちが何もしないでおり、活気がない、否、生きてもいないものとなっているのです。人々の魂を燃え立たせることがこの人たちの優れた役目でした。このようなことの範例をだれかが求めるならば、その息子を犠牲に献げるように命じられたアブラハムについてのオリゲネスの説教[36]を読んだらよいでしょう。それによって信仰の力がすべての人間の情意よりも強力であることが典型や範例として銘記されています。どのような、かつ、いかに多くの策略をもって試練が族長の心を襲い、再び苦しめたかを個別的に吟味して考察することは骨折りがいのあることです。

オリゲネスは言います、「お前の息子を連れてきなさい」（創二二・二）と。その息子の名前を聞いて、その両親の心がうろたえなかったことがあるでしょうか。しかし、この〔心を打ち砕く破城槌という〕ハンマーがもっと強くなるために、「最も大切な〔息子〕」をと彼は追加する。これでも満足しないで彼は「このあなたの愛している〔息子〕」をと付け加えます。どんな人間的な心胸をも急襲して攻略するためにはこれで十分だと考えられるでしょう。両親の心情にとって息子イサクという最も愛しい名前が追加されましたが、これによって神の約束を想起することが再び喚起されたのです。この想起にもとづいて彼は「イサクにおいてお前には子孫が呼び寄せられる」、また「イサクにおいて正式の約束がお前に実現するであろう」（同二一・一二、一二・七参照）と彼は聞いたのでした。この国の民は子供たちに対しフィロストルロゴス〔やさしい情感をもつもの[37]〕でした。他の国の民は同じようではありませんでした。もっとも優れた人〔アブラハム〕は子孫を望んでおりましたが、その人によってのみ子孫が到来する者〔イサク〕が殺されたときには、このような望みは残っていませんでした。それにもかかわらず神は単に息子を殺すように命じたのではなく、犠牲に献げるように求めたのですが、それは献げる準備をしている間に敬虔な情念〔畏怖の念〕が老人の心を苦しめるためでした。この試練が課した重荷は多くかつ重大なものです。これらすべてに優るものとして、三日間を費やしてやっと到達される、高い山に登るように、彼は命じられました。それはある面では人間的な情念によって苦しめられ、他の面では神の命令に促されて、長い時間をかけて父の心をさまざまな思いで苦しめるためでした。今や息子が、それでもって自分が焼き尽くされると思われた薪を背負い、火と剣とを携えた父に向かって呼びかけ、「父よ」と言い、父が「息子よ、何をして欲しいのか」と答えるとき、わたしたちはどれほど大きなハンマーをもって老人の心が強く打ち砕かれていると思いますか。しかし子が父に「見てください、火と薪はありますが、いけにえはどこにありますか」と言ったとき、父の命に従う息子の天真爛漫さは、いったい誰に憐憫の情を激しく掻き立てないでしょうか。これほど多くの方法でアブラハムの信仰は、すでに激しく動揺を来していたのですが、今やどのような堅忍不抜な心といかなる決意をもって命令されたことを遂行したかを、わたしに洞察させなければなりません。彼は神に反抗していないし、〔子孫を祝福するとの〕約束に対する誓約に抗議しませんし、それによって悲しみがともかくも緩和されるのと常とする、友人や親族らの喪失を嘆いておりません。屠り場を遠くから認めると、彼は〔神の〕命令を遂行することが誰によっても妨害されないために、召使いたちにとどまるように命じています。彼は献げ物に用いる薪を集め、薪で焼き殺して犠牲にするため、自ら息子にそれを担わせ、縛りつけます。彼は腕を後ろに引いて、待望する子孫への希望のすべてである一人子に向かって剣を振り下ろします。もし天使が突然声を発して老人の右手を摑んで妨げなかったとしたら、彼は〔息子の〕喉を切り裂いて殺していたでしょう。

このことがオリゲネスによってもっと詳細にかつ優雅に述べられています。だが、さしあたってただ歴史的な意味で思案をめぐらすとしても、それがもっと大きな満足や実りを読者に与えるかどうか、わたしには全く分かりません。オリゲネスはテレンティウスの喜劇の中で、詩人の意図を推し量って、ドナトゥス[38]が演じていることのほか何ものも聖書においてなし得ないでしょう。洗練された〔自由〕学芸を一度も学んでない人がこのことを洞察できるでしょうか。文法の規則を、また劣悪な文法学者からであってもそれを、ほとんど味わったことのない人が、辛辣な機知と細心であっても貧弱な問題設定に引き込まれて、そうこうする内にすぐにも老いぼれてしまったでしょうか。わたしは無数の事例を挙げて、賛辞でもって何らかの聖者を誉め称えるたびごとに、またある賛歌とか他の文書の類を使って栄光と愛情を獲ようとして、ある人たちが、馬鹿馬鹿しいとまで言わなくとも、どんなに味気なく、愚者を演じているか証明することができます。わたしたちは人々がミサの追唱と呼んでいる一種の頌歌とか聖歌をこの種の神学者たちのおかげで知っていますが、博学な人はだれも、笑いと吐き気をもよおさないでは、読むことができません。しかし現時点では誰かの愚かさを公表することがわたしたちの関心事ではなく、むしろ青年たちを最善の研究方法に招待することがわたしたちの関心事なのです。そのことだけをわたしは総じて言いたいのです。もしも誰かがこの問題で何かすぐに利用できる例証を求めるならば、その人はあの往時の神学者たち、オリゲネス、バシレイオス、クリュソストモス、ヒエロニュムスとこれら最近の神学者たちとを比較検討すればよいでしょう。そうすれば、あそこでは何かある黄金の水流が拡がっていたのに、ここではやせ細った小川しか流れていないし、この小川にしても完全に清くはないし、その源泉に一致していないのを、彼は見るでしょう。あそこでは永遠の真理の神託がとどろいていたのに、ここであなたが聞くのは、人間の作り事であって、あなたが近づいて観察してみるとそれは夢幻のように消失してしまいます。あそこではあなたは福音の真理の港に正しい道を採って向かいますが、ここでは人間的な問題設定にひん曲げられて格闘するか、もしくは教皇の権力というスキュッラとか、スコラ学的な教義という〔航海の難所〕シルチス(39)とか、神の法とか人間の法というシンプレガデス(40)とかに打ち当たってしまいます。たとえあなたがこのようなカリュビディスがあるのを好まなくても、そうなります。あそこでは聖書という強固な基礎にもとづく建物が高く聳え、ここでは役に立たない人間的な機知やおべっかによって巨大なというよりも少なからず空虚な駄作が策略によって造り上げられ、無限に高められるでしょう。あそこではあなたは至福な庭園にいるように豊かに楽しんだり、満足させられますが、ここでは針のある灌木の中でずたずたに引き裂かれ、責めさいなまれるでしょう。あそこではすべてが尊厳に満ちており、ここでは卓越したものは何一つないため、あなたは大抵はつまらないものを見つけ、神学の尊厳にふさわしいものはほとんどないでしょう。この場合、わたしは差し当たって〔両者の〕道徳を比較することを断念することにしたいです。

(四) 人文学の意義

しかしもし世俗的な学問にさらに長く関わらねばならないときには、わたしとしては聖書にいっそう近く隣接するものを事実選ぶことでしょう。どれほど高慢になって人々が詩作法をあたかも子供らしい事柄に過ぎないかのように侮っているか、また修辞学やすべて「良い学問[41]」をどのように呼んでおり、どのようにそれが事実そうであるかを、わたしは本当に知らないのではありません。しかしながらどんなにあの人たちによって軽蔑されようとも、この学問をあの有名な神学者たちはわたしたちに贈ったのです。彼らは今ではそれを理解し模倣するよりもわざと無視するように傾いています。誰かがこの事態を信じるように要請しても、その人はいかに多くの人たちが詩作の才能とか、いわば文法学の才能に関することは何でも見習おうと努めてみても、うまくいかなかったことを周りに見いだすことになるでしょう。名前が日々書物の出版によって示されてはいますが、その名前を知らせることを、彼らの感情を害しないために、わたしは差し控えたいです。もし彼らが洗練された学問を非難するなら、どうして彼らはそんなにも苦しんで言葉遣いの洗練さを求めて努力するのでしょうか。しかし、もし彼らがこのことに同意しないならば、彼らはさい先良く喜んで迎えるであろうものを、脅して思いとどまらせていないでしょうか。預言者たちの書物からは詩的な比喩や転義が至るところからあふれ出ています。キリストはほとんどすべてを譬えに包み込んで話しました。それは詩人に独特なものです。またアウグスティヌスは預言者たちやパウロの手紙における修辞学者の表現法、話の切れ目、迂言法を挙げることを子供らしい努力とは考えませんでした。そしてそのことを彼が「文法」もしくは「弁証法」ではなくて、「キリスト教の教え」と表題を付けた書物の中で語っています[42]。だがキリスト教の教えとは神学的なものに他なりません。今言ったその場所〔書物〕で彼は司教として文法学者から誇張したおしゃべりと統語論との区別を〔教えてくれるように〕請い求めるのを恥じませんでした。ここでわたしは、ナジアンゾスのグレゴリオス、ダマスス、プルデンティウス、パウリヌス、ユーウェンクス[43]のような不朽に値する人たちが、キリストの神秘を叙情的な詩でもって取り扱っていることをお知らせしたいとは思いません。使徒パウロ自身も一度ならず詩人の証言を利用しています。そもそもどこかパウロの手紙の中で、教養がどれほど意味深くあっても、アリストテレスを、神を畏れないアウェロエス[44]を参照しているところが見いだされるでしょうか。どこに「第一大前提」や「第二大前提」が、どこに三段論法の形式が、どこに「形相性」、「何性」あるいは「エッケイタス」に言及されていますか[45]。彼らのもとではすべてがこのようなもので一杯詰まっています。それともすべてが結論と必然的帰結に区分けされていないので、彼らの議論は巧妙さに欠けているのでしょうか。彼らが言うように彼らが言いたいことをあらかじめ言わないがゆえに、そのうえ何度も言われていなかったことが彼らによって言われていることに気づかせるので、そうなるのでしょうか。彼らがすべての話をほぼ細かく切って、それから粉々に切り刻むからなのでしょうか。この部分は三つに分けられます。その最初の部分はさらに四つに分けられ、そしてその一つ一つがさらに三つに分けられます。第一のものがそこにあり、第二のものもそこにあります。第一のものはわたしたちに少なくとも〔理解するに〕身も凍るようなものを教えているように思われます。そして少年のときからそれらに慣れており、こういう仕方で誤って〔知識が〕引きちぎられていなければ、わたしたちは何も理解できません。その他の学問分野においてはそれぞれその創設者や創始者のことを思いめぐらすならば、とても素晴らしい意味があります。ウェルギリウスはホメロス、テオクリトゥス[46]、ヘシオドスを模倣しており、ホラティウスはピンダロス[47]とアナクレオーン[48]を模倣しています。アウィケンナはガレノス[49]を模倣し、ガレノスはヒッポクラテス[50]を模倣しています。利用しなかったものがなかったアリストテレスは、さまざまな論証のためにさまざまな人たちを模倣しています。アリストテレスはテオプラストゥス、テミスティウス、アウェロエスを引用します[51][52]。どうしてわたしたちだけがわたしたちの哲学の指導者たちから学問的に解明する全考察において大胆にも離れてしまったのでしょうか。すなわち何がこんなにも異なっており、トマスとスコトゥスの信奉者たちが今日神的な事柄について議論するように、キリストと預言者たちの様式から相違しているのでしょうか。アウグスティヌスはさまざまな誤りを引きずっていたとき、とりわけプラトンに出会ったことに喜びを表しています[53]。それはプラトンの教説がキリストの教えにきわめて近かったし、隣接するものと同類のものからの移動がいっそう容易であったからです。

しかしわたしは公共の学校でほぼ正式に採用されているのが見られるこの学問を、それがただ真剣に、正確に、だが排他的にではなく追求されているならば、非難するとまでは言いたくありません。どのような種類のものを非難するかというと、ある人がアリストテレスの哲学の内にとどまっていて、文法学、修辞学、往古の素晴らしい教養を修得せずに、神学者であることを大胆に告白しようとしない場合です。また神学者の身分の指導者にほかならないと自ら公言し、このことをとても高慢に宣告していても、第三の天から帰還したパウロについて（Ⅱコリ一二・二参照）あえて発言しようとしない場合です。それゆえウェルギリウスの言葉を用いて言うと[54]、公正なユピテルが愛した少数の人たち、およびその生命の一部を献げることから〔余暇によって〕免れている人たちがそれを理解するように思われます。〔それに対して〕わたしたちは平民と神学の新兵を養成します。それでもやはりわたしの考えを誠実に言いますと、神学を目指している人が世俗の学問の中で、とりわけいっそう懸け離れたものと一緒になって年とっていくことは、少しも安全ではありません。味覚や舌に沢山のニガヨモギを染みこませた人は、その後で食べたり飲んだりするものには何でも、ニガヨモギの味がすることが起こります。またあまりにも長く太陽を見つめる人には、その後で見るものは何でも、白内障にかかって悪化した目にもたらされる色彩でもって示されることがあります。それと同じく人生の大部分をバルトルスやバルドス、アウェロエスやドゥランドゥス、ホルコトゥスやブリコトゥスまたタルタレトゥスのように詭弁家の屁理屈に、またきわめて混乱した蛸集物と作品集に〔研究時間を〕費やしてきた人たちには、あの神的な学問をあるがままに味わうことができず、彼らが自分で取り出すものしか味わえません。というのも神的な学問の研究に当たっては何かを外来の助けのようについでに混ぜ合わせることは、おそらく上品ではないでしょうから。それと同じく俗界の知恵のすべてから全く異質な事柄を研究しているとき、ピュタゴラス、プラトン、アリストテレス、アウェロエスまた彼らよりも世俗的な作家たちのことだけをしゃべりまくって、この人たちの意見に神託のように麻痺してしまい、この人たちの見解と議論でもって真剣にわたしたちの宗教を防衛しようとすることは、真にもって愚かなことであると思われます。とはいえそこからはもっと重要な人々の判断によれば大部分の異端が起こってきたし、異端者たちはその武器でもってわたしたちともっとも強力に戦います。異教徒に気に入っているものを異端者たちから取り除きなさい、とテルトゥリアヌスは言います。それは異端者たちが自分らの問題を聖書から立てるようにさせ、もはや持ちこたえることができなくさせるためです。異端者のようないかがわしい人物は天上的なキリストの哲学を建設するのではなくて、それを全く別物にしてしまうのではないでしょうか。クリュシッポス[61]が悲劇作品の全部を論理学のために書き上げた注解書において修得させるようにしたことは、非難されるでしょう。

(五) スコラ神学の批判

ある人が神学者たちの注解書の中にはアリストテレスの全体以上のものが見いだされるとみなす場合、どれほど大きな正当性をもってわたしたちを非難したことになるでしょうか。しかしもし誰かがこういう人たちの正確な認識なしには神学者でありえないと訴えるならば、わたしはクリュソストモス、キプリアヌス、ヒエロニュムス、アンブロシウス、アウグスティヌス、クレメンスのようなとても多くの著名人の実例をもって自らを慰めるでしょう。わたしは自らを人間よりも優るものと考える人たちと一緒になって神学者であるよりも、これらの〔著名な〕人たちと一緒になって小さな雄弁家であることを選ぶでしょう。さらにペトロやパウロの実例でもってわたし自身を慰めるでしょう。彼らはそれ〔神学〕を職業として営んでいないばかりか、何度か有罪の判決を受けています。彼らはそれを確かに一度も使わなかったことが知られています。セネカが言っているように[62]、人は学ばないですますためには、その前に〔多くを〕学んでおかなければなりません。ところで八〇歳の神学者が弁証論と哲学だけを学校で教えていたり、それでもって最後まで戦い抜くときには、どのような光景なのでしょう。ここで人はキリストの福音を宣教するために何時までもおしゃべりをし、生涯の終わりまで、くどくどしゃべるとは言わないまでも、討論することだけをするのでしょうか。闘いの技術を備えた人は、もっとも確実に勝利に役立つことをとりわけ行使するでしょう。競技する人に油を塗る人は、すでに子供のときに選んだ者を仕込んでは教育し、将来の競技や彼の目的のためにすべてを定めます。ところで神学者たちの卓越した目的は、聖書を賢明に説明することです。つまり、くだらない問題ではなく信仰について釈明し、敬虔について厳かに、かつ、効果的に論じ、涙を引き出し、心を天上に向けて燃え立たせることです。将来の神学者はそれとは別の学問において老いていくよりも、すでにその研究の最初からこのことをあらかじめ行います。

(六) キリスト教教義の大綱

わたしの考えによればそれ〔神学〕は、教義がその要点と要約に変えられて、それがとりわけ福音書の源泉から、次に使徒の手紙からわたしたち初心者に伝えられた事態に関係しています。こうして初心者は自分で読むものが関係づけられる確かな目標をどこであれもつようになります。キリストは天上の教師として全く天に寄りすがり、ある種の新しい民を地上に設立されました。この民はこの世のすべての援助を信用しないで、何かそれとは別の仕方で富める者であり、知者であり、高貴であり、力があり、幸福であって、だれでも賤民が感嘆する、あらゆる事物を蔑視することによって、幸福が達成されるようにしたのです。妬みや羨望を知らない人は、当然のことながら純真な目をもち、みだらな色情をいだかない人は、当然のことながら自らの発意で去勢した人のようであり、天使の生活を肉において〔実現しようと〕意図しています。彼は離婚や嫉妬を知らないでしょう。なぜなら邪悪なことに耐えることができ、それを改善することができるからです。そのような人はだれにも不信を抱き、だれをも欺く誓約を知らないでしょう。彼は金銭に対する欲望を知らないでしょう。それは彼の宝が天に蓄えられているためです。彼は空しい名誉によってくすぐられることはないでしょう。というのもすべてがただキリストの栄光に関連づけられているからです。彼は野心を知らないでしょう。というのも野心が大きければ大きいほど、キリストのためにすべてを抑えるからです。彼は怒ったり、誹謗するように駆り立てられることを知らないでしょう。まして復讐することを知らないでしょう。実際、彼は悪を受けるに値する人たちに善をもって報いようと努めるのです。それは無垢なる習慣から来ており、異教徒からも確認されます。それはいわば子供たちの純真さと単純さに再生されたようであり、野の百合と空の鳥のように日々を生きております（マタ六・二六―二八参照）。彼のもとには最高の一致があって、からだの四肢の間にある一致のほか何ものも全くなく（ロマ一二・五参照）、そこでは相互的な愛がすべてを共有させます。こうして善いものはそれを欠いているものに与えられるでしょう。あるいは悪いものは取り除かれるか、愛の尽力によって鎮められるでしょう。彼は天上的な霊の教師によってこのように聡明であり、キリストの模範にしたがってこのように生きているので、地の塩にして世の光であり、山の上の町であって（マタ五・一三―一四参照）、すべての人によって至るところから観察されています。彼ができることは何でも、すべての人を助けるためなのです。彼にとってこの命は廉価であって、死は不滅への憧れのゆえに追求するに値します。彼はただキリストの保護を信頼して暴政を恐れないし、死もサタン自身も恐れません。彼はどんな場合にも、最後の審判の日に備えて武装しているのが分かるように行動します。これがキリストによって提供された目標であって、キリスト教徒に関するすべてはそれに照らし合わせて判断されねばなりません。当分の間はそれに耐えたり、それを堅持するのに弱い人たちがいても、そうすべきであって、彼らが進歩していって内的に成長し、キリストの完全という基準にまで到達するように努めるでしょう。

これらはわたしたちの創始者の新しい教えであって、哲学者の学派が伝えたものではありません。これは新しい葡萄酒であって新しい革袋にのみ信頼して任せるべきです。これはそれによってわたしたちが上から再生されるものであり、そのゆえにパウロもキリストにある者を新らしく創造された者と呼んでいます（Ⅱコリ五・一七参照）。逍遙学派はアリストテレスの規則を守っており、プラトン主義者はプラトンの命題を守り、エピクロス派はエピクロスの法令を守っています。ましてやこんなにも偉大な創始者の教義を守ることはわたしたちにふさわしいことです。しかしこれらのことにも状況と人間の相違に応じてかなりの差違があります。

ある種のことを彼ははっきりと禁じます。それに属することは、わたしたちの間には分裂があってはならない、嫉妬があってはならない、功名心があってはならない、金銭への愛着があってはならない、復讐があってはならない、疑念があってはならない、中傷があってはならないということです。このような情念のすべてを彼が熱心と思慮を尽くしてその弟子たちの心から取り除くように尽力していることを、わたしたちはすぐにもかなり詳しくお知らせするでしょう。

ある種のことを彼はすべての人にはっきりと命じています。それに属するものは相互的な愛の戒め、兄弟の誤りを赦すこと、各自に与えられた十字架を耐え忍ぶことであって、もしあなたがそれを拒否すると、キリストはあなたを弟子として認めません。またマタイの第一一章でキリストが「わたしは柔和で謙虚な者だから、わたしに学びなさい。そうすればあなたがたは安らぎを得られる」（マタ一一・二九）と語るとき、柔和について命じています。また彼が至るところで求める信仰について、さらに慈善について、その他それに類似したことについて命じています。

このように彼はある種のことを勧めますが、命令を実現できる人たちを報酬をもって誘いながらも、それを厳しく要求しておりません。また実現できない場合には罰でもって脅したりしません。たとい彼がマタイの第一九章で神の国のために進んで自分自身を去勢した宦官を幸いであると宣告しているときでも、合法的な結婚生活を貞淑に、かつ、純潔に守っている人たちを不幸だとは呼んでおりません。恐らく彼が「もし完全になりたいのなら、行って持ち物を売り払い、帰ってきてわたしに従いなさい」（同一九・二一）と青年に言っていることもそれに属するでしょう。というのも、わたしにはそれはすべてのキリスト教徒に属すると思われますから。それはキリスト教徒のだれでも、キリストの栄光が何かそのようなものを要請するとき、すべてを放棄したものと喜んで考えるという意味でなければなりません。むろんそれはキリストが本当にキリスト教徒を完全な者として指示する場合なのですが。あの青年は正直なユダヤ人でした。彼に残されていたことはイエスの弟子となり、完全なことを今すぐ追求することでした。人間的なことには真に完全なものはありませんが、そこでは各人の持ち場において完全性の追求がなければなりません。

キリストはある種のことを軽蔑し、ふさわしくないものとして拒否されています。たとえば彼はルカの第一二章で遺産を分割するように頼まれたとき、「人よ、だれがわたしをあなたがたの裁判官や分割者に任命したのか」（ルカ一二・一四）と言います。

彼はある種のことを自分に関係がないかのように、あるいはそれに無関心であるかのように、見て見ぬふりをします。それに属するものは、マタイの第一七章で子供たちやほかの人々は王に租税（貢ぎ物）を納めるべきかどうかとペトロに尋ねた場合です。その際彼は、これらのことに無経験であり、無知であるかのように、したがってこの世の汚物に属するかのようです。それはちょうど彼にその責任がないかのように語られたのと同じです。それにもかかわらず銀貨二ドラクマが与えられるように彼は命じます。だがそれはすべての人のためではなく、自分とペトロのためなのです。また彼がマタイの第二二章ではずるい仕方で「皇帝に租税を納めるべきかどうか」と質問されておりますが、〔その際〕貨幣を、あたかもそれを知らないかのごとく、見せるように命じているのもこの種のものです。彼は貨幣を見てから、彼もまた知らなかったかのように、「これはだれの肖像と銘か」と尋ねます。さらに皇帝に納めるべき租税について「皇帝のものは皇帝に返しなさい」と少しの曖昧さもなく答えています。彼はあなたがたが皇帝に負債があるなら、支払いなさい、と言っているようです。ですが、あなたがたが神に属するものを神に与えるようにすることのほうが、わたしにもっと関心をいだかせます。同様な仕方でもってヨハネでは姦淫のかどで取り抑えられた女を彼は裁いておりませんし、公然と解放もしておらず、犯罪を繰り返さないように忠告しています。彼はやむを得ない律法に対して自分の権利を主張しなかったけれども、罪の宣告の起草者になることを欲しませんでした。彼はすべての者を救うために来たのですが、そのことは確かにこの〔姦淫を犯した〕人にも妥当していました。彼はまた同時にキリストの任務を継承すべき人たちが厳しさを取り去るよりもむしろ寛大に罪人たちを救うべく努めるように模範を与えてくださいました。さらにルカではある人たちがやって来て、ピラトがガリラヤ人の血を彼らのいけにえに混ぜたという、ぞっとする、彼らの感情にとって経験のない処刑を報告したとき、キリストは法律の厳しさを是認も否認もしないで、その実例を警告の機会として利用しています。彼は言う、「このガリラヤ人は、そのような災難にあったがゆえに、他のガリラヤ人よりも罪が深かった、とあなたがたは思いますか。そうではありません。わたしはあなたがたに言っておくが、あなたがたも悔い改めなければ、シロアムにある塔が彼らに倒れてきて殺した、あの一八人のように、みな同じく滅びるでしょう」（ルカ一三・一―五）と。

（七）語っている人の状況と役割

もしわたしたちが単に何が語られているのかだけでなく、だれによって語られているのか、だれに対して語られているのか、どんな言葉で語られているのか、どんなとき、どんな機会に、何が先行し、何が続くのかを慎重に判断するならば、ここからまた聖書の意味を理解するためにある程度の光が与えらます。実際、洗礼者ヨハネとキリストとは異なった話し方が似つかわしいです。そのうえ一方は教養のない人々を、他方は使徒たちを教えています。再び言うと、一方はまだ教化されていない使徒たちを、他方はすでに教化され養成された使徒たちを教えています。一方は抜け目のない質問をする人たちに答えており、他方は単純な心で探究する人たちに答えております。結局のところ物語そのものが連続して繰り返されることによって他の不明な意味を明らかにします。聖書の出典箇所を何度も比較してみると、ここでは隠されたままでいることが、そこでは明らかに述べられていることにより、厄介な問題を解きほぐすのです。またキリストのほとんどすべての話は比喩と転義によって隠されていますから、神学を学ぼうとする志願者は、語っている人がどんな役割を演じているか、かしら〔中心人物〕の役割か、からだ〔構成員〕の役割か、羊飼いの役割か、その群れの役割かを演じているか慎重に探究しなければなりません。というのもキリストは十字架上で父に対して大声で叫んで「わが神、わが神、なぜわたしをお見捨てになったのですか」（マタ二七・四六）と言われたのですから。「わたしの諸々の咎の言葉は救いから遠い」（詩二二・二）とあるのは、聖なる著者アウグスティヌスによると彼がかしらの声ではなく、そのからだの声で語っています[63]。同様に彼が嘆くとき、拷問にかけられるとき、杯を受けることがないように嘆願するとき、彼がまた自分の言ったことを訂正するかのように自分の意志を捨てて、父の意志に服従するとき、そのからだ〔構成員〕の情意を自分のうちに移し替えているように思われます。ふたたび彼は差し迫ってくる追跡者に「あなたがたがわたしを捜しているのなら、この人たちは去らせなさい」（ヨハ一八・八）と言います。そこでは彼は羊飼いと司教の役割を、群れの使徒の役割を演じています。なぜならひとたび迫害の動乱が襲いかかったときには、群れの安全のためにそのかしらが危険に身をさらすことは羊飼いの義務だからです。ところで弟子たちが恐れに戦慄してちりぢりに逃げている間に、ペトロが主を誓をもって否認している間に、ペトロが剣でぽかんと一発やったとき、そのときでもまだ弱い群れではあるが、改善の希望を有する群れの性格を受け入れています。また再び〔例を挙げると〕キリストがむちでもって教え、商人の群れを神殿から追い出すことによって、彼は飼い主としての最高の役割を実行します。ときどき彼は不適切な心情でもって語ります。たとえばカナンの女には公正でない考えでもって答えています、「子供たちのパンを取って犬にやってはいけない」（マタ一五・二六）と。

そのとき彼は明らかに自分たちだけが人間の中で聖なるものであると信じていたユダヤ人の表現方法でもって語っています。つまりユダヤ人はカナン人、サマリア人、その他の世俗的な国民は不潔なもので、犬としてみなしていました。その際、単に時間的な分配を除けば、キリストのもとには民族の相違は何らあるはずがなかったのです。彼はこの女性の心情がユダヤ人の信仰に優先されるべきであることを知っておりました。それでも彼は、どんな血統であろうとも、信仰によって突入する人たちが神の国を分有するようになることを、その国民の意識に刻みつけようと願ったのでした。再度、彼が弟子たちに「それでは、あなたがたはわたしを何者だと言うのか」（同一六・一五）と問うとき、かしらの役割（ペルソナ）でもって行っています。ペトロは全キリスト教の民の声と名において「あなたはキリスト、生ける神の子です」と答えています。つまりキリストのからだにあるだれからも「あなたはキリスト、生ける神の子です」という告白が表明されておりません。同じようにペトロについて言われていること、すなわち「あなたはペトロ。わたしはこの岩の上にわたしの教会を建てる。わたしはあなたに天国の鍵を授けよう」（同一六・一八）は、多くの人たちの解釈によればキリスト教的な国民のすべてのからだに関連しています。他方、三度も愛を表明したペトロに彼が、「わたしの小羊を飼いなさい」（ヨハ二一・一五）と言ったとき、キリストは最高の羊飼い、つまりかしらの立場を演じています。ペトロは何らかの司教のタイプを成しており、もし彼が心からキリストを愛し、キリストの栄光のほか何も目指すことをしないならば、キリストがその人たちのために死んだ群れは彼に委ねられたりしません。しかしながら「統治しなさい」とも「羊を服従させよ」とも言われておらず、「飼いなさい」と言われています。また「あなたの羊を」と言われているのではなく「わたしの羊を」と言われています。あなたは異なる群れの羊飼いであって、主人ではないのです。見なさい、あなたはあなたに委ねられた羊を健全な信仰によって最高の羊飼いに連れ戻しています。同様にパウロもローマの信徒への手紙の第七章において霊に逆らうその肉についてとても嘆き、ついに「わたしはなんと惨めな人間なのでしょう。この死のからだからだれがわたしを救ってくれるでしょうか」（ロマ七・二四）

と叫んでいます。それから彼は、わたしが思うに、自分の声ではなく、もっと弱く、彼の切望の中では今なお成長していない、なにか他人のような声で語ります。だが、観察された役割の方法が旧約聖書の諸書において、たとえば預言書や詩編、また雅歌において、大きな意義をもっているにもかかわらず、それでも新約聖書においてもしばしばその場所をもち、とりわけパウロの手紙ではその場所をもっています。しかし、ある種のものはすべてに関わっていますが、それでも区別がないのではない仕方で提示されています。これに属するものは、弟子たちとの対話の中でキリストが「あなたがたは地の塩であり、世の光である」（マタ五・一三―一四）と語った場合です。この言葉はキリストの宗教を告白するすべての人に関係していますが、とりわけ司教や高級官職に関係しています。さらに彼が「あなたがたの天の父が完全であられるように、あなたがたも完全な者となりなさい」（同五・四八）と語る場合、どこに向かって努力すべきかを彼は彼に属するすべての者に示しています。とはいえ、それは何よりもまずキリストの教会の先頭に立つ人々によって示されねばなりません。

（八）五つの時代区分

ペルソナ〔役割〕のさまざまな観察と同じように、さまざまな時間の観察も聖書における不明瞭を消滅させます。というのもユダヤ人に命令されていたことや、禁じられていたことや、赦されていたことは何でも、もうキリスト教徒の生活に適用されるべきではないからです。その理由は旧約聖書の諸書においてわたしたちに関係のないことは何もないからではなくて、大抵の場合ある時代において来たるべきものの型や覆いとして伝承されており（ヘブ八・五）、寓意的に解釈されないと有害であるからです。たとえば割礼、安息日、食物の選択、いけにえ、敵への憎しみ、この精神ではじめられ実行される戦争、一夫多妻、その他の類似なものであって、それらの一部は許されているのをやめており、一部は光を放つ福音の光の前に影のように消え去ってしまいました。しかし、これらに対しいかなる選択をなすべきかについて、単純にわたしたちの生活に適用するにせよ、それともわたしたちが寓意的に解釈すべきであるにせよ、ここでは終わりまで追求したくありません。というのもアウグスティヌスが『キリスト教の教え』という書物の中でそれについてすでに詳しく論じていますから。(64)

したがってまず第一にキリストの時期に先行する時代が来なければならないように思われます。次の時代がそれに続きます。そのときは福音の光がまだ昇ってきていませんが、それでもすでにその出現は近づき、差し迫っており、それ以前の律法の影を希薄にさせます。その有様はちょうど太陽がまだ昇ってきていないが、日の出が近づき、天が少しずつ明るくなるのと同じです。そのときにはヨハネの洗礼によって浸され、より高い生活に対する悔い改めに招かれるだけでもう十分でした。徴税人は定められているもの以上に取り立てるなと警告されるだけで十分でした。兵士たちはだれにも暴力を加えず、だれからも略奪しないで、自分の給料で満足せよ、と警告されるだけで十分でした（ルカ三・一一―一四参照）。それが人々をきっと善人と成すとか真のキリスト教徒になすからではなく、悪い人たちを減少させ、彼らをすぐに続くキリストの説教に備えるべきであったからなのです。ヨハネはどんな場合でも誓ってはならない、妻と離婚してはならない、十字架を負わねばならない、敵に貢献すべきであるとは教えませんでした。本来的な意味でキリスト教徒と成すものは、キリストに取っておかれていたのです。弟子たちの最初の説教は恐らくこの時代に属しています。そのとき彼らはヨハネの模範にしたがって悔い改めに駆り立てるように命じられ、神の国が近づいていることを通告し、キリストについては沈黙を守っています。またその当時彼らが洗礼を施していたバプテスマは、この種のものであったかどうか、わたしにも全く分かりません。なぜならヨハネの証言によると（ヨハ四・二参照）、キリスト自身はだれにも洗礼を授けていなかったのに、当時使徒たちもまた洗礼を施していたからです。また誰かがキリストによって洗礼を授けられたかどうか、正典である書物には全く記されていません。もし良ければ次は第三の時期とすべきでしょう。そのときキリストは奇跡と教えによって全世界にすでにあまねく有名になっており、福音の教えは公表されていましたから。それでもまだ律法を遵守することは禁じられていませんでした。その時代は聖霊の派遣後のまだ未熟にして誕生しつつある教会の初期段階として理解されます。だがある種の譬えはとりわけこの時代に関係しているように思われます。たとえば次のようなすべての譬えです。主人の息子を殺してしまった葡萄園の小作人の譬え（マタ二一・三三以下）、婚姻に招かれた人々の欠席についての譬え（同二二・二以下）、同様に説教者の処刑と苦痛についてキリストが予告したこと（同一〇・一七—一八）、さらに恐らく十字架を担うことについて命じていること、足の塵を払い落とすこと、道ではだれにも挨拶しないこと、町から町へと逃れること、父と母と妻を見捨てること、神の国のために自ら去勢した人の幸福について（同一九・一二）、持ち物を売り払い（同一九・二一）、すべての愛着を放棄すべきであること、そして直ちに〔住む〕場所を変えねばならないこと、最後には信じるものが従うことになる徴について言われたことです。もしこれらの徴に従っていないことが明白であれば、それとは別の仕方では、わたしたちは今日キリスト教徒ではありません。しかしながら先に述べたことから次のことがわたしたちに降りかかってきます。どこであろうと必要が生じる場合には、わたしたちは貴重な所有物なら何であれキリストの栄光のために放棄する用意があるような心構えをもつように命じられているということです。使徒言行録の中で異教徒からキリストへ回心した人たちが〔偶像に供えるために〕絞め殺した動物の肉と血とを避けるようにと、ヤコブとペトロによって決定されたこともまた同じ時代に属しています（使一五・二〇参照）。こうした忌まわしい行為はわたしたちの間では重要でない事態と考えられています。なぜならそれはユダヤ人の克服しがたい強情さに対する認容として捉えられ得るからです。ユダヤ人と割礼を受けていない人たちとの合意に至ることは、もしそれ〔合意〕が総じてユダヤ精神によって受け取られていなかったなら、不可能であったでしょう。恐らく人々はそのことを腹立たしい事柄〔躓きの石〕として感じねばならなかったでしょう。使徒たちはそのことを宗教的な怖じ気を抱いて回避していました。そのとき福音はまだひ弱で、ユダヤ主義と異教が支配していました。それともユダヤ人の前で彼らを怒らせないために豚肉を食べないのは、今日では馬鹿げたことではないでしょうか。それにもかかわらずこのことはかつて使徒たちによって行われました。したがって聖アウグスティヌスがある書簡の中で持ち出したあのような問いは、わたしには全く退屈のように思われます。その中にはこう問われています。「偶像に献げられていた肉が落ちていた泉や井戸から水を汲み出すことは、キリスト教徒に許されているのかどうか」[65]と。パウロは監督〔つまり司教〕がその妻と子供たちをよく指導しなければなりませんと命じました（Iテモ三・二）。今日では副助祭でさえも妻を所有する権利を禁じられています。パウロは信仰のある妻は不信仰の夫のもとにとどまるように願っています（Iコリ七・一三）。アウグスティヌスとアンブロシウスは異なった意見をもっていました。また今日では教会は別な風に判断しています。パウロはキリスト教徒の奴隷が、解放されるのを除いて、異教徒の主人から分かたれることを願っていません。今日では違ったように決められています。他の多くのことがこれに属しています。それらは、大抵のサクラメントの儀式のように、あの時代の習慣にしたがって導入され、その後に抹消され、変えられています。今遵守するように命じられているものの多くはその当時は遵守されていませんでした。それに属するものは祝祭日と恐らく内密に行われた罪の告白です。それをわたしたちが至るところでそれを用いているように、今も救済に役立つように用いたいものです。というのもキリストの宗教は全世界にわたってすでに宣伝され、強固にされており、皇帝もその宗教をその武器でもって以前行っていたように迫害しないで、むしろそれを保護し、その勢力を略奪し尽くさないで、むしろ増加させていますから（つまりこのことはわたしたちが考えるに第四の時代区分なのです）。こうした歴史事情の変化を考慮して新しい法律が導入されたのですが、そのうちの幾つかは、わたしたちが時代の区分をもって聖書との一致に至らせないならば、キリストの命令と矛盾しているように思われます。キリスト教的な霊の初期における活力からすでに堕落し退歩している、教会のために第五の時代を作ることは許されているでしょう。それは主が福音書の中で「不法が増大するので、多くの人々も愛が冷える」（マタ二四・一二）と語ったことに関係しているように思われます。それに対して「見よ、ここにキリストがいる。見よ、そこにいる」（同二四・二三）と言うであろう人々がやって来ます。パウロはこの時代をテモテに次のように書き送ってその輪郭を表示したと思われます。「終わりの時には困難な時期が来ることを悟りなさい。そのとき人々は自分自身を愛し、金銭を愛し、ほらを吹き、高慢になり、神を罵り、両親に従わず、恩を知らず、罪深くなります。愛がなく、平和を知らず、中傷する者となり、節度がなく、残酷になり、親切でなく、裏切り者となり、厚かましく、臆病であり、無分別となり、神よりも快楽を愛し、敬虔を装いながら、その実、敬虔を否定するようになります」（Ⅱテモ三・一—五）[66]と。

（九）キリストの民の三つの集団

だが時代や人物、また事物のそのように大きな多様性が読者に襲いかからないために、キリストの民の全体を三つの集団に分けることは当を得ていなくはなかったでしょう。だがそのすべては唯一の中心であるキリスト・イエスをもっており、そのもっとも単純な純粋さを求めてすべての人は各自の人格のために努力すべきです。もちろん目標は彼の場所から動かすべきではなくて、いやむしろ死すべき者たちのすべての行動はこの目標に向かって導かれなければなりません。しかし第一の集団は、いわばキリストの役割を継承していたので、キリストにもっとも近い人たちを保有しておかなければなりません。彼らはどこへ行こうとも常に〔神の〕子羊に寄りすがり、付きしたがっています。彼らは祭司たち、大修道院長たち、司教たち、枢機卿たち、教皇たちです。この人たちは現世的な事物との汚染からできるかぎり清潔でなければなりません。それに属するものは快楽への愛、金銭への欲求、野心、生命への貪欲です。彼らの使命は、キリストの純粋さと光をもっとも近いところから汲み出し、第二の集団に注ぎ移すことです。この第二集団は世俗的な君主たちを有しており、彼らの武器と法は彼らの仕方でもって、つまり彼らが必然的なまた正当な戦争において敵を打倒し、公共の平安を保つにせよ、合法的な罰でもって邪悪な者どもを監禁するにせよ、キリストに奉仕しています。第三の集団をありふれた民衆もしくはわたしたちが想像する世界でもっとも粗野な階層に割り当てることは許されるでしょう。だが、それはもっとも粗野であっても、それにもかかわらずキリストのからだに所属しています。そうはいっても個々の集団において何らかの階層秩序を想定することができます。そして実際、祭司たちが神に犠牲を捧げるとき、彼らが福音の宣教という糧でもって民衆を養うとき、彼らが純粋な祈りでもって神と語るとき、また彼らが群れの救いのために執り成しをするとき、あるいは彼らが民をいっそう良くするために、研究を離れて主とともに瞑想するとき、彼らは当然のことながら彼らのもっとも純粋な集団の部分に関係しています。その他の場合に彼らが挑発によってもっとひどい悲劇を引き起こさないため、領主の意向に応じるとき、彼らがいっそう悪い状態に陥らないために、弱者たちの脆弱さに意に反して譲歩するとき、彼らの集団のもっとも外側の縁に関係しています。そうはいっても彼らは自分自身をより悪くするためではなくて、他の人たちを自分自身のところに連れてくるのとは別の理由で、この縁に自らを降りて行かせません。この最低の世界を成り立たせている諸々の構成要素(67)の中に各々はその場所をもっておりますが、月の世界にもっとも近い場所を得ている火は、その最高の部分ではもっとも純粋であり、もっとも透明であって、天の性質にもっとももよく似ていますが、大気の境界〔つまり靄の層〕においてはそれ自身いっそう粗野なのです。同様に大気はその圏のもっとも高い縁では火に似ており、水に境界を接している最低の部分では濃くなっています。恐らく同じことが水や地についても言うことができます。しかし行動するために特別な力を与えられた火は、次第にすべてを自分に奪い取り、許されるかぎり自分の性質に改変します。火は風によって力をそがれ〔薄くされ〕た地を水に変えます。それは濾されてきれいにされた水を大気に変え、薄くされた大気を自分に改造します。隣接したものはより悪い方への改造ではなく、より良いものへの改造に役立ちます。同様にキリストも弟子たちの弱さにしばしば自分を適応させていました。同様にパウロは、コリントの人たちに対して、主の名前によって完全な人たちに提示したものと自分の名によって弱い人たちに作成したものとを時折区別しながら、彼らが前進する希望をもってですが、多くのことを寛大に容認しておりました。それと同様にローマ教皇たちが彼らが言う赦免や免罪によって無気力な人たちや絶望に近い人たちをより良いほうに前進するまで立ち上がらせ、励ますとき、彼らの集団の最上の部分にとどまっていません。彼らが法律をもって土地税と人頭税を取り立てることに従事するとき、パリウム[68]の権利を手に入れる仕方について、彼らがよく言及する聖職禄取得納金[69]の取り立てについて、武力でもって守られるべきであると人々の言うペトロの領地[70]について、戦争でもって強制されるべきトルコ、その他無数のことについて論じるとき、こうして彼らが日常生活で必要で確かに役立つ事物を追求しているのをわたしたちは認めるのであるが、そうはいっても彼らが天上の哲学に本来的であるものにとどまっているとはだれも主張したりしないでしょう。しかしわたしは至高の教皇たちが一般の人間の生活のために布告された彼らの法律が、たとえどんなに願っても、キリストの命令にすべて適合しているかどうか、全く知りません。キリストはあらゆる光のもっとも純粋にして汚れのない泉として天の味わいのするものを命じられました。教皇たちは人間として弱い人々やさまざまな弱い人々に役立つものを時代の状況に応じて教示しました。したがって彼らの命令の中には時折人間的な情意に配慮したものがどうしても含まれざるを得ませんでした。あなたはそこではキリストの高潔さが欠けているのを感じています。さらに火の最低の部分が靄の最上の部分よりも明るいように、教皇の法令のもっとも粗野なものでも、それにもかかわらず皇帝や政務官の法令でもっとも神的であるものよりも、キリストの単純性により近く接近しています。なぜなら皇帝と政務官は、最低の人間のかす、つまり現世の汚い仕事と結びついた事柄に巻き込まれているため、自分の題材に応じなければならないからです。というのも彼らの法令によってはわたしたちが良くなることが直ちに起こって来ないのであって、むしろ間もなくもっと悪くなるからです。したがって彼らによってキリストの戒めから少し堕落した何かが行われたり、決定されたりするとき、あなたはキリスト教的な哲学[71]のもっとも純粋な泉をこのような性状の水溜まりと混同しないように、くれぐれも警戒しなければなりません。人間的な法律はこの原型から探し求められねばなりません。この光から人間的な法の火花は採用されなければなりません。だが永遠の真理の輝きは、なめらかで品のある鏡と鉄の鏡とでは違っていますし、透明な泉と汚い水溜まりとでも違っています。

それゆえ、このように述べられたのは、わたしたちがキリストの天的な哲学を人間的な法や知識でもって悪化させないためなのです。その目標が損なわれないで存続しますように。あの唯一の源泉が衰えませんように。福音的な教えの聖なる錨〔よりどころ〕が維持されますように。そこに向かって人間的な諸行のかくも多くの闇を携えて人は逃亡することが許されています。あの〔北極星の〕小熊座が暗くなりませんように。その確かな徴が——その徴のもとでかくも多くの誤謬の大波に覆われたわたしたちは正しい進路を取り戻すことができます——なくなりませんように。この柱が動揺することがありませんように。それはわたしたちがその柱に支えられて、絶えずいっそう悪いものに導きかつ連れ去る、この世の力に対し抵抗するためなのです。それはどんな傲慢な意見や迫害の嵐も避けられない強固な土台としてとどまりますように。その上に良い建築士が確実に金・銀・宝石でもって建てるのです。人間的な研究論文という藁や干し草が焼き払われても、それでもやはり建物はより良い仕方で存続します。人間は間違えることができますが、キリストは誤ることを知りません。ですから人間たちによって指示されていることをすぐに退けてはなりません。そうではなく、だれが命じたか、だれに対し彼が命じているか、いかなるときに、どんな機会に、終わりにどんな気持ちで命じられているかを考察しなさい。だがまず第一に命じられていることが福音の教えと一致しているか、それともその命令がキリストの生活の味わいがするか、それを再現しているかを考察しなさい。パウロは言います、「霊的な人間はすべてを裁くが、彼自身はだれからも裁かれるべきではない」（Ⅰコリ二・一五）と。それゆえにキリストの教えが人間の法律をゆがめているとしたら、どんな希望がまだ残されていますか、とわたしは質問したいです。そして神的な哲学が人間の情欲へと方向を変えられ、ギリシアの格言風な表現にしたがって「より劣る要求」（レスピス）がわたしたちにとって原則となるなら、希望はもっと少なくなっています。[72]

人間によって定められた法律についてこれまで語られたことは、同じことが昔と最近の教師たちの書物に関しても感じ取られねばならないと思われます。彼らのうちのだれに対しても、他の場所では別の意見があるのに、わたしたちが悪人とみなすほど見捨てられた者とすべきではありません。このことに今日では多くの人たちが骨折っています。彼らのうちある者はトマスの規定に、あるいはスコトゥスの原理に身をゆだねています。こうして人は彼らの教えからいわば指の幅も〔少しでも〕それるよりも、むしろ間違ったものをも堅持します。ところが著者自身は〔自分が〕そんなに重要視されることを願っておりません。それどころかとても優れた人であるアウグスティヌスは、彼自身がとても有名な他人の書物を読む習慣としていたのとは相違した仕方で、自分の書物が読まれたくないと願っていたとき、もちろん信じる必然性をもってではなく、彼自身の言葉を用いれば、判断する自由をもって読まれるように願っていました。(73) それでもこれと等しいことが彼らに認められます、とりわけ卓越した学識と神聖な生活に加えて古代の人々も推薦する人たちに認められます。彼らの書いたことをわたしたちは好意をもって解釈します。だが、もしどこかで彼らがそうではなかったかのように隠すことができず、明らかに堕落したりすると、敬意をもってではあるが、わたしたちは彼らに対する〔これまでの〕評価と一致しなくなります。この場合、わたしたちは人間的な堕落を非難して追跡しているのではなく、許されるだけそれを減少させ、かつ、清めているのです。これとは違ったようにわたしたちはスコラ学の教説について考えるべきではありません。その教えが討論の格闘技において確かに重みをもっていても、それが人間的に好ましいものと見なされても、論争の主題と議論とみなされても、それでも信仰箇条とは見なされません。とりわけ信仰箇条では学派の間では互いに一致していないし、さしあたって学派自身いつも同じものを喜んではいないときにはそうなのです。しかし彼らが毎日新奇なものを創設し、わたしたちがそれを聖所や不動なものと〔みな〕して、その上に高く聳えるバビロンの塔を建てることは、いっそう耐え難くなります。わたしたちは、キリストの教えのためよりも、こういう危険から身を守るために、いっそう激しく戦います。

(一〇)間違った儀式と敬虔を破壊するもの

しかし、あるものは、キリスト教の宗教としての完全性が、それ〔完全性〕がなくても、損なわれることなく存続するであろうといった仕方で、見られることができます。さらにある類のものは、真の敬虔を没落させるために窓があけられています。わたしの意図していることがもっと明瞭に理解されるために、最初の場合の事例を示しましょう。

ある敬虔な男が先祖(74)から起こってきており、次第にこの形式に変わってきた罪の告白〔つまり悔い改めのサクラメント〕をうやうやしく守っています。その際、非公式の権威にもとづいてキリスト教徒の公的な慣行と高い権威が承認したものに食い違ってはならない、と彼は自分で判断します。ある人たちはこの服従に満足しないで、この〔罪の〕告白に自分の教えを付加します。なぜならそれはサクラメントの一部であって、使徒からではなくキリスト自身から定められたものだからです。というのも教会は七つのサクラメントに何か一つを加えたり、取り除いたりする権利をもっていないからです。もちろんただ一人のひと〔つまり教皇〕には、もし気に入れば、煉獄の全支配をも破壊する権利を認めてはいますが(75)。この教えが信仰のためにとても必要であるとは、わたしには事実思われません。ひょっとしてもっとも神聖な事柄を神聖でないことのために濫用する仕方でこしらえた利益がわたしたちから消えてしまうことを、多分わたしたちが恐れていなければ、これとどう関わったらよいのでしょうか。キリスト自身か、それともキリストの教会かが、御霊に動かされて何かを制定したのでしょうか。とはいえ、わたしが言っていることが、教えるために加えられた一つの事例としてのみ理解されるようにお願いしたいです。次のことも同じ種類に属しているように思われます。すなわち、ある善良な男の人がキリストは聖霊によって受胎し、処女から生まれたと信じています。ここではあんなにたくさんの教えは何の必要がありますか。生き生きとした人間の身体は直ちにすべての肢体において完成され、処女の血のもっとも純粋な一滴から、ごく小さな蜘蛛で観察できるように、身体は形づくられます。ここには同時にあらゆる才能を含んだ完璧な魂が造られています。それを聞くと今や天において喜びが起こります。わたしたちがこのことを詮索しないか、あるいは少なくとも畏敬の念をもって探究するならば、わたしたちが、今、無教養な平民の前に疑問の余地のないものとして立証しているものは、わたしには確かにもっと敬虔に役立つように思われています。またこのことをわたしはとりあえず単に事例として提案したいのです。なぜなら、わたしはとても多くの、また、まじめな諸事例を〔多く挙げることを〕思慮をもって断念していますから。

第二の種類の事例は折に触れて君主たちにたっぷりと認められるものです。それはわたしたちが君主から何かを狩りによって捕らえるものであれ、追跡するものであれ、わたしたちが一般に保証されていると見なすものです。教会のすべてのからだを一人のローマ教皇に縮減しているものがあります。彼が道徳とか信仰について公約するとき、彼だけが誤り得ないと教皇について言われています[76]。そして全世界はさまざまな意見をもっていても彼の見解だけに同意すべきであると信じられています。そして同意しない場合には分離派であると評価されます。だがローマ教皇にこのように大きな権力を与えている人々でも、もしも教皇がこの人たちの利益とか野望に何か逆らうように試みるならば、教皇が彼らを必要としないかぎり、この人たちは教皇に少しも貢献できません。そのとき人々は至聖の宗教についてもはや語りません。そのとき啓蒙され卓越した神学者は普遍的な教会会議において重んじられません。そのとき上訴は公会議に差し出されます。もしそのように大きな力が不敬虔にして破壊的な人間の手中に落ちるならば、この種の教義によって恐るべき窓が暴政に開かれるのではないでしょうか。そのような教義に関係するものとして誓願・十分の一税・再生・罪の赦し・スコラ学者たちの説く告解に関して多くのものが挙げられます。それどころか修道士に関する教義もそうです。この教義によって単純な気質や確かに迷信深い気質は悪い仕方でもって罠にかけられてしまいます。このことは民にとってはひどく不利ですが、ある人たちには輝かしい報酬なのです。悪い医者のように、民にとって最悪なときが、この人たちにとっては最善のときなのです。わたしたちはローマ教皇の威厳を妬んでいません。彼ら〔民〕が彼に分け与えたものを彼が真実に所有していますように。また彼が敬虔に関係することで堕落することがありえませんように。煉獄の罰から彼の魂が本当に解放されることができますように。わたしたちはことごとく放縦になりがちな民衆の道徳が、いつかこの種の制限でもって強制されるべきであるということを否認したくありません。だが、それは、ある人たちを強制するために、他の人たちの良心に罠をかけ、ただ福音的誠実さを苦しめるだけなのです。またわたしたちはあのプラトン的な虚言を聞き入れることになります。すなわち、虚言によって賢者は民衆を欺くことがあるが、それは民衆の利益のためなのです。[77]

(一一) 結婚問題

さて、わたしが間違っていなければ、明らかに堅固な防壁が法律家から神学者たちのところへやって来ており、解消できない結婚はただ合意からのみ生まれる〔と考えられています〕[78]。この教えからいかに多くの陥穽が生じているか、いかなる理性的な根拠や聖書の出典にそれらが支えられているのか、わたしにはまだ分かりませんが、いかに多くの良心の呵責といかに多くのほとんど回答不能な難題が仕掛けられているのでしょうか。だが、かつてユダヤ人たち、ギリシア人たち、ローマ人たちの間であったようにのみ結婚が有効であると認められると、キリスト教の事情においてはどんな不都合が起こってくるのでしょうか[79]。だが相互的な同意が結婚の重要な部分であるとしても、人々が言う船首でも船尾でもありません。〔修道士の付ける〕頭巾をかぶることによって正式ではあるがまだ完全でない結婚が無効にされると法律家たちが主張することは、彼ら〔の頭脳〕から起こってきているとわたしには思われます。彼らは言います、「それは宗教の利益となるように起こります」と。それとも花嫁に不正を行うことは宗教的なことでしょうか。それとも結婚において宗教的に生きることは不可能なのでしょうか。人格とか人格の本質的な性格において間違いがないなら、たとえ詐欺と欺瞞によって達成された結婚でも解消されてはならないという事実は、すでに十分に容認できる理性的な根拠をもっています。一〇の軛(くびき)をもっていると言われた人が単に九つの轭をもっているに過ぎないことが確認されるならば、結婚が解消されるというのは正しくないようにわたしには思われます。あるいは三〇歳であると言われていた人が実際には三六歳であった場合です。生まれの良い少女が神聖な道徳と損なわれない評判によって上品に教育されていたのに、売春の客引きの息子にもかかわらず、あるいはそれよりもっと恥ずべき場合でも、欺瞞によってれっきとした種類の生まれであると告げられていた、一人の男といつも生活を営むように強いられることは、正しいと思われるでしょうか。それとも彼は借金で首が回らないのに、裕福な人であると言われているのでしょうか。それとも彼はあらゆる種類の犯罪の共犯者であるのに、高潔で申し分のない評判の人であると言われているのでしょうか。あるいは重い皮膚病もしくはそれと何か似たもの——人々はそれを今ではガッリアの疥癬と呼んでいます——をもっているのに、身体的に健康であると約束されているのでしょうか。だがそれにもかかわらず、わたしたちはスコラの教えに諮ってこれを拒否するよりも早く承認するでしょう。またその教えがわたしたちを最後にはそこへと導いていく原則、つまりたとえ大きな善に到達するためであっても、どんなに些細な悪をも犯してはなりませんという原則よりも穏やかなものはないでしょう。しかしもし教皇が、わたしの考えでは、必ずしも重大な原因がないのに、人々の間の結婚を解消するとしたら、——彼はこの人たちを聖書の権威ではなく自分の権威でもって、みんなが呼んでいるように、「〔結婚の〕資格がない」となしています(80)——どうして彼は、むしろ明白な詐欺によって欺かれて、名誉ある少女にとって死よりも憂慮すべき不幸な結婚に巻き込まれている人たちを〔詐欺によって成立しているがゆえに〕「〔結婚の〕資格がない」と説明しなかったのでしょうか。また次のこともすでに多くの世紀を遡って信仰箇条として認められてきました。「いわゆる法的な手続きに則ったのではない誓約は廃棄されうるが、正規な誓約は決して廃棄されない」。というのも教皇がこの種の緩和を司教とか教会区司祭に委ねていないということは、今行っている議論に属していないからです。そうはいっても教皇はしばしば赦される特権をもっとも汚れており、教養のない人間でもある商人たちに委ねています(81)。すでに精神的な血縁関係から何と多くの罠がわたしたちに生じていることでしょうか[82]。それが全く人間的な法によって持ち込まれたのに、それでも神学者たちは他ではありえないかのように釈明しています。それにもかかわらずそういった体制がまだ生じてこない以前に、この種の体制を廃止するのに恐らく役立つように、それは別なものとされているのです。そのような根拠が役立って、「類似性のゆえに」「同等性のゆえに」「不等性のゆえに」導かれて法的に支持されるものとなりますように。その場合、神が赦したもうもので法に逆らうものはありません。もしも肉的な血縁関係が解消するのでしたら、ましてや精神的な血縁関係は解消します。どうしてわたしたちは次のように議論しないのでしょうか。肉的な血縁関係が相続人を作るとしたら、ましてや精神的な血縁関係が相続人を作らないでしょうか、と。だれも同時に二人の妻をもつことができません。したがってだれも同時に二つの教会区をもつことができません。それならどうしてわたしたちは次のように議論しないのでしょうか。すなわち司教は自分の聖職を断念することができるか、それとも自分の聖職を変えることができます。それゆえ夫は同じことをなすことができるのです。教皇には同一人が三つの司教区を所有することが許されています。ですから彼にはまた同じ夫が三人の妻をもつことが許されてもいます。これらの事柄についてわたしたちは、キリスト教の群れの善を心から願っている敬虔な人たちの苦情を日々聞かされています。公の使用によって根付いたものを引き抜くことはわたしの意図するところではないし、わたしに似た人たちの意図でもありません。とはいえ神の霊が教皇や君主たちの精神を満たし、真の敬虔が民にいっそう付与され、迷信が減少して行くように、またその幸福が公の悪によって養われている人たちに暴政が〔これ以上に〕少しも許されませんように、彼ら〔教皇や君主〕が慎重に判断するように願うことは許されています。とはいえ、わたしはこれらのことを単に事例のために申し上げたかったのです。というのも現在のところわたしの気持ちはそれによって何かを駆り立てることではなくて、教えることにあるからです。

第二章　福音書のキリストの全体像

（一）キリストの物語（fabula Christi）の全容

これまで語ってきたことを超えて、もしわたしたちが〔新・旧〕両方の聖書を熱心にひもときながらいわばキリストの物語の全体がもっている素晴らしい領域と調和を考察するならば、少なくない利益がもたらされます。その物語を彼はわたしたちのために人となることによって実現なさいました。このようにしていつかはわたしたちが読むものを単により正しく理解するばかりでなく、いっそう確かな信仰をもって読むようになるでしょう。というのもどんな〔に巧妙な〕虚言も、それがあらゆる点で確立するように、しっかりとは考え出されていないからです。旧約聖書の諸巻から預言者たちのタイプと神託〔預言〕を比較してみなさい、それらによってキリストの輪郭と影とがすでに示されており、これらのことは彼が近く到来することをいわば信仰の眼に明らかにしています。あの神聖なる預言者たちが叙述していなかったものはキリストによってほぼ何ものも行われませんでした。彼の教えの中には、テルトゥリアヌスが『マルキオン駁論』第四巻で優雅に教えているように[83]、旧約聖書の何らかの箇所に一致しないものはなかったのです。この旧約聖書の箇所に続くのが天使たちの証言です。つまり聖処女に天上の結婚を告知しているガブリエルの証言であり、また誕生のときの「栄光がいと高き神にあれ」（ルカ二・一四）という天使の合唱の証言です。それからすぐに羊飼いたちの証言が続いて起こり、また東方の三博士の証言が続き、さらにシメオンとアンナの証言が来ます。それから洗礼者ヨハネの説教が指でもってすでに到来している者――預言者たちは彼の到来を預言していました――を指し示しながら前奏されます。わたしたちが彼から何を期待すべきかを知らないままでいないために彼は「見よ、彼は世の罪を除く」（ヨハ一・二九）と付け加えます。この一人のお方は汚点を全く知らない子羊です。ですが彼は、子羊だけではなく、子羊たちをも造り出します。彼は自分の仲間に国や喜び、名誉や富を約束しません。だが悔い改めさえすれば、罪がないことを約束します。しかし罪がなければ、真正の善に欠けるようなことはないでしょう。これに続いて彼の全生涯のつながりを観察してみてください。どのように彼が成長し、神のもとや人々のもとでより良いものに前進したかを観察しましょう。神のもとではやましくない良心が称賛され、人間のもとでは尊敬すべき名声が称賛されます。これらが追求されないと、幸いにも真の徳に貢献することはないでしょう。彼は一二歳のとき神殿で交互に教えたり、聞いたりして自分の徴候を表しました。さらに彼は婚姻の席で最初の奇跡をこっそりと実行し、少数の人たちに知られるようになりました。それから彼は洗礼を受け、鳩の徴と御父の声でもって推薦される前には、最後に彼が四〇日間断食し、サタンの誘惑によって試みられ、試練をもたらす攻撃を受けるまでは、説教の仕事に取りかかりませんでした。彼の誕生、教育、説教、死を吟味してみなさい。そうすればあなたは貧困、謙虚、いやそれどころか完全な無罪性のほか何も見いださないでしょう。彼の教えの全領域が彼自身と一致しているように、その教えは彼の生活と一致しており、その生活は彼の天性の判断力とも調和しております。彼は罪のない純真さを教えます。彼はそのように生きたので、災いを企んだ目撃者たちがさまざまな方法でまことしやかに濫訴しようと試みても、それを見いだすことができませんでした。彼は柔和であるように教えています。彼自身はあたかも屠り場に連れて行かれる羊のようでした。彼は貧困を教えています。わたしたちは彼が一度でも何かを所有したり、何かを得ようと努めたりしたことを、彼について読みません。彼は功名心や尊大さを遠ざけました。彼は自分の弟子たちの足を洗いました。これが真の栄光と不滅に至る道であると彼は教えました。彼は十字架の恥辱を通してあらゆる名前に優る名声を獲得しました。彼は地上の国を獲ようと努めず、同時に天と地に優る支配を得るに値していました。復活後、彼は以前に教えていたことのほか何も教えませんでした。信じる者たちに死を恐れてはならないと彼は教えていました。なぜなら死はわたしたちを滅ぼすことなく、不滅に引き渡すからです。またそれゆえに彼は自分を復活した者としてその仲間たちに示しました。彼らの見ている前で彼は天に昇っていきました。それはわたしたちがどこに向かって努力すべきか、またどこに向かってすべてを関係づけるべきかを知るためです。最後にあの天上の御霊が降りてきて、その霊感に満たされて使徒たちは初めてイエスが欲した者となりました。しかし彼自身はあらゆる場合にいわば独自な預言者でした。つまりキリストは律法の手本によってぼんやりと予知されていなかったものは、預言者の託宣によってあらかじめ告げられなかったものは、何も行わなかったように、以前その弟子たちに予告しておかなかった注目すべきものは何も行いませんでした。それは彼の死について、死の種類について、死の場所について、死の結果について、墓について、復活について、天への帰還について、聖霊の力について、弟子たちの動揺について、ユダヤ人たちの謀反について、異邦人たちの歓迎について、福音がごく小さな開始から全世界を通して公表されたことについて――それは卑しくかつ無学な人たちを通して驚異的に遂行されました――、弟子たちの苦難について、都市エルサレムの破壊について、教会の一致を破壊するであろう異端についてです。何とあらゆる点で〔教会が〕一致しているか、あなたはご存知です。ことによるとあなたはプラトンやセネカの書物の中にキリストの命令と矛盾しないものを見いだすでしょう。ソクラテスの生き方でキリストの生き方と一致するものをあなたはとにかく見いだすでしょう。しかし、こういう仲間および相互に一致する事物の調和をあなたはただキリストにおいてのみ見いだすでしょう。預言者において霊感によって語られ、敬虔によってなされた多くのことがあります。モーセとその他において神聖な生活によって傑出した人たちが多くおります。預言者から出発していって使徒たちと殉教者たちとの生活と教えによって自らを再び閉ざしている輪のような周期を、あなたは人間のうちに見いださないでしょう。この人たちはキリストが教え、表明したものは何でも、キリストが約束し、前もって定めたものは何でも実現させ、同じ霊から汲み出したものを、それと同じものを響かせ、キリストのように教えています。ここまではすべてが懇願されるべきですが、その他は選択と判断力でもって読まれるか、または模倣されるべきです。また聖書の中にも何か権威の序列を立てることは、恐らく不合理なことではなかったでしょう。そうすることをアウグスティヌスは危惧しませんでした[84]。というのも第一の位階は昔の人たちによって一度も〔その正統性が〕疑われなかった書物に当然与えられるからです。わたしのもとではイザヤ書のほうがユディト記とエステル記よりも確実に権威のあるものです。マタイによる福音書のほうがヨハネが記した黙示録よりも、パウロのローマの信徒への手紙とコリントの信徒への手紙のほうがヘブライ人宛に書いた手紙よりも権威があります。これらの次に順位を占めているのは、使徒たち自身からわたしたちのところにもたらされたものであれ、使徒時代の近くにいた人たちから確実にもたらされたものであれ、わたしたちにいわば手から手に伝えられたものです。そのグループにまず第一にわたしが入れるのは、わたしにして誤がなければ、ニカイアの公会議において公表された信条です。それは普通には使徒信条と呼ばれています。それは使徒的説教の威厳、冷静さ、簡潔さを明示しています。願わくはわたしたちの軽信がそれに満ち足りていたらよいのですが。キリスト教徒の間で信仰が弱まりはじめると、そこでは直ちに信仰告白の方法と数が増大しました。とはいえ使徒たちは彼らの尊厳が高揚しないようにキリストを伝承しています。

(二) キリストの多様性と矛盾した表現

①キリストの多彩さ

しかしキリストの多彩さはこの一致を混乱させておりません。それどころかさまざまな声から適切に組み合わされてもっとも快適な合唱が成立するように、キリストの多彩さはもっと豊富な合唱を引き起こします。キリストは自分に似ていないものがどこにもないように、すべての人にとってすべてとなられました。彼が風と海に命じているとき、罪を赦しているとき、山上で新しい姿と人間より卓越したものをその弟子たちに示しているとき、今や彼は神の本性の証拠を明るみに出しました。彼が飢えて渇くとき、労働に疲れるとき、空腹を覚えてイチジクの木のところに来るとき、悲しむとき、落胆させられるとき、殺されるとき、今や彼は神性を隠して人間として活動されます。ある人たちを自発的にご自分の方へ〔来るように〕呼ばれますし、他の人たちを網〔を繕っているところ〕から、マタイを収税所から呼ばれますが、彼に従おうとするある人たちを退けます。その事例をあなたはマタイの第八章にある律法学者のところで見いだします。律法学者は言います、「先生、あなたがおいでになる所なら、どこへでも従って参ります」と。イエスは彼に答えて言われました、「狐には穴があり、空の鳥には巣がある。だが人の子には枕する所もない」（マタ八・一九―二〇）と。さらに彼は同じ所で死者を葬りにいく許可を求める他の人に言います、「わたしに従いなさい。死者たちにその死者たちを葬らせておきなさい」（同八・二二）と。ある人には逆戻りしないように彼は恐れをいだかせ、他の人にはその人が全く軟弱でない仕事に役立たない者として認識させています。あなたがルカの第一九章で読むように、ザアカイの情熱を喜ばれて、彼は自分自身を彼〔ザアカイ〕の家に招待させています。彼はヘロデを不敬虔なユダヤ人として、それゆえに異邦人よりも劣る者として至るところで軽蔑し、ルカの第一三章では彼を狐と呼んでいます。「行って、あの狐に伝えなさい」（ルカ一三・三二）。彼はヘロデの所に連れて行かれたとき、話しかけるに値しないと認めました。彼は、時折、機会を捉えていわば自発的にイチジクの木――それは彼の呪いを受けて乾涸らびてしまった――にしたように、わずかなパンでもって満腹になった群衆にしたように、ラザロにしたように、奇跡を実行します。他の場合にはいわば不本意に、また強いられて奇跡を行います。その種のものは彼が福音書記者ヨハネの記すところですが、結婚式の最中に彼の母が葡萄酒がないのに気づき、こっそりと彼に告げると、それに答えて彼は言います、「婦人よ、わたしはあなたとどんな関係があるのですか。わたしのときはまだ来ていません」（ヨハ二・四）と。再びマタイの第一七章で弟子たちが助けることができなかった狂人を癒すように懇願されたとき、動揺して彼は叫んでいます、「何と信仰のない、よこしまな時代なのか。いつまでわたしはあなたがたと共にいられようか。いつまであなたがたに我慢しなければならないのか。その子をここに、わたしのところに連れて来なさい」（マタ一七・一七）と。彼はカナンの女にしぶしぶ、しかも異議を唱えてから、聞き入れ、すぐには彼女

〔の願い〕に従いません。それとは反対に重い皮膚病を患った人には喜んで手をさしのべて言います、「そうしてあげよう。清くなれ」（同八・三）と。さらに彼から徴を要求するファリサイ派の人たちにははっきりとその願いを退けて言います、「よこしまで不貞な時代の人たちは徴を求めるが、預言者ヨナの徴のほかには徴は与えられないでしょう」（同一二・三九）と。それと同様に第一六章では天から何か徴が与えられるように彼を試みたファリサイ派とサドカイ派の人たちに彼は答えて言います、「空模様を見分けることは知っているのに、時代の徴を見分けることはできないのか」（同一六・四）と。他の箇所で彼は、マタイの第九章で癒された盲人を脅して命じたように、実行された奇跡についてしゃべらないように命じます、「だれにも知らせないように心がけなさい」と。そうすれば益々言い広められることを彼は全く知らないでそう言うのです。同じような仕方で彼は同じ福音書記者の第一二章において癒された多くに人たちに自分のことを民衆に言いふらさないように命じられます。マルコの第五章で彼は悪霊から癒された人に彼の仲間に加わることを許さなかったが、〔彼のことを〕黙っているようには命じないで、身内のものにイエス・キリストではなく、神の恵みによって自分に起こったことを述べ伝えるように命じます（マコ五・一九―二〇）。「だが、あなたがたはわたしを何者だと言うのか」（マタ一六・一五）と語って、彼は自分の仲間から告白を求めます。彼がキリストであると公然と告白する悪霊に対して彼は沈黙するように通告します。さらに彼は、彼の外套に触ることで出血が止んだ婦人のように、恩恵を隠している人たちから再度の感謝を求めています。彼は「わたしに触れたのはだれか」（マコ五・三〇）と言って、彼女がすべての人の前で恩恵を認めるまでは立ち去らせません。同様に彼はユダヤ人であったのに、神に栄光を帰するために帰ってこなかった、九人の重い皮膚病患者の忘恩を非難します。

②奇跡と応答の多様性

今や奇跡のわざにおいて別の種類の多様性が示されています。彼は「少女よ、わたしはあなたに言う。起きなさい」（マコ五・四一）という言葉でもって少女を目覚ますときのように、ある人たちを苦もなく癒します。彼はつばで泥をこねて柔らかくしたものを盲人の目に塗り、それだけでは満足しないで、シロアムの池に行って洗いなさいと命じます。こうしてついに盲人は回復した健康の恩恵を感得するのです（ヨハ九・六―七）。一〇人の重い皮膚病の患者たちもすぐに清められず、祭司たちの所に行くように命じられ、その間に皮膚病から癒されました。さらに彼はラザロを甦らそうとして涙をも流され、霊的に震撼され、〔彼が葬られた〕墓が示されるように命じ、墓石を取り除き、死者を大声でもって呼び寄せています（同一一・三八―四三）。彼はたびたび怒ったり、病気を威嚇します。このような多様性を哲学的に考察し、敬虔な好奇心をもって神の配慮の神秘を探究することは適切なことでしょう。

同様に彼の返答も全く多様です。妻との離婚に関して、皇帝に税金を納めることに関して、大きな戒めに関して問いただしているファリサイ派の人たちに対するように、揚げ足を取るように問いただす人々に対してそれとなく用心して彼は答えています。その機会を捉えて彼は貨幣を見せるようにさせ、それが重要な事態に関係しているので、彼らが行ってはならないことを警告します。離婚に関しては彼らの放縦――それが法的に許されるからではなく、克服しがたい悪徳のゆえに認められる――を抑えるようにします。同様に戒めに関しても、彼らがとりわけ行われるべきであると知っていることを行っていない点を明らかにします。彼はファリサイ派の人たちに律法の知識を認めていますが、敬虔を拒んでいます。彼はサドカイ派の人たちを愚かさから来る粗野な質問のゆえに断罪しますが、それは彼らが読んでいることを理解しようとしないことから起こるのです。彼が何も答えない場合もあります、質問を他の質問によって、釘を他の釘によって、研いで鋭くすることも起こります。たとえば、いかなる権威によって彼が行っていたことをなすのかと質問されたとき、彼は逆にヨハネの洗礼は彼らの考えでは天から来ているのか、それとも人間から来ているのか、と質問し返します。他の場合には彼はなるほど答えてはいますが、質問に対し他の質問でもって答えています。たとえばマタイの第二二章で彼がファリサイ派の人々に「キリストはだれの子か」と質問し、彼らが「ダビデの子です」と答えたとき、彼は言う、キリストがダビデの子であるなら「では、どうしてダビデは、霊を受けて、キリストを主と呼んでいるのだろうか」（マタ二二・四三）と。マルコの第二六章[85]では証言する者たちに対し何も答えませんん。同様に第二七章でもヘロデの前で全く黙っています。ピラトの前ではほんの少し答えていますが、それでもすべての問いに対してではありません。カイアファの前では黙っています。縛られ、打たれ、嘲られても、彼は何も答えません。平手打ちをくらうと答えています。ユダヤ人たちの罵倒に対して彼は十字架上で無言のままです。だがこの同じ方は彼に付きしたがってきた婦人たちによって嘆き悲しまれることを期待していません。

ときどき不快感に襲われるように彼は群衆から逃げています。他のときには再び憐れみに動かされて反対に群衆を求め、彼らに押し寄せられるのを耐えます。あるとき彼は祈るために人里離れたところに身を引き、あるときには自発的に人がひどく密集している神殿に赴き、またあるときには、たとえば彼を突き落とすために山に導く人のように、待ち伏せする人の手からこっそり脱出します。また人が石を投げつけようとすると、再びこっそり群衆から消えていなくなります。彼は宣教するように弟子たちに何らかのことを命じます。タボル山で示された光景や、彼の死についてモーセと語り合った秘密のように、何らかの秘密を彼は状況に応じて打ち明けます。再び彼は弟子たちに語るのとは相違した仕方でありふれた大衆に語ります。終わりに彼はその復活に関してその仲間たちにあるときにこの姿で、あるときにあの姿で自分を示します。したがってわたしたちのキリストほど単純な者はないのですが、それでもある隠された神意にもとづいて生活と教えの多様性においてはいわば〔自由に姿を変える海神〕プロテウスの姿を生き生きと示します。このことは恐らく神学の新しい初心者には驚きとなることでしょうが、注意深くかつ熟練した者にはその原因を個別的に探究することは、困難ではないでしょう。

③矛盾した表現

しかし、それらよりも躓きを引き起こすのは、一見すると相互に矛盾しているように思われるものです。それに属するものはヨハネがその福音書で洗礼者ヨハネが光であることを否定しているのに（ヨハ一・八）、後に同じ人について「ヨハネは燃えて輝くともし火であった」（同五・三五）と証言していることです。また彼はまだ未熟であった弟子たちに「あなたがたは世の光である」（マタ五・一四）とも証言しています。また彼が「わたしの教えはわたしのものではない」（ヨハ七・一六）と言うときも同じです。もし誰かがこの言葉の全体を皮相的に把握するならば、矛盾しているように思われます。再度、ヨハネの第六章で彼が「わたしの肉を食べ、わたしの血を飲む者は永遠の生命をもつ」（同六・五四）と言うとき、その反対に少し後に「生かすのは霊であり、肉は何の役にも立たない」（同六・六三）とある場合、矛盾したことを語っていると思われませんか。次の章で「あなたがたはわたしのことを知っており、どこの出身かを知っている」と彼が語ったとき、すぐ後に自分自身と一致しないかのように「わたしをお遣わしになった方は真実であるが、あなたがたはその方を知らない」（同七・二八）と付け加えていることもこれによく似ています。ある箇所で彼はだれをも裁かないと言いながら、他の箇所では「父は裁きをすべて子に任せておられる」（同五・二二）と証言します。彼は怒りで興奮したと〔聖書で〕読まれるのに、弟子たちには怒ることを禁じます。いやそれどころか幾つかの叙述において彼は、見たところ明らかに相違したことを、不敬虔な者たちに対する誹謗さえも、許可しました。それに属するものは、マタイが一人の癒された盲人のことを記録しているのに（マタ二〇・二九以下）、ルカは二人の癒された者たちのことを証言していることです（ルカ一八・三五以下）[86]。同様にある名前が他の名前の代わりにたびたび立てられたように思われるときもそうです。あるいは使徒言行録第七章でステファノが創世記で認められる記述とは、とりわけ第一二章にある記述とは、少し違うように物語っていると思われるときです。いやそれどころか年の数においてもわずかな食い違いもありません。また出来事の順序についても注意深い読者は福音書においてしばしば途方に暮れてしまいます。もしこの種の心配事が襲ってきたならば、それらに躓いたり、聖書の信憑性を疑ったりすべきではなく、すべての状況を比較考量して困難を説明する方法を探究すべきでしょう。この点に関してわたしたちの先祖はもちろん汗を流してくださいました。わたしたちによって精神を満足させるものが少ししか見つけ出されなくとも、彼らの勤勉はわたしたちを助けてくれるでしょう。

(三) キリストの神性と人性

どのような論拠によってキリストが神と人間との二つの本性を明らかにしているかをも、今やわたしたちは考察すべきでしょう。というのも単なる人間から人は真の救済を期待できるでしょうか。さらに、純粋な神が何かを受苦するとだれが考えるでしょうか。むしろ、わたしたちが神を真の人間として愛し返すことを、神は欲せられたのです。それは神が実際に真の人間としてわたしたちのために苦難を受けられたからです。また、わたしたちは、彼が本当に神であるがゆえに、約束したことを果たすであろうことを疑ってはなりません。もしキリストにおいて行われたことが真の情意によって行われないで、単に何か捏造された物語として目に映ったとしたら、彼の模範も十分な効果を発揮し得なかったでしょう。キリストが〔一人の〕婦人の胎内で妊娠したということ、それが聖霊によって起こったがゆえに神的であり、定まった時を経て妊婦から生まれたがゆえに人間的であり、男性の働きを伴わないがゆえに神的であるということは、彼の人間的な本性の証拠です。キリストが自分のことをその後アダムの子と呼んだこと、通常の年齢の段階を通して成長したこと、眠っていること、食し、飢え、渇き、途中で疲れたこと、人間的な感情によって触れられたことは、真の人間であることを証明しています。マタイの第二〇章にあるように、彼が群衆を憐れまれたことをわたしたちはしばしば読みます。マルコの第三章で彼は怒りかつ悲しみます(マコ三・五)。同じ福音書の第八章では心の中で深く嘆きます(同八・一二)。さらにヨハネの第一二章では受難するはるか前ですが彼は心を騒がせており(ヨハ一二・二七)、庭園において血を流すまで心を悩まされます。十字架において彼は渇きを覚えます。そのことはあのような極刑においては慣例から見て起こるのが常です。彼はエルサレムの町を見たとき、泣きます。またラザロの墓でも泣いており、心を騒がせます。それに対して神的な本性は、とても容易にまたいつも断固たる力でもって行われるかくも多くの奇跡によって、姿を現しています。なぜなら彼はこのことを言葉よりも行動によって知らせるのを願ったからです。しかしながら彼は言葉によっても自分が天から遣わされた神の子であって、天におりましたし、地上を歩き回っていても、今もそこにいることを証言します。またその後彼は神が父であることを付け加えています。このことは、ユダヤ人が「あなたは人間なのに、自分を神としている」（同一〇・三三）と言うとき、彼らによっても理解されていました。最後に死から甦ったとき、彼はあるときは天に昇ったり、あるときは助け主を送ったりして、すぐに使徒を新しく造り変えています。このことを僅かな言葉でもって気づかせることはできても、それを個別的に説明することは止めどなくなってしまうでしょう。

（四）神の世界救済計画

神の計画を熟考するためには、いかに多くの方法で次のことが証言されることを、彼が願っていたかに注目することが役立つように思われます。すなわち、かつてメシアが約束され、メシアを期待していたユダヤ人が、自らの罪過によってその不信仰のゆえに拒絶されており、その代わりに異邦人が信仰の純真さのゆえに受け入れられたということです。キリストはその民族の心の頑なさを知っていました。その頑なさは偽りの義に対する確信によってふくれ上がるに応じて、益々真の義から離れていたのです。彼はユダヤ人が陰謀だらけの種族であることを知っていました。ですから彼らが約束された報酬に反して欺されたと神に対して苦情を言う何らかのきっかけをもたないでは、彼によって何ごともはじめられませんでした。預言者たちによって異邦人が信仰によって福音の恩恵に入るが、ユダヤ人はその悪徳によって約束から切り離されると預言されていました。彼は「その到来が」約束されていた人たちの間で生まれることを欲していました。彼は天使たちによって歌われ、羊飼いたちによって告知され、東方の三博士によって通告され、シメオンとアンナによって見分けられ、洗礼者ヨハネによって証明されて、祖父たちの託言によって推薦されていました。あれほど沢山の奇跡によって彼は有名になったし、あんなにも多くの善行によって彼らを挑発しましたし、とても健全なことを教えましたが、これらのことでは何ら成功しませんでした。彼らは嫉妬と傲慢と貪欲によって曇らされて、預言者たちを殺しましたし、ヨハネを信じないでおりましたし、奇跡はベルゼブルの助けで起こると無実の罪で彼は訴えられました（マタ一二・二四）。キリスト自身も迫害を受けておりました。それでも彼らはその間に律法の空しい称号と「主の神殿、主の神殿、主の神殿」（エレ七・四）と言うことによって全世界に崇められている神殿とを自慢しておりました。東方の三博士は彼を万人の中の高貴な者として崇めましたが、ユダヤ人のヘロデはその子を迫害しました。このように判断してキリストは彼の弟子たちに最初福音を宣教する務めを委託したとき、ユダヤ人がキリストによって無視されたかのようにいやみを言われないために、サマリア人たちの町に入ることを禁じました（マタ一〇・五）。彼が徴税人を召命すると、その人はすべてを捨てて、彼に従います（同九・九）。ファリサイ派の人たちはとても多くの仕方で呼び寄せられましたが、反対の方向に駆り立てられます。彼は彼らにとって呪われ、かつ、忌まわしいと思われた人たち〔の事例〕から彼らに信仰の手本を示します。彼はほとんど聞いたこともないようなカナンの女を彼らに示します。彼女はすぐに罵倒されて拒絶されても、不屈の信仰によってそれを克服し、キリストにいわば慈善を施すように強いたのです。あの婦人の言葉によって圧倒されない人がいるでしょうか。「主よ、ごもっともです。なぜなら小犬もその主人の食卓から落ちるパン屑をいただくのです」（同一五・二七）。傲慢なユダヤ人よ、あなたは信頼に溢れたカナンの女の慎み深さを〔この言葉から〕聞いていますか。彼女はこのように拒絶されても、それでも執拗に要求し、熱心に追求します。あなたはどんなに尽力しても〔このように人を〕おびき寄せることはできません。そこで彼女は聞くのです、「婦人よ、あなたの信仰は立派だ。あなたの願いどおりになるように」（同一五・二八）と。ユダヤ人たちは何を聞くのでしょう。「あなたがたの家は見捨てられて荒れ果てる」（同二三・三八）。またマタイの第二一章で彼は「徴税人と娼婦たちのほうが信仰の熱心のゆえにあなたがたより先に神の国に入るであろう」（同二一・三一）と語って公然とユダヤ人を非難します。マタイの第八章には百人隊長の信仰の模範が加えられています。彼はイエスが言葉と命令でもって健康を授けることができるがゆえに、イエスが彼の家を訪問するような問題ではないと思ったほどキリストを信じていました（同八・五以下）。哀れなユダヤ人よ、この場合あなたはどんな気分ですか。預言者たち〔の書〕を読んだことがなかった異教徒の百人隊長と兵隊の身分の下僕はこのようにキリストを信じています。それなのにあなたは、信じないで、かくも長期間にわたって待望していたあなたの救い主に声高に抗議しています。それゆえ彼〔百人隊長〕は「はっきり言っておく。イスラエルの中でさえ、わたしはこれほどの信仰を見たことがない」（同八・一〇）という言葉を聞くに値しています。だが、あなたには何が語られるでしょうか。もちろん、それはルカの第一一章でわたしたちが読む次の言葉です。「南の国の女王は、裁きの時、今の時代の者たちに反対して立ち上がり、彼らを罪に定めるであろう。この女王はソロモンの知恵を聞くために、地の果てからエルサレムに来たからである」（ルカ一一・三一）。さらにあなたには、その方の知恵に較べるとソロモンの知恵は何者でもなく、それを聞くのが煩わしく感じるであろうことが提示されました。同じことがヨナの説教に屈服したニネベの人たちに起こりました。あなたはヨナとは比較できないお方を軽蔑しているのです。キリストを見たいと熱望して木に登ったザアカイの例も引き合いに出されます。貪欲なユダヤ人よ、あなたは聖別されていない人が自分について「わたしの財産の半分を貧しい人々に施します」（同一九・八）と証言しているのを聞きます。それは、天国が民族に対してではなく、生活と信仰に対して約束されていることを、あなたが理解するためです。それゆえ彼があなたに面と向かって、「今日、救いがこの家を訪れた。この人もアブラハムの子なのだから」（同一九・九）と語られるのが聞こえます。だが、その他の点においても嫉妬深い国民はこれほどたくさんの範例によっても熱心に見習うように駆り立てられません。こんなに多くの譬えによっても心を変えません。ルカの第一八章では罪人であるが謙虚な、憐れみを嘆願している徴税人――彼はそれゆえに傲慢な正しい人よりも優遇されました――があなたに披露されます。ルカは第一七章では、重い皮膚病にかかった九人のユダヤ人が〔癒しの〕恩恵を受けなかったように装うとき、一人のサマリア人が帰ってきて感謝していることをあなた自身のために描写しています。その傍らをユダヤ人たちが通り過ぎていき、一人のサマリア人だけが癒すために保護している、半死半生の傷を負った人の譬え話も同じことを描いています（同一〇・三〇以下）。マタイの第二一章の二つの譬え話において起こっていることもそれにほかなりません。その一つでは二人の息子について、その一人は父の命令を行うと約束したが行わなかったが、もう一人は最初は拒絶したが、すぐに悔い改めて、行うであろうと否定したことを行ったことが物語られています。もう一つの譬え話では最初は〔葡萄園の主人の〕下僕たちにひどい仕方で暴力を加え、終わりには世継ぎである息子自身を殺した、神を畏れぬ農夫たちについて物語られています（マタ二一・二八―四二）。福音書の記者は確かに次のように付言しています、「祭司長たちやファリサイ派の人たちは彼の譬えを聞いて、イエスが自分たちのことを言っておられると気づいた」と。また彼らはやましい良心をもつようになっていたとき、悔い改めによってそれをあえて沈静化させようとまではしませんでした。そこでこう続きます、「彼らはイエスを捕らえようとしたが、群衆を恐れていた」（同二一・四五―四六）と。これに属するのはその場所で続く結婚式に招待された人々の譬え話です。ユダヤ人の一部は弁解し、その一部は婚宴に招いた人の召使いに暴行を加えています。したがって当然のことながら、この混乱が過ぎ去ると、婚姻の式場は異邦人の群衆によって無造作に満たされます。その救いのために呼ばれたのに、親切に配慮する人たちに向かってどこまでも荒れ狂っている人たちに対して、あなたは何を行うでしょうか。葡萄畑で働くために雇われた日雇い労働者の譬え話もそれとは別の方向性を示しておりません。というのもユダヤ人たちは、わたしたちが後になってからやって来たのに、それにもかかわらず福音の恩恵によって彼らと同様に扱われると、わたしたちに対する不平を言いますから。放蕩息子の譬え話もこれをもくろんでいるとわたしは考えます。そこでは律法の義を遵守していた息子が、誤った長い回り道の後悔い改め、そのゆえに寛大な父によって喜んでその家に迎えられた、兄弟に対して憤慨しています。ユダヤ人は自分の善行を自慢しており、悔い改めた異邦人には以前の生活で犯した犯罪はもはや咎め立てられません。同様な主題は、わたしが思うに、失われたが見いだされたドラクマ銀貨、迷っていたが群れに再び連れ戻された羊、三年経ってもまだ実を結ばず、肥料を施しても実らないのをやめないならば、次の年には切り倒されることになっている、イチジクの木についての譬え話にも見られます。またそれは広場に座って互いに呼びかけ、「わたしたちが笛を吹いたのに、あなたがたは踊ってくれなかった。葬式の歌をあなたがたに歌ったのに、あなたがたは泣いてくれなかった」(ルカ七・三二)と歌っている子供たちについての譬え話にも見られます。このように多様な根拠によって最善の救い主は、一方ではユダヤ人たちの頑なさを死に値すると証言しようと欲し、他方ではまだ多少ユダヤ主義に感染した使徒たちの心を教育しようとしておりました。それは異邦人を福音の交わりに受け入れることを使徒たちがたじろがないためなのです。というのもペトロがキリストから「あなたがたは全世界に出て行って、すべての民を教えて、彼らに父と子と聖霊の名によって洗礼を施しなさい」(マタ二八・一九)と聞いた後でも、天上の聖霊を受けた後でも、幻によって警告されなくては、コルネリウスを思い切って容認しようとしなかったからです(使一〇・一―四八参照)。したがってヨハネの第一〇章ではユダヤ人たちに「わたしには導かねばならない他の羊たちがいる。彼らは一つの群れとなるであろう」と語って警告します。また再びルカでは「天国は暴力を受けている。まただれでも力ずくでそこに入る」(ルカ一六・一六)とあります。〔天国の〕外にいた異邦人は力ずくでそこに突入しましたが、不信仰のゆえにその中にいたユダヤ人たちは排除されています。エルサレムはソドムに引きずられて〔変えられて〕いました。またそこは「わが民でない者」(ロ・アンミ)と以前呼ばれていましたが、今は神の子供と呼ばれています(ホセ二・二五)。かつて呼ばれていたことはあの古い時代に当てはまりますが、それにもかかわらずすべての時代に適用することができます。どの時代にもそのファリサイ派の人たちを欠いていません。神の恩恵が濫用されるならば、危険は欠けておりません。

（五）キリストの無罪性

次に、わたしたちは、どれほど多くの仕方でキリストがその無罪性をすべての人に証明されることを願っていたかに、注目すべきであると思われます。それは、誰かが、それによってこの教師の権威をけなすことができるものが、何もないためです。平凡ではあるが高潔で申し分ない両親から生まれることを彼は願っていました。それは神のもとで両親の罪が子供たちに転嫁されるからではなく、両親が何か罪を犯すならば、犯罪を犯した人よりもいっそう残酷に子供たちを〔それを引き合いに出して〕責めることが一般的には常になされているからです(87)。一般に広まっている決まり文句に「悪いカラスから悪い卵が産まれる」と誇示されていることは、全く理由がないわけではありません。いやそれどころか彼は高潔な義父(88)をもちたかったのです。それについて「だが夫ヨセフは正しい人であったので」（マタ一・一九）とマタイでは書かれています。天使たちが天から子供について証言しています。東方の三博士も贈り物でもって彼の神性を認めています。羊飼いたちは彼を見てから、預言します。シメオンは長期間にわたって待望されていた子供を抱き締めます。とても貞淑なやもめであるアンナによって彼は立証されます。父なる神は天から繰り返し「これはわたしの愛する子である。彼に聞け」（同三・一七）と呼びかけます。何としばしばヨハネは彼のことを証言していることでしょう。悪霊たちでも、たとえ彼について公に知らせることを禁じられても、彼を神の子として承認し、かつ、告白します。群衆は彼がもっている神的な力を何としばしば感嘆していることでしょう。ヨハネの第七章では彼を捕らえて連れてくるように遣わされた下役人たちでさえも「今までこの人が話したように、話した人はいません」（ヨハ七・四六）と証言します。マルタは「あなたはこの世に来られるはずの神の子、キリストです」（同一一・二七）と告白します。サマリアの女は「あなたは預言者です」（同四・一九）と告白します。使徒たちも「あなたはキリスト、生ける神の子です」（マタ一六・一六）と告白します。さらに彼を神として認める者はだれでも、彼がすべての罪から自由であると言います。ピラトも「この義人の血についてわたしには責任がない。お前たちの問題だ」（同二七・二四）と証言します。彼の妻も「あの正しい人に関係しないでください」（同二七・一九）と証言します。カイアファも預言者的な精神に吹き込まれて、「一人の人間が民の代わりに死に、国民全体が滅びないほうが、あなたがたに好都合である」（ヨハ一一・五〇）と立証します。敵として立てられた裁判官たちも、多くの証言を退けたとき、この方の無罪性を認めます。嘘を吐くように買収された証人たち自身でさえそのことを明らかにしています。彼らは、破壊されて新たに建てられる〔と言われた〕神殿のほかには、何も提示できたものをもっていませんでした。またこの人たちはこのこと自体をもイエスによって語られていたものとは違って提示しており、自分たちが理解していなかったものを提示していますす（マコ一四・五五―五九）。また不幸なユダも「わたしは罪のない人の血を売り渡しました」（マタ二七・四）と告白します。十字架に〔イエスが〕付けられたとき、百人隊長は「本当に、この人は神の子だった」（同二七・五四）と告白します。また神の神殿が破壊されて、三日の内に再建されるということのほか、十字架に付けられた人に対し何も非難できないでいた極悪なファリサイ派の人たちも告白しています。彼のうちにはまことしやかに罪を捏造できないほどまでに、彼はすべての犯罪から自由でした。

（六）キリストの世界統治

このような事情のもとに知識欲のある読者は、どのような仕方で、またどのような意図をもってキリストがこんなにも多くの宗教に分裂した全世界を自分の信条のもとに引っ張っていこうとするかを、敬虔に観察するでしょう。というのも彼は世界の国々を戦争の投石機を使ってではなく、哲学者たちの三段論法や修辞学者たちの省略推理法によってでもなく、財宝によってでもなく、名誉によってでもなく、快楽の誘惑によってでもなく征服したからです。彼はこの活動に人間的な助力が添えられることを欲しませんでした。彼はその活動をすべて天からのたまものによると願っていました。彼はまず初めに信仰を可能にするためにあれほど多くの預言が合致するように尽力し、その合致によってヨハネの証言も仲間に加わるようにさせました。というのも彼は世界を即座に改革しなかったからです。子供の時から吸い込んでいるもの、公共の一致によって祖先から伝承されたものを人間の精神から引き離すことは困難です。悔い改めの洗礼をもって始まるヨハネの前奏曲は長く演じられておりました。使徒たちの前奏曲も演じられました。彼は今だ救い主のメシアとして告知されておらず、単に天国が差し迫っていただけでした。彼は弱く無学な人たちと一緒になって事を企てます。それはこの世がそれでもって何か所有権を自分に要求することがないためなのです。彼はこのように長いこと未熟で信頼できない人たちを我慢しました。それはわけもなく彼らを信じたと思われないためです。トマスはとても頑なに信じようとはしませんでした。彼は釘で打たれた跡や槍で刺された跡に触れてから「わたしの主、わたしの神よ」（ヨハ二〇・二八）と言います。いやそれどころか彼が天に昇ろうとするとき、それを見た人たちを信じようとしない、すべての人の心の硬さと頑固さを彼は非難します。彼はユダヤ人たちの中でももっとも罪に汚れた、しつこく反乱を起こす氏族の出身でした。彼は祖国が彼の権威をけなさないように、〔その活動を〕ナザレではなく、奢侈と権力で破滅した町カファルナウムから開始しました。彼は公共の権威をもって〔神聖なものと〕受け取られていたものを明らかに非難しませんでした。というのもこのことを公平な精神でもって認容する人はほとんどおりませんから。彼は律法の掟を、違って解釈しているとしても、至るところでそれを是認しています。彼は自分の方に引き寄せようとした人々に自分を適用させせました。人々を救うために彼は人間となり、罪人を癒すために罪人たちと親しく交わり、ユダヤ人を獲るために割礼を受け、〔ラビ的な儀式に則って〕清められ、安息日を遵守し、洗礼を受け、断食をしました。彼は柔和によって勝利し、親切によって打ち勝ち、真理自身によって征服しました。真理の力はすべての呪文よりも効力があります。それによって悪しき猛獣たちも飼いならされました。彼は聖書の証言によって確証されないものはほとんど何も主張しません。いやそれどころか悪口雑言によって挑発されると、彼は理性的根拠とか聖書の箇所を挙げて談判します。そして実際、マタイの第一二章で彼がもっとも野蛮な悪口雑言を浴びて、ベルゼブルの力で悪霊を追い出していると言われたとき、彼は言います、「どんな国でも内輪で争えば滅びるであろう」（マタ一二・二五）と。また法廷で殴られたとき彼は言います、「わたしが悪いことを言ったのなら、その悪いところを証明しなさい。正しいことを言ったなら、なぜわたしを殴るのか」（ヨハ一八・二三）と。さらに彼は奇跡を与えたが、それは親切のほかの何ものでもなかったし、この〔親切という〕表現によってとりわけ魔術師の詐欺から区別されました。また彼は、確かな信仰が伴われていないと、いかなる奇跡も実行しませんでした。群衆が証人として見ているところで彼はほぼすべてのことを実行しました。重い皮膚病にかかった人たちを彼は祭司の所に送っていますが、それは彼らが清められるためではなく、むしろ彼らが本当に清まった者であることを確定するためです。群衆によく知られた盲人が癒されました。するとその両親が呼び寄せられ、再び呼ばれましたが、このような働きかけによっては、何ら達成されませんでした（同九・一三以下）。奇跡に対する信仰が付け加えられれば、話は別です。彼は至るところで、彼が受苦するものは何でも予知しており、自ら意志して受苦しており、それを自分のためではなく、わたしたちのために受苦していることを知らせています。彼がその職務で賄賂を獲ているとの嫌疑を受けないため、自分のすべての善行から決して報酬を獲ようと努めず、栄光も、富も、快楽も、国も獲ようと努めなかったことを、彼の教えに対する平凡な信仰によっては、納得させることができませんでした。また彼が生きている間に何かを自分自身のために求めていると思われないために、天の霊が派遣される前に、彼は福音宣教のラッパを全世界に轟かせたりはしませんでした。さらに死すべき人間の間では血の証拠よりも効力のある証拠はありません。彼とその仲間たちの死によって彼はその教えに対する信憑性を守りました。彼の全生活の調和についてわたしたちはすでに以前から多少触れてきました。その他の点では、彼の教えがほぼ比喩から成り立っている文学的な様式について、わたしたちは後に多少述べることにします。諸々の比喩は民衆にもっともよく知られた事柄から引き出されており、それゆえに単に有効であるばかりか、教養のない群衆の理解力にも適しています。

主としてこれらの援助によってキリストは、またその後で使徒たちは、ユダヤ民族の頑迷固陋さに打ち勝ちました。これらの方法によって軽蔑すべき印象を与える人や無学な人でも鼻高々であるギリシア哲学の高慢に打ち勝ちました。これによって彼は武器によっては征服できなかったこんなにも多くの野蛮な国民の狂暴さを屈服させました。これをもって彼は全世界の独裁者と総督を信仰の軛(くびき)に服従させ、イザヤの預言にしたがって彼の律法の下におびき寄せました。イザヤによって異邦人のもっとも柔和な征服者キリストは次のように書かれています。「見よ、わたしの子、わたしが選び、愛する者を。わたしは彼のうちにわたしの霊を喜んで満たした。わたしは彼の上にわたしの霊を置き、彼は裁きを異邦人に告げるであろう。彼は叫ばず、呼ばわらず、だれもその声を巷で聞かないであろう。傷ついた葦を折ることなく、暗くなっていく灯心を消すことなく、裁きを勝利にまで導き出す。そして彼の名前に諸国民は希望を置くであろう」(イザ四二・一―四)と。あなたはここでは巧妙にも込み入った三段論法を聞きません。あなたは脅迫と稲妻を聞きません。あなたは剣で武装した軍隊のことを聞きません。あなたは殺戮と大火災のことを聞きません。そうではなくあなたは裁きのことを聞きます。あなたは寛大について聞きます。あなたはよい成果を期待していない弱い人たちに対する優しさを聞きます。あなたは攻城用具によって強奪された勝利ではなく、裁きによって獲得された勝利のことを聞きます。あなたは被征服者にとって恐るべき勝利者、また強奪者および征服した人たちにとって厳しく抑圧する者のことを聞きません。それでは何を聞くのですか。諸国民が、好意にもとづく自発的な奉仕によって征服されて、自己の救済に対する希望を置いているような人のことをあなたは聞きます。ですがキリスト教的な国家がそれによって生まれ、拡大され、強固にされたのと同じ手段によって、またとりわけキリストと使徒たちの役割を継承したことを公然と認める人々によって国家が守護され、それが崩壊した場合には、防御されねばならないかを、だれがいったい認識しないでしょうか。

（七）キリストの模範と一致する使徒パウロとペトロ

わたしたちは、今、もしよろしければ、使徒たちの生活と教えが彼らの教師の模範と一致しているかを手短に比較してみましょう。パウロはどれほど抜け目なく至るところで何かカメレオンをいわば演じており、至るところからキリストのため多少のものを獲得するために、すべてに自らを変えています。あるときには彼は自分がすべての使徒たちよりも高いとして自己を優先させますが、またあるときには自分を貶めて使徒の名前にも値しないと言います。さらにあるときには第三の天から帰ってきて、人が人に伝えることができないことをそこで聞いたと自慢します。それからまた彼は弱い人たちの低さにまで身を貶めて、自分はイエス、しかも十字架に架けられた者しか知らないと告白します。あるときは彼はかたい食物でもって養う完全な人たちの間で語られる知恵をもっていますが、反対にコリントの人たちを弱い者としてミルクをもって養います（Ⅰコリ二・一参照）。他の箇所では彼は嘆願したり、謙ったりして、非難されるに値していた人たちを喜ばせます。また自分の尊厳を忘れて、彼らを救うために方策をたてます。他のところでは彼は再び「あなたがたはキリストがわたしのうちに宿っている証拠を求めているからです」（Ⅱコリ一三・三）と言って、できるだけ手厳しく脅迫します。だが彼はどんな場合にも独裁権を僭越に主張したりしません。彼は自分の課題はどこであっても奉仕であると呼び、自分自身を奉仕者と管理人にほかならないと名乗ります。またテモテへの第一の手紙第三章で「司教〔監督〕職を求める人がいれば、その人は良い仕事を望んでいる」（Ⅰテモ三・一）と言って、司教職を仕事と呼びます。称賛すべきことを行ったときはいつでも、彼はそれをキリストと神のおかげであると見なします。それどころか彼は、使徒の尊厳を犠牲にすることがキリストの利益になりさえすれば、すべての人の奴隷であることを煩わしく感じません。わたしたちの時代の多くの司教たちは自分たちに所属する者たちを買い取った奴隷、否、家畜のように考えています。〔それに対し〕パウロは自分に所属する人たちを息子たちとか兄弟たちと呼んでいます。彼は自分をフィレモンの仲間となし、逃亡していたフィレモンの奴隷オネシモを兄弟と呼びます。このような親切な行為はとりわけ人間の心に深く入り込むのに有効です。同様に野獣を飼い慣らそうと努める人は、まず初めに野獣の特性と情意に自分をあらゆる点で適用しなければなりません。同じように葡萄酒も魅力的に人間の体内に滑り込んでいき、すべての血管を通してすぐに広がり、その力を発揮して、人間の全体をその支配下に運び入れます。したがってパウロは癒そうとする人を誉めることで誘惑するのです。生まれつき血気盛んなローマ人たちに手紙を送るに当たって、彼はその手紙を書きはじめるとすぐに彼らの信仰を称賛し、それ以前の生活における彼らの悪徳を別の仮面の下に運び込みます。〔そして言います〕「なぜなら神を知っておりながら」等々と、それからすぐに「神は彼らをその心のむなしい欲求に引き渡しました」（ロマ一・二一）と。そのように述べられた人たちに対して彼は今や大胆にも彼らの以前の生活を思い出させます。彼は言います、「今では恥ずかしいと思う生活の中には、どんな実りがありましたか」（同六・二一）と。同じ意図のもとに彼がアテネの人たちを根深い迷信から呼び戻そうと欲したとき、引き続いて「アテネの人たちよ、あなたがたは正気を失って、神の代わりに極悪な悪霊を拝んでいるのですか」と言い始めませんでした。そうではなく彼ら〔アテネの人たち〕がいかなる儀式といかなる種類の宗教に従っているかを考察するために、彼は新参者として好奇心をもってどのように〔アテネを〕見て回ったかを説明します。その際、彼は彼らの聖別されていない偶像を「セバスマタ（礼拝の対象）」と呼んでいます。それは多義的な言葉であって〔唯一の〕神の像にも神々の像にも当てはまります。さらに彼は祖先や遠い先祖から伝わった迷信がすぐには根絶されえないことを、また異国の宗教を持ち込まないようにと国家の法律によって禁じられていることを知っていたので、きわめて適切にも碑銘の一部を選んでそれをとっさに福音宣教に適用しました。彼は言います、「わたしは新しい宗教を持ち込むのではありません。あなたがたによって知られざる神が礼拝されているとあなたがたの祭壇が証言しています。これからはあなたがたが知らない者として拝んでいた神を知られた者として礼拝しなさい」と。また彼は直ちに自分の言葉を預言者たち――彼らの権威はアテネの人たちのもとでは重要視されなかったので――の証言によってではなく、ギリシア詩人アラトゥスの証言、「わたしたちもまた確かにその子孫である」[89]によって確証します。それからアテネの人たちはこれまで不敬虔であり、不潔な道徳に陥りやすかったことを、彼は時代の責任として免責しています。終わりに彼はキリストを即座に神と呼ばないで、世界を再建するように定めたお方であると呼んでいます。――そのために神がキリストを死から生命に甦らせたことはありふれた警告ではありません。――パウロは〔不信仰に〕逆戻りしたガラテヤの人たちのため、彼らのうちにキリストが形成されるまで、産みの苦しみを受けています（ガラ四・一九）。また彼はローマの人々が信仰の弱い人たちを退けないで、受け入れて、彼らが成長するまで支援するように勧告します（ロマ一四・一―一二）。同じことを彼はその後すぐに第一五章で「わたしたち強い者は、強くない者の弱さを担うべきであって、自分の満足を求めるべきではありません」（同一五・一）と教え諭します。またその少し後で「だから神の栄光のためにキリストがあなたがたを受け入れたように、あなたがたも互いに相手を受け入れなさい」（同一五・七）と諭します。キリストがあなたがたを忍耐し支援してくださった寛容さをもって、あなたがたも今あり、かつてあった人たちを忍耐しなさい。またもや彼はコリントの信徒への第一の手紙の第一〇章で自分に役立つものを求めず、多くの者が救われるために多くの者に役立つものを求め、従順にあらゆる仕方ですべての人に自分を適応させている彼を見倣うように命じます。このように考慮して彼は、この親切心によって、今すぐにも真の使徒から偽使徒へと遠ざかっていったガラテヤの人々を、より良い精神状態に立ち返らせます。あなたは、使徒が罰を受けるに値する彼らに対し激怒するのではなくて、病気の息子に母親のように心を思い煩っている、と言うことができるでしょう。そしてこの寛大さの手本として彼は彼らが〔ガラテヤの信徒への手紙の〕第六章を読むように勧誘します。「兄弟たち、誰かが不注意にも何らかの罪に陥ったなら、あなたがたは霊的な人としてそのような人々を寛容の心で〔正しい道に立ち返るように〕教えなさい。その際、あなた自身も誘惑されないように、自分に気をつけなさい」（ガラ六・一）。しかし、読者よ、パウロの厳しさが寛容にどれほど付加されているかに注目してください。というのもテサロニケの信徒への第二の手紙第三章で彼は救いをもたらす忠告に従うことを頑なに拒否する者を叱責するように、またその人を避けるようにも命じていますから。ですが、それは何のためですか。その人が滅びるためですか。決してそうではありません。それはその人が恥じるためです。パウロは彼が悔い改めるならば、彼が自分を認識するならば、自分の罪を恥じるならば、満足します。この罰よりも厳しくないものは何でしょうか。それにもかかわらずパウロは、これをもさらに和らげます。彼は言います、「彼を敵と見なしてはなりません。そうではなく兄弟として忠告しなさい」と。すでにテモテへの第一の手紙の第五章で彼は司教〔監督〕が罪に堕ちた老人を厄介な者のようにがみがみ言うことを禁じ、父親のように話しかけるべきであると言います。また道に迷った青年を兄弟のように、年老いた婦人を母のように、少女たちを姉妹のように諭しなさいと言います。だが、ある人は、このような寛容は多くの人に多くの悪事を教える危険がある、と言うかも知れません。いや、それどころか、このような寛容は世界を刷新しました。それはどんな厳格さも決してできなかったことです。もしも管理行政を担う統治において苛酷さよりも寛大さのほうが、しばしば起こるように、いっそう有効であるとしたら、もしもそのことを多くの王たち、その中でもソロモンの子ヤロブアムによって経験され有罪の宣告を受けたのなら(90)、ましてやこのことは主人の代わりに父と呼ばれ、殺すためではなく、救うために剣が与えられた人たちにどんなにふさわしいでしょうか。ついでに言うと、テトスへの手紙の第三章でパウロはこの術でもって異邦人をも獲得するように命じています。彼は言います、「だれをもそしらず、争いを好まず、礼儀正しく、すべての人に心から寛容を示しなさい」(テト三・二)と。再度、彼は恥ずべき生活からキリストの宗教に回心した人たちの立場を自分に移して言います、「わたしたち自身もかつては無分別で、信じないで、道に迷い、種々の欲情と快楽に仕え、悪意と妬みを抱いて暮らし、憎しみに満ち、互いに憎しみあっていました」(同三・三)と。パウロは決してこのようではありませんでしたが、あの人たちの感情を害しないために、そのようであったとしています。同じようにペトロも第一の手紙の第五章で他の司教〔監督〕たちを同僚や仲間のように忠告します。それどころか自分を主人ではなく、委ねられている群れの羊飼いとして示すように、またキリストの仕事を行うのであって、自分らの仕事を行っていないことを示すように懇願します。同じことを彼は使徒言行録の第二章でその使徒職の実行を最初の者として、かつ、初めて着手した説教の中で行い、〔信徒たちが〕葡萄酒をたくさん飲んでわめき散らしていると言われた悪口を、預言者の証言を引用しながら、寛容をもって拒否しています。それから彼はすぐに預言者たちの預言はダビデにではなく、キリストに適合することを証拠を挙げて教えます。だが、それでもこの説教が人々の感情を害さないように、もしくはご機嫌を取りながら和らげて、彼は言います、「兄弟の方々よ、わたしがあなたがたのところで大胆に話すことを許してください」と。すると直ちにその心において深く罪を悔いた人たちに、彼らが悔い改めて洗礼によって生き返ることのほか何も起こりませんでした。それから彼は彼らの悪行を時代のせいにするかのように「邪悪なこの時代から救われなさい」（Ⅰペト二・四〇）と言います。さらに見てください、彼が次の章でキリストを殺してしまったユダヤ人たちの恐ろしい犯罪を軽減するかのように、「そして今、兄弟たちよ、わたしはあなたがたが〔それを〕あなたがたの指導者たちと同様に無知によってなしてしまったことを知っています」（同三・一七）と語っているのを。そして彼はキリストがとりわけ約束されていたこの人たちを「預言者たちの子孫」（同三・二五）と呼んでいます。このような謙虚な態度がどんなに好結果をもたらしたかを喜んで聞くべきです。すでに信者の数は五〇〇〇人に増加しておりました。わたしたちはこの教えに対し、この手本に対して聞く耳をもたず、見る目をもっておらず、ただ驚き、かつ、高言するだけなのです。すべてをわたしたちの栄光と利益に関係づけながら、わたしたちはそれ〔教えや手本〕を強制しますが、教えませんし、引き寄せていても、〔そこへと〕導いていません。ほんの僅かな損失でもって、わたしたちの報酬から小銭が消えるのを許すよりももっと速やかに、わたしたちはキリストと折り合いを付けてしまいます。かつてはこんなにも広範囲に繁栄していたキリストの宗教が、今やとても狭い範囲に縮められているのをあなたは見ています。だが、このことは別のときにわたしたちによってたびたび論じられました。今や、着手されたことを終わりまで成し遂げましょう。

（八） 福音宣教の課題

①福音宣教のための準備

同様に、イエスがその弟子たちを福音宣教の仕事に行かせるに当たって、どのような方法によって、かつ、いかに熱心に、彼らにあらかじめ備えさせたかが、考察されなければなりません。それは、今日、キリストを宣教する役目を引き受けている人たちが、どんな事柄で教育されなければならないかを理解するためです。天国について語られるのは、現世を愛している人たちにおいて王国を保っている、地上的な欲望が全面的に欠けているときにのみふさわしいです。これらすべてを彼がその弟子たちの心からどれほど熱心に追い出そうとしたかは考察するだけの価値があります。金持ちで贅沢三昧に暮らす人と乞食のようなラザロの譬え話――二人の内の一方は一時的な歓喜から地獄における永遠の拷問に連れ去られ、一方は現世の悪から永遠の静寂へ移されていることが示される――は放埒と快楽の欲求を取り除きます（ルカ一六・一九以下）。ある金持ちが自分の穀物倉を拡張してこれから先何年も楽しく快適に生きることを自分に約束するが、まさにその夜に彼がこれほど長い間努力して積み上げてきたすべてのものを一撃で命を奪う死が惨めな人をおびやかす、金持ちの譬え話は、富に対する欲求を取り除きます（同一二・一六以下）。さらにイエスが明日のことを思い煩うことを禁止するとき、虫や盗人に悩まされない永遠の富を天に積みなさいと命じるとき、わたしたちが天の父の慈しみと摂理とを信頼して百合〔野の花〕や雀〔空の鳥〕のようにその日を生きるように彼が教えるとき、彼がマルコの第一〇章で青年と出会ったとき――その青年は豊かにもっていた富を捨てるように命じられるやいなや、悲しみながら立ち去ったのであるが――、弟子たちに向かって彼は「金持ちが天国に入るよりもラクダが針の穴を通る方がまだ易しい」（マコ一〇・二五）と言います。また、弟子たちがそのことを経験からも学ぶために、パンについて悩んだ弟子たちにその少し前に見た奇跡――僅かなパンと幾つかの魚でもって何千人もの人たちを満腹させた、また残ったもの〔パン屑〕で一杯になった多くの屑籠が宴会から運び去られるほど満腹させた奇跡――を想起させています。これに加えて、彼が路銀をもたせないで彼らを最初の説教に派遣したのに、彼らは帰ってきたとき何も不足したものがなかったと告白しました。彼は両親と親戚に対する愛着心をさまざまな仕方で追い払うようにつとめて(なぜならこの愛着心はわたしたちを敬虔に対する欲求からしばしば遠ざけがちですから)、わたしたちが天の父に全面的に寄りすがって、地上ではだれをも父と呼ばないように命じています。同様に彼は神の国の活動が要求する場合には父と母、姉妹と兄弟、おわりに妻をも放棄しない者を弟子として認めることを否定します。彼自身とりわけ愛情深い母をもっていましたが、決して彼女におもねったりしませんでした。彼女が葡萄酒について差し出口をしたとき、彼女に言います、「母よ、あなたはわたしとどんなかかわりがあるのですか」(ヨハ二・四)と。神殿で〔母に〕叱責されたとき、彼は言います、「どうしてわたしを捜したのですか。わたしが父の家にいるのは当然であることをあなたは知らなかったのですか」(ルカ二・四九)と。さらにマタイの第一二章で彼が群衆に教えていたとき、彼に会いたいと願っている彼の母と兄弟の名前を出して、横暴にも話を中断させられたとき、彼はおもねることなく答えています、「わたしの母とはだれか。わたしの兄弟とはだれか」(マタ一二・四八)と。彼は再び十字架上で母ではなく「婦人よ」と〔母に〕呼びかけます。その際、彼はヨハネを自分の代わりに立てて〔母の面倒を見させて〕います。

②教会指導者の野心という病

その他、彼はとりわけ高貴の生まれの気高い素質にいつも生まれつき備わっている、名誉職への欲求や偉くなりたいという野心の病を、とても多くの仕方で弟子たちの心から追い払っていますが、この顕著な伝染病に教会の指導者たちが感染しやすいことはほとんど知られていません。またこの情念に彼の弟子たちが冒されることを黙認しましたが、それは彼らをこの情念からいっそう有効に解放するためです。ゼベダイの息子たちがその母をそそのかして彼らがキリストに近い地位の者として天国に座するようにと要請していることは、偉くなりたいという心の病に由来します。彼らの間で、だれが天国で将来第一の地位に就くかと論じていることも、この病に由来します。それゆえ彼らは主なるキリストから次のように聞きます。「異邦人の間では支配者たちが民を支配し、力をもっている人たちが権力を振るっている。あなたがたの間ではそうであってはならない。否むしろあなたがたの間で偉くなりたい人はあなたがたの奉仕者となり、第一人者となりたい人はあなたがたの奴隷となりなさい」（マタ二〇・二五―二七）。彼はこれで満足しないで、彼の模範を提示します。「同じように人の子が来たのも仕えられるためではなく、仕えるためであり、自分の命を多くの人に捧げるためである」（同二〇・二八）。この言葉は教皇の野心的な情念から何と懸け離れていることでしょう。彼は卑しく取るに足りない子供を指し示して、だれでも子供のように身を低くしなければ天国に入れないであろうと言います。さらに彼はマタイの第二三章で律法学者とファリサイ派の人たちの尊大さと野心を公然と非難します。というのも彼らが聖句の入った小箱を大きくしたり、衣の房を長くしたりして見せびらかせ、宴会では上座を占め、会堂では上席に座ることを熱心に求め、広場では名誉のゆえに挨拶されたり、先生と呼ばれることを好んでいるからです。彼は言います、「あなたがたは先生と呼ばれてはならない。あなたがたの師は一人だけで、あなたがたはみな兄弟である。また地上の者を父と呼んではならない。あなたがたの父は天にいる父ひとりだけである。あなたがたは教師と呼ばれてはならない。あなたがたの教師はキリスト一人だけである。あなたがたのうちでいちばん偉い人は仕える人となりなさい。だれでも高ぶる人は低くされ、低くした人は高められる」（同二三・八―一二）と。ルカの第一四章における招待された人々の譬え話も同様なことを語っています。その人々の中で末席を選んだ人は上席に着くように命じられます（ルカ一四・一〇）。謙った人たちが好ましく、かつ、快い軛（くびき）を受け取るようになるために、彼が彼らを招待した箇所も、それに関係しています。彼は言います、「わたしが柔和で、謙遜な者であることをわたしから学びなさい。そうすれば、あなたがたは心に安らぎを得られるであろう」（マタ一一・二九）と。高慢は不穏な状況を生み出すものであって、名誉のために戦い、復讐しようとするばかりか、だれにも譲らないし、決して戦争をやめることがありません。とはいえ、どんな教えも彼の生活に優って実行力のあるものはありません。あの真に最高の人が腰にまとった手ぬぐいでその弟子たちの足を洗うとき、どんなにつまらぬ人間でも恥じ入らないでしょうか。彼は捕らえられ、打たれ、罵られ、恥ずべき者のように十字架へと引っ張って行かれます。結局、彼はその最高のへりくだりによって最高の尊厳にまで引き上げられることに値したのです。

ところで、とても多くの人たちは高貴な家系のゆえに得意になっています。そのような心の病はもちろんすべての人に共通ですが、ユダヤ人には特別にしつこく付きまとっています。彼らはアブラハムを何時までも自慢していました。キリストは言います、「わたしたちはアブラハムの子孫であると言い始めてはならない。わたしはあなたがたに言っておくが、神はこんな石からもアブラハムの子たちをもうけることがおできになる」（マタ三・九）と。また他の箇所ではその行為によってアブラハムを復活させる人をみなアブラハムの子供たちと呼んでいます。だがアブラハムの子供たちとして自慢する人たちを彼は悪魔の子たち〔と呼びます〕。なぜなら彼らはこの父を神を恐れぬ行為によって熱心に見習うからです。したがってわたしたちはキリスト教徒の高貴さがすべて血統によってではなく、行為によって正しく見習われるように努めねばなりません。悪徳に仕える者はだれでもついには恥ずべき立場に置かれます。外国人の百人隊長を彼はイスラエル人よりも高く評価しています。重い皮膚病を患ったサマリア人を彼はユダヤ人よりも優先させます。さらに傷ついた旅人の世話をしたサマリア人を彼は祭司やレビ人よりも優先させます。この人たちはサマリア人を最低の人間として拒否しており、自分自身を半神として振る舞っていました。

彼は暴力行為の悪をとても多くの譬え話を使って根底から追放し、寛大であるようにまた喜んで赦すように鼓舞します。マタイの第一八章で共通の主人の寛容を経験していたのに仲間の下僕を赦そうとしなかった下僕〔の悪〕について彼は語っています。その場所で彼は誤りを犯した兄弟を、仲裁人がなくとも、密かに訓戒するように命じます。また彼は七七回も悔い改めている人に対して同じ数だけ赦すように命じます。さらにルカの第九章ではキリストを受け入れないサマリア人に対してヤコブとヨハネが「お望みなら、天から火を降らせて彼らを焼き滅ぼしましょうか」（ルカ九・五四）と言うとき、彼はこの衝動から彼らをすぐに寛大な心に戻し、彼らを激しく叱責して、「あなたがたはどんな霊の虜となっているか分かっていない。人の子は魂を滅ぼすためではなく、救うために来ているのです」と言います。

③自己義認と神の義

良い行為の中にあって良い人々をも、もし警戒していないと、だまし討ちにする、他の心の状態があります、つまり自己信頼です。キリストはこれが弟子たちにあるのを見るのに耐えられません。自分が敬虔である思う人は少しも敬虔ではありません。とても近いところで自分の功績を言いふらすファリサイ派の人々に彼は反感を覚えます。自分に気に入らない徴税人を遠くから見て彼は〔その謙虚さを〕承認します。同様に彼はルカの第一七章で比喩を使って召使いがその務めをすべて遂行したとしても、召使いに感謝する必要がないことを説明します。彼は言います、「同様にあなたがたも、自分に命じられたことをすべて果たしたら、〈わたしたちは役に立たない僕です。なすべきことをなしただけです〉と言いなさい」（ルカ一七・一〇）と。続く章における主人から委託されたタラントンの譬え話も同じことを扱っています。委ねられた元金はどんなに僅かであっても違っていました。わたしたちの精励によって取得されるものはすべて主人のために取得されるのであって、わたしたちのためではありません。〔元金の〕運営はわたしたちに任されています。わたしたちが何も活動しなかったとしたら、ただでは済みません。義務にもとづいてあることを実現したとしても、自分の名前を誇るようなことは何もありません。マタイの第一九章でわたしたちが読むこともこれと関係しています。永遠の生命を獲るためにはわたしたちは何をなさねばならないのですか、とある人が質問したときに、彼は言います、「どうしてあなたは善いことについてわたしに尋ねるのですか。善い方はお一人で、それは神です」（マタ一九・一七）と。彼は善に対する称賛を偽って自分に帰する人間の病を知っています。というのも、わたしたちのすべての義が神の目の前には女の月経によって汚れてしまった布切れにほかならないからです。これに対して同じ福音書の第二五章では自分の善いわざに気づいていない人たちだけを彼は承認しています。〔彼らは言います、〕「主よ、何時わたしたちはあなたが飢えているのを見て、あなたに食物を与えましたか。渇いているのを見て、あなたに飲み物を与えましたか。だが、あなたがよそ者として泊まっているのを見て、お世話をしましたか。あるいは裸でいるのを見て、衣を着せましたか。あるいはあなたが病気であるのを、またあなたが牢獄におられるのを見て、あなたのところに馳せ参じましたか」（同二五・四四）と。あなたが力の限りすべてを試みても、敬虔に関わっていないと思うならば、それが真実な敬虔のもっとも確かな証拠なのです。不義なる人たちは、そのような〔主に対する〕愛の奉仕を怠っていたならば、驚くでしょう。確かに彼はマタイの第七章では自分のことを彼に思い出させて、彼の名前によって悪霊を追放した人たちのことを認めていません。彼は言います、「真にわたしは言う、あなたがたを知らない」（同七・二三）と。もしわたしが間違っていなければ、彼がルカの第一二章で語っている譬え話もこのことを示唆しています。彼はだれも自分の正しさを信じて〔その前で〕法の厳しさを経験するであろう裁判官に訴えないで、むしろ訴訟を敵と〔仲直りして〕解決するように忠告しています（ルカ一二・五八）。彼はヨハネの第一五章でも同じことを行っています。彼は言います、「あなたがたがわたしを選んだのではない。わたしがあなたがたを選んだ。それはあなたがたが出かけていって実をもたらすためです」（ヨハ一五・一六）と。またその箇所の少し前に彼は自分を葡萄の木と呼び、弟子たちをその枝と呼んでいます。わたしたちから何か善い実がもたらされると、そのすべてが貯蔵庫に納められるべきでありますが、実りがないと、わたしたちは火の燃料に過ぎません。それから次の章で「あなたが何でもご存知で、だれもお尋ねする必要がないことが、今、分かりました。これによってあなたが神のもとから来られたと、わたしたちは信じます」と語って、好結果をえることを少しばかり喜んでいる弟子たちに反撃し、そういう態度に留まらせておかないために、彼は言います、

「今あなたがたは信じている。だが、あなたがたがわたしを捨て、ばらばらに散らされていくときが来るでしょう。そうです、そのときはもう来ています」(同一六・三〇—三二)と。彼は「たとえみんなが躓いたとしても、わたしはぐらつきません」と人間的な確信をもって自分のことをもったいぶって約束するペトロを認めませんでした。彼は言います、「わたしはあなたにはっきりと言っておく、鶏が鳴く前にあなたは三度わたしのことを〔知らないと言って〕否定するでしょう」(マタ二六・三三—三四)と。他の箇所で、弟子たちが最初に説教を試みたとき、悪霊たちでさえも彼らに服従するほど事柄がいかにうまくいったかを自慢して報告していますが、その彼らに向かって彼は言います、「そうだわたしはあなたがたに言っておく、わたしはサタンが稲妻のように天から落ちるのを見た、と。だが、悪霊があなたがたに服従するからといって、喜んではならない。むしろあなたがたの名が天に書き記されていることを喜びなさい」(ルカ一〇・一八—二〇)と。ペトロだけが勇敢になることを予告していたのではありません。彼の声はみんなの声でした。彼だけが失望していたのではありません。他の人たちも恐怖に圧倒されてちりじりになっていました。

しかし各人が他者よりも自己により多くを割り当てるのは、通常死すべき者の性質にもとづいているように思われますし、この悪徳は熟練した者や完全な者よりも未熟な者や少ししか進歩していない者に見られます。ですから一年の内に七つの自由学科[91]の資格と職業を授けられた者は、格言によると粗野な獣に数えられます。アテネに赴いた人はまず知者として帰ってくる、それから哲学者つまり知恵の探求者として、最後に無学な者で無知な者として帰ってくる、とある人は経験なしに言ったのではありません。なぜなら人が最大限に前進する場合には、そのとき初めて自分は何も知っていないことに気づくことが必然的に起こるからです[92]。それゆえキリストの霊を豊かに取り入れていたパウロは至るところで驚嘆に値する配慮をもってこの病を遠ざけています。この病はわたしたちを単に無学な者とするばかりか、教えにくい者とさせています。わたしたちにあって徳に属するものは何でも、彼は至るところで神の賜物や恩恵と呼び、それをキリストの霊とキリストによるものとしています。それゆえ彼はエフェソの信徒への手紙第二章で言います、「あなたがたは恵みにより、信仰によって救われました。このことは自らの力によるのではありません。なぜならそれは神の賜物であって、行いによるのではありません。それはだれも誇ることがないためです」（エフェ二・八―九）と。さらに彼はコリントの信徒への第二の手紙第一〇章で言います、「誇る者は主を誇れ」（Ⅱコリ一〇・一七）と。「主を誇れ」とはどういう意味ですか。もちろん、それはわたしたちによって正しく行われたものは何でもキリストの無償の恩恵に帰することです。だが、もっと明瞭に同じ手紙の第三章には「だがそのような確信をわたしたちはキリストによって神に対してもっています。わたしたちが何かをいわば自分の力で十分できると考えるからではありません。わたしたちの能力は神に由来します」（同三・四―五）とあります。その上にローマの信徒への手紙の第九章で彼は救いが信仰から生じる義によってわたしたちに起こることを説明します（ロマ九・三〇参照）。ところで彼はそれを信仰に由来する義と呼びます。というのも、わたしたちが自分の行為に総じて何も帰さないで、力を尽くして最善のことに努めながら成功するものは何でも無償の贈り物であると気づいているからです。彼はこのことを他の箇所で「神の義」と呼んでいます。それに対して人間の義を彼は対立的に立てます。彼は言います、「自分の義を求めようと欲して、神の義に服従しませんでした」（同一〇・三）と。同様に彼は第三章で「ところで神の義はイエス・キリストを信じる信仰によって彼を信じる者すべてに、すべての上に与えられます。そこには何の差別もありません。人はみな罪を犯して神の栄光を受けられなくなっていますが、キリスト・イエスによる贖いを通して、その恩恵によって無償で義とされます。神はこのキリストを立て、その血に対する信仰によって受ける罪を贖う供え物としてくださいました。それは、今まで人が犯した罪を見過ごして、神の義を示すためなのです。このような寛容によって神はこの時代に神の義を示されたのはご自身が正しい方であることを明らかにし、イエス・キリストを信じる者を義とするためです」（同三・二二―二六）と書いています。彼が同じ手紙の第五章で次のように書いていることはそれと一致しています。「一人の過失によってその一人を通して死が支配するようになったとすれば、なおさら、恵みと義の賜物とを豊かに受けている人たちは命において支配するでしょう」（同五・一七）と。彼が至るところでわたしたちの義を恵みや賜物と呼んでいるのを、あなたは見ます。だが、彼はそれに何を追加していますか。それは「一人のイエス・キリストを通して」という言葉です。しかしながら彼はこの手紙の全体においてユダヤ人に対すると同じく異邦人に対しても自己に対する信頼を取り除き、自信を全く失った人たちをキリストの陣営に呼び戻すことのほか何を行っていますか。わたしたちの義は月経の流失によって汚れた布きれにほかなりません。わたしたちの知恵は愚かしさです。わたしたちの純潔は不潔です。しかし義・平和・知恵といったすべてはわたしたちにとってキリストなのです。そしてそれは、わたしたちをまず初めに、かつ、無償で愛しており、わたしたちが父を愛し返すこと自体を無償で授ける、父の気前よさに由来します。パウロが至るところで自分をイエス・キリストの僕〔奴隷〕と呼んでいるのもこれに関係しています。僕が義務にもとづいて行うことはすべて、その命令に従って彼が行った主人に捧げられます。それを怠ると彼は罰に値します。しかしもし彼が用命を守っても、契約に従って報酬は彼に支払われません。彼のすべては主人のものですから。彼が自分に課せられた仕事をあるときは管理者の職務と呼ぼうと、またあるときは奉仕と呼ぼうと、目指すところは違っていません。あなたがどれほど忠実に管理しようとも、それでもあなたが管理することは何かかけ離れたことです。あなたがどれほど熱心に運営していても、あなたは主人の用件を運営しているのです。そうです、彼はローマの信徒たちに次のように書いて、彼が使徒の務めに召されたことを恩恵と呼んでいます。彼は言います、「わたしたちはこの方により使徒職の恵みを受けました」（同一・五）と。彼はコリントの信徒たちと関わり合ってそのことを憐れみと呼んでいます。彼は言います、「未婚の婦人についてわたしは主の指示を受けていませんが、いわば〔主の〕憐れみを得て、信任に値する者のように意見を述べます」（Ｉコリ七・二五）と。

④接ぎ木の譬え話と司教の任務

したがって彼はとりわけこの〔自己義認という〕有害にして不健康な情念をわたしたちの心から徹底的に追い

出そうと努めます。それゆえ彼はローマの信徒たちに書き送りながらオリーブの木と接ぎ木された野生のオリーブの枝と比較して先生が語られた葡萄の木とその枝の譬え話に言及します。不信仰のゆえに切り倒されたユダヤ人にとって自然のままの枝であったことは、何ら役立ちませんでした。そのゆえ、わたしたちが切り倒されるに値する罪を犯すならば、わたしたちがオリーブの木に接ぎ木され、その根に与る者となされても、わたしたちには何ら役立たないでしょう。彼は言います、「わたしは枝とされたのは、仲間に加えられるためでした」(ロマ一一・一九)と。その通りです。彼らは不信仰のゆえに剪定されたのです。しかしあなたは信仰によって立っています。高慢にならないで、恐れをいだいてください。するとすぐに「兄弟たち、あなたがたが賢い者とうぬぼれないために隠された神秘を知ってもらいたい」(同一一・二五)と続きます。では、あなたがたを賢い者とするとはどういう意味ですか。それはあなたがた自身を信じることにほかなりません。しかし、わたしたちが自分の力を信用しないで徳の頂点に苦労して到達するのが遅くなっても危険ではありません。そうではなく、その場合でもわたしたちは神の助けによってそうなることが不可能ではなく、神の助けが、それを退ける人でないなら、だれにも欠けてはいないと確信しています。こうしてわたしたちは益々迅速にこの走路を歩むことができ、同じ場所から進路の出発点と前進および幸いな到達点を期待することができるしょう。自分の力を全く信用しない人に優ってだれも、いっそう真実に、神を信頼している人はいません。神性の援助によって全面的に支えられている人に優って強い体力の人はだれもいません。

それに加えて富と快楽を軽蔑できる人たちには、しばしば軽視できない、人間の自制心の驚くべき力があります。それゆえ彼は、人々が考えついた誹謗でもって富と快楽を非難するため、それらをそしるとき、彼らが幸福であると宣言します。彼は自分自身のお手本を付加して言います、「家の主人がベルゼブルと言われていたなら、その家族の者はもっとひどく言われないか。弟子は師に優るものではない」(マタ一〇・二五)と。また使徒言行録において公然と鞭で殴られた使徒たちが、キリストの名のために辱めを受けるにふさわしい者と神が彼らをみなしたことを喜び、栄光を自分にもたらしています（使五・四一参照）。また他の箇所で彼は交代になされる相互性を約束して言います、「人々の前でわたしを恥じて知らないと言う者を、わたしも神の前でその人を知らないと言う。またわたしを人々の前で公然と認める者を、わたしも交代して父の前で認めるであろう」（マタ一〇・三二―三三）と。パウロは、この世が最高の恥辱であると受け取る、主イエス・キリストの十字架のほか何ものも誇りません。同じ人は恥辱と良い評判とを通して福音の活動が営まれることを知っています。しかもこうして彼に何か栄光が授けられるとき、彼はそれをキリストに手渡し、何か恥辱が授けられるとき、彼はキリストのゆえに悪いことを聞くのを栄誉と見なします。

神にとっては何ごとも不可能ではないのですが、克服され得ないように思われるほど深くわたしたちの本性に根付いている、最後の心の状態が残っておりました。つまりだれが人間の力だけで悪質な裁判権[93]に対する怖れ、独裁者の冷酷さ、きわめて冷酷な極刑、終わりに人間にとって屈辱的な死を侮ることができますか。だが、キリストはこの点に関してもいくぶんか教えており、裁判官の前で自分を守るべく弁明することを考えないようにと指示し、彼に所属する人たちにそう命じています（ルカ二一・一四参照）。彼は彼らがそのとき言わなければならないことを彼らに吹き込むでしょう。彼は敵たちが抵抗できない雄弁を彼らに授けるでしょう。彼らは身体を殺すことができても魂を殺すことができない人たちを恐れてはなりません。魂が損なわれていないなら人間はその全体において滅びはしません。そのとき彼はわたしたちの髪の毛までも失われることがないと約束されました（マタ一〇・二八、三〇）。

したがって、このような心の状態から自由である人たちを損なったり、脅えさせることができるものは何でしょうか。さらに、そうすることに陥りやすい人は着実にキリストの仕事を実行できません。司教たるものはその群れに役立つものは何かと考察し、群れの世話を願い、すぐにそうした心の状態に抗議します。「あなたがさらに続けるなら、財産は減少し、君主の感情を害し、枢機卿の帽子を獲得できないでしょう。人はあなたが狂乱したと考えるでしょう」と。しかしだれをも怒らせてはなりませんが、キリストの仕事を他の方法で続けることができない場合には、人はおおらかな心をもって財産の損失、名声に対する侮辱、身分の危機に耐えねばなりません。使徒たちは政務官や君主たちを決して挑発しませんし、民衆に対しては以前の生活の恥ずべき点を非難しないで、ただキリストのため、新しい生命のため、救済のために勧誘し、より多くの人々をキリストに引き寄せるために、許されるかぎり自分らをすべてに適合させています。[94] たとえわたしたちがキリストとわたしたちの心の願いが招くところにもはや到達できないほど、人事の大波に巻き込まれたとしても、それでもわたしたちは力を尽くしてそれに向かって努力すべきです。幸運が富をもってあなたを悩ますとしても、それを放棄することは、おそらく善くないでしょう。恐れずにそれを所有しなさい。パウロの言葉を使って言えば、あなたは所有しない人のように所有しなさい（Ⅰコリ七・二九）。それ〔富〕が削減されるとしても、あなたは少ししか悩まないでしょう。人がその損失を脅かしても、あなたは少ししか恐れないでしょう。幸運によってあなたに高名な両親が授けられても、あなたは高尚な妻をもつでしょう。あなたは妻をもたないかのようにもちなさい。また妻の所有は少しも敬虔からあなたを遠ざけないでしょう。あなたはたまたま君主の好意を獲るかも知れません。これによってあなたは思い上がったりしないで、むしろキリストの仕事にそれをできるだけ役立てなさい。あなたは宮廷の業務に巻き込まれています。それでもその間にこの悪から何も摘み取らないで、もし何か良い仕事をなす機会が提供されるなら、力を尽くして処理しなさい。しかしその間にもマルタはマリアに対し、その閑暇を妬んで、不平を述べています（ルカ一〇・四〇）。これらすべての上に潔癖さがあって、それは恥の感情をもち、悪人たちを非難します。そこにはすべての人から賞を受けるにたる率直で、かつ、溌剌とした愛がありますように。不敬虔の人たちの凶暴さを和らげ、かつ、我慢する、心の柔和さがありますように。自らは何ら不正をもたらさないように不正を避ける、単純な賢さと賢い単純さとがありますように。キリストの約束を疑わない、全く揺るがない信仰がありますように。使徒たちの任務を継承する人たちがこうした心情を保っているならば、そのときキリストの教会は本当に神の国と呼ばれるに値するでしょう。それどころか、今では、大抵の人々はこの像からとても離れてしまい、これらのことを何か古めかしいようにあざ笑っているか、それとも総じて反対のことを教えています。

⑤福音書のイエス・キリスト

しかしながらキリストの教えの全体はわたしたち自身が敬虔で聖なる生活を営むように定めていますから、生活のすべての活動のために手本と規範を聖書から、だがとりわけわたしたちの任務が引き出される福音書から、得ようと努めることが適切なことでしょう。それゆえわたしたちはキリストご自身がさまざまなことにさまざまな仕方で振る舞われたかを観察しなければなりません。両親に対して子供また成人として（子供としては従い、教師としては無視して〔マタ一二・四六以下参照〕）、弟子たちに対して、高慢なファリサイ派の人たちに対して、狡猾に尋問する人たちに対して、単純な人々に対して、落胆した人々に対して、彼らに属する者たちのところで、外部の人たちのところで、役所で、彼がどのように振る舞われたかを観察しなければなりません。どのような方法で彼は彼に属する者たちを至るところで予め準備するのでしょうか。挨拶しようとしなければ、福音の宣教が損害を受けることになるような、親戚の者や友人に対してどのように振る舞うべきでしょうか。善が報われるに値する人たちや福音の恩恵を歓迎する人たちに対して、それを拒否する人たちに対して、ユダヤ人たちに対して、異教徒に対して、弱く、誤っている人たちに対して、矯正できない兄弟たちに対して、不敬虔な裁判官に対して、彼らを信頼する群衆や日々の生活においていつも襲ってくるその他の人たちに対して、どのように振る舞うべきでしょうか。それによって経験の浅い人たちがいっそう容易にその他のことにおのずと気づくことができるように、できれば幾つかの聖書の箇所を思い出しましょう。

第三章　キリスト教の信仰と愛、および平和の教え

(一) キリストの説く信仰について

キリストはとりわけ、また、絶えず信仰と愛という二つのことを教えています。信仰は自分に信頼しないで、わたしたちの信頼のすべてを神におくように助けます。愛はわたしたちがすべての人に貢献するように促します。まず第一にマタイ福音書の第九章によるとキリストは中風を患った人に会って、「その人を連れてきた」他の人たちの信仰を考慮して、「だがイエスは彼らの信仰を見たもうた」(マタ九・二)とあります。またその少しあとで助けと憐憫とを嘆願する盲人たちに彼は、「わたしにできると信じるのか」(同九・二八)と語って信仰について尋ねる以前には、救いの手を差し出しません。そして彼らが信じますと答えたとき、彼はついに彼らの目に触って「あなたがたの信じている通りになるように」と言われました。更に同じところでその衣に触って癒しを得ようとした女に彼は言います、「娘よ、信じなさい。あなたの信仰があなたを救ったのです」(同九・二二)と。同じ福音書の第一四章には脅え恐怖のあまり叫び声を上げた弟子たちに彼は「安心しなさい、わたしだ。恐れることはない」(マタ一四・二七)と言います。するとすぐペトロは信仰によって勇気づけられてその師の模範に倣って水の上を歩きます。ペトロが疑念をいだいて沈みかけると「信仰の薄い者よ、なぜ疑ったのか」(同一四・三一)との声を聞きました。また次の章においてキリストは、自分が欲していない人に恩恵を授けることになったので、カナンの女の信頼によっていわば強いられて、叫びます、「婦人よ、あなたの信仰は立派だ。あなたの願い通りになるように」(同一五・二八)と。ルカ福音書の第一七章において重い皮膚病を患った人が受けた癒しをその信仰に帰そうとして彼は言います、「立ち上がって、行きなさい。あなたの信仰があなたを救ったのです」(ルカ一七・一九)と。更にヨハネ福音書の第四章では王の役人の信仰が死にかかっている息子の癒しを嘆

願して得ています。この人はイエスが自分に語った言葉を信じて帰って行きました（ヨハ四・五〇参照）。ところが〔家に向かって〕降っていく途中、僕たちが彼を迎えに来て、息子が癒されたことを彼に告げました。更にマタイ福音書の第一六章にはパンについて動揺した弟子たちに向かって彼は「信仰の薄い者たちよ」（マタ一六・八）と言って非難しています。同じ書の第一七章で彼は、弟子たちがどうして狂人〔てんかんを患った人〕を癒すことができなかったかが分からないで戸惑い困っている弟子たちに、「信仰が薄いからだ。あなたがたにできないことはない」（同一七・二〇）と言います。また彼はすぐにそれを説明して、からし種一粒ほどの信仰があれば、この山に向かって「ここから出て行って、あそこに移れ」と命じればそうなるし、あなたがたにできないものは何もないでしょう、と語っています（同）。同書の第二一章でイチジクの木がイエスの呪いでたちどころに枯れてしまったことに驚いている弟子たちに彼は言います、「わたしはあなたがたにはっきり言っておく、もしあなたがたが信仰をもち、疑わなければ、イチジクの木に起こったことができるばかりか、この山に向かって〈立ち上がって海に飛び込め〉と言っても、そうなるであろう」（同二一・二一）と。あなたがたが祈りの中で求めるものは何でも、あなたがたは受け取ることでしょう。同様にマルコ福音書第一〇章では癒された盲人は「あなたの信仰があなたを救ったのです」（マコ一〇・五二）と告げられています。ルカ福音書第八章では突風の力で危険を感じた弟子たちに彼は「あなたがたの信仰はどこにあるのか」（ルカ八・二五）と言われます。また同じ章の中で主イエスはすぐにその娘の死が告げられると気落ちした会堂の管理責任者に「恐れることはない。ただ信じなさい。そうすれば娘は救われる」（同八・五〇）と言います。このような欠乏や弱さから諸々の悪徳によってキリスト教徒の道徳を腐敗させるものはなんでも、ことごとく〔新たに〕生まれてくるほど信仰は偉大なことなのです。

（二）キリストの説く愛について

しかし、ここで愛について述べることを何が妨げているでしょうか。というのはキリストはそのほか何を教えているのでしょうか、最高の愛のほか何をわたしたちにその全生涯にわたって求めるでしょうか。彼がわたしたちのところに来られたのは、この〔愛という〕一事を教えるためでした。だからルカ福音書の第一二章で彼は言います、「わたしが来たのは、地上に火を投じるためである。その火が燃えていたらと、どんなに願ったことであろう」（ルカ一二・四九）と。なにゆえに神の子が地上に降られたかということは、必然的に何か偉大なことでした。彼が来たのは地上の支配を手に入れるためでも、哲学をわたしたちに伝えるためでもありません。それゆえ、とても偉大な使節〔が来られたの〕は強力な愛の火を引き起こすためでした。また、それゆえに愛を火と呼んだのです。自然的な愛は偉大ですが、キリストの愛と比較するとそれは氷なのです。すでにヨハネによる福音書で彼が語っているすべてのこと、死の恐怖に脅えている弟子たちのもとで行ったことのすべては、火のように燃える愛のほかの何を表し、発散させていますか。だれが涙なしにそれを読めるほど岩のように冷酷でいられますか。これが愛する者をして死を軽蔑させるまでに燃え上がらせる、死よりも強い愛なのです。それは人間的な援助をもってしてもなしえないことを実現させます。この一つの認識標識をもってキリストはご自分の弟子たちを他の弟子たちから区別しようとしました。このゆえに彼は言います、「あなたがたが互いに愛し合うなら、それによってあなたがたがわたしの弟子であることを、皆が知るようになる」（ヨハ一三・三五）と。ヨハネは言います、「神は愛である」（Ⅰヨハ四・一六）と。愛から離反する者はだれでも神から離反しています。それゆえマタイによる福音書の第二五章で彼は天国に行くにはどんな行為をすべきかを明らかに告げ、人々の眼前に提示しているので、何を彼が述べているかに注目してください。それは何かみすぼらしい衣服でしょうか、断食でしょうか、極上の食べ物でしょうか、詩編をつぶやく力なのでしょうか、奇跡でしょうか。いいえ、こういうものではありません。なぜですか。彼は言います、「飢えている者にあなたがたは食物を与えなかった、渇いている者に飲み物を与えなかった、見知らぬ人に宿を与えなかった、裸の者に衣服を与えなかった、病人を訪問しなかった、牢屋に閉じ込められた人に話しかけて支援しなかった」と（マタ二五・三五―三六参照）。こういうことは愛の奉仕にほかなりません。

新約聖書のすべてを開いて見なさい。あなたは儀式に属する戒めを何も見いださないでしょう。食べ物や着物についての言葉がどこにありますか。断食やそれに類似なことについての言及がどこにありますか。愛だけを彼は自分の戒めと呼んでいます。儀式によって分裂が、愛から平和が起こっています。マタイによると飢えに苦しむ人が安息日に麦の穂をむしって食べたがゆえに、ファリサイ派の人たちがキリストに〔律法違反の〕不満を述べていますが、それに対し彼は反論し、不可侵のパンをためらわず食べたダビデの範例を引き合いに出していきます。彼は言います、わたしが犠牲ではなくて憐れみを望んでいるのをあなたがたが知らないとしたら、あなたがたは罪がないと決して判定されません、と。というのも、主は安息日の主人でもあるからです。安息日は人間のために定められたのであって、人間が安息日のために創造されたのではないのです（同一二・七―八）。ところでこれが神の戒めであったのですが、愛の義務が実行されるべきであるかぎり、彼は戒めが遵守されるのを欲しませんでした。それゆえ、このお先真っ暗な、くだらぬ奴は、何を言っているのでしょうか。彼は禁止されているがゆえに肉を求めていないのですか、それよりももっと冷淡な指図を求めていないのですか、人間の全体を生命の危険にさらしていないですか。ダビデは飢えの危機にさらされて、世俗の人として聖なるパンを大胆にも食べたのです。また神から伝えられた法がそれを禁じていたのに、宗教的な畏怖は祭司たちを妨げなかったのでしょうか。あなたは罪のない兄弟が死ぬのを余儀なくされているのです。というのは、あなたは人々が恐らく愚かになるか、それとも迷信的になって、公共の権威によって肉食を禁じることがともかくも見逃がされていると考えているからです。またある人間の専制君主はこの問題ではその迷信よりももっと許容的なのです。他のときには彼らはわたしたちに肉のスープを許可します。しかし肉食は禁じます。更に寛大な人たちは内臓を〔食すること」も許可します。時にはミルクを使った料理をも許可しますが、卵は禁じます。ときには彼らはパンとビールおよびパンと一緒に食べる木の実のほかには許しません。誰かがこれを敬虔を学ぶために引き受けたとしても、わたしとしては非難しませんが、この種のことを遵守するためにキリスト教徒がキリスト教徒の命を危険にさらさせようとしたり、それゆえに兄弟としての愛が引き裂かれたりするのを不思議に思っています。ヨハネの第九章では安息日にイエスが盲人の目を癒したことが大騒動を引き起こしています。彼らは同じ書の第五章ではイエスの命令によって自分の床を担いでいった体の麻痺した人が癒されたことに不平を述べています。しかしマタイの第九章では彼らはイエスが罪を赦したことを互いに無言のうちにぶつぶつ言っています。彼らは他のところで穴に落ちた牛か驢馬(ろば)を安息日に引き上げるのを危惧しなかったのに、イエスが安息日に中風の女を癒したことに不平を言います(マタ九・二)。キリストは人間が安息日のために造られたのではなく、安息日が人間のために導入されたと宣言します。あなたは、指の間隔(少しの間)でも律法から離れるよりも、もっと早くキリスト教的な人間を滅ぼすべきであると見なすほどに、あなたがたの律法を妥当させようと願っているのです。更にマタイの第一五章で彼らは弟子たちが手を洗わないで食事をしたとつぶやいています。しかし敬虔なる主はここで弟子たちを弁護するばかりか、祭司の貪欲が作りだしたコルバンのゆえに神の掟を彼らが怠っているので、彼らの〔律法違反の〕罪を彼らのうちに投げ返しています。というのも本性的な敬虔と一致することを主は神に属することと呼んでいますから。両親に救いの手を差し伸べることは愛の問題です。このことから彼らが注意をそらしていたのは、自分たちの宝物蔵がちょっとでも減らないためなのです。キリストは「口に入るものは人を汚さない」(同一五・一一)と言明しています。それなのにあなたは健康のために莫大な出費となっても魚を食べるようにキリスト教徒に対し厳しく要求します[95]。それどころかあなたは自分に較べると、身体的な習慣によって強いられていついかなる日に、何を食べようとも、神に感謝するキリスト教徒のために何も考えていません。それに反しキリストは施しと呼んだ善行を喜ばれ、ルカの第一六章ではその主人を欺いて自分の負債者たちを助けた不正な管理人をとても称賛しています。これとは異なることを使徒たちはその手紙でわたしたちに勧めているでしょうか。それなのにわたしたちは、これを聞き入れないで、ユダヤの規定に優るものをもってキリストの血潮によって贖われた人たちに重荷を負わせており、こうした規定のゆえに罪のない人をやたらにとがめるのでしょうか。

(三) パウロが説く信仰と愛

しかし、これを更に追跡することは、わたしたちの意図するものではありません。もしわたしたちの教えと生活がどんなに使徒たちの模範に一致しているかを前に知らせたとしたら、わたしは〔今後〕他の問題が起こってくるに応じてそれを個別的に扱うことにします。だが、〔使徒たちの模範と言っても〕とりわけパウロの模範ですが、彼に較べると他のだれもキリストを指導者としていっそう鮮明に語っていません。使徒の任務を継承し、キリストの後継者と呼ばれることに誇りを感じる人は、当然次のパウロの言葉を自分に適用できるはずです。その言葉で彼はコリントの信徒たちが真の敬虔に到達するように勧めています。彼は言います、「わたしがキリストに倣ったように、あなたがたもわたしに倣う者となりなさい」（Iコリ四・一六）と。同じことをまさしく同じ言葉でもって彼は同じ手紙の第一一章で繰り返しています。したがって彼が書いたものには、信仰と愛が頻繁に言及されることで溢れていないような一頁もないことに留意することは、無駄ではありません。彼は信仰と愛をときには結びつけて、ときには分けて、彼の親しい人たちに勧めています。コリントの信徒への第一の手紙の第一六章ではいわば結びの言葉でもって長い勧告を終わらせ、次のように言います、「目を覚ましていなさい。信仰に基づいて立ちなさい。雄々しく行い、強くありなさい。何ごとも愛をもって行いなさい」（同一六・一三）と。更にテモテへの第二の手紙第一章で彼は言います、「キリスト・イエスによって与えられる信仰と愛をもって、わたしから聞いた健全な言葉を手本としなさい」（IIテモ一・一三）と。これを見てもお分かりのように、彼は敬虔全体の軍旗である二人姉妹の信仰と愛とを結合させています。また、この二つの言葉でもってテサロニケの信徒への第二の手紙で、彼は「あなたがたの信仰が大いに成長し、愛が溢れていますから」(Ⅱテサ一・三)と語って、彼らを特に激賞します。また第一の手紙でも、「彼らはあなたがたの信仰と愛とを知らせてくれました」(Ⅰテサ三・六)と両者を結びつけます。同じくローマの信徒への手紙第一五章では「希望の源である神が信仰によって得られるあらゆる喜びと平和によってあなたがたを満たし、こうして希望によって満ち溢れますように」(ロマ一五・一三)と使徒は言います。彼は三つの主演女優である信仰・希望・愛を結びつけていませんか。平和とは相互的な愛のほかの何なんでしょう。すでにローマの信徒への手紙で彼が信仰よりも称賛しているものはありません。この信仰によって高貴なものがもっとも美しく彼らのものとなっていると彼は考えます。彼は「あなたがたの信仰が全世界に告げられている」(同一・八)と言います。そればかりか彼はハバククの証言〔つまり「正しい者は信仰によって生きる」という言葉〕にしたがって自分が受容したすべての義を信仰に帰しています(同一・一七、ハバ二・四)。偉人アブラハムが神に喜ばれたのは、信仰の他の何ものかに義が転嫁されるのを彼が欲しなかったからです。更にこの思想を使徒は創世記の証言「アブラハムは神を信じた。それが彼の義と認められた」(ロマ四・三)から確かにします。同様に第九章でも異邦人が偶像崇拝から真の信仰に受け入れられたのを彼は信仰に帰しています。それに反してユダヤ人たちは自分たちだけが神に近いと確信していたのに退けられたのは、福音の約束に疑念をいだいたからという理由のほか何も考えられません。異邦人の生活は罪で汚れた悪行と不品行のすべてを伴った偶像崇拝のほかには何ものによっても妨げられていません。ユダヤ人たちには細心な律法の遵守や永遠の神に対する祭儀は役立ちませんでした。どうしてなのでしょう。使徒は言います、それは信仰によってではなく、いわば諸々の行為によって〔義とされると考えた〕からです(同九・三二)、と。信仰が優位を占める議論のすべてを彼は「信仰に発しないすべては罪です」(同一四・二三)という結語によって終わらせています。信仰の意義はこんなにも偉大ですから、徳もこれを欠くと悪徳に変わります。これに関してコリントの信徒への第二の手紙で彼は信仰が全生涯を永遠に導く乗り物であると明示しており、「わたしたちは目で見えるものによってではなく、信仰によって歩んでいます」（IIコリ五・七）と言います。またパウロはすべての異教徒を信仰の軛(くびき)に導き入れることのほか何も使徒職の目的を置きませんでした。彼はその服従をギリシア語でヒュパコーエ（従順）と呼んでいます。同時に彼はキリスト教的な信仰が確かで強固なものであり、好奇心から生まれる屁理屈を退けて、穿鑿(せんさく)などしないで単純にキリストの約束を信頼することにほかならないと助言しています。彼は言います、「わたしたちはこの方からすべての異教徒を信仰の従順へ導くために恩恵と使徒職を受けた」（ロマ一・五）と。彼は更にエフェソの信徒に向かって、受容した救済が信仰にのみ帰されるように欲すると書いており、「恩恵により、信仰によってあなたがたは救われました。このことはあなたがたの力によるのではありません」（エフェ二・八）と言います。更にどんなラッパでもって、どんなに多くの言葉でもって信仰に対する賛辞を与えるべきかを、彼はヘブライ人宛に書かれた手紙[96]で、往時の偉人たちのほぼすべての行為を信仰の功績に帰しながら述べています。

（四）パウロの愛と平和の教え

パウロの全体は至るところで熱烈な愛のほかには何も呼吸していないし、しゃべっていないし、鳴り響かせていないのに、どうしてわたしたちはなお愛について何かの箇所を引用することにかかわるべきでしょうか。彼は〔愛の〕純粋な輝きについて語ります。それでも人間の言語では口ごもってしまい、表現できないことを[97]、あなたがお読みになるとき、あなたは何かもっと光り輝いているものを感得するように思われます。パウロの舌は燃え上がっていますが、心胸の炎は彼が述べていること以上のことを暗示しています。更に愛がすべてを結び付けているとき、どこでも愛が支配しておりますので、不和が入る余地はありません。愛が関与するかぎり、すべてがすべてのものを共有としていますから。このようにまず初めにいわば挨拶をしてから彼はその手紙のすべてを書き始め、何らかの善の代わりに、恩恵と平和を兄弟たちに与えてくださいと祈ります。使徒の元老院議員であるペトロもそれとは違った仕方で挨拶しません。つまり「恩恵と平和があなたがたにあるように」と彼も挨拶します（Iペト一・二、IIペト一・二）。そして手紙の初めも終わりの言葉にしばしば一致しています。ローマの信徒への手紙を終わらせようとしてパウロは言います、「平和の源である神があなたがたと共にあるように、アーメン」（ロマ一五・三三）と。聖なる口づけをもって互いに挨拶するようにと彼が命じるとき、兄弟としての和合一致のほか何を勧めていますか。というのもわたしは、キリスト教的な口づけが心胸に関わっていて、口でするのではないと解釈する者ですから。抱擁するような仕方で挨拶するのは大衆がしていることです。あらゆる魂が一つとなった善い状態を願うのがキリスト教的な人間にふさわしい挨拶です。なぜですか。同じ仕方で彼はコリント信徒への第二の手紙を終わらせていませんか。同じことを彼は考えて、「平和を保ちなさい」（IIコリ一三・一一）と言っています。「同じことを考えて」とは「思いを一つにしなさい」（同）という意味でないとしたら、何なんでしょうか。それをもっと深く心に刻みつけるために、彼は繰り返して「平和を保ちなさい」と言うのです。これでも彼は満足しないで、一般的でも平凡でもない褒賞を追加し、「そうすれば平和の神があなたがたと共におられます」（同）と言ったのです。往時は天の軍勢を率いる神が「力の神」と言われましたが、わたしたちには「平和の神」と呼ばれています。イザヤは神を「平和の主」と呼んだとき、そのように考えていました。パウロは和合がまだ十分に語られていないかのように、それに加えて「わたしたちの主イエス・キリストの愛と神の平和と聖霊の交わりがあなたがたと共にあるように、アーメン」（IIコリ一三・一三）と言います。彼がコリントの信徒への第一の手紙を「わたしの愛が、キリスト・イエスにおいてあなたがた一同と共にあるように」（Iコリ一六・二四）と同じ仕方で閉じていないとしたら、それは偶然のせいにされるでしょう。コリントの信徒たちの愛を懇願するとき、彼は何か稀なる愛を彼らに願っています。パウロはどんなにキリストを愛そうとしていたかをあなたは聞きたいですか。彼は「わたしはこの世を去って、キリストと共にいたい」（フィリ一・二三）と言います。何が生命よりも大切で好ましいでしょうか。だが彼は、キリストに結びつけられるためには生命を犠牲にしようとしているのです。彼はローマの信徒への手紙第八章で語っている間に「だれがわたしたちをキリストの愛から引き離すでしょうか」（ロマ八・三五）と書き記して心の感情を吐露したとき、ある種の神聖な霊感によって正気を失ったのではないでしょうか。彼は死によっても天使の力によっても引き離されることはないと言います。頑なになってキリストを拒んでいるユダヤ人のために、彼がキリストから呪われてもよいと望んでいるとき、どのような愛情をもって敬虔な人たちのために備えていたかを彼は十分に証示しています。あるいは彼が何か優れた驚くべき報酬を福音の教えの戒めから離れない信徒たちに約束しようとするとき、平和のほか何も懇願しないとき、ガラテヤの信徒への手紙の結語はそれとは別なのでしょうか。彼は「このような原則に従って生きていくすべての人々の上に平和がありますように」（ガラ六・一六）と言います。コロサイの信徒たちに対しても同じことを彼は懇願し、「すべての思いを超える神の平和がキリスト・イエスにあってあなたがたの心と知力を守りますように」（コロ三・一六）と言います。またすぐ後で「これらのことを実行しなさい。そうすれば平和の神はあなたがたと共におられます」（フィリ四・九）と告げています。彼が平和と和合についてわたしたちに勧めていることがどんな方向を目指していても、わたしたちはこれらの手紙の真っ直中からそれを選び出すべきではないでしょうか。エフェソの信徒への手紙第二章で彼はキリストを平和そのものと呼んでいます。彼は言います、「実に、キリストはわたしたちの平和であって、二つのものを一つにします」（エフェ二・一四）と。彼は他の箇所でキリストを「仲介者」（メシテース）と呼んでいますが[98]、キリストは和解させる者のように神と人との間をいっそう良く仲裁します。同じくヨハネはその手紙で神を愛自体と呼びます（Ｉヨハ四・一六参照）。このヨハネはとても深く神と結合してるので、だれであれ二人のうちのいずれか一方が〔財を〕所有したり、欠けたりしていると、他方も〔財を〕所有したり、欠けていると感じるほどなのです。再びエフェソの信徒への手紙第五章では彼は、愛をその特性によって正真正銘にして真実な神の子たちと認められると考えるほどに、神にとって特有なものとなしています。彼は言います、「神にもっとも愛されている息子のように、神に倣うものとなりなさい。またキリストがわたしたちを愛したように、愛のうちに歩みなさい」（エフェ五・一―二）と。しかしテモテへの第一の手紙第一章では愛を律法全体の完成と呼んで、いかに高く愛を評価しているか考えてみなさい。彼は言います、「しかし戒めの目標は清い心とやましくない良心と純真な信仰から生じる愛です」（Ⅰテモ一・五）と。その際、彼は律法の全体は神への愛と隣人への愛にもとづいていると宣言した彼の教師の声と確かに一致しています（マタ二二・三四―四〇参照）。そのうえローマの信徒への手紙第五章で彼は、キリストのために受けた苦痛をも誇るほどに悪人どもの攻撃に屈服しないキリスト教徒の心胸の強さを愛に帰して、「わたしたちに与えられた聖霊によって神の愛がわたしたちの心に注がれているから」（ロマ五・五）と言います。すでに同書の第八章で彼は愛の援助によって万事が益となるとまで愛について高く評価します。愛が冷たくなっているところでは、どんなに律法が数多くあっても十分ではありません。愛が燃えているところでは、律法は何の必要もありません。彼は言います、「神を愛する者たちには万事が益となるように神は協働したもう」（同八・二八）と。「愛しなさい。そしてあなたの欲することとしなさい」[99]。なぜなら真正な愛は罪を犯すことがなく、愛そのものが律法であって、最善の行為を至るところで口授するからです。それゆえコリントの信徒への第一の手紙第一三章と同じく第一四章で彼はその口でもって愛の賛歌を高くとどろかせ、キリストの重荷を負うことで人を真に偉大なものとなす、この〔愛の〕道をもっとも卓越したものと呼んでいます。彼はこの愛をその他の資質に優先させています。愛はもっとも役立ち、どんなところでも役に立ち、それだけは終わることなく、それだけが罪を犯さず、それを欠くと他の諸徳は無力で役立たなくなります。コリントの信徒への第一の手紙第七章で彼は再度にわたって不釣り合いの結婚が解消されることを欲してはならないし、他の箇所では洗礼を受けた奴隷が不敬虔な主人から引き離されることを欲しないほど、和平一致を支持しています。というのも彼はわたしたちが〔キリスト教徒として〕召命された至高の意味は和平であって、分裂ではないと考えるからです。彼は言います、「神はあなたがたを平和な生活を送るようにと召されたのです」（Ⅰコリ七・一五）と。

したがってパウロは和平を引き裂き、不和を生む人たちから遠ざかるようにとても心配して、この〔愛という〕徳を何と多くの方法で教え込んでいることでしょう。このような毒麦が混入されていない耕地（種）ほど至福なものはありません。ユダヤ人にとって神でさえ不和を与える機会となっていました。彼らは神を他の人たちと共有するのを拒否するときのみ不和となるのをやめたのでした。この点について彼は実際にローマの信徒への手紙第三章で「それとも神はユダヤ人だけの神でしょうか。異邦人の神でもないでしょうか」（ロマ三・二九）と憤っています。わたしたちは当時ユダヤ人たちに起こったことが、わたしたちにも起こらなかったかどうか留意すべきです。ある宗教を公言している人たちの間でも多くの相違があって、彼らは競って個々にその宗教を称賛して弁護しており、その有様はあたかも神が彼らだけを承認しており、その民を無視しておられるかのようです。それゆえアンブロシウスは平和こそがわたしたちの宗教であると言います。(100)もしあなたが不和が支配しているのを見るなら、そこには宗教が欠如しているか、少なくともそれが苦境にある、と理解しなさい。しかし、どのように宗教が彼らの間で一致するかを、彼ら自身で洞察してもらいましょう。そうはいっても民衆はこのことをもう知っています。さらに闘争は単に生活においてだけでなく、神学研究においても避けられねばなりません。だが、あらゆる不和の源泉は高慢です。だれも〔高慢になって〕他者に譲らないでいるときには、各自は自分に多くを帰し、他人には少ししか帰していません。このことこそ使徒がコリントの信徒たちにきつく叱っていることなのです。彼は言います、「兄弟たちよ、わたしたちの主イエス・キリストの名によってあなたがたに懇願します。みんなが勝手なことを言わないで、仲たがいせずに、心を一つにし思いを一つにして完全な者となりなさい。等々」（Ⅰコリ一・一〇）と。それから第三章では「あなたがたの間に妬みや争いがあるときには、あなたがたは肉の人であり、ただの人として歩んでいるのではないですか」（同三・三）と言います。更に第一一章で彼は、最高の和合を象徴する、主の食卓を心を合わせて祝うことができなかった人たちを、叱責しています。彼は言います、「あなたがたが教会で集まる際、お互いの間に争いがあると聞いています」（同一一・一八）と。また次の章では彼は聖霊が授けた恩恵の賜物からであっても争いの機会を作りだしたがゆえに彼ら〔コリントの信徒〕を非難しています[101]。それゆえ彼は直ちに身体と四肢との例を挙げて合意するように呼び戻し、平和の主題へとすべての人を引き寄せています。独りの神がすべての人に共通であり、独りのキリストがすべての人のために等しく死にたまい、独りの御霊がご自分の考えで各自にその賜物を分け与え、洗礼は一つであって、わたしたちは皆これによってキリストのからだに合体されており、パンは一つであって、わたしたちは皆ここから食しており、杯も一つであって、わたしたちは皆これに等しく与るのです。実際、彼は〔同じ手紙の〕第一〇章で「パンは一つだから、わたしたちは多数であっても一つのからだとなっています。わたしたちは皆一つのパンと一つの杯に与っています」（同一〇・一七参照）と語っています。同様に彼は第一二章でも「だが、これらすべては同一の御霊の働きです。御霊は欲するままに一人ひとりに分与なさいます」（同一二・四―七参照）と言います。なぜなら、からだは一つであっても、四肢が多数であり、からだのすべての四肢は多数であっても、からだは一つであるように、〔一つの〕キリストにおいても〔多数のわたしたちは〕そうなりますから。そして実際、わたしたちは皆一つの御霊によって一つのからだとなるように洗礼を受けたのです。ユダヤ人であれ、異邦人であれ、奴隷であれ、自由人であれ、わたしたちは皆一つの御霊によって召されているのです。更にそのうえガラテヤの信徒に対して彼は、キリストによって聖別された人が新しい被造物となるように願って、このような不和の温床が洗礼によって破棄されるように欲すると、書き送っています。更に彼はローマの信徒への手紙第一六章では不和を引き起こした人たちを避けるように命じて、「兄弟たちよ、わたしはあなたがたに勧めます。あなたがたの学んだ教えに反して、不和や躓きをもたらす人々を警戒しなさい。彼らから遠ざかりなさい」（ロマ一六・一七）と。それからすぐ彼はこれらの悪の源泉を指し示して、「こういう人々はわたしたちの主であるキリストに仕えないで、自分の腹に仕えている」（同一六・一八）と付言します。

わたしたちも現代においてキリスト教徒の間で一般には起こらないような騒動が引き起こされたのを見ています。それは他の人たちによって引き起こされたのではなく、その人たちが利益をあげると、キリストの更に純粋な教えに妨げとなるとわたしには思われるような人たちによって、引き起こされました。彼らは心の底からひとたび味わったものを〔表すのを〕慎むようになるよりも、すべてを速やかに転覆させようとしていた、とあなたは言うことができるでしょう。そればかりか彼らは噛みついて利益を手に入れています。彼らは利益を恥ずべき仕方で説かれた贖宥から、〔神に義とされる〕判断の組み合わせから、配分から、大抵は〔売り物として〕吹聴したローマ教皇名の〔実体のない〕煙から、功績の配分から、悪い仕方で罠にかけられた良心から、間違った宗教の見解から、愚かな女たちと無学な群衆との誤謬から集めています。多くの人たちのもとでは、このような悲劇を引き起こすために野心によって計画が立てられました。だれでも自分自身が無知であると思われるよりも、キリストの教えが廃棄されるのを選ぶほどまでに、多くの栄誉が彼らに帰されています。大抵の人たちは利益と野心という二つの病によって支配されています。この案件についてローマ教皇庁と教会の権威がどの程度の力をもっているかを、今のところわたしは論じません。わたしは不和の源泉だけを通告しておきます。それは明らかにわたしたちの過度の欲望からのみ起こってきます。

したがってパウロは分裂がどんなにひどい疫病であるかを感じており、和合・平和・相互的な愛に先だっては何ものも、これらよりも情熱的には何ものも、これらよりも頻繁には何ものも教え込まないし、反復していません。このことを彼はフィラデルフィア（博愛）と呼んでいる信仰仲間たちに対してだけでなく、わたしたちの奥義からかけ離れた人たちに対しても行っています。というのも彼はテサロニケの信徒への第一の手紙第五章で警告して次のように言っているからです。「だれも悪に対して悪を報いることがないように留意しなさい。そしてお互いの間でも、すべての人に対しても、いつも善を行うように努めなさい」（Ｉテサ五・一五）。すべてのことによく報いようと努める人は、単なる和合に優るものをすべての人と一緒にもっています。彼は更にローマの信徒への手紙第一二章で「もしあなたがたに可能であることが起こりうるならば、すべての人たちと平和に暮らしなさい。愛する人たち、自分で復讐しないで、怒りの職〔を担う神〕に任せなさい」（ロマ一二・一八―一九）と語って、同時に凶暴な人たちの間には和合が成り立ち得ないことを指摘します。そこでは不正がすぐに不正で報い返され、そこでは自分の権利を少しでも譲る人は誰もおらず、悪行に対し善行をもって打ち勝とうとする人は誰もいません。なぜなら我慢できない不正を正当にも復讐することが許可されるように、わたしたちの怒りに向けて一度でもわたしたちの窓が開かれると、苛立ちのあまり自分の状況が誰にも正しく見えなくなり、その心は各自におもねって誤ってしまいます。それゆえ、彼はこの泥沼からわたしたちを遠ざけるために、キリストとその模倣者パウロは義務によって不正に報いるように勧告して、言います、「あなたがたを迫害する者のために祝福を祈りなさい。祝福を祈るのであって、呪ってはなりません」（同一二・一四）と。

また、すぐそれに続けて、彼は「あなたがたの敵が飢えていたなら食べさせ、渇いていたなら飲ませなさい。そうすれば燃える炭火を敵の頭に積み上げることになる。悪に負けることなく、善をもって悪に勝ちなさい」（同一二・二〇―二一）と言います。そうすると、その間に、キリスト教の大家と思われたいと願いながらも、称賛を受けるに値する人を自分の舌に致命的な毒を塗った針で突き刺すような人たちはどこにいるのでしょうか。しかも彼らはそれを頑なに、意図的に、献身的な態度で、敬虔を装った口実でもって行っていますが、もっとも屈辱的な仕方でその人を害する理由はどこにありますか。[102]その人はパウロが〔敵が行っていると〕教えたことを自ら実行していたのです。なぜならコリントの信徒への第一の手紙第四章で彼は「わたしたちは侮辱されても祝福し、迫害されても堪え忍び、罵られても〔神にその赦しを〕嘆願している」（Iコリ四・一二―一三）と言うからです。それは〔キリストが〕十字架に架けられておりながら、十字架に付けるのを提案した人たちのために父なる神に〔彼らの罪の赦しを〕嘆願した〔のと同じです〕。しかし彼は、コリントの人たちが金銭問題のために互いに裁判所に呼び出したり、平静や和合の損失よりもむしろ財産に対する詐欺や損害を容赦しないでいるが

ゆえに、彼らをどんなにか立腹して叱責していることしょう。だが喜劇作家にしたがって、

恭順が友人を生むが、真理は憎しみを生む(103)

がゆえに、彼はいわばポリプ(104)が演じているように、すべての人を得るためにすべての人と同じようになっています。彼は喜んでいる人たちと一緒に喜び、泣いている人たちと一緒に泣いており、弱い人たちと一緒に弱くなっています。これが敬虔なる恭順であって、どんな状況にあっても他人の弱さや意見に自分を合わせています。ヨハネの手紙から証言を引き寄せることは余分なことであると思います。彼は愛と和合のほか何ものも称揚していないのですから。〔そこで〕わたしたちがキリスト〔の意志〕に従うという信仰告白の発起人であるペトロに尋ねてみましょう。ペトロの第一の手紙の第四章で彼は敬虔に属する特別な責務、つまり身を慎んで、目覚めており、よく祈るように勧告していますが、これらに愛を優先させて、言います、「身を慎んで、よく祈りなさい。だがあなたがたの間ではまず第一に相互的な愛をもつように、しかも継続してそれをもちなさい――もしくはギリシア語が響かせているように(105)――熱心にそれをもちなさい」(Ⅰペト四・七―八)と。そして彼は愛をわたしたちに更に勧めて説き、「愛は多くの罪を覆う」(同)と言います。その際、彼は「あなたはわたしに従いなさい」(ヨハ二一・一九)と特別に聞かされていた彼の主にどれほど見事に応えていることでしょう。主は言います、「赦しなさい、そうすればあなたがたも赦されるでしょう」(ルカ六・三七)と。また「彼女は愛したことが多かったがゆえに、多くの罪が赦された」(同七・四七)、また「わたしたちが赦しましたように、わたしたちの罪をも赦してください」(マタ六・一二)とあります。どうして今日、罪の重荷に押しつぶされた人たちが、キリストと最初の使徒たちによって提示されているものよりも、免罪とかそれと類似の治療法として作成されたものに招かれているのでしょうか。どうしてわたしたちは確実なものより疑わしいものを優先させるのでしょう

か。これらとキリスト教が誕生した原始教会とを人が比較してみるならば、愛の開始のほか何も見いださないでしょう。すべての人が心を一つにして同じ場所に同時に集まっており、火の舌で武装されていました。信仰者の多数は一つの心と一つの魂になっており、財源はすべて共通なものとして寄付されていました。儀式についてはどこにも言及されていません。信仰と愛のお伴として心の勇気と真の敬虔が起こってくるように、信仰と愛が衰弱し、消えてしまうと、迷信が沸き立ってきます。また真正な敬虔が魂の純粋さによって養われるように、迷信は儀式によって自分を売り込みます。パウロは前者を「霊」(spiritus)という単語でもって頻繁に表していますが、後者を「肉」(caro)でもって表しています。というのも彼がガラテヤの人に「あなたがたは霊で始めたのに肉で仕上げようとするほど愚かですか」(ガラ三・三)と書いたとき、このことを考えていたと思われますから。あなたがたは福音的な信仰と愛から始めていたのに、ユダヤ主義に逆戻りしているのですか。彼はたしか他の箇所で、だが同じことをローマの信徒への手紙第一二章で、ユダヤ人の儀式を放棄し、心に据えられた敬虔の訓育に立ち返るようにと次のように警告しています。「こういうわけで、兄弟たち、神の憐れみによってあなたがたに勧めます。自分のからだを神に喜ばれる、聖なる生けるいけにえとして献げなさい。これこそあなたがたのなすべき恭順なのです」(ロマ一二・一)。同書の第一章で彼が「わたしは御子の福音を宣べ伝えながら自分の霊において神に仕えています」(同一・九)という風に書くときに、このこと〔つまりなすべき恭順〕を彼は自ら行っていると証言しています。それまで彼はユダヤ教徒として神を敬ってきましたが、それも定められた断食・新月の祝い・安息日の遵守・〔身体の〕洗い清め・特別な食事でもって行ってきました。だが今や彼はそれとは相違する種類の礼拝を受け入れており、〔シナイ〕山においてもエルサレムにおいても父なる神を礼拝していません。というのは父なる神は霊において自分を礼拝する崇拝者を喜んでおられるからです。再度彼は同じ手紙第七章で「文字に従う古い生き方ではなく、全く新しい霊において仕えようではないか」(同七・六)と言います。他のところで「肉」と呼んでいたものをここでは「文字」と呼んでいます。同じことをテモテへの第一の手紙第四章で彼は「体の鍛練も少しは役に立ちますが、敬虔はすべての点で益となります」（Ⅰテモ四・八）と言います。「少しは」という言葉で使徒は何を言っているのですか。ある人に益となることは、他の人には益とならない、ここで尊敬すべきことは、他のところではそうではない。今日称賛されることがすぐにも評判を落としてしまう。だが心の敬虔はすべての人が共有するものであり、それが働く場所をもたないところはありません。うわべだけの〔道徳的〕純潔に優って有害なものはないことを知らない人がいるでしょうか。また、どんな仮面も諸々の儀式という仮面に優ってこの純潔を欺かないものはないのです。一般の人たちは目に見える物事でとりわけ導かれます。敬虔を装った悪疫がどんなに多く敬虔という虚偽の口実のもとに持ち込まれているのかを、あなたは聞きたいですか。パウロがテモテへの第二の手紙第三章で次のように預言しているのを聞きましょう。「終わりの日には危険な時期が迫っていると悟りなさい。そして人々は自分を愛するようになり、貪欲になり、高ぶり、傲慢になって、神を冒瀆し、両親に従わず、恩を知らず、罪深くなります。愛を知らず、和解せず、中傷し、節度がなく、残忍となり、寛大でなく、裏切り者となり、厚かましく、臆病となり、神よりも快楽を愛し、敬虔を装いながら、その実、敬虔の力を否定するようになります」（Ⅱテモ三・一―五）。パウロはこれに加えて何と言っていますか。この人たちの真似をしなさいと言いますか。決してそうは言いません。そうではなく、「この人たちを避けなさい」と言います。こういう人たちは他人の家に忍び込み、罪の虜となり、それを担った女たちを引き寄せています。彼女たちはさまざまな情欲に引きずられています。読者よ、世俗的な内心を混入させていながら、自分たちを修道士と呼び、王の奢侈・尊大さ・暴政を得ようと欲しながら、赤貧であると自称している修道会に属する人物であると指を立てて身を明かさないように、わたしはあなたにお願いします。願わくは彼らの嫉妬が根拠もないのに良い人たちの重荷となるようなことがありませんように。今ではそれどころか彼らの数がとても多くなって、今でもなおいる良い人たちが悪人どもの一味によって、暴政によるのと同様に、押しつぶされています。

（五）儀式と典礼について

ユダヤ人の祭日について、食事の区別についてパウロが何を考えているか聞いてください。このことのゆえに彼らは、ほかの悪行には容易に傾いていたのに、死を与えることさえ恐れませんでした。[106]〔安息〕日のことを考える人は主なる神のことを考えます。また食事を摂らない人は主なる神の〔ことを考えているが〕ゆえに食事を摂りません。各自は自分の考えにしたがって決めるべきです（ロマ一四・五参照[107]）。そのすぐ後、同じところで「神の国は飲み食いではなく、聖霊によって与えられる義と平和と喜びです」（同一四・一七）と彼は言います。このことはコリントの信徒への第一の手紙第一〇章で「市場に来て〔売られて〕いるものは〔いちいち〕良心に問い質すことなく食べなさい。地とそこに満ちているものとは主のものであるから」（Ｉコリ一〇・二五―二六）と書いていることに一致しています。更に第六章では「食物は腹のため、腹は食物のためにあるが、神はそのいずれをも滅ぼされます」（同六・一三）とあります。すでにコロサイの信徒への手紙第二章で「触れることがあってはならない、味わうことがあってはならない、抱擁することがあってはならない」と命じている戒律を彼はとても不機嫌になってあざ笑って言います、「これらはすべて使えば無くなってしまう、人間の規則や教えによるものです。それは言葉だけであって、迷信により、心の卑下により、身体の苦行によって知恵を求めているように見えますが、実は何の価値もなく、肉の欲望を満たしているに過ぎません」（コロ二・二一―二三）と。また、完全な人たちの強さは他人の弱さに耐えていますが、それも時に応じて、また弱い人たちが突如として弱さから引き離されうるよりも、以前の生活によって完全に根付いている現実の中で前進していって弱さを克服するという条件で、パウロはたしかに至るところで和合を図るように勧めています。パウロは食事のことで兄弟の心を傷つけるような人に反対して憤慨しています。その兄弟のためにキリストは死にたもうたのですから。しかし彼は同様にこの種の現実から他人の良心を裁く人に対しても憤って言います、「どうしてわたしの自由が他人の良心によって裁かれるのでしょうか」（Ｉコリ一〇・二九）と。だが、ときには教師が弟子の理解力にまで降りていくように、また医者が病人の心情にまで自分を適用させるように、「熟練した愛」が自らを他人の虚弱さに適合させる時がしばしばあります。それなのに、わたしたち自身が躓きの素材を提供しているとは何ということでしょうか。そこ〔熟練した愛〕から離れてわたしたちはいつ高慢に近づくのでしょうか。わたしたちはまさしく自分が虚弱であることを、いつ高慢になっていっそう良い状態にあると思うのでしょうか。ある人は「どうしてあなたは儀式を非難するのか」と尋ねることでしょう。そんなことは断じてありません。わたしは儀式を称賛します。それによって昔も今も教会の聖歌隊はその神秘を演じています。この神秘は何かを再現しており、神的な礼拝に荘厳さを付与していますが、礼拝には荘厳さが何らかの仕方で含まれているべきです。しかし人間が規定したものにもとづいてキリスト教徒の生命のほぼ全体が典礼によって圧迫されるのを、わたしは〔断じて〕承認できません。また典礼を余りにも重んじ、敬虔を少しも重んじないことを、素朴な人々が典礼に信頼して真の宗教の研究を怠ることを、典礼のゆえにキリスト教界の組織の静穏さが大きな悲劇によって破壊されることを、わたしは〔断じて〕承認できません。ほぼ一五年前にわたしたちは大混乱、分裂、戦争、略奪を見てきました[108]。もしだれかがその源泉を探求するなら、これらの悪事の全体がその根源を典礼にもつことを発見するでしょう。

　その間に人々は、キリストがほとんど至るところで素朴な大衆を憐れんでいたことを覚えておかねばなりません。ただファリサイ派の人たち、律法学者たち、富者たちに対してだけには恐ろしい「禍なるかな」を轟かせています。その際、明らかにキリストは民の敬虔が活力を得るか、それとも活力を失うかは、すべて司教たち、神学者たち、君主たち次第である、と告げています。この人たちからすべての禍は起こっています。キリストは、ファリサイ派の人たちがその仕事に没頭している間に、民が飼い主から見棄てられ、かつ散らされた羊の群れのようにさすらっているのを憐れんでいます。キリストがユダヤ人たちの道徳にしたがって断食したと人々によって信じられておりましたが、マタイによる福音書第九章にあるように、彼の名前のゆえに彼ではなく弟子たちが無実の罪を着せられないようにと論じて、羊飼いや君主の任にある者たちはあらゆる機会に虚偽の告発を避けるように彼は告げています。キリストは少なくとも二回だけ激怒したと記されています。マタイの第二三章では重立った人たち〔つまり律法学者やファリサイ派の人たち〕に対して、同書第二一章では神殿で商いをしていた人たちに対して激怒し、この源泉から教会のあらゆる疫病が発生して来るであろうと十分に証言しています。素朴な人たち、柔和な人たち、謙虚な人たちに優って福音の教えを受容できる人はおりません。彼は至るところでつまらない人〔と蔑まされている人〕たちを抱擁し、天の国はこういう人たちのものであると説いて、このことを明らかにしています。

敬虔から人を遠ざけようとする忠告は、どんな人のものでも聞き入れてはならないことをキリストは、あなたがマタイの第一六章で読むように、少し前には大いに称賛したペトロをサタンと呼ぶとき、また助言者として先頭に立ちたい人は〔キリストの〕死を模倣することでついて来るように命じるとき、実例をもって教えています（マタ一六・二三―二五参照）。公共の秩序が乱されないために、人々の決めたことを超えて多くのことをわたしたちが実行しなければならないと第一七章でキリストはひそかに教えて、御国の子供たちには納税の義務はないと証言されてから、ドラクマ銀貨二枚を払うように命じています。不敬虔に優って癒しがたいものはないことを同じ福音書の第二一章で彼は、偽りの敬虔の像によって教えています。彼は言います、「はっきり言っておく。徴税人や娼婦たちのほうがあなたがたよりも先に神の国に入るであろう」（同二一・三一）と。ファリサイ派の人たちは聖性の偽りの外観によってふくれ上がってキリストの教えに異議を唱えるのを決してやめません。徴税人や娼婦たちは自分らの病を認めて、医者のところに急いで行きます。するとすぐに彼はその場所で真の敬虔が言葉ではなく行為に関わっており、祭儀にではなく心情に関わっており、儀式にではなく服従に関わっていることを教えます。それに加えて彼は二人の息子のたとえ――そのうちの一人が言葉では拒否したが、実際には実行したことが称賛されている――を目の前に示します（同二一・二八―三一参照）。

わたしたちは司教たちや合法的な名誉を獲ている人たちには何ら称賛すべきものを認めなくとも、彼らが正しいことを教えているときには、その要求には応じなければならないと、キリストは同書の第二三章で「律法学者たちとファリサイ派の人たちはモーセの座に着いている、等々」（同二三・一以下）と語ってわたしたちに勧告します。わたしたちは福音的に生きていなくとも、福音を教える人に何度でも耳を傾けねばなりません。キリストは同じ場所で真の敬虔には何ら役立たないで、場合によっては、時折それから離反させる、人間が定めたさまざまな規定によって民に重荷を負わせている、他の人たちを非難し、この種の人たちを無視するようにとほのめかします。それゆえ彼は弟子たちが洗わない手で食事をしたことをやたらに咎め立てたファリサイ派の人たちを反駁します（同一五・二以下参照）。

第四章　キリストにおける敬虔の模範

キリスト自身は〔洗礼者〕ヨハネの証言、鳩の証拠、父なる神の証言のすべての証言によって予め確証するに先だっては、無謀に、かつ、突如として福音の宣教の務めに飛び込んではならないと教えています（同三・一二―一七参照）。洗礼を受けた後、彼は断食し、〔悪魔の〕試練を受け、それに打ち勝ち、またこうしてついに至るところで吟味され、訓練されましたが、それでもすぐには最高のことを教えないで、ヨハネの説教から出発し、悔い改めて神的な生活に立ち返るように訴えました。というのも自分の健康状態に不満を感じない人はだれも医者の助けを熱心に求めないからです。

しかし彼はヤコブ、アンデレ、ペトロ、マタイのような人たちをすすんで招かれたが、従おうとする他の人たちを退けたことによって（同四・一八―二二、九・九参照）、わたしたちがだれでもわたしたちの宗教の仲間として受け入れるべきではなく、ただ誠実にして素朴な心で参加する人たちだけを受け入れるべきであることを、彼はわたしたちに忠告していたのです。このことは疑いなくすべてをはっきり見ておられたお方には明白でした。

だがわたしたちはこのことを探求していって推測しなければなりません。

キリストがすべての人に説教したように、彼は全能でしたから、だれに対してもお世辞を使って自分に引き寄せたり、力ずくで強制しませんでした。彼は気高い態度で人々を引き寄せ、生活の模範を示して惹き付けましたが、そのことは弟子たちによっても行われました。それゆえ戦争の策略でもってトルコ人をキリスト教徒にしようと熱中している人たちが正しい意見をもっているかどうか、わたしたちは検討すべきです。むしろ神学者たちはこの人たちに使徒と似た声をとどろかすべきです。彼ら〔神学者たち〕の生活の誠実さが光を放ちますように、そうすれば彼ら〔トルコ人たち〕は本当にキリスト教徒となるでしょう。

マタイの第八章ではゲネサレの人たちは、奇跡を見た後に、自分たちの心の状態には無用なので、イエスが彼らの領地を立ち去るように懇願しています。同様に自分たちの生活習慣と合わないがゆえに福音の教えに対して何も発言しようとしない人たちがわたしたちの時代にも多くいます。

人がすすんで自らを捕吏として示すときには、今でもキリストは幼児のときのようにエジプトに逃れて行きます。その際、差し迫っている危険がキリストの栄光に寄与しないように思われるがゆえに、逃げるか立ち去るべきときがあることを彼は知らせています。

粗野で信仰もなかったその弟子たちをキリストは、少しずつ進歩するまでとても穏やかな心でもって耐えてくださいました。同様に司祭たちも、弱い民が徐々にいっそう良いものへと向上するまで、最高の寛大さをもって耐えなければなりません。

この方はすべての人に喜んで、かつ、民衆的な親しみをもってご自分を率直に提示なさいました。彼は徴税人や罪人の食客となることを一度も拒むことなく、福音を説く任務を決してやめませんでした。こうして彼は司教やその代理人のためにすべてを適合させましたが、それを実行するに当たって、彼らをいっそう金持ちにしたのではなく、彼らに所属する者たちをより良い人に再生させました。君主があなたを宮廷に呼び出したのは、〔司祭として〕懺悔を聞き、説教するためなのです。あなたがそれを行うのは、あなたが司教職を手に入れるためではなく、廷臣たちの中にあって罪が犯されないためであり、抑圧された人たちを好機をとらえて助けるためなのです。

福音の宣教を担っている人たちに肉の必要が立ちはだかっていることをキリストはマタイによる福音書の第一三章で証言されていますが、彼は彼らの不信仰のゆえにその中にあって少しだけ奇跡を提供しています。彼らは言います、「この人は大工の息子ではないか。その母はマリアと呼ばれていないのか。その兄弟はヤコブ、ヨセフ、シモン、ユダではないのか。姉妹は皆わたしたちと一緒に住んでいないのか。この人はこれらすべてをどこから獲たのか」（マタ一三・五五―五六）と。また他の箇所ではマルコ第三章にあるように、彼の身内の人たちが「彼は気が変になっている」（マコ三・二一）と言って彼を鎖で縛ってでも連れてこようと思ったのです。それゆえ力でもって多くの人を助けようとする人は、家で行うよりも外のほうが成果を上げるでしょう。

キリストは自分たちを弁護するために応えるべきことを知らない弟子たちをファリサイ派の人たちの非難に対して至るところで擁護しています。たとえばマタイの第一二章で、安息日に彼らが麦の穂をむしっ〔て食べようとし〕たときです（マタ一二・一以下参照）。また第一五章で、手を洗わないで食事をしたときです（同一五・二以下参照）。さらに別の箇所で〔洗礼者〕ヨハネの弟子たちのように断食しなかったときです（ルカ五・三三以下参照）。

彼はさまざまな箇所で、どんな人からでも誉められるためではなく、ただ良いと認められた人たちや立派なことだけを称賛する人たちに誉められるように努力しなければならないと教えています。実際、彼はマルコの第一章で大声で叫んでいる悪霊に「黙れ、この人から出て行け」（マコ一・二五）とお答えになっています。彼は同書の第三章では「あなたは神の子だ」（同三・一一）と叫んでいた悪霊どもを脅して、自分のことを言いふらさないように命じました。

キリストはユダに警告したのであって、ユダを退けたのでも、〔習慣的な〕口づけの挨拶で遠ざけたのでも、自分を裏切ることになっていたユダを裏切ったのでもありません。彼はひとたび結ばれた友情を簡単に捨てるべきではないと教えて、友情や家族的な親交をとても重んじました。このようにマルティヌスもその友ブリキウスを我慢したのです(109)。

キリストがその目をじっとペトロに向けたので、ペトロがキリストを否認したことを悔い改めたのに反し、ユダはその行いに対する後悔に圧倒されて離れ去っていき、首を吊ってしまいました。このことによって彼は実を結ぶ悔い改めと実を結ばない悔い改めとの二つの悔い改めがあること示唆します。その転落にキリストがじっと目を向ける罪人は幸いですが、彼からひとたび離れ去って、もはや顧みられえない人は不幸です。救い主に遠くからでもついて行くことはすでに何ものかなのです。

極悪人の攻撃とか、どんな人にも起こらないことがない死の必然性とかが、襲ってきたときには、わたしたちは何をなすべきかを彼自身、死を迎えて引きこもったとき、地にひれ伏して目覚め、絶えず祈ることで教えています。その有様はあたかも自分を守る手段が欠けており、すべては御父の援助にかかっているかのようです。自分の力に寄り頼む殉教者には死の責め苦が起こらないでしょう。

感嘆のほか何ら利益をもたらさないような奇跡をキリストは稀にしか実行しませんでした。そのような種類のわざはほぼ今日人々が聖者について勝手に考えているものに過ぎません。彼は癒し、養い、危険から解放しました。それらのわざはすべて親切な行為なのです。それゆえ教会において偉大な人と思われたい人は、その力が明らかに人々の害悪となる行為ではなく、人々を助けるような行為によって自分が偉大であることを示さねばなりません。

すべての人に役立たなくとも、わたしたちが聖なる教えを放棄してはならない、と彼は種蒔きの譬えで教えています。わたしたちは種を蒔くのを決してやめてはなりません。何らかの収穫があれば、十分なのです。キリストはその弟子たちと一緒に友人たちから自発的に提供された贈り物を多く受け入れましたが、何も要求などしませんでした、あるいは一時的な生活費のためでないなら何も熱心に求めなかったと書かれています。したがってキリスト教徒の群れを管理する人たちは、人々がただ質素であって、自然の必要のほかには何も求めなければ、自発的に供給する人が欠けてはいないと、率直に教えるべきです。

使徒たちは、わたしたちが救いの勧告を頑なに拒否する人たちの罪を支持すると思われないために、これらの人たちから何も受けとるべきではないと教えます。彼らは主の教えに従って福音を受け付けなかった人たちに対決して〔彼らへの証しとして〕自分の足から塵をもはらい落としています（同六・一一参照）。わたしたちは教会のサクラメントを執行し、キリストの教えを説教する人たちを直ちに遠ざけてはなりません。キリストはマルコによる福音書の第九章で、彼らの生活が少しも〔キリストの教えに〕に一致せず、自分はキリストに従わないのに、その名前を〔勝手に〕使って奇跡を行っていた人たちが、その活動を禁止されることに反対するように示唆しています（同九・三八―四〇参照）。

良い羊飼いというものは、時折、最内奥の閑暇を求めて引き下がり、自分に立ち返らねばなりません。それによって彼はいっそう拘束されずに祈りと聖書を読むために時間を割くことができます。こうして彼はもとの状態に復帰し、いっそう活発に司教の職務に戻ることができます。キリストはこのことをマルコによる福音書の第六章で教え、しばらくの間弟子たちを休ませるために、寂しいところに連れて行かれました（同六・四五―四七参照）。

このように司教たちも引きこもらねばならないことを彼は多くの箇所で教えていますが、そのように引きこもるのは、楽しみや狩猟のためではなく、祈るために、自分に属する人たちと親しく対話するためなのです。以前は司教が引きこもる場所がありました。人々は住む人がないことからそれを修道院と呼んでいました。

キリストは飢えている者に〔青々とした〕葉でもっていわば欺いたイチジクの木のみを呪いました。その際、彼は〔あらゆる〕人間の種類の中で、敬虔の飾りを付けながら不敬虔であり、肩書きと儀式では宗教を公然と宣言しながら非宗教的に生きている人たちに優って不快なものはないと告げています。

彼はわたしたちの救いに関係するものは何でも、繰り返し懇願することで神から強く求めるようにと、自分も絶えず祈りながら教えます。善いことが起こるようにと願うことは何でも、神から受け取るように考えるようにと、彼はいつも神に感謝しながら教えます。このことを彼は何らかの譬えを使って印象深く教えます。たとえば深夜にその友が起きるように厚かましくも強いた人とか、同じくひっきりなしにやって来て冷酷な裁判官をさんざんな目に遭わせたやもめのようにです（ルカ一一・九、同一八・五参照）。同じ人は一箇所だけでなくその弟子たちに「願いなさい、そうすれば与えられる」（ヨハ一六・二四）と命じています。

彼は牧者としての卓越した才能をすでに子供のときに発揮し、ある種の精神的な火花を示し、一二歳の子供のときに神殿で自分の知恵の徴と〔将来を先取りした〕感触を発揮しています（ルカ二・四二―四七参照）。同じく結婚式のときに奇跡によっていわば一種の序曲を演じ、洗礼に先立っていわば福音の務めをすでに考え、来たるべき宣教に熱烈に携わることを欲しておられます。

福音の宣教という仕事を引き受けようとする人は、あらゆる肉の情念から自分が清められていなければなりません し、天上のことのほか何も味わってはなりません。キリストは洗礼のときに御霊に満たされました。この御霊の力に促されて彼は荒野に連れて行かれました。ルカによる福音書の第四章であなたがお読みになるように、彼はここでの試練に打ち勝ってから御霊の力に促されてガリラヤに導かれました。そこからナザレに向かい会堂に入られると、イザヤの書〔つまり巻物〕を回していって彼は聖霊によって「神の霊がわたしに臨み、御霊がわたしに油を注いで、貧しい人たちに福音を告げるためにわたしを遣わしました」（同四・一八、イザ六一・一）とある箇所を見つけました。彼はニコデモに肉からではなく霊から、地からではなく天から再生するように命じました（ヨハ三・六参照）。復活後に弟子たちに宣教に赴くように命じたとき彼は彼らに聖霊を吹き込みました。

昇天後に彼は再度火の形をした霊を送りました（使二・三参照）。

ある人たちは大衆の目の前から引退しただけで、自分が聖人であると思われたがっています。だがキリストの模範によれば真のキリスト教徒は、何らかの悔悛の望みだけでもあれば、弱い人たちとの交際を身震いして恐れたりしません。彼は宴会の席で罪ある女性と接触しておられますし、サマリアの女――彼女はすでに六人の姦夫と生活していました――とも個人的に対話をしていますし、徴税人たちと一緒に食事をなさいました。実際、救いの望みさえあるならば、誠実で親切な医師がどうして病める人たちを身震いして恐れたりするでしょうか。

彼はルカによる福音書の第一四章で親切な行為を無償でなし、利子を付けて返済されるのを望まないで投資するように、また義人たちが復活するときのほかには、善行に対する何らの報酬を期待すべきではないと教えます。彼は譬え話を述べて、親戚の人たちや近隣の人たちさらに金持ちたちを招くのでなく、貧しい人たち、虚弱な人たち、目が見えず耳が聞こえない人たちを招くように勧めています。

自分が信心深いと思っている人たちの群れが祈禱や迷信的な儀式に最高の敬虔を置いているのに対し、キリストはルカによる福音書の第一五章で、もしもある人がある罪人を悔い改めに導くなら、それこそ優れた敬虔のわざであって、神に喜ばれると宣告しています。彼はこの見解を一〇〇匹の中で〔見失われたのに見いだされた〕一匹の羊、見つけ出された一〇枚のドラクマ銀貨、悔い改めた放蕩息子という三つの譬え話によって印象深く述べています。またその場所で、万人の中でただ一人あらゆる悪徳の汚点から全く免れていた最高の牧者は、心から悔い改めた罪人を喜んで受け入れるべきであると教えます。わたしたちは一般にはこの人たちを侮辱し、〔罪人という〕永遠の烙印を付けて受け入れています。その有様はわたしたちがあたかもあらゆる犯罪から自由であるかのようです。

彼は至るところでその行為と言葉を権威者なる御父に照らし合わせて判断し、わたしたち卑小な人間が不遜にも権威面をし、自分の知恵に依存しないように、彼はわたしたちに模範を示します。

共同の生活からもたらされたものは何でも彼はほぼ敬虔を教える機会に変えています。皇帝の肖像がついた貨幣が提示されたとき、彼は〔そこに刻まれた〕肖像によっても、わたしたちが神に対してなすべきことを精神に思い起こさせるようにそれを転換しています（マタ二二・二一、マコ一二・一七、ルカ二〇・二〇―二六参照）。群衆がしばしば彼が行った共食〔の奇跡〕のゆえに満腹したとき、彼は朽ちることのない食事を摂るように勧めています（ヨハ六・二六―二七）。さらに同じヨハネによる福音書には往時に起こった天来のマンナ〔天与の糧食〕に較べられうる何らかの徴を切願する人たちに、彼はどんなマンナよりもはるかに神聖な彼の体を食するように呼びかけています（同六・三〇―五四参照）。ある人が彼に紛うかたなき犯罪人に対する処刑を報告したとき、この機会を捉えて悔い改めるように招いています。人々が彼のところに子供を連れてきたとき、彼は子供を柔和と慎みの手本にしています（マタ一八・二―五参照）。神殿の建物を示した人に彼は自分の死と復活を想起させました（ヨハ二・二一―二二参照）。このような子供を宿して母胎は幸いであり、このような子供に乳を豊かに飲ませた乳房は幸いであると叫んだ女の賛辞を転換させ、むしろ神の言葉を受容し、決して消滅しない実を食べる人の幸福を提示します。とはいえこの説明方法は、わたしたちがあらゆる事例をもって説明しなければならないものよりも、いっそう広く受け入れやすいのです。

ヨハネによる福音書の第一二章でファリサイ派の人たちがラザロは死んだのだと決めつけていることは、邪悪な人たちがキリスト自身だけでなく、その人たちによってキリストの名前が栄光を受ける人たちをも、憎んでいることの典型を示しています。

同じ福音書でキリストが至るところでキリスト教的な交わりと絆を推奨して、あれこれと世話をしていたグループのあることにわたしたちは注目すべきです。特に第一二章と第一三章で自分が神と〔本質的に〕一つであって、そのため子を知る者は父を知り、子を遠ざける者は父をも遠ざけるとまで言明しています。この交わりから聖霊も切り離されていません。実際、あなたはヨハネの手紙の中で次のように読みます、「天において証しする者は父と御言葉と聖霊との三者です。この三者は一致しています」（Ⅰヨハ五・七―八）と。これと同じ交わりの中へキリストは「葡萄の枝」と呼ぶ彼に属する者たちを引き入れ、ご自分が父と一つであるように、彼らも彼と一つであるように〔父なる神に〕懇願しています（ヨハ一七・二一参照）。彼はすべての者を和解させるために、父と自分とに共通な霊を彼らに分け与えています。

キリストは自分に対する愛を三度もペトロに誓わせるまでは、信用してその羊を養うように命じません。その際、彼は司教がその群れの救済とキリストの栄光のほかには何も目指すべきではないことを示唆しています。それから彼は直ちにどのように忠実で真の牧者となるべく準備しなければならないかを示して、次のように言います、「わたしははっきりあなたがたに言っておく。あなたがもっと若かったとき、自分で帯を締め、欲するところへ行っていた。しかし歳を取ると、手を広げて、他人が帯を締め、あなたの欲しないところへ連れて行く」（同二一・一八）と。というのも栄光に対する欲求、富、君主と死とに対する恐れによってその義務から自分を遠ざける人は、だれも真の牧者でありえないからです。

こういう仕方によって聖なる書物の個々の箇所を、とりわけ福音書を考察することが適切なことでしょう。なぜなら、わたしたちはこの福音書を実例を挙げて説明し、ともかくも公益になるようにしたからです。それによってわたしたちは、あなたによって恐らく見いだされるよりもいっそう良い別の方法を、示すことができるでしょう。

第五章　聖書の言語使用に関する問題

だが、聖書がわたしたちに伝承された言語自身の性質の中に〔聖書を理解する〕困難な大部分は横たわっています。というのも〔言語の〕転義的使用、アレゴリー、比喩、譬え話によって聖書はほとんど覆われ、ところどころ謎めいた不明瞭さにまで遠回しに述べられているからです。ユダヤ人たちの耳が聞くに慣れていた預言者たちの言葉に照らして判断することが、キリストによって正しいと考えられていたにせよ、苦しまないでは入手できない成果を後になっていっそう感謝するために、このような困難によってわたしたちの怠惰が訓練されるのをキリストが欲したにせよ、そうなのです。あるいはこの計画によってキリストの神秘が俗人たちや不敬虔な人々に覆われ、かつ、隠されたままであることを彼が意図していたにせよ、そうなのです。だが、そうは言ってもその間に信仰の篤い探求者に理解される望みが妨げられないように願ってのことですが。あるいは説得するのに卓越した効力をもっており、識者にも無学者にも等しく理解可能であり、親しみやすく、きわめて自然に即しているゝ、この種の発言が、とりわけ人々によく知られた事柄から選ばれるとき、彼にとって格別に気に入っていたにせよ、そうなのです。この種の比喩はソクラテスの中にもあったことが認められます。

（一）譬え話

しかし譬え話は教えたり説得したりするばかりか、心情を刺激したり、喜ばしたり、わかりやすくすることに、同じ教えがすぐに消えないようにそれを心に奥深く刻みつけるのに有効なのです。実際、放蕩を悔い改めた息子を扱った譬え話は心に激しく働きかけます。そこでは若者が父から財産の分け前を要求することが物語られます。そしてその分け前は彼のものとなります。それから彼は自分自身を信頼して遠い地方に危険にも赴きます。そしてすぐにとても思いやりのある父のことを忘れ、恥ずべき仲間たちや道楽者らと一緒になって恵みによって与えられた父の財産を浪費し、更に万事においてひどい窮乏に迫られて、自分が常軌を逸した言動をしたことに気づき、見捨てた生活への憧れをいだくようになると物語られます。その息子は立ち返り、自分の誤りに気づきます。すると父は走りより、息子を抱擁して接吻します。新しい衣がもってこられ、指輪もはめられ、肥った子牛が屠られ、家のすべてに喜びが鳴り響きます。若者を迎えると老人は死んでいたのに甦ったかのように喜びます。

〔若者が求めた〕大胆な要求も、浪費した者の奢侈も放蕩も責められません。この父らしい慈愛はこのようなことどもをもう思い出さないのです。父には息子が悔い改め、自分のところに帰ってきたことだけで十分なのです。わたしは誰かが「神は罪人が自分の今までの生活をただ心から悔い改めるなら、喜んで受け入れ、自分の罪を激しく憎む者にはその罪を決して非難なさらない」ということを、譬え話なしに語ったときよりも、いっそう激しく魂を打つことがあろうかと言いたいです。この思想が比喩というおびき寄せる手段によって聞いている人たちの心にいっそう効果的に流入するために、牧者によって探し出され、その肩に担がれて家に連れ帰られた迷った羊の像や、同じく入念に捜されてやっと見いだされたドラクマの譬え話でもって、いっそう深く心に刻み込まれます。同様に創世記から神秘的な譬え話が応用されます。たとえばアブラハムが至るところに井戸を掘っているとき、ペリシテ人たちがその掘られた井戸に土を投げ入れて塞いだのに、イサクが再びそれを掘り返し、それに加えて生ける水脈をもたらした多くの井戸を加えています。このような語りかたは、正しく生きる戒めが聖書から求められねばならないし、地上の善に埋没している人たちと矛盾している、とあなたが端的に主張するよりも、いっそう喜ばしく聞こえないでしょうか。同じく司教がどのように徳を身につけていなければならないかをあからさまに言明する人は、モーセによってきわめて入念に述べられたアロンが身につけていた装備(110)のすべてをアレゴリーとして使用するときには、それがいっそう冷酷に聞こえることでしょう。同様に人間の欲望がその機会が与えられると罪へと誘惑しており、人間の情念よりも神の意志に従うべき理性が〔神の意志よりも〕欲望に支配されているかを、簡単に言うと短い快楽でもって生命の破滅が買われていることを、もしあなたがお話しするとしたら、それに加えて情念が必要不可欠であるとの口実のもとに、あるいは何らかの立派な理由を口実にして忍び寄ってきて、欺くことが起こるなら、あなたは創世記〔第二章と第三章〕の物語を導入するときに優って、聞き手を喜ばせたり、感動させたりすることはないでしょう。その物語では神が命令を下し、蛇が待ち伏せして、エバが一緒に罪を犯そうとその夫を誘惑すると、味わった快楽の道連れとして罰が直ちに現れます。それに加えて、心を尽くして諸々の悪徳から遠ざかり、悪人との交際からより良い人たちとの交際に向かって前進して行き、終わりまで堪え忍んだ人に約束された報酬にまで到達すべきであるとある人が語るとき、もしその人が、指導者モーセによってエジプトの地から逃走し、屈辱的にして過酷な奴隷状態から自由へと解放され、次いで紅海を渡った後にさまざまな旅程を経て、もしくは徳の段階を経て乳と蜜の流れる地に向かった、ヘブライ人の物語を象徴的に用いて話すならば、聞いている人たちをさらに激しく感動させることでしょう。さらに真の敬虔が困難な事態であって、怠惰な人たちにはそれが届かず、むしろ多くの面倒と多くの悲しみによってやっと獲得されることを教えるときには、ヘブライ人たちがエブス人、ペリシテ人、その他の野蛮な敵どもとの間に交わした闘いと擾乱(三)を比喩として利用するならば、彼はさらに多くの魅力を加えることになるでしょう。

もしあなたが、これに加えて、悪い情欲がもはや悩まさない、やましくない良心に優って静穏にして喜ばしいものは何もない、と素直に言明なさるならば、サラのからだがもう子を産む力がなく、母としての働きが欠けていたとき、イサクがアブラハムとサラから生まれたという寓喩のベールを使って話せば、すぐにも聴衆は夢見ることでしょう。しかし、これらすべての物語を旧約聖書から反復して述べることは短い概要を書く者の課題ではありません。それもむき出しの状態で見られるよりも、水晶や琥珀によっていっそう魅力的に加工されて輝き出る、いくつかの事例を提示するだけで十分です。また、全くあからさまに観察されるよりも、〔魅力的な輝きで〕覆われた形で目に提示されるならば、その根拠が不明であっても、聖なるものはいっそう尊厳を増すでしょう。このようにして真理は、以前には謎の覆いでもって曲げられ、わたしたちを苦しめていたのですが、今やいっそう快適に把握されるようになるでしょう。謎の覆いというのは、最初は四本足の動物であって、後に二つ足となり、終わりに三つ足となる〔というスフィンクスの〕謎のことです。わたしたちがもっている善いものは何であれ創始者なるキリストからわたしたちに生じていると主張する人は、本当のところ、葡萄の木の枝と若枝、頭と四肢、根と枝の譬えが〔自説に〕適用されると、直ちにその事柄が描き出された像のように眼前に提示されるときには、確かに理解されるでしょう。

(二) パウロにおける譬え話と比喩的な表現

だがキリストが預言者的な話し方で表現したのと同じ方法で、パウロと他の弟子たちも譬え話を用いて〔表明したい〕事柄を〔人々の〕目に提示しており、しばしばそれを繰り返して〔人々の〕心に刻みつけています。たとえばパウロは時々わたしたちを神のために献げられた神殿とか聖霊の神殿と呼んでいます(Iコリ三・一六―一七、六・一九参照)。これを世俗の用に供することは冒瀆です。同じく〔福音に対する〕ユダヤ人の躓きと異邦人の召命という全問題は、オリーブと野生オリーブや根と枝の譬えによって論じられています。ひとたび伝承されて多くの人を動かした教えのことを彼はパン種と呼び、群衆のことを練り粉の名称で告げ、誠実な人たちを無酵母のパンと、腐敗した人たちをパン種で発酵した人たちと呼びます(同五・六―七参照)。彼は健全であって弱々しくない精神にはしっかり立ち留まりなさいと、罪を犯したりよろめいたりする人たちには滅んでしまいなさいと、死んでいる人たちには眠ったままでいなさいと、自分たちの救いに怠慢な者たちには眠っていなさいと、悔い改めた者たちには目を覚ましていなさいと、心を集中し素速く救済活動に携わる人たちには眠らずにいなさいと、それぞれ告げます(Iテサ五・六、Iコリ一六・一三参照)。彼は誤謬や悪徳に沈没した生活を夜と呼び、正直で罪のない生活を昼と呼びます(ロマ一三・一二―一三)。彼は、時折、審判が執行された日を昼と呼びます。その審判を彼はまた火という言葉でもって表します。「その火は各自の仕事がどのようであるか明らかにします」(Iコリ三・一三)。聖霊の賜物を彼は宝物、わたしたちのからだ、否、わたしたちは土の器であると呼びます(ロマ九・二一、IIコリ四・七)。彼は人類を粘土の塊、神を焼き物師と呼びます(ロマ九・二二以下)。彼は敬虔な人たちを貴いことに用いられる器と、不敬虔な人たちを貴くないことに備えられた器と呼びます(同)。彼は人間のからだを住処とか、衣服とか、幕屋とか称しています(IIコリ五・一以下参照)。彼はある時代に伝承されたモーセの律法を教育係と相続人の子供の比喩でもって説明します〔ガラ三・二四以下参照〕。彼は利益を得ようと投資されたものを蒔かれた種と呼び、尽力して獲た実りを収穫と呼んでいます〔IIコリ九・六〕。彼はときには和合を身体と四肢の象徴によって、ときには石の適切な状態に合わせて組み合わされて、共通の高みにまで自分を考量する建物の象徴によって勧告します〔エフェ二・一九以下参照〕。彼はあらゆる事柄においてどちらかというといっそう粗野なものを肉、身体、文字と呼び、いっそう繊細で、心の作用に近づいているものを霊とか精神と呼んでいます。彼は理解力の弱い人たちに適用された教えを「乳」と呼び、いっそう完全な教えを「固い食物」と呼びます〔Iコリ三・二〕。しかし彼は一箇所のみでなく、結婚と離婚の譬えでもってモーセの律法がそれに続く福音の教えによって無効になったことを教えています。コリントの信徒への第一の手紙の第一五章で復活についての全問題をアリストテレスやプラトンの三段論法によってではなく、比喩によって説明します。その際、彼は〔朽ちる〕からだを地に埋められた種と比較し、作物やはえ出た木を輝かしい〔霊の〕からだを象徴する像と比較します〔同一五・四二以下〕。彼が競技や兵士から、競争路や拳闘士や戦争から比喩を何回ぐらい使っているかを報告するのはもう余計なことです。同じ手紙の第九章では提供された奉仕の行為に対して人は感謝すべきであるという同じ見解を彼がどれほど多くの比喩を使って印象深く述べているでしょうか。これまで誰が自分の俸給を費やして戦ったりしたでしょうか。葡萄の木を植えておいてその実を食べない人が誰かいるでしょうか。群れを養っている人で群れが与える乳を味わわない人が誰かいるでしょうか。同じく、あなたは脱穀している牛に口籠を掛けてはならない。また同じく、わたしたちがあなたがたに霊的なものを蒔いておいた場合、わたしたちが肉的なものをあなたがたから刈り取るとしたら、それは何か偉大なことでしょうか。また再び、聖堂にて働く人は聖堂から食物を獲得し、祭壇に奉仕する人は献げ物をした人たちの仲間である〔つまり献げ物を分与される〕ことをあなたがたは知らないのですか。

わたしたちは恐らくこのことを方法論を論じるよりも詳細に徹底的して追究しなければなりませんでした。それゆえ提案された走路を完成させましょう。キリストは理解してもらいたかったことに後になってからいっそう近づくために、状況に応じてアレゴリーの謎でもって自分に所属する人たちをときどき欺いています。たとえば彼はマタイによる福音書の第一六章でファリサイ派の人たちのパン種を警戒するようにと忠告したとき、ファリサイ派の人たちの偽善を避けるようにと語ろうとしていたのに、弟子たちは持ってくるのを忘れたパンのことを心に思い浮かべていました。さらにルカによる福音書では上着を売って剣を買うように命じたとき、「二振りの剣があります」と応えた人に対して「それで十分だ」と答えています（ルカ二二・三六以下）。この機会を捉え彼は、剣でもってこの事態に立ち向かうようにと、ペトロを勇気づけています。その際、キリストは迫害に逆らい力をもって身を守る態度を彼らの心から完全にかつ根底的に引き抜こうとなさっているのです。同じようにヨハネによる福音書でキリストは神殿の巨大な建物に感嘆している人たちに「この神殿を壊してみよ。三日で建て直してみせる」（ヨハ二・一九）と語っています。また弟子たちもキリストがご自分のからだについて、殺されても三日目に甦るであろう、と語っているのを理解していませんでした。これに対して同じ福音書で彼は「しばらくするとあなたがたはもうわたしを見なくなるが、またしばらくすると、わたしを見るであろう」（同一六・一六）と言うとき、あたかも謎のように自分が暫くの間死んでいても、すぐ復活後に昇天の日に至るまでに一度は彼らに自分を示すであろうと暗示されました。このように永遠の知恵がどんな意図をもって、ぼんやりとした似姿を通して敬虔な精神にはご自身を吹き込み、不敬虔な人たちをいわば欺すと思われるのかを、わたしはほとんど知っていません。何と多くの世代にわたってヘブライ人たちは頻繁に約束された自分らを救うメシアを待望したことでしょうか。だが民衆は何を期待していたのですか。それはその統治権の領域を拡大させたり、ユダヤ人に自由を得させ、その国民の財産を殖やして豊かにし、モーセ律法を知らない異邦人らを火と剣によって滅ぼすような何か卓抜した王なのです。だが、このような人たちの期待は、なんと空しく、かつ、欺くものであったことでしょう。キリストは謙虚と貧困の手本として来たりたもうたのです。俗界の暴君を軽蔑する教師として来られました。十字架を担うように勧告し、そのように導く者として来たりたもうた。それゆえ粗野な精神がもたらす幻想によって欺かれた者たちは、その到来を熱烈に期待していただけ、それだけ激しく到来した者に対する憎しみによって離反してしまったのです。だが彼はマタイによる福音書によるといかに多くの譬え話でもって天国の有様をわたしたちに述べていることでしょう。〔たとえば〕さまざまな成果をもたらす種蒔きの譬え話とか、さらによい種を蒔く人の譬え話、からし種一粒の譬え話、大きな練り粉のかたまりに深く隠されているわずかなパン種の譬え話、畑に埋められていた宝の譬え話、高価な真珠の譬え話です。

（三）心の最内奥の状態

この関連で参照されうることは、すべての点でキリストを模範としていたパウロが一般的な感覚からいっそう内奥の感覚へと万事を導いて解釈したことです。というのもこの内的な感覚は、絶えずもっとも真実で、もっとも救いに役立ち、もっとも広く明らかだからです。民衆の見解によればユダは包皮の皮を〔割礼によって〕切り離させておりましたが、パウロの解釈によるとユダは地上的な欲望から洗い清められた精神をもっていました。それに対し粗野な情念に導かれる者は皆、〔割礼を受けず〕包皮を付けたままです。一般的な見解によると、その血統がアブラハムに由来する者はアブラハムの子孫です。キリストとパウロによると、アブラハムの敬虔と信仰をそのわざに反映させる者がアブラハムの子孫です（ヨハ八・三九、ガラ三・六―七）。同様にイスラエルの民に所属する者はイスラエル人と呼ばれます。その無垢な生活の仕方が神に由来している者でないなら、キリストにとってイスラエル人ではありません。ある人が律法の命令を遵守していた場合に、人々によって義と呼ばれます。だが心の最内奥の隠れ家をすっかり見ておられるお方に対し、心の純粋さと誠実さが律法を遵守していることを立派に見せるのでなければ、神の前では義ではありません。いけにえを殺して献げるか、今日よく行われるように、聖餐のパンと葡萄酒を奉献する人は、犠牲を捧げたと言われます。だが誰でもその怒りを、誰でもその色欲を、誰でもその野望とその他類似の獣のような欲望を殺して抑える者が、本当に神に犠牲を捧げているのです。神にとって聖なる神殿とは、神の似姿を再現し、醜い偶像を認めないような精神なのです。わたしたちの内にある本当に神聖な神殿とは、司教の言葉と塗油によって聖別された建物です。何らかの俗っぽい徴によって点火され香が立ち上がるたびごとに、人々はそれを偶像礼拝と呼んでいますが、嫌悪すべき快楽のため、恥ずべき利益のため、復讐欲のため、暴政のためにキリストが無視されるたびごとに、真の意味で偶像礼拝が起こります。トルコ人の陣営に寝返った人たちは背教者と呼ばれますが、真の意味での背教者とはその人の生活の全体がキリストと衝突し、現世に仕え、洗礼のときの信仰告白に一致しない人たちです。ある人が神に向かって不敬虔な言葉を吐く場合、人々はそれを神に対する冒瀆と呼んでいますが、神の礼拝を公然と認める人たちがその不敬虔な生活のゆえに、神の名前が侮辱されるたびごとに、パウロはその人たちを預言者の見地から神に対する冒瀆と命名します（ロマ二・二三―二四参照）。実際、父なる神が弟子たちの良いわざによって賛美されると福音書に言われている場合、神がキリスト教徒の悪い行状によってその名誉が毀損されると主張することを、わたしたちはどうして危惧するのでしょうか。この観点から民衆の評価にしたがって特殊な礼拝と生活様式および特殊な儀式の務めを果たす人たちが修道士と呼ばれることができますが、その心が現世的な欲望に対してすっかり死滅していないなら、神の前には修道士ではありません。だがわたしは、心が各自に多くの実例を豊富に供給するでしょうから、少しの事例でもってその点を十分に示したと思います。次の種類の金言がそれらに近似しており、同類のものです。「あなたがたに対して笛を吹いたのに、あなたがたは踊ってくれなかった。葬式の歌をうたったのに、泣いてくれなかった」（ルカ七・三二）。これによって示されているのは、ファリサイ派の人たちがヨハネの厳格さによっても、キリストの親しさによっても、悔い改めに駆り立てられなかったということです。

第六章　言語の特殊用法と使用

(一) 各言語の特殊用法について

しかし転義〔的用法〕があって、それは文法家にも修辞学者にも関わることなく、言語の特殊な用語に属しており、それを知らないと読者はしばしば〔意味を〕迷わされたり、〔理解を〕妨げられたりします。さらにギリシア語はラテン語と共通な多くの特性をもっていますが、いわば自分に固有な特性ももっています。ところでヘブライ語はこの両方から区別される語り方を多くもっています。わたしたちがある点で賞を受けるに値する人に良いことをすると言うとき、ギリシア人たちとわたしたちとは共通しています。しかしギリシア人たちが「エウパテイン」つまり〔ラテン語に置き換えると〕「よく耐えた」と言うものは、同じように共通していません。それには「恵まれた」と言わねばなりません。彼らと共通しているのは、「エコ・キャリン」に対してわたしたちが「わたしは感謝します」と言うときです。彼らと共通していないのは、彼らが「オイダ・キャリン」つまり「わたしは感謝を知っています」あるいは「メムネソマイ・キャリン」つまり「わたしは感謝を忘れないでしょう」と言っているものに関してです。それに対してラテン語では「わたしは感謝の意を表す」と言われるのです。ギリシア語では申し分なく「知らないで天使を客としてもてなしました」(ヘブ一三・二)と言われますが、ラテン語では同じではなく、「彼は天使を受け入れながら気づかなかった」とあります。

使徒たちはギリシア語で著述しましたが、ヘブライ語の特性に何も言及していません。さらに、わたしたちに旧約聖書の諸書をギリシア語に訳して伝えた七〇人訳(セプテュアギンタ)[112]は、ヘブライ語の特性からとても多くのものを取り出しています。だが、これらの特性を古い翻訳から〔無用と見なし〕除去してしまったヒエロニュムスによってほぼ変えられています。(もしだれかがその例証をあげて欲しいなら)『慣用句について[113]』という作品でアウグスティヌスがこの翻訳〔の問題〕を採りあげています。それによるとこの言語〔ヘブライ語〕に精通していない人は、たとえギリシア語によく精通していても、〔ヘブライ語で〕語っている人の意味をしばしば理解しないそうです。それがどんなものであるか説明するためにいくつかの事例をあげてみましょう。「彼は彼が〔前にそうで〕あったことのために天にかけて誓う」は「彼は天に誓う」となり、また「彼は彼が〔前にそうで〕あったことのために彼に信をおく」は「彼は彼に信頼している」となり、「彼は彼において認める」は「彼は彼を認める」、「彼は彼を承認する」となり、「彼らはこのことにおいて確認する、彼は剣において打ち殺した」は「彼らはこれによって確認する、彼は剣で打ち殺した」となり、「わたしは彼に父におけるようになろう、彼はわたしに息子におけるようになろう」は「わたしは彼に父となろう、彼はわたしに息子となろう」となり、「二つを、また二つとして」は「一対を」となり、「彼はわたしたちよりもむしろもっと強い」は「彼はわたしたちよりも強い」となり、「妻がそうであったとは別の夫と〔結婚して〕いたならば」、は「妻が別の夫と結婚していたならば」となり、「人間、人間としては、誰でも男は、男としては」は「男は誰でも」となり、「彼は彼の力をそのために行ったこと」は「彼らの軍隊によって彼が行ったこと」（申一一・三―四参照）となります。アウグスティヌスはこのことがヘブライ語の特殊な用語に関係していると考えました。[114] しかしわたしにはギリシア的な諸々の特殊な用語に属しているように思われます。何かの代名詞が付加されるのはヘブライ人にとっては余計なことです。たとえば「その主が神である民はいかに幸いなことか」（詩一四四・一五）とありますが、それに対して「彼がそう示した」つまり「彼がそうなした」と追加することは余計なことです。「良いこと」に対して「良いこと」つまり「とても良いこと」を、「クレオパのマリア」に対して「クレオパの妻であるマリア」を、「アルファエウスのヤコブス」に対して「アルファエウスの息子であるヤコブス」を追加することは余計なことで、このことはヘブライ人によく知られた蝕〔のような表現法〕なのです。同様に「すべて肉」の代わりに「すべての人」と、「百人の人」の代わりに「百の魂」と、「あなたがわたしたちになした言葉は何ですか」（IIサム一・四）とあるように「行為」の代わりに「言葉」と、「援助」の代わりに「名誉」と、「慈善」の代わりに「憐れみ」と言います。次にヘブライ語から翻訳されたものに起こっていることは、ギリシア語から翻訳されたことにおいても、その言語の翻訳者が慣用句を翻訳したたびごとに、同じく起こっています。しかしわたしたちはこの種の言語形式をあちこちで幾らかは注の形で知らせておきました。この注をわたしたちは『〔ギリシア語〕新約聖書』の中で記しておきました。アウグスティヌスもまた『慣用句について』という表題の書物でいくつか同じことを行っています。とはいえこの問題ではもし彼がギリシア語の原典よりもヘブライ語の原典から汲み出したものを注記していたならば、いっそう優れた成果を収めることができたでしょう。この専門分野において当今の作家として明らかになっているように、ギリシア語の著作家ティタニウス(115)の注記も残っています。

(二) 転義的な言語使用と転置法や誇張法について

また他の転義的な語の使用においても困難なことがすでに明らかとなっています。マタイとマルコはキリストと共に十字架に付けられた盗賊たちが一緒になってキリストを罵っていたと記録しているのに、ルカは一人だけがそのように行ったと伝えています。アウグスティヌス(116)はこのような厄介な問題を、〔ギリシア語の〕エテローシンというのは複数であっても、複数の盗賊が一人の盗賊の代わりに語っていると言って、解き明かしています。さらに彼はキリストが三日間墓の中にいたことを、それは三日目の夜明けにキリストがすでに復活していたのに、マルコによる福音書では三日後にキリストが復活するであろうと書かれているのと同じですと、代喩法(117)でもって解き明かしています。

しかしなんと頻繁にオリゲネス、クリュソストモス、ヒエロニュムス、アウグスティヌスは転置法の回りくどい表現による説明で不明瞭な意味を解消していることでしょう。わたしが思うに、最近一般の世論ではきわめて機知に富んでいる、あの優れたスコトゥス主義者は、このようには読まないで、わたしたちが言葉の順序を明らかにすることで苦労していたので、自分の考えにもとづいて、わたしによく似ていると嘲笑しました。そして彼は「すでにわたしは文法学者アレクサンドロス[118]からかつて〔文章を〕組み立てることを学んでいましたから」と語っています。

いやそれどころか、誇張法もしばしば思い付くものであって、たとえば詩編作者が大波を伴った激しい暴風を理解してもらいたい場合に、「彼らは天に上り、深淵に下る」（詩一〇七・二六）と言います。真理の可信性を超えて語られたことは、必然的に虚言であるのではなく、むしろ言い回しがいっそう鋭く、かつ、いっそう切実であるという点で、転義的使用が適用されています。だが聖書の中に誇張法について言及しても誰も馬鹿らしいと思わないために、オリゲネスはそれを頻繁に使用し、クリュソストモスやアウグスティヌスまたヒエロニュムスも使いました。次のこともこの種のものです。「金持ちが神の国に入るよりも、ラクダが針の穴を通る方がまだやさしい」（マタ一九・二四）。その際、主は金持ちが福音の教えに従うことはとても困難であることだけが理解されるように願っています。同じくルカによる福音書でも譬え話が無力な盲人たちや跛行者たちをも宴会の席に招くように命じている場合には、卑しい者たちや不幸な人たちが無償の恩恵によって支援されなければならないことだけが示されています。更に使徒たちが道の途中で誰にも挨拶してはならないと主が禁止する場合には、人間的な心情のゆえに福音宣教のわざを、何らかの損失となるように、遅らせるようなことを彼らが引き起こさないように理解されるように彼は願っていたのです。彼が財布も杖も旅に出るとき携えていかないようにと禁止した場合、人々が旅を始めるときに準備する〔あらゆる〕援助から彼らが解放されていることを彼はよく知っていました。パウロがトロアスに外套と書籍を置いてきたことを見ても（IIテモ四・一三参照）、使徒たちが財布と杖をもっていたことに疑いの余地はありません。百合の模範に従って生きるようにと、主が弟子たちに命じる場合、今後の糧食をどうまかなうかという気がかりな配慮を捨てるべきであると感得するように彼は願っていました。右の頬を打つ者に左の頬をも向けるように命じる場合には、彼は受けた不正に報復しないことのほか何を願っていますか。上着を奪った人に下着をも後に残して去るようにということ、また一マイル行くように強いる者と一緒に自発的に二マイル行くことも、同じようにわたしたちが理解すべきであるとわたしには思われます（マタ五・三九―四二参照）。父と母とを憎まない者は自分の弟子ではないとキリストが言う場合、彼は自分が理解されたいと欲したこと以上のことを言っていたのです。というのは彼は人がその両親を憎むべきであると〔単純に〕考えているのではなく、むしろ情愛のすべては敬虔と救済の問題の後で扱われなければならないからです。わたしたちが断食していると思われないために顔に油を塗るように彼が命じる場合（同六・一六―一八参照）、良いわざに励む際には見せびらかしを狙ってはならないということだけを彼は考えています。というのも使徒たちが断食するとき、彼らはいつも顔に油を塗ったりしないと、わたしは考えるからです。オリゲネスはわたしたちが創世記に「彼は自分の衣を葡萄酒で、着物を葡萄の血〔汁〕で洗う」（創四九・一一）と書かれているのを読むのは誇張法であると言っています[119]。だれが自分の衣服を葡萄で洗ったりするでしょうか。そうではなくこれらの言葉によって理解されるように願ったことは、耕地の著しく豊饒な肥沃さにほかなりません。パウロが知られていない地方が多くあったのに、ローマの人たちの信仰が全世界に告知されていると書いたのは同じ誇張法であるとオリゲネスは考えます[120]。聖アウグスティヌスは書簡番号では一五四の「プブリコラへの手紙」の中で、「天によっても地によっても、その他のものによっても誓ってはならない」と禁じているキリストの言葉の中には誇張法があると考えます。なぜならキリストは、偽証を徹底的にやめさせるために、ご自分が思ったよりも多くのことを語っていますから。誰かがアウグスティヌスの言葉が引用されるのをお望みでしたら、次のようです。「それにもかかわらず、決して誓ってはなりませんと新約聖書に語られていることが（マタ五・三四参照）、今なお問題ではないでしょうか。それは真理に対して誓うことが罪であるからではなく、偽証を犯すことが大罪ですから、このように語られたと、わたしには思われます。全く誓ってはならないと警告されたお方は、わたしたちがそのような罪から遠ざかるようにと欲せられたのです[121]」。そのことはこれまでにしておきたい。〔そのように言うと〕泳いではいけませんと、わたしたちが子供たちを脅してやめさせるとき、わたしたちが「お前が湖を見るだけで、わたしはお前を殺す」と言うようなものです。このような解釈を受け入れると、同じ方法で「お前は妻と離縁してはならない。悪人に手向かってはならない。〔兄弟に〕腹を立ててはならない」（同五・三二、三九、二二）も説明されることになります。というのも彼が熱烈に願っているのは、自分に所属する人たちから離婚する権利を全面的に取り去ってしまうと、彼らが〔問題である〕不正な仕方で離婚することと全く関係がなくなるからです。彼は彼らが不正を付け加えることに全く関わらないように、彼らが傷つけられたことに対しても全く復讐しようとしてはならないように願っています。彼は怒りに駆られるのを欲しなかった人たちが、殺人・誹謗・過度の怒りにひどく関わることがないように願っています。すでにヨハネがその福音書の末尾において、全世界はキリストについて記述しなければならない書物を収めきれない、と書いていることは、キリルス[122]とクリュソストモス[123]によって誇張法であることが誠実にも認められています。後者（つまりクリュソストモス）のマタイによる福音書に関する第三五の説教では「わたしが暗闇であなたがたに言うことを、明るみで言いなさい。耳打ちされたことを、屋根の上で言い広めなさい」（マタ一〇・二七）とのキリストの言葉には誇張法が根底にあると考えられています[124]。なぜならキリストは誰にもこっそりと耳打ちされなかったし、使徒たちも屋根の上で決して説教しなかったからです。むしろ彼はパレスチナで少数の者たちに語られていたことを、光や福音のラッパ（Ⅰコリ一五・五二参照）と対比して、耳に向かって暗闇の中で語られたと呼んでいます。この福音は直ちに使徒によって世界のすべての人のもとで、最高の人たちのもとでも最低の人たちのもとでも、光り輝き、かつ、鳴り響きました。キリストが地上のだれをも父と呼んではならないと禁じるとき、とりわけ律法の一点一画をも実現されないように無視すべきではないと言うとき、わたしはそれもまた誇張法であると思います（マタ二三・九、五・一八）。その際、彼は神の約束からは総じて何ものも過ぎ去ってはならないと理解します。それは何か〔アポストロ―フ（,）のような〕小さな鉤が削除されていても、存続することができます。だが、この種のいくつかの実例をわたしたちは新約聖書を解説した註の中で指示しておきました。

あの〔先に挙げた〕いくつかの表現がこれらと類似していますが、それが転義を成立させているかどうか、わたしにはわかりません。確かにそれは通俗的な意味で利用されています。人々が言うように生ける意味にこじつけて解釈されてはなりません。彼が誓うことを全く禁じたとき、民衆がどんな機会にも誓約したように、人は誓ってはならないと彼は考えます。明日のことを思い煩うのを禁じるとき、彼はそのことを、あたかも神に疑念をいだき、将来の心配事に不安を抱いて苦しむ人々の風習に従って考えます。悪人に手向かうのを禁じるとき、一般の人が行っているように、悪を悪によって追い払ってはならないと彼は考えます。もしそうでなければ罪人たちを叱責することが許されます。彼らを強制することさえ許されます。ラビ〔先生〕と呼ばれることを彼が人々に禁じるとき、その肩書きのゆえに高慢にふくれあがっていたファリサイ派の人たちの流儀にしたがって歩まないようにと彼は考えます。祈るさいに多弁を禁じるとき、心の状態よりも多くの言葉によって神が捉えられると信じていた人々の流儀にしたがって祈るべきではないと彼は考えます。それとは別にわたしたちはキリストも永く続けて祈ったとあるのを読みます。同様に不義に導く一般的な怒りのことを考えて、怒ってはいけないと彼は命じます。その兄弟に「おまえは愚かだ」と言う者を非難します（同五・二二）。その際、彼は一般によく起こるように、侮辱するためにそれを行う人のことを考えています。それとは別にキリストは心に怒りを覚え興奮したとも読まれるし（ヨハ一一・三三）、別の箇所でパウロはガラテヤの人たちを物分かりのわるい者と呼んでいますが（ガラ三・一、三）、それは攻撃しているのではなく、間違いを正しているのです。敬虔はその怒りをもっており、愛もその叱責をもっています。マタイによる福音書で彼が「わたしが求めているのは憐れみであって、いけにえではない」（マタ九・一三）と言うとき、ほぼこのような状態なのです。確かに彼はご自身で漏らしているようにいけにえを欲していたのですが、いけにえを献げる前に憐れみを実行すべきです。さらに彼が「わたしの教えは自分の教えではなく」（ヨハ七・一六）と言うとき、彼が人間として御父から受け取ったものは自分のものではないと語っていたのです。さらにイエスがまだ栄光を受けていなかったので、御霊がまだ到来していないと言うとき、単純に御霊が存在していなかったと彼は感じているのではなく、あの福音的な霊が未だ使徒たちのうちに自分を現していないと感じているのです。

それればかりかラテン語の語り方にもその独自な特殊用法があって、それが注意力の欠けた者たちや教養の足りない人たちにしばしば導入されています。マルコによる福音書第五章にある箇所はこの種のもので、そのとき会堂長の一人がイエスのもとにやって来たとありますが、本当は自分の家から彼のところにやって来たのです。この箇所は「わたしの家に」と言われていたことの代わりに「わたしたちは〈わたしのところに〉来るでしょう」と言う、ラテン語の言語的特性を知っていなかった人たちによってその形をかつて損なってしまったのです。その他にあなたは使徒たちや福音書記者たちの文書のうちに皮肉（アイロニー）が見いだされるかどうか——それが疑いなく旧約聖書の中でさえ見いだされうるのに——恐らく疑念をいだかれるでしょう。列王記第三巻[125]の第一八章でエリヤはバアルの預言者たちを嘲笑して「大声を出して呼ぶがいい。バアルは神なのだから」（王上一八・二七）と言う。ことによると神は何か語ったか、宿所に帰ったか、旅に出たのでしょう。あるいは彼は眠ってしまい、目が覚めたでしょう。ブルガリアの司教テオフィラクトス[126]によると「あなたがたはまだ眠っている」（マタ二六・四五）というキリストの言葉にも皮肉が認められるでしょう。更にパウロのコリントの信徒への第一の手紙の第六章にも「教会では疎んじられている人たちを裁判官の席に着かせるのですか」（Ｉコリ六・四）とあるが、これは皮肉を込めて言われたと見なすことができます。とりわけ「あなたがたを恥じ入らせるためにわたしは言っているのです」と続けて言われているからです。恐らくキリストの「子供たちのパンを取って、小犬にやってはいけない」（マタ一五・二六）という言葉も皮肉に近いものです。また「わたしが来たのは正しい人を招くためではなく、罪人を招くためです」（同九・一三）も同じです。なぜなら彼は彼らが正しい人たちであるとは本当は信じておらず、むしろ彼らが正しい人であると思われたがっているがゆえに、彼らを非難しているからです。

また荘重な文体や快適な文体の作成に貢献する、言葉や文章からなる他の多くの成句もあります。このような成句がなくても神秘的な聖書の意味は成り立ちはしますが、それがいっそう快適に、かつ、いっそう効果的にわたしたちの心に染みこみ、いっそう豊かに解釈され、かつ、伝達されるように成句は組み立てます。聖アウグスティヌスは『キリスト教の教え』という表題の作品の中で多くの言葉を費やしてそのような成句を指摘するのを煩わしく感じておりません。これらのすべてについてドナトゥス(127)やディオメデス(128)が熱心に教えていましたが、クインティリアヌスも『弁論家の教育』第九巻(129)でこれらのことを更に詳しく教えていました。それどころか誰もこの文芸の分野を「文法に過ぎない」とか「つまらない」などと言って軽蔑しないために、アウグスティヌスはその著作『キリスト教の教え』(130)において聖書の正典を理解するために役立つがゆえに、この分野を無頓着に修得しないように命じます。

(三) 文体の両義性の問題

両義性は文体にとっては確かに短所ですが、いつも避けていることはできません。たとえファブリウス(131)がそれをできるかぎり避けるべきだと警告してもそうです。アウグスティヌス(132)は曖昧な発言よりも明らかな語法〔文法〕違反のほうを直ちに容認すべきであると考えるほどにまで、それを避けようとしました。もし複数で ossa と呼ばれており、ora〔ōs オース＝口の複数〕ではないものの単数を述べる場合には、彼は os（オス＝骨）よりも ossum と言うほうを選ぶでしょう(133)。わたしたちが大衆の未熟な階層のもとで語ってるのでないとしたら、わたしはもちろんこの問題に対しこのように対処することに全く賛成できません。アウグスティヌスの時代には一般の大衆がともかくもラテン語を理解したり、語ったりしていたのですから、その他には考えようもありませんでした。そうではなく、アウグスティヌスはかつてその著作の中で両義性を避けるために ossum と言ったのでしょうか。同様に彼はflorebit（咲くでしょう）の代わりにfloriet（咲くように）と一度も語っていません[134]。だが彼ら〔大衆〕の間では前からこのように語るのを許されていました。わたしたちがosと発音するように、彼らの間ではflos（フロース＝花）とros（ロース＝小雨）を〔男性なのに〕中性〔の形で〕で発音することが許されていました。もしもある人が学識豊かな人の前で色々な言葉を使ってtempusの代わりにtempoと言ったとしたら、現在では〔同様に〕決して許されないでしょう。しかし、このような不都合〔両義性や曖昧さ〕はラテン語よりもギリシア語に頻繁に起こります。さらにわたしたちは構文とか、文脈から生じている際には、可能ならば抹消してきましたし、わたしたちはそれらを全体的には複数の箇所でそれを指摘してきましたし、語順の変更によって取り除いてきました。あるいは曖昧模糊たる表現を迂言法〔という書き換えに〕よって説明しました。このことをアウグスティヌスもいくつかの実例でもって追跡しています[135]。

①肉と霊

事実、言葉のこのような誤用は時々文意を曖昧にさせていますが、著者には各々その特性があるように、それは文筆家に妥当するほどには言語にはそれほど特有なことではありません。というのも、それがキケロのほかには何も読まなかったクインティリアヌスの言い回しにはしばしば付着しているからです。同じようにパウロも親類とか血縁関係の者たちを「肉」と呼んでいますが、それとは別に人間の全体〔的なあり方〕を「肉」とも呼んでいます。人間の粗野な部分や他の何らかのものの部分がときどき「肉」と呼ばれていますし、ときには激情的な生活〔つまり悪徳〕に向かう情念を「肉」と彼は呼んでいます。同様に彼は四肢から成り立っているものを「身体」と呼んでいますが、彼には時々「身体」が「肉」と呼ばれるものに相当しています。あるところで人々はあの最高にして天上的なものを「霊」と呼んでいますが、他のところでは精神の衝動を「霊」と言っています。更にその他の聖霊の賜物が「霊」と呼ばれますが、たとえば「風は思いのままに吹く」（ヨハ三・八）とあるように、大気も「霊」と呼ばれます。パウロが「わたしの霊は祈っているが、わたしの理性は実を結びません」

（Iコリ一四・一四）と言っていることもほぼそれと同じです。「信頼」の代わりに「信仰」と人々が言う場合も、この種のものです。なぜなら「信仰」はラテン語を話す人には dare fidem（約束・確約を与える）のように、約束する人に妥当するか、solvere fidem（約束を果たす）のように約束を実行する人か実行しない人に妥当するからです。わたしたちが「わたしはあなたに信頼しています」とか「彼は信用しない」と語ることなしには、約束を果たすことは、信頼している人とか信じている人に関わっていません。同じくパウロによって助けになる人が「建てる」と言われ、害する人が「滅ぼす」と言われています。更に彼は自発的に成し遂げられた「善行」（beneficium）を「祝福」（benedictio）と呼びます（IIコリ九・五―九参照）。だがわたしたちはこのことについて使徒たちの手紙［の注解］の際に書き記した注や議論であちこちで数多く言及しております。ここでは少しだけ触れておきましょう。

②言葉の強調

わたしたちは言葉の強調にも注目すべきでしょう。そのためには複数の多様な言語の知識が役立ちます。この種のことではパウロが自分をイエス・キリストの信者よりもその奴隷（僕）と名付けたことがあげられます（ロマ一・一）。というのも奴隷は法的には全面的に他人に所属し、その所有者の恣意に依存していて、自分が取得するものは何でもその主人のために獲得します。それは使徒がコリントの信徒への手紙で自分のことをウペレーテス、つまりキリストの奉仕者とか、オイコノモス、つまり神の奥義の管理者とか呼んでいるのと同じです（Iコリ四・一参照）。奉仕者というのは自分の財産よりも他人の財産の奉仕者ですし、管理者であって、自分の恣意ではなく、主人の恣意にもとづいて、それぞれの主人に必要なものや、必要なだけを、然るべき時に取り出すのです。これと同じく司教たちは自分の利益を求めず、自分の教えを教えず、キリストのものを求め、かつ、教えます。彼らはすべての人たちに同じものを提供しないで、各人の理解力に応じてその説教を適合させます。[136] これらのすべては著者が書いた原語からもっとも適切に語源的に解釈されます。聖ヒラリウスは詩編の注解[137]に際してギリシア語の翻訳からしばしば強調点を導入しています。強調点は一般的な言語の使用ではほとんど意味をもたないと思われる用語の中にも時折見いだされます。レビ記第二六章でわたしたちが読むこともその種のものです。「あなたがたはわたしの安息日を守り、わたしの聖所を敬いなさい」（レビ二六・二）。ここに代名詞「わたし」が加えられたのは何かわけがあるのです。というのもこの世もその安息日をもっており、その聖所をもっているからです。もちろん口論・娼婦との関係[138]・酩酊をその間に抑制してはいないとしても、〔何かに〕迷信的にとらわれて自分の手仕事から遠ざかっている者は、自分の安息日をもっていても、主の安息日をもっていません。同様に日ごとにミサを拝領し、十字架で身を飾り、〔司祭から〕聖水をふりかけられても、それにもかかわらず、その間に、隣人に対して悪をなそうとし、その間に欺いたり、拉致したり、高利の貸付をしようとする者は、主の聖所を畏怖しているのではなく、自分の聖所を懼れているに過ぎません。そういうわけで神はイザヤ書で「わたしの心はあなたがたの新月祭や諸々の儀式を憎んでいる」（イザ一・一四）と語っています。どうして神はご自身が彼らに課していたのに彼らの新月祭と言うことができるのでしょうか。だが彼らは間違った仕方で奉仕し、神が定めておいた使用方法ではなく、自分の方法で実行していたのです。それと同様に、倹約のためにか、それとも愚かな栄光のために、または他の汚らわしい悪徳によって更に重大な罪を犯している間に、わたしたちが断食するとき、それはわたしたちの断食であって、神の断食ではありません。イエスはペトロが自分を模倣する者となるのを願っていたので、イエスはペトロに「わたしの後ろに引き下がれ」（マタ一六・二三）と言うと、オリゲネスが注記したこともこれと類似しています。彼はサタンに対して「後ろに退け」（同四・一〇）とだけ言っていますが、恐らくそれはサタンを自分から遠ざけているのであって、彼を模倣するように招いてはいません。彼はサタンの悲しむべき頑迷さをよく知っておられましたから。これらのことは至るところで起こっていますから、更にそれを追究する根拠はありません。それを指摘しただけで十分です。

第七章　比喩的解釈と隠された神秘

しかし、わたしたちは比喩的解釈に立ち帰るべきです。なぜなら全聖書はそれによって成立しているからです。これによって永遠の知恵はわたしたちに、片言のようにではありますが、語っており、このような細心の注意を〔聖書に〕向けないと、とりわけ旧約聖書の諸書においては有益な大部分が読者から逃げて行くでしょう。言葉の意味は単純に受け取られると、しばしば誤っているし、時には馬鹿げていたり、不合理なものです。神の知恵はそれをも、歴史の文脈に違反しないかぎり、わたしたちがそこには更に深く隠された意味がないと考えないために、救済計画にもとづいて配慮なさいました。ですから神の知恵は一種の沼地や渦巻きその他同類の障害物でもって読まれている当のものの流れを分断したり、そこに起こることもできなかったし、起こりえないし、もしくは起こっても馬鹿げていたりするものを混入しています。こうして精神はそのような躓きの石で普通の理解から閉め出され、隠された脇道を通って歩き回り、深く秘められた洞察の宝が開示されるところにまで到達するのです。それは単に諸々の物語において起こるだけでなく、預言者たちや諸々の戒めでも起こります。したがってわたしたちは歴史的意味のすべてを聖書から取り除くべきではありません。なぜなら、いま述べた理由で、神の摂理がわたしたちの知力を霊的な理解を探求するように、いわば強いるように欲した、いくつかの〔聖書の〕箇所が見いだされるからです。それの大部分は〔歴史的と霊的な〕双方の意味が成り立つような場面です。それは〔たとえば〕「脱穀している牛に口籠を掛けてはならない」（申二五・四）と神が何か命じるとき、かつてヘブライ人のもとではそれが歴史的な意味にしたがっても実行されていたと思われるからです。それでもパウロは「神が心にかけておられるのは、牛のことですか。それともわたしたちのために語っているのでしょうか」（Ｉコリ九・九―一〇）と書いています。そうです、わたしたちのためにそう書かれているのです。なぜなら耕す者は希望をもって耕し、脱穀する者は分け前に与る希望をもって働くからです（同九・一〇）。もし誰かが馬鹿げている記述〔の実例〕を求めるなら、創世記を読めばすぐに多くの例が示されるでしょう。実際、最初の日に全世界〔天と地〕が造られ、夕と朝と呼ばれる第二と第三の日には太陽も月も星辰もなかったのに、このことと最初の日が天体なしにもあったことと、誰が一致させるでしょうか。それから、もし誰かが神が農夫のように東の方のエデンにある楽園に木を植え、またそこに生命の木と呼ばれる木を植えたことは、歴史的な意味ではどんなに馬鹿げていることでしょう。というのもこの生命の木は目に見え触れることができる木であって、そこには身体の歯によってその実を食べた人が生命を受け取る力が含まれていますが、それとは別に他の力も含まれていて、誰かがそれを食べると善と悪との区別を知るからです。それに劣らず神が昼下がりに風の吹くころ楽園を散歩したと言われ、アダムが木の下に隠れたとか、カインが主なる神の顔から身を隠すとか言われるのは何とも興ざめたことでしょう。最後に神が個々の日に何らかの仕事の部分を仕上げて、七日目にやっと疲れたかのようにそのわざを終えて安息に入ったと記されていることも何と興ざめたことでしょう。このような話の外観は、一目見て読者に不快感を引き起こすので、このような覆いの下に何かもっと隠された意味が潜んでいることを読者に知らせています。そこで彼はこの比喩的な日が何を意味するか、日の区分とは何か、仕事からの安息とは何か、あのような植林とは何か、生命の木とは何か、善と悪の知識を授ける木とは何か、真昼とは何か、風の吹くころ神が散歩するとはどういう意味か、アダムが身を隠すとはどういう意味か、主なる神の顔とは何か、顔から身を隠すとはどういう意味かを探求します。しかしながらこの種の比喩が満ちている旧約聖書を丹念に調べる人は、これと似たものを数多く見いだすでしょう。そうしたものは新約聖書ではいっそう稀ですが、そこでは恐らく歴史的意味では馬鹿らしい叙述を見いだすこともありうるでしょう。たとえば主がすべての王国とその栄光を見ることができる高い山に連れて行かれたとあるのを読むときです（マタ四・八参照）。だがどのように身体的な目でもって人は一つの山から、それがどんなに高かろうと、ペルシア人・スキタイ人・インド人・ヒスパニア人・ガリア人・ブリタニア人の諸国を示すことができるでしょうか。またどのような仕方で各々の国民がその王を敬っているのでしょうか。

このように述べたことがどんなものであるかは、次のようにかなり頻繁に預言者たちにおいても見いだされます。わたしたちは一つの実例でもって〔示すことで〕十分であるとしましょう[139]。イザヤは第七章でキリストについて書いていています、「見よ、おとめが身ごもって、男の子を産み、その名をインマヌエルと呼ぶ」（イザ七・一四）と。確かにキリストにはインマヌエルのいう名前ではなく、イエス〔の名前〕が授けられたことは知られています。このゆえに、あるユダヤ人も異教徒たちもこれを口実にして、わたしたちが敬っているイエスは神がイザヤを通して約束したものではない、と異議を申し立てようとしました。だが預言者〔イザヤ〕はそこに書かれた名称を単純に考えてはおらず、事柄自身を考えていました。というのもイエスの誕生によって、神が御子を通して世を立て直し、わたしたちと一緒にいることが、本当に始まったからです。しかし、それに続くことはもっと馬鹿げたことです。「というのも彼が父と母とを呼ぶようになる前に、彼はダマスコの力とサマリアの戦利品を受け取るでしょうから」（同八・四）。実際、このようにテルトゥリアヌスは読んでいるし、ヒエロニュムスもそれをキリストに適用しています。ある子供が兵士と呼ばれることと、それはどのように一致するのでしょうか。子供は泣き声でもって軍隊を武器を取るように召集するのでしょうか、戦闘の合図をラッパではなく、がらがら〔と音を出す〕玩具でもって与えることになるのでしょうか。馬や戦車によるのでもなく、城壁からでもなく、乳を飲ませる女や自分を世話する人によって敵を攻撃することになるのでしょうか。こうしてまたダマスコやサマリアを乳首の力で服従させるのでしょうか。この話の馬鹿らしさが異端者たちにこの預言がキリストに属することを否定させました。しかし、もしあなたが比喩を適用なさるなら、それは三人の博士が、差し出された贈り物によって新しい王として識別するために、自発的にベツレヘムにやってきたと物語る、福音の歴史に見事に適合するでしょう。この王は軍隊や武器によってではなく、天上の力と福音の宣教という剣によって全世界を服従させたのです。

更に新旧両方の聖書の戒めにおいてわたしたちは、ある種の戒めが歴史的な意味において考慮されるべきである点を決して疑ってはなりません。たとえば「父と母とを敬いなさい」、「唯一の神を礼拝しなさい」、「盗んではならない」、「偽証してはならない」、「殺してはならない」(出二〇・一以下)等々です。それゆえある種の戒めは、その言葉の単なる外皮のほか何も吟味しないなら、馬鹿げたものに見えるでしょう。律法は八日目に子供に割礼を授けるように命じます。その幼児らに割礼を施すように配慮しない両親が罰を受けるのは正しいです。ところが聖書はいま、割礼を受けていない子供がその民の中から追放されなければならない、と語ります。だが子供が割礼を受けなかったことに対して、その子はいったいどんな罪を犯したのですか。次のように言うことも馬鹿げています。律法は安息日を守ることを〔もし守らなければ〕死罪〔に処すとの脅かし〕のもとに命じているとしても、それは「各自はあなたがたの家に留まっていなさい。安息日には誰もその場所から動いてはならない」(同一六・二九)というような言葉を使うでしょうか、と。というのも、ある人が一日中家で座っていること、その場所から動かないことが、どのように起こるのでしょうか。安息日には荷物を何も持ち上げてはならないと禁じられていることも、このことに似ていなくはありません。この種の愚かさはユダヤ人たちをも語の転義的使用によって、穴に落ちた牛や驢馬を引き上げることをどんな規律も禁じていないということを、探求するように駆り立てたのです。この種の戒めのいくつかは福音書の中にも見いだされます。「途中で誰にも挨拶してはいけません」(ルカ一〇・四)というのはどうでしょうか。途中の道で挨拶することが使徒たちに許されていなかったのでしょうか。またとりわけ霜が降り、寒冷によって凍っている地方でトゥニカ(外套)を二つもつことや、足に靴を履くことを禁じることも同じです。更にまた右の頬を打たれた人に対して、左の頬をも打つ人に向けるようにという戒めも、とりわけ一般の慣習に従って右の頬を打った人が左の頬を打とうとするときには、同じです。次のこともこのような形に属しているとわたしには思われます。すなわち、「腰に帯を締め、灯火を手にとってともしていなさい」（同一二・三五）、「求める者には、だれにでも与えなさい」（同六・三〇）。そして実際、あなたがこれらの言葉を押しつけるなら、少女たちには一晩でもそれを断ることが許されないでしょう。ところで、もしあなたが比喩という救済手段を適用しないなら、これらの言葉がもつ意味は破滅的でもあります。その種のものは「天国のために去勢した人たちは幸いです」（マタ一九・一二）[141]です。これに類似のものは、右の目をえぐり出して捨てるように、右の手と足を切り取って捨てるように、絶えず祈るように（同五・二九―三〇）命じられていることで、それを言葉の字義的な意味で遵守しようと試みる人たちは異端者と見なされるに値していました。しかしながらルカによる福音書でキリストから発言されたこの〔絶えず祈りなさいという〕戒めは、パウロによって繰り返されました（ロマ一二・一二、Iテサ五・一七）。実際、普通使われている字義的な意味からわたしたちを遠ざけ、転義的解釈[142]の助けによって聖霊にふさわしい意味を探求するように強いるものが使徒の手紙の中にもいくつか見いだされます。というのも「誰か割礼を受けた人が召されたのなら、包皮を引き寄せて〔その跡をなくそうとし〕はならない」（Iコリ七・一八）と、パウロが戒めていることは、何に関係しているのでしょうか[143]。割礼を受けたユダヤ人が誤りを回避するために包皮を引き寄せたとしても、それが喜んで実行されうるなら、何か悪いことなのでしょうか。だがもしパウロの〔比喩的な〕言葉、「そうすれば燃える炭火を彼の頭に積むことになる」（ロマ一二・二〇）を文法的〔字義的〕な意味にしたがって支持しようとするなら、それは赦しがたいことになるでしょう。アウグスティヌスも「あなたがたがわたしの肉を食べ、わたしの血を飲むのでなければ云々」（ヨハ六・五三）という言葉もこの種のものであると考えています[144]。したがってすでに語られたように自然的事物の認識がここでは役立ちますし、それから詩的なアレゴリーや比喩――それは長い時代を通して試行され、あらゆる種類の事物から引き出されて探求されてきました――でも役立ちます。それに関してわたしたちはかつて一冊の書物を出版しています[145]。

第八章　新約聖書の物語の比喩的解釈

新約聖書に書かれている出来事〔物語〕を比喩的に解釈している人たちがおります。わたしはもちろんこのことに熱烈なる賛意を表明します。もし誰かがその問題を巧みに考察できれば、比喩的解釈はしばしば必要でし、きわめて頻繁に起こったことですが、機知に富んでおり、かつ上品でもあります。

(一) アンブロシウスの解釈をめぐって

というのはアンブロシウスがこの分野では、もしわたしが穏やかに言うとしても、際限がないほど時には優れていたようにわたしには思われます。たとえばペトロが赤く燃えている炭火にあたって暖をとっていたとき、そのときには寒さなどありえなかったのですから、身体的な寒さを彼は感じなかった〔つまり、火にあたっていなかった〕と主張したときです。むしろそれは心の寒気だったのです。このように比喩的に解釈してアンブロシウスが次のように言っているのは上品でした。「しかしながらイエスが認められていないところには、光を見ていた人がいなかったところには、焼き尽くす火が否定されていた──その他この意味で言われていた──ところには、寒さがあったのです。物語の信憑性がわずかに知られている場合でも、それは何の妨げにもなりません」と。だが、彼は付言します、「わたしたちが時間のことを考えれば、寒さはありえなかったのです」と。その少しあとで「それゆえ心の寒さがあったのでして、身体の寒さではありません(146)」と付言しています。そして実際、その地方では気候がその月頃には十分に暖かかったのですが、夜になると、もっとも暑い地域でも寒気が感じられるのです。ペトロの否認について彼がペトロの弁護者よりもむしろ巧妙に書き加えていることもこれとよく似ています。キリストはその憐れみによって彼を回心させて、彼がその兄弟たちを強めるためにこそ、彼を〔キリストを否認する罪に〕転落させたのです。だがそれでもペトロが罪を犯してしまったという事実は、彼の罪が福音書記者たちから〔全く〕理解されなかったほど何か新奇なものだと映ったのでした。それと全く同様に、彼らがこの主題について全く理解していなかったことが正しいのを確かに示しているようです。彼らは同じ出来事をさまざまな箇所でも書いているため、彼らは色々な形で物語っているからです。それからマタイによる福音書とマルコによる福音書にあるようにペトロはその前に出てきて〔彼に質問した〕少女に「わたしはあなたが何を言っているのか知らない」（マタ二六・七〇、マコ一四・六八）と返事したとき、彼は主イエスを否認しなかったかのようにそれをそらし、女が彼の秘密を漏洩していることに関係がないかのように振る舞いました。[147] とりわけある人が、彼はあのガリラヤ人イエスと、あるいはマルコが書いているように（同一四・六七）、ナザレ人イエスと一緒にいた人たちの一人であることを否認したと告発するとき、彼はふたたびこの言葉をそらして、彼が神の子であるのを知っていたのに、そのガリラヤ人とかナザレ人を知っていないかのように振る舞いました。更にマタイによる福音書で扱われていますが、彼〔オリゲネス〕がその箇所をよく吟味してみると、神の弟子と思われたいと願っていた人〔ペトロ〕は、人間の弟子ではないかのように「わたしはその人を知らない」と言っているのです。この事態を確証するためにオリゲネスは「人々からではなく、人を通してでもなく、イエス・キリストと父なる神によって使徒とされたパウロ」（ガラ一・一）という言葉をパウロから引用しています。たとえ他の人たちによって別な仕方でもって説明されているのをわたしが知らなくはないとしても、キリストを取り除いた自然本性のことをパウロはここで表していたのではなく、「わたしは人間にもとづいてこの福音を語ってるのでしょうか」（同一・一一）と彼が語っているように、人間という言葉によって何かもっと弱く、かつ、卑しいものを理解するように欲していたように、わたしには思われます。ヒエロニュムスはアンブロシウスのこの注記をその『マタイ福音書注解』で指摘しています。彼は言います、「わたしはある人たちが使徒ペトロに対する敬虔な感情からこの箇所をペトロが神ではなく、人間を否認したというように解釈しているのを知っています。その意味するところは、〈わたしは神〔としてのキリスト〕を知っているがゆえに、人間〔としてのキリスト〕を知らない〉ということです」と。これがどんなにくだらないことであるか、賢明な読者ならお分かりです。彼らはこのように使徒を弁護し、神をして虚言の被告人としています。つまり、もしこの人が拒絶されなかったなら、主が嘘を吐いたことになるでしょう。主は言われました、「よくよく言っておく、今夜、鶏が鳴く前にあなたは三度わたしを否定するでしょう」（マタ二六・七五）と。「あなたは人間ではなく、わたしを否定するでしょう」と言われていることを、はっきり見分けなさい[148]。これについてはもう十分でしょう。

また、このことは確かに演説を練習する学校で称賛に値するものとして巧妙に主張されてきたのですが、神聖な事柄においては戯れは許されないし、無駄話はふさわしくなく、曲げて解釈しても何ら役立ちません。それはこのように行って、わたしたちが誤りを弁護することで真の信仰を廃棄するようにならないためなのです。悲劇作家の意見によると真理を語る方法は単純です[149]。しかしキリストに優って単純で真実な方はおりません。アウグスティヌスが姦淫のかどで捕らえられた女についての説教の中で「五人の夫」や「六人の夫」また「今では夫でない者」について比喩的に解釈したことは、わたしの考えでは多分この種のものであるとせざるをえません[150]。人はいつも至るところで数について、三〇の数、六〇の数、一〇〇の数について、ヘブライ的な事情をギリシア語やラテン語の数に適合させなから哲学的に思索します。同じく満腹した五〇〇〇人について、五つのパンと二匹の魚について、一〇タラントや五タラントや一タラントについて、三度の食事について、身体と魂として解釈される二匹の雀についてヘブライ的な事情を哲学的に思索します。数にはどこかに神秘が隠されていることをわたしは否定しません。しかし、それはある人たちにおいては横取りされ、かつ、ねじ曲げられて、敬虔を実らせるためではなく才能を顕示するために利用されているように思われます。このように実際彼らによって神聖な教えが暗くされています。同じような仕方でプラトンも数によってその哲学を暗くしてしまっています[151]。それでもわたしたちは、この注解の入念な準備が概して重要な教義がその上に築かれる土台となるように願っています。数字の一〇と五と一を「とても多く」と「かなり多く」と「わずか」でもって置き換えても、それは同様に真理である、とわたしが考えるのは、きわめて簡単なことなのです。

(二) オリゲネスその他の誤り

いやそれどころか、この問題でオリゲネスも、アンブロシウスも、ヒラリウスも、喜んでオリゲネスに倣っている他の人たちも、しばしば誤りを犯していることを、わたしは読者に一般的に警告しなければなりません。彼らは、時折、比喩的解釈を押しつけようと意気込んで、文法的な意味を必要でないがゆえに遠ざけています。それゆえ聖書を真剣に講解しようとする人は、その点で適度〔中庸〕を保つべきでしょう。だが比喩を使用するに際しては原典に従うことがもっとも安全なことだったでしょう。主ご自身は原典の意味を少しもわたしたちに明かさなかったし、パウロも少ししか明かしていません。もし誰かがこのことで、時折、戯れることを許すとしても、彼が奨励し、慰め、非難するように努めても、真理を主張しないならば、この場合に容易には許されはしないでしょう。この点でアンブロシウスは主の日が授ける喜びにときどき与っていたように思われます。というのも彼が次のように書いているからです。「わたしたちは、基準となる教えからそれを道徳的に適用するように移っているので、主の日に当たって信仰者の多くの楽しみの中で何か心を楽しませることで祝祭日に貢献したい。ザアカイがいちじくの木に登ったのは、もちろん新時代の新しい果実である御言葉が彼の内に満ちるためです。いちじくの木は未熟ないちじくを実らせていました」[152]。このような見解のもとに彼が論じている他のことには無理があることを彼は認めていますが、それらは信仰者の耳を喜ばすために解釈されたのです。なぜなら聖書に対して少なくない暴力を加えるとしても、何か救いに役立つことを勧める人たちが、この種の戯れによって〔人々の〕心を楽しませるほうが優っていますから。夜になると襲ってくる盗賊に対して目覚めている家長の譬え話――これはその日が突然に思いがけず到来することのほか何も述べていません――にあるように、比喩が避けられない人たちにおいては、譬え話の核心に触れることだけで十分な場合もあります。というのもキリストの突然の到来は、予期せずに忍び寄る盗賊に全く似ていないからです。また家長がそのときを知っていれば、目を覚ましていたでしょう。したがってわたしたちは、そのときを知らないのですから、絶えず目を覚ましていなければなりません。同様に主人を欺いて負債者の金額を軽減した家令の譬え話でも(ルカ一六・一以下参照)あらゆる点で比較は適合していません。わたしたちも自分を欺いて処置を講じねばならないかのようだからです。むしろ譬え話において主人に対して欺いているのは、比喩的意味で信仰なのです。あの管理人は不正であると呼ばれています。なぜなら偽りの証書によって主人に重荷を負わせ、負債者の金額を軽減したからです。しかし神の財産を気前よく隣人たちに支給した人は、〔主人に〕忠実であるといわれます。差し迫ったその役目からの罷免に直面して素速く判断して友人たち——この人たちの奉仕によって彼自身は後に交代して支えられることになる——を造ろうと準備したがゆえに、管理人の賢明さが称賛されるとしたら、ましてや神は、この人生がきわめて短いのを知るがゆえに神がわたしたちに授けた才能を使って急いで隣人に奉仕しようとするならば、とりわけわたしたちがその財産を管理しているお方がいかなる欺瞞をも許容できないときには、同様にわたしたちの賢明さを是認してくださるでしょう。更に厚かましくも嘆願し続けて裁判官の機嫌を損ねた寡婦の譬え話では、神のペルソナ〔尊厳〕は神を畏れず人を気遣わなかった不敬虔な裁判官のペルソナ〔役割〕と一致していません。更に夜を通してしつこく要求した人の譬え話では、その人のペルソナ〔人格〕は神のペルソナ〔位格〕と一致していません。神がある友人にパンを与えたのは、彼が自分の友人であったからではなく、そうではなくてもし〔彼にパンを与えるのを〕拒絶したりするなら、〔彼にとり〕嫌な人によって疲れさせられたからなのです。それゆえ譬え話を構成しているすべての部分に対して狂信的に比喩を適用しようとする人は、たいていの場合、ある種の単調で虚構的な説明に陥ってしまいます。

すべての比喩をあたかも恣意的な事柄や夢物語に似たもののように軽蔑する人たちがおります。わたしはこういう人たちとはとても違った考えをもっています。というのも比喩がないとたいてい意味が馬鹿げているか、危険であるか、役に立たないか、浅薄か、単調であるのが分かっているからです。またキリストが比喩を用いており、パウロも旧約聖書のある箇所を比喩的に解釈していることが知られているからです。それでもわたしはある人たちの愚かな比喩的解釈を非難しないで見過ごすことができません。彼らは比喩で説明すべきことを自ら捏造しているのです。〔たとえばこんな具合にです〕「ある旅人が木製と思われる巨大な蛇の胴体を背負って疲れ果て座っていた。この蛇は目を覚まして悲惨な人を呑み込んでしまった」。旅人は人間で、蛇はこの世です。この世は自分を信頼すると身を滅ぼします。それとは別に、もっとくだらないことがある人たちによって正しく刊行された書籍として造り出され、多くの人たちによって驚くほど熱心に読まれています。聖書の中に見いだされることに――事情がそのように要請する場合には――わたしたちが比喩を適応すれば十分なのです。わたしたちはそれに何かを自分で付け加えるべきではありません。わたしはあるパリの神学者[153]のことを聞いたことがあります。彼は放蕩息子の譬え話について四〇日間も取り組んで、息子は出かけていって、そこから帰ってくる道を思い浮かべ、それが四〇という数に等しいと考えました。それはあたかもときには宿屋でパンと肉の料理を舌つづみを打って賞味したり、ときには水車小屋に入ってゆき、ときには骰子遊び(さいころ)に興じ、ときには飲み屋で無為に過ごし、ときにはその他のことを行っているかのようでした。彼はこの種の他愛ない作り話に対し預言者たちや福音書記者たちの言葉をこじつけて使っていました。またこの間に彼は教養のない大衆と愚鈍な田舎紳士たちには神であるかのように思われていました。この人たちの研究は、暇に任せて神学の対象を学問のさまざまな様式と流行に適応させようと努めた人たちの成果ほどには上がりませんでした。こういう人たちの数の中にはラバヌス[154]は属していなかったように思われます。また『ケベスの石版[155]』よりも退屈な架空の絵をかなり使って同じことを企てた人たちも属していなかったように思われます。この問題は人々の好奇心をあおって、チェスの駒で行うゲームやよく言われるように盗賊のゲームを使って神秘的な意味へと誘い出す人がいなくはなかったほどまでになりました。ヒエロニュムスが詩人たちの作り話をねじ曲げてキリストに当てはめたりする人たちを嘲笑しているのも理由がないわけではありません。それがプロテウス[157]の作り話のように何か気まぐれな習俗に、パエトーン[158]の作り話のように向こう見ずな人たちに、タンタロス[159]の作り話のように貪欲でけちな人々に、ミダス[160]の作り話のように愚かな金持ちに、ダナエ[161]の作り話のようにお金で腐敗した特権に、イクシオン[162]とダナウスの作り話のように働いても徒労な人たちに、それぞれ適切に逸れていくなら話は別です。それゆえ古代人たちはこの点に関してしばしばどちらかというと捏造的であったことに疑いの余地がありません。

(三)　キリストの教育的な譬え話

とはいえ、比喩を並べてみるよりほかに、一般にわかりやすく、かつ、効果的な教育の方法というものはありません。たとえばキリストは一般によく知られた事柄から譬え話を採用しました。彼は自分の教えができるかぎり民衆的であるのを願っていましたから。種が地に蒔かれるのを見たことのない人がおりますか。漁夫たちが網を投げているのを見たことがない人がいましょうか。切り離された枝が枯れてしまうのを知らない人がいますか。キリストはこのよく知られた事柄にご自身の哲学を当てはめて、驚くほどの新しい内容でそれを満たしました。わずかな人しかスコトゥス学派のきわめて明敏な緻密さについて扱っていませんが、これらのことでは誰でも哲学的に探求するように促されます。あなたは太陽が昇ってくるのを見ると、陽気になります。もしあの義の太陽があなたの心の眼に上ってきたら、あなたはどのような楽しさを感得しますか。身体の病は煩わしいことですが、心の病はどんなにひどく煩わしいことでしょうか。あなたは身体的な疫病の感染に戦慄していますが、わたしたちは疫病的な道徳の感染をそれよりもはるかに回避しなければなりません。あらゆる種類の花と木が開花している庭を眺めることはあなたにとって心地よいことですが、無垢のうちに溌剌としており、あらゆる種類の徳を生み出している心は、何という素晴らしい光景を表現していることでしょう。あなたが蛇を見るとき、賢さの手本を入手しており、鳩を見るとき、キリスト教的な単純さの像を手にしています。雄鹿を見るとき、聖書を熱心に探求するように勧めている信条をもっています。子羊を見るとき、完璧な柔和さの典型を目にしています。冬〔の寒さ〕は逆境のとき将来のより良い日を期待することで自分を支えるように促し、あなたに勧告します。夏があなたを魅了するとき、あなたがやがてやってくる労苦に備えるように警告します。老齢が重くのしかかるとき、あなたが不滅の生を得ようと努めるように勧めます。青春は快適ですが、あなたは来たるべき老年に助けとなる徳力と教養の備えをなすようにあなたは勧められています。この目に見える世界があなたの肉眼に提供することは何であれ、その原形[163]をあなたは精神の現実の中に見いだすでしょう。

わたしたちがその他の比喩をどのような源泉から探索すべきであるかを、一部はディオニシオス・アレオパギテースの著作『神名論』[164]が、一部はアウグスティヌスの『キリスト教の教え』の第三巻[165]が説明しています。このことをティコニウス[166]の七つの規則が提示しており、わたしたちがいわば正典に対して示しているよりも多くの敬意を、まず子供たちが、次いで異端者たちがときに表明していると述べています神学的な比喩について以前書き始められた小冊子[167]を完成させる暇があれば、恐らくわたしたちによっても多少はそのことに寄与できるでしょう。その間に、わたしは単純である歴史的意味にしたがってどのように聖書を探求しても、それだけでは不十分であるという一事を付け加えておきたい。また道徳や一般の生活に関係する神学的な意味にしたがって、何か頭部と全体的な神秘的身体の秘密を考察する比喩的意味にしたがって、永遠の真理をさまざまな事物において異なって輝かせている（こういう仕方でわたしはすべてを区分して観察したいです）天上的な階層秩序[168]にあえて近づく類比的な意味にしたがって、どのように聖書を探求してみても、それだけでは不十分であるということです。これらの個々のものにどのような段階、どのような差異、どのように対処すべき法則があるかをもわたしたちは考察すべきでしょう。オリゲネス[169]はどんなに多くの方法で神によって試練を受けたアブラハムを講解しており、その物語に長く関わりながらどんな見地を見いだしているでしょうか。その際、それに適応された物事の多様性のためにどんな典型が、さまざまな時代のためにいわば他の形態が、採用されたのか、とまでは言わないとしましょう。同じように、あの放蕩息子が飢えた腹を満たそうとした豚が食べるイナゴ豆は、財産に、快楽に、名誉に、この世的教養に適用されることが可能なのです。それでもなおあなたは転義的解釈の領域にとどまりますか。いやそれどころか譬え話の全体をユダヤの民やあの時代の異邦人に適用することができるのです。異邦人たちは回心して受け入れられており、ユダヤ人たちは不平を述べていますが、〔両者に〕共通の御父は両方を和解させています。譬え話が適応される人物と時代の相違から話のほとんど新しい局面が生まれてきます。その点に関してわたしたちは先に少なからず触れておきました。さらにオリゲネスは比喩を取り扱うに当たってもっとも恵まれた名人でして、もし誰かがひょっとして模倣すべき手本を求めるとしたら、幸運なアンブロシウスよりもその仕事を熱心に遂行しています。両者がともに節度を欠いており、たいていの場合、公正であるよりも過度に歴史的意味に傾いているなら、話は別です。

第九章　聖書の正しい使用と理解

(一) 聖書と古代教父の源泉に立ち返れ

いやそれどころか、わたしたちは何よりもまず神学の志願者に聖書の証言を適切に引用できるように十分学ぶべきであると奨励しなければなりません。それも証言の収集本、聖句のリスト、みすぼらしい奨励集、その他この種の、他のところから他の人によって混入されたり、新たに注ぎ込まれた収集物からではなく、源泉そのもののから学ぶように奨励しなければなりません。その人が、神の知恵を伝える言葉が暴力をもって別の意味に、ときには反対の意味に、歪められるのを恥ずかしく思わないような人たちを、模倣しないようにお願いしたいです。そのようなことが起こらないためには、わたしたちは旧新約聖書のすべての教えを古い時代の尊敬すべき解釈者たちから徹底的に学ぶようにまず第一に配慮しなければなりません。わたしはソルボンヌの学問闘技場では一般には実行されていない何かあることを、つまりぎっしり詰まった聴衆のいるところで多くの人たちが、その習慣によって提示された主題を、彼らが言うように、単に字義的な意味では理解しないで、探求しようとしていたということを聞きました。学識ある人にはとても恥ずかしいことですが、彼らはギリシアの格言にあるように、オリーブの中には核心がないと〔誤認して、目標を外して飛び出し〕騒ぎ立てています。自分の原則を申し立てたり、賤民のような意見に感染したりして、聖書をそういったものに奉仕させようと強いる人たちもいます。とはいえ聖書からはむしろ精神の原則が導き出されるべきです[170]。このことをヒラリウス[171]は『三位一体論』第一巻で洗練された仕方で警告しています。彼によると聖書の最善の読者というものは、御言葉に対する理解を自分から持ち込むよりも、またそれを強く指定したり、思い出させたりするよりも、むしろそれを御言葉から期待する人です。彼はまた、読む前にあらかじめ理解されるべきものとして先取りしておいたものが、御言葉の中に含まれていると思われるように強いたりしません。このような理解が公共の意向と道徳に向かって拡がっているという人たちもいます。ですが、この規則に仕えることが至当であっても、よく考察してみると、行われるべきことがその権威をもって一般に行われていることを庇護しています。

しかし、わたしたちが聖書の言葉を誤用し、キリストの身体である教会が司祭として解釈され、その言葉で悪い情念が意味される世界がキリスト教の平信徒として解釈されるときには、なるほど隠されていても、それによってもっと有害な仕方で歪められた種類のものがあります。同様にわたしたちは、この平信徒たちが教会に所属していないかのように見なして、すべてのキリスト教徒たちについて語られていることを本来的意味で単に修道士にのみ適用します。わたしたちはキリストがこの世界から選別した人たちを世界に配置します。また、わたしたちは心が生ける身体の外部にあるように、世界の外にあるにほかならない人たちを世界から切り離された人たちと考えます。わたしたちが神的な礼拝について語られたことをもっぱら儀式に変えてしまうとき、また祭司の職務について語られたことを何か語られている嘆願にすぎないと解釈するとき、同じことが妥当します。その間に聖書に対し議論を尽くして暴力が振るわれ、空っぽの建物の重荷が腐った土台に据えられます。それゆえ聖書を正しく用いようと欲する人は、四つか五つの単語を――それでもって語られていることがどのような関連から生じてきているかを熟考しないで――ただ摘み取って来るだけでは不十分なのです。これやあれやの出典箇所の意味は、それに先行するものに絶えず依存します。つまり誰によって語られたか、誰に語られているか、どんなときに、どんな機会に、どんな言葉で、どんな意図で語られたか、何がそれに先立っているか、何が結果したかを、人はよく吟味すべきです。というのも語られていることが何を言わんとしているかは、このような視点の考察と積み重ねによって〔初めて〕把握されるからです。

このようなことでは規則が考慮されなければなりません。わたしたちが判然としない言葉から引き出す意味は、あのキリスト教的な教えの輪に、あの生命に、終にはあの本性的な人道に一致しなければなりません。なぜなら、同様にパウロは、婦人がベールをつけるように、だが男は頭に物をかぶらないように（Ⅰコリ一一・四―六）とコリントの信徒たちに勧めて、本性自身が議論に加わるように導いているからです。この箇所では時間や物事や人物の相違のためにさまざまなことが物語られている聖書の中から、ただ自分らの気分に適っている特殊な物だけを摘み取っている人たちの誤りが暗示されています。それでもその章の全体を個別的によく吟味していないと、人間的なならわしをも理解できないでしょう。神の御言葉に耳を傾けてください。それも御言葉の全体に耳を傾けていなさい。あなたは司教です。あなたはキリストがペトロに「わたしはあなたに天国の鍵を授ける」（マタ一六・一九）[172]と語ったことを喜んでいます。しかし十字架に付くのをやめさせようとしたペトロにキリストが語ったこと、つまり「サタンよ引き下がれ。あなたは神のことを思わず、人間のことを思っている」（マコ八・三三）に留意するようにしなさい。キリストがペトロに「あなたはわたしに従いなさい」（ヨハ二一・一九）と語ったことを思い出しなさい。あなたは最高位の教皇です。キリストの代理人と呼ばれることは素晴らしいことですが、あなたにはキリストの模範、キリストの死がその間に心に到来しており、その任務と称号を引き継ぐ人は、キリストの愛を継承しなければなりません。あなたは司祭です。あなたは使徒たちに「誰の罪でも、あなたが赦せば、その罪は赦される」（同二〇・二三）と語られたことが気に入っています。だが、その前に言われたこと、つまり「聖霊を受けなさい」（同二〇・二二）ということを考えてみなさい。その人たちに「出かけていって、すべての民を教えなさい」（マタ二八・一九）と語られたことに注目しなさい。「長老たちは二倍の名誉に値する」とパウロが言ったことを彼は喜んでいますが、「よく指導している」（Ⅰテモ五・一七）とパウロが付け加えていることを付言しなさい。あなたは旧約聖書においてレビ人に十分の一を与えるように命じられていることをあなたの報酬と見なしていますが、くじ引きによって土地の分割から排除されていた人たちにそれを与えるように命じられていたことを付け加えなさい。この人たちはいつも聖所に仕えており、このような仕事〔を引き受けること〕からも自由であったのです。彼らに分け前として与えられるのが〔ただ〕主なる神であった人たちに、〔十分の一税は〕与えられるように命じられているのです。今や十分の一よりも多くを民から要求する者どもは、それからなんとまあかけ離れていることでしょう。雄鳥が〔興奮して〕鶏冠を膨らませてわたしたちに言うには、ペトロは司祭を王者の系統であると呼んだ、と（Ⅰペト二・九参照）。しかし多くの人は、キリストが「あなたがたは地の塩です、あなたがたは世の光です」（マタ五・一三―一四）と言われたことのほうがそれよりも優っていることに気づいていません。キリストがペトロに「わたしの羊を養いなさい」（ヨハ二一・一七）と言われたことは、あなたがたに対しても言われたのだと空想するがゆえに、あなたがたはそれを気に入っています。こんな空想に耽っている間にあなたがたは、いったい誰が、彼に対する愛、卓越した愛を三度にわたって質問して保証するように求めたかを想起しなさい。つまり彼は「この人たちに優ってわたしを愛しているか」（同二一・一五）と言っています。あなたは他の司教たちに優っていますか。だが、あなたは愛において卓越しているように命じられているのです。最高の羊飼いの模範にしたがってあなたの生命を投入して万人の救いを実現するように命じられているのです。あなたは地上での地位がキリストの近くにあることを喜んでいます。

だが、あなたは生活の聖性においても彼の近くにあることがあなたの務めであるのを忘れないようにしなさい。

このようにわたしたちが聖書を用いるならば、そうする間に聖書はついにわたしたちに救いをもたらすことでしょう。

「ミディアンの地の天幕が揺り動かされるのを〔わたしは見た〕」（ハバ三・七）と敵の天幕についてハバクク書で語られている人のように、ある人たちは恥知らずにも聖書をそのもっとも根源的な意味へと引っ張っていきます。また、この人はバルトロマイの祭日に割礼を受けて、〔仲間に加えられるように〕邪道へ導くのです。このように物語にあるのですが、その信憑性は欠如しています。あるいは「彼らは谷を横切って、町の門に急ぎやって来た」（ユディ一三・一二）とユディト記にあるのを、きわめて愚かにも『神学命題集』を書いたペトルス・ロンバルドゥスの第四巻の議論にもとづいて解釈し直す人もいます。また、彼はこの点においてもいっそう巧妙なのです。彼はこの引用文の中に自分の名前と姓名が示唆されているのを見抜こうとします。もしも彼らが他愛ない作り話を公表しなければ、またそんな代物を真剣になってしばしば読むような人がいなければ、わたしはこのことをお知らせしなかったでしょう。聖書の言葉をもてあそぶ人たちがいます。彼らは、詩人らから寄せ集めた詩集において起こるように、聖書の言葉を茶化すように違った意味に誤用するのです。このことを聖ベルナルドゥスも時折行っていますが、わたしの考えでは、彼は深刻にというよりももっと魅力的に行っています。実際、このようにあの有名な人物は聖書を、どんな場合でも決して生じたりしない仕方でもって、消化しておりました。というのも今日ある人たちが、機知に富んでいると思われたいときに、神秘的な〔神聖な〕言葉を歪めて滑稽な冗談にしていることは、単に教養がないだけでなく、また不敬虔であって、罰に値していますから。ヒエロニュムス[174]は、わたしたちを大抵は不毛な文字から完全に引き離すためだとわたしは考えますが、時折オリゲネスが聖書に対し暴力を振るっていると非難します。いやむしろヒエロニュムス自身一つの箇所でまさしく認めているように、敵と抗争したとき何度もしたようには、往時の人たちはほとんどだれもどこかで意味をねじ曲げたりしていません。したがって、わたしたちはこの点に関して御言葉に対して暴力が加えられたかどうかを、いっそう注意深く観察しなければなりません。敵に襲いかかったり、弱い人の精神を悪徳から遠ざけなければならないたびごとに、そのように行うのが正当であると誰かが考えるならば話は別です。

(二) 聖書の言葉の正しい用い方

わたしにもっとも正しいと思われることは、わたしたちが聖書の言葉を敬虔に、時宜を得た仕方で、用いることです。もしあなたがまず第一に最善を尽くしてそうするように配慮するならば、その後ではまた容易にそれを実行できるようになるでしょう。それが至るところで実行に移されるのをわたしは願っています。だがとりわけわたしたちが自分の宗教の敵対者たちと関わる場合には実行に移されねばなりません。あるいは虚偽が反駁され、真理が主張される場合には、あるいは聖書の神秘的な意味が詳しく述べられる場合にはそうしなければなりません。なぜならそれとは別に、わたしたちは重ねて主張していることを立証できないばかりか、反対者の嘲笑の的となっていることが起こりますから。だがまたわたしの見解では昔の人にとってそれに優る罪過はどこにもないからです。わたしが思うには、この種に属している言葉は、アンブロシウスが『聖霊について』の第二巻第六章でパウロのフィリピの信徒への手紙第三章にある出典箇所「わたしたちは霊によって神に礼拝しています」(フィリ三・三)であって、そこでは「聖霊は明らかに神と呼ばれる」と〔三位一体を否定する〕アリウス主義者たちに反対して論じられています。彼は「霊」と「神」という二つの言葉を結びつけています。その際、ギリシア語では矛盾する意味がむしろ表現されているのです。つまりわたしたちは神を物質的な献げ物や儀式でもって礼拝するのではなく、霊でもって礼拝するということが表現されているのです。とりわけ、もし彼があの神の霊のことを考えていたとしたら、そのとき添えなければならないと思われていた文章が霊に対して加えられなかった場合には、そうなります。再度同じ人[175]はパウロのテモテへの第二の手紙第二章で「さて、大きな家にはさまざまな器だけでなく等々」（IIテモ二・二〇）とある箇所を引用しています。そしてひどく不機嫌になってノウァティアヌス[176]の解釈をはねつけ、引っ込ませています。この人は善人と悪人とから成り立っている世界を神の大きな家として解釈していたのです。またこれを退けるために「あなたがたは世に属していない。わたしはあなたがたを世から選び出した」（ヨハ一五・一九）という福音書の箇所を引用します。この聖書の言葉でもってわたしたちはノウァティアヌスに敵対して何もなすことはできません。彼はこの目に見える世界について考えており、世界はあらゆる種類の事物を包含していますから。それとは反対にキリストは世界を想像して私利私欲と呼んでいます。永遠なるものの代わりに過ぎゆく時間的なものを追究するとき、人間の大部分はこの私利私欲に陥りやすいのです。どうして人がノウァティアヌスに対する嫌悪からその良い解釈――聖クリュソストモスはこの解釈に従い、ノウァティアヌスの異端とは関係していませんでした――に関しても不機嫌になるのかという理由はありませんでした。さらにベーダ[177]はカナンの女の言葉「主よ、ダビデの子よ、わたしを憐れんでください」（マタ一五・二二）から捉えて、彼女が完全な信仰でもってキリストを神として、また人として信じたことを立証しています。このことはわたしが思うに、その当時まだ使徒たちも信じていませんでした。誰でも主の名によって呼び求める人はイエスを神として認めるかのように彼の前にひれ伏し祈願したと、とりわけ彼女についてすぐに記されています。しかし、一般には聖者たちからいわばこの種の支援がなされるように嘆願されたりしてはいません。列王記〔サムエル記〕下に出ている〔ダビデの子ヨナタンの子〕メフィボシュトのようにダビデ王の面前にひれ伏して懇願したようなことはなかったのです（サム下九・六参照）。あるいは使徒言行録にコルネリウスについて彼がペトロの足もとにひれ伏し拝んだ（使一〇・二五）と書かれていなかったかのようです。ここでなお複数の出典箇所をたとえ列挙しなくても、そうなのです。その反駁が教養の乏しい人によってもすぐに起こるような議論から何かを断定することは、あまり尊敬すべきではないとわたしには思われます。また誰かがわたしが少しも誠意をもって事柄を述べていないと中傷しないために、ベーダ自身の言葉を引用しておきます。つまり彼はカナンの女について次のように書いています。「彼女は信仰における偉大な完全性をもっています。彼女は救い主の慈悲を嘆願して、〈主よ、ダビデの子よ、わたしを憐れんでください〉と言います。彼女が〈ダビデの子〉と呼んだ人を〈主〉と呼んだとき、この真の人間を真の神とも信じていたことは全く明白ですから。――それからすぐに続けて言う――多くの涙を流してから彼女がついにひれ伏し拝んで、〈主よ、わたしをお助けください〉と言っていることに関して、彼女は主が荘厳なる神であることについて全く疑わないで、力は神に属することを学ぶために荘厳なる神を拝むべきであると教えている」[178]。わたしたちはここまでベーダの言葉を記載しておきました。

(三) アウグスティヌスとドナティストとの対立

更にヨハネによる福音書第一章に書かれている洗礼者の言葉をアウグスティヌスは採りあげます。すなわち「わたしも彼を知らない。しかし、水で洗礼を授けるためにわたしをお遣わしになった方が、〈霊がくだって、ある人にとどまるのを見たら、その人が、聖霊によって洗礼を授ける人である〉と言った」(ヨハ一・三三)。これはドナティスト[179]の全戦列を投げ倒すのに十分に役立つ剣〔つまり弾丸〕であると思われます。その際、その他のことを〔洗礼者〕ヨハネは全部知っていたが、キリストが洗礼の全権を自分に固有なものとして保留していたという、この一つのことがヨハネに全く隠されていたとアウグスティヌスは解釈します。洗礼者は彼が神の子であることを知っており、神にして人であることを知っていました。また彼がキリストであることも知っていました。人類の罪を償い、救済するために到来したことを知っていました。彼が水と聖霊によって洗礼をするために到来したことを知っていました。したがって父なる神は鳩の徴によって何を教えようとしていたのですか。確かに彼はその洗礼を自分のもとに取っておき、彼の仲間の誰にも譲ろうとしませんでした。またアウグスティヌスはこの考えに沿ってますます議論を進め、ドナティストたちは正気を失っていたと確信していた人たちの間で確かに拍手喝采されました。事実、彼らは正気を失っていました。というのも話し方自体は、彼が議論をそこに居合わせた人たちの心情と耳に、またその時代の状況に適合させていたことを、明らかに示していますから。しかしながら、もしも事柄が真剣に追究されなければならないとしたら、一緒に武器を取って面と向かって敵対者と討論すべきであるならば、このような計画——それにしたがって彼は仲間に支えられあたかも勝利したかのように祝っている——で何ができるのか、わたしには分かりません。ですから、わたしはこの問題を今はもっと深く吟味したくありません。どうして洗礼が、その他のサクラメントの実行がとても少数の人たちに命じられているのに、すべての人に許可されているのでしょうか。とりわけ「あなたがたは行って、すべての民に洗礼を授けなさい」（マタ二八・一九）と「あなたがたが赦す罪は誰のものでも、彼らに赦される」（ヨハ二〇・二三）との両者が同じ人によって同じ人たちに言われているからです。更に罪の赦しを授ける権利が奪われるように、洗礼を授ける権利も奪われるのでしょうか。次にその後何かの教会の任務が遂行されえないようにとの意図をもって教会は彼を切り捨てるでしょうか。更に以前に本当に洗礼を受けていたのに、不信仰に転落した人は、再度洗礼を受けるべきであると、ドナティストたちは考えたのでしょうか。それとも異端に加わって異端者たちから水で濡らされた人たちは本当に洗礼を受けていたのでしょうか。アウグスティヌスがサクラメントとその特徴について伝えていることが十分に有効な議論によって支えられているかを続けて追究したくありません。(180)

というのもわたしは事柄においてはアウグスティヌスと異なった意見を何ももっていません。またドナティストたちを異端者と見なしているのみならず、分離派にして正気を失った盗賊団であると考えています。また彼は、何らかの論証を除外すれば、教会の権威と分離に対する嫌悪を確信させたのですから、この種の議論によってもわたし自身を容易に確信させます。この折りにわたしたちはドナティストの誤謬を立証するためには福音書のこの箇所だけで十分であるかどうかということだけは吟味したほうがよいでしょう。つまり、第一にアウグスティヌスが、キリストが元来洗礼をご自身に取っておかれたことだけを〔洗礼者〕ヨハネは知らなかったと、どんなに頻繁に主張し、かつ、教え込んでも、それでも敵対者を動揺させることになりません。なぜなら彼は「霊と水によって」と付け加えて、「この人こそ洗礼を授けるお方です」と言ったとき、それを十分に明らかにしていないからです。その際に彼は洗礼を授ける人を区別しないで、洗礼の種類を区別しているからです。というのもヨハネが洗礼を授けたとき、神の権威によって洗礼を授けていましたから。そうでなく誰かが「洗礼を授けるのは彼である」というヨハネの言葉からキリストのほか誰も洗礼を授けていないと主張しようとするならば、どうしてパウロは「わたしはステファノの家の人たちにも洗礼を授けました」（Ⅰコリ一・一六）と言うことができたのでしょうか。もしキリストだけが洗礼を授けるならば、どうして彼は使徒たちに「あなたがたは行って、洗礼を授けなさい」（マタ二八・一九）と命じることができたのでしょうか。キリストがすべてのサクラメントの創始者であるならば、そこから直ちに、だれによってでもサクラメントは授けられるという結論にはなりません。ドナティストたちは、異端者たちが〔自分たちの〕教会の交わりの外におり、〔自分たちの〕教会の外では洗礼が存在しない、と不遜にも考えていました。この問題を承認するためにキプリアヌス[181]は聖書の多くの証言と同じく多くの〔理性的な〕論拠を利用しました。また、だれであろうとその支持がカルタゴ協議会[182]の議事録に記されている多くの司教たちをも利用しました。わたしは教会が定めたことをすべての点でもちろん承認します。わたしたちはここでは単に、ある〔聖書の〕箇所が勝利を収めるために歪められている実例を示すために、こうしたことをこれまで論じてきたのです。

わたしが今から言わんとすることを、誰かが巧みに提示するなら、つまり何らかの神学的な主題をご自分で作成するか、あるいはだれかある人から伝承された主題として受け取るかするという仕方で提示するなら、それが格別な利益をもたらすかどうか全く分かりません。そのためにはあなたは、読むものすべてを何か巣の中でするようにまとめなければなりません。そうすることで、あなたが何を取り出し〔借用し〕たいのか、それとも何を保存しておきたいのかが、いっそうはっきりして来るように思われるでしょう。たとえば（事例として役立つ事柄をあげて示しましょう）信仰について、断食について、悪人どもを忍耐することについて、弱い人たちを助けることについて、不敬虔な役人に耐えねばならないことについて、素朴な人たちの躓きを避けることについて、聖書の研究について、両親や子供たちに対する敬虔について、キリスト教的な愛について、身分の高い人を敬うことについて、悪意について、中傷について、清廉について、その他この種のことについて。実際、無数のことを心に描くことができます。わたしたちがこれらを相反する主題とか相関連する主題とかにもとづいて構成された秩序によって（わたしたちが『コピア』[183]という作品でもすでに公表してきましたように）見ると、旧約聖書のすべてにおいて、福音書において、使徒言行録において、使徒たちの書簡において、どんな場合にも特徴的なものはすべて、一致するものであれ、一致しないものであれ、このような秩序に連れ戻されねばなりません。このことが誰かに正しいと考えられますと、その人は古代の注解者たちから、最後には異教徒の著作からも、いつかは役立つと思われるものを収集することができるでしょう。聖ヒエロニュムスもこの方法を役立てたことを彼の著作からほぼ観察することができるようにわたしには思われます。何かを主張しなければならない場合には、道具が手元に備えられて待ち構えているでしょう。何かを説明しなければならない場合には、出典箇所が簡単に比較されるでしょう。

(四) 聖書の対立する表現について

実際のところ、わたしたちが不明確な箇所を他の箇所との比較によって明確にしたり、神秘的な書物を他の書物によって、神聖な書物を他の書物によって説明するとき、このことはオリゲネスのみならず、アウグスティヌスにとっても聖書を解釈する最善の方法でしたから。そこから確かに人は単に他の方法では理解できないような意味を会得する利点を捉えるばかりか、権威が付き添われるようになります。なぜなら聖書の権威が至るところで比類なき言葉でもってわたしたちを満足させようとも、それでも将来いつかはその解釈について、とりわけ古人たちの意見が一致しない場合には、異議が出されるということが起こるでしょうから。それゆえ多くの人々の意見が一致するときには、それは確証されるようになるでしょう。だが意見が一致しない場合や衝突する場合には、もっと厳密に探索するようにわたしたちを駆り立てるでしょう。この種類のものとしては、主が「すべての肉はわたしを見て、なお生きていることはできない」（出三三・二〇）と語る言葉があげられます。しかしながらルカはイザヤの権威〔「肉なる者は神を見る」（イザ四〇・五）〕にもとづいて「またすべての肉は神の救いを見るでしょう」（ルカ三・六）と言います。更にパウロが「肉と血は神の国を受け継ぐことはできません」（Ⅰコリ一五・五〇）と言うとき、それでもヨブは「わたしはこの肉をもって神を見るであろう」（ヨブ一九・二六）と言います。同様にキリストは福音書で怒ることを禁じていますが、それでも詩編でわたしたちは「怒っても、罪を犯さないように」（詩四・五）とあるのをわたしたちは読みます。そこから帰結することは、キリストが誰か〔任意の人〕の怒りのことを考えていなかったか、それとも詩編の言葉は、怒りを命じているのではなく、たまたま怒りに陥ったときでも、それが不正にまで進展しないようにしなさいと受け取られるべきである、ということです。同様にキリストは聖書のある箇所で弟子たちに旅には財布も杖ももっていくのを許可しているのに（ルカ二二・三六参照）、他の箇所ではそれらをもっていくのを禁じています（同九・三「旅には杖も袋ももっていってはならない」参照）。このような矛盾はときには単に言葉においてのみあるのですが、ときには行為においても、ときには両者は混入した形でもあります。わたしたちは言葉に関する事例を今しがた挙げておきました。行為に関しては一つだけ事例をあげます。それはペトロがユダヤ人から殴打と牢獄〔の苦痛〕を辛抱強く耐えていたのに、アナニアとその妻サフィラに対しては同じ寛大さを適応しないで、激しく非難し、決然と破滅を通告したのでした（使五・一以下参照）。彼は再度不信仰な民に寛大に、かつ、穏やかに悔い改めを呼びかけましたが、それは彼らが悔い改めるように勧告したのではなく、その箇所では彼らを罰するためでした。聖霊の賜物を金で買おうとしていたシモン――彼はすでに洗礼を受けていたにもかかわらず――を罰するのではなく、彼が心を変えて少なからず罪の赦しを望むなら、悔い改めるように勧告しました（同八・一八―二二参照）。行為と言葉を混合した類の事例は次のものであるといえます。キリストは福音書で「一切誓いを立ててはならない」（マタ五・三四）と言いますが、それでもパウロはその手紙でしばしば誓っています。キリストは右の頰を打つ者に左の頰をも向けるように命じています。それでもパウロはその手紙でしばしば誓っています。キリストは裁きの席で激しく打たれたとき、殺害する人に抗議していま

す。パウロは平手打ちを受けたために大祭司の裁判官に、平手打ちよりもはるかに穏やかではない誹謗をたたきつけるほどにまで、もう一つの頰を向けたりしておりません（使二三・二以下参照）。同様にわたしたちが「主よ、あなたは偽って語る者を滅ぼします」（詩五・七）と読むとき、それでもわたしたちは、アブラハムのような、ある優れた人たちが虚言を用いねばならなかった、と読みます（創一二・一三、二〇・二参照）[184]。このように聖人たちの行動は聖書の教えと矛盾しているように思われますが、お話を最初見たときそれが明示するのとは別の意味が言葉には潜んでいることをわたしたちに教えています。いやそれどころか、このような出典箇所の比較は、神秘的な言語の有する特殊な用語や比喩をわたしたちがいっそう確実に認識するという有用さをもたらすでしょう。またこれらの事柄でこれまで教育されて来た神学の初心者は、絶えざる熟考によって聖書を学び続けることに従事するでしょう。この聖書を、

　　彼は手を尽くして夜となく昼となく熱心に思いめぐらす[185]。

彼は聖書をいつも手にしており、懐にいだいています。彼には聖書からいつも何かが音を立てて流れ込んでいるか、心中にちらついています。絶えざる訓練によって心に刻みつけられたものが、彼の本性にまで移っていくでしょう。

(五) 聖句の暗記について

聖書を言葉どおりに暗記するようにとのわたしの意見は、無思慮なことではありません。権威あるアウグスティヌスによってもそのように理解されていなくはありません[186]。あなたが神秘的な意味をまだ把握していなくても、確かにわたしはそのように解釈しています。というのもわたしが観察した多くの修道士たちの間で[187]起こっていることを実行するのは、つまりオウムが人間の言葉を暗記するのと同じように詩編を暗記することは、成果よりも不快感をもたらしますから。なぜなら、わたしたちが理解したことは、単に記憶にいっそう容易に、かつ、いっそう持続的に残るばかりか、またいっそう大きな利益を伴いますから。これがまず初めに新約聖書の諸巻に起こるようにと、わたしは望みたいです。キリストの教えが確かに一般大衆にすでに行き渡り、すべての人の心に刻印されて、今日ほぼ、もしくは、それだけで十分でありうるほど、わたしたちの告白に効果があると良いのですが。以前ではユダヤ人を信仰に導くために、旧約聖書の権威が利用されなければなりませんでしたが、今日ではわたしたちは彼らとほとんど交渉をもっておりません。また他の人たちの間ではヘブライ人の書物の権威は同じように見られていません。それでも、もし誰かがアレゴリーを彼らにはぼんやりしているキリストに適用するか、それとも道徳生活に応用するならば、しかもそれを節度を欠いた仕方ではなく、個別的に行うならば、ヘブライ人の書物からとても多くの利益が得られることをわたしは否定したくありません。というのも一語一語アレゴリーを適用すると退屈になるものが多くありますから。なぜなら何かを暗示するためではなく、物語の継続と連続を成り立たせるために、多くのものが入り混じっているからです。そのようにアウグスティヌスは教えていますし、彼とともにヨハンネス・クリュソストモスも葡萄園の労働者についての譬え話をマタイによる福音書の第六五説教で話したとき、教えています。したがって、わたしたちは最初の栄誉を新約聖書に与えなければなりません。というのも、わたしたちは新約聖書によってキリスト教徒となり、そこではキリストが旧約聖書よりもはるかに明瞭に叙述されているから。第二の栄誉は旧約聖書とその中でもイザヤ書のように新約聖書とほとんど一致するものに与えねばなりません。わたしが前に語ったように、出典箇所が適切に配置された場合には、パウロの手紙がしばしば福音書と比較され、この両者がイザヤ書やその他の旧約聖書の箇所と比較されるならば、このようなことが自ずと、かつ、自発的に記憶に付着して定着するようになるでしょう。このような労苦はやめるべきであると言う人に対してわたしはお尋ねしたい、未来の神学者がソフィスト的な訓言を暗記したり、アリストテレスの注解書にあるものやパラフレーズなら何でも諳(そら)んじたり、人々が「論証」と呼んでいるスコトゥスの結論を暗記したり、またその源泉から神学――それが真の神学でありさえしたら――の全体がわき出る聖書に対して同じ労苦をすることを煩わしく感じることがどうして起こってくるのか自分でお考えいただきたい、と。だが、このような労苦を一度にぐっと飲み干すほうが、何かを考察したり引用したりするごとに、何度も辞書や要約集や索引に逃れねばならないような絶えざる努力をして輪の周辺をぐるぐる回っているよりもどれほど望ましいことでしょう。ある人たちは〔こんな〕わたしと似たように振る舞っています。なぜなら彼らは、家に家具を何ももっていないので、大杯とか供物皿が必要なときにはその都度、それらを使用するため隣人に〔拝借すべく〕嘆願しなければなりませんから。だが、あの賢者が「あなた自身の泉から水を飲め」（箴五・一五）と勧告しているのは正しいです。ですから他のところから水を懇願すべきではなく、むしろあなたは自分の泉から他人に水をもっていくことができます。したがって、あなたはむしろ判断するときに用いる混乱した手続きや不潔な小規模大全といった水たまりを放棄して、あなた自身の心胸をキリストの図書室とすべきです。この図書室から〔ウェスタ神殿内奥の〕貯蔵室から取り出すかのように、あなたは用意周到な家長として新しいものと古いものとを、まさしく必要なときに応じて取り出すのです。〔家畜の飼料にする〕混合飼料から盗んできたものよりも、あなたの心胸から生けるもののようにあふれ出るものは、聞き手の心にはるかに生き生きと入り込みます。

（六）古代の注解書を選んで利用する

この間に誰かが質問するかも知れません。どうしてあなたは今や聖書を注解書なしにも理解できるほど容易に、かつ、わかりやすく判断できるのですか、と。劇場的な見せかけのためではなく、健全な教えのために十分なだけをまず教義について学んでから、そしてわたしが前に語った出典箇所の比較を確かに行った後で、人はさらに何をなお行うことができますか。いずれにせよ聖書の最初の注解書を公表した人たちは、その他の何を追究していたのでしょうか。彼らの間でオリゲネスがその創始者でした。こうして彼はこの金星を昇らせましたので、彼の後ではだれもあえてそれに手を加え〔て改善し〕ようとはしませんでした。オリゲネスよりも老齢であったテルトゥリアヌスは、キプリアヌスが彼をその教師と常に呼んでいたのが理由がないわけではないほどに、聖書に途方もなく通暁しておりました[188]。しかし他の人たちが同じ道に歩み入っていたならば、この人たちがオリゲネスやテルトゥリアヌスが到達したのと同じ道に到達するのを何が妨げることができるでしょうか。わたしはだれに対しても身元保証人でありたいなどと主張しません。わたしは往昔の人たちの聖書注解を避けて自分の聖書知識を主張したり、手に入れたりしたくありません。むしろ古人の仕事がわたしたちから仕事の一部を取り除き、彼らからまず最善のものが――だれも比較されえないほど第一人者であるオリゲネスのように――選び出されるかぎり、彼らの注解によってわたしたちが助けられるようにすべきです。オリゲネスの次にはバシレイオス、ナジアンゾスの人〔グレゴリオス〕、アタナシオス、キュリロス、クリュソストモス、ヒエロニュムス、アンブロシウス、ヒラリウス、アウグスティヌスです。次いでわたしたちは、たとえわたしが尊敬の念をもって読まれるように願っていながらも、この人たちを判断力と選択力を行使して読まなければなりません。彼らは人間であって、ある人たちは無知であったし、かなりの人はぼんやりしていたし、どこかで居眠っており、ともかくも異端者たちに打ち勝つことに専念していました。このような人たちの論争に当時の人は皆興奮していました。当時彼らが語りかけていた人たちの耳に彼らは何かを与えておりました。更に彼らのうちには、その虚偽の書名のもとにとても多くのことが広められないものは、ほとんどありませんでした。また、もっと恥ずかしいことには、その書物には無縁なことが少なからず混入されていました。わたしたちはこのことをヒエロニュムスにおいて確かに、それからキプリアヌスにおいても明瞭に、明らかにすることができますし、ことによるとアウグスティヌスでも明らかにすることができます。その他の人においても、つまりオリゲネス、アンブロシウス、クリュソストモスにおいても同じことをするのはそれほど面倒ではなかったでしょう。もし読者がこの点に注意を向けていなかったとすると、碌でなしの夢想をヒエロニュムスやアンブロシウスの神託として受け入れる危険が生じます。このようにして「傲慢になって太陽神ヘリオスを滅亡させる」[189]ことが今日起こってしまうのは確かです。同様にヒエロニュムスはその説教で語っていますし、アウグスティヌスもある説教でエレミテスの兄弟たちに向かって語っています。[190]それはあたかも三本の支えをもつ所から発せられるかのように神託として公布されたのです。それゆえ著者ばかりか、著書も選ばれなければなりません。また著者たちにおいても、ギリシア〔語のできる〕人たちがラテン語のできる人たちに、往昔の人たちが最近の人たちに、優るという仕方のみならず、また個別的な類においても一方が他方に優るという仕方で区別されるべきです。だれもオリゲネスに優ってこのように豊かに教えている人はおりません。だれもヨハンネス・クリュソストモスに優って上手に共通の出典箇所を教えている人はおりません。聖書の詳しい解釈に関してヒエロニュムスの功績は通俗の称賛では言い尽くされません。トマス〔・アクィナス〕よりも明晰な人はいないし、スコトゥスよりも厳格に吟味する人はいません。著作においてはまがい物や偽造されたものを真正な本物と見なさないようにわたしたちは警戒すべきです。

（七）源泉に遡って学ぶ

それゆえこんなにも多数の書物が溢れているのに生涯のほうはこんなにも逃走的であり、すべての書籍をひもとく暇がありませんから、最善のものを読むことしか残っていません。人はいったい何のために翻訳者よりもこのように当今の作家が積み上げたものに向かって大切な時間を全く悪い仕方で費やすことにかかわるのでしょうか。このようなものの中には後になってから大変骨折って忘れなければならないものが、初めには何と多くあることでしょう。それから何か正しいものがその中にある場合、あなたはそれが往昔の人たちの中から汲み出されたことを知るでしょう。ただしそれが不具にされ完全に隠されているのです。言語的にも、事柄としても知られていないので、わたしはそれを理解していなかったがゆえに、恐らく最善のことさえもほとんど知らずに、多くのことを利用し損なうように強いられたのです。そのようなものの大部分は確かに源泉から汲み出したものではなく、その源泉からの味わいがほとんど何もしないほどに、しばしば混ぜ合わされ、移し替えたアンソロジーから、一〇の水溜まりから〔取り出す〕ように、こっそり盗まれているとは、いったいどうしてなのでしょうか。そのうえ何も自分から加えはしなかったように思われるために、自分の夢想の何かを付け加えるか、みすぼらしいものからどこへでも、また前日に生まれたばかりの著者からでも取ってきて混入させます。その有様はプラウトゥスが語っているように、「料理人が多くのスープを混ぜ合わす」[191]のと同じです。要するに彼らは昔の人たちが教えていたことと同じことをしようとしたので、その語りが舌足らずのどもりのため、彼らのもとではすべてが何とも味わいがなく、貧弱なことでしょう。それに対しヒエロニュムスは、すべてを魅了する仕方で書き、かつ、豊かに表現したので、真理からさまよい出たり、問題となっていることから逸れたときでも、それにもかかわらずこの人たちよりも多くの善美なことを教えています。たとえ彼らが問題となっていることを真実に伝えているときでも、そうです。さしあたって、わたしたちはそのもとに絶えず留まっている創始者（身元保証人、著者）と同じ方法である人たち自身を完全に再現しています、と言わないとしてもです。というのも食物の性質というものは、朗読が読む人の精神と道徳に移っていくのと同じようには、身体の傾向に移っては行きませんから。もしわたしたちが空腹であり、凍えており、〔不正に〕粉飾しており、難解で喧嘩好きであるような著者たちと絶えず一緒にいるなら、そのような人たちをわたしたちはどうしても避けねばなりません。しかし、もしわたしたちがキリストを真実に味わい、輝いており、生きかつ活動しており、真の敬虔を教え、かつ、実行している人たちと一緒にいるなら、わたしたちは少なくともこの人たち〔の精神〕をいくぶんかは再現しなければなりません。

第一〇章　神学に対する正しい教育

それに対してあなたは〔抗議して〕言うでしょう。わたしは〔その他に何にも加えていないなら〕スコラ的な格闘技に対しては不十分な教育しか受けていなかったことになるでしょう、と。しかしながら、わたしたちは〔籠手(こて)で戦う〕拳闘士を教育しているのではないのです。そうではなく神学者を教育しています。それも三段論法によってではなく、生活によって〔自分の考えを〕表現しようと申し出ている神学者なのです。この人たちの間には神学者がいるとは少しも考えられない、というほどまでにひどくあなたが神学者を嫌われる理由はありません。同じ彼らの間に確かにヒエロニュムス自身が、またおそらくはパウロ自身さえも考えられていなかったときには、人は何と答えるでしょうか。そういう仕方で誕生していない神学自身に過失はありません。そうではなく罪過は、神学の全体を弁証論者たちの狡猾さとアリストテレスの哲学に強いて還元させた人たちの考察方法にあるのです。そのため神学は、こうしたことから神学よりも哲学に少なからず似たものとなりました。またある修辞学者やある数学者、またある音楽家が、予めこれらの学芸のすべての問題点を認識しないでは誰も理解しないであろうという仕方で神学を教授するということが起こりうるでしょう。だが、どうして神学者があらゆる分野の一切の問題に対して確実な答えをもって応じる必要があるのですか。ヒュドラが一つの頭が切り取られると他の無数の頭が再生するようには、神学者のだれも〔その問題に答える人の〕数に入らないし、〔その問題に答える人の〕種類でも〔その問題に答える人の〕目標でもありません。

探求しても不敬虔ではないような問題があります。それがないと救いの損失となりうることが知られていない問題があります。〔自説を〕言明するよりも疑い迷ってアカデミア学派と一緒に「熟考する」(ἐπέχειν) ほうがいっそう教養がある問題があります。神が人間を「欠陥なく」(ἀναμάρτητον)〔つまり罪を犯さないように〕創造できたかどうか、また神がどこかでご自身から区別されながら同一であるか否か、とわたしが自分を責めさいなんでも、どんな報いがありましょうか。基礎や期限なしに振り返って見ることができますか[192]。キリストの魂が欺かれたり、嘘を吐いたりできたでしょうか。「神はカブト虫である」という命題は「神は人である」と同様に可能でしょうか。御父が有する生む力は何か絶対なものでしょうか、それとも御父の特質でしょうか。ペルソナ的な存在における諸々のペルソナは根源との関係によって形成されるのでしょうか。あらゆる永遠なるものには一つの永遠が適合するのでしょうか。恩恵と愛とは区別されるべきでしょうか。恩恵は魂の本質にあるのか、それとも魂の能力にあるのでしょうか。身体の形成と生命付与は御言葉の受肉に先行していたのでしょうか。被造物に与えられうるすべての恩恵がキリストの魂に与えられていたのでしょうか。キリストの魂はロゴス自身が認識するすべてをロゴスにおいて認識できるのでしょうか。キリストの魂は受胎した瞬間に悲嘆したのでしょうか。陰府（よみ）の国にある火はわたしたちと同じ種類のものでしょうか。ある程度探索しただけで十分であって、もっと深く調査しようとすることは不敬虔であるものもあります。

（二）クリュソストモスの見解

聖ヨハンネス・クリュソストモスは『ヨハネ福音書講解説教』の第一〇説教[193]で、キリストのペルソナには神の本性が魂と人間の身体と一緒に、ある種の結合において、同一実体が相互に異なる本性を包含するというほど言い表し得ない仕方で、結び合わされていたと知れば、わたしたちはもう十分に学んだと考えています。更にどのような方法でそれが起こるかをそれ以上に探索すべきではないと彼は考えています。彼は言います、それがどのようであるかを探求してはならない。それは彼自身が知っているように起こっているのです。しかしわたしたちの間では、キリストが個別的な人間を摂取されたのか、それとも〔人間の〕似姿を摂取されたのか、あるいは何か第三の仕方で神にして人であると呼ばれるのかに関して、何と多くの疑問が、多くの意見が、討論する者たちの多くの分派が起こってきていることでしょう。またこの問題について往昔の人たちの間では全く意見の一致を見なかったのに、最近ではある人たちが登場してきて、先立つすべての議論を排斥して新しい道を公表しています。同じクリュソストモスはマタイによる福音書の第四説教(194)で福音書記者が肉にもとづくキリストの誕生について無分別に何もあえて定義していないと教えています。福音書記者はこの驚くべき懐妊をもたらした者として聖霊をただ提示しているだけです。また彼はこういう方法で短くかつ的確にあらゆる質問から自らを解放したのです。全能である神の霊がなされたことは、信じられ得ないことではない、と彼は言います。神の霊が密かな計画にもとづいて遂行されたことは、わたしたちには探索しがたいことなのです。わたしたちには書かれていることを信じ、保ち、崇めるだけで十分なのです。同じ場所でクリュソストモスはあの永遠の誕生——そこでは時間なしに誕生が起こっており、人間の言葉ではそれは表現できず、それは人間的な精神では把握できません——を探索しようとする人たちの無謀を、それどころか、彼自身が呼んでいるように、彼らの狂気をとりわけ大いに驚いています。もし聖なる人のこの見解がわたしたちに気に入るならば、当然スコラ神学の大部分は余計なものと思われたことでしょう。そして聖なる教えの認識に労苦している人たちは、その苦労の大部分を軽減されていたでしょう。

これらのことが話し合いや宴会で戯れになされるならば、忍耐できたことでしょう。ところがそれが今や学校で真剣に教えられたり、学ばれており、このような子守歌やとりわけ神学者にふさわしい題材でもって青年も老人も生涯を浪費しているのです。彼らはこれらをヒエロニュムス、アンブロシウス、キプリアヌス、ヒラリウスの書物よりも、とりわけ聖書よりも高く評価するでしょう。彼らがこのような子守歌でもって何かの証拠を得ると、福音書もパウロ書簡も読んでいないのに、学士となります。それでも彼らはとりわけ往昔の人たちに何も追加しなかったと思われたりはしない点で、汗を流して新しい神学者となったと信じられています。信仰のわざに属することについて人間的な議論でもってそんなに性急に探求することは、不要であるばかりか危険でさえある、とわたしには思われます。というのも、討論するのではなく信じるようにと、わたしたちに伝承されているものを攻撃したり、防衛したりするために、こんなにも用心深く、かつ、こんなにも好奇心をもって理論的な根拠を集めている人は、まだ疑いをいだいているように思われますから。またすべてのことを敬虔によるよりも好奇心をいだいてある種の理論的な根拠――それは信仰の力を多くの点でぐらつかせたり、衰えさせたりします――を探索する人にでくわすことがしばしば起こります。わたし自身は、幾人かの人が聖餐の論拠を考察したスコトゥスの明敏さによって心が全くぐらつき、この疑念をほとんど追い払うことができなかったほど追い込まれていたと自白していたのを知っています。わたしは、聖クリュソストモスがすべてのことでわたしと意見が一致しない場合、だれかがわたしに信仰を与えるように要請したりはしないでしょう。もし本当に彼がマタイによる福音書の第一説教(195)においてその名にかけて哲学者たち――彼らは徳について論じていても、あたかもストア派、エピクロス派、アカデミア派、逍遥学派がとても説明できない口論でもって相互に論戦していますように、分かりにくく、苦しんでいます――の書物を遠ざけようとするならば、名誉とは何ですか、あの善なるもの(τὸ ἀγαθόν)はいかなる点に成り立つのですか。さらに徳が実行されなければならないとき、この人たちは徳とは何であるかを探求することで全生涯を浪費するのでしょうか。それゆえ多くの人たちは、多くの言葉を費やして、しかもとても曖昧に、〔その説が〕言い伝えられているので、有害なのです。それに対してキリストは「心を尽くしてあなたの神である主とあなたの隣人を愛しなさい」(マタ二二・三七、三九)とわずかにして明瞭な言葉で説き明かしたように、その教えがきわめて単純に農夫にさえもわかりやすく明瞭であるように欲せられました。それゆえ誰がいったい神の本性について緻密さを尽くして屁理屈を並べたり、謎を尽くして愛についてそれが何であり、どんなに多くの仕方で受け入れられ、どこでどのくらい愛を実行するのが適切であるのか、差し迫った事態のため人が愛を躊躇することは有害ではないなどと物語るでしょうか。またあなたはその答えを果てしなく討論する人たちの間よりも無学な人たちの間で速やかに見つけるでしょう。かつてある神学者との討論に偶然立ち会いました。この人はその他の点では教養のある偏見のない人でしたが、あまりにも長くスコトゥスの犀利な洞察力に没頭していました。彼はサクラメントについて語っていましたが、わたしたちの間には一致点が見られませんでした。この人はそばに座ってた人に向かって「エラスムスがギリシア語で誰かに教えようと努めても、わずかな日数ではそれは実現できません。サクラメントが何であるかを彼がすぐにも理解できるためには、どうすべきでしょうか」と言いました。だが救済されるためにすべての人にサクラメントの執行が必要な場合には、サクラメントが何であるかを理解するためにわたしたちが一〇年間の全部を費やすべきであるとしても、それは実際素晴らしいことです。同様にクリュソストモスは他の複数の出典箇所でキリスト信徒の間では敬虔な討議と言うよりも、哲学的にして巧妙な討論が交わされることを認めておりません。彼はそれをテモテに「作り話や切りのない系図」（Ⅰテモ一・四）をやめるように警告するパウロの出典箇所をあげて説明しています。彼の言葉をここに引用することが望ましいとわたしには思われます。彼はこう言います、「どのように彼がこの種の問題を断罪し、削減しようとしているか、お分かりですか。なぜなら信仰があるところでは、〔このように〕質問する必要がないからです。好奇心をいだいて入念に調査すべきではない場合には、質問する必要があるでしょうか。質問は信仰を取り去っているからです。そして実際質問する人はまだ見いだしていません。質問している人は信じることができるように苦労しているのです。それゆえ彼はこの種の質問でわたしたちが空しくならないようにと警告しています。というのも、もしわたしたちが質問するなら、もう信じていないからです。なぜなら信仰は精神と思念に平安をもたらすからです[196]」と。そしてわたしたちに反対する人たちのためらい、すなわちキリストご自身はわたしたちが発見するために質問するように、開かれるために叩くように、わたしたちが生命を見いだすために聖書を調べるように命じたもうた〔のではないかという〕ためらいを、彼は直ちに退けて言う、彼らは精神の大いなる熱望をいだいて人間的な小さな質問にではなくむしろ聖書に没頭し、清い祈りによって神の霊――この霊はわたしたちにおいて神の深淵をも究明することができる――が彼らに与えられるように神から求めたのです。それゆえ、わたしたちは絶え間なく質問するのではなく、彼らの権威によって強固にされて質問するようになるべきだという命令をよく吟味すべきです、と。ここまではクリュソストモスに関してです。

(二) 使徒パウロの意見

彼ら〔わたしたちに反対する人たち〕には〔クリュソストモスによって〕「あなたがたはアリストテレスの哲学を探究しなさい。ことによると、その助けによって死人の甦りが教えられうるでしょう」と付け加えられるべきであるとは言われておりません。そうではなく「聖書を研究しなさい」(ヨハ五・三九)と言われているのです。それに関してパウロはまたどの程度まで神秘的な聖書の探求が適用されるべきか、神学的な認識がどのような目標へ向けられるべきか提示しています。彼は言う、「この命令は清い心とやましくない良心と偽りのない信仰から生じる愛を目指すものです」(Ⅰテモ一・五)と。それゆえ、パウロが述べていたことに向かってわたしたちの勤勉が寄与する程度まで、わたしたちは聖書において省察的に思索すべきです。[197] そうはいってもこの目標を示していないで、いつも空しいことを称賛する民衆の感嘆を手に入れようとする、何らかの逆説とか新奇なものを作り出すことを企てる人は、神学者の代わりにおしゃべりな奴となります。パウロはこういう人たちのことを次のような言葉で述べています。「ある人たちはこれらのものから逸れて、無益な議論の中に迷い込みました。彼らは律法の教師でありたいと願いながらも、自分が言っていることも主張していることも理解していません」(同一・六―七)と。

（三）今日の説教の憂うべき有様

だが、こんな物語が〔ギリシアの〕学園の壁の内部で追究されていたとしたら、それを我慢できる人がいるでしょうか。ところが今やこのような見せ物が聖なる集会にも入り込んでいるのです（かつては〔説教が〕聖なるミサ奉献の一部であったのに、どうしてわたしは〔今や〕「聖なる」（sacra）と〔かつてと同じようには〕言えないのでしょうか）。わたしは何としばしばこの事態を恥ずかしく感じたことでしょう。何としばしば民の運命を悲しんだことでしょう。心に飢えを覚えた純真な民衆があえぎ求め、貪るように説教者の口からでるものを見守っているのを、彼らがそれによって改善されて家に戻りうる、自分の精神の糧を期待している様子をわたしは目にしています。ところがそこではある神学研究生が「ほとんど聖人の装いに包まれて[198]」尊敬に値する仕方でスコトゥスやオッカムに関する何らかの問題を、単調にかつ曖昧に論じ、どれほど彼がソルボンヌで好結果を得たかを誇示するのです。そして彼はこのような誇示によって賤民の好意を得ようと努めるのです。その間に集会の大部分の人は、もちろんギリシアの格言にある、口を大きく開けた狼のように去っていきます。他の人たちはお互いに弁じ合って、「この若者は何と多くの書を読んだことか」とか、「どれほど才能を発揮したことか」とが、「彼が建てたり滅ぼしたりできない何があるでしょうか」とか、「同じ心の病に罹っている少数の人のほか誰もそれを喜ばないでしょう」とか言います。この人たちは〔キリストの〕聖なる晩餐の間じゅう口論しあえる話題をもっています。これこそヤコブが「獣のような、悪魔から出たもの」（ヤコ三・一五）と呼ぶ教えです。それはパウロがテモテに書き送って「健全な〔教え〕」（Ⅰテモ六・三、Ⅱテモ一・一三参照）と名づけたものとは違っています。健全な教えは詭弁的な言葉よりも誠実な言葉によって伝えられなければならないのであって、同時にそれを怠っている人を勧告するのに、落胆した心の人たちを慰めるのに、敵対する人たちを反駁するのに役立ちます。それからすぐにパウロは「くだらないおしゃべり屋」を次のような言葉でもって描いています、「手に負えない人、無駄話をする人、人を惑わす人が多くいます。そのような人たちを沈黙させねばなりません。彼らは恥ずべき利益を得るために教えるべきでないことを教えてすべての家庭を覆しています」（テト一・一〇―一一）と。それでもなお、わたしたちはこのように警告したことが無駄であったように思われる説教家をもっているとは。それればかりか、わたしたちは何としばしば、その会話がことごとく汚らしい利益だけを臭わせており、報酬目当てに雇われた仲買人のほかには何ら自分の姿を示さないような教皇の赦免を、彼らが［求めるように］推薦していると聞いています。彼らは何としばしば公然とへつらって、教皇自身が認め、かつ、求めるよりも多くの権力をローマ教皇に与えているのです。彼らは何としばしば民の安寧がそれに負っている善行を自慢していることでしょう。彼らは、自分が属する教団を官職を得ようとして称賛しているのに、何としばしば各々の聖人たちを過度の称賛でもって持ち上げることでしょう。彼らは何としばしばあれやこれやの聖なる修道士服を身につけて埋葬される人たちには悪魔が権限をもっていないと説得しようと努めるのでしょうか。そのような神聖な祭壇服をもっている家は幸運を得るでしょう。そのような聖別された衣服を二、三年身につけている人は、病気から健康を快復するでしょう。絵に描かれ、木に彫刻されたクリストフォロスを日々熟視する人は不幸になって滅びることはないでしょう。彼は何と頻繁に福音の教えが宣教されるように定められているところから、これらのことやこの種のもっと恥知らずなつまらぬことをしゃべりまくることでしょう。［このような］無知で迷信的な群衆を憐れもうとしなかった人に対して、誰が嘆き始めないのでしょうか。ドミニコ会やフランシスコ会に属する人たちが、ひどすぎる野心を抱いて自分たちの聖人らを交互に持ち上げて運んでいるのに、諸々の善事に対してはどんなに怠慢であるかをわたしたちは頻繁に聞いております。わたし自身ある人のことがフリースランドからは自分より卓越した神学者は輩出しなかったと宣誓しているのを聞いています。これはもう全く疑いの余地がないほど、わたしはよく知っています。その神学者は驚くほど熱心にシエナのカタリナに対する称賛を説教しておりました。彼女はほんの少女のときに聖なる教父たちのすべての規則を、ベネディクトゥスの、フランシスコ会派の、ブリギッテそのほか類似の規則を、暗記するまで精通していましたので、イエス自身も彼女をご自分の花嫁となし、ご自分の手で少女の指に指輪をはめられました。こうしてイエスと彼女との間の親密さがとても大きくなったので、両者は頻繁にかつ相互に寝室のなかを行ったり来たりし、さまざまなことを互いに語り合ったのでした。彼は言います、「〔この二人は〕死に至るまで相互の愛に燃えた青年と少女にほかなりませんでした」と。彼は結婚を超えた愛を意味する俗な言葉をそれに添えていました。またわたしたちが益々感嘆するように次のように付言しました。「その親密さがとても大きかったので、彼らはたびたび時禱の祈りをお互いに他のために献げました。一方が〈主よ、わたしの唇を開いてください〉と先導すると、他方が〈そうすればわたしの口はあなたを賛美して歌います〉（詩五一・一七）と応じるのです[199]」。この人はこれらやこの種の多くのことを説教したとき、ある人があざ笑っているのを見たと思われます。それに対し彼は怒って顔を真っ赤にして次のように言うのです、「それは寓話に過ぎないと人は言うかも知れない。しかしそれは甦らされたラザロや福音書で伝えられているその他と同じ物語であると呼ぶことができるであろう」と。この発言に優るどんな不敬虔な言葉をわたしたちは聞くことができたでしょうか。最後に、彼はそのカタリナについて何か類似の物語を毎日話すでしょうと、それが少しも愚かでないかのように、約束しておりました。このようにわたしが報告するのは、その名前を挙げませんが、誰かに対してその汚点をぶちまけるためではなく、民衆に対して同じように馬鹿な真似をしないように神学者たちを警告するためなのです。民衆の中には知性をもっている人たちがいるからです。

(四) パウロの警告

しかし、わたしたちがこのような論争を刺激する諸問題を反論するために、パウロがどんなに用心深くテモテにそれを避けるように求めているかを観察しなさい。彼は言います、「言葉によって論争してはなりません。そのようなことは聞く人を破滅させることにしか役立たないからです」（IIテモ二・一四）と。また真理の言葉を正しく伝えるように彼が命じたところで、すぐに続けて「新奇なものを伴った無駄話を避けなさい」（同二・一六）と付言しました。敬虔に行動するようにと多くのことを忠告したところで彼はテトスに繰り返し愚かな質問、系図の詮索、〔古い〕律法に由来する争いを退けるように警告します。彼はこれらの争論をテモテへの手紙で「言葉についての争い」（λογομαχία, IIテモ二・一四）と呼んでいます。ある人たちは正気を失ってそこに陥っていると彼は言います。しかし、そこからは妬み、言い争い、誹謗、悪い疑念、精神が損傷され、真理から逸れて、敬神よりも利益を優先させる人たちの絶えざるもめ事のほか、何ものも起こってきません。

だが、わたしたちがこれまで語ってきたことを誰も、疑問点のほかにはわたしたちに何も述べていない人たちをわたしたちが全面的に断罪するほどにまで主張していると理解していません。あるいはわたしたちがスコラ的な論争――そこからは玉砂利が衝突すると火花が散るのと同じように真理が何度も引き出されます――を非難するまでに主張しているとは理解していません。そうではなく論争においてもわたしたちは適度と慎重さを要求しています。適度はすべてのことを探求しないようにさせるでしょうし、慎重さはどんなものでも探求するようにさせないでしょう。そうでないと当今の著作家たちの書物には知るに値するものが多くありますので、それらは時間をかけて適度に味見し、冷静にかつ正確に考察されねばなりません。というのもこの種の研究はかつては神学者たちの間で全く知られていませんでしたが、次にそれが〔彼らのうちに〕紛れ込んだ後でも、人間の世界ではよく起こるように、それは次第に広大なものへと成長したのです。そういうわけでケンブリッジ[200]におけるイギリス人やルーヴァンにおけるブラバント人の間に起こったように、すでにいくらかのアカデミアにおいていっそう節約されかつ抑制された仕方でこの種の研究が育成されはじめたのです。したがってこれらの諸研究は少なからず栄えておりますが、いっそう真実な意味で盛んになっています。しかし八〇歳にもなる神学者が単なる詭弁のほか何ら知恵がなく、生涯の終わりに至るまで無駄口を叩くとは、何という光景でしょうか。わたしたちはこの種のことをかつてルテティア〔つまり現在のパリ〕で少なからず見たことがあります。彼らがパウロから何かを引き出さねばならなかったとき、全く別な世界に移されたかのように見えたものでした。したがってある人にたまたま両方の種類の研究を成し遂げることができるほどに大きな才能が与えられていると、もちろん彼はわたしたちのために出かけていきます。彼の才能が彼を呼び出しているところに出かけて行きます。さい先のよい足取りで出かけていきます。しかし、それにもかかわらず、わたしたちが先に明らかにした人たちのもとで彼は〔その研究を〕開始せざるをえませんし、人生の大部分をまた人生のより良い部分をそのことに費やさざるをえない、とわたしは思います。もしも〔両者のうちの〕いずれか一つを放棄しなければならないときには、もっとも真実なものを〔保つようにと〕認めざるをえません。その際、わたしもこういう側面に好んで傾いていくでしょう。福音書と使徒たちの書簡に少ししか味覚を覚えないよりも、少しでも詭弁家でないほうが、わずかに優っています。キリストの命令を知らないよりも、アリストテレスの何らかの定説について無知であるほうが望ましいです。要するに、わたしはクリュソストモスと一緒に敬虔な神学者であるほうが、スコトゥスと一緒に無敵であるよりも好きなのです。あの古人たちによってキリストの教えが明らかにされ擁護されたことは確かに否定されえません。この〔スコトゥスのような〕人たちのもっとも明敏な機知ともっとも緻密な精妙さによって一人の異教徒でもキリストの信仰に回心させるか、あるいは一人の異端者に打ち勝って彼を変化させるかが知られるようになれば、わたしはついに古人たちが否決投票されるのを黙認します。というのも今日では異端者の数は減っているか、確実にわずかしかいないのは、真実を告白すると〔スコラ学者の〕三段論法よりも本当は〔少数の人文主義者という〕小さな束[201]のお陰なのですから。つまり〔対立する〕双方が自分が主張したいことを〔どちらでも〕自由に〔主張することを〕任されている場合、同じような緻密さでもって反駁できないような厄介な問題を、誰が総じて緻密な弁証論に結びつけることができるでしょうか。もしあなたがとうてい解明できない問題をたくらむとしたら、そのようにたくらんでいる人にとっても決して同意できないような問題を提起しても、どんな利益があるでしょうか。しかし、あの単純な書物は明敏な機知によってではなく、真理によって効力を発揮し、全世界の民を数年のうちに刷新することができるでしょう。

終わりに

しかし、わたしたちはもう諸々の研究を比較をするのをやめにしましょう。それらの研究において各自にはその長所が発揮されますように。またパウロの言葉を用いるなら、「各自はその感得したもので満足すべきです」（ロマ一四・五）。スコラ的な論争が好きな人はその学校で学んだことを自分が思うように追究なさるがよいのです。ただしそれだけを行わないように、学校の教えを余りにも重んじすぎないように、余りにも長くそれに敬意を払わないようにしてください。なぜならもう白髪混じりの歳になるまで、わたしはあの古くて尊い神学と和解するように努めてきて、多くのことを学びましたが、余りにも遅くになってそれを試みた者にはあまりよい成果が挙がりませんでしたから。だがある人が討論よりも敬虔を求めて教育されたいと欲するならば、直ちに、かつ、とりわけ源泉に赴かねばなりません。その人は源泉からじかに〔汲み上げて〕飲んでいる著者たちのところに赴かねばなりません。敬虔に関することで何か疑問が起こってきたなら、神の言葉にもとづいて救いに役立つように応答できる精神の健全な賢い人が欠けてはいません。パウロは主の指示を受けていない場合でも、信任を受けている者として忠告しています（Iコリ七・二五参照）。三段論法〔の学習〕で粉々にされたに違いない時間は、神に対する聖なる謝罪によって埋め合わされるでしょう。あなたが議論好きな討論においてちょっとの間ためらったとしても、あなたがどんな悪徳にも屈服せず、どんな情欲にも譲らないならば、確かにあなたはついに無敵な神学者となっていたでしょう。キリストを純粋に教える教師はとても偉大な人です。もし彼らがスコトゥスが定義したことを知らないのを恥と思っているなら、キリストが定めていることを知らないのはもっと恥ずべきことです。ドゥランドゥスが書いたことを追跡しないことが神学的に不十分であるなら、パウロが書いていることを探求しないことは神学的にもっと不十分です。神学者というのはその名称を人間的な意見からではなく、神の言葉〔神託〕から得ています。また神学の大部分は霊感で導かれており、全く純粋な道徳がないと、それに近寄ることができません。それにもかかわらず詐欺師、虚飾、偽善によって根底から腐敗したその全生涯が、野心に仕え、貪欲に奉仕し、しばしば性欲と食道楽に仕える人たちに優って、誰ももっとひどい僭越さによってこの〔神学の〕能力を自分に要求しません。この人たちは福音的な教説の先触れであると自分を誇示し、自らをキリスト教を支える柱となし、無知なる大衆が彼らの口を頼りにしていると考えます。羊たちが分散され、羊飼いに見捨てられたかのように、間違って〔さまよって〕いる民の運命を嘆かれたとき、もちろんキリストは彼らの行為を見分けておられました。なぜなら、わたしたちの時代もそのファリサイ派の人たちやラビたちをもっており、その偽善者たちをもち、魔除けのお守りをもっていて、これによって愚かな下層民に自分を推薦し、君主たちをもだますことができないかとねらっているのです。それゆえわたしたちは、キリストがこのファリサイ派の集団〔ごろつき〕を改善してくださるか、それとも群れから追い払ってくださるかをお願いしなければなりません。ですが、このように申し上げましたのは、わたしたちが善人たちの感情を害するためではなく、悪人たちにその義務を思い出させるためなのです。

これをもってロッテルダムのエラスムス『真の神学方法論』を終わりとします。

訳注

（1）この『新約聖書の序文』の「方法論」の箇所は一五一六年の『新約聖書』第二版の序文として書かれたが、この序文自体が同時に独立の版として一五一八年にオランダで出版された。

（2）このとき時間が切迫していたのは『コンプルートゥム多国語聖書』が一五一四年に印刷されており（しかし、

それは実際には一五二〇年になって出版が許可された）、「新約聖書ギリシア語」初版をめぐる競争が当時エラスムスの『校訂新約聖書』との間に起こっていた。

（3）エラスムス「方法論」本書二四四頁参照。

（4）マタ一五・一四。

（5）ホラティウス『詩論』三〇四―三〇五、本書二六一頁注（2）参照。

（6）エラスムスは『新約聖書の序文』所収の「方法論」の初めでも同じ趣旨のことを述べている。本書二四四頁以下参照。

（7）ローマの七つの丘の一つパラティウムの丘にあった神殿を指す。

（8）ピュタゴラスは南イタリアで活躍し、「万物は数である」という数学的な真理を教えただけでなく、宗教的で学問的な教団を形成し、その会員には絶対的な権威をもっていた。

（9）アウグスティヌス『キリスト教の教え』二・三九・五八参照。

（10）アウグスティヌス、前掲書、二・一一。

（11）「いい加減な言語」は semilingua（半‐言語）の訳である。

（12）ヒエロニュムス・ブスライデン（一四七〇―一五一七）はブリュッセルの首席助祭であって、いわゆる「三言語研究所」（collegium trilingue）を創設し、そこではラテン語・ギリシア語・ヘブライ語が教えられた。

（13）ステファヌス・ポンケリウスはパリにある研究裁判所の長官で、大学の事務総長にして、パリの司教であった。彼は一五一九年からはセノネースの司教を務めた。

（14）ここでは「なぜ天を見上げて立っているのか」（使一・一一）ということが考えられているように思われる。

（15）福音書の改訂は三八三年に始まったが、ヒエロニュムスが福音書のほかに他のラテン語訳聖書をどれくらい改訂したかは明らかにされていない。新約聖書の全体を彼が改訂したとの説もある。Herbert Haag, Bible-Lexikon. Benziger, Einsiedeln 1951, S. 231 参照。

（16）テレンティウス『アデルフィ』七九〇。

(17) エラスムス「方法論」本書二四七頁にも同じ発言があるので、それを参照。
(18) アウグスティヌス『神の国』五・一四・二参照。
(19) ルドルフ・アグリコラ(一四四三―一四八五)は、ヒューマニストでゲルマーニアにおける最初のギリシア語の教師の一人であった。
(20) エラスムスの誕生日は一四六六年の一〇月二八日とされているが、一五一九年の「方法論」にはすでに五三歳となっていた。彼の誕生年が確定されないでいる点で参考となる記述である。
(21) ヒラリウス『詩編釈義』一一八・六、アウグスティヌス『詩編注解』三七・六、『手紙』七一・四(金子晴勇訳『アウグスティヌス著作集別巻I 書簡集(1)』教文館、一四八―一四九頁)参照。
(22) 本書二六二頁注(8)参照。
(23) アウグスティヌス『ドナティストのクレスコニウス駁論』二・二七・三三参照。
(24) アウグスティヌス『キリスト教の教え』二・一六・一八、二八―三一参照。
(25) アウグスティヌス、前掲書、二・三一・四八。
(26) これはスコラ学者ペトロス・ヒスパヌスに由来する標語で、これによって個々の三段論法に対するアリストテレス的な図式が示され、暗唱された。
(27) テオフラトゥス(前三七二/三六九―二八八/二八五)はアリストテレスの後継者で自然学に関する論文を多く残している。プリニウス(二三/二四―七九)は有名な『博物誌』の著者である。マクロビウス(四〇〇年頃)は恐らくアフリカ出身の人気のあったローマの文筆家で、その著作は文化史的に有益なものであった。アテナエオス(約二〇〇年頃)はエジプト出身の知識人と思われる、またディオスコリデスはクラウディウスとネロに仕えた軍医で、薬学と植物学の著作で知られている。
(28) 「カトリコン」(Catholicon)は中世の図書館に備え付けられていたギリシア語―ラテン語辞典を指している。
(29) イシドルス(五六〇?―六三六)はセウィラの司教で、彼の著作はその当時の知識の宝庫であった。エラスムスはここで彼の『エティモロギアエ』をあらゆる学問分野にわたる一種の百科全書と考えていたようである。

(30) タンタロスはギリシア神話に出てくる人物で、ユピテルの息子。与えられなかった食事を欲しがった。そのためゼウスによって永遠の飢餓と渇きに苦しむように呪われ、それに加えて巨大な石が頭上に吊るされ、落下する脅威にさらされている。
(31) パエトーンは太陽神の息子で、父の日輪の車を借りて乗っていたとき、馬を御しきれず、車が暴走しかかったため、ユピテルの雷に打たれて死んだと言われる。
(32) エラスムスは Parabolae sive Similia, 1513 のことを考えている。
(33) ファブリウス・クインティリアヌス（一〇〇頃没）はローマの修辞学者で、有名な『弁論家の教育』（Institutio oratoria）の著者である。
(34) アリストテレス『修辞学』二・一―一八、『詩学』一四―一五参照。
(35) アウグスティヌス『秩序』一・八・二四。
(36) オリゲネス『創世記説教』八（ミーニュ編『ギリシア教父著作集』第一二巻、二〇三頁以下）。
(37) ギリシア語で出典はロマ一二・一〇である。
(38) アエリウス・ドナトゥスは中世まで好んで読まれた文法学者でヒエロニュムスの教師である。彼はテレンティウスとウェルギリウスの注解書を書いた。
(39) スキュッラとカリュビディスはその間を航海する船が難船する難所を表現する言葉である。またシルチスはカルタゴからクレネにかけての地中海沿岸にある二つの浅瀬を言う。
(40) シンプレガデスは黒海の入り口の両岸にそそり立つ二つの岩で、その間を通過する船を両側から動いて破壊したと言われる。
(41) 「良い学問」（bonae litterae）とはエラスムスの時代には「人文学」を表す言葉であった。
(42) アウグスティヌス『キリスト教の教え』四・七。
(43) ナジアンゾスのグレゴリオス（三三〇頃―三八九頃）はカッパドキアの神学者、それに続くダマスス（三〇四―三八四）は教皇であって、ヒエロニュムスの依頼人であり、プルデンティウスはラテン語の頌歌集詩人、パウリヌス（三五三／四―四三一）はノアの司教で、アウグスティヌスの友人にして古代における重要なキリスト教詩人、ユーウェンクスについては本書二八〇頁注(13)参照。

(44) 本書二四二頁注(21)参照。

(45) 本書二六二頁注(16)参照。

(46) テオクリトゥス（三〇〇頃―二六〇頃）はシラクサ生まれの詩人で、牧歌の創始者とされる。

(47) ピンダロスはギリシアの抒情詩人。

(48) アナクレオーン（前五七〇頃―四八五頃）はイオニアのテオス出身の抒情詩人で、恋と酒を歌った。

(49) 本書二六二頁注(18)を参照。

(50) ヒッポクラテス（前四六〇頃―三七七頃）はコス島出身の名医。

(51) テオプラストゥス（前三七二／六九―二八八／八五）はレスボス島出身のギリシア哲学者、アリストテレスの学友でその門下としてその後継者となる。

(52) テミスティウス（三一七頃―三八八）はコンスタンティノープルで活躍した哲学者で、とくに好んでアリストテレスを一般に普及させた。

(53) アウグスティヌス『告白』八・二参照。

(54) 本書二六二頁注(19)参照。

(55) バルトルスは Bartolo von Sassoferrato（一三一三―一三五七）のことで、イタリアの創造力豊かな法学者であった。法律学校の校長を努め、スコラ学の方法を法学に適用した。

(56) バルドスは Baldus de Ubaldis（一三二七―一四〇〇）のことで、ピサとペルージアにおける市民法の教授であった。いっそう広範な注釈書を書いた。

(57) ドゥランドゥスはノミナリズムの立場にあった人ではなくて、教皇庁の法律家であった Wilhelm Durandus von Mende d.（一二三〇／三一―一二九六）を指している。

(58) ホルコトゥスは Robert Holcot（一三四九没）のことで、彼はアリストテレス論理学を弁護した人で、ケンブリッジとオックスフォードで教えた。

(59) ブリコトゥスはEdmund Birkhead（一五一五没）を言う。フランシスコ会士にして英国宮廷の説教家で、後に大司教となり、エラスムスの『校訂新約聖書』に攻撃を加えた。

(60) タルタレトゥスはPetrus Tartaretus（一五二二頃没）を指す。エラスムスの同時代人、重要なスコトゥス派の人で、パリ大学の学長となる。

(61) クリュシッポス（前二八〇頃―二〇七頃）はギリシアの哲学者で、後にストア派の学頭となった。ディオゲネス・ラエルティウス『哲学者列伝』七・七・一八〇参照。

(62) セネカ『手紙』八八・二。

(63) アウグスティヌス『詩編講解』二一・三、三七・六。この箇所で詩編二二・二の言葉をアウグスティヌスはからだ〔構成員〕に関わらせ、それとの一体性のゆえに頭〔キリスト〕のものと解釈する。

(64) アウグスティヌス『キリスト教の教え』二・一〇以下。

(65) アウグスティヌス『手紙』四七・四（プブリコラ宛）（金子晴勇訳、前掲訳書、一二五―一二六頁）。

(66) エラスムスはこのように救済史的に五つの時代を区分しているが、その次には改革の時代を予想している。

(67) 構成要素とは世界を成り立たせているエレメントであって、エンペドクレスが説いたように古代人の考えでは世界は地・水・火・風（大気）の四つの層から成っていた。その構成は下の地から上の大気に向かっているが、下から上に向かって各層が希薄となり、純化し、上昇するが、大気は再び下方に向かうことになる。

(68) パリウムは元来は大司教の肩衣を意味するが、それは大司教のもっとも重要な職位を表示するものであって、教皇から個人的に授けられた。それを獲るためマインツの大司教は多額の金が必要となり、そのために免罪符が用いられた。ここからルターの免罪符批判（「九五箇条の提題」）は直接マインツの大司教アルブレヒトに送られた。

(69) 「聖職禄取得納金」(annata)とは聖職禄を得たものが初年度に教皇庁に納めるべき収入税を言う。

(70) バチカンのような教会国家を意味する。

(71) エラスムスの根本思想を示す言葉。本書『新約聖書の序文』の「敬虔なる読者への呼びかけ」を参照。

(72) 本書二四二頁注(23)参照。
(73) アウグスティヌス『マニ教徒ファウストゥス駁論』一一・五参照。
(74) この先祖が歴史において何を指しているかは明らかでない。
(75) これは当時の教皇庁による免罪符の発行に対する辛辣な当てこすりである。
(76) 教皇が誤りえないという無謬説を指している。
(77) プラトン『国家』三八九b、四五九c。
(78) 初期のスコラ学によるとラテン教会ではローマ法の原則「性交ではなく、同意が結婚を造る」に従って考えられていた。結婚を成立させるのは契約の考えであるとされた。重婚とか内密の結婚のような都合の悪い結果はトリエントの公会議の決定では「それでもやはり」阻止されねばならなかった。
(79) エラスムスはここではサクラメントとしての結婚と自然の結婚とを区別しない宗教改革者たちと衝突している。
(80) エラスムスはその時代における困難な法律の状況に関して教皇の否定的な説明の可能性と本性的な結婚の解消とをここでは混同している。
(81) ここには多くの誤解を招いた免罪符による罪の赦しの付与を、商人であるアウグスブルクの銀行家フッガーに委ねたことに対する批判的な指摘がなされている。
(82) ここで考えられているのは cognatio spiritualis がもっている離婚させようとする結婚障害のことである。
(83) テルトゥリアヌス『マルキオン駁論』四・六—四一(ミーニュ編『ラテン教父著作集』第二巻、三九七—四九八頁)。
(84) アウグスティヌス『キリスト教の教え』二・八。
(85) マルコとあるが、実際はマタイを指している。
(86) 本当は反対にマタイが二人の盲人のことを、ルカが一人の盲人のことを記録している。
(87) エラスムスはその生涯にわたって自分の非合法的な誕生の事実を重く受け取ってきたことがここに窺われる。彼は自然のままの名誉と名声とに敏感になっていた。

(88) この「義父」(vitricum) はヨセフとの関係を表す正確な言葉ではなく、一五二三年版では正しく「養い親」(nutricius) を用いている。
(89) アラトゥス『パイノメナ』五。
(90)「父がお前たちを鞭で懲らしめたのだから、わたしはサソリで懲らしめる」(王上一二・一四) 参照。ここで北王国の建設者ヤロベアムはソロモン王を父と呼んでいる。
(91)「七つの自由学科」(septem artes liberales) は中世における高度な教養に至るために必要な教育課程であった。それは文法学、修辞学、論理学、幾何学、数学、天文学、音楽から成っていた。
(92) ここにはソクラテス的な「無知の知」が述べられている。プラトン『ソクラテスの弁明』およびニコラウス・クザーヌス『学識ある無知』を参照。
(93) そこでは中世後期に見られる重罪刑事法廷が考えられている。
(94) この「適応」の説はドイツ訳の注では一七・一八世紀の中国伝道の先駆けであると言われている。そのように読めなくはないが、当時の説としては大胆でエラスムスらしいものであり、注目すべき考えである。
(95) 魚はエピクロスによると高価で贅沢であると信じられていた。それをエラスムスは強調していると思われる。
(96) ヘブライ人への手紙の第一一章におけるアブラハムやモーセなどをあげて語られていることを言っていると思われる。
(97) IIコリ一二・一以下の第三の天にあげられた経験のことがここでは考えられている。
(98) ガラ一九・二〇、Iテモ二・五、ヘブ八・六、九・一五、一二・一四参照。
(99) アウグスティヌス『ヨハネ第一の手紙講解』七・八。この有名な言葉について金子晴勇『アウグスティヌスの知恵』(知泉書館) 一三五—一三六頁参照。
(100) その出典箇所は明らかでない。
(101) ここではコリントの信徒への第一の手紙第一二章では数々の霊的な賜物についてパウロが語り、更に第一三章では愛の賛歌を述べていることを指している。

(102) この文章とそれに続く文章は難解であり、その意味にしたがって補足しながら訳した。

(103) テレンティウス『アンドリア』六八。

(104) 「ポリプ」というのは多足獣の蛸を指すとも、イソギンチャクやヒドラなどを指すとも考えられる。エラスムスの『対話集』所収の「敬虔な午餐会」では「河岸や海岸にはカニやアザラシ、ビーバーといった両棲動物の類が見られます。ここには貝によって捕えられた罠を仕掛ける猟師のポリプがおります」（本書四八九頁）とあって、貝の中に身を隠してさまざまな仕掛けをする軟体動物のことが考えられている。

(105) エラスムスはⅠペト四・八の ἐκτενῆ「エクテネー」をウルガタにしたがって訂正しないで「継続して」と訳したが、ギリシア語では「熱心に」とすべきであると正しく指摘している。

(106) Ⅰマカ二・二九―三八にある「安息日の惨劇」のことを指していると思われる。

(107) ロマ一四・五はエラスムスはウルガタにしたがって abundet を使っており、「〔確信に〕満ちているべきです」となるが、ここでは新共同訳にしたがって「決めるべきです」と訳した。

(108) この文章は一五二三年に加筆されたものと思われる。一五〇八年にエラスムスは「大混乱」が開始していることを説いている。彼は一五〇八―〇九年のイタリア滞在時に教皇ユリウス二世の戦争を経験している。エラスムスの時代は教皇ユリウス二世からレオ一〇世の時代であって、一六世紀のヨーロッパは政治的に見ると神聖ローマ皇帝カール五世とフランス王フランソワ一世との二大勢力との間にカトリック教皇が介入することによって絶えざる戦乱に見舞われた時代であった。

(109) ここにほのめかされている事情は全く分からない。エラスムスはその友であるパリの人文主義者ブリキウス（Germanus Brixius, 一五三八没）がトマス・モアのような人たちに対する反目を遺憾に思ったようである。Allen, III, 41ff. 参照。

(110) 出二八章の全体を参照。

(111) 詳しくはヨシュ一一章を参照。

(112) エラスムスは「古い翻訳」でもって古いラテン語訳の聖書のことを考えている。ヒエロニュムスの時代にキタラと呼ばれた訳では、ヘブライ語的な特性がヒエロニュムスのウルガタよりも整理されずに残されていた。
(113) Augustinus, In heptateuchum locutionum libri septem（ミーニュ編『ラテン教父著作集』第三四巻、四八五―五四六頁）。
(114) Augustinus, op. cit., V（ミーニュ編、前掲書、第三四巻、五三三頁）。
(115) ギリシア語で著述した人文主義者にこういう人がいたかどうか不明である。
(116) アウグスティヌス『福音書記者の一致について』三・一六・五三。
(117) 代喩法というのは換喩や転喩と同じ修辞学の叙述方法で、狭い概念が包括的な概念で、部分が全体で、またはその逆に言い換えられる方法である。
(118) ヴィラ・デイのアレクサンドロス（一一七〇頃―一二五〇頃）は中世ラテン語法の広範囲にわたる文法の教科書の著者であったが、この本は人文主義者たちによって粗野であると攻撃されていた。
(119) オリゲネス『創世記説教』一七・八（ミーニュ編『ギリシア教父著作集』第一二巻、二六〇頁B）。
(120) オリゲネス『ローマの信徒への手紙注解』四七・二（ミーニュ編、前掲書、第一四巻、八五五頁）。
(121) アウグスティヌス『手紙』四七・二（金子晴勇訳、前掲訳書、一二三頁）。
(122) キリルス『ヨハネ福音書注解』一二・末尾（ミーニュ編、前掲書、第七四巻、七五六頁）。
(123) エラスムスによるクリュソストモスの出典箇所は不明。
(124) クリュソストモス『マタイ福音書講解説教』三五・二（ミーニュ編、前掲書、第五七巻、三九九頁）。
(125) 第三巻とあるのは何かの間違いで実際は上巻にその出典箇所が見いだされる。
(126) テオフィラクトスはブルガリアの大司教で、一一世紀のビザンティンの釈義家であった。『マタイ福音書注解』二六・四五以下（ミーニュ編、前掲書、第一二三巻、四四九頁以下）。
(127) ドナトゥスは四世紀の重要な文法家であった。
(128) ディオメデスは『文法の術』（Ars grammatica）の著者である。
(129) クインティリアヌス『弁論家の教育』八・二・一六。

(130) アウグスティヌス『キリスト教の教え』三・二九・四〇。

(131) ファブリウスはクインティリアヌスの名前である。

(132) アウグスティヌス、前掲書、三・三・七。

(133) ラテン語の os は発音によって異なる意味をもっている。単母音のオスは牛を意味し、長母音のオースは口を意味する。

(134) アウグスティヌス、前掲書、二・一三。

(135) アウウスティヌス、前掲書、三・二。

(136) これに続く文章は一五二三年に追加挿入されたものである。

(137) エラスムスが一五二三年に初めて編集したヒラリウスの詩編注解のことがここで考えられている。

(138) 原文は「陰嚢」を意味するが、言っている意味は「娼婦との関係」である。

(139) ここから一五二二年版の追加が始まる。その場合続く引用文は最初の継続と理解されている。

(140) エラスムスはこの箇所においては厳密にはアレゴリカルな言語使用を一般的には誇張的にして比喩的な言語の問題に取り替えている。

(141) この言葉の転義的意味をアウグスティヌスは採りあげているが、エラスムスはこの箇所を字義的に受け取って、自ら去勢したオリゲネスのことを考えている。アウグスティヌス『キリスト教の教え』三・一七・二五参照。

(142) 「転義的解釈」とは tropologia の訳語であって、「字義的解釈」、「比喩的解釈」、「類比的解釈」を加えて中世に用いられていた聖書の四重の解釈の一つである。若きルターもこれを「道徳的解釈」としてもっとも重んじた。

(143) この箇所でパウロはその言葉に意味を尋ねているのではなく、各自はその召し出された状態のままでいるべきであることを説いている。

(144) アウグスティヌス『キリスト教の教え』三・一六。聖餐式における「肉と血」は「パンと葡萄酒」によって示されるが、それが実体的な変化によって主の肉と血となるとカトリックは主張する。それが象徴的な意味であるとエラスムスはここで考えているが、この考えはツヴィングリやカルヴァンに継承された。

(145) エラスムスは Parabolae sive Similia, 1513 のことを考えている。すでに本書四六一頁注(32)でも同じことを示唆している。
(146) アンブロシウス『ルカ福音書注解』一〇・七六(ミーニュ編『ラテン教父著作集』第一五巻、一九一五頁B)。
(147) アンブロシウス、前掲書、一〇・七八(ミーニュ編、前掲書、第一五巻、一九一五頁D)。
(148) ヒエロニュムス『マタイ福音書注解』二六・七二(ミーニュ編、前掲書、第二六巻、二〇一頁)。
(149) アイスキュロス『断片』一七六、エウリピデス『フェニキアの女たち』四六九。セネカ『手紙』四九・一二参照。
(150) アウグスティヌス『ヨハネ福音書講解説教』一五・二一。エラスムスはこの箇所でヨハネ福音書第八章に記された姦淫の女について考えているのではなく、同書の第四章にある「五人の夫」をもったことがあるサマリアの女について論じている。
(151) エラスムスはプラトンとピュタゴラス学派との関係を必ずしも望ましいものとは考えていなかった。彼はプラトンが数学の発展にそれほど貢献していないと考えた。アウグスティヌス『キリスト教の教え』二・二八参照。
(152) アンブロシウス『ルカ福音書注解』九・九〇(ミーニュ編、前掲書、第一五巻、一八八三頁B—C)。
(153) エラスムスにはパリ大学の神学者は個人的な経験からも古い学問の権化と映っていた。後期スコラ神学は彼の「キリストの哲学」が刷新しようと狙っていた典型的な学問であった。
(154) エラスムスはここでフルダの修道院長(七八〇—八五六)に無数の注解書と並んで、誤ってその責任が帰せられた『比喩について』のことを考えている。ミーニュ編、前掲書、第一一二巻、八四九—一〇八八頁参照。
(155) これは紀元前一世紀に書かれた哲学的な対話編で、誤ってソクラテスの友人の作と見なされた。
(156) アレクサンドリア学派の中で、霊的で比喩的な聖書の解釈を行ったアンティオキアの学派と対立していた人たちを指している。彼らはホメロスの物語が何か旧約聖書のようにキリストに関して比喩的に解釈されうるとした。
(157) プロテウスは自由に姿を変えることと予言の能力で有名であった。
(158) 本書四六一頁注(31)参照。

(159) 本書四六一頁注(30)参照。
(160) ミダスはすべてを金に変える力を願望した。愚か者の食物が金となったとき彼の願いがいかに愚かであるか知れた。
(161) ダナエはアルゴス王の娘で、黄金の雨に姿を変えて忍び込んだユピテルに愛されて、ペルセウスを生んだ。
(162) イクシオンはユノを犯そうとしていたのでユピテルによって地獄の永遠に回る車輪に縛り付けられた。
(163) 「原形」(idea)はプラトンが説いたイデアの意味である。比喩やアレゴリーに対するエラスムスの傾斜はここに哲学的な根拠をもっていることが暗示される。
(164) ディオニシオス・アレオパギテース『神名論』(ミーニュ編『ギリシア教父著作集』第三巻、五八五頁以下)。
(165) アウグスティヌス『キリスト教の教え』三・三〇―三七。
(166) ティコニウス(四〇〇前に没)はドナティストの神学者であり、その『諸規則の書』において聖書を解説するための原理を説いた。それはアウグスティヌスへの影響によって中世では評判となった。
(167) エラスムスの『神学的な比喩について』という表題をもつ小冊子は散逸している。
(168) ディオニシオス・アレオパギテースの『天上位階論』のことが考えられている。
(169) オリゲネス『創世記注解』八(ミーニュ編、前掲書、第一二巻、二〇三頁以下)。
(170) 中世以来「聖書の四重の解釈」(字義・比喩・転義・類比による解釈)がおこなわれてきたが、なかでも比喩的な釈義は比喩的な言語に応じており、そこからその釈義の規則が生まれた。それは理解の二つのレヴェルから成っている。すなわち、①字義的もしくは歴史的意味と、②神秘的もしくは霊的意味である。後者はさらにエラスムスが受容するのを欲しなかった四重の解釈にしたがって、比喩・転義・類比に分割される(本書三九四―四〇二頁参照)。こうして歴史的意味から霊的な意味へ、字義的意味から霊的意味へ移ることは、比喩的解釈を実行するために字義的解釈を捨てたり退けたりすることを意味しない。むしろそれは歴史における字義的な意味の中に見いだされる神秘を明らかにしようとし、それによって聖霊の働きを認識することを意味する。これこそ歴史的にして字義的な意味が霊的もしくは神秘的意味の土台であるという理由である。他方、霊的で神秘的な意味は歴史的で字義的な意味を理解する原理である。つまり霊的な意味の中に字義的意味が見いだされる。

(171) ヒラリウス『三位一体論』一・一八（ミーニュ編『ラテン教父著作集』第一〇巻、三八頁）。

(172) この言葉が昔から、少なくとも三世紀の初めからカトリック教会の解釈ではペトロの後継者であるローマ司教を意味していたことをエラスムスはもちろん知っていた。わざわざ彼はこの箇所を司教の職業一般と関連させている。

(173) バルトロマイはマタ一〇・三にあるように、十二弟子の一人でその祭日は八月二四日であった。

(174) ヒエロニュムス『エレミヤ書注解』二七・三―四（ミーニュ編、前掲書、第二四巻、八八二頁C、八八四頁B参照）。

(175) アンブロシウス『テモテへの第二の手紙』二・二〇（ミーニュ編、前掲書、第一六巻、七八三頁）。

(176) ノウァティアヌス（二五七／二五八没）はローマの長老であって、教皇コルネリウスのもとでローマ教会を分離させた張本人であった。その後、教会の構成と罪の赦しに関して厳格な解釈をするようになり、教皇と異なる見解をもつようになった。

(177) ベーダ『真正の説教』一・一九（ミーニュ編、前掲書、第九四巻、一〇二頁B）。

(178) ベーダ、前掲書、一・一九（ミーニュ編、前掲書、第九四巻、一〇二頁A―B）。

(179) アウグスティヌス『ドナティストたちに反対して洗礼を論ず』五・一三・一五参照、なお、ドナティストに関しては金子晴勇『アウグスティヌスとその時代』（知泉書館）第九章「ドナティスト論争」二〇九―二二四頁参照。

(180) エラスムスは、アウグスティヌスが敵対者のドナティストたちから彼の聖書的な議論が方法的に欠陥をもっていることが指摘されている、と言う。だがエラスムスが何度も書き加えたここの文章には不明確な点が多く含まれている。

(181) キプリアヌスはカルタゴ教会の司教であったが、自らも迫害を受けて二五八年になくなった。『クイントゥスへの手紙、異端者の洗礼について』（ミーニュ編、前掲書、第三巻、一一四九頁以下）その他を参照。

(182) キプリアヌスによってカルタゴで開催された協議会は二五一年から二五六年に及び、主として迫害で転向したキリスト者の再度の受け入れ問題が論じられた。
(183) エラスムスの著作 Copia verborum ac rerum のことを指している。
(184) 創二〇・一二―一三にあるようにアブラハムとサラは事実、異母兄妹であった。
(185) 本書二六三頁注(28)参照。
(186) アウグスティヌス『キリスト教の教え』二・九。
(187) 独訳の注によると、ヌルシアのベネディクトゥスはラテン語がよくできる修道士に、たとえば書籍がないようなときには、実践的な理由から詩編を暗記するように推薦している。
(188) ヒエロニュムス『著名な人々について』五三(ミーニュ編、前掲書、第二三巻、六八七頁以下)。
(189) 原文はギリシア語。ファエトンの伝説を皮肉っていると思われる。それはくだらない虚弱児の手においてせいぜい誤用されるに過ぎない。これはエラスムスが自由に応用したことであると思われる。
(190) ヒエロニュムス『服従についての考察』(Anecd. Mareds. t. iii, 2, p. 399ff.)、アウグスティヌス偽書『エレミテスの兄弟たちへの説教一二と一五』一五(ミーニュ編、前掲書、第四〇巻、一二五五、一二六一頁)。
(191) プラウトゥス『幽霊』二七七。
(192) 外的な「期限」とか感覚的な「基礎」によって規定されていない純粋な精神的な存在に関する認識方法がここでは考えられている。
(193) クリュソストモス『ヨハネ福音書講解説教』一〇・二(ミーニュ編『ギリシア教父著作集』第五九巻、八〇頁)。
(194) クリュソストモス『マタイ福音書講解説教』四・三(ミーニュ編、前掲書、第五七巻、四二頁)。
(195) クリュソストモス、前掲書、一・五(ミーニュ編、前掲書、第五七巻、一九頁以下)。
(196) クリュソストモス『テモテへの第一の手紙講解説教』一・二(ミーニュ編、前掲書、第六二巻、五〇六頁以下)。
(197) 「省察的に思索する」とは「哲学する」(philosophor)の訳語である。
(198) 本文はギリシア語である。
(199) これはカトリック教会の時禱の初めに置かれている言葉である。

(200) エラスムスはジョン・フィッシャーと知り合い、一五〇五—〇六年にケンブリッジ大学で教えてみないかと誘われたことはよく知られている。そこはこの時代に「新しい学問方法」(via moderana)として知られていた施設であった。

(201) 異端者についてのこの記述は宗教改革を皮肉っているように思われる。最近に起こってきた宗教分裂の原因はエラスムスによると教父時代の異端者や分派運動とは別なところにある。「小さな束」というのは、まだわずかしかいない人文主義者を意味しており、それを多数いるスコラ学者の群れと対比している。

対話集

Colloquia Familiaria：
Convivium Religiosum, Epicureus, Apotheosis Capnionis

敬虔な午餐会（宗教的な饗宴）

対話の出席者　エウセビウス、ティモテウス、テオフィルス、クリソグロットゥス、ウラニウス、その他に影武者としてソフロニウス、エウラリウス、ネファリウス、テオディダクトゥス、給仕のボーイ

エウセビウス　いま田園はことごとく若葉に満ち、ほほえみかけているのに、すすけた都会を好む人々がいるとは、全く驚いてしまう。

ティモテウス　すべての人が花々や青々と繁る草原や泉や小川の光景を見て魅せられるわけではない。たとえ彼らが魅せられるとしても、何か別のものが彼らをもっと喜ばすにちがいない。こうして針が釘によって押し出されるように[1]、快楽が快楽により押し出されて取って替わるのです。

エウセビウス　君は恐らくわたしに高利貸しか[2]、あるいはそれと同類の貪欲な商人のことを話しているのでしょう。

ティモテウス　たしかにそういう人たちのことです。しかし、よき友よ、彼らだけではない。否、彼らのほかに無数の人たちがいて、その中には司祭らや修道士たちまで入っているのです。彼らはたいてい利得のために都会に滞在する方を選びます。しかも最も大勢の人が集まっている都会を選びます。彼らはピュタゴラスやプラトンの教説に従うのではなく、群がる人々に囲まれるのが好きだった目の見えない物乞いのような人の教説に従っています。というのはその人は、民衆の集まっているところには利得（もらい）もある、ときっと言うでしょう。

エウセビウス　盲人たちはその利得ともども立ち去るがよい。わたしたちは哲学者なのだ。

ティモテウス　哲学者ソクラテスもまた田園よりも都会を好みました。というのは彼は学ぶことに熱心で、都会は彼に学ぶ機会を与えていたからです。実際、田園には樹木や庭園、泉や小川があって、目を楽しませてくれますが、そのほかには何も語ってくれないし、同じく何も教えてくれない〔と彼は言うでしょう〕[3]。

エウセビウス　君がただひとり田園を歩き回っているならば、ソクラテスの言ったことも、多少意味がある。しかしながら、わたしの意見をいわせてもらえば、事物の存在というものは黙しているわけではなく、いたるところでわたしたちに語りかけ、注意深くかつ聞く耳のある人に出会うときには、観察している者に多くのことを教えてくれます。若葉に燃えているあの自然のかくも魅力的な表情は、自然の創造者なる神の知恵が彼の善良さに等しいということ以外の何を告げているでしょうか[4]。だが、ソクラテスはあの憩いの場〔木蔭〕にしりぞいて弟子のパイドロスに何と多くのことを教え、さらにまた彼から何と多くのことを学んでいることか。

ティモテウス　もしそのような人たちが二、三人でも集まっていたとしたら、田舎の生活よりも魅力的なものはあり得ないでしょう。

エウセビウス　それでは、それを試してみる気はありませんか。わたしは市の郊外に大きくはないが、よく手入れしてある農園をもっています。そこへ明日あなたがたを食事にご招待いたしましょう。

ティモテウス　わたしたちは大勢いますよ。ですから、あなたの農場をみな食いつくしてしまうでしょう。

エウセビウス　いいえ、食事として出されるものはことごとく野菜でして、ホラティウスの言うように、「買い求められたのではないのです[5]」。土地そのものがワインを供給してくれます。樹々が自分でトウナス、メロン、イチジク、ナラ、リンゴ、クルミのほとんどを与えてくれます。それはあたかも、もしわたしたちがルキアーノスの言うことを信じるなら、幸福の島で起こっているかのようです[6]。おそらくわたしたちは家畜を飼っているところからニワトリ（雌鶏）を一羽おまけに与えられるでしょう。

ティモテウス　それでしたら、お断りすることもありません。

エウセビウス　なおまた、各自自分の欲する招かれていないお客を連れてきてください。そうすればあなたがたは現在四人いるのですから、ムーサの女神たちと同じ数になるでしょう。[7]

ティモテウス　そういたしましょう。

エウセビウス　あなたがたに前もって注意申し上げておきたいことが一つあります。それは各自が自分の薬味をご持参下さることです。わたしの方ではただ食物を準備するだけです。

ティモテウス　どのような薬味のことを言っておられるのですか。胡椒ですか、それとも砂糖でしょうか。

エウセビウス　いいえ、もっとつまらないものですが、もっとおいしいものです。

ティモテウス　いったい何なのでしょうか。

エウセビウス　食欲（空腹）です。[8]今日の食事を軽くとっておきさえすれば、それはかなえられます。明日すこし散策するとお腹がすいてきます。またこのような散策の便宜をわたしの田舎の生活が提供するでしょう。ところで食事は何時ごろがよろしいのですか。

ティモテウス　一〇時頃、太陽が昇ってあまり暑くならないうちがいいです。

エウセビウス　そのように準備いたしましょう。

〈**ボーイ**　ご主人さま、お客さまがたが門のところにお着きです。〉

エウセビウス　ほんとうによくお出で下さいました（約束どおりこられましたね）。すこし早めに、それぞれ一番お気に入りの大変すてきなお客様をお連れになっておいで下さったことに二重に感謝いたします。遅れてやって来て食事会の主催者をいらだたせるような不作法なお客もおりますから。

ティモテウス　わたしたちはこのあなたの王様のような荘宅を訪ねて検分する暇をもちたいと思って、すこし早めにやってきました。この王宮が素晴らしい装飾によっていたるところ多彩に凝っており、ご主人の才能を示していないところは全くないと聞いております。

エウセビウス　あなたがたはそのような王様にふさわしい王宮を見ることでしょう。わたしにとってはそれはどんな王宮よりも大切な小さな巣であることは確かです。自分の心の考えのままに自由に暮らしている人が王であるとすれば、わたしはここで明らかに王なのです。しかし、台所の女主人（料理長）が野菜の用意をしており、太陽の熱もまだ穏やかなうちにわたしたちの庭園を見て回られたほうがよいと思います。

ティモテウス　それに優るものがほかにあるでしょうか。というのは、こちらの全く驚くほど手入れがしてある土地が、入って行く人たちにきわめて魅力的な光景をもって、直ちに挨拶し、愛想よく受け入れているからです。

エウセビウス　ですから、みなさんはここで花や葉をいくらか摘んでください。それは部屋のむさ苦しさが不快感を与えないためです。同じ香りはすべての人に等しく喜ばれたりしないものなのです。ですから各自で好きなように摘みましょう。惜しんだりしてはいけません。というのは、ここで生え育つものは何でもほとんど共有の財であることをわたしは許しているからです。その証拠にこの前庭の戸は夜でもなければ決して閉じることはありません。

ティモテウス　まあなんと戸口のところにペトロが立っているではありませんか。

エウセビウス　わたしとしては彼を門番にしておきたいのです。メルクリウスのような者やケンタウルスのような者、またその他の、ある人たちが戸口に描く怪物よりも好きなのです。

ティモテウス　それはキリスト教徒にはとてもふさわしいことです。

エウセビウス　わたしの門番は黙ってはおりません。彼は入ってくる人に三つの言語でもって語りかけています。

ティモテウス　何を語りかけているのですか。

エウセビウス　どうしてご自分でお読みにならないのですか。

ティモテウス　目で見てとるには、すこし距離が遠すぎるのですよ。

エウセビウス　あなたを助けて〔鋭い視力の〕リンケウスのようにする望遠鏡をお使いになってみては。[9]

ティモテウス　ラテン語で「もし生命に入りたいと思うなら、戒めを守りなさい――マタ一九〔・一七〕」とあるのが見えます。

エウセビウス　今度はギリシア語で読んで下さい。

ティモテウス　たしかにギリシア語が見えますが、わたしには通じません。ですからこの松明をテオピルスに渡します。彼はいつもギリシア語を口ずさんでいます。

テオピルス　「悔い改めて、本心に立ち返りなさい」（使三〔・一九〕）。

クリソグロットゥス　ヘブライ語はわたしが引き受けましょう。「義人はその信仰によって生きる」（ハバ二・四〔ロマ一・一七に引用〕）。

エウセビウス　入るとすぐ悪徳から離れ、敬虔の探求に向かうようにわたしたちに警告する門番は、あなたがたには不躾に思われますか。次に、生命にいたるのはモーセの律法によるのではなく、福音的な信仰によるとすすめ、最後に、永遠の生命にいたる道は福音の戒めを遵守することによると、彼は警告しています。

ティモテウス　そして見てください。すぐ右手に入ると、とても上品な礼拝堂が見えます。祭壇にはイエス・キリストがいて天を仰ぎ見ています。[10] 天から御父と聖霊とが前方を眺めておられ、イエスは右手を天の方に差し出し、左手はあたかも通行人を招き、引き寄せているようです。

エウセビウス　彼もまた黙ったままわたしたちを迎え入れているわけではありません。ラテン語で次のようにあります。「わたしは道であり、真理であり、生命である」（ヨハ一四・六）。ギリシア語では「わたしはアルファであり、オメガである」（黙二一・六）、ヘブライ語では「子らよ、来てわたしに聞け、わたしは主の恐るべきことをあなたがたに教えよう」（詩三四・一二）とあります。[11]

ティモテウス　たしかに主イエスは喜ばしいお告げでもってわたしたちに挨拶して下さいました。

エウセビウス　しかし、不作法と思われないためにわたしたちが彼に挨拶を返し、次のように祈願するのは多分適切なことでしょう。わたしたちは自分自身から何もできないのですから、主がその測り知れない恵みによってわたしたちが救いの道から迷い出ることを決して許されませんように。そうではなくユダヤの影と現世の幻影とが投げ捨てられたのち、福音の真理によってわたしたちを永遠の生命に導いてくださるように、つまり、ご自身によってご自身のもとにわたしたちを引き寄せてくださるように、と祈願するのです。

ティモテウス　全くもって至当なことです。この場所の美観そのものが祈りへと人を招いております。

エウセビウス　この庭園の魅力によって多くの客が誘われております。しかしイエスに挨拶しないで誰も通り過ぎることができないほど、万人にとって〔敬虔の〕習俗というものは一般に強力となっているのです。わたしがこのお方をとても汚らわしいプレアプス[12]の代わりに置いたのは、このわたしの庭園のためばかりではなく、わたしが所有しているすべてのもの、つまり身体と同じく心の見張りとしてなのです。

ここにはあなたが見ておられるように小さな泉があり、健康にとてもよい水が心地よく湧き出しております。それはいつでもあの唯一の泉のことを表しています（ヨハ四・一四）。その泉は天からの水によって労苦し重荷を負うているすべての人に力を与えますし、この世の災いによって疲労困憊した魂があえぎ求めているのはこの泉なのです。その有様は詩編の作者によるなら、ヘビの肉を味わったので、渇きをおぼえた雄鹿は、ここから無償で飲むことがゆるされています（詩四二・一、二）。ある人たちは宗教的敬虔のため自分に水を振りかけ〔て浄めを行っ〕ています。なかには渇きのためではなく、信心のゆえに水を飲む人たちもいます。

見うけたところ、あなたがたはこの場所から離れたくないようですが、そうするうちにも、わたしの王宮の壁が四角に取り囲んでいる、もっとよく手入れされている庭園を見に行くように、時が促しています。家の中に見る価値のあるものが何があるとしたら、食事の後にでもあなたがたは見られるでしょう。そのときには太陽が昇って暑くなり、カタツムリのようにわたしたちを家の中に数時間も閉じこめるでしょう。

ティモテウス　おやまあ、エピクロスの園を見ているようです[13]。

エウセビウス　このところはすべて快楽のためにもっぱらあります。しかし快楽といっても高尚なもので、目を楽しませ、鼻を芳香で回復させ、心を生き返らすためなのです。ここには香ばしいハーブだけが生えています。また何でもよいというわけではなく、選り抜きのものだけです。そして草木の種類ごとに自分の区画をもっています。

ティモテウス　わたしの見たところでは、あなたのところの草木も黙っていないようですね。

エウセビウス　まことにその通りです。豪盛な家をもっている人たちがほかにあっても、このわたしはとてもよく語る家をもっているのです。それはわたしが一人ぼっちだと思われているためなのです。あなたがすべてをご覧になれば、そのことをもっとよくお分かりになります。草木が集団となって分けられているように、それぞれの群れは、銘の付いた旗を各自もっています。たとえば、このマヨラナですが、「近づいてはならない、豚。お前のために匂っているのではない」と語っています。というのはマヨラナはとても甘い香りをもっていますが、豚はこの匂いによってひどく不快になるからです。同じようにそれぞれの種類のものは自分の肩書きをもっていて、その草木の特性に関わる何かを示しています。

ティモテウス　わたしはこれまでこの小さな泉より心地よいものは何も見たことがありません。この泉は庭の中央にあってすべての草木にほほえみかけているようです。また〔太陽の〕熱から草木を守って涼しくすると約束しています。しかしこの泉の池は、人の目に水をすべて大きな喜びにあふれているものとして示し、庭の両面を等しい空間に分けており、その池の中にはちょうど鏡に映すように草木が両側から眺められるようにうまく作ってありますが、この小さな河床は大理石でできているのでしょうか。

エウセビウス　うまいことをおっしゃります。どこからここへと大理石をもってこられましょうか。これは砕かれた切石で造られた模造の大理石でして、白い色を塗り付けた化粧張りなのです。

ティモテウス　こんなに愛らしい流れは、いったいどこへ行ってしまうのでしょうか。

エウセビウス　人間が不作法なのをご覧ください。この流れは人間の目を十分に楽しませたのちに、台所を洗い流し、そのごみをたずさえて下水道にまで運ぶのです。

ティモテウス　何とひどいことを。神よわたしをそんな目に会わせないで下さい。

エウセビウス　ひどいことです。もしも永遠なる神の慈愛がこのように用いるようにと備えて下さったのではないとしたら。この泉よりももっと喜びを与えてくれる聖書という泉、わたしたちの精神を再生させると同時に洗い清めるために与えられた泉を、わたしたちが悪徳と邪悪な欲望によって汚し、こんなにも言い表しがたい神の賜物を誤用するときには、わたしたちはひどいことをしているのです。人が使用するようにと豊かに与えて下さらないことはない方が、水を与えて下さっている様々な用途に従ってわたしたちが使い分けるならば、この水をわたしたちは誤用していないのです。

ティモテウス　あなたの言われることはまことにもっともです。ですが庭園の棚も緑なのは何故ですか。

エウセビウス　ここでは緑でないものは何もないようにしています。赤色を好む人たちもおりますが、それは、この色が加わると緑色をしたものがいっそう引き立つからです。わたしはこのほうが好きです。庭園に関しても、それぞれ自分の考えをもっています。(14)

ティモテウス　しかし、三つの回廊(15)が、それ自体できわめて優雅な庭園の快適さの邪魔となっているようですね。

エウセビウス　これらの回廊でわたしは一人でか、または親しい友と語り合いながら、勉強したり、散策したり、あるいは気に入れば食事をとったりします。

ティモテウス　建物を支えている柱がありますね。それは建物を等間隔で支えており、驚くほど多様な色彩で魅了していますが、大理石でできているのですか。

エウセビウス　この泉の池が造られたのと同じ〔人造〕大理石からできています。

ティモテウス　全くもって優雅なあざむきですね。わたしはあやうく大理石だと断言してしまうところでした。

エウセビウス　ですから、何かをわけもなく信じたり、断言しないほうがよいでしょう。外見というものはよく人を欺くものです。わたしたちは財力に欠けているものを技術で補うのです。

ティモテウス　あなたがさらに別の庭を絵に描かなかったとしたら、こんなに美しくこんなにも手入れされた庭でもあなたは満足しなかったのでしょうか。

エウセビウス　一つの庭だけですべての種類の草木を採り入れるには十分ではありません。さらに生花と〔美しさを〕競い合っている花の絵を見ますと、喜びは二倍になります。つまり一方で自然の手ぎわに賛嘆し、他方において画家の才能に驚きます。そして両者において神の恵み深さに驚嘆するのです。神はわたしたちの益のためにこれらすべてを惜しみなく与えたまうのです。その恵みはすべてを貫いて等しく驚嘆すべきであり、かつ愛すべきものなのです。総じて庭はいつも青々としているわけではなく、小さな花々がいつも咲いているわけでもないからです。けれども、この庭は冬至のころでも青々としており、楽しませてくれます。

ティモテウス　しかし、絵では薫りはしませんね。

エウセビウス　でも、一方で手入れの必要がありません。

ティモテウス　ただ目を楽しませるだけではありませんか。

エウセビウス　そのとおりですが、そのことをいつまでも提供してくれます。

ティモテウス　絵画も古くなっていきます。

エウセビウス　古くはなりましても、わたしたちよりも長生きし、年と共に優美さが一般に増し加わりましょうが、この優美さというものはわたしからは奪われてしまいます。

ティモテウス　あなたのおっしゃっていることが間違っていればよいのに。

エウセビウス　西に向かって延びている回廊でわたしは朝日が昇るのを楽しみます。東をのぞむこの回廊で時折日向ぼっこをします。南に向いていても北に延びているこちらの道でわたしは太陽の熱で元気を回復します。もしよろしければ散歩して、もっと近くから観察してみましょう。

ご覧なさい。土そのものも青々としているでしょう。舗装の石も優美な色彩がほどこされていて、小さな花がそこに描かれていて楽しませています。この壁全体に描かれているご覧のこの木立は多種多様な光景をわたしに提供してくれます。まず、あなたが見ている樹木と同じ数だけ、樹木の種類があります。その一つ一つは自然のままのイメージにもとづいていて巧みに描写されています。あなたが認められる鳥の数だけ、鳥類の種類があります。とりわけ、どちらかというと珍しく、何かある目立った特徴で人目をひく鳥の場合がそうです。というのは、鵞鳥や雌鶏やあひるを描いたからといって何になるというのです。下の方には四足動物の姿があります。または地上で四足動物のように生きている鳥類の姿が描いてあります。

ティモテウス　驚くほど多様なものがおりますね。暇をもてあそんでいるものは何もありません。何かをしたり話したりしていないものはないのです。葉陰に隠れがちなフクロウはわたしたちに何を語っているのですか。

エウセビウス　アテナイのフクロウはアッティカ語で話します。[16]「用心しなさい。わたしは皆のために飛んでいるのではない」と語っています。[17] それはわたしたちが思慮深く行動するように命じています。思慮を欠いた軽率さはすべての人に不幸をもたらすからです。ここでは鷲がウサギを引き裂き、他方ではカブト虫が救いを切願しても無益なのです。[18] カブト虫のところにミソサザイが居合わせておりますが、それはそれで鷲の不倶戴天の敵なのです。

ティモテウス　このツバメはくちばしに何を運んでいるのですか。

エウセビウス　（ツバメのすきな）くさむらの草です。つまり、これによって目の見えないひな鳥が再び見えるようにしてやるのです。[19]あなたはこの草の比喩がお分かりでしょうか。

ティモテウス　トカゲの中でこの新種は一体何というものですか。

エウセビウス　トカゲではなくて、カメレオンですよ。[20]

ティモテウス　これが長い呼び名で有名なあのカメレオンですか。わたしはライオンよりも大きな獣とばっかり思っていました。カメレオンは名前によってもライオンに勝っています。

エウセビウス　これはいつも口をあけていて、終始飢えているカメレオンです。[21]この樹は野生のイチジクです。[22]カメレオンはこの樹のところにいるときだけ荒々しくなります。ほかのときには害を加えません。それは毒をもっておりますから、小さな動物が口をあけているからといって侮ってはいけません。

ティモテウス　しかし、色が変わりませんね。

エウセビウス　そのとおり。場所が変わっておりませんから。場所を変えれば他の色が見られるでしょう。

ティモテウス　この笛吹きはどうしたんですか。

エウセビウス　すぐ近くでラクダが踊っているのが見えませんか。[23]

ティモテウス　奇妙な光景ですね。ラクダが浮かれて踊り、猿が曲を伴奏しているのですから。

エウセビウス　しかし、これらを一つ一つを暇にまかせて観照なさるためには別の時が、少なくともおそらくまる三日間もかかるでしょう。今は格子ごしに見た[24]というだけで十分だとしておきましょう。

この区域には草木の特徴となっているものならすべて実物の姿のままに描かれております。あなたがたはきっとそれに驚かれるでしょう。ここのところの毒はとても速効性のものですが、安全に眺められますし、触ることもできます。

ティモテウス　見てください。サソリです。この地方ではあまり見られない害虫ですが、イタリアにはたくさんいます。ですが絵に描いてある色があまり適切でないとわたしには思われるのですが。
エウセビウス　どうしてですか。
ティモテウス　イタリアにいるサソリはもっと色が黒いのですが、これはだいぶ青白いからです。
エウセビウス　しかし、サソリがその葉の中に落ち込んでいる草木に気がつきませんか。
ティモテウス　それだけではわかりません。
エウセビウス　わけのわからないことを言っているのではないのです。もちろんサソリはわたしたちの地方の庭園では育ちません。トリカブトがここにあります。この毒の力は大変なもので、サソリがこれに触れると、急に動かなくなり、青ざめ、捕獲されてしまうのです。ところが毒によって害を受けたサソリは毒によって救われたいと願うことでしょう。すぐ近くに二種類のヘレボルスがあるのが見えるでしょう。(25) もしもサソリがトリカブトの葉から脱出して、ヘレボルスの白色に触れることができるとしたら、麻痺を取りのぞく別種の毒との接触によって以前の活力を取り戻すでしょう。
ティモテウス　そうするとあのサソリの身に青ざめていることが起こっているということですね。というのはトリカブトの葉から脱出することはないでしょうから。ここではサソリでも話すのですか。
エウセビウス　サソリもギリシア語を話します。
ティモテウス　何と言っているのですか。
エウセビウス　「神は罪を見いだされている」(26)と。ここでは草木の外にあらゆる種類の蛇をあなたがたは見るでしょう。見てください。バシリスクトカゲです。激怒した目をして、猛毒をもっている恐ろしいトカゲです。(27)
ティモテウス　それもまた何か話しているのですか。
エウセビウス　「ただ恐れているだけでは〔我を〕憎むもやむなし」(28)と言っています。

ティモテウス　まったく王様のような発言ですね。

エウセビウス　いいえ、これほど王らしくない発言はなく、かえって暴君の言葉です。ここではトカゲがマムシと争っています。ここでは毒蛇がダチョウの卵の殻に隠れて待ち伏せています。ここには蟻の国家のすべてが見られます。蟻を模倣するようにヘブライのあの賢人がわたしたちに呼びかけていますし、(29) わたしたちのホラティウスもまたそうしています。(30) ここには金を持ち出し貯えているインドの蟻が見られます。(31)

ティモテウス　おや、まあ、誓ってもよいのですが、この光景を観て回っている人たちに倦怠感が入り込む余地などありうるでしょうか。

エウセビウス　また別の機会に飽き足りるまで眺めることがおできになります、と申し添えたいです。いまはただ遠くにあります三番目の壁をご覧下さい。それには湖と海とが描かれていて、そこには珍しい魚なら何でもそろっています。これはナイル川で、この川の中には人間の味方のイルカがおりまして、人間にとりこれ以上不倶戴天の敵はないワニと戦っているのをご覧になられるでしょう。河岸や海岸にはカニやアザラシ、ビーバーといった両棲動物の類が見られます。ここには貝によって捕えられた罠を仕掛ける猟師のポリプがおります。(32)

ティモテウス　何と言っているのですか。その「捕われた捕え人」とは。(33) 画家は驚くほど上手に海の水を透明に書いていますね。

エウセビウス　いや、彼はこうしなければならなかったのです。さもないとわたしたちは別の目をもたねばならなかったでしょうから。すぐ隣にもう一つのポリプのオーム貝がいて海面のすれすれのところを帆走しており、リブルニヤ船にでもなった気分で楽しんでいます。(34) ご覧ください、シビレエイが自分と同色の砂の上に横たわっておりますよ。(35) ここでは手で触っても安全です。でも、次のところに急がねばなりません。

これらのものは目を楽しませてくれますが、お腹のほうは満たしてくれません。まだ見ていない残りの場所に急ぎましょう。

ティモテウス　もっとあるのですか。

エウセビウス　あなたがたは裏戸から見えるものをすぐにもご覧になるでしょう。[36] ここには二つの部分にわけられたとても広い庭が見えます。一方は食用の草木がすべて揃っていて、妻とメイドがここの主人です。もう一方は薬草ならなんでもあって、とりわけ珍種が揃っています。左手には緑の草だけがはえている広々とした草原があります。柵はいばらで編んでつなげた長持ちのする生垣でできています。そこのところでわたしは時々散歩したり、仲間とよく遊んだりします。右手には果樹園があります。そこには外国産の数多くの樹木がありますので、お暇の折に見てください。わたしはこれらの樹木がこちらの天候に慣れるように徐々に育てております。

ティモテウス　なんとまあ、本当にあなたという方はアルキノウス王にさえ立ち優っているのですね。[37]

エウセビウス　ここの境には鳥小屋があって、上の回廊につながっています。それは食事のあとでご覧になられるでしょう。鳥のいろいろな形や、さまざまなおしゃべりが聞かれるでしょう。また少なからず性質も色々と異なっています。あるものらの間では性質が似通っていて互いに愛情をとり交わし、あるものたちの間では和解できないような敵意を燃やし合っているのがかなりいます。とはいえ、みんなとても馴れておとなしく、わたしが食事をしているとき、そこの窓が開いていようものなら、食卓のところへ降りて来て手からでも食物をついばむほどです。わたしが友人とおしゃべりしながら、ご覧のあの小さな橋を渡るようなときがあると、近くにとまって、耳をそば立て、肩や腕にとまったりします。鳥たちはだれも害しないのを知っているので、恐れることを忘れてしまっているほどです。果樹園のずっと端の方に蜜蜂の国があります。それはたしかに、見て面白くなくはないような光景ですが、今はもうこれ以上あなたがたに見ていただこうとは思いません。あなたがたをあたかも新しい光景へ向かうようにと呼びもどすものがなおあるのです。昼食をとってから残っているものをお見せしましょう。

ボーイ　奥様とメイドが昼食が台無しになってしまうとさわいでいます。

エウセビウス　彼女たちに静かにしているように言いなさい。さあ、わたしたちはすぐ行きましょう。――みなさん、手を洗いましょう。手と心とを清めて食卓に向かいましょう。実際、異邦人にとって食卓というのは宗教的なものであったとしたら、[38]キリスト教徒にとってそれはどれほど多く神聖なものでなければならないことでしょう。というのは主なるイエスがその弟子たちと最後に催したもうた、あの最も神聖な晩餐の面影を食卓は宿しているからです。またそのためにも手を洗うことが習わしとなっています。それは心のなかに憎悪、嫉妬、不品行といった類のものが、ことによると残っている場合には、食事をとろうと食卓に近づくに先だって、それを取り除くためなのです。こうして心が洗われて食事をとるなら、食物は身体にいっそう益となるとわたしは思っています。

ティモテウス　それは誠にもっともなことと思います。

エウセビウス　讃美歌をうたって食事を開始するというこの手本はキリストご自身からわたしたちに伝えられております。それはキリストがパンを裂くに先立って祝福し、父なる神に感謝したということをわたしたちは福音書の中で読んでいると信じているからなのです（マタ一四・一九、一五・三六、二六・二六参照）。そしてまた讃美歌をもって食事を終えるという手本も伝えられています。もしよろしければ讃美歌をあなたがたのために朗読してあげましょう。その讃美歌というのは聖クリュソストモスがある説教の中で驚くほどの賛辞をもって称賛し、解説しようと欲しているものです。

ティモテウス　お考えのように是非なさってください。「幼い頃よりわたしを養って下さり、すべての被造物に食物を与えたもう御神に祝福あれ。わたしたちの心を歓喜でもって満たしたまえ。それは満ち足らすものをわたしたちが豊かにもつことによってすべての善いわざに向かってわたしたち自身を溢れんばかりに注ぎだすためです。それはわたしたちの主イエス・キリストにあって可能なことです。キリストとともにあなたに栄光・名誉・支配が、聖霊とともにとこしなえにあらんことを[39]」。

ティモテウス アーメン。

エウセビウス さあ、食卓にお付きください。また各人のお連れとご一緒にどうぞ席についてください。ティモテウス、あなたの白髪には最上の席がふさわしいです。

ティモテウス あなたはひとことでもってわたしの価値のすべてを言い尽くされています。わたしが他の人たちに優っているのは、ただこの理由によってだけなのです。

エウセビウス その他の天賦の才の判定者は神です。わたしたちとしては目に見えるものに従っているのです。ソフロニウス、あなたはいまおいでのところに座ってください。テオフィルスとエウラリウス、あなたがたは食卓の右側に席をお取りください。クリソグロットゥスは左側にしましょう。ウラニウスとネファリウスは残っているところに坐って下さい。わたしはこの隅っこに陣取りましょう。

ティモテウス それはいけません。ご主人は上席にふさわしいです。

エウセビウス この家はわたしのものですが、同時にあなたがたのものでもあります。しかし、もしわたしの国でわたしに特権がゆるされますなら、主人が自分に指定する席が彼にふさわしいのです。今はあのすべてのものに喜びを与え、その方なしには真実に心地よいものは何もない、キリストが、かたじけなくもこのわたしたちの午餐会の只中にいたまい、その現臨によってわたしたちの心を生き生きとさせて下さいますように。

ティモテウス キリストがそのようにして下さるようわたしも望んでおります。しかし、もう席がみなふさがっているのですから、キリストはどこにお坐りになるのでしょう。

エウセビウス キリストがすべての血と杯のうちにご自身をみたし、ご自身の味わいのないものがないようにしたまいますように。しかし、とりわけわたしたちの心に入って来て下さいますように。キリストがそのようにますますなしたまい、わたしたちがこんなにも偉大な主人にますます受け入れてもらうためにも、もしおいやでないなら、聖書を朗読しますので、しばらく傾聴なさってください。でもお聴きになっているあいだにも、もし望まれるのでしたら、卵やレタスに手をおつけになってもかまいません。

ティモテウス　喜んでそうさせてもらいますが、拝聴するほうがもっと快適です。

エウセビウス　こういう習慣は多くの理由から尊重されなければならないように思われます。というのはそれによって馬鹿げた物語を避け、豊かな会話の素材が与えられるからです。無益で浮かれた物語で満たされていないと、また嫌悪すべき小唄が大声で歌われていないと、食事会は愉快でないと考える人たちとは、わたしは意見を全く異にしていますから。真の快活さは純粋で真実な良心から生まれますし、語ったり聞いたりしたことが喜びをもたらし、その想起もいつも楽しみであるような会話こそ真に愉快なものなのです。会話でもすぐに恥ずかしくなったり、後悔の念によって良心を苛責するようなものではいけません。

ティモテウス　これらの言葉が真実であるかぎり、どこまでもわたしたちはみな吟味したいものです。

エウセビウス　それらは確かにして著しく役立つものである点はよいとして、あなたが一カ月でもそれらに慣れさえすれば、喜ばしいものとなります。

ティモテウス　要するに最善のものに慣れ親しむことよりも賢明なことはないのです。

エウセビウス　ボーイさん、はっきりと明瞭に朗読しなさい。

ボーイ　「水の分流のように、王の心は主なる神の手のうちにあり、主が欲するところへこれを向けたもう。人の歩む道はすべて自分には正しいと思われる。しかし、主は人の心を吟味したもう。憐れみを施し、正しい判決をなすことは犠牲を捧げることよりも主に嘉せられる」（箴二一・一―三）[40]。

エウセビウス　もうよろしい。多くの言葉をいやいやながら飲み込むよりも、僅かの言葉を熱心に学ぶ方が優っているからです。

ティモテウス　まことに然りです。しかし、この聖書だけそうだというわけではありません。プリニウスはキケロの『義務について』を決して手離してはならないと記しております[41]。またわたしの意見では、この書物はすべての人によって、とりわけ国政にたずさわるよう定められている人々によって一語一語暗記するほど価値があ りますね。とはいえ、この箴言という小冊子はいつもわたしたちが身につけて持ち運ぶほど価値があるとわたし は常に考えております。

エウセビウス わたしがこの調味料を調達しておいたのは、昼食が水っぽく味気ないものになってしまったの を知っていたからです。

ティモテウス ここに並んでいるものは素晴らしいものばかりです。それにもかかわらず、もしもここに胡椒 やワインや酢がなくて、フダンソウ（不断草）しかないとしても、このような朗読はすべてのものをおいしくし ますよ。

エウセビウス だが、もしわたしが聞いたことを深く理解できるとしたら、喜びはいっそう増大するはずです。 ですから、それらの聖書の言葉を理解するだけでなく、まことに深く味わっているような神学者が本当に誰かい るとよいのですが。わたしたちはこのような事柄を平信徒が論じあったりしてもよいかどうか知りません(42)。

ティモテウス わたしの考えでは、判断を下すときに思慮が欠けていなければ、水夫たちですら許されていま す。多分、二人の者がその名を求めて集まって（キリストについて論じて）いるところならどこでもご自身が一 緒にいると約束されたキリストは、こんなにも大勢いる〔のですから〕、わたしたちのところに来て助けて下さ ることでしょう（マタ一八・二〇）。

エウセビウス では、三つの聖句をわたしたち九人で分担してはどうでしょうか。

客一同 いいですとも、ただし順番の方はご主人から開始して下されさえしたら。

エウセビウス ご指命を退けるわけにはいきませんが、これですと食事でもてなすほどにはあなたがたをおも てなしできないかと心配なのです。それでは、気むずかしい主人だと思われないためにも、注釈者たちがこの箇 所に積み上げた多種多様な解釈はわきにおいて、道徳的意味は次のようであるとわたしには思われます。

〔王以外の〕他の人々は警告・譴責・法・脅迫によって方向転換させることはできます。しかし王の心は、だれをも恐れていないのですから、もし君が刃向かうなら、いっそう激怒させてしまうでしょう。ですから君主らが何かをひどく熱心に求めるなら、その都度、その気のむくままに放っておくべきです。というのは君主らがいつも最善のことを欲しているからではなく、神が彼らの愚かさと悪意とを罪を犯した人々を矯正するために利用したもうからです。こうして主はネブカドネツァルに抵抗するのを禁じられたのですが（エレ二七・八）、彼の職務を用いて主がその民を罰しようとされたからです。おそらくヨブの次の言葉がそれを示しています。「主は民の罪のゆえに偽善者に民を治めさせる」（ヨブ三四・三〇）。また恐らく自分の罪を嘆き悲しんでいるダビデの言葉もこれに属します。「わたしはあなたに対してだけ罪を犯し、御前に悪を行いました」（詩五一・六）。このことは、王たちが民衆の蒙るとても大きな災難に対して罪を犯していないと言っているのではなく、権威でもって〔彼らに〕有罪の判決を下しうる人を彼らがもっていないと言っているのです。というのは神の判決を、どんなに権勢のある人であろうと、だれも免れることができないからです。

ティモテウス　あなたの解釈は好ましいものですが、「水の分流」というのはどういう意味でしょうか。

エウセビウス　事柄を説明するための比喩が付け加えられているのです。立腹している王の心は激しいものでして、抑えようがありません。それをあちらやこちらに導くことは不可能です。彼は自分の衝動によって、あたかも神的狂気に駆り立てられているように[44]、動かされています。それと同じように海の水も陸地に向かって飛び散ったり、時には進路を変えて、畑や建物、また行く手をはばむものは何でも物ともしないで向かって行きます。陸地のどこかに消えて行くのですが、その突進を妨げたり、他の方向へそらそうと試みても、どうすることもできません。アケロウス川について伝説も言い伝えておりますように、大河にも同じことが起こりました[45]。しかし、あなたが激しく対抗しないで、上手に従うならば、損害を受けることがずっと少なくなります。

ティモテウス　それでは悪しき王たちの横暴に対する特効薬はないのですか。

エウセビウス　おそらく第一にライオンを町の中に迎え入れないようにすべきでしょう。[46]次に、専制政治にたやすく陥らないように、元老院・諸官職・市民等の権威によって彼の権力を規制しなければならないでしょう。だが、いちばん有効なのは、彼がまだ少年で、自分が君主であるのを知らないうちに、神聖な戒めによって彼の精神を形成することです。懇願や忠告も役立ちますが、丁寧にかつ時宜を得たものでなければなりません。最後の手段は、王の心をキリスト教的な王にふさわしいものへ傾けて下さるように祈願によって神に迫ることです。

ティモテウス　あなたはどうして「平信徒」〔本書四九四頁参照〕とおっしゃるのでしょう。もしわたしが神学の得業士であったとしても、この解釈をすこしも恥ずかしく思わないでしょう。

エウセビウス　それが正しいかどうか知りません、その意見が不敬虔でも異端的でもないなら、わたしには十分です。わたしはあなたがたのご希望どおりに行いました。それでは食事会にふさわしく、わたしは交替して聴き役にまわりたいと思います。

ティモテウス　この白髪の老人にも何か言うことを許してくださるのでしたら、この句はもっと秘められた意味にも適応できるとわたしには思われます。

エウセビウス　わたしもそう思います。どうぞお聞かせ下さい。

ティモテウス　そこに「王」とあるのは完全な人間とみなされることができ、その人は肉の情念を抑制して、ただ神の御霊の力によってのみ導かれています。さらに、このような人を人間の法によって規制しようと強いることは不適当なことであり、彼は自分の主――その御霊によって彼は動かされているのですが――に委ねるべきです。彼は、それによって不完全な人々の弱さがともかくも真の敬虔へと前進していくようなものによって、判断されるべきではありません。しかし、もし彼が悪しきやり方で事を為す場合、パウロとともに次のように言わなければなりません。「主は彼を受け入れて下さった。彼が立つのも倒れるのもその主による」（ロマ一四・三―四）と。また同様に「霊の人はすべてのことを判断するが、自分自身は誰によっても判断されない」（Ⅰコリ二・

一五）。したがって誰もこのような人に命令することはできませんが、海と川の行き先を定められた主は御自身の王の心をその手のうちに収めておられ、望むところへはどこへでもそれを向けます。そこで、人間の法が果たすよりもより良きことを自発的に為す人に命令したりすることが必要でしょうか。あるいはまた、神の御霊の息によって支配されていることが確かな証拠によって明らかであるような人を、規則によって拘束することはどれほど無思慮なことでしょうか。

エウセビウス　ティモテウスよ、あなたは真に、ただ年をとって白髪であるばかりではなく、老人にふさわしい博識という尊ぶべき心をもっていらっしゃいます。またキリスト者たちのなかで――彼らは皆王にならなければならなかったのですが――この名にふさわしいこのような人々がもっと多く見いだされればよいのですが。しかし、もう卵から始めた食事と前菜の野菜は十分です。これらのものを取り除いて残りのものを食卓に運ぶようにさせましょう。

ティモテウス　わたしたちはこの手始めの食事でもう満足です[47]。たとえこれに続いて感謝祭や戦勝式といったものが何もなくてもです。

エウセビウス　しかしわたしの考えによると、キリストが助けたもうて、最初の節は事がうまくはかどったのですから、あなたの従者がわたしたちに次の節について詳しく語ってくれればよいのです。それはわたしには前のよりも少しばかり不明瞭だと思われます。

ソフロニウス　あなたがわたしの言うことに何でも同意してくれるおつもりでしたら、わたしは自分の考えることを熱心に話しましょう。そうでなければ影が闇に光をもたらすなどということがどうして可能でしょうか[48]。

エウセビウス　確かにわたしは皆に代わって、あなたのご提案を受け入れます。またこのような影はわたしの目にいっそうふさわしい自分の光をもっているものです。

ソフロニウス　〔これは〕パウロが教えているのと同じことを教えているように思われます。つまりさまざまな生活様式によって敬虔へと引き寄せられるということです。ある人には司祭職が気に入り、独身がよい人もいれば、結婚がよい人もおり、隠遁生活が好きな人もいれば、国家が好きな人もいますが、それらは多種多様な体質や気質に従ったものです。また何でも食べる人もいれば（ロマ一四・二―三）、食物に区別をつける人もおり、食べる日を決めている人もいれば（同一四・五）、いつでも食べる人もいます。これらのことに関してパウロは各人が自分の好みを享受して、他人のことはとやかく言わないように望んでいます。誰もこのようなことにもとづいて判断してはならず、心をはかられる神に判断をゆだねなければなりません（Ｉコリ四・三―五）。というのも、しばしば次のようなことが起こるからです。つまり食べる者が食べない者より神に気に入る者であったり、祝日をけがす者がそれを尊んでいるように見える人よりも神に受け入れられる者であったりするということです。ある者の結婚が多くの人の独身生活よりも神の目に気に入るものであったりします。影はこのように語りました。

エウセビウス　願わくはそのような影（武者）たちと話すという幸運がときどきわたしに訪れますように。わたしが間違っていなければ、あなたは、人々がよく言うように[49]、針でもってではなく、弁舌でもって問題点に触れました。しかし、ここには独身者として生きた人でも、神の国のために自ら去勢した（マタ一九・一二）福者たちの数には入っておりません。〔ところで〕こちらの生き物は、神がお腹と食べ物とを滅ぼしてしまうまで（Ｉコリ六・一三）、お腹をさらに喜ばすために強力に去勢されています。それはわたしたちの飼育場から連れてきた〔去勢された〕食用鶏です。わたしはよくゆでた料理が好きです。その上にかけられている煮出し汁がまずくはないし、レタスはずば抜けてうまい。各々は自分に気に入ったものを選んで食べましょう。しかし、わたしはあなたがたをだましたくないです。わたしたちはこの後で焼き肉を食べます。それからすぐにデザートをとります。そうするとついに話が終わりとなります。

ティモテウス　ところで、わたしたちはこれまでのところ、あなたの奥方を閉め出しています。

エウセビウス　あなたがたがそれぞれのお連れとご一緒に来られるならば、わたしの妻も同席するでしょう。

彼女はいま沈黙の人であるほか何を願うでしょうか[50]。また彼女は婦人として婦人たち同士でおしゃべりするのが好きですし、わたしたちはもっと自由に哲学するのです[51]。そうでないと、ソクラテスに起こったことがわたしたちにも起こる危険が生じるでしょう。彼が哲学者たちを食客として招きまして――この人たちには食事よりも談話のほうが好きです――、討論がとても長びいたとき、クサンチッペは怒ってテーブルをひっくり返しました[52]。

ティモテウス　わたしたちはあなたの奥さんを怖がる必要は全くないと思います。なぜなら、奥さんはとても穏和な性格のお方ですから。

エウセビウス　彼女はわたしにはそのようですから、たとえ妻を代えることが許されていても、代えたくないです。この点でわたしはとりわけ幸運であるように思われます。なぜなら、妻を一度ももったことのない人は幸いだ[53]と考える人たちの意見にわたしは賛成しませんから。むしろわたしは「よい妻をもつ人は幸運を手に入れている」とヘブライ人の知者が言ったことが好きです[54]。

ティモテウス　妻たちが良くないのは、時折わたしたち自身の落ち度に由来します。その理由はわたしたちが悪い妻を選んだからか、悪い妻にしたからか、それとも当然すべきであるように訓練し教えないからです[55]。

エウセビウス　真にそのとおりです。しかし、わたしは同時に第三の意見が述べられることを期待します。テオフィルスが神から霊感を授けられて[56]もう発言する準備ができているように思われます。

テオフィルス　いいえ、わたしの心はお皿のほうにのみ向かっていました。しかし、お叱りを受けずに発言できるのでしたら、そう致しましょう。

エウセビウス　わたしたちの許可を受けてあなたは誤ることが許されています。そういうようにして、あなたは真理を発見する機会をわたしたちに与えてくださるでしょう。

テオフィルス　それはわたしには預言者ホセアがその第六章で「わたしが喜ぶのは愛であっていけにえではなく、神を知ることであって、焼き尽くす捧げものではない」（ホセ六・六）と言って提示した見解と同じように思われます[57]。この見解の生ける有益な解説者はマタイによる福音書第九章の主イエスです[58]。徴税人であったレビの家で主が食事をとっていたとき、レビは自分と同じ身分と職業の多くの人たちを食事に招待しておりました。律法による敬虔を誇っていたが、律法と預言者の全体がそれに依存していた戒め[59]を無視していたファリサイ派の人たちは、弟子たちの心をイエスから引き離そうとして、どうして主が罪人たちと食事を一緒にしているのかと弟子たちに尋ねました。ユダヤ人たちは、いっそう聖なる者であろうと欲したので、この罪人たちの仲間となることから遠ざかっていたのです。そしてもしこういう人とたまたま出会ったときには、彼らは家に帰るとすぐに身体を洗っていました[60]。そして弟子たちがまだ未経験のゆえに答えに窮していると、主は自分と弟子たちのために次のように語ってお答えになりました、「医者を必要とするのは丈夫な人でなく病人である。〈わたしが求めているのは憐れみであって、いけにえではない〉とはどういう意味か、行って学びなさい。わたしが来たのは正しい人を招くためではなく、罪人を招くためである」（マタ九・一二、一三）と。

エウセビウス　あなたは聖書の出典を比較して問題を見事に説明されました。それは聖書研究のすぐれた方法です[61]。しかし、わたしは犠牲とは何であるか、憐れみとは何であるかを学びたいです。実際、そのさいに、神がこのように多くの戒めでもって捧げるように命じていた犠牲を退けているのを、誰が支持するでしょうか。

テオフィルス　どのように神が犠牲を退けたかをイザヤ書第一章において神はご自身で教えています[62]。律法の中にはユダヤ人たちに教示したものがあります。それは聖性［の実体］を証明するよりも示唆しています。この種のものには祝祭日、安息日、断食、犠牲があります。また絶えず守るように命じられているものがあります。それらは本性上善なるものであって、命じられたから善なのではありません[63]。神はユダヤ人を退けられたのは、彼らが律法の典礼を守ったからではなく、律法によって愚かにも高慢になり、神がとくに彼らから求めているものをなおざりにしたからです。彼らは貪欲・傲慢・強奪・憎しみ・嫉妬その他の悪徳に満たされて、祝祭日には神殿の中に滞在し、焼き尽くす犠牲を捧げ、禁じられた食物を抑制し、時折断食するならば、神がそれに報いる義務が大いにあると考えました。彼らは諸々の影を抱擁し、実質をなおざりにしました。[64]「わたしが求めているのは憐れみであって、いけにえではない」と言われていることに関しては、「わたしが求めているのはいけにえよりも憐れみである」ことに対するヘブライ的な慣用的表現であると思われます。それは「憐れみと正しい裁きを行うことはいけにえを捧げることよりも主に喜ばれる」（箴二一・三）とソロモンが言うときに解釈されたのと同じである。さらに聖書は隣人を助けるためになされる親切のすべてを憐れみと施しと呼んでいます。この施しという語はその名称を憐れむことに由来しています。[65]「いけにえ」（犠牲）という語は形態的な儀式に関係しているすべてとユダヤ的な習慣と関連のあることを呼んでいると思われます。たとえば食物の選択・衣服の規定・断食・いけにえ・任務として果たされる〔うわべだけの〕祈禱・祝祭日の安息がそれです。[66]これらのことは時に応じて全くゆるがせにすべきではないのですが、この種のことを遵守していると告白する人が、困窮した兄弟が親切な愛を求めているときに、いつも憐れみをゆるがせにするならば、神に対し忘恩となります。悪人との会話を避けることは聖性の外観を呈しますが、隣人に対する愛が何か別のことを促すたびに、それは終わらざるをえません。祝祭日に休むことは義務でありますが、日毎の勤行のために兄弟が破滅するのを放置するのは不敬虔でしょう。したがって主日を守るのは犠牲的な行為であると言いたいのですが、兄弟と和解することは憐れみの行為です。さらに弱い人々を力でもってしばしば抑圧する支配者たちに正義が適応されうるけれども、それでも「また神を知ることは焼き尽くす献げ物に優る」（ホセ六・六）とホセア書で言われている言葉でもって応答することは、無意味ではないようにわたしには思われます。神の御心にしたがって律法を守らない人は、律法を守っていません。ユダヤ人たちは陥穽に落ちた驢馬（ろば）を引き上げていたのに、安息日にある人の全身を救ったキリストを罵りました。これは転倒した判断でした。そして神の知識から離れていました。なぜなら彼らは、これらの戒めが人間のために定められたのに、人間が戒めのためにはないということを知らなかったからです。

しかし、あなたのご命令によって言うのでないとしたら、このように語るのは厚かましいと思われるかも知れません。わたしは他の人たちからいっそう正しいことをむしろ学びたいのです[67]。

エウセビウス　わたしには主イエスがあなたのお口をとおして語っている、と信じるようにと語るほうが、かえって厚かましいと思われます。しかし、そんな風にしてわたしたちが自分たちの精神をとても豊かに養っている間に、〔精神の〕仲間が軽視されてはなりません。

テオフィルス　いったい誰のことですか。

エウセビウス　わたしたちの身体です。身体は精神の仲間ではないのですか。わたしは、実際、道具や住まい、または墓よりも仲間を選びたいです[68]。

ティモテウス　人間の全体が活気づけられるとき、それは確かに豊かに活気づけられると言われます。

エウセビウス　お見受けするところ、皆様は食事に手を付けられるのを怠けておられます。ですから、お許しをえて、焼き肉を差し上げましょう。それは立派なご馳走の代わりに長びいた馳走を提供しないためなのです。これがわたしたちのささやかな午餐会の主な品です。小さいがえり抜きの羊の肩肉と去勢雄鶏と四つのヤマウズラの肉です。このヤマウズラの肉だけをわたしは市場で買いますが、そのほかはわたしの小農場が提供します。

ティモテウス　エピクロス的な午餐ですね。シバリス的な奢侈な食事とは言わないまでも[69]。

エウセビウス　そうではありません。とてもカルメル会的ではありません[70]。ですが、それが何であれ、あなたがたは良いものと認めてくださるでしょう。食事のほうは少しも豪華ではございませんが、わたしの意向は確かに飾らないものです。

ティモテウス　あなたの家はとても黙っておりませんので、壁だけでなく、手元の盃もお話ししています。

エウセビウス　何をあなたに話していますか。

ティモテウス　誰も自分による以外に傷つけられない[71]。

エウセビウス　盃が葡萄酒を弁護して語っているのです。というのは民衆はお酒を飲んで熱が出たり頭痛を引き起こすと、過度に飲むことによって災難を引き寄せているのに、葡萄酒をよく非難しますから。

ソフロニウス　わたしの盃はギリシア語で「酒中真あり」と語っています。[72]

エウセビウス　それは司祭たちや王に仕える者たちが葡萄酒に耽ることは危険であると警告しています。というのは、葡萄酒が心の中に秘めていることをすべて通常は口に出してしまうからです。

ソフロニウス　エジプト人のところでは、人々がいまだその秘密を司祭たちに打ち明ける習慣をもっていなかったのですが、司祭が葡萄酒を飲むことは許されていませんでした。[73]

エウセビウス　今日では葡萄酒を飲むことが万人に許されています。これが好都合か否か分かりません。エウラリウス、あなたが小袋の中から取り出した小さな本は何ですか。とても上品な本のようですね。その外装がすべて金箔ですから。

エウラリウス　しかし中身は宝石に優って輝いています。これはパウロの手紙です。わたしはそれを唯一のお気に入りとしていつも持ち歩いています。あなたのお話が、以前から永らく苦しめられ、未だ心に満足が得られない聖書のある箇所を思い起こさせたので、それを今取り出します。それは第一コリントの第六章にあります。「〈わたしには、すべてのことが許されている〉。しかし、すべてのことが益になるわけではない。〈わたしには、すべてのことが許されている〉。しかし、わたしは何事にも支配されはしない」（Ｉコリ六・一二―一三）。第一に、もしわたしたちがストア派の人たちを信じるなら、それが同時に品行方正でないと、何も役立たない。それではパウロは許されていることと役立つこととをどのように区別しているのでしょうか。娼婦を買うことや酩酊することは確かに許されておりません。そうすると、どうしてすべてのことが許されているのでしょう。そのすべてが許されるべきだと願っている、ある種の事柄についてパウロが語っているなら、その種類が何であるのか、わたしはこの聖句の趣旨から正しく予想することができません。この聖句に直属する箇所からは彼が食物の選択について語っていると推測することができます。というのもある人たちは偶像に献げられた肉から遠ざかっていましたし、ある人たちはモーセによって禁じられた食物から遠ざかっていましたから。そしてパウロは偶像に献げられた肉について第八章と第一〇章とで語っています。[74] 彼はこの聖句の意味を説明するかのように次のように言います。「わたしには、すべてのことが許されている。しかし、すべてのことが益になるわけではない。わたしには、すべてのことが許されている。しかし、すべてが徳を建てるわけではない。誰も自分のものを求めるべきではなく、他人の善を求めるべきである。食品市場で売られている物はすべて食べなさい[75]」と。パウロがここで勧めていることはすべて彼が前に「食物は腹のため、腹は食物のためにあるが、神はそのいずれをも滅ぼされます」（同六・一三）と言ったことと一致します。彼がここでユダヤ人の食物選択のことを考慮していたことは第一〇章の終わりの部分が示しています。「ユダヤ人にも、異邦人にも、神の教会にも、あなたがたは人の感情を損なわないようにしなさい。わたしも、人々を救うために、自分の益ではなく、多くの人々の益を求めて、すべての点ですべての人を喜ばそうとしています」（同一〇・三二―三三）。「異邦人に」と言われていることは偶像に献げられた肉と関係していると思われます。「ユダヤ人に」と言われたことは食物選択と関連すると思われます。「神の教会に」と言われていることは両方の種族から集められた弱い人たちと関係しています。したがってどんな食物でも食べることが許されています。「清い人にはすべてが清いのです」（テト一・一五）。しかし、これが役立たないような場合が起こってきます。すべてのことが許されているというのは福音の自由に属していますが、愛は隣人の救いに役立つことを至るところで希望し、そのために許されていることをしばしば遠ざけ、自分の自由を行使するよりも隣人の益となることに同意するのを好みます。[76]

しかし、ここで二つの難問がわたしを悩まします。第一に、これまでのお話の関連からすると、この意味と密接に関連しているものが何ものも先行したり、後続していないことです。実際、パウロはコリントの人たちを彼らが反抗的であり、放蕩・姦淫・淫乱によって汚れており、また不敬虔な裁判官のところで訴訟を起こしていると非難しておりました。[77] これらの言葉と「わたしには、すべてのことが許されている。しかし、すべてのことが益になるわけではない」とは、どのように密接に関係しているのですか。またこれに続く発言で使徒は訴訟問題を中断して、以前にも考察していたのですが、恥ずべきことの原因に戻っています。彼は言います、「身体は姦淫のためではなく主のためにあり、主は身体のためにあります」（Ⅰコリ六・一三）と。

しかし彼が少し前に「間違ってはいけません。みだらな者、偶像を礼拝する者、姦淫する者……」（同六・九）と言って、悪徳のカタログの中に偶像礼拝をもあげていましたので、わたしはこの問題をもともかく解決することができません。さらに偶像に献げたものを食することは偶像礼拝に傾いていました。ですから彼は直ちに「食物は腹のため、腹は食物のためにある」（同六・一三）と続けています。その意味は隣人に対する愛が他のことを勧告しないなら、身体の必要のために時に応じて何でも食することが許されているということです。しかしみだらなことは、いつでもどこでも、嫌悪されるべきです。わたしたちが食することは必要なことですが、この必要は死人の復活のときには取り去られます。わたしたちが放蕩に耽ることは邪悪なことです。

だが、わたしはそのことが「しかし、わたしは誰の力にも支配されないであろう」（同六・一二）とある聖句とどのように関係しているのかという第二の難問を解くことができません。なぜなら彼はすべての権力が自分に属しているが、それでも誰の力にも支配されないであろうと言うからです。他人の感情を損なわないように節制する人が他人の力に支配されていると言われるならば、それはパウロが第九章で自分自身について「わたしはすべての人に対して自由ですが、すべての人をうるために、すべての人の奴隷となりました」（同九・一九）と言っていることと同じです。わたしが思うに、このことが聖アンブロシウスの躓いた難問です。彼は次のように考えました。使徒の本来的な意図は、――使徒たちであろうと偽の使徒たちであろうと、彼らは福音を説教していた人たちから生活に必要なものを得ていたのであるが――使徒が他の人たちが行っていたことを自分も行う力をもっていると第九章で言うために道を準備しているということである、と。しかしながら、このようなことが許されていようと彼がそれを差し控えたのは、あれほど多くの著しい悪徳を非難していたコリントの人たちに役立つためでした。さらに何かを受け取る人はだれでも、それを受け取った人に多少は拘束されますし、権威の力を何かしら失います。まことに受け取る人は批判する自由を減少させているのです。そして事実、授与した人は受益者から非難されることに同じく我慢できません。したがって、この点で使徒は使徒的な自由を考慮して許されていたことを差し控えました。この自由を彼はもっと自由に、かつ、もっと大きな権威をもって、彼らの悪徳を非難するために誰にも拘束されるのを欲しなかったのです。

アンブロシウスの意見がわたしに魅力がなくはないことは確かです。それにもかかわらず、だれかがこの聖句を食物に適用するのを選ぶなら、わたしの意見はこうです。「しかし、わたしは誰の力にも支配されないであろう」とパウロが言っていることは次のように理解できます。「隣人の救いや福音の前進を考慮して、犠牲に献げられた、あるいはモーセ律法によって禁じられた、食物をわたしがときどき遠ざけているとしても、それでも純粋に身体の必要のためなら、どのような食物を食べることも許されている、と知っているがゆえに、わたしの精神は自由です、と」。しかし偽使徒は、ある種の食物がそれ自身で汚れており、ときには遠ざけるべきではなく、わたしたちが殺人や姦淫を遠ざけるのと同様に、本性において邪悪であるかのように、絶えず抑制すべきであると、説得するように試みようとしました。このように説得された人たちは他なる権力のもとに引き入れられており、福音の自由から転落してしまっていました。

わたしが想起するかぎり、テオフィラクトスだけがみんなとは相違した意見をそこから引き出しました。つまり、「人はすべてを食することが許されているにしても、放縦であっては役に立たない。なぜなら過度であることはみだらなことを産み出すからです」[78]。この解釈は不敬虔ではないけれども、この聖句の真正な意味ではないようにわたしには思われます。わたしを苦しめていたものをあなたがたに示しました。あなたがたの愛がわたしをこの難問から解き放つことでしょう。

エウセビウス　あなたはご自身の名前に適切にも応じておられます。[79]そのように質問を提示することをご存じの人は、それを解答する他の人を必要としません。なぜなら、パウロがその手紙の中で同時に多くのことを論じようと決めたがゆえに、一つの主題から他の主題へしばしば移っていったり、中止していたものを再び考察しているにもかかわらず、あなたはご自分の疑問点を、わたし自身がもはや疑わないような仕方でもって提示されましたから。

クリソグロットゥス　わたしがおしゃべりによってあなたがたのお食事の邪魔となるのを恐れないなら、またそのように信仰的な会話に世俗の著作家から何かを付加することが許されて良いと考えるなら、今日それを読んでわたしを苦しめるどころかとても喜ばせたものをわたしも提供したいです。

エウセビウス　とんでもない。敬虔であって良い道徳に役立つものはすべて世俗的であると呼ばれるべきではありません。もちろん聖書はどんな場合でも第一の権威にふさわしい。しかし、わたしはときどき古典の作家たちによって語られたものに、あるいは異邦人の書物に、また詩人たちの書物にさえ出会います。それらがとても高潔で、信心深く、素晴らしいので、彼らがそれらを書くときに、何か善い神性が彼らの心を突き動かしていると信じないわけにはいきません。[80]恐らくわたしたちが認めるよりも広範囲にキリストの霊が注がれているのでしょう。わたしたちの名簿には含まれていない多くの人たちが聖徒の仲間にはいるのです。友人たちの中でわたしの好みを告白しましょう。何度も書物に口づけしないでは、また天上界の神性によって吹き込まれた気高い心に敬意を表しないでは、読むことができないものに、キケロの『老年について』、『友情について』、『義務について』、『トゥスクルム荘対談集』があります。それに対してわたしが国家について、経済について、倫理について教えを説いている最近の著作家のいくつかを読んでみますと、不滅の神よ、それらと比較すると何と味わいのないことでしょう。否、彼らは自分が書いていることを信じていないように思われます。ですからキケロやプルタルコスの一つの書物よりもスコトゥスの全部が彼に類似するいくつかの書物と一緒に滅んでしまうほうが、わたしには耐えやすいです。それはわたしが後者をことごとく断罪するためではなく、前者によってわたしが善良な者とされると感じるからです。後者を読んでいると、どうしてか分かりませんが、真実な徳に対する冷え冷えとした気分が起こって来るし、論争に挑発されるのです。ですから、それを提供なさるのをためらわないでください。

クリソグロットゥス　哲学について書かれたキケロの大概の書物は何か神的な霊感を受けているように思われますが、彼が老人として『老年について』書いたものは、ギリシア人のもとで格言にあるように、全く白鳥の歌(81)のようにわたしには思われます。それをわたしは今日再読し、〔その著作にあるカトーの〕次の言葉を他に優って気に入りましたので暗記しました。

「またもしどなたか神様が、この歳から赤子に返り、揺り籠で泣くことを許して下さるとしても、きっぱりと断るだろう。言うならば、折角コースを走り終えたのに、ゴールから出発点へと呼び戻されるようなことはまっぴらだ。人生にはどんな利点があるか。というより、どんな苦労がないであろうか。確かに利点があるにしても、必ずや飽和か限度がある。多くの、それも学識ある人たちが繰り返し行ったことだが、生を嘆くのはわしの気に染まぬ。また、生きてきたことに不満を覚えるものでもない。無駄に生まれてきたと考えずに済むような生き方をしてきたからな。そしてわしは、わが家からではなく旅の宿から立ち去るようにこの世を去る。自然はわれわれに、住みつくためではなく仮の宿りのために旅寓を下さったのだから。魂たちの寄り集う彼の神聖な集まりへと旅立つ日の、そしてこの喧騒と汚濁(おじょく)の世から立ち去る日の、何と晴れやかなことか(82)」。

カトーはこれまでにしよう(83)。もっと敬虔にキリスト教徒から何を聞くことができるでしょうか。すべての修道士の対話も、あるいは修道士と修道女との対話も異教徒の老人と異教徒の若者とのこの対話のようであってほしい。

エウセビウス　しかし、だれかが対話はキケロによって作成されたと抗弁するでしょう。

クリソグロットゥス　そのように考えて語ったことに対する称賛がカトーに帰せられようと、キケロに帰せられようと、わたしにはたいした問題ではありません。キケロの心がそんなにも神聖な考えを想像力によって表現し、彼の筆が誉めるに値する主題をそれに匹敵する弁舌の才をもって描き出したのです。実際、カトーがそれと同じ言葉を語らなかったとはいえ、それでも彼はそれと似た言葉を会話の中で語る習慣であったと、わたしには思われます。というのはマルクス・トゥリウス〔・キケロ〕は彼が実際あったのとは別のカトーを捏造するほど、またはこの種類の著作においては真っ先に考慮すべきことであり、とりわけ著者の同時代人の心にその人物の記憶がまだ新しく残っているときに考慮すべきである、対話の中で礼節[84]をわきまえなかったほど、恥知らずではなかったからです[85]。

テオフィルス　真にあなたのおっしゃることは本当です。だが、あなたがキケロを朗唱している間にわたしに思い浮かんだことをお話ししましょう。すべての人は長く生きることを望んでおり、死を恐れているのに、老人とは言わなくとも、かなりの年配の人が、人生においてすでに彼に生じたのと同じ善と悪のすべてを経験しながら、もしできることなら再び子供に戻りたいか否かという質問に対し、カトーが述べたことに同意しないほどの幸福を確かに見つけている人がいない事実に、わたしは驚嘆しました。とりわけ、過ぎ去った歳月に悲しくも、あるいは喜ばしくも遭遇したことは何でも心に想起する場合にはそうです。というのは楽しかったことの回想にはしばしば恥や良心の苦悩が付きまとっているので、心は悲しいことと同じくそれらを想起するのを嫌がりますから。このことをもっとも賢明な詩人たちがわたしたちに告げていると思われます。彼らは書いています、魂がレーテの川から忘却の水をたくさん飲んだ後に、やっと、あとに残した身体に対する願望に捕らわれる、と。

ウラニウス　それは全くおかしなことです。わたしもその例をいくつか聞き及んでおります。しかし、わたしを魅了したのは「わたしは生きてきたことを後悔しません」という言葉です。とはいえ、いかに少数のキリスト教徒たちが、この老人の言葉を自分に適用できるほど自分の生活を節度をもって整えているでしょうか。民衆は、死に際して何とかして築き上げた豊かな財産を遺産として残せるなら、自分らが無益に生きてきたのではないと考えます。しかしカトーは、自分が共和国の健全で崇高な市民であって、後世の人々に徳と勤勉からなる不朽の業績を残すような、清廉潔白な政務官であることを示すなら、自分が生まれてきたのは無益ではなかったと考えるでしょう。「わしは、わが家からではなく旅の宿から立ち去るようにこの世を去る」という言葉に優って素晴らしい何を言うことができたでしょうか。さしあたって主人が立ち去るように命じるまでは、宿屋を使うことが許されます。自分の家からは人は容易に追い立てられません。それでも倒壊とか火災とかそのほかの出来事がしばしば人を家から追い出します。これらのことが起こらなくとも、歳月とともに建物が老朽化するがゆえに、引っ越すように警告されます。

ネファァリウス それに劣らず急所をついているのはソクラテスがプラトンの著作で語っている発言です。「人間の魂は身体の中に陣営にいるように置かれており、最高指揮官の命令なしにはそこを立ち去るべきではないし、その部署につかせたお方によしと思われるよりも長くそこに滞在すべきではない[86]」。プラトンが「家」の代わりに「陣営」と語ったことはいっそう意味が深いです。実際、わたしたちは家では単に滞在するだけなのですが、陣営ではわたしたちの指揮官がわたしたちに指示した課題を遂行するように任命されているからです。このことは人間の生活があるときは兵役であり、あるときは戦闘であると語っている、わたしたちの聖書と一致しております[87]。

ウラニウス しかし、わたしにはカトーの演説がパウロのそれと見事に一致していると思われます。パウロはコリントの信徒たちに、わたしたちは死後に望んでいる天上の住まいをオイキアまたオイケーテリオン、つまり家もしくは居所と呼んでいます。その他では彼はこの小さな身体を幕屋、ギリシア語のスクエーノスと呼んでいます。そして言います、「というのはこの幕屋にいるわたしたちは重荷を負って呻いているから」（IIコリ五・一以下）と。

ネファァリウス それはペトロの説教と一致しなくもありません。彼は次のように言っています。「わたしはこの幕屋にいる間はあなたがたにこれを思い出させて、奮起させたいと思います。わたしが自分の幕屋を速やかに去ることは確かです」（IIペト一・一三、一四）。キリストがわたしたちに求めていることは、他でもないすぐにでも死ぬかのようにわたしたちが生き、かつ、目覚め、いつまでも生きるかのように善きわざに励まねばならないということではないでしょうか。あの栄光に輝く日よ、という声を聞くときには、もうパウロ自身が「この世を去ってキリストとともにいたいと熱望する」（フィリ一・二三）と語っているのを聞くように思われないでしょうか。

クリソグロットゥス　そのような気持ちをいだいて死を待ち望む人は何と幸いなことでしょう。とはいえカトーの演説に対して、それはとても素晴らしいのですが、人はそれをキリスト教的な人間からは、当然、はるかにかけ離れている高慢に起因する確信として非難することができます。ですからソクラテスが毒人参を飲む少し前にクリトンに語ったことにまして、正しいキリスト教的な人間にいっそうふさわしく一致するものを、異教徒の間ではかつて読んだことがないと、わたしには思われます。彼は言います、「神がわたしたちのわざを承認してくだされるであろうか、わたしには分からない。確かにわたしたちは神に喜ばれようと熱心に努めてきた。だが、わたしたちは神がわたしたちの努力によく配慮してくださるという良い希望をいだいている(88)」。こういう人は自分のわざに疑念をいだいていますが、それでも神の御心に服従しようと傾く心の意志のゆえに、善く生きようと志したので、神がまさしくその慈しみをもってよく配慮してくださるであろうという素晴らしい希望を心に描くことでしょう。

ネファリウス　それは確かにキリストも聖書も知らなかった人における賛嘆すべき精神です。ですから、わたしはそのような人についてそうしたことを読むときには、聖なるソクラテスよ、わたしたちのために祈ってください、と、どうしても言わざるをえません。

クリソグロットゥス　しかし、わたしはウェルギリウスとホラティウスの神聖なる魂を素晴らしいと称えることをしばしば抑制できなくなります。

ネファリウス　それでも、このわたしはどれほど多くのキリスト教徒が寒々とした気持ちになって死んでいったのを見たことか。ある人たちは信頼すべきでないものに信頼しています。他の人たちは、無学な人たちが死にゆく人たちを苦しめる、悪行に対する良心と疑惑のゆえに、絶望して息絶えています。

クリソグロットゥス　全生涯をとおして宗教的儀礼について頭を悩ませてきた人がそのように死ぬのは少しも不思議ではありません。

ネファリウス　その儀礼という言葉で何が意味されるのですか。

クリソグロットゥス　お話ししましょう。ですが、わたしが教会のサクラメントと典礼を断罪するのではなく、むしろ熱烈に是認していることを前もって申し上げておきます。わたしが断罪するのは、ある種の不信仰で迷信的な人たち、できるかぎり穏やかに言いますと、単純で無学な人たちなのでして、彼らは人々がこういったものに信頼するように教えていますが、わたしたちを真にキリスト教徒にするものをなおざりにしています。

ネファリウス　どういう方向に行かれるのか、まだ十分に理解できません。

クリソグロットゥス　あなたが理解されますように試みてみましょう。あなたがキリスト教徒の群衆を観察すると、彼らにとって儀礼が人生の初めと終わりではないでしょうか(89)。洗礼式において執行された教会の古くて尊い典礼は、何と細心な配慮をもってなされたことでしょう。幼い子供は教会の戸口の外に待たされ、悪魔払いが行われ、信仰問答がなされ、誓願が果たされ、サタンがその華美と娯楽ともども誓いをもって否認されます。ついに子供の教育が配慮されるために、塗油が施され、〔十字架でもって〕しるしづけられ、塩をふりかけられ、水に浸され〔洗礼され〕、保護者らに面倒を見るように依頼されます。彼らにはお金が支払われるので負担はかかりません。そこで、もう子供はキリスト教徒と呼ばれますが、一応はそういうことになります。すぐにも彼は再び塗油が施され、ついに信仰告白することを学び(90)、聖体を拝領し、祝祭日には安息をとるように習熟し、聖祭に出席し、時どき断食し、肉食を控えます。そしてこれらのことを行えば、必ずやキリスト教徒とみなされます。もし妻を娶るならば、別のサクラメントがそれに付与されます。聖職者となるならば、再び塗油が施され、聖別され、衣服が変えられ、祈禱が唱えられます。わたしは執行されているこれらすべてをもちろん承認しますが、それらが確信よりも習慣によって執行されていることは是認できません。キリスト教にはそのほか何も加える必要がないという考えにわたしは断固反対します。というのは人々の大部分が、こういうものに信頼している間に、それにもかかわらず、その間にも何とかして富を築くのに夢中になり、怒り・快楽・嫉妬・野望の奴隷となって、ついには死の戸口にやって来るからです。ここでも再び儀式が用意されてます。一度もしくは二度の告白が適用され、終油が加えられ、聖体の秘跡が授けられ、神聖な蠟燭が手元に置かれ、十字架と聖水が準備されて、罪の赦しが告げられる。教皇の証書が死に赴く者に示されるか、取得されます。豪華な葬儀が催されるように指定されます。厳粛な誓約が再度なされます。一人の者が死にゆく者の耳に大声で呼びかけます。いいえ、ときには、よく起こることですが、声がもっと大きな人やかなり酒に酔った人がけしかけるならば、そのときが来る前に、人は死にます。これらのもの、とりわけ教会の慣習としてわたしたちに伝えられているものは、確かに役立っていますが、それとは別に深く隠されたものがあって、それは潑剌とした霊とキリスト教的な確信をもってわたしたちがこの世から移住するように助けています。

エウセビウス　あなたは敬虔に、かつ、適切にお話しになりましたが、その間に誰も食事に手を付けられておりません。それぞれ自分をごまかさないようにいたしましょう。わたしはデザートのほか何も期待しませんようにと、あらかじめ申し上げました。それも田舎風のものでして、キジやヤマシギもしくはアッティカ風のデザートを誰もあてにしないためです。ボーイさん、これらを片づけ、残りの料理を食卓に運んでください。あなたがごらんになるのは豊饒の角(91)ではなくて、わたしたちの欠乏の角です。これはあなたがたがご覧になった小さな庭でできたものです。お好きなものがございましたら、ご遠慮なさらないでください。

ティモテウス　とても多種多様なものですから、拝見しただけでも元気づけられます。

エウセビウス　しかし、わたしが質素なのをあなたがたがすっかり軽蔑なさらないために、〔わたしは主張します〕この盛り皿が福音に生きた修道士ヒラリオンとあの〔四世紀の〕時代に属する修道士仲間の一〇〇人を満足させていたことでしょう。それはまたパウロとアントニオスには一カ月間の糧食たり得たことでしょう。

ティモテウス　使徒たちの第一人者であるペトロも革なめし職人シモンのところに滞在していたとき、それを拒否しなかったであろう、とわたしは思います(92)。

エウセビウス　わたしの考えでは、パウロも貧窮に迫られテント製造人として夜じゅう絶えず働かされたとき、そのようでした(93)。

ティモテウス　わたしたちはこのことを神の慈悲に負っています。しかし身体における栄養の欠けが心の楽しみによって豊かに埋め合わされるなら、わたしはペトロとパウロと一緒になって空腹でいるほうを選びたいです。

エウセビウス　むしろ、わたしたちは豊かに暮らすことと貧困に苦しむこととをパウロから学びましょう(94)。欠乏しているときには、節約と忍耐の蓄えをわたしたちに供給してくださるイエス・キリストに感謝しましょう。有り余るほどあるときには、その寛大さによってわたしたちを招き寄せ、ご自身を愛するように促したもうお方の気前の良さに感謝しましょう。また、神の慈悲が惜しみなく授けたもうものをわたしたちが控え目に、かつ、節約して享受するとき、わたしたちは貧しい人たちを忘れてはなりません。わたしたちに有り余るほどあるものが彼らには欠けるようにと、神はお考えなのです。それは両者のいずれも他に対して徳を実行する機会となるためなのです。実際わたしたちは豊かに与えられていますから、それでもって兄弟に欠けているものを助け、神の憐れみを獲ることができます。またわたしたちの施しによって元気を回復した貧しい人たちは、わたしたちのよい心情のゆえに神に感謝し、その祈りによってわたしたちを神に推挙するでしょう。

ちょうどよいときに思い出したことがあります。ボーイさん、ローストの残りをわたしたちのグドゥラのところに持っていくように、わたしの妻に言ってください。彼女は隣人でして、妊娠しています。財布の中は乏しいが、心は至福です。彼女の夫は浪費家にして怠惰な人でしたが、少し前に亡くなりました。彼は多数の子供のほかは何も残しておりません。

ティモテウス　キリストは乞い求めるすべての者に与えるように命じました。わたしがそうするならば、わたし自身が一ヵ月のうちに物乞いとなるに相違ありません。

エウセビウス　キリストは必要なものを乞い求めている人たちのことを考えているとわたしには思われます。なぜなら乞い求める人たち、否、華麗な食堂を建築したり、もっと悪いことには、浪費や快楽を増大するために、多額の金銭をしつこくせがんだり奪い取る人たちには、その乞い求めるものを拒絶することが施しというものだからです。それればかりか、隣人のさし迫った困窮にあてるべきものを悪用しようとする者どもに施すことは強奪です。ですからキリストの生ける神殿の全体が、飢えによって危険な状態に陥り、裸のゆえに身震いし、必要なものの欠乏によって苦痛をなめているのに、過大な費用を投じて修道院や教会堂を建てたり飾ったりする人たちは、重い罪からほとんど解放されないとわたしには思われます。わたしがイギリスにいたとき、聖トマスの墓が、信じられないほど豪華なのに加えて、無数の高価な宝石でもって飾られているのを見ました。(95)わたしはこの有り余るほどの富をいつの日か一度にすべてをひったくる役人たちのために保存しておくよりも、むしろ貧しい人たちのために使うほうを選びます。わたしは墓を葉の多い枝と花でもって飾りたいです。このほうがあの至聖のお方に喜ばれるとわたしは思います。ロンバルディアにいたとき、わたしはパヴィアからそう遠くないところで、あるカルトゥジア会の修道院を見ました。その中には教会があって、内部も外部も、下から上まで、白い大理石でもって建築されており、祭壇・柱・墓のような内にあるものはすべてほとんど大理石で造られています。少数の孤独な修道士たちが大理石の教会で〔聖歌を〕歌うためにこんなにも多くのお金が費やされるとはどういうことなのか。あの大理石の教会を単に眺めるためにだけ当地を訪れる他国の人たちによって絶えず脅かされていますから、この教会は彼ら自身にも重荷であって、役立っていません。

それに加えて、わたしはもっと愚かなことを当地で知りました。修道院を建設するために毎年三〇〇〇ダカットのお金が遺産として贈られています。また遺言者の意志に逆らって神意に適った使用にそれを転用することはできないと考える人たちがおります。彼らは企てることを建設しないよりも打ち壊す方を選ぶでしょう。これらの事実が際立っておりますので、わたしは記憶に留めるべきだと考えました。とはいえ、わたしたちの教会でもそれと似た多くの実例があちこちにあります。このようなことは、わたしには施しではなく、名誉心に思われます。富める者たちは教会の中に自分たちの記念碑を建てようと努めますが、教会の中には以前は聖者のための場所はなかったのです。彼らは〔石の中に自分の姿が〕刻まれ、描かれるように、それに彼らの名前と功労の記録が書き加えられるように配慮します。そしてこういったものでもって彼らは教会の大部分を占領します。彼らの屍が祭壇に設置されるように要請されるときが来ると思われます。

彼らの気前よさは退けられるべきでしょうか、とだれかが言うかもしれません。彼らが提供しているものが神の教会にふさわしいなら、決してそうではありません。しかし、もしわたしが司祭か司教でしたら、わたしはあの頭の鈍い廷臣たちや商人たちに、彼らが自分たちの罪が神の前で赦されるのを願うなら、本当に貧しい人たちを援助するために秘かに喜捨するように促すことでしょう。この人たちの考えでは、お金が細分されて秘かに卑賤な人たちのさし迫った困窮を支援すべく分散されるならば、その記念碑が子孫に残らないので、お金は失われてしまうのです。わたしが思うに、キリストご自身がもっとも信頼のおける債務者として自分に請求されることを欲しておられることよりも良い出資先はないのです。

ティモテウス　修道院に授けられているものは正しく役立てられていると思いませんか。

エウセビウス　わたしが金持ちであるならば、修道院に多少は与えますが、それも奢侈のためでなく、必要なもののために与えたいです。わたしは彼らの中で真の宗教の研究を活発にしていると想われる人たちに与えたいです。

ティモテウス　大抵の人たちは、公の物乞いにお金を与えることは、少なくともそれがよく運用されていると は思いません。

エウセビウス　彼らにもときには多少は与えられるべきですが、それもよく選んですべきです。国はそれぞれ その民を養っても、あちこちと放浪している者どもを黙認しないほうが賢明であると思われます。とくに健康な 人たちはそうであって、彼らにはお金よりも労働を与えるべきだと思います。

ティモテウス　それでは主として誰に、どの程度、また何回ぐらい、与えられるべきだとお考えですか。

エウセビウス　それをきわめて正確に規定することはわたしにとって困難でしょう。まず第一にすべての人を 助けようと欲する気持ちが備わっていなければなりません。次に、その機会が訪れるたびに、とりわけその人の 貧しさと誠実さをわたしがよく知っている人たちには、わたしの貧弱な財産に応じて、できるかぎり寄付します。 わたしに蓄えがないときには、他の人たちに慈善を勧めます。

ティモテウス　しかし、あなたはわたしたちがこのあなたの所有地で何も隠さないで語ることをお許しになり ますか。

エウセビウス　そうですとも、あなたがたがお宅におられるときよりも開放的にお話しください。

ティモテウス　あなたは教会において過度に出費することを認めておられません。それですから、あなたはこ の住宅をずっと小さく建てることがおできになりました。

エウセビウス　確かにこれは中くらいの程度にはきれいにできていると思います。もしお望みなら、優雅とも 言えましょう。わたしが欺かれていなければ、贅沢ではないことは確かです。物乞いして生きる人たちももっと 豪華に建築します。とは言っても、このわたしの庭園はどうあっても、困窮してる人たちに使用料を支払わねば なりません。そしてわたしは自分と家族に対してはさらに倹約を守り、毎日の費用からいくらかを引き出して、貧しい人たちにいっそう施すことができるようにしています。

ティモテウス　すべての人があなたのような精神をもつならば、現在不当な困窮に苦しんでいる非常に多くの人たちは暮らしがよくなるでしょう。他方、困窮が教えるであろう節制と控え目を学ぶようになると、太った多くの人たちは減少するでしょう。

エウセビウス　おそらくそうでしょう。だが、あなたがたはわたしたちがこの味のないデザートに何か甘味料を加えるのを願っていますか。

ティモテウス　わたしたちは美味の点で十分に満足しています。

エウセビウス　でも、わたしはお腹が一杯になっていても、あなたがたがお断りにならないものをここにもってきます。

ティモテウス　それは何ですか。

エウセビウス　福音書の写本です。食事の終わりにわたしが所有しているもっとも高貴なものをあなたがたにもってきましょう。ボーイさん、あなたが前の食事のとき読み終わった箇所の続きを朗読してください。

ボーイ　「だれも、二人の主人に仕えることはできない。一方を憎んで他方を愛するか、一方を支持して他方を軽んじるか、どちらかであるから。あなたがたは神と富とに仕えることはできない。だから、わたしはあなたがたに言っておく。自分の命のことで何を食べようか、また自分の体に何を着ようかと思い悩むな。命は食べ物に優り、体は衣服に優るではないか」（マタ六・二四―二五）。

エウセビウス　書物をお返しください。この箇所でイエス・キリストはわたしに二度同じことを語ったように思われます。というのは最初にイエスが語ったこと「憎むでしょう」の代わりに、彼はすぐに「軽んじるでしょう」を置いており、最初に要請したこと「愛するでしょう」の代わりに、すぐに「支持するでしょう」を当てているからです。人物が入れ替わっても意味は同じままです。

ティモテウス　あなたのおっしゃりたいことをわたしは十分には理解できません。

エウセビウス　それでは、お望みとあれば、数学的方法によってそれを明らかにしましょう。初めの部分ではあることの代わりにAを、他のことの代わりにBを置きます。それに対し第二の部分では逆の順序でもってあることの代わりにBを、他のことの代わりにAを置きます。実際、彼はAを憎み、Bを愛するか、それともBを支持し、Aを軽んじるかのどちらかになるでしょう。Aは二度憎まれ、Bは二度愛されるということが、これでもって明らかではないですか。

ティモテウス　全く明瞭です。

エウセビウス　「それとも」という接続詞は、とくに反復されると、対立した意味や相違した意味を強調します。もしそうでないと、「ペトロはわたしに勝つでしょう、そしてわたしは譲歩するでしょう。それともわたしは譲歩するでしょう、そしてペトロはわたしに勝つでしょう」と言うのは無意味ではないでしょうか。

ティモテウス　愉快なこじつけです。神よわたしを助けたまえ。

エウセビウス　このことをわたしがあなたから学べるなら、わたしにもそれが愉快に思われるでしょう。

ティモテウス　わたしの精神は夢を見ており、わたしの知らないものによって産みの苦しみをしています。あなたが命じられるなら、それが何であれ、あなたに知らせましょう。そうすれば、あなたは夢を解く人か、助産婦になることでしょう。

エウセビウス　食事のときに夢を想起することは、一般には不吉なこととみなされておりますし、こんなにも多くの人々の前で子を産むことは上品なことではありませんが、それでもわたしたちは、あなたの夢を解くか、あるいはあなたが欲せられるなら、あなたの精神が孕んだものを喜んで採りあげましょう。

ティモテウス　この発言の中では人物よりも行動のほうが変化しているようにわたしには思われます。「一方を……他方を……」という表現は〔人物としての〕AとBに関係しません。そうではなく表現の両方の部分は双方の任意ものと関係しています。ですから、あなたが両方の中から選ぶものは、今や、他方によって指示されるものに対立させられます。そのさい「あなたは〈任意の事柄〉Aを排斥してBを許容するか、Aを許容してBを排斥するかです」とあなたは主張しているかのようです。ここでは人物がそのままで、行動が変化していることがあなたにはお分かりです。またAについてあなたは「同じことをBについても次のような仕方で述べても何ら差し障りがない。つまり〈あなたがBを排斥し、Aを許容するか、Bを許容し、Aを排斥するかでしょう〉」と言われます。

エウセビウス　確かにあなたは問題点をわたしたちに巧みに説明してくださいました。どんな数学者でもそれより上手に砂の上に描いて説明しなかったことでしょう。[96]

ソフロニウス　パウロ自身が生活の資を獲るためにその手でもって労働に励んだし、同じく仕事に従事しない閑人たちや他人に頼って生きるのを喜んでいる人たちを厳しく非難したのですから、明日のことを思い煩うなと命じられていることにわたしはむしろ困惑しております。彼は人々が労働するように、また手を動かして何か良いものを造るように忠告しています。それは彼らが貧しい人たちに必要なものをそこから分ち与えるものを獲るためなのです。[97] 貧弱な夫が最愛の妻とかわいい子供たちを養う労働は、敬虔にして神聖なものではないでしょうか。

ティモテウス　わたしの意見では、この問題はさまざまな仕方でもって答えられます。第一に、とくにその時代と関連して解くことができます。福音の宣教のために遠く出かけていった使徒たちは、どこから供給されようと、生活に必要なものに対する心配（不安）から解放されなければなりませんでした。彼らには手仕事によって食物を獲る時間の余裕がありませんでした。とくに漁業のほかには生きる手段を何も知らなかったときには、そうでした。だが、今や、時代は変わりました。そしてわたしたちは暇な時間を十分にもっており、労働をまぬがれています。

第二の解決策はこうです。キリストは勤勉ではなくて心配することを禁じています。彼は心配することのもとで、人々の通常の感情を理解しています。彼らは生活に必要なことを調達することのほかには何も心配を感じないで、万事を棄ててこれだけに関わり、この一つの配慮（心配事）のみを追求しています。わたしたちの主ご自身は、同じ人が二人の主人に仕えることができるということを否定されたとき、そのことをほぼ主張されています。と言うのは全身をもって献身している人が仕えているからです。したがって主は福音を広めることへの配慮がもっとも大切であると願われていますが、それが唯一の配慮ではありません。実際、主は「何よりもまず、神の国を求めなさい。そうすれば、これらのものはみな加えてあなたがたに与えられる」（マタ六・三三）と言われます。単に「求めなさい」とだけ彼は言われるのではなく、「何よりもまず、求めなさい」と言われます。そのほかに「明日のこと」とあるのは、それが遠い未来を意味していますから、誇張法であると思います。この世のことを渇望する習わしの人は未来のことを思い煩い、〔それに備えて〕探し求めています。

エウセビウス　あなたの解釈をわたしたちは受け入れますが、「何を食べようと、魂のことを思い煩うな」（マタ六・二五）と主が語ったのはどうしてなのですか。身体は衣服をまとっていますが、魂は食べたりしません。

ティモテウス　わたしが思うに魂という語はここでは命のことを指しています。命は食物が取り去られると、危険な状態に陥ります。しかし衣服が取り去られても危険ではありません。衣服は必要よりも恥のために与えられています。だれかが裸によって害を受けても、すぐには死にませんが、食を断つことは確実に死となります。

エウセビウス　わたしにはこの文章とそれに続く「魂は食べ物よりも大切であり、体は衣服よりも大切である」（同）と語られていることとがどのように関連しているのか全く分かりません。もし命に大いなる価値があるなら、それが失われないようにますます警戒すべきです。

ティモテウス　このように論証する議論はわたしたちの心配を取り除かないで、むしろ増大させます。

エウセビウス　しかし、あなたの解釈はキリストの考えではありません。この議論によってキリストはわたしたちの御父に対する信頼を増加させています。もし慈しみ深い御父が無償で、かつ、自発的にいっそう高価なものを与えてくださったならば、もっと安価なものをそれに付け加えてくださるでしょう。魂を与えてくださったお方は、食物を与えるのを拒絶なさらないでしょう。体を与えたお方は、衣服をもどこからか付け加えてくださるでしょう。したがって彼の親切に信頼するわたしたちは、些細なことに対する心配や配慮によって苦しめられる理由がないです。それゆえ、わたしたちの配慮と熱意との全体を天上の事物に対する愛へと転換し、サタンとその策略と一緒に地上の富をことごとく退け、心を尽くし溌剌とした精神でもって、その子らを見捨てることのない神にのみ仕えるならば、わたしたちがこの世を用いないかのように使用することのほかに何が残るのでしょうか。

ところでこの間にだれもデザートに触れられておりません。とにかくそれを味わってみてください。それは家でわたしたちのために作られたものですから。

ティモテウス　わたしたちのひ弱な体のことを言うともう十分に満足しております。

エウセビウス　あなたがたの精神のほうもそうであることを願っています。

ティモテウス　しかも、わたしたちの精神はいっそう豊かに満たされております。

エウセビウス　それでは、ボーイさん、これを下げてください。ボウルをもってきてください。友よ、この食事で犯したかも知れない落ち度があるなら、清められて、神への賛歌を唱えるために、手を洗いましょう。もしよろしければ、クリュソストモスから始めたものを完成させたいのです。

ティモテウス　どうぞそうなさってください。

エウセビウス　「主よ、あなたに栄光がありますように。聖なるあなたに、あなたに栄光がありますように。王よ、あなたに栄光がありますように。あなたはわたしたちに食物を与えてくださいましたから。聖霊によってわたしたちに歓喜と楽しみを満たしてください。それは、わたしたちが御目の前に受納される者として見いだされ、あなたが各々にそのわざにしたがって報いたもうとき、恥を受けないためなのです」[98]。

ボーイ　アーメン。

ティモテウス　この賛歌は全く敬虔で、完全無欠なものです。

エウセビウス　聖クリュソストモスはこの賛歌が解釈されることも拒絶されないでしょう。

ティモテウス　どの箇所ですか。

エウセビウス　マタイ福音書の説教五六です。

ティモテウス　わたしは今しがた読んだ箇所も省略したくありません。ところで、あなたから学びたいことが一つあります。どうして三度、しかも「主」「聖なるお方」「王」という三重の名称でもってキリストの栄光のために祈るのでしょうか。

エウセビウス　それはすべての栄光がキリストに帰せられなければならず、とくにわたしたちは三重の名称によって彼を誉め称えなければならないからです。まず、彼のとても神聖な血潮によってわたしたちが悪魔の暴政から贖い出され、彼に属するものとしてくださったからです。それゆえにわたしたちは彼を「主」と呼んでいます。次に、彼はわたしたちのすべての罪に対する赦しを無償で与えたことで満足しないで、その聖なる霊によってわたしたちに彼の義をも授けてくださったからです。それはわたしたちが彼の神聖さを追求するためなのです。また、このゆえにわたしたちは彼のことを「聖なるお方」と呼んでいます。それは彼がすべてのものを聖化させるお方であるからです。最後に、わたしたちは同じお方から天国の報奨を期待するからです。彼は、今、天国で御父の右に座しておられます。ですから、わたしたちは彼を「王」と呼ぶのです。そして、わたしたちはこれらのすべての至福をわたしたちに対する彼の無償の恩恵に負っています。こうして悪魔を主人や暴君としてもつ代わりに、わたしたちはイエス・キリストを主人としてもっていますし、諸々の罪の不潔や汚れの代わりに潔白と至聖を、ゲヘナ〔地獄〕の代わりに天上的生命の喜びをもっています。

ティモテウス　確かに敬虔なお考えです。

エウセビウス　今回はあなたがたをお食事に招待した最初のことですから、わたしは贈り物なしにあなたがたを去らせたくありません。それも饗応にふさわしいような贈り物をしたいです。――おーい、ボーイさん、お客様に差し上げる贈り物をもってきなさい。――籤を引くか、好きなものを選ぶか、お好きなようにしてください。何の違いもありません。すべては同じくらいの価値ですから。つまり何の価値もないのです。ある人に一〇〇頭の馬が当たったり、他の人には同数の蠅が当たるような、ヘリオガバルスの籤ではありません。ここには四冊の書物と二つの時計と小さなランプとメンフィティクスのペンの入った箱があります(99)。これらのものはバルサム樹液や歯磨き粉や鏡よりもあなたがたに適合していると思います。

ティモテウス　それはすべて全く素晴らしいものですから、わたしたちは選ぶのが難しいです。むしろ、あなたご自身のお考えにしたがってそれらを割り当ててください。そうすれば、どんなものを受け取っても、感謝を深めることでしょう。

エウセビウス　この羊革の小さな本にはソロモンの箴言が入っています。それは知恵を教えますが、金箔が施されています。金は知恵のシンボルだからです。これはわたしたちの白髪の友に贈られます。こうして知恵が福音的な教えにもとづいて知恵をもっているお方に授けられて、それは豊かに溢れることでしょう(100)。

ティモテウス　わたしはきっと知恵に欠けることがなくなるように努めるでしょう。

エウセビウス　とても遠隔の地ダルマティアから輸入されたこの時計は、わたしはこのように言ってささやかな贈り物を推奨しているのですが、ソフロニウスにふさわしいでしょう。というのは、わたしは彼がどんなに時を惜しんでいるかを、このもっとも高価な宝のどんな小さな部分も、実りをもたらさないでは、決して過ぎ去るのを許さないのを、知っているからです。

ソフロニウス　いいえ、そうではありません。あなたこそ怠惰な者が勤勉であるように忠告しておられるのです。

エウセビウス　この羊革の小さな本にはマタイによる福音書が入っています。この本にとって人間の心胸よりも大切な箱やカバーがないとしたら、それは宝石でおおわれるに値していたでしょう。テオフィルスよ、心にこれを保管しておきなさい。それによってあなたの名前にますます似るようになってください[101]。

テオフィルス　あなたが全く無駄な贈り物をして損をしたと思われないように励みましょう。

エウセビウス　ここにはパウロの手紙があります。エウラリウスよ、あなたはいつもパウロを引用しておりますから、喜んでこれを携えて歩かれるでしょう。パウロがあなたの心中にないならば、〔その言葉を〕口にもしませんように。そうすれば、彼はあなたの手と目においてももっと役立つようになるでしょう。

エウラリウス　これでは贈り物を与えるのではなく、忠告を授けることになります。ところが良い忠告よりも高価な贈り物はございません。

エウセビウス　小さなランプは飽くことのない読書家にしてキケロが言うように書物の大食漢であるクリソグロットゥスにふさわしいでしょう。

クリソグロットゥス　二重に感謝します。第一に、並はずれた上品な贈り物に対して、第二に、怠惰な者が眠らないようにご注意くださったことに対して感謝します。

エウセビウス　筆箱はとても恵まれた多作家[102]であるテオディダクトゥスがふさわしい。また、わたしが思うに、これらの筆は、それによってわたしたちの主イエス・キリストの栄光が、とりわけこのような巨匠によって、誉め称えられるなら、もっとも祝福されたものとなります。

テオディダクトゥス　あなたが筆記具に与えてくださったように、心をも助けてくださいますように。

エウセビウス　この書物はプルタルコスの『道徳論集』の中からいくつかの短い作品を集めたもので、選集となっており、ギリシア文学に熟練した人によって巧みに写し取られています。その中にとても大いなる聖性が見いだされますので、異教徒の精神のなかにそのような福音的な思想が入ってきていることは、わたしには奇跡のように感じられるのです。これは若いヘレネス〔ギリシア主義者〕のウラニウスに贈られるでしょう。時計が残っていますが、これはネファリウスに譲渡します。彼はとても節約して時間を使っていますから。

ネファリウス　わたしたちは贈り物に感謝するばかりか、〔人物を鑑定した〕諸々の証明書にも感謝します。というのは、それはお世辞ほどには贈り物を分け与えてくれませんから。

エウセビウス　むしろわたしはあなたがたに二つの理由で感謝します。第一に、あなたがたがわたしの質素な生き方によく対処してくださったことに対し、第二に、教養があり、同時に敬虔な会話をとおしてわたしの精神を活気づけてくださったことに対し感謝します。わたしはあなたがたがどのようにこのときをお過ごしになったかを知らないままにお別れしますが、わたし自身は少なくともより良く、かつ、いっそう賢明になってあなたがたとお別れするでしょう。わたしはあなたがたにとって笛や道化師が好ましかったり、ましてや骰子(さいころ)遊びが好きでないのを知っています。ですから、よろしければ、わが王宮の他の不思議なものを見ることで少し時間を用いましょう。

ティモテウス　わたしたちも丁度あなたにそれをお願いしようとしていたところです。

エウセビウス　誠実に約束を果たす人に対ししつこく求める必要はありません。あなたがたはこの夏向きの庭をもう十分ご覧になったと思います。これは三つの眺望をもっておりまして、どちらを向かれましても、庭のとても気持ちよい緑に出会います。霧とか風が不快ですと、動かすことができるガラス窓によって、もしよろしければ、空気が入ってくるのを防ぐことができます。暑熱のようなものがあなたがたを不快にすると、外から厚いよろい戸を、内部から薄いカーテンを引くことによって、太陽を閉め出すことができます。ここで昼食をとっていると、家ではなく、庭で食事をしているように思われます。というのは庭の緑の壁が花を散りばめており、良い絵もありますから。〔見てください〕ここでキリストは選ばれた弟子たちとともに最後の晩餐をとられます。

ここではヘロデが不吉な酒盛りでもって誕生日の祝いを挙行しています[103]。ここでは、すぐにも地獄に堕ちる、あの福音書にある金持ちが華やかに食事をしています[104]。すぐにアブラハムの懐に受け入れられるラザロが門から追い出されています[105]。

ティモテウス　わたしたちはこの題材を十分には理解していません。

エウセビウス　それはクレオパトラがアントニウスと一緒に放蕩に競い合っているところです。彼女はもう真珠を呑み込んでおり、もう一つ取ろうと手を差し出しています。ここではラピタエ族が戦っています。ここではアレクサンドロス大王が槍でもってクリトスを突き刺しています。これらの実例は食事における節制を勧め、酩酊と奢侈を撃退しております。では、図書室に行きましょう。それは多くの書物ではなく、より抜きの書物を備えております。

ティモテウス　この場所には何か神的なものがありありと示されております。ですからすべてが輝いています。

エウセビウス　ここにはわたしの財産の優れた部分があります。テーブルの上にはガラスと錫の食器しかありません。家のどこにも、金箔をかぶせた一つの杯のほかには、銀製の器もございません。この杯は贈り物としてわたしにくださった方への愛から恭しく保存しております。ここに掛かっている球体は全世界をあなたがたの目の前に示しています。壁のここにはすべての地域が拡大されて描かれています。壁の他のところには重要な著者たちの肖像が見られます。彼らのすべてを描くことはきりがないのですから。山上に座して手を前に出しているキリストが第一位の場所を占めています。頭上には御父がおられて、「これに聞け」と語っています。翼を広げた聖霊は光をたくさん注いで彼を抱擁しています。

ティモテウス　アペレに相応しい作品です[106]。そのように神がわたしをお助けくださるように。

エウセビウス　図書室に隣接しているのは書斎で狭いのですが素敵です。何か寒いと感じられる場合、この板を動かすと、中から炉が出てきます。夏には頑丈な壁に見えます。

ティモテウス　ここのすべては宝石でできているように思われますし、とても快適な香りもしています。

エウセビウス　家がきれいで良い香りがするようにとくに努めています。両方を行っても費用はかかりません。図書室には庭を見わたせる、バルコニーが付いています。庭には礼拝堂が隣接しています。

ティモテウス　神性に適した場所ですね。

エウセビウス　では、家の中庭に面している回廊の上にある三つの画廊に行きましょう。これらの画廊からは両サイドが見わたせますが、閉めることができる窓によって、とりわけ中庭に面していない壁によって家はいっそう安全に保たれています。ここの右手には、ずっと明るくなっていて、壁も窓によって切り離されていないので、イエスの生涯が、四福音書の物語からはじめて聖霊の派遣と使徒言行録にある使徒たちの最初の宣教に至るまで、順序にしたがって描かれています。どのような池の傍らで、あるいはどんな山の上で出来事が起こったかを見る人に分かるように、場所を示すしるしも付けられています。さらに物語の全体を要約する短い説明文、たとえば「よろしい、清くなれ」（マタ八・二）といったイエスの言葉が付けられています。反対側にはそれに対応する旧約聖書の人物や預言が、とくに預言者たちと詩編から取られて並んでいます。それらはイエスと使徒たちの生涯を別の言葉で述べたものにほかなりません。ここをわたしはしばしば逍遥し、自分と語らい、その御子によって人類を回復なさろうとした、言い表しがたい神の計画について黙想します。時には妻や信心深い事柄を喜ぶような友人がわたしに付き合ってくれます。

ティモテウス　この家の中でだれが飽きるでしょうか。

エウセビウス　自分とともに生きることを学んだ人はだれもそうはならないでしょう。(107) 絵の最上位には、系列の外にあるかのように、ローマ教皇の胸像が名前と一緒に加えられています。その反対側には皇帝たちの胸像が歴史を憶えるために並んでいます。〔画廊の〕両方の隅には張り出した小部屋が付いています。そこで人は休んだり、そこから果樹園やわたしの小鳥たちを眺めることができます。(108) 牧場の遠くの辺鄙なところに小さな建物が見えます。そこでわたしたちは時折夏の食卓を囲みますし、家族のだれかが恐ろしい感染病にかかると、そこで看病します。

ティモテウス　ある人たちはこのような病気は〔隔離して〕避けるべきであるということを否定しています。

エウセビウス　それではどうして彼らは落とし穴や毒を避けるのですか。それとも、彼らはそれを見ないがゆえに、恐れることが少ないのでしょうか。目から放射されるバシリスクの毒は目に見えません。[109] 状況が全く変わって必要とあれば、わたしは生命の危険を冒すことを躊躇しません。理由なしに生命の危険を冒すことは無謀というものです。他人の生命を危険に引き込むのは残忍というものです。

その他にも見る価値あるものがございます。妻に命じてそれらをお見せするようにしましょう。これから三日間ここに滞在してくださいさい。そしてこの家をご自身のものとお考えください。目を喜ばせ、心を楽しませてください。というのはわたしは他のところで仕事がありますから。いくつかの隣村に馬で行かなければならないのです。

ティモテウス　金銭問題のためですか。

エウセビウス　わたしは金銭のためにそうした友人たちを見殺しにすべきではありません。

ティモテウス　多分どこかで狩猟が準備されているでしょう。

エウセビウス　確かに狩猟はありますが、わたしは猪や雌鹿とは違うものを狩りにいくでしょう。

ティモテウス　それは何ですか。

エウセビウス　お話ししましょう。ある村では友人が危険な状態で臥せっています。医者は体のことを怖れていますが、わたしは彼の魂のことが心配です。というのは彼はキリスト教徒にふさわしくこの世を去っていく準備がほとんどできていませんから。彼が死ぬにせよ、回復するにせよ、彼の善となるように激励すべく彼を訪ねるでしょう。別の村では二人の人の間で不和が生じています。彼らは悪い人たちではないのですが、強情な質の人たちなのです。紛争がひどくなると仲間の多くが激しい反目に引き込まれるのではないかと心配です。わたしはこの人たちを和解させるように全力を尽くして努めるでしょう。なぜなら、わたしは両者と昔から友好関係を結んでいたからです。こういったことを獲ようとわたしは狩りをしています。もしこの狩りがわたしの望みどおりに成功するなら、直ちにここでめでたしめでたしと祝いましょう。[110]

ティモテウス　実に信仰的な狩りです。デリアではなく[111]、キリストがあなたに恵みを授けたもうように祈りましょう。

エウセビウス　二〇〇〇ダカットの遺産が与えられるよりもそのほうびを取りたいです。

ティモテウス　すぐにここにお帰りになりますか。

エウセビウス　すべてを試みてみるまでは帰りません。ですから、そのときをはっきり決めることができません。あなたがたはその間にわたしのものをあなたがたのものと同じように享受してください。ごきげんよう。

ティモテウス　主イエスがあなたを豊かに導きたまい、連れ戻してくださいますように。

訳注

(1)　よく使われる警句、『格言集』一・二・四。

(2)　エラスムスは高利貸しを好まなかったが、貪欲な商人よりはましだと考えている。『格言集』一・九・一二。

(3)　プラトン『パイドロス』二三〇Ｄ参照。

(4)　エラスムス「エピクロス派」本書五五五―五五六頁参照。同じ考えをウイリアム・ペンは次のように言う、「田園は哲学者の庭園にして図書室である。そこで彼は読書し、神の力・知恵・善良さを熟考する」(『孤独がもたらす実り』1693, no. 223)と。

(5) ホラティウス『諷刺詩』二・四八。
(6) ルキアノス『本当の話』二・一三―一四。
(7) その数は九を指す。
(8) 『格言集』二・七・六九参照。これはソクラテスの発言とされている。
(9) リンケウスは伝説上の人物でアルゴー船の一行であって、岩や木を通して見ることができたとされる。『格言集』二・一・五四参照。
(10) マコ七・三四参照。
(11) 本文ではギリシア語とヘブライ語の原典から引用されている。
(12) プレアプスはローマの肥沃を司る神にして、その像が置かれている、葡萄園と庭園の神である。「とても汚らわしい」と形容されているのはこの神が男根と一緒に描かれているからである。『格言集』三・三・六三参照。この神の代わりにイエスを置いたことにルターは怒りを発している。
(13) エピクロスはアテネの庭でしばしば教えたので、彼の信奉者たちには庭の哲学者たちとして知られていた。ディオゲネス・ラエルティウス『哲学者列伝』一〇・一〇・五七参照。
(14) テレンティウス『フォルミオ』四五四、『格言集』一・三・七参照。
(15) 「回廊」(ambulacra) は元来は「遊歩道」の意味であるが、この庭園には散策できる涼み廊下があって、その上にはギャラリーが設置されている。後にお客はここに案内される。
(16) 「アテナイのフクロウ」とあるのは、アテナイ人にとって夜のフクロウは神聖なものであったからである。それが飛ぶのは幸運な前兆であり、勝利のシンボルであった。『格言集』一・一・七六参照。
(17) 原文はギリシア語である。
(18) 『格言集』三・七・一参照。
(19) 「ツバメのひな鳥」についてはプリニウス『博物誌』二五・八九参照。
(20) 「カメレオン」は気まぐれ、移り気、貪欲のシンボルである。『格言集』三・四・一参照。

(21) このカメレオンは空気で養われており、追従のシンボルとなっている。プルタルコス『道徳論集』五三Dおよびプリニウス『博物誌』八・一二二参照。
(22) プリニウス『博物誌』によるとカメレオンはいつも野生のイチジクの木の辺りにいる。
(23) 何かが滑稽なほど当たっていないことに使う言葉。『格言集』二・七・六六参照。
(24) 「格子ごしに見た」というのはIコリ一三・一二の言い換えで、これが格言であるかどうかは疑わしい。エラスムスは『格言集』三・一・四九でこれを格言とみなしているが、キケロ『雄弁家』一・一六二からの単なる引用である。
(25) 「ヘレボルス」について『格言集』一・八・五一とプリニウス『博物誌』二五・四八―六一参照。
(26) 原文はギリシア語で、テオクリトゥス一〇・一七からの引用。『格言集』二・六・一一参照。
(27) 鶏の鶏冠と体、蛇の尾をもつ伝説中の動物で、これににらまれると命取りになると思われていた。その吐く息は岩をも砕く。プリニウス『博物誌』八・七八、二九・六六参照。「バシリスク」というのはギリシア語のバシレウス＝王に由来する。それゆえ、続く文章で「王のような」という発言が出てくる。
(28) キケロ『義務について』一・二八・九七。この格言は暴君について著作家が好んで使った言葉である。それはキケロ、前掲書、一・九七、二・二三さらにセネカ『寛容について』一・一二・四にも使われている。
(29) 箴六・六「なまけ者よ、蟻のところへ行き　そのなすことを見て、知恵を得よ」。
(30) ホラティウス『諷刺詩』一・一・三二―四。
(31) プリニウス『博物誌』一一・一一一参照。
(32) 本書四六六頁注(104)参照。
(33) 原文はギリシア語。プリニウスは貝が蛸に勝つさまを描いている(『博物誌』九・九〇)。
(34) 「リブルニヤ船」とはアドリア海で使用された高速の船を言う。プリニウス『博物誌』一〇・六三参照。
(35) シビレエイは体板両側に発電器官があって電気を発する魚。プリニウス『博物誌』九・一四四参照。
(36) 「裏戸」(posticum)については『格言集』四・六・五二参照。

(37)「アルキノウス王」はフェニキアの王で素晴らしい宮殿と庭をもっていた。オデュッセウスは彼のもてなしを受けた（ホメロス『オデュッセウス』巻六―七参照）。
(38)『格言集』一・六・二七にあるように食卓とそこで饗される食事は神聖なものであった。プルタルコス『道徳論集』二七九E参照。
(39) クリュソストモス『マタイ福音書講解説教』一六・二四（ミーニュ編『ギリシア教父著作集』第五八巻、五四五頁）。
(40) この箇所から本書の五二二頁八行までが本対話編の主要部分をなしている。
(41) プリニウス『博物誌』序文二二―二三参照。エラスムス自身も散歩のときにキケロの『義務について』『友情について』『老年について』を携えていたという記述がある（Allen, Ep. 1013, 26–31 参照）。
(42) エラスムスによると学問は少数の人に許されているが、敬虔な信徒になることはすべての人に許されている。「この種の哲学は三段論法の中よりもむしろ心情の中にあり、論争よりも生活であり、博識よりもむしろ霊感であり、理性よりもむしろ生の改造です。学者となることは少数の者にとって辛うじて成功しますが、キリスト者であることや敬虔であることは誰にでもできるのです。わたしはあえて付言したい、神学者であることは誰にでも許されています、と」（エラスムス『新約聖書の序文』「敬虔なる読者への呼びかけ」本書二三五頁）。
(43) エラスムスの『手紙の書き方について』ではこれを格言として引用している（ASD, I-2, 339; CWE, 25, 88）。
(44)「神的狂気」についてプラトン『国家』九・五七七E、および『格言集』二・八・五四参照。
(45)「アケロウス川」はギリシアの最長の川。オウィディウス『変身物語』八・五四七―五六一参照。
(46) 格言のように用いられている言葉で、出典はアイスキュロス『アガメムノン』七一七―七三六、『格言集』二・三・七七参照。
(47)「手始めの食事」（ova）と訳したのは「卵」（ovum）から食事がはじまるからであるが、それは「凱旋式」「喝采」をも意味する。
(48)「影」は招かれざるお客のことを指す。それは影武者のような存在であるが、招かれないのに宴会に出かけるのは英雄にふさわしいとプラトンが言った故事に倣っている（『饗宴』一七四C参照）。

(49)『格言集』二・四・九三参照。「問題が的中する」とか「正確に要点をつく」「図星をさす」などを言う。

(50)「沈黙の人」『格言集』一・一〇・七八。「世俗の宴席」に出席した婦人は沈黙するのと同じである。

(51) philosophorという用語が使われている。カントの言う「哲学すること」の先駆といえよう。

(52)「クサンチッペ」はソクラテスの妻、彼女についてはプラトン『ソクラテスの弁明』を参照。

(53) テレンティウス『アデルフィ』四三—四四、『格言集』四・二・三五参照。

(54) 箴一八・二二、一九・一四。

(55)「結婚」という対話ではある婦人が、夫が悪いとその妻に通常欠陥があるという。そのところでトマス・モアがその妻をどのように訓育したかが語られる（CWE. 39, 314–318 参照）。

(56) IIテモ三・一六からの引用。「神から霊感を授けられて」はギリシア語で書かれている。

(57) 神は霊であるから、霊的なささげものを喜ばれるという意味である。

(58) マタ九・一〇—一三。

(59) マタ二二・三七—四〇。

(60) マコ七・一—四。

(61)『真の神学方法論』でエラスムスはオリゲネスとキリスト教教父たちの例を挙げて、不明瞭な聖書のテキストは他のテキストとの比較によって明らかにするのが最善の方法であるという（本書四三八、三一一頁参照）。

(62) イザ一・一一—一七。

(63) 自然法によって守るように命じられているものについてロマ二・一四—一五参照。

(64) コロ二・一六—一七、ヘブ一〇・一—一〇。

(65)「施し」eleemosyna はギリシア語の ἐλεημοσύνη であり、それは ἐλεέω「憐れみを示す」に由来する。

(66) パリの神学者たちはこの文章がルターの主張と一致するがゆえに反対した。それに対しエラスムスはそれが真理であるから、万人の見解に一致すると回答した（LB九・九三三C—D）。続く発言はルターとの相違を示している。

(67) これは「人間の道は自分の目に正しく見える。主は心の中を測られる」（箴二一・二）という言葉の解釈であると思われる。

(68) 身体を精神の宿る墓であるという考えはオルフィックの影響を受けたプラトンに由来する。

(69) 『格言集』二・二・六五参照

(70) カルメル会はカトリック教会の厳格な托鉢修道会の一つである。

(71) ラテン語の格言『格言集』三・六・三四。

(72) ギリシア語の格言『格言集』一・七・一七。

(73) プルタルコス『道徳論集』三五三A―C。『エジプト神イシスとオシリスの伝説について』柳沼重剛訳、岩波文庫、二〇―二一頁。

(74) Iコリ八・一―一三、一〇・二七―三三。

(75) Iコリ一〇・二三―二五。

(76) パリ大学の神学部はこれに反対した。これに対するエラスムスの返事はLB九・九三五B―D参照。

(77) Iコリ六・一―一〇「教会で疎んじられた人々……」。

(78) テオフィラクトス『コリント第一の手紙注解』（ミーニュ編『ギリシア教父著作集』第一二四巻、六三二―六三三頁）参照。

(79) Eulaliusという言葉は「よく話す」つまり「適切に、説得的に語る人」を含意する。

(80) 「何か善い神性」はnumen aliquid bonumの訳語。

(81) 原文はギリシア語。白鳥が死に際して歌うという考えはアイスキュロスの『アガメムノン』一四四五にすでに見いだされる。

(82) キケロ『老年について』（中務哲郎訳、岩波書店『キケロ著作集』九、五七―五八頁）。

(83) マルクス・ポリキウス・カトーはローマの監察官であった。彼は『老年について』の中で語っている人物であり、そこでは八三歳である。話相手の若者はプブリウス・アフリカヌスとガイウス・アエリウスである。

(84) ラテン語の decorum（デコールム）は「適正、均整美」と訳される徳性である。ここでは文脈上「礼節」と訳した。この徳性に関してはキケロ『義務について』第一巻二七章を参照。

(85) カトーは前一四九年に亡くなっており、キケロは『老年について』を前四四年に書き上げている。

(86)「陣営」（praesidium）はキケロの『老年について』二〇・七三でも使われている。「牢獄」と同じ意味でも内容が異なる。

(87)「兵役」についてヨブ七・一、Iテモ一・一八。また「戦闘」について同六・一二、IIテモ四・七参照。

(88) プラトンの著作に該当する箇所はないが、それを示唆するものとして『パイドン』、またクセノフォンの著作がある。

(89)「初めと終わり」は直訳すると「船首と船尾」であって、儀式の濫用について用いられた慣用句である。これに関しては『格言集』一・一・八を参照。

(90) このように幼児洗礼を受けた者が信仰告白する儀式は堅信礼と呼ばれている。

(91)「豊饒の角」というのは花や果物を盛った山羊の角、雌アマルテイアの角から富が無尽蔵に湧出するというギリシア神話に由来する。

(92) 使九・四三参照。

(93)「テント製造人」とあるのは原文では「靴直し人」（sutor）であって「靴直し専門人」という軽蔑された表現であるが、使一八・三に従ってそう訳した。

(94) フィリ四・一二参照。

(95) カンタベリーの大聖堂の中には聖遺物を納めた筐があって、そこには聖トマスの遺物が保存されている。中世には多くの巡礼者が遠隔の地から訪れた。

(96) プラトンが『メノン』においてメノンの奴隷に数学を想起によって解答させた情景がここにはあって、数学者が杖を使って砂の上に図形を描きながら証明を行っている。

(97) IIテサ三・八、一一、一二参照。
(98) ミーニュ編『ギリシア教父著作集』第五八巻、五四五頁。
(99) 「メンフィティクスのペン」とはエジプトのペン、または葦のペンを言う。
(100) 箴一・五、九・九参照。
(101) 「テオフィルス」という名前は「神に恵まれた者」を意味する。
(102) 「多作家」はギリシア語 πολυγράφω が使われている。
(103) マタ一四・六。
(104) ルカ一六・一以下。
(105) ルカ一六・二〇以下。
(106) 紀元前四世紀に活躍した古代最大の画家。Parabolae, CWE, 23, 220; 228; 244; 276 参照。
(107) エラスムス『格言集』一・六・八七、キケロ『老年について』一四・四九参照。
(108) したがって一つの小部屋からは果樹園と鶏小屋が、他方からは牧場と小さな建物とが見える。
(109) 本書五三二頁注(27)参照。
(110) 「めでたしめでたし」と訳した原文はギリシア語 ἐπινίκια（戦勝祝い）が使われている。
(111) 「デリア」というのはデロスの女の意味で、イタリアの古い女神にして狩りの女神であるディアナを指す。

エピクロス派

ヘドニウス[1] スプダエウス[2]さん、そんなにも書物に没頭していて、わけのわからないことを呟いているのは、何を得ようとねらっているのですか。

スプダエウス ヘドニウス、たしかにわたしは獲物をねらっています。狩りだけしているのです。

ヘドニウス 君が懐にもっている書物はどのような種類のものですか。

スプダエウス 『最高善について』というキケロの対話篇です。[3]

ヘドニウス しかし、善の究極よりも善の始源を探求する方がずっと適切ではないでしょうか。

スプダエウス だが、トゥリウス・キケロは善の究極を、それを獲得した人は、それ以外に何も願わないような、あらゆる点から見て絶対的な善であると呼んでいます。

ヘドニウス 教養において第一級の、しかも雄弁な書物ですね。ところで、そうすると君は、真理の認識に関するかぎり骨折りのかいがあったとでも思っているのですか。

スプダエウス 究極なものに関して以前よりも今の方が疑り深くなっている点でもうけものをしたと思っています。

ヘドニウス 究極のものについて疑うのは、農夫らのすることです。

スプダエウス こんなにも重大な問題についてかくも著名な人たちのあいだで、そんなにも激しい意見の衝突があったということは全く驚くべきことではありません。

ヘドニウス　そのとおりです。というのは誤謬はたくさんあるのに、真理の方は一つなのでしょうから。[4] すべての生成活動の始源や源泉を知っていないから、みんな予言したり乱心したことを言っているのです。ところで君はどの意見が目標にいっそう近づいていると思いますか。

スプダエウス　キケロが攻撃しているのを聞くと、その攻撃された一つ一つが気に入りませんが、他方、彼が弁護しているのを聞くと、わたしは全く判断中止となります。[5] しかし、わたしにはストア派は真理からあまり遠ざかっていないように思われます。この人たちに最も近い立場は逍遥学派の人たちだと思います。

ヘドニウス　しかし、わたしにはエピクロス派の人々の教説以外に気に入るものはありません。

スプダエウス　ところが、しかし、万人の意見によると、すべての教説のなかでこれ以上に弾劾されているものはないのです。[6]

ヘドニウス　名称に対する悪口は無視しましょう。エピクロスがみんなが考えているようであったとしても、事実そのものを考察しましょう。彼は人間の幸福を快楽に置き、快楽を最も多くもち、悲惨さをできるかぎり少なくもった生活が恵まれていると判断しています。

スプダエウス　そのとおりです。

ヘドニウス　この意見よりも神聖なことが述べられることができたでしょうか。

スプダエウス　とんでもない。すべての人はこれは畜生のいう言葉であって、[7] 人間のものではない、と叫んでいます。

ヘドニウス　わかっています。だが、人々は名称に関して思い違いをしているのです。ですからもしわたしたちが真実について語るなら、敬虔な生活を送っているキリスト教徒以上にエピクロス派である人たちはいないのです。

スプダエウス　キリスト教徒はキュニコス（犬儒）派の人たちによく似ています。というのは、キュニコス派の人たちは断食により自分を苦しめ、自分の罪を嘆き、やせているか、貧乏な人たちに好意をいだいて自分たちも窮乏に追いやっています。彼らは権力のある人々によって屈服させられて、多くの人々の笑い物となっています。もし快楽が幸福をもたらすとしたら、このような生活の仕方は快楽から最も遠ざかっているように思われます。

ヘドニウス　君はプラウトゥスの権威を認めますか。

スプダエウス　何か正当なことを彼が言っているのなら(8)。

ヘドニウス　それなら、ストア派のすべてのパラドックスよりも賢い、賤しい奴隷の語った警句に耳を傾けなさい。

スプダエウス　どうぞ。

ヘドニウス　「やましい良心よりも悲惨なものはない(9)」。

スプダエウス　この警句を拒否しません。しかし、あなたはそこから何を取り出そうとするのですか。

ヘドニウス　やましい良心よりも悲惨なものがないとすれば、やましくない良心にまさって幸福なものはないことが帰結します(10)。

スプダエウス　あなたの推論はたしかに正しいのですが、いったいこの世界のどこにそのようなやましくない良心を見いだすすでしょうか。

ヘドニウス　わたしは、神と人々のあいだの友愛を分かつものを悪〔のやましさ〕と呼びます。

スプダエウス　ところでわたしはこの種の悪から清められている人はきわめて少ないと思うのです。

ヘドニウス　だが、わたしとしては〔罪を贖われて〕洗い清められた人々も清い人々だと考えています。涙の灰汁や悔い改めの硝石あるいは愛の火によって汚れをぬぐい去った人々にとっては、罪は何ら害を及ぼさないだけでなく、さらにしばしばより優れた善のための素材と成っています。

スプダエウス　もちろんわたしは硝石のことも灰汁のことも知っています。しかし、火で汚れが清められることは一度も聞いたことがありません。

ヘドニウス　ところが、もし君が金銀細工人の工房に行けば、金が火で精練されているのを見るでしょう。他方、火に投げ入れられても焦げないで、どんな水によってなされるよりもつややかに光沢を発するような種類の麻布もあります。ですからそれは「真新しい」と呼ばれます。[11]

スプダエウス　ほんとうにあなたはストア派のすべてのパラドックスよりもパラドックスらしいパラドックスをわたしたちに提供してくれています。[12] では、悲しんでいるがゆえに幸いである（マタ五・四）とキリストが呼んでいた人たちは、快楽に耽る生活を送っているのでしょうか。

ヘドニウス　この世には彼らは悲しんでいるように見えますが、実際は喜んでいます。また、よく言われるように、[13] 蜂蜜の中にどっぷりつかった人たちが愉快に暮らしているので、この人たちにくらべるとサルダナパルスやフィロクセヌスやアピティウス[14]あるいは快楽の追求で悪評の高い別の人も、悲しくみじめな生活を送ったかのようです。

スプダエウス　あなたは聞いたこともないことをお話しですが、ほとんど信じられません。

ヘドニウス　一つ試してみなさい。そうすればわたしの言ったことはすべて真実であったと、君は繰り返し言うことでしょう。しかしながら、真理にはとても似つかわしくないと思われないのに、信じているところにしたがって証明してみましょう。

スプダエウス　その準備をして下さい。

ヘドニウス　君がまずわたしにあることを認めてくれるなら、いたしましょう。

スプダエウス　あなたの要求しているものが公正でありさえするならね。

ヘドニウス　もし君が資金を提供してくれるなら、利益を加えてあげますよ。

スプダエウス　ではどうぞ。

ヘドニウス　まず第一に、魂と身体との間には相違があることを君は認めると思いますが[15]。

スプダエウス　それこそ天と地、不死なるものほどの相違があります。

ヘドニウス　次に、偽りの善を善のうちに数えてはならない〔ことを君は認めると思いますが〕。

スプダエウス　同様に影を物体としてみなしたり[16]、魔術師のぺてんや夢に現れるお笑い草を真のものと思ったりしてはなりません。

ヘドニウス　これまでのところ君は適切に答えています。真の快楽は健全な精神にのみ宿るということも君は認めると思いますが。

スプダエウス　どうしてそうでないことがありましょうか。というのは目が病気にかかっているなら、だれも太陽を楽しむことはないし、味覚が熱で損なわれているなら、葡萄酒を楽しむことはありませんから。

ヘドニウス　わたしが思い違いをしていないなら、エピクロス自身も、ずっと大きな、またひどく長く続くひどい苦痛を自分に惹き寄せるような快楽をかかえこもうとはしなかったことでしょう。

スプダエウス　だれでも分別がありさえしたら、そうはしないと思います。

ヘドニウス　神は最高善であり、神よりも美しく、愛すべく、甘美な方はいないということを、君は否定しないでしょう。

スプダエウス　キクロペス[17]よりも粗暴でなければ、だれもそのことを否定しないでしょう。それからどうなるのですか。

ヘドニウス　君はそうわたしに、正しく[18]生きている人にまさって快適に生きている人はいないということ、また不敬虔に生きている人にまさって悲惨でかつ困窮している人はいないということを認めたことになります。

スプダエウス　したがってわたしは前に思っていたよりも多くのことを承諾してしまったことになりますが。

ヘドニウス　しかし、プラトンが言っているように、正当に与えられているものを返還すべく、要求してはなりません。(19)

スプダエウス　続けてください。

ヘドニウス　道楽で飼い、贅沢なものを食べさせてもらい、柔らかな寝床にねて、いつも気ままに遊んでいる子犬は快適に生きているのではないでしょうか。

スプダエウス　そうです。

ヘドニウス　君はそういう生活を願っていますか。

スプダエウス　よしてくださいもう。人間である代わりに犬になりたいなら話は別ですが。

ヘドニウス　それでは、君はすぐれた快楽が精神から泉のように流れてくるのを認めるでしょうね。

スプダエウス　もちろんです。

ヘドニウス　というのは精神の力は外的な苦痛の感覚をしばしば取り去り、時には、それ自体辛いものを快適にするほどに大きいものですから。

スプダエウス　そのことをわたしたちは毎日恋人たちの下で観察しています。彼らにとって徹夜や冬の夜に恋人たちの家の戸を見張ることも好ましいことなのです。

ヘドニウス　では次のことをよく考えてみたまえ。わたしたちが雌牛や犬と共通にもっている死すべき地上の愛がそのように大きなものであるとしたら、キリストの御霊はどれほどより強力であろうかということ、また、より恐ろしいものは何もない死をも愛すべきものにするほど、その力は強大であることを。

スプダエウス　他の人たちが内心で何を考えているかは知りませんが、真の敬虔にしっかりとどまっている人たちは多くの快楽が欠けていることは確かです。(20)

ヘドニウス　どのような快楽が欠けているのですか。

スプダエウス　彼らは金持ちにならないし、名誉を得ておりませんし、宴会も舞踊も唱歌もないし、香水のにおいも放たないし、[21] 笑いもないし、遊びもしません。

ヘドニウス　あなたはここでは、喜ばしい生活ではなくかえって心労の多い不安な生活をもたらす富や名誉について言及すべきではなかった。他のものに関しては、快適に生きることを熱心に求めている人たちによって何がとりわけ獲得されようとしているかを論じてみましょう。君は酔っぱらいや愚かな人や狂人たちが笑ったり踊ったりしているのを毎日見ていませんか。

スプダエウス　見ています。

ヘドニウス　では、君は彼らが快適に生活していると思いますか。

スプダエウス　そんな快適さは敵どもに与えられたらよいのに。

ヘドニウス　どうしてですか。

スプダエウス　健全な精神がそこにないからです。

ヘドニウス　そうすると君は、そういう仕方で楽しむよりも、むしろ無味乾燥であっても冷静に書物に没頭することを選びたいのですか。

スプダエウス　たしかに、畑を掘り返していた方がましでしたでしょう。

ヘドニウス　実際、富める人と泥酔した人[22]との間には、後者の乱心は眠りによっていやされるのに、前者は医者の治療もほとんどきかないということのほか何もありません。生まれつき愚かな人は身体の形以外には理性を欠いた動物と変わることはありません。しかし、自然が非理性的なものとして生んだ人々の方が野獣のような欲情によって理性を失った人々ほど悲惨ではないのです。

スプダエウス　そう思います。

ヘドニウス　では快楽の妄想や影にあざむかれて、精神の真の快楽をなおざりにし、本当の責め苦を自分に招き寄せている人々が、思慮あり賢明である、とあなたはいま思わないのですか。

スプダエウス　いいえ、思われません。

ヘドニウス　彼らは確かに葡萄酒に泥酔してはいないのですが、愛欲、怒り、貪欲、野望、その他の間違った欲望に泥酔しています。その酩酊ぶりは葡萄酒によって生じるものよりもはるかに有害です。喜劇中のあのシリア人は自分が飲んだ葡萄酒の酔いを眠りによってさました後に、冷静に語っています。[23]ところが邪悪な欲望に酔っていては、精神は正気にもどるのをどんなにいやがることでしょうか。愛欲、怒り、憎悪、情欲、好色、野望が彼の精神をどんなに長い年月にわたってわずらわすことでしょう。わたしたちはいかに多くの人たちが青年時代から老年にいたるまで野望、貪欲、情欲、好色によって泥酔していることから決して目覚めず、また正気に帰らないことを知っております。

スプダエウス　わたしはこういう類の非常に大勢の人たちを知っています。

ヘドニウス　偽りの善を真の善とみなすべきでないことを君はさきに認めましたね。

スプダエウス　取り消したりしません。

ヘドニウス　また快楽も真なるものから生まれていないなら、それは真の快楽ではありません。

スプダエウス　そうです。

ヘドニウス　そうすると一般の大衆が是が非でも手に入れようとするものは真の善ではありません。

スプダエウス　そう思います。

ヘドニウス　仮にそれらが真の善であるとしても、それらは善人にしか与えられていないでしょうし、それらが与えられた人たちを至福なものにするでしょう。だが、快楽とは何なのでしょうか。真の善からでなく、善の偽りの影から生じているものはいったい真の快楽と思われますか。

スプダエウス　決してそのようなことはありません。

ヘドニウス　ところが、快楽のおかげでわたしたちは快適に生活するようになっているのです。

スプダエウス　もちろんです。

ヘドニウス　したがって敬虔に生きている人、すなわち真の善を享受している人だけが、真に快適に生きているのです。しかし、最高善の源泉である神と人とを和解させる宗教的敬虔(24)だけが人間を至福にするのです。

スプダエウス　ほぼ同意いたします。

ヘドニウス　さあ、わたしのいうことに注目してください。快楽のほか何ものも公然と求めていないように思われる人たちは〔真の〕快楽からどれほど遠ざかっていることかということを。まず彼らの心は不純であり、諸々の欲望がパン種によって腐乱しております。ですから、たとえ何か甘美なものがそこに入ってきても、すぐに苦しくなってしまいます。ちょうど濁った泉からとった水が必然的にまずいのと同じです。次に健全な精神によって把握された快楽でないなら、真の快楽ではないのです。実際、怒っている人にとって復讐より喜ばしいものはありません。しかし、そういう快楽は病が心から去るやいなや、悲しみに変わります。

スプダエウス　反対いたしません。

ヘドニウス　結局、そのような快楽は誤った善から取り出されているのです。したがってそれらはまやかしであることになるのです。さらに、魔術によって欺かれた人が見ていると思っている事物の何ものも実際には存在しないのに、食べたり飲んだり、踊ったり、笑ったり、手拍手を打ったりしているのを見ている場合、君はどうおっしゃりたいですか。

スプダエウス　その人たちはまことに正気ではなく悲惨であるとわたしは言うことでしょう。

ヘドニウス　それと似た光景にわたしは時折出くわしたことがあります。魔術に熟達した司祭がおりました。

スプダエウス　その司祭は聖書からそれを学んでいたのではないのです。

ヘドニウス　否、最も神聖な書物とはいっても〔同じ単語に別の意味があって〕最も呪われた書物からなのです。ある宮廷の女性たちは彼によって宴会に招いてもらえるように、けちだとか倹約しているとか非難しながら催促しました。彼は承知して招待しました。おいしく食事するためにお腹をすかして彼女らは食卓につきました。見受けたところ、贅沢な食事に何も欠けていませんでした。彼女たちは十分に満腹しました。食事が終わりましたので、彼女たちは宴会の主人に礼を述べ、それぞれ家に帰りました。だが、すぐに胃が鳴りはじめました。あんなにも素晴らしかった食事の直後に飢えかつ渇いているというこの奇怪さは一体どうしたことかと不思議に思いました。ついに事の真相が明かになり、大笑いとなったのです（笑いくずれてしまいました）。

スプダエウス　でも当然のことです。空虚な幻影に浮かれ興じているよりも、家にいてレンズ豆の料理で飢えを満たす方がよかったのですよ。

ヘドニウス　しかし、わたしには一般の大衆が真の善の代わりに虚妄な善の影を抱きしめ、笑って済まされずかえって永遠の悲嘆にいたるこれらの幻影を喜ぶことの方がもっともっと笑うべきものだと思われるのです[25]。

スプダエウス　もっと詳しく考察すれば、このように語ることはわたしにはおかしくなってくるように思われます。

ヘドニウス　よろしい。では、真実にはそうでないものも快楽という名称の下に時折入れられていることを認めましょう。君は蜂蜜よりもアロエの方をずっと多く含んでいるような蜂蜜酒を甘いと呼ぶだろうか[26]。

スプダエウス　三分の一もアロエが混入されていたら、わたしは甘いと言ったりしませんよ。

ヘドニウス　あるいは君は何かひっかく楽しみのために厄介な疥癬（かいせん）を欲しがったりするでしょうか[27]。

スプダエウス　わたしの精神がしっかりしているかぎり、欲しがったりしません。

ヘドニウス　ですから、みだらな愛欲、許されない情欲、暴飲暴食や酩酊を産み出している間違った快楽の名称にはどれほど多くの苦汁が混入されているか、自分で算定してみたまえ。ここでは良心の呵責や神との敵対関係や永遠の罰の予感といった最悪のことは考えないことにしよう。わたしは君にたずねたい、外的な災難の大きな群れを自分に引き寄せないような種類のものがこれらの快楽のなかにありますか、と。

スプダエウス　いったいどんな災難でしょうか。

ヘドニウス　それ自体でもって不快な罪悪である貪欲・野望・怒り・傲慢・嫉妬は再び考えないことにしましょう。とくに歓楽の名称の下に推賞されているものを論じてみましょう。大変贅沢な酒宴のあとに熱、頭痛、腹痛、理解力の麻痺、悪評、記憶障害、嘔吐と消化不良、身体のふるえが続くとしたら、エピクロスでもその快楽を追求すべきであると考えたでしょうか。

スプダエウス　それを避けるように彼は言ったことでしょう。

ヘドニウス　若者たちが放蕩によって今では婉曲に言って[28]ネアポリスの疥癬[29]と呼ばれている新しい重い皮膚病に——よく起こることですが——かかり、生きながらしばしば死の運命に陥り、生ける屍をたずさえて[30]いなければならないとしたら、見事にエピクロス的に生きていると思われませんか。

スプダエウス　いいえ、かえって口先だけのやぶ医者のところに駆けつけているのです[31]。

ヘドニウス　さあ、喜びと苦しみの均り合いについて想い浮かべてみなさい。酒宴と放蕩との快楽が続いている間じゅう、歯の痛みに苦しめられるのを君は望むでしょうか。

スプダエウス　わたしとしては両方とも無い方を選びます。苦痛でもって快楽を買うということは益なく、差引ゼロですから。この場合にはキケロが好んで無苦痛と呼んでいたアナルゲシア[32]（無感覚）が確かにいっそう優れています。

ヘドニウス　それに対し許してはならない快楽の刺激は、それが惹き起こす苛責よりはるかに力の弱いことに加えて、やはり短い時間しか続きません[33]。しかし、重い皮膚病はそれに反し一生涯にわたって苛責し続け、しばしば死を迎えるに先立って死ぬことを強いるのです。

スプダエウス　エピクロスはそのような新参者の入国を承認しなかったでしょう。

ヘドニウス　放蕩三昧に付きまとうものといえば大概は貧窮、つらく重苦しい労苦であり、過度の情欲につきものは筋肉の麻痺や震え、目の病、失明、重い皮膚病、そしてこれだけではないのです。現実のものでも真正のものでもなくこのように短い喜びを、こんなにも多くの重苦しくこんなにも長く続く災難と交換するということは、誉めた取引きではない、といえませんか。

スプダエウス　その結果として心に苛責が付け加えられない場合であっても、宝石とガラスとを交換するような商人はわたしには大変愚かに思われます。[34]

ヘドニウス　君は、精神の真の善を身体の偽りの快楽のために放棄する人のことを言っているのですか。

スプダエウス　その通りです。

ヘドニウス　ではもっと厳密に計算してみることに話を戻しましょう。放蕩には必ずしも発熱や貧窮が伴われているわけではなく、過度の性行為には必ずしも新しい重い皮膚病（性病）や〔筋肉の〕麻痺が付きまとってもいません。そうではなく、それよりも悲惨なものはもうわたしたちの間に存在しないという点で意見の一致をみた良心の苛責が常に許しがたい快楽の同伴者なのです。

スプダエウス　それどころか時には良心の苛責は先を走って、快楽の真最中に心に突きささり責めます。しかしながら、この感覚がない、とあなたの言われる人たちもおります。

ヘドニウス　彼らはもうこのことだけで相当不幸な人たちなのです。というのは、麻痺して感覚のない身体をもつよりも、苦痛を感じることの方を選ばないような人がいるでしょうか。だが、ある人たちにとり、いわゆる酩酊のような節度のない欲望や悪徳の習慣、同じくある種の身体の鈍感さは、青年時代には悪に対する感覚を奪っています。しかし、老年に達してしまっていると、それまでの生活で犯した膨大な罪に報い返した無数の災いに加えて、死すべきものに避け得ない死が間近に迫って脅す場合、全生涯にわたって無感覚であった人ほど、良心が激しく苛責するのです。なぜなら人が欲しようと欲しまいと、そのとき精神は目覚めるからです。老年というものは、本性上数多くの災いにさらされているので、それだけでも悲しみに満たされているのに、心が良心のやましさによって悩まされると、それはどれほど悲惨に、かつ恥ずべきものとなるでしょうか。宴会、酒盛り、恋愛事件、舞踏、古歌、その他若い人には快適に思われたものも老人には苦々しいものです。老年というものは、罪を犯すことなく送った生活の回想と来たるべきより良い生活への希望とが助けてくれなければ、自分の支えとなるものが何もないのです。これらのことが老年を支える二つのつえであります。ところがもしこの二つを取り去られてその代わりに不正に過ごした人生の記憶と将来の至福に対する絶望という二重の重荷が課せられるならば、これに優って憐れむべき悲惨な生きものが思い浮かぶでしょうか、とお尋ねしたいのです。

スプダエウス　確かにわたしも知りません。たとえ誰かがよぼよぼの馬を目前に差し出すとしても。[35]

ヘドニウス　ですから要するに「フリギア人は理解するのが遅すぎる」[36]というわけです。また〔ソロモンの〕あの言葉はきわめて真実であります。つまり「悲しみが歓楽の終わる場所を占める」（箴一四・一三）。あるいは「心の歓喜に優る楽しみはない」（シラ三〇・一四）。また「喜ばしい心は花咲く人生を送り出すが、悲しみに満ちた霊は骨を枯らす」（箴一五・一三）。同様に「哀れな人のすべての日々は悪しく」（同一七・二二）、つまり不幸で悲惨であり、「明るい精神は尽きない宴会のようだ」（同一五・一五）。

スプダエウス　ですから、早めに財産を造り、来たるべき老後に備えて資金をためている人は賢いわけです。

ヘドニウス　神秘に満ちた書物[37]〔聖書〕は人間の幸福を偶然的な財産によって量るほど地上に這いつくばってはおりません。徳を一つも身にまとわず、身体も魂も同時に地下の神オルクス[38]の配下に立っている人は結局のところ驚くほどに貧困です。

スプダエウス　オルクスは全く情け容赦ない執行人です。

ヘドニウス　慈しみ深い神を所有している人は、まことに富んでいる人なのです。このような保護者をもっている人が何を恐れるでしょうか。すべての人が神に対してもっている力は蚊がインド象に対するよりももっと小さいのです。それとも死を恐れるのですか。死は敬虔な人たちにとり永遠の至福にいたる通路にすぎません。それでは地獄を恐れるのでしょうか。しかし敬虔な人は、確信をもって次のように神に語りかけます。「たとえ死の陰のただ中を歩むとも、あなたがわたしと共におられるので、災いを恐れません」（詩二三・四）と。悪魔どもが恐れおののいているお方を胸中にいだいている人が、どうして悪魔どもを恐れねばならないのでしょうか。[39]

というのも敬虔な人の心は神の神殿であると、聖書は反論の余地なく、一箇所だけでなく言明しているからです。[40]

スプダエウス　それは大部分常識からはなれているように思われますが、それがどのような理由で否認されうるのか、わたしにはどうしても分かりません。

ヘドニウス　どうしてそうなのでしょうか。

スプダエウス　というのは、あなたの推論によると、フランシスコ会の修道士はだれでも、富や名誉、要するにあらゆる種類の享楽を有り余るほどもっている他の人よりも楽しい生活を送っていることになるからです。

ヘドニウス　もし君が望むなら王侯の笏をそれに加えなさい、また教皇の冠をも加え、三重冠から百重冠にしなさい。ただやましくない良心を君が取り去り、〔快楽に耽っている〕場合にのみわたしはあえて次のように言いたい。この裸足で、結び目だらけの綱（荒縄）の帯をしめ、貧相でみすぼらしいなりをし、断食・徹夜（寝ずの行）・労働によってやせており、地上にわずかなお金さえ所持していないこのフランシスコ会の修道士は、もしもやましくない心さえもっているなら、六〇〇人のサルダナパルスが一人のうちに集まっているよりも、快く生きている、と。[41]

スプダエウス　そうすると、貧困な人のほうが金持ちよりもたいてい悲惨であるのをわたしたちが目にしているのは、どういう訳なのですか。

ヘドニウス　その理由は大多数の人たちは二重に貧困だからです。一般的に言って病気・断食・徹夜・労働・衣服さえ着ていないことはたしかに身体の状態を弱めます。それなのに心の快活さはこのような状態のみならず死に直面していても立ち現れるものです。というのも精神は死すべき身体につながれてはいても、本性上いっそう強力であるし、身体そのものをある仕方で自分の方に変えていますから。とりわけ霊の働き[42]が本性の激しい衝動に加わっている場合にはそうなります。ですから真に敬虔な人たちが、他の宴会を催している人々よりもいっそう快活に死に赴くのをわたしたちはしばしば観察することが起こってくるのです。

スプダエウス そのことを実際、しばしば驚嘆しておりました。

ヘドニウス しかしながら、すべての喜びの源泉である神がいますところには、牢固たる歓喜があることに驚いてはなりません。真に敬虔な人の心はたとえ冥府（タルタロス）の最も深いところに沈むとしても、何ら幸福の損失を蒙ることはないのですから、死すべき身体のうちにあっていつも喜んでいても何の不思議がありましょうか。清い心のあるところにはどこにでも神がいましたまいます（詩一三九・八―一二参照）。神がいましたもうところにはどこでも、パラダイス、天国、幸福が存在し、幸福のあるところには、真の歓喜と偽りのない快活さとが存在しています。

スプダエウス しかもなお彼らが何ら不快なものなしに生きているなら、もっと快適なはずです。また彼らが知らないか、入手していないような楽しみもそこにはあることでしょうに。

ヘドニウス だが、どのような不快なものを、君はわたしにお話しになっているのですか。それは共通の〔運命的〕法則によって人間の造られた状態に伴われているのでしょうか。つまり、飢え、渇き、病気、疲労、老年、死、雷、地震、洪水、戦争なのでしょうか。

スプダエウス それらもそれに入ります。

ヘドニウス しかし、わたしたちは死すべきものどもについてこれまで論じてきているのであって、不滅なものについてではないのです。しかし敬虔な人たちの運命[43]は、肉体の快楽を是が非でも追求してやまない人たちの運命よりも、これから不幸の中にあってもはるかに耐えやすいです。

スプダエウス　どうしてそうなのですか。

ヘドニウス　まず第一に、彼らは節制と忍耐とに習熟した精神をもち、避けられないものを他の人たちよりも節度をもって耐えるからです。次に彼らはそれらすべてが罪の清めや徳の訓練のために神から送られていることを知っているからです。彼は耐えしのんでいるばかりでなく、喜びをもって、従順な息子のように慈悲深い父の手からそれを受け取り、さらに情け深いこらしめに対しても、つまらない利益に対しても感謝しています。

スプダエウス　しかし、多くの人たちは身体上の苦しみを自分に招いています。

ヘドニウス　だが、もっと多くの人たちが、身体の健康を維持したり回復したりするために、医者の薬を使っています。他方、厄介なこと、つまり貧窮、不健康、迫害、悪評を招くことは、キリスト教的な聖い愛によってそうするように動かされないとしたら、敬虔に属するものではなく、愚かさに入るでしょう。しかし、キリストのために、また義のために彼らが害を受けるたびごとに、主ご自身が彼らを祝福された者たちと呼び、それらのことのために喜ぶように命ぜられているのに、だれが一体彼らを不幸であるとあえて呼んだりするでしょうか（マタ五・一〇―一二参照）。

スプダエウス　しかし、そう言っている間にもそれらの事柄は痛々しい感情を引き起こします。

ヘドニウス　その通りです。しかし、一面においてゲヘナに対する恐怖にのみ込まれる人は、他面において永遠の至福に対する希望にすぐ満たされるものです。では、一度だけピンの先端で君の皮膚の表面が刺されるのを我慢しさえすれば、君が全生涯にわたって決して病気したり、身体上の不快を感じることはないと確信しているとしたら、こんなにも小さな痛みを君は喜び進んで受けないでしょうか。

スプダエウス　もちろんですとも。否、それどころか、もしわたしが生涯歯が痛まないと確実にわかっているなら、わたしは、針がもっと深くさし込まれても、両方の耳が錐でもって穴をあけられたりしても、冷静に耐えることができるでしょう(44)。

ヘドニウス　だが、現世においてわたしたちに襲いかかるいかなる患難辛苦も、永遠に続く苛責にくらべるならば、針で刺された束の間の全くの軽傷が——たとえどれほど長くとも——人間の一生とくらべた場合よりもいっそう軽いし短くもあります。なぜなら有限なものと無限なものとのあいだにはなんの類似もないからです。

スプダエウス　あなたのおっしゃることはまったく正しいです。

ヘドニウス　さて、もしあなたの手を一度だけ焔の中に差し入れるなら——これをピュタゴラスは禁止していたのですが(45)——全生涯にわたって一切の厄介事を被らないで済むと、だれかが君を説得するとしたら、君は喜んでそれを実行しないでしょうか。

スプダエウス　約束する人がわたしを欺きさえしなければ、わたしだったら百回でもきっとそうしますよ。

ヘドニウス　神はたしかに欺くことはできません。しかし、あの〔神の〕焔にふれる感触は人間の全生涯とくらべると、天上の至福と比較された場合の全生涯よりももっと長いのです。だれかがネストルよりも三倍もの月日を生きのびた(46)としてもそうです。というのは手を焔の中に差し入れるのがどんなに短いとしても、それは現世のある小さな部分ですが、人間の全生涯は永遠のいかなる小部分でもないからです。

スプダエウス　反対すべくもありません。

ヘドニウス　この永遠に向かって心を尽くし確かな希望をいだいて足を速める人は、走る道のりがこのように短いのに、現世の厄介事によって責めさいなまれると君は思いますか。

スプダエウス　確固たる確信と永遠を獲得する揺るがない希望さえあるならば、わたしはそう思いません。

ヘドニウス　さあ、君がわたしに反対して提起した楽しみのところに話を戻しましょう。彼らは舞踏や酒盛りや劇場から遠ざかっています。彼らはもちろんこのようなものを大変軽蔑しておりますが、というのはそれらよりもはるかに喜ばしいものを享受しているし、楽しみが少ないのではなくて、別の仕方で楽しんでいれば、ますますそうするからなのです。「目がまだ見ず、耳がまだ聞かず、人の心に思い上がりもしなかったもの」（Ｉコリ二・九）――それらの慰めを神はご自身を愛する者たちのために備えたもうでしょう。聖パウロにはこの世においてすら敬虔な人たちにふさわしい歌、舞い踊り、酒盛りが何であるかということをよく知っていたのです。

スプダエウス　だが、彼らは自分に禁じていますが、許されてもいい楽しみもすこしあります。

ヘドニウス　許されている快楽でも濫用するなら、許されがたいものになります。これを除くなら厳格な生活を送っていると思われる人々は、他のすべての点に関して優っています。この世の中を観察することよりも素晴らしい見ものはありうるでしょうか。神に愛されている人々はこの見ものから他の人々よりもいっそう多くの楽しみを捉えています。というのも他の人々は、好奇の目でもってこの驚嘆すべきわざを観察するかぎり、多くの事物の原因を会得できないのではないかと、心を悩ますからです。彼らのうちのある人たちはモームス[47]さながら自分を作った方に対しつぶやいたり、しばしば大自然を母と呼ぶかわりに継母[48]と呼んでいます。その非難の声は名目上は自然に向けられてはいても、実際は自然を創造された方にあびせかけています。総じて大自然なるものが何らかの形であればの話ですが。

しかし敬虔な人は、自分の主にして父なる神の御わざを、畏怖に満ちた純粋な目差しをもって、また心の大いなる楽しみをもって、眺め、一つ一つのものに驚嘆の念をいだき、これらすべてのものが人間のために創造されていると考えるために、何ものも非難することなく、万事について感謝するのです。そして創造された事物の中にその痕跡が認められる創造主の全能・知恵・善性をまさしく一つ一つの事物のもとであがめ敬うものです[49]。

さあ君、わたしのために、アプレイウス[50]がプシュケーのために思い浮かべたような宮殿を現実に心に描いてみたまえ[51]。あるいは君にできるのなら、もっと荘大で優雅な宮殿を心に描いてみたまえ。その宮殿へと二人の見物人を招きなさい。その一人はただ観光のためにやってくる外国人であり、もう一人はこの建物をたてた人の僕か息子であるとしよう。二人のうちどちらがいっそう熱烈に喜びを感じるでしょうか。その家に何ら〔個人的に〕関係のない見知らぬ人でしょうか、それとも建物の中に最愛の父の才能・財力・素晴らしさを大きな喜びをもって眺める息子でしょうか。とりわけこのすべての建物が彼のために造られたことを考える場合にはどうでしょう。

スプダエウス　あなたのご質問には答える必要はなさそうです。だが、敬虔でない生活をしている大概の人々でも、天と天によって囲まれているものとは人間のために造られたことを知っております。

ヘドニウス　ほとんどすべての人はそのことを知っていますが、彼らはみなそのことを心にとめておりません。もしそれが心にとどまっているなら、創造者をいっそう多く愛している人はさらに多くの快楽をそれから捉えるものです。ちょうど天上の生活を熱望している人が天をいっそう快活に打ち眺めるのとおなじです。

スプダエウス　本当にもっともらしいことをおっしゃいます。

ヘドニウス　ところで、宴会の心地よさは味がとても良いことにあるのでも、料理人の調理にあるのでもなくて、身体のめぐまれた健康と旺盛な食欲とにあります。ですから次のように考えないようにしたまえ。つまり鷓鴣（しゃこ）や雉、雉鳩、うさぎ、ベラ、ナマズ、トラウツボが食卓に並べられているルクルス[52]のような人の方が、普通のパン、野菜や豆類でもって、また水やわずかのビールまたはよく発酵した葡萄酒の飲物で敬虔な人が食事をとるよりも、いっそう快適に食事をしていると。というのも敬虔な人はこれらのものを恵み深い御父から贈られた賜物として受け取り、祈りがすべての味わいを作りだし、食前の感謝がすべてを清いものとなし、聖書朗読が伴侶となって、食物が身体を元気づけるよりもなお強力に心を活気づけ、感謝の言葉がそれに続いて食事を終わらせ、最後に満腹してではなく、活気に満ちて、食べすぎではなく、精神と同様に身体も元気を取り戻して食卓を立つからです。それとも君はだれかあの〔ルクルスの〕ような俗悪な食道楽の考案者がいっそう快適に会食をしているとでも思うのですか。

スプダエウス　しかし、もしわたしたちがアリストテレスの言っていることを信じるなら、性交（ウェヌス）の中に最高の歓喜があるのでしょうか[53]。

ヘドニウス　この点においても敬虔な人は宴会におけると同様に勝利しています。この事態を次のように受け取りなさい。妻に対する愛が激しくなるに応じて、結婚の交わりはいっそう快適になってきます。さらにキリストが教会を愛したのと同様に妻たちを愛している人以上に、だれも熱心に彼女らを愛しておりません（エフェ五・二八―二九）。なぜなら快楽のゆえに彼女らを愛している人は決して愛しているのではないからです。〔さらに〕妻との交渉が少ないほど、いっそう甘美であるということもそれに加えなさい。そのことは世俗の詩人にも知られており、「快楽は控えるほど心地よい(54)」と述べられています。たとえ快楽の最小の部分が交合にあるとしても、はるかに大きな快楽は絶えざる交友にあり、交友というものはキリスト教の愛でもって自己を正しく愛し、互いに対等に愛し合う人たちのあいだよりも快適でありうることはないのです。他の人たちのあいだでは時折、快楽が衰えると愛も衰えてしまいます。しかしキリスト教的な愛は肉の喜びが減少するに応じて、かえってそれは高まってきます。それともわたしはまだ、敬虔な態度で生きる人に優ってだれも快適に生きる人はないことを君にわかっていただけないのでしょうか。

スプダエウス　すべての人がわたしと同じようにわかっているとよいのですが。

ヘドニウス　もし快適に生きている人がエピクロス派の徒だとすると、清純にかつ敬虔に生きている人たちよりもいっそう真実にエピクロス派の人はいないことになります。そしてもし名称がわたしたちの気にかかるとしたら、キリスト教的哲学(55)のあの崇拝すべき創立者にましてエピクロスの名前にふさわしい人はだれもおりません。というのはギリシア人にとり「エピクロス」という言葉は「援助者(56)」を言い表しているからです。自然の法が悪徳によりほとんど消滅してしまったとき、モーセの律法が情欲を癒すよりも刺激したとき(57)、暴君のサタンが臆面もなく世界で治めていたとき、あのお方ひとりが滅びゆく人類に直ちに有効な援助をもたらしたのです。ですから、キリストが本性上幾分か憂愁でメランコリックな性格をもち、わたしたちを陰気な生活の仕方に従うよう招いているなどというたわ言をしゃべっている人たちは、実際その思い違いたるやひどいものなのです。それどころか彼ひとりがすべての人たちにとり最も快適な生活と真の快楽に満ち溢れた生活とを約束しておられるのです(58)。

ただしあのタンタロスの石がなければの話ですが[59]。

スプダエウス　その謎めいた言い方は何なのですか。

ヘドニウス　君は神話をお笑いになるでしょうが、おかしな話にも真面目な意味があります。

スプダエウス　ではその真面目なおかしい話をお聞かせください。

ヘドニウス　昔、哲学の教説を神話の衣を着せて述べるのに力を入れた人たちの話によると、タンタロスなる人物が、神々が大変優雅に催されるのを望んでいる神々の食事の席に招かれました。客人たちの帰るべきときになった際、ゼウスは食客に贈り物をしないでは帰らせないようにするのが自分の豊かな富にふさわしいと考えて、タンタロスに欲しいものを願ってもよいと許しました。彼が願うものは何でもかなえてやるつもりでした。しかしタンタロスは人間の幸福は食道と腹の快楽により量られると考えている人のように愚かだったので、一生涯このような食卓につくことができますようにとの望みを述べました。ゼウスはうなずき、要求は認められました。タンタロスはあらゆる種類のご馳走の並べられた食卓にすわります。神酒も準備されており、バラの花やそれをかぐと神々の鼻を楽しくさせることができる香料も欠けておりません。酌取のガニュメデスとかガニュメデスに似ているものが側に仕え[60]、甘美に歌うムーサの神々がとり巻き、こっけいなシレノスが踊り[61]、道化者らもそろっています。要するに人間の感覚を楽しめることのできるものは何でもそこにあるのです。しかし、これらすべてのものの只中に彼は悲しげに座し、ため息をつき不安であり、快活に笑いもしないし、並べられたものに手をつけもしないのです。

スプダエウス　どうしてなのでしょうか。

ヘドニウス　なぜかというと、食卓に付いている彼の頭上には巨大な岩が毛髪で吊るされ、いまにも落ちてきそうな様子ですから。

スプダエウス　わたしでしたらそのような食卓から立ち去るでしょう。

ヘドニウス　しかし、彼には祈願したことが今や運命となっているのです。といのは、ゼウスはわたしたちの神よりなだめがたいからです。わたしたちの神は悔い改めさえすれば、死すべきものの破滅となる誓願をも取り消して下さるのです。他方ではまた、食事するのをさまたげている同じ石が、タンタロスが逃亡することも禁じてもいるのです。というのも彼は自分の身体を動かすと、ただちに岩が落ちてきて押しつぶされるのをこわがっているからです。

スプダエウス　おかしな物語ですね。

ヘドニウス　しかし、今度は笑うことのできない事柄に耳を傾けたまえ。大衆は外的な事物から快適な生活を求めていますが、精神の煩いのない状態でないならそれは与えられません。実際のところやましい良心の人にはタンタロスに向けられているよりもいっそう重苦しく岩が吊るさがっているのです。吊るさがっているどころか、精神を押さえつけ圧迫します。また心は空しい恐れによって責めさいなまれるのではなくて、地獄に投げ込まれるのではないかと四六時中予感しています。お尋ねしますが、このような岩によって圧迫された精神を本当に快活にしうるほど気持ちのよいものが、人間のもちもののなかにあるのでしょうか。

スプダエウス　狂気と不信のほかにはそのようなもちものは実際何もありません(62)。

ヘドニウス　まるでケルケの杯(63)によって惑わされるかのように快楽により気が変になり、真に喜ばしいものの代わりに蜜のように甘い毒を喜び迎えている青年たちがこのことを熟考してくれるならば、彼らは全生涯にわたって心を苦しめるかもしれないようなものを無思慮にも受け入れることのないように、どれほど熱心に警戒することでしょう。彼らは来たらんとする老年に対してやましくない良心と恥辱によって汚されていない名声という、この旅費の貯えを備えるようにどうしてしないでしょうか。来し方を振り返るとき、なさずに怠ったものがいかに美しく、抱き慈しんだものがなんと忌むべきものであるかを、大きな戦慄をもって眺めるような老年にまさって、悲惨なものがあるでしょうか。さらに前方に目を向ければ、最後の審判の日と、これにすぐに続いて地獄の永遠の罰とがさし迫っているのを知るとしたら、どうでしょうか。

スプダエウス　若者の頃から身を恥辱に汚されないで保ち、敬虔を熱心に求めて常に前進し、老年という終点にまで到達している人々が最も恵まれているとわたしは考えています。

ヘドニウス　次に恵まれているのは、若気のいたりである酩酊から速やかに正気にもどる人たちと定めております。

スプダエウス　あなたはあの哀れな老人にはどんな類の忠告を助言として与えますか。

ヘドニウス　生きているかぎりは、絶望してはなりません。(64) 主の憐れみへと避難するようにわたしは勧告するでしょう。

スプダエウス　しかし永く生きれば生きるほど、罪の嵩は増大していって、もうすでに海岸の真砂の数を凌駕しています。(65)

ヘドニウス　しかし神の憐れみはその真砂よりもはるかに立ち優っているのです。真砂は人間により数えきれないとしても、それでも数において限りがあります。それに対し主なる神の慈悲深さは限界や終わりというものを知らないのです。

スプダエウス　しかし、もうすぐ死に赴こうとしている人には時間は残っておりません。

ヘドニウス　時間が少なくなるに応じて人は熱心に叫び求めねばなりません。地から天に達しうるためには、神にとってもかなりの距離があるのです。ただ霊の熱烈な力でもって発せられさえすれば、短い祈りでも天に突入するものです。(66) 福音書の「罪の女」は全生涯を通じて悔い改めを行ったと語られています。(67) とはいえ死に直面したとき強盗がいかに僅かな言葉でもってキリストからパラダイスを得たことでしょう（ルカ二三・三九―四三）。もし彼が心を尽くして、(68)「神よ、あなたの大いなる憐れみによってわたしをいつくしんで下さい」（詩五一・三）と叫び求めるならば、主なる神はタンタロスの岩を取り除いて下さるでしょう。また主なる神はその人の耳に「喜びと楽しみ」とを与えて下さるでしょう。さらに痛悔によって「砕かれた骨」は罪が赦されたことのゆえに「歓声をあげるでしょう」（詩五一・一〇）。

訳注

（1）ギリシア語の hedonikos に由来し、「快楽を追求する人」の意味をもっている。

（2）スプダエウスはスプドスとともに用いられ、熱心家や真剣な探求者の意味。

（3）『善と悪の究極について』（De finibus bonorum et malorum 前四五年）を指す。この作品でキケロはストア派、エピクロス派、アカデミア派の真理を分析ししている。ベーコンの『ノヴム・オルガヌム』（第一巻、七九節）によるとキケロの時代には「哲学者たちの最も主要な省察および努力は、道徳哲学（これは異教徒たちにとっては神学に代わるものであった）に専心し費やされた」（桂寿一訳、岩波文庫、一二八頁）。エラスムスの判断によると哲学の部門で最も重要なのは論理学や形而上学ではなくて、知恵であるサピエンティアを造り出す道徳哲学であった（Allen, Ep. 2533, 109–13）。

（4）『格言集』一・三・八八。

（5）古代哲学におけるテクニカル・タームで学説としてはピュロンが説いたと言われる。しかし何も判断できないとすると、この種の懐疑論は自殺論となってしまう。

（6）ストア派は行動の適切性が選ばれなければならない点を強調している。行動は自然本性と調和しており、最高善は理性的であり、意志によって達成された徳である。こうした行為が目標である徳そのものに至る必然的な段階である。

（7）キケロ『ストア派のパラドックス』一・一四。

（8）キケロは『最高善について』四・七四―七七でストア派の極端な要求を批判し、一般の経験や判断と矛盾する不可解な主張とパラドックスを攻撃している。

(9) プラウトゥス『モステラリア』三・一・五四四―五四五。

(10) 『エンキリディオン』本書一二〇頁参照。

(11) 鉱物の石綿のこと、プリニウス『自然誌』一九・一九―二〇。

(12) 原典はギリシア語。

(13) 『格言集』二・一〇・九。

(14) サルダナパルスは伝説的なアッシリアの王で、奢侈で柔弱なゆえに有名である。フィロクセヌスやアピティウスは美食家のギリシア人とローマ人で料理術にたけていた。

(15) 心身の人間学的区分に関しては『エンキリディオン』第七章―第八章、本書四九―六一頁参照。

(16) 『格言集』三・二・九八。

(17) ホメロスの『オデュッセイア』に出ている一つ目の巨人。

(18) 「正しく」(pie) とは同時に「敬虔に」を含意している。

(19) プラトン『ピレボス』一九E。

(20) 『エンキリディオン』本書一二〇頁参照。

(21) テレンティウス『アデルフィ』一一七。

(22) 初版は divitum(富者)と読むが、ライデン版とアムステルダム版はこれに疑問を呈し、dementum(狂人)を示唆している。ルカ一六・一九―三一の「金持ち」にしたがって考えると、狂人と読んだほうがいっそう適切である。

(23) テレンティウス『アデルフィ』七八五―七八六。

(24) pietas の訳語、これに pie(敬虔に)が先行している。

(25) 幻影のトリックについて、とくに魔法のご馳走についてのテーマはホメロスや聖書と同じくらい古い。『オデュッセイア』一一巻、五八二―五九二、マタ四・一―一一、ルカ四・一―一三参照。シェイクスピア『テンペスト』（三・三・一八―六八）の魔法の食事もこのよい事例である。
(26)『格言集』一・八・六六。
(27) プラトンの『ゴルギアス』四九四Cと『ピレボス』四六Aで尋ねられている疑問。
(28) 原典はギリシア語。
(29) syphilis の訳、イタリア語、フランス語、スペイン語では梅毒として知られている。
(30)『格言集』二・四・三。
(31) 快楽に耽ることと癒すこととが原語では語呂合わせとなっている。床屋もまた外科医であったので「快楽に耽ること」と「床屋に駆け込む」とが懸かっている。それゆえ「ネアポリスの疥癬」に罹った人は治してもらおうとして床屋に行ったそうである。
(32) 原典はギリシア語。
(33) キケロ『最高善について』一・一一・三九参照。
(34)『格言集』一・九・三〇の変形したもの。
(35) 原典はギリシア語。
(36)『格言集』一・一・二八。フリギア人がトロイ戦争に参加するのに長い間躊躇していた故事にならったもの。キリスト者は同時代間の戦争を終わらせるのにも躊躇している、とエラスムスは付言している。
(37)「神秘に満ちた」とは直接の啓示によってか、著者の神秘的な経験によって、与えられる真理を含んだ聖書のテキストを指している。たとえばヨハ一・一―一八、六・三二―五八、八・一二―三二、一〇・一四―一七、エフェ三・二―一一、コロ一・二五―二九など。
(38) オルクスとは死人の住居か、地下の国の主人を指している。
(39) 原典はギリシア語。
(40) Ⅰコリ三・一六、Ⅱコリ六・一六参照。
(41)「六〇〇」については『対話集』の「埋葬」を参照。「フランシスコ会の修道士」については「天使的な埋葬」

を参照。

(42) 原典はギリシア語。

(43) conditio は condo に由来するがゆえに、運命は「造られた状態」を意味している。

(44) 自己弁明的な文章であるが、この言葉はもっと別のものを思い起こさせる。「錐でもって穴を開けられる」という言葉は出二一・六で用いられ、人が自由を選ぶならば、失うことになる妻子を保っておく許しを得るために、生涯奴隷となることを引き受けた儀式を描くために使われている。

(45) 火は神であったがゆえに、ピュタゴラスによって禁じられていた。火は大地よりも高貴なため、宇宙の中心に存在し、ゼウスを守る家であると言われた。アリストテレス『天体について』二・一三・二九三a二〇―二九三b四参照。

(46) 『格言集』一・二・五六。

(47) モームスはギリシア神話では夜を擬人化した女神ニュイスの子である。彼は自分を法的に認定できず、他の神々の行動の欠点を指摘しただけであった。神々は遂に彼をオリュンポスから追放したが、彼の言うことを聞いたほうがよかったかも知れないと愚かにも言っている。

(48) 継母は粗野と残忍と同義である。

(49) 「敬虔な午餐会」のエウセビウスはそのお客に花咲く自然の美について語り、「自然の創造者なる神の知恵が彼の善良さに等しい」(本書四七八頁)と言う。

(50) マウダラ出身のアプレイウス(一二三―一七〇)は北アフリカのヌミディア生まれの哲学者にして文芸家である。哲学的には折衷的なプラトン主義を奉じ、通俗化した神秘的な宗教的世界観を述べている。『愛と魂』の寓話物語であるいわゆる『黄金の驢馬』でもって有名になる。

(51) 『黄金の驢馬』五・一―三。

(52) 大きな財産と贅沢で有名な人物。

(53) アリストテレス『生成消滅論』(De generatione animalium)一・一八・七二三b三三―七二四a三。

(54) ユウェナーリス一一・二〇八。ペルシウス／ユウェナーリス作『ローマ諷刺詩集』国原吉之助訳、岩波文庫、二七二頁。
(55)「キリスト教的哲学」とはエラスムスの中心思想である。本書二三四頁参照。
(56) または「守護者」「案内人」を意味する。
(57) たとえばロマ三・一九―二〇を参照。
(58) キリストが「すべての人を喜ばせた」からである。
(59)『格言集』二・六・一四、二・九・七、四・三・三一参照。タンタロスについてはホメロスの『オデュッセイア』一一・五八二―五九二参照。
(60) 宿屋におけるウェイターに対する皮肉を込めた叙述。
(61) シレノスとはプラトンの『饗宴』に出てくるもので、外面はみにくくとも、内心に神の像を宿していると説かれ、ソクラテス像がこれによって示される。詳しくは「アルキビアデスのシレノス」『格言集』三・三・一を参照。
(62) ルターは詩編九〇の講解でこのところを批判している（WA, 40, III, 537, 14–540, 16）。ルター『生と死の講話』（知泉書館）七六頁参照。
(63)『格言集』四・九・四三。『オデュッセイア』第一〇巻参照。
(64)『格言集』二・四・一二。
(65) 創二七・一七、三二・一二、黙二〇・八。『格言集』一・四・四四、一・七・八七参照。
(66) シラ三五・二〇―二一。ラブレー『ガルガンチュア物語』一・四一では修道士の言った言葉となっている。
(67) ルカ七・三五―五〇では彼女が生涯にわたって悔い改めたとは明らかに述べられていない。
(68) ラテン語のテキストでは主語が死にゆく盗賊なのか、それとも他の悔い改めた罪人なのか不明である。

ロイヒリンの神格化

比類なき人物ヨハンネス・ロイヒリンが神々の仲間に入れられたことについてポンピリウスとブラシカヌス[1]の対話

ポンピリウス 君は旅行服を着てどこから来たのですか。
ブラシカヌス テュービンゲンからです。
ポンピリウス そこでは何か新しいことがないのですか。
ブラシカヌス 本当にわたしは、すべての人が何か新奇なものに捕えられたがるほどまで飢えているのをとても驚いています。あるラクダ[2]が新奇なものは何であれ避けるべきだと説教しているのを、わたしはルーヴァンで聞いたことがあります。
ポンピリウス ラクダにぴったりの発言ですね。この人には、もし彼が人間であったとしたら、決して古い靴や臭い下着を変えないこと、いつも腐った卵を食べ、気の抜けたビールを飲むことがふさわしいです。
ブラシカヌス しかしながらあなたにもっと明瞭に知ってもらうために言いますと、この人は新しいスープよりも前日の食べ残しのものを選ぶほどまでに古いことを喜んでいるのです。
ポンピリウス ラクダのことはさておいて、何か新しいことをご存知でしたら、言ってください。
ブラシカヌス 確かに知っていますが、あの人が言っていたように、何か悪い知らせです。
ポンピリウス しかし、このこと自身もいつかは古くなるでしょう。古いものがすべて良いものであり、新しいものがすべて悪くあっても、今良いものは何であれ、かつては悪かったし、今悪いものもいつかは良いものに必然的にならざるをえないのです。

ポンピリウス　ラクダの教えにしたがえば、そのように思われます。いやむしろ、かつて青年のときに悪いファートゥウス〔愚か者〕[3]であった人が、今でも若いのでしたら、年とったがゆえに、今や良いファートゥウスであるということになります。

ポンピリウス　だが、どうぞあなたの知らせをおっしゃってください。

ブラシカヌス　あの有名な三言語を修得したフェニックスであるヨハンネス・ロイヒリンが亡くなりました。

ポンピリウス　あなたは確かなことをお話しですか。

ブラシカヌス　わたしが願っているよりももっと確かなことです。

ポンピリウス　だが、もっとも声望の高い名前が不滅な記憶に留められて後世に残され、現世の諸々の悪から聖者の交わりに移住するのでしたら、何か不幸なことでもあるのでしょうか。

ブラシカヌス　どなたがこのことをあなたに知らせたのですか。

ポンピリウス　それは自明なことです。これまで生きてきたのと違った仕方で死ぬことはできませんから。

ブラシカヌス　しかしあなたは、わたしが知っていることが分かると、もっと確かにそういえるとおっしゃいました。

ポンピリウス　何でしたっけ、教えてください。

ブラシカヌス　申し上げるべきではありません。

ポンピリウス　なぜですか。

ブラシカヌス　それを打ち明けた方が秘密を守るように約束させましたから。

ポンピリウス　同じ条件でわたしにもそれを打ち明けてください。一言も言わないと約束しますから。

ブラシカヌス　そのような約束はわたしをしばしば裏切りましたが、それでもそうですね、あなたに打ち明けましょう。とりわけすべて善良な人々によってそれが知られるのは有益な種類の事柄なのですから。テュービンゲンにはあるフランシスコ会の人がおり、彼は自分を除いて万人によってことのほか聖なる人であると見なされています。

ポンピリウス　あなたは真の聖性の強力な証拠のことを言っているのですね。

ブラシカヌス　わたしがその方の名前を言いさえすれば、あなたはその人を認め、それが真実であることを容認なさるでしょう。

ポンピリウス　わたしがそれを言い当てたらどうでしょう。

ブラシカヌス　どうぞなさってください。

ポンピリウス　耳を近づけてください。

ブラシカヌス　わたしたちだけしかいないのに、どうしてですか。

ポンピリウス　そうするのが習慣です。

ブラシカヌス　いいでしょう。

ポンピリウス　それはとても信頼できる人でしょう。その人が何と言おうとも、わたしにはシュビュッラ預言書[4]となるでしょう。

ブラシカヌス　それでは話し合ったことのすべてを誠意をもって聞いてください。わたしたちのロイヒリン――この人は歳を取ったり、病気にかかったり、死んでしまうような人では決してありません――は病んでおりました。しかもかなり危険な状態でした。ですが彼がことによると回復することを望みうる状態でした。翌朝にわたしは先ほど申し上げたフランシスコ会の人を、わたしの心の痛みを彼の祈りによって鎮めるために、訪ねました。というのも父のように愛していた病気の友人と一緒にわたしも病んでいましたから。

ポンピリウス　ふん、最悪の人でないなら、彼をこれまで愛さなかった人が誰かいるでしょうか。

ブラシカヌス　わたしのフランシスコ会の友人は「ブラシカヌスよ、あなたは運命の女神モエラの嘆きをすべて心から完全に取り除きなさい。わたしたちのロイヒリンはもう病から遠ざかりました」と言いました。「何ですって、彼は突然快復したのですか。二日前には医者たちは必ずしも良くなると約束していませんでした」とわたしは尋ねますと、彼はそれに答えて言いました。「彼は健康を快復しましたが、これからは不健康になる懼れはいらないのです。〔彼は〕〔わたしから〕涙が噴出すると予見していたので）わたしが申し上げるすべてを聞く前にあなたは泣いたりしてはいけません。六日間わたしはその方を訪ねませんでしたが、わたしは彼の健康を毎日神に祈っていました。昨夜わたしは寝床で朝課〔聖務日課の第一時〕を済ませてから就寝したとき、とても快適で、少しも深刻でない夢を見ました」。

ポンピリウス　わたしの心は何か喜ばしいことを予感しています。

ブラシカヌス　あなたの予感は正しいです。彼は言いました、「わたしは遠くの、あるとても魅力的な草原に通じる、小さな橋の傍らに立っていたように思われます。そのうえ草と葉の緑がエメラルドのそれよりも目を楽しませ、小さな花の群落が信じられないほどの多様な色彩でもってほほえみかけて、すべてが芳香を放っておりましたので、小川によってその至福な牧場から切り離された、このこちら側の草原は生きていないし、元気がなくて、そのすべてが死んでおり、不快であり、腐っているように思われました。この光景にまったく惹き付けられているとき、ちょうどそのときにロイヒリンは死去したのですが、過ぎ去りながらへブライ語で〈平和[5]〉を唱えていました。わたしが彼に気づく前に彼は橋の半ばを通過しておりました。わたしが彼を追跡しようとすると、彼は振り返ってわたしを制して次のように言いました。〈今はいけません。今から五年後にあなたはわたしに従うでしょう。それまでの間はここで起こったことの証人もしくは目撃者として力になってください〉と。この機会にわたしは〈ロイヒリンあなたは衣服を着ていますか、それとも裸ですか、お一人ですか、それともお連れはいますか〉とわたしは尋ねました。彼は言いました、〈驚くほど輝かしい一つの白衣、あなたがダマスクと言っていた衣服のほかには何も着ていません〉。この後ろには信じられないほど美しい少年が翼のある天使として付き従っていました。それは彼の良い守護霊であるように思われました」。

ポンピリウス　では悪い守護霊は一緒ではなかったのでしょうか。

ブラシカヌス　そうではなく、フランシスコ会の人が思ったように、若干いたようです。はるか遠くからですが、翼を拡げたときには白いよりももっと薄黄色の羽を見せていたのですから、きっと黒い翼をもった幾つかの鳥がその背後に付いて行ったと彼は言っています。色と声で判断すると、それはカササギのように思われたと彼は言っています。彼が言うにはその一つ一つは一六のカササギに等しい身体の大きさであって、禿鷲よりも小さくはなく、頭にはトサカが付いており、爪のように曲がった嘴、突き出た腹をもっていました。そいつらが三匹だけでも揃っていたら、人はハルピュイア(6)と思ったに違いありません。

ポンピリウス　このフリアエ(7)たちは何を企んでいたのですか。

ブラシカヌス　彼らは遠くからわたしたちの偉人のロイヒリンに激しく抗議し、できることなら攻撃しようとしていたように見えたと彼は言いました。

ポンピリウス　誰がそうするのを許さないのですか。

ブラシカヌス　それはロイヒリンが自分の方にぐるりと向きを変え、手を挙げて十字架のしるしを切って、次のように言ったからでしょう。「厄介者らよ、自分らにふさわしいところに、立ち去れ。死すべき者らにお前が面倒なことを仕掛けるのはもう十分とせよ。もう不死なる者に指定されているわたしに対してお前の狂気は何ら支配力をもっていない」と。彼がこのように言い放つや、直ちに忌まわしい鳥どもは立ち去ったと、フランシスコ会の人は言いました。しかし、それと比べると人間のくそを甘美なマヨラナ（香味料）や甘松の葉で作った香油とするように思われる悪臭がそこには残っていました(8)。そのような香りをもう一度吹き込まれるよりも速く地獄に堕ちていきたいと彼は厳かに誓っていました。

ポンピリウス　あの厄介者らに禍(わざわい)がありますように。

ブラシカヌス　ですが、あのフランシスコ会の人がわたしに物語ったことを更に聞いてください。これらのことを思いめぐらしていたとき、彼は聖ヒエロニュムスが橋の近くにもうやってきており、ロイヒリンに話しかけて次のように語りました、と言いました。「もっとも聖なる同僚よ、こんにちは、あなたの至聖なるお仕事に対して神が親切にも定めてくださった天上の交わりにあなたを受け入れ、かつ、導くことがわたしに与えられたのです」。同時に彼は衣服をもってきて、それをロイヒリンに着せました。そのときわたしは言いました、「ヒエロニュムスはどんな身なりでしたか、その姿はどのように見えましたか。彼は絵にあるような老人でしたか。頭巾や帽子または枢機卿の肩衣を着けていましたか。あるいはライオンを供としていましたか」。これに対して彼は次のように答えました。「そんな様子ではありません。見たところ彼は楽しそうでしたし、その年齢にふさわしい感じですが、不潔なところはなく、威厳に満ちておりました。ですが、あの画家たちが彼に付き添わせたライオンを供にする必要など何のためにあったのですか(9)。彼は足首までも下がった衣服を着ていました。あなたはその衣服を透明な水晶のようだと言いたいでしょう。ヒエロニュムスがロイヒリンに与えたものはそれと同じように美しかったです。それは至るところ三つの相違する色彩の言語でもってすべてが飾られていました。あるものはブロンズに、他のものはエメラルドに、更に他のものはサファイアに見えました。すべては輝いており、その配列は尋常でない優雅さを付け加えておりました」と。

ポンピリウス　わたしはそれが二人が精通している三言語(10)を意味するように推測します。

ブラシカヌス　疑いの余地なくそうです。彼が言うには、よく見ると服の裾には三色で区別されていた三つの言語の文字が書き込まれていたようでした。

ポンピリウス　ヒエロニュムスには従者がいませんでしたか。

ブラシカヌス　従者はいなかったと、あなたはおっしゃいましたか。草原のすべてにわたって守護霊の群れが取り囲んでおりました。その群れは、ごくありふれたものと比較してよければ、わたしたちが太陽光線の中を飛んでいるのを見る、アトムと呼ばれる小物体のように、大気の全体に満ちていました。すべてが透明でなかったなら、天も草原も見えなかったことでしょう。

ポンピリウス　でかした。わたしはロイヒリンにとても感謝します。

ブラシカヌス　彼が言うには、「ヒエロニュムスもロイヒリンに敬意を表して、その右を抱きしめ、草原の中央に導きました。そこには丘が突き出ていました。その頂で両者は互いに抱擁し好ましい口づけを交わしました。またその間に途方もなく大きな炸裂音でもって至高の天が開け、言葉で言い表せない何か荘厳なるものが見えてきました。それ以前には素晴らしく思われた他のすべてのものは、この美しさの前にはほとんどつまらないものに思われました」。

ポンピリウス　あなたは何かそれについて言い表すことができないのですか。

ブラシカヌス　それを見ていなかったこのわたしが、どうしてそれを言い表すことができますか。それを見た人でも、幻想的なものを言葉で叙述することを否定していました。その人は、「ほんの一瞬でも再びこの光景を享受することが許されるとしたら、千回も死を覚悟しなければならない」とだけ言いました。

ポンピリウス　それからどうなりましたか。

ブラシカヌス　天の裂け目から巨大な鳩が白熱の、とはいえ心地よい光を放ちながら降りてきました。この光を通して二人の至聖の魂は、すべてのものをうっとりさせる天使の合唱に伴われて互いに抱擁しながら天に運ばれていったのです。そのためフランシスコ会の人は涙を流すことなしにはその喜びを思い出せないほどですと断言していました。素晴らしい芳香がそれに続きました。眠りから人が目覚めたとき、だがもしわたしたちが彼は眠っていたと言いうるなら、正気ではないようです。彼は自分の〔修道院の〕小部屋にいることが信じられなかったのです。彼は自分が見た橋と草原を捜していました。だが何か他のことを語ることも、何か他のことを考えることもできませんでした。修道院における同僚の長老たちはその出来事が夢物語ではないことに気づいたので（なぜなら、あの聖なるお方の視像が現れたのと同じ時間には、ロイヒリンはもうこの地を立ち去っていたことが確かめられたからです）、みんなは心を一つにして、信じる者たちの良いわざに対しこんなにも豊かな褒賞でもって報いてくださる、神に感謝しました。

ポンピリウス　そうするとこの聖なるお方の名前が聖人の名簿に登録されることのほかに何か残っていますか。

ブラシカヌス　わたしはあのフランシスコ会の人がそのようなものは何も見なかったとしても、そうするつもりでした。しかも黄金の文字でもってヒエロニュムスのすぐ近くに。

ポンピリウス　わたしの書物にそれと同じことを記入されていないようなことがあったら、わたしは首を差し出すでしょう。

ブラシカヌス　彼はわたしの礼拝堂では選ばれた聖人たちの間に黄金の像として立つでしょう。

ポンピリウス　わたしの礼拝堂でも彼は立つでしょう。しかも、わたしの願いが資力において叶えられるなら、宝石をちりばめた像として立つでしょう。

ブラシカヌス　彼はわたしの図書室でもヒエロニュムスと並んで置かれるでしょう。

ポンピリウス　彼はわたしのところでもそうなるでしょう。

ブラシカヌス　いや、言語と人文学とを、とりわけ聖書を、尊重し、かつ、愛好するすべての人は、彼らの感謝の気持ちを表したいなら、同じことをするでしょう。

ポンピリウス　明らかに彼はそれに値します。ローマ教皇の権威によって彼が聖人の数に入れられていないという頭痛のたねが、あなたを苦しめませんか。

ブラシカヌス　誰が聖ヒエロニュムスを（人々がそう呼んでいるように）列聖しましたか。誰がパウロや処女なる母を列聖しましたか。すべての敬虔な人たちの間でお二人のうちのどちらの記憶がいっそう神聖でしょうか。それは神に対する大いなる畏怖によって、その精神と生活との記録によって万人の情意に推奨されたものの記憶でしょうか。それともピウス二世が教団とか都市とかを喜ばすために聖人の数に入れたと言いふらされているシエナのカタリナの記憶なのでしょうか。

ポンピリウス　あなたのおっしゃることは正しいです。真の崇拝というものは、死者たちの中で天国にふさわしい功績に対して自発的に示される人にこそ結局は向けられます。そういう人たちの善行はいつも人々によって感じられるものです。

ブラシカヌス　そうするとどうでしょう。あなたはこのような人の死を嘆くべきだとお考えでしょうか。彼は長生きしました。そのことが人間の幸福に何か寄与するかぎりでは。彼はその徳行が有する決して消滅しない記念碑を残しました。彼はその良い行為によって自らの不滅の名前を聖別したのです。今や不幸から解き放たれて、天国を享受し、ヒエロニュムスと話し合っています。

ポンピリウス　だが彼には生きている間に多くの災難が降りかかりました。

ブラシカヌス　しかし聖ヒエロニュムスはもっと多くそれに耐えました。善人のゆえに悪人どもから苦しみを受けることは幸せなのです。

ポンピリウス　確かにそうだと認めます。ヒエロニュムスもきわめて善人であったので、極悪人どもから多くの苦しみを蒙りました。

ブラシカヌス　その昔サタンが律法学者やファリサイ派の人たちを通して主イエスに行ったことを、彼は今ではあるファリサイ的な人たちを通して最善の人たちに行っています。それどころか、この人たちは徹宵のわざのゆえに人類から褒賞を受けるに値しています。今やあの人は彼が種を蒔いたことから最善の収穫を刈り取っています。さしあたってわたしたちの役目は彼の思い出を不可侵のものとなし、彼の名前を称賛するように提案し、次のような言葉で彼に繰り返し挨拶を送ることです。「おお、聖なる魂よ、言語を栄えさせてください。言語を敬愛する人たちに恵みを与えてください。敬虔な発言を後援してください。地獄の毒に感染した邪悪な発言を滅ぼしてください」と。

ポンピリウス　わたしもそうして欲しいです。また同じことをするように他の人たちに熱心に告げましょう。ですが、習慣となっていることですが、それによって至聖な英雄の思い出を称賛する、何か短い祈りをして欲しいと多くの人が願っているのをわたしは疑いません。

ブラシカヌス　ミサの「集禱文」と呼ばれているもののことですか。

ポンピリウス　そうです。

ブラシカヌス　彼が亡くなる前にもこれをしたことがあります。

ポンピリウス　唱えてくださるようにお願いします。

ブラシカヌス　人類を愛したもう神よ、あなたは、あなたの選ばれた僕であるヨハンネス・ロイヒリンを通して世界に対し言語の賜物を更新してくださいました。この言語でもってあなたはその聖なる御霊によって天から備えたもうていた使徒たちを福音の宣教のために教えたまい、すべての人が至るところであらゆる言語でもってあなたの御子イエスの栄光を説教するようにしてくださいました。こうしてあなたは不敬虔なバベルの塔を建てようと共謀し、自分らの栄光を高めようと努めて、あなたの栄光を曇らせようと試みる、偽使徒たちの言語を混乱させられます。なぜなら、すべての栄光があなたにのみ、あなたの御子であるわれらの主と聖霊とともに、永遠にあるべきですから。アーメン。

ポンピリウス　本当に美しい敬虔な祈りです。この祈りがわたしに日々に祈られないなら、わたしはきっと滅んでしまいます。そして今、わたしはあなたと出会えてとても幸福です。わたしはあなたからとても大きな喜ばしいことを学びました。

ブラシカヌス　この喜びを永く享受しましょう。お元気で。
ポンピリウス　あなたもお元気で。
ブラシカヌス　お別れしましょう、だがわたしたちは一つであって、別々ではありません。

訳注

(1) ブラシカヌスは、インゴルシュタット大学におけるロイヒリンの後継者J・A・ブラッシカヌス (Johannes Alexander Brassicanus 一五〇〇—一五三九) のことが考えられていると思われる。ポンピリウスの背後にはP・スミスによるとエッペンドルフのハインリヒ (Heinrich von Eppendorf 一四九六—一五五一) が想定されている。

(2) ルーヴァンのカルメル会修道院長ニコラウス・エグモンダヌスはエラスムスにとってもっとも執拗な論敵であった。彼は『対話集』における異端的な見解についての抗告人であった。ラクダというのはエラスムスが彼に対して軽蔑して繰り返し述べた表現であった。

(3) ファートゥウスというのは「愚かなことを言う人」の意味で、ファウヌスの別名であって、パーン (森と牧人と家畜の神で、山羊の角と足をもち笛を吹く者) と同一視された。

(4) ローマ市のユピテル神殿に保管され、非常時に神官団がこれによって神意をうかがった書物を言う。

(5) 「平和」とあるのはヘブライ語のヘセドであって、挨拶の言葉である。

(6) 「ハルピュイア」というのは上半身が女で鳥の翼と爪をもつ貪欲な怪物を言う。

(7) 「フリアエ」はローマの復讐の女神たちで、ギリシア神話のエリーニュエスに当たる。

(8) 悪が発する悪臭、したがって悪魔のにおいも一七世紀でも使われた表現であった。グリンメルスハウゼン (一六一〇—一六七六) の『プロキシムスとリンピダ』参照。

(9) ヒエロニュムスは長い口ひげの老人として画家によって描かれ、デューラーの一五一四年作の絵のようにライオンを侍らせていた。

(10)　ロイヒリンはヒエロニュムスと同じく三言語（ラテン語・ギリシア語・ヘブライ語）のゆえに有名であった。それゆえ別名「三言語に通じる奇跡」（miraculum trilingue）と呼ばれた。

解説

総説　エラスムスと宗教改革の精神

ヨーロッパの近代は一六世紀からはじまる。この世紀の元年にエラスムスは古代的教養の結晶ともいうべき著作『格言集』を出版し、ヨーロッパ的教養世界の新時代の到来を告げた。ギリシア・ラテンの古典文学の復興においてこの教養世界はルネサンス以来進められてきているが、古典文学によるキリスト教の新しい展開となって成立する。したがって人文学の復興を目指す人文主義は宗教改革を先導し、「エラスムスが卵を産んで、ルターがこれを孵(かえ)した」とも言われる事態が生じたのである。

ここではエラスムスがその思想的系譜に属しているルネサンス人文主義の特質について述べ、人文主義による新しい神学の形成過程について語り、初期を代表する著作の思想およびその展開にふれながら、彼のキリスト教人文主義の精神を明らかにした上で、政治思想にふれ、終わりに宗教改革者ルターとの対決により宗教改革と人文主義が分裂せざるを得なかった事態の本質を考察してみたい。

一　ルネサンス人文主義の特質

エラスムスが活躍した時代は人文主義と宗教改革とが歩みをともにして発展し、やがて分裂する時期に当たっている。たとえば一五一七年には二つの出来事が同時に起こっている。すなわち、その年には世界的に有名になった「九五箇条の提題」が発表され、宗教改革の火ぶたが切られたが、同じ年に人文主義運動も頂点に達していて、フランス王フランソワ一世は人文主義のアカデミーを創設するためエラスムスを招聘した。エラスムスはこれを辞退したものの、このような運動のなかに新しい人文学の開花を目前にみ、その実現を切に願いながら、ギョーム・ビュデあての手紙で次のように叫んでいる。

不滅の神よ、なんという世紀がわたしの眼前に来たらんとしていることでしょう。
もう一度、若返ることができたら、なんと素晴らしいことでしょう。

ルネサンスはここでいう「若返り」としての「再生」を意味し、人文学の復興によっていまや新しい時代が近づいていることを彼は述べている。同時代の桂冠詩人である騎士フッテンも、同じような叫び声を発している。

おお、世紀よ、おお、文芸よ、
生きることは楽しい。

このルネサンスの運動は中世世界の解体から発足する。中世的世界像は信仰と理性、神学と哲学、教会と国家という対立しているものの調和、つまり階層（ヒエラルヒー）による統一の土台に立って形成されていたが、一四世紀にはそれが解体しはじめていた。この解体過程は一五、一六世紀を通じて進行し、宗教改革と対抗改革の時代を経て、一七、一八世紀に入ってから明瞭な輪郭をもつ近代的世界像が形づくられるにいたった。このようにルネサンスが古代文化の復興というかたちで中世統一文化からの解放を試みているのに対し、宗教改革は新約聖書に立ち返って中世教権組織と真正面から対決し、新しい時代への転換をもたらした。

それゆえ、ルネサンスはもっとも包括的に考えるならば、一四世紀から一六世紀にわたるヨーロッパ史の期間を意味する。「ルネサンス」という言葉はミシュレがはじめて用い、ブルクハルトにより「世界と人間の発見」

という意味がそれに与えられ、(1) 今日一般に使われるようになったが、その意味内容は宗教的なものか、それとも自然主義的なものかと論じられた。この時代は総じて「ルネサンスと宗教改革」と名付けられてもいるように、二つの対立する傾向より成立していると理解されている。しかし、ルネサンス時代の人文主義者たちは古典に親しみながらキリスト教信仰を堅持しており、このキリスト教的特質はアルプスを越えたヨーロッパではとくに顕著となっている。

そこでルネサンス人文主義の一般的特質をまず考えてみよう。キケロやセネカにより代表される古典的ヒューマニズムと比較すると、それは古典文献の復興として発展し、「人文主義」とも訳されるような人文学の復興という性格をもっている。したがってギリシア・ラテンの古典文学の教師や学徒が古くからフマニスタと呼ばれていた。彼らは教師や秘書として活躍し、古代の文芸や哲学の再興の上に立って独自の思想を形成したのである。こうして古典文学と直接結びついた形でその思想は出発し、ラテン語の文体、思想表現に見られる典雅・適切・単純・明晰が尊重され、このような教育と傾向による円満な教養・調和・協力・平和愛好の精神が倫理の理想として説かれた。

さて、「ヒューマニズム」という言葉のなかには明らかに「フマニタス」(人間性)の意味がふくまれている。これはギリシア語のパイデイアに当たる言葉で精神的教養を意味する。キケロは言う、「われわれはみんな人間と呼ばれてはいる。だがわれわれのうち、教養にふさわしい学問によって教養を身につけた人々だけが人間なのである」と。ここで「教養」と訳してあるのがフマニタスであり、人間にふさわしい在り方をいう。この言葉のなかには人間の尊厳という思想がふくまれている。ルネサンス時代の人文主義はこのフマニタスを再認識すること、つまり中世をとおって人間の本性が罪に深く染まり堕落しているとみる考え方をしりぞけて、人間の堕落しない神聖なる原型、キケロのいう「死すべき神」としての人間の尊厳を確立しようとしたのである。と同時にルネサンス時代の人文主義はこのような人間性を古代ギリシア・ローマ文化への沈潜によって発見し習得しようとするものであり、そこには「もっと人間的な学問」(litterae humaniores) また「良い学問」(bonae litterae) と呼ばれている人文学の復興が意図されていたのである。

このような人文主義の精神はセネカの根本命題にもっともよくあらわれているといえよう。セネカは「人間は、人間的なものを超えて出ることがないとしたら、なんと軽蔑すべきものであろう」という。人間は「より人間的なもの」(フマニオラ) となってゆく自己形成と教養にたずさわり、自己を超越することにより自己育成をなしてこそ、はじめて人間たりうるのである。

この自己形成は最終的には神に似た尊厳にまで達するものと考えられていた。たとえばルネサンス時代のキリスト教的な人文主義者であるピコ・デラ・ミランドラは「汝は自己の精神の判断によって神的なより高いものへと新生しうる。……人間はみずから欲するものになりうる」[2]と、つまり人間は自己の現在を超越して神的存在に達することができると主張している。このような主張からなる彼の『人間の尊厳』はルネサンスの宣言書であるといえるであろう[3]。ところで、この「ルネサンス」という言葉自体は、キリスト教的「復活」や「再生」という宗教的意味をもっている。この点ブールダッハが詳論しているとおりである。しかしながら、その内容をよく検討してみると、宗教的であるのみならず自然主義的要素をももっていることがわかる。それは単純な意味での「再生」、自分の力によってもう一度生まれ変わること、しかもそこには、ワインシュトックが説いているようにウェルギリウスの夢見た黄金時代の再来を示す循環的に回帰してくる再生の思想があるというべきであろう。ルネサンスは黄金時代がめぐってくるという期待に満ちており、宗教的な復活をもこのことと一致させて理解しているといえよう[4]。

しかし、アルプス以北の人文主義運動は倫理的・宗教的性格が強く、文芸の復興から新しい神学の形成へ向かう方向転換が生じ、人文主義は宗教改革と結びついて発展してゆく。ここでの特色は聖書文献学に結実し、すでにローレンツォ・ヴァッラの著作『新約聖書注解』(エラスムスにより一五〇五年に出版) の出版によって開始されていたこの分野での研究が著しく発展するにいたった。それはフランスのルフェーブル・デタープル、イギリスのジョン・コレット、ドイツのロイヒリン、オランダのエラスムス等の著作にあらわれ、その成果は宗教改革者たちの思想形成に大きな影響を与えた。

二　人文主義による精神的発展

オランダのロッテルダムの人、エラスムスはピコよりもわずかに三歳若かったにすぎないが、彼の中に新しいヒューマニズムの人間像と思想とが完全な成熟段階に達しており、これまでのヒューマニズムの神学につきまとっていた衝動性と若者の感激とを払拭するようになった。非合法な結婚によって生まれた彼は貧しい青春時代を送った。修道院からやっとパリに留学し、ラテン語に磨きをかけ、教父の著作に熱中する。家庭教師となってイギリスに渡り、オックスフォード大学のジョン・コレットを通じて聖書批評の原理とキリスト教的人文主義を学ぶ。また、トマス・モアとの友情を通じ国際人として活躍するにいたる。彼の生涯は旅行と著作の出版とから切り離せない。広い交際、自著のみならず、『ノヴム・インストゥルメントゥム』と題する有名なギリシア語聖書のラテン対訳本や教父全集の出版、無数の書簡を書く彼の姿はルネサンスの国際的知識人そのものである。同時代の人々がエラスムスから期待し、称賛を惜しまなかったものは何であったのだろうか。それは精神の新しい自由、知識の新しい明瞭性・純粋性・単純性であり、合理的で健康で正しい生き方の新しい調和の姿であった。これは彼の文学作品によく現れ、最もよく読まれた『対話集』（Colloquia）や、『痴愚神礼讃』（Encomium Moriae）の中に彼の思想は今日にいたるまで生き生きと語り続けている。彼はまた神学者でもあり、キリスト教の復興を最大の主題としている。だが『エンキリディオン』や『新約聖書の序文』といった神学上の最良の作品で語りかけている精神は哲学的でも歴史的でもなくて、言葉のもっとも優れた意味で文献学的である。彼は言語、表現、文体を愛し、古代的人間の叡知が彼の言葉を通して再生し、古典的精神が輝き出ている。しかし、彼が古代に深い同感を示したのは、生活と実践がそこに説かれているという倫理的確信からであった。ところで彼の精神のもっとも深い根底は、キリスト教的なものであって、古典主義はただ形式として役立ち、彼のキリスト教的理想と調和する要素だけが、古代の倫理から選びだされているにすぎない点を銘記すべきである。ホイジンガ（J. Huizinga, 一八七二―一九四五）はこの点に関し次のように説いている。

大哲学者というのは、ストア派や逍遥派の哲理を棒暗記で知っている連中のことではなく、その生活と作法によって哲学の意味を表現する人のことである。哲学の目的はそこにあるからである。財宝の蔑視すべき理由を、めんどうな三段論法によるのでなく、その心掛け、その顔つきや眼つき、その生活そのものによって教える者こそ真の神学者である。この規準に従って生きることが、キリスト自ら〈再生〉（renascentia）と呼んだところのものである。エラスムスは、この言葉をキリスト教的な意味だけに用いる。しかし、それはまさにこの意味において、歴史的現象としてのルネサンスに結びつけられている概念にきわめて近いものである。長いあいだひとはルネサンスの世俗的、異教的側面をあまりに高く評価してきた。一六世紀の精神は異教的形式を楽しんだ。しかし、それが求めた内容はキリスト教的なものであった。エラスムスはこの精神の最も完璧な代表者のひとりである。カピトは彼を称えて、「文学の復活のみでなく信仰の再生をもたらした著作家」と言った。[5] キリスト教的志向を古代の精神と美しく結合したところに、エラスムスの偉大な成功を解く鍵がある。

ここに指摘されている特質は初期のエラスムスの精神的発展によく現れているので、その発展の中で重要なものだけをとりあげてみたい。

エラスムスが最初に人文主義の文化に触れたのは、九歳のときデヴェンターの聖レブイヌス参事会の名門校に入り、七年間教育を受けたさい、「新しい敬虔」(devotio moderna)の兄弟団においてである、と一般に考えられている。たしかにドイツのペトラルカと呼ばれたアグリコラの講演を彼は聞き、その弟子のヘギウスがこの学校の校長であったにしても、彼自身のこれら新しい敬虔の指導者に対する評価は変化している。またその後ボワ・ル・デュックで三年間兄弟団の宿泊所で世話になってはいるが、兄弟団の一員にもなっていないし、町の学校にも出席していない。彼は良い教師にめぐまれず、独学せざるをえなかったと思われる。ラテン語の力では教師たちに優っていたようであり、大学に進学したかったが、貧しいためその希望も空しく、一六歳のときステインの修道院に入った。

当時オランダにゆきわたっていた人文主義の文化をエラスムスも修得してはいても、一般に考えられているようにデヴェンターの学校教育によって修得したというよりも、彼自身の精神的努力と、例外的ともいえる文学的才能によって自分のものにしたといえよう。したがって「ステインのアウグスティヌス修道会に入会するという強い誘惑を感じた理由は、彼らが立派な図書館を持っていたことにあった。ルターが修道院に入ったのは、善いわざによって自分の魂を救うためであったが、エラスムスの場合は、立派な書物によってその精神を啓発するためであった(6)」。

修道院に入ったころ、彼は若い人々に対して修道の生活をすすめる文章を書いて欲しいとの依頼を受け、『現世の蔑視』(De contemptu mundi)という小冊子を書いた。その内容は自分が行ったように修道院に入って閑暇のある静穏の日々を多くの読書のうちに過ごし、真の喜びを見いだすように友に勧めているもので、書簡体で書かれており、中世以来の「現世の蔑視」の系譜に入っていても、内容は人文主義の精神にみたされている。

彼はオランダ人なので海の比喩を用いて修道生活を賛美する。現世は荒浪のようであるのに、修道院の中は「外海に対する安全な港」である。現世の生活が情欲と悪徳にみちているのに対比して修道院には「自由」

(libertas)、「静穏」(tranquilitas)、霊的な「歓喜」(voluptas) が支配している。「だから、最も高潔なすべての人の仲間に加わるために、現世を棄てるようにしなさい。そうすればあなたは修道院の中のいたるところにおいて、たとえば真理・貞潔・節度・節制を愛し、鋭く語り、徳行をまねる人たちにとり巻かれて滞在することでしょう」(7)。実際、「修道士とは純粋なキリスト教徒にほかならなかったし、また修道院とは最も純粋なキリストの教えにおいて意見が一致している群れにほかなりません」(8)。中世以来の「現世の蔑視」が現世の悪を力説していたのに、エラスムスは反対に強調点を修道的生活の自由と歓喜とに置いている。もちろん完全に古典期のラテン語で語られている。人文主義との接触を示しているのは敬虔な人たちの共通の喜びについて述べているところである。「だが、もしそれを源泉そのものから味わいたいなら、新旧二つの聖書が調べられる。もしそれ自身でも美しい真理が雄弁の魅力によっていっそう優美になるのを好むなら、ヒエロニュムス、アウグスティヌス、アンブロシウス、キプリアヌスその他同類のものに向かう。すこしいやけがさしてきたら、キリスト教的なキケロに耳を傾ける喜びがある」と述べ、聖書や教父とならんで、哲学者や詩人の著作をも遠ざけてはならない、というのも「有毒な植物の中から薬草を選びだすことを知る」(9)必要があり、これらの著作の中にこそ最高の自由と不安のない生活があるからであると主張している。

　このように古典文献による人間の徳の育成を力説し、神に対する信仰とか教会についてほとんど言及されずに、古典的古代から事例やテキストが多く示されている。したがってこの作品が人文主義の内容を豊かにたたえていることは明らかである。

　エラスムスはサンブレーの司教の秘書となってステインの修道院を去る以前に、『反野蛮人論』(Antibarbari) の草稿を書いた。表題に含意されている「野蛮人」は当然のことながら、同修道院の在院者の修道士や上長であろうが、文学の研究や学問を軽蔑し、古代文化の偉大な伝統を重んじない人たちを言うのである。この書物は四人の対話者から構成されていて、当時の学問の衰微がいかなる原因によるかと問題提起がなされ、キリスト教と古代文化との対立が誤りであることがエラスムスの友人でその代弁者であるバットによって語られている。これはすでに『現世の蔑視』で暗示されていたことの発展であり、聖書とギリシア・ローマ文化との総合という彼の思想をよく示しているが、同時にイエス・キリストを普遍的ロゴスの受肉した出来事とし、最高善として提示するキリスト中心主義の萌芽が見られる。この思考はやがて「キリストの哲学」(philosophia Christi) として後述するように完成する。

修道院を去ったエラスムスは博士号の学位を取得する目的でパリに移った。一四九五年から九九年にかけてパリに滞在中、彼は新しい敬虔やピエール・ダイイやジェルソンといったノミナリストの神秘主義に触れず、むしろルネサンスの人文主義者たちから多大の影響を受けている。なかでもガガンについて学んだが、ルフェーヴルやビュデの影響によりイタリア・ルネサンスとの関係も生じてきていた。しかし、決定的には渡英した期間にオックスフォード大学で知り合ったコレットによってイタリアの人文主義について知り、コレットとの出会いがエラスムスの使命を自覚させるにいたった。こうして『エンキリディオン』というエラスムスの初期の思想を組織的に述べた作品を発表するようになった。このような重要な邂逅についてフィリップスは次のように見事に叙述している。

エラスムスの友人たちは、彼の学問、ゆとり、人間としての常識や笑い声によって魅せられた。彼らのなかのある人たち、とりわけコレットは、エラスムス自身が気づいていなかった資質のすべてを、認めていた。エラスムスのコレット宛の手紙は、この二人の友のあいだで交された決定的な会話の残響を、明らかに伝えている。エラスムスは、コレットがこんなに若いのに、しかも博士の学位もないのに、オックスフォード大学で多数の聴衆を引きつけたパウロ書簡の講義に対して、興味をいだいたと伝えている。エラスムス自身も同様に聖書の他の部分、おそらく旧約聖書のある部分を解釈してみないかという提案に対し、彼はきっぱり否と答えている。エラスムスは生存中も死後も、知的に高慢であるとの非難をしばしば受けているが、この手紙は深い謙虚さをいつわらずに表明している。スコラ神学者を軽蔑している人がついにその人自身の心を捕えた神学に出合っているのだ。彼はこのような仕事を引き受けるのに必要な経験をいまだ十分には積んでいないのを自覚している。またこのような問題に対処し確信をもって聴衆の前に立つ準備ができていないことを知っている。「いまだ学んでいないものをどうしてわたしは教えることができようか」と彼は質問し返している。しかし、このような問いは〔聖書と古典研究による〕溢れんばかりの光を自分のうちに導き入れることになるのである。彼はコレットの聖書に向かうアプローチのなかに新しい世界の幻を見たのであった。この世界では神学はもはや因襲にしばられたものでありえない。また人間の日常生活とかけ離れた主題を論じたり証明したりするのではなくて、信仰自体をしるした文書を、常識と選良の学問の光のもとに直接解釈を下すのである。ここで遂にゆらめいていた謎のかけらが落ちたのである。すなわち熱烈な人文主義者のエラスムスと神学に気の向かぬ学徒エラスムスとが、一人格のなかで合体したのである。この人のライフ・ワークは一つの偉大な目的、つまりキリスト教の解釈と人間の改善に役立つ古代人の知恵の評価とを統一しながら促進するという目的をもつにいたったのである(10)。

エラスムスはコレットからキリスト教人文主義に立つ新しい聖書神学を学び、その最初の思想を『エンキリディオン』により発表した。

三　新しい神学思想の発展

エラスムスの新しい神学思想は初期の作品『エンキリディオン――キリスト教戦士の手引き』（一五〇四年）

に結実しているので、これをとりあげてみよう。エラスムスはコレットによりフィレンツェのプラトン主義者たちを知り、哲学とキリスト教とを総合的に把握する方法をこの書物で確立している。ここではこの書物の二、三の特徴をあげてみたい。「エンキリディオン」というギリシア語は「短剣」とも「手引き」とも訳され、兵士が戦うための武器という意味と同時にいかに生きるべきかを記した手引きをも意味している。ある武器製造人の夫人が夫の不品行をいましめてもらいたいと切望したのに対して、エラスムスが書いて与えたもので、ここに「武器」にして「手引き」の二重性が標題にあらわれている理由がある。これに対しその武器製造人は、一ふりの短剣をつくり、エラスムスに返礼としてむくいたらしい。しかし、どちらももらった武器を実際には用いなかったのが実情であったようである。

こういうわけでこの書物はその武器製造人でもわかるように、平信徒むきにやさしく書かれたものであって、おおよそそれまでのスコラ神学にありがちな学問的化粧をすべてとり去って、自由に書かれている。しかも非常に実践的なものであって、すべて信徒はキリストの戦士であり、手に携えるべき武器は祈りと聖書であり、その任務は神の国を得るためのさまざまな悪徳との戦いである。とくに山上の説教の基準にしたがって合理的で道徳的な徳行にたずさわるとき、人生の神的な戦いに勝利するのである。むずかしい神学的議論をすてて、エラスムスは平民的な信仰の道を説いた。もちろん、その背後にある思想のなかには、読んでゆくうちに明らかになるように、プラトンの思想がひじょうに多くでている。そして同時にギリシア教父の思想、たとえばオリゲネスの思想が入っていて、人文主義の立場からプラトン主義的なキリスト教思想が明らかに説かれている。

この書の冒頭には「主にあって敬愛する兄弟よ、あなたは大変熱心に、あなたがその教えによってキリストにふさわしい精神へ到達することができるような、ある種の生活の簡潔な方法をわたしがあなたに教示するよう切望なさいました(11)」と述べられている。この要望に答えて実践的な指針が具体的に二二の教則として提示される。その中でも第五の教則が基本となっていて、それは「不可視なものへと可視的なものを整序すること」という言葉で示される。彼は次のように勧告する。

わたしたちはそれになお第五の教則を補助のようなものとして付け加えたい。それは、もしあなたが概して不完全であるか、中間的なものにすぎない可視的事物から不可視的事物へ、人間のより優れた部分にしたがって常に前進しようと努めるなら、あなたがこの一つのことによって完全なる敬虔を確立するようになるためです。[12]

ここでいう人間の優れた部分というのは魂であり、魂と身体の区分にもとづいて世界も知性的世界と感覚的世界に分けられ、後者から前者への超越を一切の倫理の目的となし、これを実行に移すためにはキリスト教の力に依らなければならない、と彼は主張する。このようにプラトン主義とキリスト教がオリゲネスやアウグスティヌスにならって総合的に捉えられ、キリスト教的人文主義の基礎が据えられる。

なお『エンキリディオン』の中にはエラスムスの教会批判が含まれており、当時の教会が外形的儀式を重んじ、断食したり、聖人の骨を崇拝したり、贖宥状（免罪証書）を買い求めさせたりする態度が批判されている。礼拝儀式や教会法規はそれ自身で価値があるのではなく、善く生きるためにはむしろイエスの山上の説教と古典の精神に帰り、単純明快な心で生きるべきである。そのため「軍事訓練の規則を作る人の方法にしたがってわたしは敬虔の技術を教えようとした」と彼はいう。さらにこの書物が「敬虔」を力説するため道徳主義的であって、キリスト教の贖罪思想が無視されているとの批判がなされている。[13] しかしエラスムスは贖罪を前提した上でキリストとの交わりからキリスト教思想をとらえ直していると理解すべきであろう。

『エンキリディオン』出版後七年して、ヨーロッパ全土を爆笑の渦に巻き込んだ不朽の名作『痴愚神礼讃』（一五一一年）が現れ、元来文学的なエラスムスの本領がここにいかんなく発揮される。彼はこの作品のなかで古代人の知恵の精髄を摘出し、時代の精神を諷刺しながら批判し、決して饒舌でなく、人生の豊かさを適正、流麗、軽快、明朗に描きだしている。それは、自由奔放な空想が古典的な厳しい形式と自制によって、全体としてルネサンス的表現の心髄をなしている調和の完璧な姿を表しているといえよう。彼はこの書物の中でわたしたちの人生と社会には痴愚が不可欠であって、これを痴愚神の自己礼讃の愚かさを通して語っている。だから、痴愚と思われていることが実は智であり、智が逆に痴愚であることを軽妙に摘出しているわけであって、真の知恵は健康な痴愚の中に認められ、うぬぼれた知恵は死にいたる疾病であることが二つながらに説かれた。痴愚を主題とする著作、すなわち阿呆もののジャンルとしてすでにセバスティアン・ブラント（Sebastian Brant, 一四五七―一五二一）の有名な『阿呆船』（Das Narrenschiff, 一四九四年）が先行しているが、エラスムスも流行の主題に取り組んで、現代社会の矛盾と幻想を批判した。

人生と社会にとり不可欠な要素である「健康な痴愚」について考えてみよう。エラスムスは人生がお芝居であって、人生喜劇の仮面を剝ぐ者は追い出されるという。

役者が舞台へ出てきて、その役を演じていますときに、だれかが役者の被っていた仮面をむしり取って、その素顔をお客さんたちに見せようとしますよ。こんなことをする男はお芝居全体をめちゃめちゃにすることにはならないでしょうか？　また、こういう乱暴者は、石を投げられ劇場から追い出されるのが当然ではありますまいか。……幻想が破り去られてしまうと、お芝居全体がひっくりかえされます。いろいろな扮装や化粧こそが、まさに、われわれの目をくらましていたからです。人生にしても同じこと、めいめいが仮面を被って、舞台監督に舞台から引っこませられるまでは自分の役割を演じているお芝居以外のなにものでしょうか？[14]

このような痴愚女神に支配され、瞞されることは不幸であると哲学者は言うが、この抗議に対し、過ちを犯すのは「人間らしい人間」であり、「あるがままの人間でいて不幸なことはなにもありますまい。……なぜならば、痴愚は人間の本性にぴったり合っているからですよ[15]」とエラスムスは反論している。しかし、彼は愚かさという人間の限界をとび越えて、人間であることを忘れて、至高の神々に成り上ろうとしたり、学芸を武器にして自然に挑戦する「純粋な痴愚」に対し、諷刺するのみならず直接非難する。もちろん軽い喜劇の筆致を失わず、神学者、修道士、司教、枢機卿、教皇、また君主と廷臣への批判は、露骨な冒瀆と不敬に陥らず、たくみな論弁の綱渡りをしている点、さすがに無類の芸術作品であるといえよう。

とりわけエラスムスの神学批判がこの作品の終わりに展開していることにわたしたちは注目すべきであろう。そこでは痴愚神自身が「われを忘れて」エラスムスの本心を直接語っている。この部分を当時の人々はまじめに受け取らなかったのであるが、時代の危険な狂気に対してキリストを信じる者に固有の超越的な狂気が対置されている。「キリスト教徒たちが、多くの試練を受けつつも追い求めている幸福は、一種の錯乱狂気にほかなりません。こんなことばをこわがらないでくださいよ。それよりか、事実そのものを十分考えてみてください[16]」。またそこにはエラスムスの人間学が人間学的基礎概念によって説明されている。彼はまずキリスト教とプラトン主義とが魂と肉体に関して一致することを指摘し、魂が肉体の絆を断ち切って自由になろうとする「狂気痴愚」についで語っている。ことにプラトンの洞穴から出た人の狂乱は囚人たちに嘲笑されるように、敬虔な人間と普通の人間とは異なっている。この両者の相違について彼は次のように言う。

敬虔な人間は、その生涯全体にわたって、肉体的物象から離れ、霊的で不可見な永劫のものへと飛躍してゆくわけです。ですから、この両者のあいだにはあらゆることについて深い対立があり、どちらも相手から見れば痴愚狂気ということになりますね。けれどもこの痴愚狂気ということばは、わたしに言わせれば、凡俗の人間よりも敬虔な人々のほうに、はるかにぴったりとあてはまることになるのです。……事実、恋に熱狂した人間は、もはや自分のうちにではなく、自分の愛しているもののうちに心身をあげて生きています。この相手のなかへ溶けこむために自分から出れば出るほど、当人は幸福を感じます。……それに、精神は精神で、無限に強い力を持っているあの至高の知恵のなかに吸収されてしまいます。このようにして、人間全体が自分自身の外に出てしまい、もはや自分が自分でなくなること、いっさいを自分に引き寄せる至高の善に従うこと以外には、幸福はないということになります。……そしてこれこそ、この世からあの世へ移っても取り去られることなく、かえって完璧なものとなる、あの痴愚狂気というものです。[17]

こうして愚かと思われていることのなかに真実の知恵があり、逆に知恵が痴愚にほかならないことが軽妙に摘出されている。愚かさの肯定は人間本性の偉大な肯定となり、人文主義の観点から時代の危険な狂気が指摘されるばかりでなく、キリストを信じる者に固有な「超越的狂気」も語られ、エラスムスの本心がここに垣間見られているといえよう。

次に一五一六年以来たえず改訂を重ねた『校訂新約聖書』（ノヴム・インストゥルメントゥム）についてふれておきたい。聖書研究に対するエラスムスの貢献はギリシア語本文、新しいラテン訳、釈義、一般向き講解にあるが、これがいかに大きな影響を当代の知識人や神学者に与えたかは量り知れないほどである。ここでは宗教改革に大きな影響を残した本文ではなく、その新ラテン訳の一箇所について短く触れておきたい。イエスの「悔い改めよ、天国は近づいた」（マタ四・一七）という福音の告知はヒエロニュムス訳では poenitentiam agite と前半は訳され、「悔い改めの秘跡を受けよ」と理解されていた。それに対しエラスムスは一五一六年にはそれがギリシア語のメタノイアを意味すると注記し、[18] resipiscite「回心せよ」と訳し、[19] 痛悔・告白・償罪からなる悔い改めのサクラメントと関係のないことを言語学的に示した。このことはルターの「九五箇条の提題」における悔い改めの理解に大きく影響しており、エラスムスの偉大な貢献とみなすべきである。

さらに、エラスムスが『エンキリディオン』ではじめて試みた哲学と神学との総合による神学思想は『新約聖書の序文』にいたって内容的には「キリストの哲学」として結実している。ペトラルカがはじめてこの表現もしくは概念を使用していて、ルネサンスの知識人には訴えるところが多かったであろう。初期の著作『エンキリディオン』ではいまだこの用語は見られていないけれども、この書物の基本思想はこれによって最も適切に表現され得るといえよう。この書物に対して二つの抗議がもちあがっていた。一つは教養が無視されていること、もう一つは修道院と儀礼に対する否定的態度に対してであった。これに対する反論としてフォルッ宛書簡（一五一八年）がこの書の序文として加えられ、そこに「キリストの哲学」が述べられているが、これは「キリスト教的教養」(humanitas christiana) というエラスムスの人間の理念を意味している。ところでこれより二年前に、この「キリストの哲学」なる概念は最初、『新約聖書の序文』の「敬虔なる読者への呼びかけ」に現れている。そこには、Paraclesis id est adhoratio ad Christianae philosophiae studium, 1516「パラクレーシス即ちキリスト教的哲学研究への勧め」との表記が与えられている。

わたしたちはこの「キリストの哲学」に彼の神学思想の特質を求めることができる。彼は一方においてスコラ的思弁神学を退けながら、他方、民衆の呪術的・迷信的信心を嫌っていた。そこで前者に対して単純明快に「キリスト」を、後者に対して、理性にかなった「哲学」を対置して、自分のキリスト教人文主義の特質を提示しているといえよう。しかし彼はキリスト教哲学により一般に想起されるような哲学と神学の融合を考えていたのでも、哲学によりキリスト教を体系化することを構想していたのでもない。中世スコラ哲学はこの種の壮大な試みであったとしても、彼はこのような知的体系化の試みには疑いをいだいていた。そうではなく、『エンキリディオン』に展開していたように、ギリシア哲学に匹敵する内容がキリスト教自体のうちに存在すると彼はみており、「キリストの哲学」というべきものが福音書と使徒書によって確証できるということを説いているのである。つまり彼はキリスト教、とりわけその源泉たる聖書の中にプラトン哲学の内容と一致するもの――彼はこの一致において真理を捉えようとしている――を認めたので、「キリストの哲学」なる名称を選んだのであるといえよう。このことはアウグスティヌスがキリスト教を彼の時代における真の哲学として確信していた態度と共通している。エラスムスもキリスト教をプラトン哲学に解消しないで、プラトン哲学との比較をとおしてキリストの教えの真理を解明し続けて行ったのである。

そこで、「敬虔なる読者への呼びかけ」から代表的なテキストを一つだけとりあげ、その内容について検討してみよう。

> とりわけこの種の知恵はとても優れていますので、現世のすべての知恵を断固として愚かなものに引き戻してしまうでしょう。……このわずかな書物から、あたかもきわめて明澄な泉から汲むように、それを汲み出すことができます。……この種の哲学は三段論法の中よりもむしろ心情の中にあり、論争よりも生活であり、博識よりもむしろ霊感であり、理性よりもむしろ生の改造です。学者となることは少数の者にとって辛うじて成功しますが、キリスト者であることや敬虔であることは誰にでもできるのです。わたしはあえて付言したい、神学者であることは誰にでも許されています、と。
>
> 　更にもっとも自然にふさわしいことは、すべての人の心の中に容易に入って行きます。キリストが「再生（レナスケンティア）」と呼びたもうたキリストの哲学とは、良いものとして造られた自然の回復にあらずして何でありますか。したがってキリストに優ってだれも決定的にかつ効果的にこれを伝えたものはなかったのです。とはいえ異教徒の書物の中にもこの教えに合致する多くのものを見いだすことができます。[20]

ここにエラスムスが説く「キリストの哲学」がはじめて明確に規定されている。その特質のいくつかをあげてみよう。

(1)「理性よりも生の変革である」。ここでいう理性(ratio)は三段論法、論争、博識と述べられている事柄を総括する概念であって、スコラ神学的思弁を指して語られている。これに対立するのが「生の改造」(transformatio)であり、これは心情、生活、霊感と並べられていて、聖霊の導きの下に立つ霊的生活であり、その中心は不断の自己改造を志すことである。このような自己改造こそキリスト教による哲学の目指すもので、人間の心情に迫る高次の宗教的生に属している。

(2)「良いものとして造られた自然の回復」。キリストの哲学は創造における自然本性が罪により壊敗している現実に働きかけ新生させること、もしくは改造させることを内実としている。この「回復」はキリストご自身「再生」(renascentia)と呼ぶものだと説明されている。このレナスケンティアはルネサンスと後に呼ばれた名称の一つの源泉ということができよう。ルネサンスという概念は本質的には宗教的意味をもっていて、新約聖書の語法「新しく生まれる」(ヨハ三・三以下)、宇宙的再生をいう「世が改まって」(マタ一九・二八)、「再生の洗い」(テト三・五)につながっている。またこの哲学の教えに合致する異教徒の書物を指摘している点で人文主義者としての特質が示される。しかしキリストの方が「決定的にかつ効果的に伝えた」とあるように、キリスト教に立つ人文主義がここでも明瞭に語られている。このような自然本性の変革による回復を目指すのがエラスムスの実践的な「キリストの哲学」の目標である。

(3)聖書主義の神学。「これらの僅かな書物から、あたかもきわめて明澄な泉から汲むように、知恵を汲みだすことができる」とあるごとく、「僅かな書物」は新約聖書の諸書を指し、そこに知恵の源泉がゆたかにあふれでているという。「純粋で真正なキリストの哲学が福音書と使徒書簡から他のどこからよりも実り豊かに汲みだされると考えたいし、……もしだれかがこれらの文書によって敬虔に哲学の営みをなし、議論を交わすよりも祈りを捧げ、武装するよりもむしろ改造されることに努めるなら、……あるいは、もしわたしたちが何かを学びたいなら、どうしてキリストご自身とは別の著者のほうがよいと思うのですか」[21]。ここではキリストが哲学することの対象となっている。というのはキリストは天上的な教師であり、永遠の知恵をもち、「人間に救いをもたらす唯一の創始者として救済に必要なことを教えたもうた」からである。こうして「死すべき者たちに伝えるために、神であられたお方が人間となり……ということは、感嘆に値する新しい種類の哲学でなければなりません」[22]とも言われている。

キリストの哲学は人格の改造と再生とを目標としているが、それをもたらしたキリストとの生ける人格的出会いをエラスムスは力説し、救済のため受肉したキリストとの交わりを徹底的に追求している。聖書の中のキリストは「人間の間に滞在していたときよりも効果的に今でもなおわたしたちと一緒に生きており、呼吸し、語っていると、わたしはむしろ言いたいです」[23]。だからスコラ神学が説いているように膨大な数のアリストテレスの注釈書を繙読する必要など全くない。こうして敬虔と教養とをもった人間形成という新しい教養の理念がキリスト教人文主義に立つ新しい神学思想を造りあげているといえよう。

四　政治思想と政治的行動

エラスムスの神学思想の発展についてこれまで考察してきたが、それは宗教改革が勃発する以前の時期であった。彼の本来の仕事はキリスト教の純粋な根源を解明し、福音の真理を鮮明にし、古代の知恵を導入することによりキリスト教の再生を実現することであった。人文主義者としてこの仕事に従事しているかぎり彼の貢献は実に偉大であったが、その長所は現実の政治世界では短所となってしまうのではなかろうか。エラスムスの手になる明らかに政治的な二つの論述の一つである『キリスト者の君主の教育』（一五一六年）においてこのことが顕著に示されている。後の皇帝カール五世に宛てたいわゆる帝王学はマキャベリもしたように君主の人格に焦点を合わせて論じているが、彼のキリスト教人文主義の立場から政治よりも社会道徳について扱い、「目的のためには手段を選ばない」あの現実主義者マキャベリの有名な『君主論』（一五一三年）とは鋭い対照をなしている。すなわちエラスムスは自分の政治体験から修得した教育論ではなく、プラトン、アリストテレス、キケロ、セネカ、プルタルコス等の古典により裏打ちされた理想主義的人文主義の立場から論じている。たとえばプラトンの『国家』にある哲人王の理想にならってエラスムスも次のように述べている。

哲学者とならない限り、君主となることはできない。僭主となるだけである。優れた君主以上に優れたものはない。対して僭主は、これに負けぬくらい害をなし、これ以上に皆から憎まれる怪物は、日の下に他にはありえない、それほど害毒なのである。プラトンがいみじくも表現し、多くの優れた人物が賛成している通り、国家は君主が哲学を行うか、哲学者が玉座に就いて、初めて幸福になるのである。[24]

彼はまたアリストテレスにしたがい君主と僭主との相違を詳論し、国民のために奉仕する君主と自分のために国民を利用する僭主とを対比させ、キリスト者の君主はキリストの愛と模範にしたがう者であって、泥棒にほかならない僭主であってはならないと説いている。また『エンキリディオン』で魂と身体の二元論の上に新しい神学思想を基礎づけたように、ここでも精神と肉体との支配関係から君主の存在を基礎づけようとする。

君主の国民に対する支配は、精神の肉体に対する支配と全く同じものである。精神は知性において肉体より優っているが故に肉体を支配するが、その支配は精神のためではなく、肉体のためになされるのである。そして肉体にとって幸福とは自らのうちに、支配し治めてくれる精神を得ることなのである。生き物の肉体における心臓に相当するのが、国家においては君主である。[25]

このような国家の有機体説はマキャベリの道徳を排除した力による技術的合法性とは全く対照的であり、しかも「君主は皆の合意によって君主となり」、権力による恐怖政治は「人の半分以下しか支配していない。肉体は支配できても、精神は離れているからである[26]」と説かれているように、理想主義的で楽観的な政治論が展開している。たしかにキリスト者の君主の教育は社会的影響から言っても重大な関心が寄せられなければならないし、国事にたずさわる者は快楽を慎み、長時間の配慮をなし、不眠不休の十字架を負わなければならず、とりわけ国の内外の平和を維持しなければならない。また、彼は君主が国民的でなければ統治が不十分であり、ヨーロッパを全体として支配する野望の空しさを繰り返し力説している。しかし、この書物を書いた時に念頭にあった君主の善意・知性・思想への信頼は現実にはほとんど役立たないことが、国家の紛争が激烈な闘争に発展する瞬間から知らされるにいたった。それでもなお彼は人間の性質が矯正しうるという素朴な信念を捨てず、平和・協調・親切心によって社会の秩序と平和を保っていこうとする。このヒューマニスティックな態度はあまりに非政治的であったといえよう。だが、スペインとネーデルランドとの平和協定たるカンブレー条約の実現を目指した名高い『平和の訴え』(一五一七年)が書かれ、「戦争はこれを体験しない者に快い」という格言や『平和と不和との演説』(一五一八年)によって平和が力説され、自ら国際政治の只中で調停の仕事に従事する。

このようなエラスムスの政治活動の中で宗教改革の歴史にとって極めて重要な出来事を一つだけ紹介しておきたい。

一五二〇年一一月ドイツの古都アーヘンでカール五世が皇帝の戴冠式を挙げてからケルンを通ったとき、エラスムスは皇帝顧問官として同伴していた。彼はそのときフリードリヒ選帝侯と会見し、ルターをあたうかぎり最大限に弁護し、『ルターの主張に関する二二箇条の公理』を発表して、ルターへの非難はすべて無知に由来し、学問的に論破できたものではないので、ルターが討論を願っているように、公平な判定者によって審議せらるべきである、と強調した。選帝侯はエラスムスのこの提言を受け入れ、ルターの保護にまわり、皇帝から審問を受けることなく、一方的に有罪宣告を言い渡されないように計り、有名なヴォルムス国会にのぞんだのである。

ところでエラスムスはカール皇帝の政治顧問でもあったのだから、公平な人文主義者として国会に出席し、苛酷な判決を抑えることができたはずである。しかし、残念なことに彼はネーデルランドに帰ってしまった。ルターの教えのために政治的事件に巻きこまれるのを恐れたためであろう。「キリストのためなら喜んで殉教しよう。だが、ルターのために殉教者となるわけにはゆかない」と彼は述べている。

五　人文主義的ヒューマニズムに内在する問題

ヴォルムスの国会を境にして人文主義と宗教改革という二つの精神上の運動は協力から分裂へと転換することになる。これまで述べてきたように、エラスムスとルターは教会改革において歩みをともにしていたが、宗教におけるもっとも核心に迫る問題で分裂する運命にあった。二人が対決した問題こそ、信仰の見方がもっとも深く対立し、神学と哲学の中心にして永遠なる難問であるのみならず、ヒューマニズムの生死にかかわる種類のものであった。両者とも神に対する信仰をもつ宗教的人間である。したがって人間の意志の力の限界を知り、この限界の意識のゆえに神の恩恵を力説する。ところがエラスムスが自由意志を人間の自然本性にそなわる能力とみて、その本来の力を理想主義的にとらえようとしているのに対し、ルターは人間本性が罪により破壊され、悪化している現実から解放されなければならないと主張することから対立が生じている。

この有名になった自由意志についての論争は、人文主義的ヒューマニズムに内在する問題を剔抉（てっけつ）したものであり、ヒューマニズムの歴史における真に意義深い決定的瞬間であったと思われる。ここでのヒューマニズムに内在する問題点とはベルジャーエフが『歴史の意味』のなかで指摘している「ヒューマニズムの自己破壊的弁証法」にほかならない。つまり人間の自己肯定は高次の目標に結びつかないと自己破壊をおこすということである。(27)

ヒューマニズムは人間性をどこまでも擁護し、その偉大さを追求しているが、神や他者を排除してまでも、自己を自律的に自由であると主張するとき、ある運命的重力とでもいうべき力が働いて、その偉大さは一転して悲劇となるといえよう。したがって自己の悲劇的宿命を忘れて、人間が手放しに賛美されるとき、一つの新しい悲劇をみずからの手で招来しているのである。

エラスムスは一五一七年に出たルターの「九五箇条の提題」にも賛成し、一五二一年のヴォルムスの国会にいたるまではルターの側に立って、彼を弁護していたのである。このことのゆえにこそルターは激動の時代のさ中にあっても比較的に平穏のうちに文筆活動に従事しえたのである。ところが、エラスムスはその後カトリック教会の側からのきびしい要請にしたがってルターに対する批判の書を書かなければならなくなった。エラスムスが『自由意志論』を一五二四年にあらわし、これに対決してルターが『奴隷意志論』を一五二五年に発表した。この二人の論争のなかにヒューマニズムに内在する問題点を明らかに看取することができると思われる。

エラスムス的ヒューマニズムの第一の問題点としてあげられるのは「原罪」についての理解である。エラスムスはルターが原罪を誇張しすぎていることを批判し、ルターによる原罪の誇張は「人間本性のもっとも卓越した能力」までも破壊し、人間は神を知らず、悪をなさざるをえないとまで説いている。人間本性のもっとも卓越した能力というのは、神を知る働きである「理性」と善悪を実現する能力たる「自由意志」を指している。「理性」や「意志」の下で中世以来人間における「神の像」のことが考えられているので、エラスムスが神の像としての人間をどのように理解しているかを調べてみると、彼の人間観は次のように短く要約することができる。

(1)神は人間を「神の像」もしくは「神の似姿」に造ったので、最初の人アダムは無垢のとき、理性も健全で意志も自由であり、なんらの自然本性の毀損もなかった。しかし、善にそむいて悪へと迷いでることができるほど自由であった。

(2)ところが罪が入ってきてからは理性の光は暗くなり、意志は悪化し、自由を失って自力で善に向かいえず、ひとたび同意した罪に仕えねばならなくなった。このように意志が悪化したため、弱さ・悪徳・冒瀆が多くみられるが、人間は洗礼の恩恵によって「再生した者」、「新しく創られた者」となっている。

(3)アダムの原罪により自由意志の力は弱くかつ小さくなっているが、これを取り除くのは行きすぎであり、人間が絶望したり、また反対に安心したりすることがないように、人間の責任を示す自由意志が認められなければならない。酔っぱらいを憎むあまり、葡萄の木を切り捨ててはいけない。酒に水を少量加えれば酩酊はさけられる。つまり恩恵の水が注がれれば、ふらふらした自由意志もその役割をはたすことができる。この恩恵の導きによって自由意志は永遠の救いに向かうことができるし、またそれを拒否することもできる。しかし、自由意志そのものは神の賜物であるから、それによって傲慢になってはならない。人間は恩恵と意志との協働によって善いわざを実現しうるのである。そのさい彼は自由意志の能力が原罪により「きわめて小さいもの」となっており、神の恩恵により自由意志は造られ、悪より解放されていると付記している。

この自由意志の説明のなかにエラスムスのキリスト教的ヒューマニズムの精神はいかんなく発揮されていて、最終的帰結を得ているといえよう。つまり彼は自由意志の下で、原罪によって破壊されていない人間の本性を、ルネサンス的人間の尊厳を、たとえそれがどんなに縮減されているにしても、弁護しようとしているのである。このような人間性の理解を「理想主義的ヒューマニズム」とみなすことができるであろう。

これに対しルターは精神と身体、霊と肉の全体をふくめた全人が原罪によって破壊されていると反撃した。「わたしたちは全人が失われていると告白せざるをえない」と彼は言い、もし肉の部分だけがキリストの贖いによって救われる必要があるとみなせば、人間は自立し「人間は神々のうちの神、諸々の主の主となる」と述べて、そこに人間の自己神化に陥ってゆく危険を見ている。もしそうなら、人間は「神の栄光の盗人」「神の荘厳さの簒奪者」となり、神のみならず人間をも否定する恐るべき矛盾に帰着すると警告している。このようにルターは人間存在にまつわる根源的罪性をとらえ、罪に絶望する人間に救いと慰めをもたらそうとする。このような彼の思想は「現実的ヒューマニズム」といえるであろう。

　エラスムス的ヒューマニズムの第二の問題点は自由の理解に関して考えられる。エラスムスが自由意志を定義して、人間を永遠の救いに導く恩恵へと適応したり、しなかったりする意志の力とみているのと似て、ルターも自由意志は善悪いずれへも自由に向かいうる、誰にも隷属しない力を意味すると考えた。したがって両者はともに自由を自律として考えている点で一致しているが、エラスムスがそれを人間に認めるのに対して、ルターはそれを人間に認めないという顕著な相違が示されている。現実の人間には自律は不可能であるとルターが考えているのに対し、エラスムスは自律を可能とみる理想主義者なのである。自律は近代的自主独立せる個人の特徴であって、カトリック的他律に対して優れた意義を宗教改革の時代にはもっていた。カトリック教会の教皇無謬説に立つサクラメント（儀式、礼典）による他律的な救済に対し、この自律を主張することはヒューマニズムの偉大さを示しているといわざるをえない。

　しかし、この自律が行きすぎた場合に問題が露呈してくる。自律はともすると、神や他者を排斥して、わたしは何人にも服従したくないという我意としての自己主張に変じやすい。この何人にも隷従するのを拒む「我意」が自由と解されると、それは「恣意」に転じるといえよう。こうして自由は悪魔的毒素によって恐るべき宿命をみずから招いてしまうことになる。自由をそれ自身の本性にもとづいて肯定すると、それ自体的に自由がどこまでも主張されることになって、自由はここに自己主張欲という我欲のなかに自己を閉じこめてしまう。この「自己のうちへの歪曲性」こそルターのいう罪の実体にほかならない[28]。このような自我の牢獄に閉じこめられた自己は、罪の主体として他者に悪を働かざるをえないものとなっている。それゆえ、真の自由の回復はこうした即自的意味での自由からの解放でなければならない。このようにして自由をそれ自身で肯定することは、かえって自我のなかに自己を閉じこめることになり、悪に転じる。この現実の悪を知って、そこから解放されなければ、真の自由には達しえない。

エラスムス的ヒューマニズムの第三の問題点は節度と中庸の精神をエラスムスがヒューマニスティックな態度として強調していることである。つまり何ごとも過度であってはならないという中庸の精神を彼は力説する。中庸は二つの悪徳の中間をゆこうとするものである。このようにして彼は節度こそ真理のしるしであるというのであるが、節度を求めるあまり真理を人間的限界内にとどめる傾向をもっている。つまり、節度と中庸を重んじる彼の態度は単なる理性の限界内においてのみ論じるだけであり、生まれつきの微温的性格の弱さから何事にたいしても控え目であり、結局何も決断しないで書斎に閉じこもってしまう。彼はヴォルムスの国会におけるルターの審問という世界史的時間の近くに居合わせておりながら、決定的瞬間に参加しようとせず、ネーデルランドに帰ってしまった。アウグスブルクの国会のときも不参加に終わってしまい、キリスト教界の平和を説いていても、説くだけで実行しようとしない。彼はただ言論によって活動している。国際人として彼はヨーロッパ世界の大海が汚染されている源を絶とうとするが、その結果荒れ模様となってきた海を静めようとする。しかもそれはルターの行きすぎが一番大きな原因であると考え、批判し、矯正しようとする。何よりも自己の見解のとりことなって、一切を自己流にねじ曲げてはならない。また論争によって不和が激増する問題も多くあるし、真理を語ってもよいが、時を選ばず、方法も考えず、すべての人に語って役に立つというものではない。彼の姿は海を見て、その動揺を鎮めようとしているオランダ人のようである。実際、彼はルターをよく理解し、その行き過ぎを是正しようと試みた。ルターの極端な主張は教会の統一を分裂させ、騒乱・動揺・軋轢・分派・不和・戦争を起こすにいたると平和主義者エラスムスは真剣に憂える。しかし、結局どうにもならないとみて、絶望し、ふたたび海が静まるまで眺めて待つほかはない。

エラスムスはこのような立場に立っていたため、彼は一方においてカトリックの側からルター主義者であるという嫌疑をかけられ、他方ルターの側からは教皇主義者であるかも知れないと疑われていた。だが、彼はむしろ二つの両極端の悪徳の中道を歩み、他の何ものにもまして貴重な精神的独立を維持しようとしてきたのである。

彼のモットーは「独立人」(homo a se) であった。このエラスムスという人物のなかにあの自主独立せる近代的個人としての市民の原型が、いまだ書物という思想的武器を携えてではあるが、現に実現しているのを見ることができる。彼はこの独立人を結集させる力をいまだもっていない。したがって彼は社会や一般大衆から遊離した一種の知的貴族として独立を維持しようと努めるのである。

この貴族的態度は宗教改革を直接みずからの手によって実現させようとするのではなくて、現世の政治的権力者たちを説得し動かすことによって間接的に宗教改革を実現しようと努めることになった。彼は今日の進歩的文化人といえるであろう。もちろん精神的教養において最高の資質をそなえた文化人であるのだが。彼は独立人としてまた知的貴族として他の有力な手段と力を利用して、自己の思想の実現をはかるところの体制内改革に終始せざるを得なかった。そして保守的な伝統主義に傾斜してゆかざるを得なかったのである。ルターとの論争のあと、エラスムスの周囲にいた進歩的な人文主義者たちは彼から離れ、彼は孤立してゆく。これはエラスムス自身の運命のみならず、近代的人間の歩む道でもある。

しかし、ここでよく考えてみなければならない問題がある。それはエラスムスのヒューマニズムは神中心的ヒューマニズムと一般にいわれている点である。たしかにそれは神中心的であるといっても、後のヒューマニズムと対比したときにそのような規定は与えられ得るのであり、すでに明らかにしたように、神の恩恵は人間の自由意志を授けてよきわざを成就させるというのであって、人間の主体性は肯定されていたのである。この神中心的といわれているヒューマニズムは、やがて人間中心的ヒューマニズムとして、一八世紀啓蒙主義の思想を生んでゆくのである。また、この人間中心のヒューマニズムは、今日の無神論的ヒューマニズム、とくに人間神化のヒューマニズムとなっているが、それがいかなる悲劇を生みだすかということも今日あらたに考えなければならない問題であろう。

注

（1）『イタリア・ルネサンスの文化』柴田治三郎訳、『世界の名著　ブルクハルト』中央公論社、三五〇頁。
（2）G. Pico della Mirandola, De Hominis Dignitate, De Ente et Uno, e Scritti Vari, ed. E. Garin, 1942, p. 106. ピコ『人間の尊厳についての演説』佐藤三夫訳編『ルネサンスの人間論　原典翻訳集』有信堂（高文社）、一九八四年、二〇七頁。
（3）ガレン『イタリアのヒューマニズム』清水純一訳、創文社。
（4）ブールダッハ『宗教改革・ルネサンス・人文主義』坂口昂吉訳、創文社、一〇一頁以下。ワインシュトック『ヒューマニズムの悲劇』樫山・小西訳、創文社、二六四頁以下参照。
（5）ホイジンガ『エラスムス』宮崎信彦訳、筑摩書房、一一四頁。
（6）ベイントン『エラスムス』出村彰訳、日本キリスト教団出版局、二四頁。
（7）ASD, V-1, 85.
（8）op. cit., 83.
（9）op. cit., 80.
（10）M. M. Phillips, Erasmus and the Northern Renaissance, 1961, pp. 43f.
（11）エラスムス『エンキリディオン』本書一一頁。
（12）本書八〇頁。
（13）たとえばペリカン『ルターからキェルケゴールまで』高尾利数訳、聖文舎、一〇頁以下を見よ。
（14）エラスムス『痴愚神礼讃』渡辺・二宮訳、『世界の名著　エラスムス、トマス・モア』中央公論社、九四頁。
（15）前掲訳書、一〇〇頁。
（16）前掲訳書、一八三頁。
（17）前掲訳書、一八七頁以下。
（18）LB, IV, 25D.

(19) op. cit., 26A.
(20) エラスムス『新約聖書の序文』本書二三〇、二三五頁。
(21) 本書二三六頁。
(22) 本書二三〇頁。
(23) 本書二三七頁。
(24) エラスムス『キリスト者の君主の教育』片山英男訳『宗教改革著作集2 エラスムス』教文館、二七五頁。
(25) 前掲訳書、三〇一―三〇二頁。
(26) 前掲訳書、三〇六頁。
(27) ベルジャーエフ『歴史の意味』氷上英廣訳、白水社、一七一頁。
(28) W.A. 56, 304, 25f.; 56, 356, 7ff.

『エンキリディオン』

一六世紀の初頭にエラスムスの名を高からしめた『格言集』（Adagiorum Collectanea）がパリのジャン・フィリップ書店より上梓された。この書は当時の社会にとってきわめて大きな影響を与えた点で特筆すべきものであった。そこには最初八一八のギリシア語とラテン語の格言が解説付きで集められており、ルネサンス時代の人々はこれによって教養が深まると信じてこの書を歓迎した。事実、この著作によって古典的教養はヨーロッパ社会に広まったとしても、エラスムスの願っていたキリスト教的な敬虔はいまだ表明されていなかった。だが、続いて出版された『エンキリディオン』によってこの願いは達成され、ギリシア・ラテンの古典的教養とキリスト教の敬虔との統合が見事に実現し、初期エラスムスの思想の全体像が示されるにいたった。

一　『エンキリディオン』の成立と構成

本書の成立事情

一五〇一年パリにペストが流行したため、エラスムスはブリュッセルに行き、各地を回った末、トゥルヌエムに向かい、その地で以前に訪ねたアンナ・ファン・フェーレ夫人の城は避けて、あの最初期の著作『反野蛮人論』にも登場している友人バットの家に落着いた。

彼の友人バットは、コンスタンツの司教座聖堂付参事会員ヨハン・ボッツハイム宛ての一五二三年の手紙によると、城主の息子の家庭教師をしていたが、トゥルヌエムにエラスムスとバットとの共通の知人がいて、エラスムスを除く神学者を嫌っており、女性にだらしなく、妻にはむごい人であった。この「ぜいたくで放蕩と姦通に埋もれた人」[1]によって苦しめられた妻から、バットはどうかエラスムスに働きかけて、夫の良心を覚醒し、立ち直らせてくれるように懇願された。エラスムスは彼女の願いに応じ、小冊子を書いて、その役に立つように計った。[2]

しかし『エンキリディオン』の挨拶の言葉にある「宮廷のある友人」とか、この書の第二版に序文として加えた『フォルツ宛書簡』にある「この人は宮廷生活から身を引きはなそうとしない」という人物と先の『エンキリディオン』を書き送った人と同一視できるであろうか。あるいはホイジンガが推測するように、そのように書くのは「当時の文学の定石である」[3]のか。ここではショッテンローアの『エンキリディオン』成立の研究を参照したい。それによると『エンキリディオン』の送り主「宮廷のある友人」というのはニュルンベルク出身のドイツ人でメッチェルンに定住していたヨハン・ポッペンリュウイター（Johann Poppenruyter）という人で、当時ではきわめて重要な武器製造人であった。画家アルブレヒト・デューラーは一五二一年に彼に優遇されたことをネーデルランドへの旅行日記の一節に「そしてわたしは武器製造人ポッペンリュウイターの家にいた。そこでわたしは素晴らしいものを見いだした」と記している。ポッペンリュウイターは一五一五年に「宮廷の火砲鋳造人」となり、年金の栄誉を受けている。またトゥルヌエムでバットにエラスムスに対し執筆を願い、『エンキリディオン』著述の発端を与えた婦人はカタリナ・フォン・オセグエムで、ポッペンリュウイターの最初の夫人である。[4]

『エンキリディオン』の宛先が武器製造人であったことは、「エンキリディオン」というギリシア語が「手引き」や「必携」の意味だけでなく、「小刀」や「短刀」の意味をもっていることに一致する。つまり、これをもって悪徳や罪と戦う武器を「エンキリディオン」は意味し、エラスムスはこの書の受取人に霊的な武器を提供しようと考えていたことがわかる。[5]

『エンキリディオン』は一五〇一年に著され、二年後の一五〇四年二月アントワープのテオドール・マルティヌスの手によって印刷され、著作集『蛍雪の功』(Lucubratiunclae)の中に他の七作品と合わせて出版された。「この小著はかなり長いあいだ無視されていた」とエラスムスは語っている。一五一五年六月に単行本の初版が出されているが、いぜんとして注目されなかった。しかし、ルターによる宗教改革の運動が勃発した翌年の一五一八年八月にフローベン書店から出版された新版は、ベネディクト会修道院長パウル・フォルツ宛の手紙を序文としており、そこに著者の根本思想を要約して提示したことから決定的な転回がおこり、人々の注目するところとなった(6)。こうしてエラスムスの死の年一五三六年には五〇版を重ね、ドイツ語、英語、フランス語、スペイン語、チェコ語の翻訳が出るようになった(7)。

『エンキリディオン』の構成

本書の成立事情からもわかるようにエラスムスはなにか自分の神学体系をここに要約して提示しようとしているのではなく、冒頭の挨拶のことばに見られるように「生活の方法」を示して正しい生活に導く指針を述べようとする。したがって内容的にはキリスト教倫理が彼独自の「敬虔」の観点から、しかもスコラ学的煩瑣な議論によってではなく、キリストがそのために死にたもうた大勢の人たちにも役立つように人文主義の精神に立って説かれた。

『エンキリディオン』の全体は三九章から成り、二部に大別される。第一部(一章から八章)はキリスト教的戦士の自己認識が人間学的基礎から論じられ、第二部(九章から三九章)はキリスト教戦士の実戦上の教則が二二カ条にわたって論じられた。

第一部は第一章の短い「挨拶のことば」に続いて次のような問題が論じられた。まず人生に対する警告がなされ、敵と戦うためには武器が必要であることが説かれる。次いで自己認識の重要性が説かれ、人間学的区分法をもって人間観が説かれた。キリスト教人間学の基礎はこの人間学的区分によって解明された。

第二部は第九章の「真のキリスト者の一般的教則」の導入部に続いて、第一〇章から第三二章にわたって二二の教則をあげている。第二部の実践的教えは二二の教則のほか特殊な悪徳に対する方策を論じる。それは「好色」、「貪欲」、「名誉心」、「怒りと復讐欲」に対して論じられた。(8)

わたしたちはこの書が当時どのような反響を及ぼしたかを考えてみなければならない。この著作の中心は後に詳細に考察するように『エンキリディオン』の第五教則に求めることができる。これに対する反論が一五三一年にドミニコ会士でルーヴァンの大学教師エウスターキウス・ヴァン・ジッヒェムによって書かれ、次の三点が問題点としてあげられた。

(1)宗教の外的な形態を価値の低いものと判定することは適切ではない。
(2)儀式を低く評価するとなると、その結果良いわざを退けざるをえなくなり、ルターに接近することになる。
(3)エラスムスによって攻撃されている修道誓願の価値を弁護すべきである。

さらに、ルーヴァンの聖ペトロ教会の助任司祭であったパウロ・ドゥ・ローヴェレは、「わたしはかつてエラスムスの『エンキリディオン』を読んだ。エラスムスが言っているのは、真実には救いへの道と破滅への道という二つの道があって、第三の道はない。わたしはこれを読んだとき、稲妻に触れたように感動した」(Van Santbergen 50)という記録が残っている。

ジッヒェムの非難とローヴェレの驚きは、その同時代の人々の関心をよく示している。彼らはいずれも驚きを表明した。それは宗教の外的形式を軽視していることに対する賛否両論の反応でもある。儀式を退ける者にとっては無益なものからの解放であり、宗教本来のものへの突破であるものが、儀式を重んじる者には宗教の核心を破壊するものであった。(9)

二　思想の全体像と意義

エラスムスは『エンキリディオン』において自己の思想の全体像を初めてまとまった仕方で提示した。既述のように一人の婦人の願いによって彼女の夫を更生させる目的で書かれた実践的で道徳的な著作であるが、その中には彼自身の思想がかなり明瞭に説かれており、その基本姿勢はその後も変化していない。その意味で「『エンキリディオン』を理解する人は、エラスムスを知っている(10)」とも言われる。というのは、この書物のような学問的にも真剣に取り組んでいる彼の根本思想から理解して行って、『対話集』や『痴愚神礼讃』などの文学作品に向かうと、皮肉や諷刺のなかにも、浅薄で皮相的なルネサンス的世界享楽ではない、彼の独自な思想世界へと導かれるからである。

『エンキリディオン』の冒頭のことばは次のようである。「主にあって敬愛する兄弟よ、あなたは大変熱心に、あなたがその教えによりキリストにふさわしい精神へ到達することができるような、ある種の生活の簡潔な方法をわたしがあなたに教示するよう切望なさいました(11)」。

ここに著作の内容と目的が明らかに語られている。つまり「ある種の生活の簡潔な方法」(compendiaria quaedam vivendi ratio) とあるような実践的指針を示す内容となっており、具体的には二二の教則の提示となっている。また、その教則の目的は「キリストにふさわしい精神に達すること」(ad mentem Christo dignam pervenire) である。ここに実践的であって同時にキリスト中心の神学を確立することがエラスムスの究極の目的であることが示されている。

そこで彼がキリスト者の武器として「祈りと〔聖書の〕知識」をあげている有名な主張から考察を始めよう。

それ〔二つの武器〕は祈りと〔聖書の〕知識です。たえず祈るように命じているパウロはわたしたちが不断に武装していることを願っています。清純な祈りは、敵が決して近づき得ない城塞のように天上に向かってわたしたちの心情を高く引きあげます。知識のほうは救いに役立つ意見でもって知性を強固にします。こうして二つともそれぞれ他の方のために欠けてはなりません。(12)

この主張は『エンキリディオン』の第五教則でもう一度くり返し説かれているように重要である。この武器を携行した戦士の姿は一六世紀のキリスト教騎士像と重なっている。たとえばデューラーの「騎士と死と悪魔」を想起すればおのずと明らかである。エラスムスが「人間の生活は……ヨブが証人となっているように、不断の戦闘以外のなにものでもない(13)」と言い、その戦いを交える相手が悪魔であると述べているところに、デューラーの絵と等しい構図が認められる。「見たまえ、邪悪きわまる悪魔どもがあなたを破滅させようとして上から絶えず見張って警戒しているのを。彼らは多くのたくらみをもって、また千もの破壊の技術でもってわたしたちに対して武装しているのです」(同)。悪魔が武装しているのであるから、騎士の方も同じく武装していなければならない。そのさい「祈りはもっと力強く、神と対話するようになるほどです(14)」とあるように、神との霊的交わりに入れるが、それが許されているのはキリストの血による贖いによる。(15)だからキリスト教の戦士は「洗礼」の「至聖なる儀式によって締結した約定」を結び、「指導者キリストの麾下（きか）に編入されている」(同)。それゆえ戦士の現実は次のように述べられている。

あなたは〔キリストの〕からだのなかにあり、そのかしらによってすべてをなしうるということにのみ注目しなさい。あなた自身においてはあなたは確かに余りに弱すぎますが、かしらなるキリストにおいてあなたのできないことはないのです。(16)

次にもう一つの武器「知識」は何を具体的内容としているのであろうか。「イエスの名前によってあなたが救いに役立つものを熱望するように知識は明らかに示します[17]」とあるように、それは魂の救済についての知識、したがって聖書の知識が考えられている。神の言葉は魂の糧である。それは神的精神の深みから到来する神託である。

もしあなたが宗教的信仰をもって、尊敬と謙虚さをいだいて、それらに近づくなら、あなたは神霊の息吹きを受けて満たされ、〔神の方へ〕拉し去られ、表現しがたい仕方で改造されることを感じるでしょう。[18]

このような武器をもってキリスト教の戦士は戦うのであるが、戦いを困難にしているものとして身体を担っているという事実、つまり人間の身体的な基礎条件がある。エラスムスは言う、「わたしたちがこの身体の部署において戦っているかぎり、極度の嫌悪感と総力をあげて悪徳に戦いをいどまないなら、神との平和を結ぶ他の条件は全くない[19]」と。とはいえ身体だけではなく、人間の不滅の部分である魂も、悪魔の攻撃を受け、身体と同じく地獄に突き落とされる。「あそこ〔の地上の戦い〕では勝者の剣が身体から魂を引きはなすという最悪の災いがありますが、ここ〔での戦い〕では魂自体からその生命なる神が奪い取られるのです[20]」。したがって不敬虔な人たちには文法学者のいう「身体は墓のごとし」(soma quasi sema) とある語源的説明はあてはまるが、「神から見棄てられた魂が死んでいるほどには、魂の抜け去ったどの身体も死滅してはいません[21]」。ここから身体に優る魂の問題が前面に立ち現れてくる。魂の死は罪によって生じたが、キリストがその罪の圧政的支配を倒した。「とはいえ、あなたの熱心な努力なしにはこの勝利はあなたに生じなかったのです[22]」。また「神はあなたのために戦って下さるでしょう。そしてご自身の恵みの賜物を功績に応じてあなたに帰して下さるでしょう」(同) と、エラスムスは救済と功績についてまで語っている。

さて、このような戦いを遂行するにあたって、何よりも自己自身についての認識が不可欠である。キリストの援助を受けて戦うにしても、戦う相手を十分によく知らなければならない。その相手はもはや悪魔や死という外から迫りくる力ではなく、自己の悪魔にほかならない。「汝自身を知れ」というギリシア悲劇時代の箴言は古来知恵の主眼点として立てられているものであるが、[23] これにより戦いの相手は自己自身であることが自覚される。「さらに自分の軍隊をも敵の軍隊をも十分知っていない戦士は、甚だしく役立たないことは明らかでしょう。ですから人間が戦うのは〔他の〕人間に対してではなく、むしろ自己自身に対してであります。また、まさに自分自身の内奥から敵の戦列がわたしたちに向かって立ち上がってきます」（同）。「汝自身を知れ」というのは人間学の主題である。エラスムスはこの格言にしたがって人間学的自己省察に入ってゆく。[24] そのさい身体と魂という人間学的区分法の問題を積極的にとりあげて論じている。次に彼の所論に立ち入ってこの書で論じられている主要な問題点をいくつかあげてみよう。

三　区分法にもとづく人間学

わたしたちはエラスムスの人間学の全体像を『エンキリディオン』第五章「外的人間と内的人間について」の初めのところに語られている魂と身体の人間学的二区分の問題にもとづいてまず考察し、次いで三区分法における理性と霊性の問題を考察してみたい。

1　人間学的二区分の問題

エラスムスは人間学的二区分の問題について次のように簡潔にわかりやすく述べている。

人間は二つあるいは三つのひじょうに相違した部分から合成された、ある種の驚くべき動物です。つまり一種の神性のごとき魂と、あたかも物いわぬ獣とからできています。もし身体についていうなら、わたしたちは他の動物の種類にまさるものではなく、むしろそのすべての賜物においてそれに劣っています。しかし魂の面ではわたしたちは神性にあずかるものであり、天使の心そのものをも超えて高まり、神と一つになることができるのです。もしあなたに身体が与えられていなかったとしたら、あなたは神のような存在であったでしょうし、もし精神が付与されていなかったとしたら、あなたは獣であったことでしょう。[25]

ここにエラスムスの人間像の全体が「魂と身体」という人間学的二区分法によって明瞭に示さる。彼は人間の自然本性をまず神の創造に即して考察し、次いで人間の罪により創造の秩序が破壊されて、実存的窮地に陥っている有様を描く。ところで創造者は人間の魂と身体とが調和するように人間を造った。したがって神性を帯びた魂のみが人間の本質であって、身体は墓のように魂を閉じ込め疎外させているというプラトンがオルペウス教から受容した思想をエラスムスは説かない。むしろソーマ・セーマ学説ははっきり否定される。[26] 人間は元来「魂と身体」(anima et corpus) から二元的に構成されていて、もし身体がなかったら神のようになり、人間ではなくなってしまう。したがって身体をもった人間が魂において神と一つになるよう超越することこそ人間の本来的存在なのである。この超越によって心身の調和が保たれるようになる。しかし身体は動物的であるため魂と至福な調和状態を保つことがむずかしく、ここに人間存在の自己矛盾性と不安定さが示される。こうして矛盾を含みながらも魂と身体とはそれぞれ役割を異にして人間において一つの統合を保っている。つまり、人間は身体によって現世に関わり、魂を通して天上的な不滅なるものを愛求する。「等しいものは等しいものによって把握される」(similis similibus capitur) の原則がここで示される。[27] このように役割を異にしながらも、精神が身体を支配し、身体が精神に服従するという秩序が次に説かれる。しかし、この支配秩序が、暴動が起こった国家にみられるように、転覆されると、人間の心はその情念においてすさまじい戦闘がくり広げられる場所となる。このような不和と格闘とを生じさせたのは人間の罪である。

2 理性と情念との戦い

人間は魂と身体とから合成された存在と考えられた。二つの構成要素は人間にとって所与の事実であり、その構成秩序は魂による身体の支配にあった。ところが罪によって身体の情念が理性的魂に挑戦し、反逆するようになった。エラスムスは『エンキリディオン』第六章「情念（affectio）の相違について」において情念論を展開する。まず情念を貴族的にして高尚なものと、平民的で下劣なものとに区別し、両者が王侯の役割を演じている理性に対する関係を彼は次のように説明する。

人間においては理性が王の役割を果たしています。あなたは情念のあるものを――それは身体的ではあっても、しかし同時に下劣なものではない――貴族として考えてもよいでしょう。この種の高尚な情念には親に対する生まれながらの敬愛、兄弟姉妹への愛、友人に対する好意、不幸な人たちに対する憐れみ、不名誉に対する怖れ、名声に対する欲望、およびその他類似のことが属しています。それに対し理性の命令にできるかぎり対抗し、最悪のことには家畜の卑しさにまで転落している人たちの心の運動を、平民の最も下等なかすのごときものと考えなさい。これに属するものには情欲、放蕩、嫉妬とそれと類似した心の病がありま す。[28]

情念がこのように貴族的なものと下劣なものとに区別されるが、後者はストア的に「心の病」（morbus animi）と呼ばれ、プラトンでは「魂の激情」（perturbatio animae）と呼ばれる。[29] このような下劣な情念の反抗をうけても、王者としての理性は不滅であると主張される。「わたしたちの王は、神により刻み込まれた永遠の法のゆえに苦しめられることがありましても、〔反乱を起こした民に〕抗議したり抵抗したりしないほど、壊敗されることはありえません。……〔王は〕最高の節制と最大の静寂さをもって万事を司るでしょう[30]」。それゆえエラスムスは人生の課題を悪徳と戦うことにおき、そのような倫理的、宗教的当為を人間学的区分において存在論的に把握しようと試み、この区分の上に立って理性と情念との対立も説かれた。このような思想展開はプラトン主義に共通した傾向であるといえよう[31]。彼はストア的なアパテイア（不動心）をその非人間性のゆえに退けているが、理性による身体的情念の支配は、情念を排除もしくは根絶を意味しないで、秩序によってその存在と権利とを承認するものである。ここに人生をより高い観点に立って肯定してゆく態度が見られる。

さらにエラスムスは理性と情念との戦いをプラトンと聖書とが等しく説いている点を論じる[32]。彼はまずキリスト教界の現状批判から開始する。キリスト教徒といっても、家畜のように情念に仕え、情念に対する戦いも、理性と情念との差異も知らず、理性が情念の奴隷状態に陥っている場合には、その名を恥じると言う。キリスト自身偽りの平和を退けたように、理性と情念との間に「救いに導く戦い」を起こすと主張する。というのは聖書もプラトンと同じ言葉ではないにしても、同義語を用いて語っているからである。

しかし、たとえ同じ言葉ではないにせよ、同じ事柄がすべて聖書の中に指示されていないならば、哲学者たちの権威はすでに価値が低くなっているでしょう。哲学者たちが理性と呼んでいるものをパウロはある時は霊、ある時は内的人間、またある時は心の法則と呼んでいます。彼ら〔哲学者たち〕が情念と呼んでいることを彼は時には肉、時には身体、時には外的人間、また時には肢体の法則と呼んでいるのです[33]。

ここにプラトンとパウロの人間学的区分法が対比して述べられ、これまでエラスムスはプラトンにもとづいて説いてきたことを、今度は聖書から論じようとして、両者の比較を行う。その哲学に対する彼の姿勢が明瞭となる。

3 哲学に対する基本姿勢

異教の哲学に対するエラスムスの基本姿勢は「たとえ同じ言葉ではないとしても、同じ事柄がすべて聖書の中に指示されていないならば、哲学者の権威はすでに価値が低くなっているであろう」という主張に明らかである。つまり異教の哲学は聖書の内容と一致する限りで価値が認められるのであるが、実際には後に明らかになるように異教の哲学とくにプラトンによってパウロも解釈されているといえよう。したがってプラトン哲学とパウロ思想に共通しているとエラスムスによって解釈されたものが積極的に主張される。そこには異教の哲学や文学に聖書理解のための「予備学」(Propädeutik) といった位置と性格が与えられる。

実際、わたしは未熟な新兵の時代には、この戦いのために異教の詩人たちや哲学者たちの著作によってあらかじめ訓練しておくことをすこしも非難したくないのです。ただし、適正な方法で、また年齢に応じて、だれでもそれらの著作を自分のものにし、あたかも通過してゆくかのようにすばやく捉え、決して深く立ち入らないで、セイレーンの切立つ岩にとどまって年老いてはなりません。……あの〔古典文学の〕書物は若い才能を形成し活気づけるし、神の聖書を認識するのに驚くべき仕方で準備します。(34)

異教の思想をこのように扱っている実例としてバシレイオス、アウグスティヌス、ヒエロニュムス、キプリアヌスを順次あげ、モーセが岳父エテロの忠告を聴き入れたように、異教の著者たちの警告を受け入れるべきであると言う。その中でもプラトン主義に対してはとくに高い評価を与えた。「哲学者たちの中ではプラトン主義者たちに従うほうがよいとわたしは思います。というのは、彼らがきわめて多くの見解において、また語り方の特徴自体においても、預言者と福音書の形態にきわめて近いところに接近しているからです」(同)。実際、こういうことの実例として先に引用した人間学的区分法の対照が試みられたのである。しかしエラスムスは両者を単に並列的に並べて比較しているのではなく、あくまでキリスト教に中心を置いていることは、前文に続く次の言葉がよく示している。「最も大切なことは、すべてのことがキリストに関わらせられているかどうかということなのです」(quod est praecipuum, si omnia ad Chrisum referantur.)[35]。

さて、上述のプラトンとパウロとを人間学的区分法によって比較したテキストを要約すると次のようになる。

プラトン ｛理性……霊・内的人間・心の法 ／ 情念……肉・身体・外的人間・肢体の法｝ パウロ

エラスムスは単純にプラトンとパウロとが同じ事態を扱いながらも、用語が相違しているにすぎないとみなす。しかしプラトンの「理性」とパウロの「霊」とを同一視することは不可能であろう。この点を考察するに先立ってエラスムスのプラトン理解およびそのパウロ理解にふれておく必要がある。

『エンキリディオン』のなかでプラトンの名前は多くあげられているが[36]、魂の区分では『ティマイオス』にもっぱら依拠している。つまり、「プラトンは一人の人間の中に二つの魂をおいています。パウロの方は同じ人間の中に二つの人間を創造しています」という場合[37]、『ティマイオス』における「不死なるものと名を等しくするにふさわしい部分で、神的と呼ばれる」魂と「魂の別の種類のもの、つまり死すべき種類のもの」との区別が考えられ[38]、これがパウロのいう「内的人間と外的人間」の区別に相当すると考えられた。

さて、プラトンによると死すべき種類の魂は、神的種類のものと同じく身体を受けとると、自分のうちに恐ろしい諸情念を必然的にもつことになり、神的なものである理性を汚すようになるので、頭と胸とが首によって仕切られ、魂は胸のなかに縛りつけられたのである。これにしたがってエラスムスも内的人間を「王」と呼び、それを理性とみなし、外的人間を身体的情念により支配された存在と考えた。またエラスムスが行った情念の区別もプラトンの『ティマイオス』に見られる。[39] このようにエラスムスはプラトンの『ティマイオス』にしたがって人間の創造的本性を叙述し、これがキリスト教の人間観と一致すると考えているが、それでもなおプラトンとの相違点を切り捨て、もっぱら共通点のみをあげているといえよう。そこにはキリスト教的世界観が当然のことながら支配的である。[40] エラスムスの神はキリスト教の創造神であり、魂と身体の全体が神によって造られ、身体も人間の本性であって永遠の生命にまで導かれる。だからプラトンのように身体を魂がそこから解放されるべき疎外態とみなすことなく、身体は魂との「幸せな和合」の状態にあるべきであったのに、罪のため不和が生じたと説かれた。また人間における魂と身体との結合は一回的であり、プラトンが考えた魂の循環は否定される。したがってエラスムスはプラトンに見られる神話的世界像から全く自由に、人間の二元的構成のみを単純に受容しているといえよう。

4 人間学の三区分法と霊の理解

エラスムスは更に「オリゲネス的な人間の区分」(Origenica hominis sectio) と呼ぶ人間学的三区分法 (spiritus, anima, caro) をとりあげて彼の人間学をいっそう厳密に論じる。

この聖書の箇所〔Ⅰテサ五・二三〕からオリゲネスが人間の三つの区分を導きだしていることは不適当ではありません。〔1〕わたしたちの最低の部分である身体もしくは肉には、あの老獪な蛇が罪の法則を〔わたしたちの〕生まれながらの罪過により書き込んだのです。また罪の法則によってわたしたちは不品行へと挑発され、それに征服された場合、わたしたちは悪魔の一味とされるのです。〔2〕しかし神の本性の似姿をわたしたちが表現している霊の中に、最善の創造者が自己の精神の原形にしたがって、かの永遠の徳義の法を指でもって、つまり自己の霊でもって刻み込んだのです。この法によってわたしたちは神と結びつけられ、神と一つになるよう引き戻されるのです。さらに〔3〕神は第三として、またこの二つの中間として魂を立てたまいました。魂は知覚と自然の衝動に関わるのに適しています。

魂は党派によって分裂した国家におけるごとく、党派のいずれか一方に加盟しないわけにはいきません。それはあちらこちらに引きこまれます。しかし二つのうちどちらに決定しようとするかは魂の自由です。もし魂が肉を拒絶し、霊の党派に味方するとしたら、それ自身が霊的になるでしょう。しかし、もし肉の欲望に自己自身を捧げるとしたら、自分自身を身体にまで貶めるでしょう。(41)

このテキストでは「身体と肉」の区別はなされず、それは「身体もしくは肉」(corpus sive caro)と言い換えられている。同様のことは「霊と精神」についてもいえる。「霊」(spiritus)は「神の本性の似姿」(divinae naturae similitudo)であって、「神の精神の原型」(suae mentis archetypus)にしたがって永遠の法が与えられているとあるように、霊と精神は同質のものとみなされる。したがって、ここで新しい点は霊と肉の中間に立っている魂の理解である。そこで魂についての論述の特質をあげてみる。

(1)エラスムスがオリゲネスの三区分法として採用したものは出典が聖書であるが、そこにはオリゲネス自身が影響を受けているプラトンやストア派の哲学との関連が認められる。(42)それは精神と身体との二元的対立に現れているが、プラトンの人間学で魂は神的起源のゆえに高き位置を占めているのに反し、エラスムスは魂を無記中立的(indifferens)なものとみなし、これが霊と肉との間に立つ中間的にして双方に向かいうる自由な存在である点を力説する。しかも中間存在であるとはいえ、両者のいずれかに味方し、一つに合体すべく態度決定をなすように措定されているとみなした。

(2)魂は中間的で無記的であっても、その自由な選択行為によって自己形成をなす。魂には決断の自由がある。先のテキストでは「しかし、二つのうちのどちらに決定しようとするかは、魂の自由である」と説かれていた。「二つのうち」とは霊が求めるものと肉が誘うものである。つまり、「魂は岐路に立っていないのでしょうか。肉がこちらで〔魂を〕誘惑し、霊がそちらで促しています[43]」。もし霊と肉との葛藤が原罪に由来するとするなら、現実の罪は肉と魂のより下劣な情念とに従う自由意志の決断の結果である。しかし二つの誘因は同等のものではなく、理性がかつて肉に対し支配力をもっていたように、堕罪以後においても精神は知性に命令し、意志はそれをある程度は選んで実行することができる。したがって「二つの」葛藤は、自由意志が知性の命令に従って徳を実現する過程において挫折したことを自覚することから生じる。このような状況において初めて決断の行為こそ功績と考えられる。それに反し「自然本性に属しているものは功績として数えられない[44]」。したがって「性欲を欠いていることではなくて、それに打ち勝つことが徳性に属しているのです[45]」。また人間の気質、傾向、特性も自然本性に属しているので、これらを徳と考えてはならない。また善でも悪でもない中立的な性質を徳性と見誤ってはならない。むしろ行為者の内的意図、行動の動機から行為を判定しなければならない。たとえば評判や利益を目指して行為する人は霊ではなく肉のにおいがしている[46]。エラスムスがいまや霊と肉を対象的にではなく行為の内的意図の下に区別している点を注意すべきである。そこには「神の前」(coram Deo) という宗教的規定が明らかに語られてくる。自然本性とは異質な、決断によってはじめて明確になる。

(3)霊を自然本性としてのみならず、霊的な生き方として主体的に理解するとき、キリスト中心主義ともいうべき理解が拓かれてくる。霊的な人は神を中心とする生き方をしているため、断食しながら、断食しない人を非難したり、祈りながら祈らない人を裁いたりしない。外的に敬虔を装う偽善こそ内的意図からあばかれ、肉的人間として判断される。なぜなら神は霊であり、断食が外的に敬虔を装っても内的には他人を裁いたりする自己中心の動機を「肉」とみなすからである。この場合、肉とはもはや食物ではなく、他人を無視して自分のことばかりを神に向かって主張する態度である。だから次のように言われる。「あなたの断食が肉には関係ないように注意しなさい。兄弟があなたの助けを必要としているのに、その間にあなたは兄弟の困窮を見すごしにして神に向かい自分の祈願をつぶやいているのです。神はあなたの祈りを拒絶したもうでしょう。あなたが人間として〔その兄弟である〕人間に聞かないとしたら、いったいどうして神が祈っているあなたに聞かれることがありましょうか[47]」。

エラスムスは人間に対する愛を霊と肉の観点から説くようになり、他者に対する外観上の愛は無意味であり、肉的な愛は快楽主義となっているが、霊的な愛はキリスト中心主義的な行為を意味する。もちろんキリストの姿が依然として倫理的特性たる徳行により述べられてはいても、「霊的に」(spiritualiter) はもはやプラトン主義的な精神性ではなく、キリスト教本来の霊性の意味で把握されている。このような宗教的な意味で次の勧めがなされている。

もしあなたが肉であるなら、あなたは主を観ないでしょう。もしあなたが主を観ていないとしたら、あなたの魂は救われないでしょう。だからあなたが霊となるように配慮しなさい (Cura igitur, ut sis spiritus.)[48]。

それゆえ、ここからフィレンツェのプラトン主義者たちとの相違が明瞭となる。フィレンツェのプラトン主義者たちは人間を、もともと二つの実体をもつものと考えていたので、戦いは罪とその結果に対してではなく、人間の低次の傾向性にだけ向けられていた。それに対しエラスムスは、人間における不和は悪魔の出現によって生じたということから議論を始める。創造者の手によってよく据えられていたものを、悪魔が損なった。彼は人間の状態を、暴動で荒れ狂っている国家になぞらえる。最下層の群衆、すなわち低次の欲望が、王すなわち理性に対して蜂起したが、人間のこの最高の部分である理性（ratio）は、損なわれることなく神的な状態を保っている[49]。エラスムスにとって理性が人間の最高の部分であり、理性に脳という居場所を割り振ったことは特徴的なことである。しかし他の箇所でエラスムスは創造者がその指で、すなわちご自身の霊によって、人間の霊に永遠の徳義の法を刻み込まれたと説明した[50]。それゆえ人間はその霊によって、何が善であり何が悪であるかを知り、当然そこから自分のなかで霊と肉の戦いが生ずる。すべての注意はこの霊に集中している。

四　哲学的神学の根本命題

このような思考過程のなかで『エンキリディオン』は書かれ、エラスムスは教育者、司牧者として、キリスト教的生活の実践のための指示を与えようとした。次に『エンキリディオン』にエラスムスの「哲学」が具体的にどのように展開しているかを考察してみたい。彼は現世の感覚的世界の中で人間が故郷を失ってどのようにさ迷い苦しんでいるかを見ており、そこから脱出することに彼の哲学の中心的課題をとらえ、具体的に思想を定着させた。これが第五教則として定式化される。

エラスムスは人間を魂と身体とに分けて考察した際、この人間学的二区分法の根拠として形而上学的二世界説、つまり知性的世界と可視的世界との二区分を、プラトンから導入し、魂と身体とから成る人間は「不可視なものへと可視的なものを整序する」（collatio visibilium ad invisibilia）という実践的基本法則を確立した[51]。人間は二つの世界にまたがって存在する中間的なもの（res mediae）である。このような存在として人間はいかに行為すべきかということがエラスムスの実践哲学の中心課題である。

そこで第五教則が人間学的前提から根本法則として定式化されているところを考察することにしよう。次のように規則が述べられている。

わたしたちはそれになお第五の教則を補助のようなものとして付け加えたい。それは、もしあなたが概して不完全であるか、中間的なものにすぎない可視的事物から不可視的事物へ、人間のより優れた部分にしたがって常に前進しようと努めるなら、あなたがこの一つのことによって完全なる敬虔を確立するようになるためです。(52)

ここに述べられている人間の優れた部分というのは前に説明された魂と身体の二区分にもとづいている。この人間存在に内在する区分と秩序にしたがって可視的世界から不可視的世界へ超越することが実践哲学の中心課題として示される。人間自身は「中間的なもの」であるからこの超越を本質となし、自分を享受すべきでなく最高目的のために使用すべきであり、可視的世界を享受してそこにとどまり続けてはならない。つまり人間は「旅する人」(homo viator) として可視的世界では単にその「寄留者」(peregrinus) にすぎない。

可視界にあっては、わたしたちは寄留者ですから、けっして休息してはならないし、感覚に現れてくるすべてのものを適切な比較照合により天使界へ、あるいは(さらに有益なことですが)道徳へ、またあの〔知性の〕世界にふさわしい人間の部分へ関係づけなければなりません。(53)

この超越のためにはプラトンが『パイドロス』で語っている例の飛翔する「翼」が必要であり、創世記のあのヤコブの「はしご」もこの超越を暗示する。そこで彼の実践哲学の特質を示すと、次のように霊的な人間の理解となる。

(1)「人間は寄留者にして旅人である」(homo peregrinus et viator)。二つの世界にまたがる人間存在の本質は超越にあるから、現世に「憩う」(conquiescere)、「定住する」(consistere)、「ぐずぐずする」(restitare) また

「地上を這い回る」(humi reptare) ことの間違いがたえず指摘される。現世に存在するかぎり、感覚的迷妄のうちにあって絶えず欺かれ、神の顔を見る至福の観照には到達しがたい。そこにはプラトン主義の世界逃避や、「新しい敬虔」の世界蔑視に共通した見方があるが、エラスムスは可視的世界がより高い世界の比喩として現れていると考え、ただこの世界に執着し続ける生き方を否定する。彼自身が一生を「旅する人」に徹していたことがこの思想の根底にある事実である。

(2)敬虔の純粋性が説かれる。家族や友人に対する自然的愛が徳でないように、自然本性から生じる敬虔を排斥している。「自然本性に属しているものは功績として数えられず」、徳は人格が霊的に改造されて初めて成立する。また「性欲を欠いていることではなくて、それに打ち勝つことが徳性に属している」[54]。それゆえ自然本性は徳と敬虔とのための素材 (materia) にすぎない。それゆえ自然本性を用いて徳と敬虔とを実行しなければならない。世界も身体も神に造られているかぎり善であるが、これを使用して徳と敬虔との実現にいたらず、怠慢にも現世のうちにとどまる「肉的人間」(homo carnalis) であることが悪徳の根源である。

(3)さらに敬虔は迷信から区別される。根本法則がこのことを教えている[55]。迷信は感覚的しるしにとどまり霊的現実に向かわないところに現れる。だから可視的しるしに依存する信心は出発点にすぎず、真の信心が完成されるにつれて、感性的対象から自由とならねばならない。

(4)ここからエラスムスの時代批判がその宗教生活に向けて展開する。それはキリスト教の本質の理解から発する。「キリスト教というのは霊的な生命ではないのですか。……なぜならキリスト・イエスにある生命の御霊の法則が罪と死との法則からわたしを解放したからである」[56]。つまり「神は霊でありますから、霊的な犠牲によって和らげられる」のであるから、キリストの犠牲は霊と愛から捧げられ、キリストに従う生活も霊と愛に導かれなければならない。「神は霊的な生活の実践が儀式よりも隣人愛のうちに場所をもつことを想い起こさせています」[57]。そこで諸々の外的儀式、エルサレム巡礼、ローマ旅行、キリスト像の所有、十字架の破片の管理、パウロの骨や聖人の崇拝、献金、罪の告白を一〇回復唱することなどの無意味さが鋭く批判される。「だが彼らは何に対して無知だったのでしょうか。明らかにそれは、キリストが律法の終わりであり、またキリストが霊であり、愛でありたもうということです[58]」。

五　キリスト観と霊的な宗教

これまで考察してきた根本法則は、エラスムスの説明によるとさらに上位の規則に仕える「補助のようなもの」(quasi subsidiaria) である[59]。ではこの最上位の教則とは何であろうか。それは「不可視の世界は事実有効な中心キリストをもっている」ということにある。この霊的世界の中心たるキリストは人間が目指すべき唯一の目標であり、また教師にして模範である。

1　「唯一の目標」(unicus scopus) としてのキリスト

エラスムスはフィリピ三・一四の「目標を目指して走り」にしたがって唯一の目標としてキリストを立て、第五教則で次のように述べている。

あなたの全生涯の唯一の目標のようにキリストを前に据え、すべての熱意、あらゆる努力、いっさいの閑暇と仕事をこのお一人に向けるということです。……唯一最高善のようにキリストにのみ目を注ぎなさい。こうしてあなたはキリストのほか何ものも、あるいはキリストのためでないなら何ものも愛さず、崇拝せず、追求しなくなるでしょう[60]。

ここにはキリスト中心主義の神学思想が明らかに語られる。唯一の目標たるキリストは宗教共同体の中心に据えられ、不純な傾向から心を清め、敬虔の純化をもたらしている。このことは単に宗教の狭い領域に限られず、広大な領域のすべてに広げられる。したがって善いものでもキリストを目がけてこそ善となる。当時の敬虔や信心が外的形式や方法に囚われていたことに対する批判がここに見られる。

こうしてキリストという究極目的から万物は真の価値を見いだす。「すべてのことがキリストに関わせられているかどうか」(si omnia ad Christum referantur) と問われる。[61] 無記的な中間的なものはそれ自身のために用いられるべきではなく、「敬虔のための素材」(materia pietatis) として根源と目標とに関係づけて初めて肯定される。この目標の他に別の意図や目的を立てるならば、「あなたはキリストから転落しており、自分のために別の神を作っている[62]」と批判される。このような諸々の偶像から宗教を純化する改革のわざは、キリストを中心とも唯一の目標とも見なすときにのみ達せられる。

2 「模範」(exemplum) としてのキリスト

さらにキリストはキリスト者の模範として『エンキリディオン』の第六教則で考察される。

これはすべての人を救うのに必要なものなのに、わずかな人によって注目されているにすぎない。……この教則というのは、キリストを熱心に求めている人の心は、一般大衆の行動にせよ、その意見にせよ、それらからできるかぎり離れ、キリストひとりのほかどこからも敬虔の模範を求めるべきではない、ということなのです。というのもキリストは唯一の原型であり、だれもそこから指の幅ほどでも離れるとしたら、正しさから遠ざかり、道にはずれてしまうからです。[63]

キリストはすべての人の原型（archetypus）であり、彼のうちに幸福な生活のすべての形が存在している。それゆえ、この原像と一致するかぎりで、人間も模範となりうる。キリスト自身が自分の実例にしたがうように語っているのであるから、キリストの模範が力説されても不思議はないし、「新しい敬虔」の代表作トマス・ア・ケンピスの『キリストに倣いて』（De imitatione Christi）の影響も否定できない。いずれにせよエラスムスは「模範」が人々を直接実例をもって導く力に注目している。「人間の本性はたやすく悪徳に傾き、ちょうど火が近くの油をすばやく捕えるように、直ちに有害な実例を捕えるものです[64]」。それと同じく有益な手本や実例の影響も大きな働きをする。

賢い建築家はいったいその手本をごく普通の建物から得ようと努めているのか、それとも最善の建物から得ようと努めるのでしょうか。画家たちもただ最善の絵画のみを自分の前に置いて〔学んで〕います。わたしたちの模範はキリストであり、彼のうちにだけ至福に生きるためのすべての原則が内在しています。キリストを模倣することは無制限に許されるでしょう。さらに信頼できる人たちの中から、それがキリストの原型に合致するかぎりで、そのひとりびとりを模範と呼ぶこともおこりえましょう[65]。

このように述べて真の最高の高貴さはキリストのうちに再生し、彼のからだに接ぎ木され、一つの霊になることである、とエラスムスは言って、キリストの模範に倣う共同体をキリストのからだなる教会の中に認める。「最高の高貴は神の子と世継ぎであること、とはいえキリストの兄弟と共同の世継ぎであることなのです[66]」。このようにエラスムスはキリストと共なる生活のなかに、つまりその模範に倣う共同生活のなかに神の霊を宿す人間の尊厳を認めている。

3 霊的な宗教

エラスムスは『カトーの対句集』からラテン詩人の言葉を引用して言う、「神が霊(アニムス)であるなら、詩歌が我らに語るごとく、とりわけ純粋な心(メーンス)でもって礼拝すべきである」[67]と。この一文は偉大な神学者の言葉にも等しいと説く。実際、すべての外的事物は、もしそれが心のなかに生じていることを反映しているのでないなら、何の役にも立たない。「ですから、神の言葉を内的に聴く人々が幸せなのです。主が内的に言葉を語りかけたもう人々は幸福です。このような人々の魂は救われるでしょう」[68]。エラスムスは霊的に神の言葉を心中深く聞くことの重要性を説いており、そこから彼が期待をかけたのは福音的自由であって、彼は外的な規則への奴隷状態を決して承認しなかった。彼によると確かに教会は、決まった儀式を設け、諸規則を作る権利をもっているが、キリストは霊的な自由へと人々を呼び出している。

この霊的な宗教は内的な宗教には相違ないが、宗教改革時代の霊性主義者や再洗礼派のように神の言葉としてのキリストを無視するものではなく、その内容においては神の言葉を聞くことによる「キリストとの一体化」を目指していた。エラスムスがこの点を詳しく述べているのは聖餐についての発言である。そこでも霊と肉が対立しているという。キリストの体と血が霊的に食したり飲むのでないならば、聖餐は軽視される。毎日ミサに参加しても、自分自身のために生きているのであれば、その人はサクラメントの肉の部分にまだ留まっている。聖体をいただくことが暗示していることは、人がキリストの霊と一つの霊となり、キリストの体と一つの体であるということである。この理想に到達しようと努力するなら、人は教会の生きた肢体となるだろう。ミサの外見上の形式はすべてより低く可視的なものに属する。この可視的なものに対しても、神に自分自身を捧げるという人間の霊的な態度が加わるとき、初めてそれは価値のあるものとなる。彼は聖餐におけるキリストの礼拝をより高い次元にまで高めようとした。なぜなら人間は常により高いもの、不可視的なもの、霊を求めなければならないからである。

したがってエラスムスにとって二つの世界がある。一つは神が天使たちと共に住む霊的な世界であり、もう一つは天球とそれに周まれている可視的世界である。前者に比べると後者は一時的、時間的なもので、前者のただの影で、せいぜいその写しにすぎない。それゆえ後者から前者に向かって超越することが真のキリスト者の理想となる。聖書は言う、「命を与えるのは〝霊〟である。肉は何の役にも立たない」（ヨハ六・六三）、また「しかし真の礼拝する者たちが霊と真理をもって父を礼拝する時が来る。今がその時である」（同四・二三）と。それゆえ肉はまったく役立たず、それが霊に導かれないなら、致命的なものとなるし、肉は霊なしには留まりえないが、霊は肉を必要としない[69]。この種の霊と肉の対立は聖書において文字と霊、時間的なものと永遠のもの、闇と光などによっても示される。肉の知恵が死や神に対する敵意であるのに反し、霊の知恵は命や平和である。ここに彼は聖書の福音の核心を捉えていた。エラスムスが不可視的で霊的な世界について語る場合、彼がまず考えていたのは天であるが、キリストを通してこの天のいくらかが地上にもたらされているのである。したがって神が霊であるなら、わたしたちも霊でなければならない。それは愛、喜び、平和、忍耐、寛容、好意、温和、柔和、信頼、節制というかたちで、つまり、わたしたちがこの世でキリストの似姿となることによって現れる[70]。要約して彼は次のように語る。

しかし、あれこれの聖書の箇所をわたしたちはどこへと関係づけて引用しているのでしょうか。パウロの全体は次の一点に集約されています。すなわち、争いを起こす肉が軽蔑されて、愛と自由との創始者が霊においてわたしたちを立たせて下さるように、ということです[71]。

ジャック・エティエンはこの著作を「純粋な精神に基づいた宗教」（la religion du pur esprit）と呼んだ[72]。これは精神を霊と見なせば、的確に的を射た表現である。このことはエラスムスの著作一般に特徴的なことである。

ここから霊と肉の対立は教義にも適用され、教義が固定化されるに応じて愛は冷め、強制と脅迫に席を譲るようになる。そこで儀式化と信仰の信条化の傾向に対して、彼は聖なる生活を守るために声をあげた。それゆえ不可視的なもの、人間の霊的世界への超越という同じモデルがここにも認められる。その場合、教会の教義はただ準備的な機能を果たすだけであって、本質的な目的はキリストとの一体化であるといえよう。人間は二つの世界にまたがって存在しており、両方の世界から引っぱられる第三の世界である。その際、肉的で動物的なものは恥部にはっきりあらわれ、可視的世界に対応するが、最高のもの、霊は神的世界に属する。

六　時代に対する意義と批判

終わりにこの書物が当代に対する意義に注目してみたい。エラスムスは一人の宮廷人を悪徳から改心させるためにこの書物を書いたが、そこにはやさしくわかりやすいかたちで叙述されてはいても、同時代の一般的な諸傾向に対する鋭い批判が隠されていた。当時の人々はこれを鋭敏に読みとり、彼を穏健でリベラルなカトリック教会の改革者とみなすようになった。エラスムスは友人のコレットに次のように語っている。

わたしが本書を執筆したのは、才能や雄弁を発揮するためではなく、単純にこのこと、つまり宗教を儀式に依存させる誤りに反対するためです。しかも、そうした儀式は、不思議にも真の敬虔に属するすべてを無視して、ユダヤ人の儀式よりも進んでいます。わたしはそれに加えて、軍事訓練の教則をつくる人の方法にしたがって敬虔の技術を教えようと試みたのです。(73)

このような儀式に対する、とりわけ儀礼主義に対する批判は『エンキリディオン』の終わりにある言葉「修道士の生活は敬虔〔と同義〕ではありません」において頂点に達する。その真意は続けて語られているように「ただわたしが忠告したいのは、あなたが敬虔を食物の中にも儀式の中にも、また見える事物の中にも基づかせてはいけない」ということである。[74] エラスムスの力説するキリスト教的敬虔は当時の似ていて非なる敬虔に対する痛烈な批判となっていた。とりわけ外形的儀式を重んじる形式主義に批判は向けられ、断食したり、聖人の骨を崇拝したり、贖宥状を買い求めたり、巡礼に出かけたりすることは、それ自体としては悪いことではないけれども、救いは内面の霊において生じ、外的形式のうちには宿っていないのである。したがって礼拝儀式や教会法規はそれ自体で価値あるものではなく、良く生きるという実践的に有徳な生活を形成するためにはかえって有害である。むしろ聖書と古典に帰り、単純明解な精神に生きねばならない、と彼は力説して、この書物を閉じている。

このような『エンキリディオン』における警鐘は当時では未聞のものだった。人々はエラスムスというキリスト教人文主義の戦士から、キリスト教界には聖職者と平信徒の区別があってはならない、洗礼がキリスト教への唯一の入口でなければならない、洗礼を受けた人々はすべて同等の価値をもっており、各人が自分のために選んだ生活の仕方を気にかける必要はないとの呼びかけを聞いたのであった。なお、『エンキリディオン』の表題にある「キリスト教戦士」の理念は、キリスト教の歴史に広汎にゆきわたり、ゆたかな伝承を形成している。それはアドルフ・フォン・ハルナック『キリストの軍隊――三世紀までのキリスト教と戦士の身分』（一九〇五年）に詳しく解明されている。[75] また、この理念の実現のために、テンプル騎士団のような中世騎士修道会の伝統も存在していたが、エラスムスは世俗の中にありながらも各人の自覚に立って同じ理念を実現しようと試みた。ここにも近代の個人に立つ新しい生活の姿がすでに見えてきている。

注

（1） Allen, I, Ep. 20, 2ff.

（2） しかし、この手紙には『エンキリディオン』を書かせた人々の中にサン・トーメルのフランシスコ会修道院長ジャン・ヴィトリエの名があげられている。エラスムスはトゥルヌエムを去ってからサン・トーメルに行き、ヴィトリエと知り合い、この人の深い感化の下にこの地で『エンキリディオン』を書きあげたと思われる。もちろん二年前オックスフォードで知り合ったヒューマニストのジョン・コレットの名前もヴィトリエと一緒に記されている。

（3） O. Schttenloher, Erasmus, Johann Poppenruyter und die Entstehung des Enchiridion militis christiani. Archiv für Reformationsgeschichite, 45（1954）, S. 109ff.

（4） D. Erasmus, Ausgewählte Schriften, Bd. I, W. Weizig, Einleitung, X.

（5） このことから一六世紀の本書の英訳は handsome weapon となっていた。文人エラスムスが霊的武器を武器製造人ポッペンリュウイターに渡すと、その返礼として後者が前者に護身用の小刀を贈ったそうである。しかし、この武器交換はあまり意味がなく、どちらも贈られた武器は実際には用いなかったようである（Allen, VI, Ep. 1556, 46）。

（6） ルターの「九五箇条の提題」と明らかに関係する文章がある。「同様に、もしある人が……善行を弾劾している――本当はその善行の前に別の善行をより神聖なものとして優先させているのだが――かのように、ただちに裁判所に呼びだされるのです。それはあたかもある人が教皇の職権による赦免よりも善行に信頼した方が安全であると警告する場合、その人は教皇の赦免を全く弾劾しているのではなくて、キリストの教えによりいっそう確実であるものを選んでいるのと同じです」（本書二一三頁）。エラスムスはルターによって起こった時代の趨勢に敏感に反応していることが知られる。

（7） 『エンキリディオン』の研究に関してはAlfones Auer, Die vollkommene Frömmigkeit des Christen. Nach dem Enchiridion militis Christiani des Erasmus von Rotterdam, 1954およびE. W. Kohls, Die Theologie Erasmus, Bd. I, 1966, S. 69–198がある。後者の詳細な研究によると、『エンキリディオン』のなかにエラスムス神学の全貌

が認められ、そこでは、神から人間への方向性と人間の神への帰還が同等に強調されていて、二つの線はキリストにおいて交わると積極的に評価されている（E. W. Kohls, op. cit., S. 177–190）。しかしルターの研究者ハイコ・A・オーバーマンによると、この書はその構成の形式だけではなく、内容において敬虔史のなかで最も退屈な本であって、この作品は全世界を修道院に変えようという理想を追求している（Oberman, Luthers Reformatorishe Ontdekkingen, p. 31）。またグスタフ・アドルフ・ベンラーツは、『エンキリディオン』を精神化と道徳主義の作品であって、すべてのことが不道徳と悪徳に対する不断の道徳的な戦いに収束していると見なした（Benrath, Die Lehre des Humanismus und des Antitrinitarismus, S. 28–30）。

（8）教則の中でも第五教則が三一頁にわたって最も詳しく論じられ、次に第六教則が一六頁、第四教則が七頁と続き、他の教則は第一六章の中間挿入部が一八頁にわたって詳しい以外は、きわめて短いものである。

（9）これらの説に関して Cornelis Augustijn, Erasmus His Life, Works, and Influence, 1991, pp. 45f. 参照。

（10）A. Auer, op. cit., 1954, S. 53.

（11）本書一一頁。

（12）本書二二―二三頁。

（13）本書一二頁。

（14）本書二三頁。

（15）本書一四頁。

（16）本書二一頁。

（17）本書二三頁。

（18）本書二八―二九頁。

（19）本書一四頁。

（20）本書一七頁。

（21）本書一九頁。

(22) 本書二一頁。
(23) 本書三八―三九頁。
(24) 「汝自身を知れ」との格言は人間はその霊において神的であるから、神と等しいものとなるように努力しなければならないと教えるために立てられた。古代の人々はこれがあらゆる知恵の総体であると信じていた。しかし聖書もまた、人間が自分のことを霊と肉として認識するよう呼びかけている。このように自己認識を要求することから明らかなのは、エラスムスは人間の可能性に対して揺るぎなき信頼をもっていたことである。彼によると最も危険なのは、人間の不明さと肉と弱さ、そして洗礼の後もまだ残っている原罪の残滓である。不明さというのは理性の理解力を暗くする無知という霧である。これによって光り輝く神の光が曇らされてしまい、悪い教育、悪い交際などがいっそう人間を暗くしてしまった (LB V 21BC, CWE 54–55)。
(25) 本書四〇頁。
(26) 本書一九頁。
(27) 本書三六頁。
(28) 本書四二頁。
(29) プラトン『ティマイオス』六九D。
(30) 本書四四頁。さらにエラスムスはこの戦いに対して採用されているストア派とアリストテレス派の態度をあげる。ストア派は理性により情念を制圧しかつ根絶すべきであると説き、アリストテレス派は情念を正しい方向に向けて抑制し生かすべきであると説く。エラスムス自身はストア派のように情念を根絶し、アパテイアの境地に達しうるとは信じない。かえって理性が心の病を秩序づけ、有害な働きを抑えるように努めるべきであると考える。
(31) 古くはアウグスティヌスがキケロの『ホルテンシウス』を読んで、哲学へ向かうが、その時の内心の分裂は理性と感性との対立であった。この場合の感性は情念と同じ事態を指している。アウグスティヌスもこの情念をストア的に根絶しようと試みるが失敗し、プラトン主義によって悪を存在論的に理解する知見の下に解決する方向を見いだした。

(32)『エンキリディオン』第七章の「内的人間と外的人間、および聖書による人間の二部分について」がこれを扱っている。彼はプラトンとパウロを対照して議論を展開するので、両者の共通点としてあげられている議論の当否について考察してみなければならない。

(33)本書四九―五〇頁。

(34)本書二六―二七頁。

(35)本書二七頁。

(36)書物としては『ティマイオス』、『パイドン』が繰り返しあげられ、『パイドロス』と『国家』からの比喩が多く用いられ、『饗宴』、『プロタゴラス』、『ゴルギアス』に関連した内容が見られる。

(37)本書五〇頁。

(38)プラトン『ティマイオス』四一C。

(39)プラトン『ティマイオス』七〇A。

(40)それに対しプラトンの世界製作神デミウルゴスは星辰の神々の参与のもと人間を造っている。すなわちデミウルゴスは人間の魂のうちでも不死なる部分をなす理性をみずから製作したのち、星(恒星)と同じ数に分割し、掟を授けた。さらに魂が諸惑星に蒔かれると、神的循環運動により身体に植えつけられ、魂も循環運動に入る。エラスムスにはこの星辰の神々の働き、および魂の循環運動にみられる輪廻転生という教説はない。

(41)本書五七頁。

(42)オリゲネス『諸原理について』三・四、二・八。

(43)本書五九頁。

(44)本書五九頁。

(45)本書六〇頁。

(46)本書六〇頁。

(47)本書六一頁。エラスムスはもう一つの例をあげて説明する。それは妻に対する愛で、三つに分けられる。(一)

名目上の愛。妻であるという名目だけで愛する場合には異教徒と共通したものである。(二)快楽のための愛。これは肉を目指している。(三)霊的な愛。これについて次のように語られている。「あなたが彼女のうちにキリストのみ姿を、たとえば敬虔、控え目、節制、貞淑を、認めたからこそ、とりわけ彼女を愛するときには、あなたはすでに彼女を彼女自身においてではなく、キリストにおいて愛しているのです。否、あなたは彼女においてキリストを愛しています。こうして結局あなたは霊的に愛しているのです」(本書六一頁)。

(48) 本書五六頁。

(49) 本書四一―四二頁。

(50) 本書五七頁。このようにエラスムスは粗野な合理主義を避けているが、彼にとっては合理的なものと道徳的なものとが重なっていることも同時に明らかである。神は各人に善と悪を理解する力を与え、その意識は罪によっても失われることはなかった。

(51) A. Auer, op. cit., S. 80.

(52) 本書八〇頁。

(53) 本書八一頁。

(54) 本書六〇頁。

(55) 「この戒めは、それをゆるがせにしたり知らなかったりすると、たいていのキリスト教徒が敬虔である代わりに迷信深くなり、キリストの御名のほかは異教徒の迷信と大差のないものであるという事態に関わっているのです」(本書八〇頁)。

(56) 本書九六頁。

(57) 本書一〇六頁。

(58) 本書一一〇頁。

(59) 本書八〇頁。

(60) 本書七三―七四頁。

(61) 本書二七頁。
(62) 本書七八頁。
(63) 本書一一一頁。
(64) 本書一一二頁。
(65) 本書一一四頁。
(66) 本書一一九頁。
(67) 本書一〇六―一〇七頁。
(68) 本書一〇八頁。
(69) 本書八七―八八頁。
(70) 本書九六頁。
(71) 本書一〇二頁。
(72) Jacques Etienne, Spiritualism érasmien et théologiens, loavanistes, 14–16, C. Augustijn, op. cit., p. 50 からの引用。
(73) Ep. to J. Colt (c. XII) 1504, Allen, I, Ep. 405, 46.
(74) 本書一八三―一八四頁。
(75) アドルフ・ハルナック『キリストの軍隊――三世紀までのキリスト教と戦士の身分』小坂康治訳、教文館、参照。

『フォルツ宛書簡』

この手紙は一五一八年の夏フローベン書店から出版された『エンキリディオン』の新版に序文として書かれたものである。手紙の宛名はパウル・フォルツ（一四八〇—一五四四）で、この人はアルザス地方のシュレットシュタットの近くにあるフーグスホーヘンのベネディクト会修道院長であり、エラスムスはこの人の生活態度を『エンキリディオン』で示した諸々の戒めを実践している模範とみなしていた。フォルツは一五〇三年にベネディクト会士となり、一五一二年にフーグスホーヘンの修道院長に選ばれていた。その当時彼は修道生活の改革に着手していた。彼はシュレットシュタットの文学サークルにも加わり、ベアトス・レナヌスやヨハン・ウィペリングのような人文主義者と交際している。その後、彼は一五二六年にはプロテスタントに改宗したが、「ルター派に迷い込んだエラスムス主義者」としてルター主義の集会の中では若干のもつれがあったようである。彼はエラスムスとはいつも友好関係を保ち続け、エラスムスは彼に遺言で小額のお金を残した。

この手紙の中にはエラスムスの改革についての根本思想が簡潔に述べられているため、「純粋な霊的宗教に関する真正のエラスムス的な宣言」[1]ともいわれている。

この手紙は『エンキリディオン』が十数年経ってからやっと世間の注目するところとなったことから、とりわけフォルツによって認められるようになったということから書きはじめられる。また、「敬虔な学識と学識ある敬虔」[2]を具えた人々の賛同を得たことは、自分と宮廷人のために書かれた当初の目的が実現していなくとも、敬虔を喚起し得たことには意義があり、「真心から敬虔になりたいと欲することは敬虔の一部なのです」[3]と説かれた。エラスムスの思想はこの「敬虔」により表明され、当時の中世後期のスコラ神学との対立が鮮明に説かれている。しかも「キリストがそのために死にたもうた未熟な大衆」が考慮され、巨大な神学体系ではなく、キリスト教的敬虔に立つ良く生きる術こそ大切であり、それこそ「キリストの哲学」(philosophia Christi) である、と力説された(4)。

エラスムスは『新約聖書の序文』の第一部「パラクレーシス」において、はじめて自分の思想をこの「キリストの哲学」として規定した。彼は『エンキリディオン』の根本思想もそれに他ならないとこの手紙で言う。彼は中世後期スコラ神学者に対決しながら、自己の思想を「キリストの哲学」として次のように明言する。

キリスト教的哲学のすべての源泉と水脈とが福音書と使徒の手紙のなかに隠されており、……福音書記者と使徒との最も純粋な源泉から、また最も信頼できる解釈者たちからキリストの哲学の全体を要約して集めるという任務、しかもそれを学術的である限度内で単純に、明晰であるという条件の下に簡略に行う任務が幾人かの敬虔であり同時に学識がある人々に委ねられることが、わたしの意見では最も適切なことだといえましょう(5)。

この思想こそ『エンキリディオン――キリスト教戦士の手引き』を錬成しあげたときのエラスムスの考えていたことであり(6)、それは「キリストの天上的な哲学(7)」として語られ、これを汚す人間の諸々の集団とその行為とに対する批判がこの手紙でも行われた。この集団の第一は司祭、司教、枢機卿、教皇、司牧者のグループであり、第二は世俗の君主たちの群れであり、第三は一般大衆であって、これら三者はキリストを中心とした同心円的構造をなしている。この三つの領域は「区別され、各々のものはそのふさわしい場所に配分され(8)」世界の秩序は維持されなければならない。したがって第三の集団の秩序の外にある野望・金銭欲・情欲・怒り・復讐心・嫉妬心・中傷・その他の悪徳が三つの領域に侵入してくるとき、敬虔を装う悪徳の支配が生じてくる。これに対する痛烈な批判がこうして開始する。
まずエラスムスは心の内面性を力説する。「キリストの完全性は心情のうちにあって、生活の様式にありません。つまり心のうちにあって、司教の肩衣や食物のなかにあるのではないのです」[9]。こうした生活様式はすべて「それに応じた堕落の危険性」[10]を伴う。とりわけ聖職者の危険は大きく、貪欲と野望という病気の外に、迷信・尊大・偽善・中傷が付きもので、キリスト教的敬虔から遠くへだたっている場合が多い[11]。次にエラスムスはこのような批判は決して人々を修道生活から遠ざけようとしているのではなく、『エンキリディオン』に対するそのような批判は妥当しないと言う。その批判の根拠はエラスムスの儀式に対する態度にある。

そのような解釈の理由とするところは、儀式にあまりに多くを帰している人たちが願っているほどにはわたしの教えは儀式に帰していないからであり、同時に人間の作った法令にも多く譲っていないからです[12]。

そこでエラスムスはパウロ、アウグスティヌス、ベネディクトゥス、フランチェスコの例をあげて外的儀礼と迷信の誤りを詳しく指摘し、修道士の生活の真実なあり方を説いた。これは『エンキリディオン』の終わりで「修道士の生活は敬虔〔と同義〕ではありません」[13]という激烈な批判の真意を伝えるための説明であるといえよう。

注

（1） A. Renaudet, Etudes Erasmiennes（1521–1529), 1939, p. 175.
（2） 本書一九七頁。

(3) 本書一九八頁。
(4) 本書一九九―二〇〇頁。
(5) 本書二〇二―二〇三頁。
(6) 本書二〇三頁。
(7) 本書二〇五頁。
(8) 本書二〇八頁。
(9) 本書二一〇頁。
(10) 本書二一一頁。
(11) 本書二一一頁。
(12) 本書二一二頁。
(13) 本書一八三頁。

『新約聖書の序文』

一五一六年にエラスムスは『校訂新約聖書』(Novum Instrumentum) を刊行した。すでに一五〇〇年以来彼は新約聖書を理解するためにギリシア語がいかに重要であるかを知っていた。もはや人々は——過去の数世紀にそうであったように——古いラテン語の翻訳であるウルガタでは満足できないでいた。エラスムスは一五〇四年にイタリアの人文主義者ラウレンティウス・ヴァッラの未刊の作品『新約聖書注解』の一つの写本を発見したとき、感動に満たされた。その写本では新約聖書のギリシア語のいくつかの手書き本がウルガタと比較対照されていた。その翌年にエラスムスはこの著作に重要な序文を付して刊行した。この序文の中で彼は、ウルガタに対して神学者だけが批判すべきであって、言語学者はそうすべきでないという異議を論破した。つまり聖書を翻訳するというこの課題の全体は、文法学者が関与する事柄である。ある場合にはその舅エトロの方がモーセよりも賢いことがあっても、それは馬鹿げていないわけである。この比較は示唆に富んでいる。文法が世俗の学問に属していても、それは神学に役立つことができる。実際、その助けはきわめて必要でさえある。

一五一六年の三月にはその出版のときが来ていた。今やバーゼルのフローベン社から一〇〇〇頁を超える内容豊かな大型本が出版された。それはギリシア語の本文、エラスムスの手になるラテン語訳、および詳しい入門的な文書『新約聖書の序文』と注釈書、さらには本文に対する説明的な注から成っている。この全体を完成するにはエラスムスと彼の協力者たちが半年間かけて極度に張り詰め、きわめて集中した仕事を必要とした。しかも急いで仕事しなければならなかった。というのはスペインにおいても同様な、しかもいっそう壮大な規模での企画がすでにずっと進展していたからである。フローベン社は競合を恐れていた。エラスムスはレオ一〇世への献呈の辞においてこの出版に対して信じられないほどの多くの労力を投入したと誇らしげに述べている。彼は最古で最善のギリシア語とラテン語の写本を使っていたし、さらに教会教父たちがどのような異本交合による異文を知っていたかを多くの教父のもとで調査していた。彼が使用した諸々の写本の年代や特質に関して彼が誤ったことを現在わたしたちには知られている。それらの写本は発行年がまだ新しかったり、それほど良いものではなかった。さらに彼が自由に使うことができたすべての写本の中にはヨハネ黙示録の終わりの数節が欠けていた。それゆえ彼はこの部分を単純にウルガタから元の言語であるギリシア語に再翻訳したと言われる。しかしエラスムスの作品のなかの根拠の薄弱な箇所をこのように確認することよりも重要なのは、彼の仕事の意義が承認されたことである。今や初めて神学者たちにギリシア語新約聖書本文の版、および――新しい翻訳と注解によって――本文研究のために豪華な参考資料を自由に使用することが許されたのである。

すでに一五一九年に少なくとも四〇〇箇所の修正を施した『校訂新約聖書』の新版が現れた。それはエラスムスが骨の折れる仕事をさらに続けたことの確かな証しである。一五二二年にも、一五二七年にも、また一五三五年にも新版の手配をした。その間に無数の他の印刷所を通してギリシア語の版やエラスムスによる翻訳が復刻された。

彼の仕事にもとづくさまざまな国の言語への聖書の翻訳も直ちに現れてきた。その中にはルターの手になる有名なドイツ語への翻訳も数えられる。もちろんスコラ神学者たちの側からの抵抗はものすごく、その論拠たるや大群のさまを呈して押し寄せてきた。「エラスムスは聖書を台なしにした」。「ウルガタのほうがギリシア語のテクストよりも良いばかりか、何百年も続いた伝統によって聖化されている」。「エラスムスの翻訳は間違っている」。「彼の注解は信仰を損ねている」。「聖書は教会全体のためにあるのではなく、ただ神学者にとってのみ用いられるように定まっている」等々の批判が続出した。

エラスムスはこれらの抗議を一つも実際には理解できなかった。なぜなら、古代からのありとあらゆる聖書に関する著作が出版されており、それを利用してあたう限りの細心の注意が正しいテクストの確定と明確な説明に費やされたからである。キリスト者がこの細心の注意を真っ先に新約聖書に向けようとすることは自明なことである、と彼は確信していた。またエラスムスの作品は神学者のために意図されていたとしても、彼は断固として平信徒にも奉仕しようと願っていた。福音書の記者自身もこのように願っていたし、彼らが単純な民衆の言語で書いたことは理由がなかったわけではない。

これらのすべてにおいて新しいスローガン「源泉に帰れ」がその姿をはっきりと現してくる。エラスムスは聖書そのものに再び発言させようと欲し、そのためには聖書が伝統の重荷から解放されなければならなかった。その際、形式問題が重要ではなく、生けるキリストが重要であった。エラスムス自身が聖書の中でキリストを発見し、同時代人らをキリストの許に導こうと欲した。わたしたちはこの事態を別の角度から考察して、キリストがエラスムスの敬虔の中心点であり、彼はキリストを聖書の中で発見したと言うことができる。「聖書のみ」(sola scriptura) の原理はまことにプロテスタンティズムだけのテーマではない。

聖書の『注釈書』(Annotationen) もまたとても重要であった。当時の尺度でもって測ると、それは研究資料で満たされている。それは中世の釈義的な仕事に対して新しい尺度を立て、新時代の開始を告げるといっても誇張ではない。

(一) 読者への呼びかけ (パラクレーシス)

『新約聖書の序文』の「呼びかけ (パラクレーシス)」は詳しくは「呼びかけ、すなわちキリスト教的哲学研究への勧め」(Paraclesis id est adhoratio ad Christianae philosophiae studium, 1516) との表記が与えられている。それゆえこの「呼びかけ」ではエラスムスは「キリストの哲学」の研究を読者に呼びかけており、そこに彼の神学思想の特質を求めることができる。彼は『エンキリディオン』に示されていたように、一方においてスコラ神学の思弁を退けながら、他方においては民衆の呪術的・迷信的信心を嫌っていた。そこでスコラ神学に対して単純明快に「キリスト」を、民衆の信心に対して、理性にかなった「哲学」を対置して、自己のキリスト教人文主義の特質を提示しているといえよう。

ではエラスムスは「キリストの哲学」(philosophia Christi) という表現で何を言おうとしたのだろうか。ともかくも、これは多くの誤解を招いた表現である。しかし、これまで一般に用いられてきた「教義」(dogma. doctrina) の代わりに「哲学」を使うことにより、新鮮な感覚を呼び起こしている。ルノーデによるとこの表現はエラスムスの福音的実証主義を表しており、それは哲学と神学を嘲笑している。エラスムスは福音に基づく道徳を提供しようとし、信仰のあらゆる定式化と義務付けられた教会の実践に反対して、完全な霊化に到達するような自由を弁護しているという。(1) この哲学は「キリスト教的哲学」とも言い換えられるが、この慣れない表現が示しているのは、神的であると同時に親しみを感じる教師の教えがエラスムスにとっては大切であるということである。したがってエラスムスは特にプルタルコスとキケロに向かいながら福音にしたがってそれらを修正しているのであろうか。これに対してルイ・ブイエ (Louis Bouyer) は、この表現はギリシア教父たちに遡るもので、エラスムスによる意図的な擬古主義であると正しく指摘し、ルノーデの見解をはっきりと否定した。(2) 他の研究者たちも、この用語は中世の修道的伝統にも未知のものではなかったと説明している。

そこで『呼びかけ』の内容を検討してみたい。エラスムスはその冒頭において、キリスト教古代の神学者ラクタンティウスが異教徒に対しキリスト教を弁護するために、キケロに次ぐ雄弁が与えられるように願ったように、「キリスト教哲学」の研究に駆り立てるように読者に呼びかけるために、キケロに優る雄弁が自分に与えられるようにとの願望を述べている。もしも心を動かす説得術の女神ムーサがいるなら、もっとも有益なことをすべての人に説得する技術を身につけたい、とも言う。そのためには修辞学者の細工は必要でなく、「わたしたちが願っていることは真理自身［であるキリスト］のほか何ものも確実に授けてくれません。文体は単純であればあるほど、ますます効果的なのです[3]」と語っている。

ところが福音書と使徒の手紙からなる「キリストの哲学」はキリスト教徒によって嘲られ、多くの人たちによって無視されており、冷淡に扱われている。キリストの信奉者であると公言する人たちでさえ、それにふさわしい精神をもって理解されていないのが現状である。一般には自分らの学派のためにはその教えを徹底的に認識しているのに、どうしてキリスト教徒が創始者であるキリストに対してそういう心情をもつことなく、責任を負わないのはなぜか。キリストとサクラメントによって結ばれながら彼の教えを知らないのはなぜか。このように問うてからエラスムスは次のように言う。「キリストがご自身のことを死すべき者たちに伝えるために、神であられたお方が人間となり、不死であられたお方が死すべき者となり、御父の心の中で憩っておられたお方が地に降下されたということは、感嘆に値する新しい種類の哲学でなければなりません[4]」と。それゆえわたしたちはこの出来事を敬虔な好奇心をもって探求し吟味すべきである、と語ってその知恵について次のように語っている。

とりわけこの種の知恵はとても優れていますので、現世のすべての知恵を断固として愚かなものに引き戻してしまうでしょう（Iコリ一・一八以下参照）。このわずかな書物から、あたかもきわめて明澄な泉から汲むように、それを汲み出すことができます。しかも全く分厚く難解で、解釈者の相互に矛盾している無数の注解書からアリストテレスの学説をとらえるよりもはるかに苦労することなく味わえ、そのため何と多くの実りが伴われていることでしょう[5]。

この知恵を獲得するためには難解なアリストテレスの註解書を研究する必要もなく、単純で純粋な信仰だけで十分事足りるのである。一般の哲学はその教則が困難さでもって精神の育成を妨げているが、キリストの知恵はすべての人に等しく自分を適合させ、小さい者らには身をかがめ、彼らの調子に合わせ、キリストに向かって成長するまで養ってくださる。だからわたしたちは聖書が万人によって読まれるように翻訳されることを願っている。

ところでエラスムスがこのキリストの哲学の特質をもっとも際立ったものとして述べているところを紹介しておきたい。

> この種の哲学は三段論法の中よりもむしろ心情の中にあり、論争よりも生活であり、博識よりもむしろ霊感であり、理性よりもむしろ生の改造です。学者となることは少数の者にとって辛うじて成功しますが、キリスト者であることや敬虔であることは誰にでもできるのです。わたしはあえて付言したい、神学者であることは誰にでも許されています、と。
>
> 更にもっとも自然にふさわしいことは、すべての人の心の中に容易に入って行きます。キリストが「再生（レナスケンティア）」と呼びたもうたキリストの哲学とは、良いものとして造られた自然の回復にあらずして何でありますか。したがってキリストに優ってだれも決定的にかつ効果的にこれを伝えたものはなかったのです。とはいえ異教徒の書物の中にもこの教えに合致する多くのものを見いだすことができます[6]。

この哲学がめざすのは三段論法・論争・博識・理性ではなくて、むしろ心情・生活・霊感・生の改造であるとまず説かれる。つまり理論的な探究ではなく、実践的な生活であり、生の改造である。またこの生の改造はキリストによって「再生」（レナスケンティア）と呼ばれる。それは創造の秩序に向かう「自然の回復」に他ならない。この「再生」（レナスケンティア）とはルネサンスを言い表す表現として注目すべきである。なぜならルネサンスは古代文芸の復興を意味するとしても、それは同時にキリスト教の再生をも意味するからである。さらにキリスト教の教えと合致するものが異教徒の書物にも見いだすことができると付言される。ここに人文主義者としてのエラスムスの思想的な広さと寛容の精神を見いだすことができる。

それゆえわたしたちはキリストが何を教えたかを学ぶべきであり、その教えによって生活を改造するように心がけるならば、キリストは人間の間に滞在していたときよりも今なお効果的にわたしたちに働いておられるとも彼は言う。ところが人々は既成の習慣や規則に縛られており、信仰の源泉である聖書を顧みない。また偉大なスコトゥスや高潔なトマスを崇め、そこにある相互に矛盾する見解に埋もれて全生涯を使い果たしている。そこでエラスムスは「あの人間的な規則や慣習が福音書と使徒の手紙よりも神聖であると見なされないために、願わくは福音書と使徒の手紙がすべてのキリスト教徒によって聖なるものと認められますように[7]」と真剣に祈っている。

(二) 方法論(メトドゥス)

『新約聖書の序文』の第二は第一でエラスムスが読者に呼びかけた「キリストの哲学」に到達する「方法」を述べたものである。彼はその冒頭において読者からの声を予想して次のように言う、「あなたはずっと前から走ってきた人に(よく言われるように)何をけしかけようとするのですか。むしろ、それによってだれにでも近道のようにとても称賛されている、あの哲学に到達させる手段と方法を示してください。仕事に取りかかる道を知るということは、仕事の最小の部分ではないからです[8]」。もちろんそれに答えるのは容易なことではないが、アウグスティヌスがその『キリスト教の教え』全四巻で論じたのに彼も倣って論じてみたいという。

そこでエラスムスは聖書から神聖な知恵を学ぼうとする人は何よりもまず飢え渇くように真理を求めなければならず、すべての高慢を遠ざけ、名誉欲を退けなければならないと説き、次のように言う。「あなたが畏敬する宗教心をもってその場所に入っていくとき、あなたはすべてのものに口づけし、すべてを崇拝し、何かの神性が至るところに臨在するかのように、すべてを敬うでしょう。あなたがこの神聖な霊の最内奥（聖所）に入っていくときには、このことをいっそう深い敬虔の念をもって行うべきであることに留意してください[9]」。このような心の準備をまず持つことが力説される。

次にこの聖書を正しく理解するためにはラテン語・ギリシア語・ヘブライ語という三言語を修得するように配慮すべきであると、エラスムスは人文主義者らしく勧告する。もちろん三言語の完全な修得を彼は一般の読者に期待していない。それは総じて不可能であって、「入念さと優雅さ、つまり正しく判断するに足りる、中程度の言語能力にまで前進することで充分なのです」と言う。中世を通じて最大の権威であったヒエロニュムスの『ウルガタ』が一度だけ訳されたら、もう充分だとはとても考えられない。もしそうなら「ヒエロニュムスの翻訳が一度だけで充分だったならば、旧約聖書の真理はヘブライ語の原典から、新約聖書の信仰はギリシア語の源泉から探求されるべしという教皇の決定はいったい何を警戒するように仕向けていたのでしょうか[10]」と反論される。それゆえ若い人たちがギリシア語を勉強するように彼は勧め、アウグスティヌスでさえ老人になってからギリシア語を学び直したり、当時のゲルマニアの唯一の人文学者ルドルフ・アグリコラが四〇歳を過ぎてからヘブライ語を研究した実例を挙げている。また旧約聖書はそのギリシア訳『セプテュアギンタ』で十分であると考えたヒラリウスやアウグスティヌスの考えがヒエロニュムスによって批判されたことも指摘され、ヘブライ語研究の必要性が訴えられた。

三言語の修得と並んで自由学芸の学問の意義も説かれ、弁論術・修辞学・数学・音楽・天文学のほかに時代と歴史の研究も聖書を正しく認識するために必要であると説かれた。とりわけ神学を学ぼうとする青年が文法学や修辞学の表現法や比喩によって鍛えられるのは有益であり、それによって寓意的物語や寓意的叙述、比喩また修辞学の大前提、証明、敷衍、影響などの予備の学習をすることも重要である。この自由学芸についてアウグスティヌスがその弟子リケンティウスにそれに立ち返るように勧めている実例も紹介されている。

ところで昔の神学者オリゲネス、バシレイオス、ヒエロニュムスと最近の神学者を比較すると、「昔の神学者たちには何か黄金の流れが走っているように感じられますが、最近の神学者たちには全く純粋ではなく、その源泉に一致しない何か細流のようなものがあるのを感じるでしょう[11]」とエラスムスは説き、聖書の源泉から離れていった当時の思想の傾向を指摘する。そこには中世に栄えたスコラ神学の大きな流れがあって彼はこれと批判的に対決する。「というのも神的なよい学問を取り扱うに当たって何かを外来の助けのように一緒に混ぜ合わせることは、おそらく上品ではないでしょうから。それと同じく世俗的な知恵のすべてから全く異質な事柄を追求している人たちが、ピュタゴラス、プラトン、アリストテレス、アヴェロエスまた彼らよりも世俗的な作家たちのことだけをしゃべりまくって、この人たちの見解を神託のように〔畏怖して〕麻痺してしまうのは、真にもって愚かなことであると思われます。それはキリストの哲学に趣を添えるのではなくて、それを全く別物にしてしまうのではないでしょうか[12]」と疑問が出される。

こうして「キリストの哲学」を福音書が伝えるキリストの実生活から説き起こし、さらにキリストが生きた時代状況とその受けた迫害にどのように対処したかが具体的実例に沿って詳しく述べられる。また聖書の本文を正しく理解するためには聖書解釈学を学ばねばならないことが強調される。それゆえ「わたしたちは聖書の証言を、すでに六〇〇回も他のところから他の人によって混入され氾濫した、何かの要約やつまらない説教集や収集した文集からではなく、源泉そのものから〔若い人たちが〕適切に引用するのを十分に学ぶように勧めなければなりません[13]」と源泉に立ち返るように勧められる。このように源泉に向かわずに、その他の収集物に頼ることが戒められるばかりか、なかには自分の主張に沿って、聖書をそれに奉仕させるように強制する人があることも指摘される。こういう傾向は徹底的に批判され、聖書を庇護する者たちによって転覆されなければならない。また聖書の意味不明な箇所は他の明瞭な箇所を列挙することによって説明することができる。同じくパウロと福音書とを、福音書とイザヤ書を比較することも意義が深いことである。それに対しアリストテレスの註解書を暗記したり、スコトゥスの推論や討論を丸暗記して聖書に向かうことは正しいとは言えない。ここから古代キリスト教教父たちの正しい神学と誤ったスコラ神学の方法が対比され、後者に対する激しい批判が加えられる。すべてを弁証論者の機知とアリストテレスの哲学に還元するスコラ神学は、哲学であっても、神学ではないと断言される。「要するにわたしはスコトウスと一緒に無敵であるよりも、ヒエロニュムスと一緒に敬虔でありたいのです」とエラスムスは願望を述べ、結論として「キリストを純粋に教える教師は、誠に偉大なる人なのです[14]」と主張された。

(三) 弁明書(アポロギア)

エラスムスは冒頭において「異論を唱えるであろう少数の人たちに対してわたしは弁明書をもって対処したい」と語って、弁明書の目的を明らかにする。『校訂新約聖書』は出版当時非常に待望されており、エラスムス自身の言葉によると「無限の労苦と徹夜の仕事」によって完成されたのであった。これは今日から見て実に偉業と感じられる一大記念碑的な業績である。なぜなら新約聖書のギリシア語の本文の確定という困難を極めた作業ばかりでなく、新しいラテン訳を並置するという仕事に加えて、さらにそれを補強するために聖書各巻にわたる註解書を付け加えたものであったからである。この作品はギリシア語とラテン語から作成されており、当時の人文学の研究成果がふんだんに盛り込まれていた。したがってこれらの語学を駆使できない人たち、とくに神学者たちにもっとも役立つ書物であった。ところがこれらの語学を修得していない人たちによって無用の作品と批判される事態が至るところから出ていた。彼らはこの作品を歓迎しないばかりか、激しくこれを攻撃し、抗議し、あら探しをし、弾劾した。したがってエラスムスは彼らを忘恩の徒と呼び、著しく恥知らずであると反論する。彼は言う、「あなたはご自分で読んだこともないような書物を弾劾するに優って恥知らずなことを想像できますか。あなたがすでに読んでいても、言語についての知識が全くないなら、それについてあなたは何も言い表すことができないのではないでしょうか[15]」と。

事実、エラスムスの仕事はとりわけ神学者にとって有意義で、ギリシア語を学ぶ時間もゆとりもなかった人にとってもっとも役立つ業績であり、そのために彼が行った汗だらけの労苦を思えば、当然の発言と思われる。一般の人は自分に役立つものを心から歓迎し、素直に受容するのに、神学者だけはこれにしつこく抗議したりすることが起こってくる。そして感謝や報償の代わりに中傷が繰り返される。そうではなく神学者であるからにはギリシア語とヘブライ語を学んで、神秘に満ちた聖書の源泉そのものを探求すべきである、と彼は言う。また、そうすれば彼は多くの弁護人を得ることになろうと述べている。

人によってはヒエロニュムスの『ウルガタ』版だけで十分であると言った風潮が支配していたようである。しかしエラスムスが新しい訳を付け加えたのは、ヒエロニュムスを含めた以前の翻訳者たちが未決着のままに残した問題に答えているのであって、有意義なものである。そういう仕事は根拠もなく軽率に行ったものではない、と彼は反論する。また聖書の正典に関しても十分に検討を重ねてきたことを強調して、彼は次のように言う。

まず初めに正典に関する〔ウィーン〕公会議[16]にもとづいてギリシア語原典の文言によってラテン語の写本を吟味しましたが、少数の著者たちかだれかに信頼してそれを行ったのではありません。ラウレンティウス・ヴァッラは信頼できる七つの写本を追跡調査したと証言しております。最初の点検の際に、わたしたちは四つのギリシア語版によって、次には五つの版によって〔検証するように〕助けられ、三回目には他のものとは別にアスラナ版が更に加わりました。四回目にはスペイン版が〔使われるべく〕供給されました。それからきわめて古いだけでなく、また改善された、幾つかのラテン語の諸版も参照されました。わたしたちはこれをもって満足しないで、もっとも優れた著者たちを調べてみて、彼らが引用していること、読んだこと、修正したこと、解釈したことを物憂い気分で観察しませんでした。また、わたしたちはこれらすべてのことを、できる限りの警戒心をもって、確かに最高の誠実さをもって、寄せ集め、かつ、比較考量して、最善であると判断したものに従いました。この〔研究の〕原則をわたしたちは公表したのですが、それでもやはりそれは各自が自分の判断を受容させるためなのです。[17]

ここに挙げられた写本の数は相当なものであるが、実はこれまで聖書のラテン語の写本もギリシア語の写本も千年以上にわたってすべてにおいて一致していなかったことを知っておくべきである、とエラスムスは言う。その理由はいくつもあげられるが、聖書の写字生がとても多く、彼らが本文を写すとき、彼らの無知、眠気、不注意があった上に、生半可な教養や不注意による変更が加えられたりした。さらにヒエロニュムスが言っているように、東方教会では自分たちの党派を弁護するために聖書に変更が加えられたりした。なかには聖書を講解した人たちが欄外に書き留めていたものを本文中に移すようなことも行われた。これによって重大な歪曲が生じたのである。実際、古代の教父たちもそれぞれ相違した仕方で聖書を読むようになってしまったのである。こうして写本の多様性が聖書の信憑性を奪うなら、聖書は多様なままになってしまって、正典としての価値がなくなってしまう。だが、写本の不一致がアウグスティヌスをしていっそう聖書の研究に向けたこともあるように、できる限り正典に近づける努力が要請される。

そこでエラスムスは「わたしたちは聖書の幾つかの箇所を刷新しました。わたしたちはそれらをいっそう優雅にというよりも、むしろいっそう明瞭に、かつ、いっそう忠実に訳しました」[18]と語っている。こうすることによってこの『校訂新約聖書』という作品は、損なわれることなく、いっそう輝きを増し、純粋になり、改善されたと主張されている。彼によると聖書自身はその源泉において尊厳を保っているが、問題なのは翻訳者、写字生、歪めた人たちなのである。

そうです、いっそう正しく言うなら聖書に対する最高の賛辞は、それがあれほど多くの言語に繰り返し翻訳され、異端者たちによって繰り返し損なわれたり、あるいは曲解されたり、筆記者の不注意によって繰り返し台無しにされたにもかかわらず、永遠に真理の活力を保ち続けていることです。このようにして教会はあらゆる悪人どもの攻撃によって激しく動揺しても存続しています(19)。

このように言っても聖書を誤って伝える人がいなくならないなら、それを直ちに矯正することを怠ってはならない、と彼は付言している。

さらにエラスムスが試みたラテン語訳に関しても、「まずもってわたしたちの訳業をギリシア語と比較してください。わたしたちは〔訳業を〕いっそう容易に進めるために、その場所〔ギリシア語写本〕からわたしたちの訳業を調達して来たからです。わたしが古い翻訳者よりも忠実に、明瞭に、意義深く表現していないかどうか判断してください(20)」と彼は述べて、読者に訳業を正しく判定してもらいたいと訴える。また他のラテン訳との相違は原典に忠実に訳したことから生じているのであって、その解釈に関してはこの版の終わりに付した『諸註解』を参照してもらいたいとも言い添えている。

そこでエラスムスは聖書本文について自分の考えていることを次のように率直に語っている。

それゆえわたしたちはこの〔聖書〕本文がすべて確実で、疑いの余地がないかのように、推薦しているのではありません。そうではなく目覚めており注意深い読者が、わたしたちの手になる〔本文の〕改良と刺激的な注解によって少なからず援助されるように願っています(21)。

このような言葉には少しも強がりがなく、謙虚そのものであって、自分をも相対化して述べている点が好ましい印象をわたしたちに与える。しかし人文主義者として聖書本文を厳密に検討し、それを確定し、さらに新しいラテン訳を完成したこと、および註解まで付け加えたことに関しては、揺るぎない確信を懐いていたといえよう。このことは聖書本文の細かな検討、コンマのような小さな修正ですら、聖書の意味を把握するのに大いに役立っていると彼は考える。また聖書本文の解釈に関して古今の有名な神学者の解釈をも検討し、たとえばアウグスティヌスやトマス・アクィナスのような大家にも誤りを犯す可能性のあったことを指摘している。こうした内容からなる弁明書は当時においては十分な根拠を持つものと受け入れられたことであろう。

注

(1) A. Renaudet, Etudes érasmiennes 1521–1529, VII–XIX, 122–189.
(2) Louis Bouyer, Erasmus and his Times, trans. by F. X. Murphy, 1959, pp. 105–121.
(3) 本書二二八頁。
(4) 本書二三〇頁。
(5) 本書二三〇頁。
(6) 本書二三五頁。
(7) 本書二三七―二三八頁。
(8) 本書二四四頁。
(9) 本書二四五―二四六頁。
(10) 本書二四七頁。
(11) 本書二五〇頁。
(12) 本書二五二頁。

(13) 本書二五四頁。
(14) 本書二六一頁。
(15) 本書二六五頁。
(16) オリエントの言語研究に関するウィーン公会議は一三一二年に開かれ、そこで決められた指針にエラスムスは従っている。
(17) 本書二六八頁。
(18) 本書二七〇頁。
(19) 本書二七一頁。
(20) 本書二七四頁。
(21) 本書二七五頁。

『真の神学方法論』

エラスムスの『校訂新約聖書』（Novum Instrumentum, 1516）はキリスト教思想史における真に記念碑的業績であった。それは聖書の原典を提供したばかりか、宗教改革を引き起こした原因ともなった点でもきわめて画期的な出来事であった。そこにはまた文献学的に言ってもルネサンスを特徴づける古代文化の「源泉に帰れ」というスローガンを実現させた模範でもあった。

ところでエラスムスの『校訂新約聖書』に付けられた有名な『新約聖書の序文』も、膨大な『注解書』もこれまでは批判的に吟味されてこなかった。最近になってジャン・ピエール・マッサウは『注解書』を研究し、エラスムスにおける「神秘」の概念と使徒パウロの影響を問題にし、アルバート・ラビルはエラスムスの方法論を発掘するために『ローマ書の注解』を吟味した。(1) また人によってはそこにオリゲネスの影響を捉えてその影響を強調する者もいる。『序文』に関する研究も進展し、ホフマンやヴィンクラーによって認識論や「神学的な文芸学」を論じる研究も現れた。(2) こうしてキリストの哲学である真の神学がその中心的な対象として「神秘」に置かれていることが解明された。ここから神学者としてのエラスムス像が回復されるのみならず、彼の神学方法論には「神秘」をどのように解明すべきかが説かれていると認められるようになった。(3)

本書は『新約聖書の序文』の第二部である「方法論」を更に敷衍し拡大したものであって、彼の神学思想を知る上で重要な文献である。(4)

一　『真の神学方法論』の見取り図

エラスムスは『真の神学方法論』(Ratio seu compendium verae theologiae, Basel, 1519) の冒頭で次のように言う。

新約聖書の初版がわたしたちの点検を経て出版されようとしていたとき、神学研究の方法論もしくは原則〔ラティオ〕が添えられるようにとの、ある友人の熱心な勧めによって、わたしは簡潔ではあるが一つの著作の序文としては内容の豊かなもの〔つまり『新約聖書の序文』〕をかつて付け加えたと考えていました。(5)

ここには『校訂新約聖書』の出版に続いて、聖書理解のための組織だった神学方法論の必要性が感じられたことが明らかに述べられている。以前の著作にあった「方法論」の叙述では彼の神学方法論の概要が簡略に提示されただけであった。これがさらに三年を経て、初版は一五一九年に出版されたが、一五二〇年、一五二二年、一五二三年にわたって加筆され、この著作におけるような詳細な論述に発展したのである。

ところで本書を開いてみると、驚くことにそこには章節の区別も小見出しも付けられておらず、思いつくままに、書いていった印象を受けるが、これを整理してみると『新約聖書の序文』の「方法論」の初めの部分と内容上ほぼ一致している点が明瞭となってくる。まず、「はじめに」で本書著述の動機について述べてから大略次のような順序で論旨が展開されている。

I　聖書研究に対する予備的教育

（一）聖書研究を志す人の心の準備について、（二）三言語（ギリシア語、ヘブライ語、ラテン語）の修得について、（三）自由学科の学問的な意義について、（四）人文学の意義、（五）スコラ神学批判、（六）キリスト教教義の大綱、（七）語っている人の状況と役割、（八）五つの時代区分、（九）キリストの民の三つの集団、（一〇）間違った儀式と敬虔を破壊するもの、（一一）結婚問題

Ⅱ　福音書のキリストの全体像

（一）キリストの物語（fabula Christi）の全容、（二）キリストの多様性と矛盾した表現、（三）キリストの神性と人性、（四）神の世界救済計画、（五）キリストの無罪性、（六）キリストの世界統治、（七）キリストの模範と一致する使徒パウロとペトロ、（八）福音宣教の課題

Ⅲ　キリスト教の信仰と愛、および平和の教え

（一）キリストの説く信仰について、（二）キリストの説く愛について、（三）パウロの説く信仰と愛、（四）パウロの愛と平和の教え、（五）儀式と典礼について論じられる。

Ⅳ　キリストにおける敬虔の模範

Ⅴ　聖書の言語使用に関する問題

（一）譬え話、（二）パウロにおける譬え話と比喩的な表現、（三）心の最内奥の状態

Ⅵ　言語の特殊用法と使用

（一）各言語の特殊用法について、（二）転義的な言語使用と転置法や誇張法について、（三）文体の両義性の問題

Ⅶ　比喩的解釈と隠された神秘

Ⅷ　新約聖書の物語の比喩的解釈

（一）アンブロシウスの解釈をめぐって、（二）オリゲネスその他の誤り、（三）キリストの教育的な譬え話

IX　聖書の正しい使用と理解
（一）聖書と古代教父の源泉に立ち返れ、（二）聖書の言葉の正しい用い方、（三）アウグスティヌスとドナティストとの対立、（四）聖書の対立する表現について、（五）聖句の暗記について、（六）古代の注解書を選んで利用する、（七）源泉に遡って学ぶ

X　神学に対する正しい教育
（一）クリュソストモスの見解、（二）使徒パウロの意見、（三）今日の説教の憂うべき有様、（四）パウロの警告。これに「終わりに」が続く。

ところでエラスムスの神学的な方法とは何であろうか。彼によると神学はその対象のゆえばかりか、その学問の本性において求められる主体的性格のゆえに、聖なる学問である。それは古代人のいうカタルシス（心の浄化作用）を求める。つまりそれに携わる者の道徳的清めという浄化を要求する。したがって神学は単なる技術的な問題ではない。それゆえ自分の内に宗教的な態度を養おうとしない人、人格的な改善を求めない人は神学において進歩しない。というのは神学は厳密に預言者的な作業であるから。そのためには聖霊の特別な恵みが心にそそがれていなければならない。それゆえ次のような勧めがなされる。「あなたの唯一にして第一の目的と祈りは、あなたが変えられ、連れ去られ、あなたが学んでいるものへと改造されるという、一つのことを実行することです」[6]。

ここから最初の結論が次のように下される。「こうして、あなたが鋭く討論することによってではなく、次第に他のものに変えられるのを感得するなら、あなたは遂に自分が進歩したと考えねばなりません」[7]と。このことは、同時に、当時の神学が単に論争的であるような、情けない状態にあったことに対する批判であった。この批判は一六世紀のスコラ神学が論争神学となっていたことに対する、新たなる批判と論戦の試みと見なすべきでは

なく、古代教父のナジアンゾスのグレゴリオスの神学的説教から反‐弁証法的な態度を受容していたと考えるべきである。[8] そこには預言者的な神学姿勢を回復させようとする意図が明らかに認められる。ここからエラスムスの神学方法論の主たる傾向を次のように要約することができる。

(1)聖書を読む訓練をする人は清い心をもたねばならない。

(2)聖書の言語であるヘブライ語・ギリシア語およびラテン語を学び、自由学芸とくに文法と修辞学によって鍛えるべきである。彼は言う、「討論をする前に、まずなすべき第一の研究は、ラテン語、ギリシア語、ヘブライ語の三つの言語を徹底的に習得することである」と。なぜなら現行のラテン訳聖書ウルガタが不正確であるから。しかし同時に聖書には神秘的な生命が隠されている。[9]

(3)聖書のさまざまなテキストはそこに内在する教義的な複雑さがあって、それが多面的なものであっても、すべてを中心としてのキリストに還元させることができる。

(4)聖書本文に対する冷静な霊的な釈義を実行すべきである。

(5)聖書解釈という釈義の仕事は特定の方法にもとづいて行い、弁証論を濫用させてはならない。

これが神学の初心者にエラスムスが呼びかけた勧告の内容である。それは恐らく神学研究の基本的な勧告であるが、語り口は平明であっても決して初歩的な内容ではなく、神学の基礎となる根本的なものである。これを土台にして初めて堅実で揺るぎない神学が確立されうると彼は主張した。そこで次に彼の神学方法論の幾つかの特質をあげてみたい。

二　エラスムスの聖書神学の特質

エラスムスが聖書を重んじる基本姿勢には、当時の神学に対する彼の批判が隠された意図として潜在していた。

彼は聖書を原典に即して研究することによって現実の教会を改革するという意図をもっていた。そのさい彼は人文主義者らしく聖書原典に帰ることによってキリスト教の根源を明らかにし、教会の歴史の中で形成されてきた教義を批判的に検討しようとした。ここには新しい学問を復興させた人文主義者としての革新的な精神と手法が隠されている。しかし彼は本質的には中世のスコラ神学で試みられたような、キリスト教思想を組織的に構想する教義学者ではない。それゆえ教会の個々の教義を取りあげて信仰の源泉である聖書から批判的に検討しているのではない。むしろ「彼自身の聖書理解を前提とした上で、その理解との関係においてキリスト教の教義の全体が何であるかと問い、その視点から現実の教義を論じている。言いかえるならば、聖書の指し示していることを教義と同一の意味で捉えていると言うこともできる」[10]。そこには教会とキリスト教社会の現実、人間の罪の現実に関心が絶えず寄せられており、中世スコラ神学が目指した理路整然たる教義体系よりも、いわばもっとも単純で素朴な聖書の教えが本書第二章「福音書のキリストの全体像」において詳細にして、かつ、分かりやすい仕方で提示されており、無意味となった空疎な教義体系に対する批判が看取される。

このように聖書を読むためには、単純な心とその準備となる知識が必要である。そこでエラスムスの聖書神学の特徴点となっているものをいくつか取りあげて考察したい。

1　聖書の核心にある神秘の霊的理解

「新しい敬虔」の精神運動の影響を受けたエラスムスには、聖書の中にはその核心として「神秘」(mysteria)が見いだされるという優れた洞察がある。しかもその神秘の核心部分は理性によって解明されることができないし、その深部には聖霊だけが入ることができるがゆえに、聖霊の導きに従順であることだけが聖書を理解させるに当たって不可欠の前提となる。ここでいう従順とは心を純潔に、かつ、平和のうちに保ちながら、精神をして理解するように渇望させることである。それはまた「不敬虔な好奇心」に惑わされないで、諸々の神秘を敬うことである。この神秘に触れることは、わたしたちが把握できるものによって高められ、霊感を与えられ、改造されることによってのみ実現する。それゆえ人はこのことのほか何ら目的も、願望も、行動ももってはならない。聖霊は内的な教師として自己の行為に服従する人に神秘を把握する能力を授け、その人を高める。それは聖パウロが預言する力と呼ぶ聖書理解であって、人を改造する力をもっているような知識である。それゆえ「あなたの唯一にして第一の目的と祈りは、あなたが変えられ、連れ去られ、あなたが学んでいるものへと改造されるという、一つのことを実行することです」と説かれるとき、そこには神秘な生命力の関与が前提されている。[11]

2　理性的な弁証論よりも霊感のほうが重要である。

それゆえ理性的な弁証論を濫用しないこと、およびそれを使いすぎないように抑制することが大切である。実際、理性的な議論である弁証論は理性と対立する情念を克服するのに役立つのみならず、合理的な知識をもって本性的に情念を治める。実際、神学的知識は理性的な知識とは異なる秩序をもっている。「神学者というのはその名称を人間的な意見からではなく、神の言葉〔神託〕(a divinis oraculis) から得ています。また神学の大部分は霊感で導かれており、全く純粋な道徳がないと、それに近寄ることができません」[12]。

それゆえ神学的知識は霊的であって単なる理性的な弁証論を服従させ、自分の意志にもとづいて合理性に従わねばならない。神学は知識のためにそれ自身の道具を、つまりそのオルガノンとしての論理をもたなければならない。この神学のオルガノンはアリストテレスの哲学的な論理学とは異なっているが、どのようにして両者を混同しないで一致させるかを知るべきである。

3　聖書的知識の道具としての方法

では、そのような神学的な道具とは何か。どのようにそれを用いることができるか。これが「方法」(ratio)

の扱う問題である。それは聖書のもつ合理的なものに適応されなければならない。この方法は人間的な論理にではなく、霊的な発展に一致していなければならない。この ratio は聖霊が授ける ratio であって、人間の ratio ではない。それはエラスムスによるといわば神学のアプリオリ〔先験性〕なのである。こうして、わたしたちがもっている知識とそれが指し示す実在との一致は直接的に提示される。それは理性的な推論による知識からは区別される。なぜなら理性的な推論による知識では知識と実在との一致が最初から理論的に意図されているからである。

それに対し聖霊の導きに従順になると、人間の理性は発端から霊感を受けて聖書を神の言葉として受容する。そして聖書を霊的な意味で理解しようと努力する場合には、人間の理性はまず初めに聖書を字義的にヘブライ語・ギリシア語・ラテン語で理解するように努めるべきである。もし真剣に神学の研究を志し、研究のために役立つ才能を少しでももっているならば、これら三つの言語を学ぶべきである。このような言語的な知識は聖書をそれ自身に即して学ぶのであるから謙虚なものである。それは受肉した御言と同じ謙虚さをもっている。聖書は実際「神の言葉の人間性と似ている。聖書には今日でもわたしたちに語りかける神の言葉が存在する。このことこそ御言葉の礼拝と崇拝が聖書の字義的意味を尊重する点を含んでいる理由である。聖書には知られるようになった神の言葉がある(13)」。

4　啓示の媒体としての言語・文法・修辞学

したがって、それを通して神秘が啓示される媒体である言語を理解しないでは、だれもこの神秘に近づくことはできない。そのために、わたしたちは言語自身の不可欠の特質ばかりか、文法と修辞学とが必要であることをも認めなければならない。なかでも古代人たちの学派がもたらした比喩的表現と修辞の本性をも学ぶべきである。わたしたちは古代人の比喩と聖書の比喩とを同一視できない。キケロの雄弁はキリストの雄弁とは相違する。キリストの雄弁はおそらくは「〔文体の〕華麗さでは劣っていても、効果の点ではそれだけいっそう優っている」[14]。また「神学者の職業は細事にこだわる議論よりも心情において成り立つ」がゆえに、生涯たゆまずキリストにしたがって訓練するほうが有益である。[15] それゆえ文法・詩・修辞学は予備学的価値だけしかもたない。

5 自由学芸の意味

またエラスムスは、当時の職業的な神学者に共通に見られた自由学芸に対する軽蔑的な態度に反対して、神学における七つの自由学芸の位置を定めようとする。この自由学芸の助けによって精神は、それと自覚しないでも、受肉した御言の神秘に近づくことができる。この学芸によってキリストの歴史とその教えに客観的に近づき、それを学問的に知ることができる。

さらに自由学芸の意義についてアウグスティヌスの『キリスト教の教え』を例としてとりあげながらその重要性と説き明かす。それは神学をめざす若者にとっても論争の武器としても不可欠な教養となっている。さらにオリゲネスのアブラハム物語の解釈の場合を挙げて、そこには黄金の水流が見られるという。それゆえ彼は当時「よい学問」と呼ばれていた「人文学」を推薦し、「もし世俗的な学問にさらに長く関わらねばならないときには、わたしとしては聖書にいっそう近く隣接するものを事実選ぶことでしょう」[16] と言う。これは当時のスコラ神学に対する批判でもあって、スコラ神学者たちがアリストテレスやアウェロエスに学習に偏っていて聖書から離れていることを指摘している。

6 聖書の字義的解釈と霊的解釈

キリストの教えを聖書の中で見分けるためには、物語形式の中に見いだされる字義的意味に優っている意味を発見しなければならない。そのためには言葉とそれを語っている人とを、またキリストとその贖罪の行為とを関連させる必要がある。また、どのように言葉がキリストの人格から出ているか、人格が言葉にとって内的なものであるかを考察することも必要である。これが比喩的解釈であって言葉の霊的解釈がなされる。これに関しては後述する。

7 物語（fabula）の神学

エラスムスはその神学を福音書のキリスト論で展開させている。しかもその方法は、『新約聖書の序文』における「方法論」では使われていなかったものである。それはfabula（物語）であって、ドラマにおける作戦計画のようなものであり、次のように語られる。「わたしたちが〔新・旧〕両方の聖書を熱心にひもときながらいわばキリストの物語の全体がもっている素晴らしい領域と調和を考察するならば、少なくない利益がもたらされます。その物語を彼はわたしたちのために人となることによって実現なさいました[17]」。

この物語は現実の痛ましい葛藤を解消しながら幸福な結末に導かれる。それゆえ「物語」（fabula）の観念は「総合的である。それは普遍的なシンボリズムと宿命としての歴史を結合する[18]」とも言われる。この物語によって普遍的なものと個別的なものとを保存しながら、言語の抽象的な普遍性と歴史の具体的特殊性を結合することが可能となる。それは神と人との仲保者として、また人間に関わる神の歴史の中心として、受肉した神の言葉を省察するに適している。しかしエラスムスはこの考えをこのような可能性を示唆することなく用いている。

三　エラスムスの神秘神学

エラスムスはキリストを活ける生命として捉えようと努めてきた。そこには単に理性によっては把握できない霊的な神秘が探求されてきた。わたしたちは続けてこの点を次の三点から明らかにしてみたい。

1　神秘とは愛である

一般的に言ってキリスト教の神学思想の内容は信仰と愛から成立している。これに関して彼は「キリストはとりわけ、また、絶えず信仰と愛という二つのことを教えています。信仰は自分に信頼しないで、わたしたちの信頼のすべてを神におくように助けます。愛はわたしたちがすべての人に貢献するように促します[19]」と語っている。こうしてキリストが説く純粋な信仰とそこから要請される愛の実践を生き生きと論じていく。そのさい神の愛は神秘として示される。

それでは神秘とは何か。それは父なる神の言い表しえない愛ではなかろうか。しかも愛のわざはキリストの多様な行為の中に働いている。「キリストは自分に似ていないものがどこにもないように、すべての人にとってすべてとなられました[20]」。事実、この愛のゆえに神の子が人となったのであるが、そのさい愛こそ、御言が、肉となることによって自己との不等性によって害を受けずに、アイデンティティを確立できる。つまり愛によって御言が自己を変化させて人となったのであるが、そこには御言が愛によって一人の人にまで降る謙虚によって愛の原理が示される。だからキリストが神性と人性とを、両者を混同しないで、そのペルソナにおいて統一させるのも愛である。また愛によってキリストはその使徒的な宣教を自覚した。彼はすべての人にすべてのものとなることによって、万人を自分に引きつけ、異なった宗教によって分離した人々を彼の内において再統合させた。それを可能にするのも愛である。要するに愛によってキリストはご自身を与えるために各人の進歩の状態にご自身を適応させるのである。そのように与えることによってご自身と神との一致のうちに人々を父なる神に引き寄せたもう。

こういうのが聖書の比喩的な言語のうちに啓示された神秘なのである。この神秘は歴史や字義的な意味において明瞭となるが、同時に比喩のヴェールのもとに隠されている。「キリストの神秘が俗人たちや不敬虔な人々に覆われ、かつ、隠されたままであることを彼が意図していたにせよ、そうなのです。だが、そうは言ってもその間に信仰の厚い探求者に理解される望みが妨げられないように願ってのことです[21]」。

2 聖書解釈の方法

中世以来「聖書の四重の解釈」（字義・比喩・転義・類比による解釈）がおこなわれてきたが、なかでも比喩的な釈義は比喩的な言語に応じており、そこからその釈義の規則が生まれた。それは理解の二つのレヴェルから成っている。すなわち⑴字義的もしくは歴史的意味と⑵神秘的もしくは霊的意味である。後者はさらにエラスムスが受容するのを欲しなかった四重の解釈にしたがって、比喩・転義・類比に分割される[22]。こうして歴史的意味から霊的な意味へ、字義的意味から霊的意味へ移ることは、比喩的解釈を実行するために字義的解釈を捨てたり退けたりすることを意味しない。むしろそれは歴史における字義的な意味の中に見いだされる神秘を明らかにしようとし、それによって聖霊の働きを認識することを意味する。これこそ歴史的にして字義的な意味が霊的もしくは神秘的意味の土台であるという理由である。他方、霊的で神秘的な意味は歴史的で字義的な意味を理解する原理である。つまり霊的な意味の中に字義的意味が見いだされる。このことが字義的にとられると馬鹿らしく感じられるものが、単なる字義的で歴史的な意味では考察されえないということの理由である。彼は言う、「しかし、わたしたちは比喩的解釈に立ち帰るべきです。なぜなら全聖書はそれによって成立しているからです。これによって永遠の知恵はわたしたちに、片言のようにではありますが、語っており、このような細心の注意を〔聖書に〕向けないと、とりわけ旧約聖書の諸書においては有益な大部分が読者から逃げて行くでしょう[23]」と。

『真の神学方法論』に展開するエラスムスの神学思想は、神秘そのものである父なる神の言い表しがたい愛の神秘がどのような神学的方法によって把握されうるかということである。神はご自身を御子イエス・キリストを通して授けたもう。これによって人が神を知るようになしたもう。同様にこの神の愛に応えて自分自身を返礼として神に与えることなしには、神を捉えることはできない。まず、神はご自身を全面的に与えられ、引き渡し、賜物を授けたもう。それに対し、神が与えたもうた仕方にふさわしく、自らの知識を改造し、知識の対象を構成しなければならない。知識自体が神によって啓示されるのである。この贈り物としての知識は人間の合理性の形式が付与されることによって価値が高まるのではない。それゆえアリストテレスやその他の哲学者に由来しない学問である新しいオルガノンが必要である。知識自体が贈り物であって、これ以外には与えられたものを知る手段はない。それゆえ、こういう知識に加えて字義的な釈義には理性や心の訓練や清めが必要である。それゆえ理性や自由学芸の必要は理性的な要請ではなくて、贈り物において与えられるものの溢れるような豊かさから派生している。したがって、それは霊的な意味自体によって要請されており、その中にそれ自身の合理性が洞察される。

3　神秘的な超越としての信仰

終わりにエラスムスが説いている神秘的な超越としての神学の基礎にある信仰について述べておきたい。エラスムスの神学の基礎には『エンキリディオン』や『痴愚神礼讃』で説かれた根本思想があって、それは「目に見えるものから見えないものへ」という超越の思想として述べられた。したがって彼の神学の基礎には、わたしたちの目を地上的事物の諸価値から天上的なものに向けさせていく信仰の超越が説かれている。ここには人間的な価値を根源的に変革する信仰の働きが認められる。こうした信仰を確立するための学問的方法論が聖書解釈としての神学に要請される。

このような神学のための予備的段階として、プラトンとかストア派やペリパトス学派の哲学の研究も意味がある。しかし、その研究は、それ自体としての価値をもっているにしても、そのような研究自体がわたしたちの目的ではなく、天に心を向けていくための神学的目的の手段として意味があると認められる。そこにはキリストの教えや生活を受け入れて、それに従っていくという信仰のわざが主導権を握っている。したがって単純な信仰が要請される。人間的な計画や判断の基準は、しばしばわたしたちを誤らせるし、ときにはキリストの教えに違反する場合すらある。それに反し単純な信仰は人間的判断を超えるさいの力となる。

したがって神学によって得られる真の知恵は、人間の判断を越えているが、誠実で温和なものである。この点をエラスムスは、ヤコブの手紙三・一三―一八にもとづいて「真に神学的な知恵は何よりもまず純粋であると言い、それから慎み深く、平和をもたらし、わかりやすく、憐れみと善い実に満ちており、偏見がなく、偽善的でもない[24]」と主張する。

このようにしてエラスムスは神の恩恵に対してすすんで応答する信仰の主体性を神との関係の中でも説いている。この応答的な信仰は彼の『自由意志論』の根底に置かれているものである。それをもって彼は晩年にルターと論争し、自らの神学思想をいっそう大きく展開するようになる。

注

（1）Rabil, Erasmus and the New Testament: The Mind of a Christian Humanist, 1972, pp. 115–127.

（2）Hoffmann, Erkenntnis und Verwirklichung der wahren Theologie nach Erasmus von Rotterdam, no. 44; Winkler, Erasmus von Rotterdam und die Einleitungsschriften zum Neuen Testament, 1974. このヴィンクラーは『真の神学方法論』の独訳者である。

（3）M. O. Boyle, Erasmus on Language and Method in Theology, 1978; J. B. Payne, Towards the Hermeneutics of Erasmus, in Scrinium Erasmianum, 1969, 2, 13–49, Georges G. Chantraine, The Ratio Verae Theologiae, 1518, in: R. L. DeMolen, Essays on the Works of Erasmus, 1978.

（4）『新約聖書の序文』は「敬虔なる読者への呼びかけ」「方法論」「弁明書」の三つからなっている。いずれも簡略な叙述に過ぎなかったが、その中で「方法論」の箇所を拡大発展したものが『真の神学方法論』である。

（5）本書二八五頁。
（6）本書二九〇頁。
（7）本書二九〇頁。
（8）Louis Bouyer, Erasmus and His Times, 1959, p. 158.
（9）言語の知識がないと読んでも理解できない。言語といってもラテン語だけでは十分ではない。しかし、ヘブライ語やギリシア語を流暢に話すことが求められているわけではない。聖書を正しく理解するためには言語の理解が不可欠である。さもないと判断を誤ることが起こる。翻訳が間違っていることもあるし、人間的な教えによる歪曲も生じるからである。エラスムスは聖書の権威を重んじるがゆえに、原典研究を重視し、言語研究の必要性を説いたのである。
（10）木ノ脇悦郎『エラスムス研究』日本基督教団出版局、一九九二年、一一九頁。
（11）本書二九〇頁。
（12）本書四五七―四五八頁。
（13）Chantraine, Mystère et Philosophie, p. 241. Georges G. Chantraine, op. cit., p. 181 からの引用。
（14）本書二二七頁。
（15）本書二九八頁。こうした観察からエラスムスにおける文芸学は美学的ではなく、むしろ神学的である。それは受肉した神の言葉をその対象としてもっている。ここから聖なる言語の見習い期間や文字に対する考慮、テキストの正確な確立も説かれる。
（16）本書三〇二頁。
（17）本書三二七頁、Adversus Epistolam Lutheri（LB, 10, 1542D）. 芳賀力『物語る教会の神学』教文館、一九九七年には今日の新しい方法が説かれているが、エラスムスにはすでにその萌芽が認められる。
（18）Chantraine, Mystère et Philosophie, p. 275. Georges G. Chantraine, op. cit., p. 182 からの引用。
（19）本書三六五頁。

(20) 本書三三〇頁。
(21) 本書三九五頁。
(22) 本書四一九頁。
(23) 本書四一五頁。
(24) 本書二九〇—二九一頁。

『対話集』

「敬虔な午餐会」

『対話集』はエラスムスの生涯にわたって拡大されていったが、「敬虔な午餐会」という作品は一五二二年版にはじめて加えられた。しかし、それはこの対話の一部分に過ぎなかった。だが、その後にかなり改訂が加えられて同年の夏頃に完成版が出版された。

この対話編の魅力は少なからずそのセッティングにあるように思われる。この対話では多くの友人たちが都市の郊外にある、よく設計された美しい庭のある家に集まったことが述べられている。ルネサンス時代にはこうした家と庭園での生活が対話的な作品の背景として一般に設定されていた。古典的な例としてはホラティウスのサビーネの農場とかキケロのトゥスクルムにあった別荘などが有名である。こうした文学における事例をエラスムスはよく知っていたが、現実にもそういう庭園を知っており、イギリスの友人たちもそうした庭園を建設する計画をもっていたようである。たとえばチェルシーにあったトマス・モアの家は一五二三年になってから購入されたし、コレットは引退後にリッチモンド近郊のシェーンのカルトジオ会修道院に山小屋を立てる計画を進めていた。実際の別荘と庭園に関しては、エラスムスがよく逗留したバーゼルには、印刷業者フローベンの庭園があって、そこではバーゼルとその近郊に住む何人かの人たちが常に集っていたと想定してもよいであろう。というのは一五二二年にはバーゼルにおける人文主義者たちは未だ分裂していなかったからである。

この対話編で描かれているエウセビウスの家の内部は、ある点で、エラスムスの友人でコンスタンツの大聖堂付き参事会員ボッツハイムのヨーハンのものとよく似ている。エラスムスはそこを一五二二年の一〇月に訪ねて客となっている。[1]翌年の手紙でこの家をよく整った優雅で表情に富む、学芸の神の住まいと呼んでいる。エラスムスとヨーハンとは気質と趣味とが似ていたと言えよう。

この対話は芸術的な力量においてもエラスムスの卓越した才能と訴える力を発揮している。彼は対話の巨匠であって、対話をとおして多様な思想を表現し、その性格によって諸々の意見を示唆し展開させる。この対話の冒頭は客人とともに読者を気楽にくつろがせるような書き出しとなっている。心から歓迎を受けたのちに客人たちは家や庭を見て回る見物に加わる。それから昼食のご馳走のもてなしを受け、その間に暇に任せて重要で、ときには深遠な主題について討論する。その後彼らは意味深いおみやげをもらい、お屋敷の他のところを見せてもらってから、解散する。対話の全体をとおして真に迫った統一性と一貫性が見られ、そこには他の対話に見られるような揶揄・冗談・諷刺といったエラスムス的なルネサンス特有の特質が見られない。対話にはプラトンやキケロの対話編を偲ばせるような文学的な卓越性が認められるばかりか、古典文化とキリスト教との統合というヨーロッパ的な主題が見事に展開する。それこそエラスムスにおいて開花したキリスト教的人文主義の精神である。しかもその統一は単なる二文化を折衷するような混合ではない。宗教こそ彼の主たる関心事であって、キリストが目には見えないが主賓となっている。こうして午餐会はキリストの聖なる晩餐を想起させるものとなった。

事実、この長大な対話編においては古典文化とキリスト教信仰の関係が追求されている。[2]世俗の作家と聖書の間に絶対的な対立はない。果たして人間に由来する言葉とキリスト教の言葉との間には違いがあろうか。そこで客人の一人が聖パウロの言葉の意味について永いこと会話を交わした後に、世俗の作家から語句を引用した。それは大カトーの次の言葉であった。「また、生きてきたことに不満を覚えるものでもない。無駄に生まれてきたと考えずに済むような生き方をしてきたからな。そしてわしは、わが家からではなく旅の宿から立ち去るようにこの世を去る。自然はわれわれに、住みつくためではなく仮の宿りのために旅寓を下さったのだから。魂たちの寄り集う彼の神聖な集まりへと旅立つ日の、そしてこの喧騒と汚濁（おじょく）の世から立ち去る日の、何と晴れやかなことか」。これに付け加えて言う、「もっと敬虔にキリスト教徒がこういう仕方で生きて来ており、この言葉を口にする権利をもっているのか、と質問する。するとさらに他の客人が次のソクラテスの言葉をその発言に加える。「人間の魂は身体の中に陣営にいるように置かれており、最高指揮官の命令なしにはそこを立ち去るべきではないし、その部署につかせたお方によしと思われるよりも長くそこに滞在すべきではない」と。このことはこの身体を幕屋と呼んだパウロやペトロの言葉に完全に一致している。そこで次のように語られる。「キリストがわたしたちに求めていることは、他でもないすぐにでも死ぬかのようにわたしたちが生き、かつ、目覚め、いつまでも生きるかのように善きわざに励まねばならないということではないでしょうか。あの栄光に輝く日よ、という声を聞くときには、もうパウロ自身が〈この世を去ってキリストとともにいたいと熱望する〉（フィリ一・二三）と語っているのを聞くように思われないでしょうか[3]」。

エラスムスはこれに対し、わたしたちはキリスト者にふさわしくないカトーの言葉にある種の自己確信を見つけ出すことができるとしても、毒人参を飲む前にソクラテスが何と言ったかを聞くべきであると言う。彼が行ったことを神が承認してくださるかどうか分からないが、確かに彼は神に喜ばれようと努力してきたし、神がこれを聞きとどけて下さるように願っていた。これに対しエラスムスは「このことにまして、正しいキリスト教的な人間にいっそうふさわしく一致するものを、異教徒の間ではかつて読んだことがない」と付言する。すると客人の一人が即座に次のように応答する。「それは確かにキリストも聖書も知らなかった人における賛嘆すべき精神です。ですから、わたしはそのような人についてそうしたことを読むときには、聖なるソクラテスよ、わたしたちのために祈ってください（Sancte Socrates, ora pro nobis）と、どうしても言わざるをえません[4]」と。

この箇所は多くのことをわたしたちに告げている。それはエラスムスが信仰と文化との、つまり古典的な古代に対する深い感嘆とキリストによって捉えられたこととの間に見いだした総合を的確に示している。両者の比較の尺度はキリスト教信仰であり、これによって彼は古代世界の英雄たちを測っている。このことは一巡りして他の仕方でもしばしば提示された。キリスト教と古代とは同等な権利をもって相互に併存すると、あるいはキリスト教は異教的な内容の再形成にすぎないと、言われた。この対話はそのような関係を別の仕方で示している。会話は全体としては聖書の章節とキリスト教信仰を扱っている。会話の中にこのような部分をエラスムスは有機的に挿入した。一方においてカトーとソクラテスの間には相違があり、他方において聖書の意見との間にも相違があるが、それらは絶対的な差異ではない。この点についてエラスムスは『エンキリディオン』では明瞭に「どこであなたが出会うにせよ真なるものはすべて、キリストのものであると考えたまえ」とキリスト教の立場に立って主張していた[5]。異教徒をキリスト教徒にすることなしに、神に関する何かが人間の言葉を通して到来する。強調点はむしろ神の霊の活動にあって、それは一般に理解されるよりも広く捉えられている。この議論のはじまるところで最初の語り手は世俗の作家を引用することに関して弁明すると、饗宴の主人は次のように言う。

敬虔であって良い道徳に役立つものはすべて世俗的であると呼ばれるべきではありません。もちろん聖書はどんな場合でも第一の権威にふさわしい。しかし、わたしはときどき古典の作家たちによって語られたものに、あるいは異邦人の書物に、また詩人たちの書物にさえ出会います。それらがとても高潔で、信心深く、素晴らしいので、彼らがそれらを書くときに、何か善い神性が彼らの心を突き動かしていると信じないわけにはいきません。恐らくわたしたちが認めるよりも広範囲にキリストの霊が注がれているのでしょう。わたしたちの名簿には含まれていない多くの人たちが聖徒の仲間にはいるのです[6]。

この最後の言葉は先に引用した「聖なるソクラテスよ、わたしたちのために祈ってください」と同じ方向を示している。それはエラスムスの上品で率直な性格をよく表す表現である。この有名な一句は、「聖母マリアよ、われらがために祈りたまえ」という祈禱の一句をもじったものであるが、異教時代の哲学者ソクラテスに祈りを捧げるエラスムスの無信仰、古代への心酔の証拠として、しばしば問題にされたことがある。しかしエラスムスの真意は、まったく別なところにあった。

次にこの対話編で重要な思想はキリスト教的な自由に関する主張である。食事を始めようと座席に着いたときに聖書の箴言が朗読されたが、そこにはキリスト教的な自由が述べられており、対話編の精神的な中核が示されている。「水の分流のように、王の心は主なる神の手のうちにあり、主が欲するところへこれを向けたもう。人の歩む道はすべて自分には正しいと思われる。しかし、主は人の心を吟味したもう。憐れみを施し、正しい判決をなすことは犠牲を捧げることよりも主に嘉せられる」(箴二一・一—三)[7]。これは内面的で霊的な自由であって、慣習や政治的な拘束と対立させられる。それは実に王者的な自由であって、次のように解説されている。

そこに「王」とあるのは完全な人間とみなされることができ、その人は肉の情念を抑制して、ただ神の御霊の力によってのみ導かれています。さらに、このような人を人間の法によって規制しようと強いることは不適当なことであり、彼は自分の主——その御霊によって彼は動かされているのですが——に委ねるべきです。彼は、それによって不完全な人々の弱さがともかくも真の敬虔へと前進していくようなものによって、判断されるべきではありません。しかし、もし彼が悪しきやり方で事を為す場合、パウロとともに次のように言わなければなりません。「主は彼を受け入れて下さった。彼が立つのも倒れるのもその主による」(ロマ一四・三—四)と。また同様に「霊の人はすべてのことを判断するが、自分自身は誰によっても判断されない」(Ⅰコリ二・一五)。したがって誰もこのような人に命令することはできませんが、海と川の行き先を定められた主は御自身の王の心をその手のうちに収めておられ、望むところへはどこへでもそれを向けます。そこで、人間の法が果たすよりもより良きことを自発的に為す人に命令したりすることが必要でしょうか。あるいはまた、神の御霊の息によって支配されていることが確かな証拠によって明らかであるような人を、規則によって拘束することはどれほど無思慮なことでしょうか。(8)

これをルターの『キリスト者の自由』と比較するとその特質が明らかになるように思われる。ほぼ同時に提起された「キリスト教的な自由」に関する宗教改革者と人文主義者の相違はどこに求められるであろうか。ルターの書物が当時の最高権威者である教皇レオ一〇世に献呈されており、教義の改革をとおして改革を目ざしているのに対して、エラスムスの友人たちは古典によって教育されており、その精神、とくにソクラテスの精神を新時代に生かそうと試みるのであるが、それでも聖書の指針に忠実であって、キリスト教的な敬虔な精神をもって聖書の共通な理解に達しようと努めている。彼らは聖職者ではなく、平信徒であり、その認識は明瞭でなくおぼろであっても豊かな霊的な生活を目ざしている。

二宮敬氏はこの点を次のように言う。「なるほど『対話集』のエラスムスは、以前のように、キリストの苦悩を自ら担えとはもはや呼びかけない。しかしそれは、彼がキリストを否認したからではない。寛容と話し合いとを訴え続ける彼の意に反して、ローマ公教会と宗教改革派とが日増しに鋭く対立し、異端者と殉教者とが機械的に生み出されていったこの時期において、特に必要なものは理性的判断であり深い自己省察である、と彼は考えたからである。ソークラテースの異教の叡智は、我を忘れたキリスト教徒の狂信よりもキリスト教的だと、思われたからである(9)」と。

この対話編の中にはエラスムスの宗教改革における聖書を重んじる基本的姿勢、それに伴われた論争の実体、平信徒の役割、キリスト教的な敬虔の内実、古典文化とキリスト教の総合などが見事に説かれていると思われる。

注

（1）Allen, Ep. 1343, 336–354; CWE, Ep. 1342, 372–390.
（2）Erasmus, Colloquia ASD I-3251: 610–254: 712 Thompson, Colloquies, pp. 65–68.
（3）本書五〇八頁―五一一頁。
（4）本書五一一頁。
（5）本書三二頁。
（6）本書五〇七頁。
（7）本書四九三頁。
（8）本書四九六―四九七頁。
（9）二宮敬「解説」エラスムス『平和の訴え』岩波文庫、二八二頁。

「エピクロス派」

この「エピクロス派」は一五三三年の『対話集』改訂版に初めて収録されたものであり、『対話編』最後の作品として注目に値する。なかでもルターが『詩編九〇編の講解』[1]においてこの作品を名指しで批判している。そこには宗教に関する基本姿勢が問題になっているがゆえに、エラスムスとルターの対決点が明瞭に示されている。他の多くの『対話集』と同様にこの作品も一つの問いでもって始まる。次いでこの問が説明され、分析が加えられた上で、それに対するエラスムスの解答が記されている。問われているのは諸々の善悪の「目的」に関してである。実際「目的」はラテン語では同時に「終わり」を意味するので、このテーマは『対話集』全編の結論にふさわしい論題である。というのは、ここにはルターの批判と指摘にも関わらず、初期の対話集に見られたような軽快さや陽気さが、もしくは軽薄さがもはや見られず、わたしたちが彼から期待する適切さ・愛想の良さ・格式ばらない態度といった本来のエラスムス的なエートスが現れているからである。この作品に登場してくるエピクロス主義の解説者ヘドニウスはいつものエラスムス的な確信と言葉でもってスプダエウスを説得しようと試みており、もし幸福主義が、エウダイモニズムのギリシア語の意味にふさわしく、「良き神の賜物」であるならば、キリスト教はエピクロス派やストア派よりも優った幸福の源泉であり、真の快楽の仲立ちとみなされうると説かれている。

一　エピクロスの快楽説

では、そもそもエピクロスの快楽説とはいかなるものであったのか。彼はヘレニズム時代の哲学者であって、当時支配的であったアリストテレスよりもはるかに厳しくプラトンと対立し、エロース説についても「反プラトン」の大立者となった。プラトンがエロースを神から授けられた賜物とみなしていたのに対し、無神論者でデモクリトス的原子論に立つエピクロスは、エロースを「狂気と苦悩の伴う性の快楽の激しい衝動」とみなし、知者の平静心を乱す敵として攻撃し、アリストテレスと同様に友愛（フィリア）をエロースより優れたものと唱導した。これはわたしたちの予想に反する特質である。わたしたちは快楽主義というと無軌道な放蕩無頼な生き方を考えやすいが、彼の説く快楽はそれとは全く異質なものであることを知らなければならない(2)。

古代の快楽説は節度を保った知者の主張なのであり、ここで説かれている「素面の思考」は冷静そのものであって、プラトンの詩人的感動を冷徹にもしりぞけ、その少年愛などもきっぱり拒否している(3)。同様にエロースに対する彼の理解も卓越しており、たとえば「見たり交際したり同棲したりすることを遠ざければ、恋の情熱は解消される(4)」と彼は言っている。また先の区分にしたがえば性欲は自然的だが必須なものではないがゆえに、これを作為的に過度に刺激しなければ、これなしにも生きられるわけで、エロースに対するわたしたちの観念の中にこそ病が潜んでいる。こうして彼は性愛に対し女色を遠ざける独身主義者のようになっている。これに対し肉体の衝動が募ってくる場合はどうしたらよいかとの質問に対し、彼は「いまだかつて性愛がだれかの利益になったためしはない(5)」と言明してはばからなかった。したがって感性的な快楽を説いても心身に苦痛をもたらす程に過度となることを知者エピクロスは批判していた。

二　ルネサンス時代のエピクロス理解

一般的な理解ではこうしたエピクロスの快楽説はストア派の禁欲主義と対立するものとして理解されている。しかしストア派の哲学者キケロはさまざまに解釈することができる思想家であった。そこでエラスムスは処女作の『現世の蔑視』以来キケロをキリスト教的に解釈する視点を導入している。そのさいエラスムスはキケロの『善悪の目的』(De finibus bonorum et malorum) に注目し、ここから古代の古典的精神を汲み出した。まず彼は古典に表れている偉大なる観念・書物・哲学大系が倫理や政治に関して何を説いたかを考察してから、それらを批判的に吟味する。実際、彼の生活と仕事の多くはこういう仕方で古典的な文化を釈義することに捧げられた。

この作品の中でストア派と逍遥学派の倫理学について簡潔にそれとなく言及されているが、中心的な主題は、エピクロス派の幸福主義に意味があるとしたら、キリスト教は「エピクロス的」であるか否かという論点である。エラスムスはエピクロス派の自然学については何も語っていない。この自然学はエピクロスによってデモクリトスから借りてきた原子論であって、彼が関心を寄せているのは直接的な快楽が唯一の善であるというアリスティッポスから受け継いだエピクロス派の典型的な教えだけである。そして対話者のヘドニウスによって初めのところで「敬虔な生活を送っているキリスト教徒以上にエピクロス派である人たちはいない」[(6)] という主たる命題が提示され、対話をとおしてこれが弁護される。それゆえ、わたしたちはこの命題が「真の」快楽は徳であり、正しさであるという同意にもとづいていることを学ぶことになる。現実のキリスト教はもっとも正しく生きることを教えており、善の規範がエピクロス派では快楽であるがゆえに、キリスト者は真のエピクロス派でなければならないとの結論に達する。

ところでエピクロス派は「放蕩者」「好色家」「不敬虔者」と同義に理解されてきたので、こうした要求についてスプダエウスが疑問を懐いたのは当然である。一五・六世紀においてはエピクロス主義は哲学者たちや他のスコラ学者たちから注目されていた。そして快楽説の功罪については、それまで断続的に論じられている中でロレンゾ・ヴァッラの対話編『快楽について』(De voluptate) が最初の大作であって、その表題は一五三三年以降は『真の善について』(De vero bono) に変更されているが、内容に変化はなかった。この著作は対話形式によって人間の本性について論じ、本性が徳により癒されなければならないが、この世の悪に関してはストア派の嘆きをもってそれを叙述した。次いでヴァッラはエピクロスが人生の目的を道徳的な美徳にはなく、快楽に求めており、その快楽が有用性に一致していると説いている。最後に彼は人間における真の善として天上的な快楽を挙げてキリスト教を擁護した。彼はストア派、エピクロス派、キリスト教の三者の道徳説を論述しているが、ストア派やエピクロス派の概念が古代におけるそれと一致せず、用語が厳密さを欠いている(7)。

さらにエラスムスの同時代人であるトマス・モアは『ユートピア』(一五一六年)においてエピクロスとエピクロス派という言葉を用いていないが、真の快楽に従う生き方を幸福の条件と見ている。ユートピア人たちは「快楽を擁護する学派の立場」に傾いており、「魂の不滅」や「神の慈愛」「死後の審判」さらに「宗教」を積極的に説いている。だが、これらはすべてエピクロス自身が否定していたものである。モアは言う、「こういう原理は宗教的なものでありますが、彼らはそれでも人は理性によってそう信じ、認めるようになると考えている(8)」。快楽のなかでも肉体的な快楽の代わりに人間性と善意の義務を行う「大きな快楽」を果たす者には「終わりを知らぬ歓喜をもって報いてくださる。……徳さえ含めてすべてわれわれの行為は、究極的には快楽を目標ないし幸福とみなしている(9)」と説かれている。こうして宗教は強制されないが、人々は意志の自由によって最高存在者を信じ、福音の信奉者となっている。

三　エラスムスの快楽説

エラスムスは快楽がこれまで間違って考えられており、「エピクロス派」という言葉も正しく使われてこなかったことをまず指摘し、次のように語っている。「人々は名称に関して思い違いをしているのです。ですからもしわたしたちが真実について語るなら、敬虔な生活を送っているキリスト教徒以上にエピクロス派である人たちはいないのです(10)」。したがって敬虔な生活こそ真実な意味での快楽であると説き始めている。

こうした敬虔な生活は心に苦しみがないことであって、この点ではエピクロスと同様な見解が述べられているが、最大の苦しみは「やましい良心」に求められる。「やましい良心よりも悲惨なものがないとすれば、やましくない良心にまさって幸福なものはないことが帰結します[11]」。この点ではルターの基本的な主張と一致している。しかし、エラスムスはルターと相違して「偽りの快楽」と「真の快楽」とを区別している。「快楽の妄想や影にあざむかれて、精神の真の快楽をなおざりにし、本当の責め苦を自分に招き寄せている人々が、思慮あり賢明である、とあなたはいま思わないのですか[12]」。そこで「真の善を享受する」ことこそ賢明な人であり、神の内に真の善を求める敬虔な人こそ真に「快適な生」を生きていることが次のように力説されている。「敬虔に生きている人、すなわち真の善を享受している人だけが、真に快適に生きているのです。しかし、最高善の源泉である神と人とを和解させる宗教的敬虔だけが人間を至福にするのです[13]」。したがって慈しみ深い神を所有している人がまことに富んでいる人であって、そのような保護者をもっている人は何も恐れることなく、死をも恐れない。「死は敬虔な人たちにとり永遠の至福にいたる通路にすぎません」。この敬虔な人たちは清い心の人たちで、彼らとともに神はいましたもうが、「神がいましたもうところにはどこでも、パラダイス、天国、幸福が存在し、幸福のあるところには、真の歓喜と偽りのない快活さとが存在しています[14]」。神とともにある快楽こそ最大の快楽であって、肉体の快楽はあっても小さなものに過ぎない。

たとえ快楽の最小の部分が交合にあるとしても、はるかに大きな快楽は絶えざる交友にあり、交友というものはキリスト教の愛でもって自己を正しく愛し、互いに対等に愛し合う人たちのあいだよりも快適でありうることはないのです。他の人たちのあいだでは時折、快楽が衰えると愛も衰えてしまいます。しかしキリスト教的な愛は肉の喜びが減少するに応じて、かえってそれは高まってきます。それともわたしはまだ、敬虔な態度で生きる人に優ってだれも快適に生きる人はないことを君にわかっていただけないのでしょうか[15]。

このように語ってからエラスムスは対話の結論として「もし快適に生きている人がエピクロス派の徒だとすると、清純にかつ敬虔に生きている人たちよりもいっそう真実にエピクロス派の人はいないことになります[16]」と説いている。

四　ルターのエラスムス批判

ルターはエラスムスと宗教改革に関しては共通理解をもっていたが、相違した宗教生活の出発点をもち、神の怒りと死の経験から神学思想を確立した。この宗教的に厳しい経験から福音の真理が追究されたがゆえに、彼によると人間の本性はその罪のゆえに神の怒りを感じており、神の怒りから死をも招き寄せている。だから、どうして人間の本性はこうした事態を真剣に受け止めないままに「鈍感な動物」のように平然たる心をもっておられようか。それなのに人間の理性は神の怒りを回避するため、軽蔑という道か、もしくは冒瀆という道かをとって歩んでいる。その一例としてエラスムスの『対話集』にある「エピクロス派」を取りあげ、徹底的に批判する。

その対話でキリスト教の宗教について論じられ、この宗教は現世のさまざまな不幸の後になお永遠に尽きない火で人々を脅かしているから、頭上に落下するタンタロスの石を説いている、と言われる。エラスムスは、このような脅迫的な害悪に対しては不信と発狂よりも適切な救済手段はありえないではないか、それはあなたがそのような脅迫を真理であると信じないためである、と言う。こういう具合に理性は論じる[17]。

ルターによるとこういう言葉は不真面目な忠告であって、「今あなたが軽蔑していることが、現世が過ぎ去った後に、真理であると感じられはしないかと恐れるとしたら、どうするのか。あるいは、あなたがこのまさに来たらんとする危険について考えることがないように発狂しようとしてもできないとしたら、どうするのか[18]」と問い返している。そうではなく、わたしたちは神の怒りと死とを深く感じとることにより、救いを追求するようにすべきであるとルターは反論する。したがって、エピクロス派の自己満足とキリスト教徒の畏怖との相違は実に大きい[19]。ここで彼がエピクロス派と言って非難しているのは、エピクロスの快楽主義が無神論であるばかりでなく、死後の審判とか地獄とかいう表象で精神に無益な苦痛を与えることを、極力しりぞけている点に対してである。この観点からエラスムスの『対話集』にある「エピクロス派」まで批判されるようになった[20]。

注

(1) ルター『生と死の講話』金子晴勇訳、知泉書館、二〇〇七年、七六―七八頁参照。

(2) 「それゆえ、快が目的である、とわれわれが言うとき、われわれの意味する快は、一部の人が、われわれの主張に無知であったり、賛同しなかったり、あるいは、誤解したりして考えているのとはちがって――道楽者の快でもなければ、性的な享楽のうちに存する快でもなく、じつに肉体において苦しみのないことと霊魂において乱されないこととにほかならない。けだし、快の生活を生み出すものは、続けざまの飲酒や宴会騒ぎでもなければ、また美少年や婦女子と遊びたわむれたり、魚肉その他、ぜいたくな食事が差し出すかぎりの美味美食を楽しむたぐいの享楽でもなく、かえって素面の思考が、つまり一切の選択と忌避の原因を探し出し、霊魂を捉える程度の動機の生じるもととなるさまざまな憶見を追い払うところの、素面の思考こそが、快の生活を生み出すのである」(『エピクロス――教説と手紙』出隆・岩崎允胤訳、岩波文庫、七二頁)。

(3) エピクロスは欲望のなかでも食欲のように、自然的で必須なものと、性欲のように、自然的だが必須でないものとを区別しているばかりでなく、自然的でもなくて、むなしい憶見(つまり憶測的見解、思いなし)によって生じるものを指摘し、それに属するものとして名誉心、金銭欲、少年愛をあげている。このような区別は実に知者にふさわしい優れた分別から説かれているといえよう。

(4) エピクロス、前掲訳書、九〇頁。

(5) エピクロス、前掲訳書、九六頁。

(6) 本書五三九頁。

(7) クリステラー『イタリア・ルネサンスの哲学者』佐藤三夫監訳、みすず書房、四二―五〇頁参照。

(8) モア『ユートピア』沢田昭夫訳、『世界の名著　エラスムス、トマス・モア』中央公論社、四三一―四三三頁。

(9) モア、前掲訳書、四三四頁。

(10) 本書五三九頁。

(11) 本書五四〇頁。

(12) 本書五四四―五四五頁。

(13) 本書五四六頁。

(14) 本書五五二頁。

(15) 本書五五七頁。

(16) 本書五五七頁。

(17) ルター、前掲訳書、七六―七七頁。続けてこういう。「というのは、現世の諸々の禍難の後に永遠の死をも恐れなければならず、しかも恐れなければならないのが、このように不幸のきわみにある人間に対し神が憤っている怒りから由来するということは、耐え難いのみならず、神の知恵と慈しみには相応しくないように思われるからである。理性はこうした思想を冒瀆に陥ることなしには支持し得ない。だから、エピクロスは、あなたが発狂もしくは不信になるように、かつ不幸と死のなかにあって怒りと罪との感覚から自己を解放するように、と忠告している」。

(18) ルター、前掲訳書、七七頁。

(19) 「人間精神の安心しきった自己満足が、いかに戦慄すべきものであるかをわたしたちは知っている。彼らは自己と他者に日毎に襲っている極めて不快な災禍が告げ知らされているのに、神を求めようとしない。イザヤが、

〈しかもなお、この民は自分たちを襲った者に帰らない〉（イザ九・一三）と語っているとおりである。彼らは実際、豚に似ている。そして明らかに感受性が全く欠けている。その心は神によって加えられた災禍に気づいていない」（前掲訳書、八七―八八頁）。

(20)　なお、この詩編講解についての諸々の解釈とその内容の学問的検討をわたしは「生と死の弁証法」（金子晴勇『ルターの人間学』創文社、四五三―四八三頁）で試みているので、参考としていただければ幸いである。

「ロイヒリンの神格化」

この対話は一五二二年に初めて印刷され、フローベン社から『対話集』に加えられて出版された。原題が「比類なき人物ヨハンネス・ロイヒリンが神々の仲間に入れられたことについてポンピリウスとブラシカヌスの対話」となっている。だが後の版では Apotheosis Capnionis と呼ばれた。それはローマで高い教養を身につけた「コーポーニウスの神格化」を意味するが、フッテンの詩からヒントをえたもので、これによってロイヒリンが含意されていた。この作品に表明されているように、エラスムスはロイヒリンのことを死んでも新しい存在となる「不死鳥」と呼んでおり、それはキリスト教の象徴的文学形式では再生のシンボルとなった。そこでこの対話編は一般には「ロイヒリンの神格化」と呼ばれることになった。というのはこの対話でエラスムスが人文主義者ロイヒリンの死の知らせに接し、このヘブライ学者をその言語的貢献のゆえに最高の賛辞を比喩的手法をもって描出したからである。この神格化はキリスト教の学者を祝うために行われているが、後にはこうした形式によって組織的活動が実行されるようになった。ここにはエラスムスの人文学に対する関係が見事に叙述されている。

ロイヒリン（一四五五―一五二二）は三言語を修得した学者であり、とくに『ヘブライ語初歩』の作者として有名であった。彼の死をエラスムスに告げた者はもう一人のヘブライ語研究家であるコンラッド・ペリカンであって、この人がこの作品を書くように促したと伝えられている。

しかし、この作品の中ではその死を告げたのはテューービンゲンのあるフランシスコ会の敬虔な人からの伝聞として物語られる。

物語はブラシカヌスがロイヒリンの死とその光景を伝えられたことからはじまる。それは実に夢物語のようであって、その出来事の核心はロイヒリンの昇天の記事である。それは次のような叙述からはじまる。「わたしは遠くの、あるとても魅力的な草原に通じる、小さな橋の傍らに立っていたように思われます。そのうえ草と葉の緑がエメラルドのそれよりも目を楽しませ、小さな花の群落が信じられないほどの多様な色彩でもってほほえみかけて、すべてが芳香を放っておりましたので、小川によってその至福な牧場から切り離された、このこちら側の草原は生きていないし、元気がなくて、そのすべてが死んでおり、不快であり、腐っているように思われました。この光景にまったく惹き付けられているとき、ちょうどそのときにロイヒリンは死去したのですが、過ぎ去りながらヘブライ語で〈平和〉を唱えていました[1]」。ここに「平和」とあるのはヘブライ語のヘセドであって、ヘブライ人たちの間で交わされる挨拶の言葉である。ところで白衣を着た彼の背後には「信じられないほど美しい少年が翼のある天使として付き従っていました。それは彼の良い守護霊であるように思われました[2]」。ところがカササギのような悪い守護霊がそこに伴われていて、彼らは遠くからわたしたちの偉人のロイヒリンに激しく抗議し、できることなら攻撃しようとしていたとき、ロイヒリンが手を挙げて十字架のしるしを切って、「厄介者らよ、自分らにふさわしいところに、立ち去れ。死すべき者らにお前が面倒なことを仕掛けるのはもう十分とせよ。もう不死なる者に指定されているわたしに対してお前の狂気は何ら支配力をもっていない[3]」といって彼らを退けた。彼がこのように言い放つや、直ちに忌まわしい鳥どもは立ち去ったと言う。そのとき聖ヒエロニュムスが橋の近くにもうやって来ており、ロイヒリンに話しかけて次のように語った。「もっとも聖なる同僚よ、こんにちは、あなたの至聖なるお仕事に対して神が親切にも定めてくださった天上の交わりにあなたを受け入れ、かつ、導くことがわたしに与えられたのです[4]」。同時に彼は衣服をもってきて、それをロイヒリンに着せた。ヒエロニュムスも透明な水晶のような衣装を足首までも下げて着ていた。「それは至るところ三つの相違する色彩の言語でもってすべてが飾られていました」と物語られる。両者は互いに抱擁し好ましい口づけを交わした。また、その間に途方もなく大きな炸裂音でもって至高の天が開け、言葉で言い表せない何か荘厳なるものが見えてきた。さらに天の裂け目から巨大な鳩が白熱の、とはいえ心地よい光を放ちながら降りてきた。この光を通して二人の至聖の魂は、すべてのものをうっとりさせる天使の合唱に伴われて互いに抱擁しながら天に運ばれていったと物語られる。だがフランシスコ会修道院における同僚の長老たちはその出来事が夢物語ではないことに気づいた。というのも、あの聖なるお方の視像が現れたのと同じ時間には、ロイヒリンはもうこの地を立ち去っていたことが確かめられたからである。そこでみんなは心を一つにして、信じる者たちの良いわざに対しこんなにも豊かな褒賞でもって報いてくださる、神に感謝した。こうして「この聖なるお方の名前が聖人の名簿に登録されること[5]」になった。それは列聖されることではなく、その良い行為によって自らの不滅の名前を聖別したことを意味する。なぜなら神が彼を通して世界に言語の賜物を更新したからである。それゆえ終わりにミサの祈禱では「人類を愛したもう神よ、あなたは、あなたの選ばれた僕であるヨハンネス・ロイヒリンを通して世界に対し言語の賜物を更新してくださいました。この言語でもってあなたはその聖なる御霊によって天から備えたもうていた使徒たちを福音の宣教のために教えたまい、すべての人が至るところであらゆる言語でもってあなたの御子イエスの栄光を説教するようにしてくださいました[6]」と祈られた。三言語を修得した高名な人文主義者ロイヒリンに対する賛歌がエラスムスによってこのような形で表明されている。

注

(1) 本書五六九頁。
(2) 本書五七〇頁。
(3) 本書五七〇頁。
(4) 本書五七一頁。
(5) 本書五七三頁。
(6) 本書五七五頁。

訳者あとがき

本書はエラスムスの神学的な主要な著作を訳したものである。まず初期の代表作である『エンキリディオン――キリスト教戦士の手引き』とその第二版の巻頭に序説の形で付けられた『フォルツ宛書簡』が訳され、次いで有名な『校訂新約聖書』に付けられた長文の序文である『新約聖書の序文』が続くが、この序文の中にある「方法論」を敷衍しながら大作にまで展開された『真の神学方法論』が訳出され、終わりに『対話集』からキリスト教的人文主義の特質をよく表している三つの作品が訳出されている。これによってエラスムスのキリスト教人文主義者としての神学思想はそのほぼ全貌が知られるが、それに加えて、すでに訳されている『評論「自由意志」』とそれを詳説した『ヒペラピステス（重武装兵士）』全二巻によっていっそう完全なものとなるであろう。もちろんその他にも多くの聖書の注解書が加えられなければならない。

我が国ではエラスムスは、通俗的な教科書に書かれているように、人文主義の王者と呼ばれているが、そのさい彼のキリスト教思想はまったく無視されて一般に解釈されてきた。これは誠に残念であるが、実はエラスムスばかりでなく、ヨーロッパ文化全体にまで及んでいる。だがこのことは明治以来の文教政策がもたらした結果なのである。このような偏見からの脱却はいつになったら実現するであろうか。もちろん自己の文化的な伝統なしには他の文化は理解できないにしても、他の文化を理解するためには一度は他者の側に立ってみなければならない。そうでないと自分の姿を他者に投影して、他者を理解したと言い続ける愚かさにとどまるであろう。

エラスムスは人文主義者としてギリシア・ローマの古典文化とキリスト教の聖書とを「源泉に立ち帰って」学び直すことを終始一貫して説いてきた。それに倣ってわたしたちもエラスムスを理解するためにはその原典に立ち帰ることしかないと考えるようになった。このように考えて、わたしはまず初期の主著と言われる『エンキリディオン――キリスト教戦士の手引き』の翻訳に取りかかった。これを完成させ出版にまで至ったのは今から二四年前のことであった。続いて文学的作品である『対話集』にある人文主義的なキリスト教の実質をよく示している「敬虔な午餐会」と「エピクロス派」の翻訳を完成させた。さらに五年前に退職してから時間の余裕ができたので、昨年出版した『格言選集』(知泉書館)と『真の神学方法論』の訳を完成させることができた。なお、『新約聖書の序文』はエラスムスの思想を圧縮して述べているため、思想的にも語学的にも訳出するのが難しいが、わたしもこの難解なラテン語に挑戦する意味で新訳を作成してみた。

一六世紀の最初の四半世紀は「エラスムスの時代」と言われるように、彼は言論によって時代を先導した思想家であった。ローマ教皇庁がもっとも恐れていたのはエラスムスの宗教改革であって、ルターのそれではなかった。この現実にもう少し注目する必要がある。彼は終局的には体制内の改革者にとどまったのであるが、言論が許すかぎりその限界内で改革を遂行したのである。エラスムスがその思想を完成させた時点でルターが登場してきたので、彼はルターの改革に賛成していても、同じ立場に立つことができなかった。ルターは論争の書『奴隷意志論』で、エラスムスの優れたラテン語に敬意を表しても、その思想を摑みどころがないウナギのようだとしか理解できなかった。したがってエラスムスのキリスト教理解はルターとは異質であって、倫理的であると一般には理解されてきた。確かに彼のキリスト教はパウロに由来する教義学的なキリスト教ではなく、福音書のキリストとの関係を重視する実践的な特徴をもっている。そればかりか彼の中心思想が「キリストの哲学」として説かれていることも、今日から見ると理解しがたいものとなっている。しかしそこには人間としてできるかぎり哲学的にキリスト教を理解すべきであるという要請があって、この点で彼はヒエロニュムスやアウグスティヌスの伝統に立っていると確信していた。実はそのような幅の広い考えは、過激になりやすい当時の宗教に対して重要な意味をもっていたのであって、そこから彼の政治思想や平和思想も展開して来たのである。このことは今日の思想状況でも意義深いのである。それゆえエラスムスの神学思想を再考する必要が強く感じられる。

わたしはこれまで哲学の中でも人間学の立場からキリスト教を理解しようと試みてきたが、そのように導いたのはエラスムスとルターが一緒に説いていた霊性思想であった。その思想はエラスムスの『エンキリディオン』で展開する「人間の三区分」によって初めて提案され、それがルターによって継承されて宗教的にいっそう深められていった。こういう関心からわたしは長い時間をかけて彼の著作の翻訳に携わるようになった。その仕事もここに完成したことを喜びとしたい。

出版に当たっては教文館が「キリスト教古典叢書」に加えてくださったことに深く感謝している。というのもエラスムスの神学的著作集が一冊にまとまったかたちで日本の読者に提供されることは今日の出版状況ではきわめて困難なことだからである。このための色々とご指導くださった渡部満社長をはじめ校正を担当された髙橋真人氏のご尽力に対して心から感謝する次第である。

二〇一六年一月一日

金子晴勇

人名・地名・事項索引

人名・地名・事項索引

か行

さ行

た行

ら行・わ行

訳者紹介

金子晴勇（かねこ・はるお）

1932年生まれ。1962年京都大学大学院文学研究科博士課程修了。文学博士（京都大学）。
現在，岡山大学名誉教授，聖学院大学総合研究所名誉教授。

著書　『キリスト教倫理入門』『ヨーロッパの思想文化』『ルターの霊性思想』『心で感じる神』『人間学から見た霊性』『教育改革者ルター』『キリスト教霊性思想史』（以上教文館），『ルターの人間学』『近代自由思想の源流』（以上創文社），『ヨーロッパ人間学の歴史』『現代ヨーロッパの人間学』『ルターの知的遺産』『知恵の探求とは何か』『エラスムスの人間学』（以上知泉書館），『近代人の宿命とキリスト教』『エラスムスとルター』（以上聖学院大学出版会），『宗教改革の精神』（講談社学術文庫）他。

訳書　ルター『主よ、あわれみたまえ』『心からわき出た美しい言葉』『ルター神学討論集』，アウグスティヌス『神の国』上・下（共訳），『アウグスティヌス神学著作集』（共訳），『キリスト教神秘主義著作集2　ベルナール』，『同11　シュタウピッツとルター』（共訳），H. チャドウィック『アウグスティヌス』（以上教文館），『エラスムス『格言選集』』（知泉書館）他。

キリスト教古典叢書

エラスムス神学著作集

2016年2月25日　初版発行

訳　者　金子晴勇

発行者　渡部　満

発行所　株式会社　教文館

〒104-0061　東京都中央区銀座4-5-1　電話 03(3561)5549　FAX 03(5250)5107

URL　http://www.kyobunkwan.co.jp/publishing/

印刷所　株式会社平河工業社

配給元　日キ販　〒162-0814　東京都新宿区新小川町９番１号

電話 03(3260)5670　FAX 03(3260)5637

ISBN 978-4-7642-1811-6　　Printed in Japan

落丁・乱丁本はお取り替えいたします。